中国社会科学院学部委员专题文集
ZHONGGUOSHEHUIKEXUEYUAN XUEBUWEIYUAN ZHUANTI WENJI

哲林漫步

王伟光◎著

中国社会科学出版社

图书在版编目（CIP）数据

哲林漫步/王伟光著．—北京：中国社会科学出版社，2013.8
（中国社会科学院学部委员专题文集）
ISBN 978 - 7 - 5161 - 3368 - 2

Ⅰ.①哲…　Ⅱ.①王…　Ⅲ.①哲学—文集　Ⅳ.①B0 - 53

中国版本图书馆 CIP 数据核字（2013）第 235612 号

出 版 人　赵剑英
责任编辑　赵　丽　徐　申
责任校对　韩海超
责任印制　戴　宽

出　　　版　中国社会科学出版社
社　　　址　北京鼓楼西大街甲 158 号（邮编 100720）
网　　　址　http://www.csspw.cn
　　　　　　中文域名:中国社科网　　010 - 64070619
发 行 部　010 - 84083685
门 市 部　010 - 84029450
经　　　销　新华书店及其他书店

印刷装订　环球印刷（北京）有限公司
版　　次　2013 年 8 月第 1 版
印　　次　2013 年 8 月第 1 次印刷

开　　本　710×1000　1/16
印　　张　44.25
插　　页　2
字　　数　703 千字
定　　价　128.00 元

前　言

哲学社会科学是人们认识世界、改造世界的重要工具，是推动历史发展和社会进步的重要力量。哲学社会科学的研究能力和成果是综合国力的重要组成部分。在全面建设小康社会、开创中国特色社会主义事业新局面、实现中华民族伟大复兴的历史进程中，哲学社会科学具有不可替代的作用。繁荣发展哲学社会科学事关党和国家事业发展的全局，对建设和形成有中国特色、中国风格、中国气派的哲学社会科学事业，具有重大的现实意义和深远的历史意义。

中国社会科学院在贯彻落实党中央《关于进一步繁荣发展哲学社会科学的意见》的进程中，根据党中央关于把中国社会科学院建设成为马克思主义的坚强阵地、中国哲学社会科学最高殿堂、党中央和国务院重要的思想库和智囊团的职能定位，努力推进学术研究制度、科研管理体制的改革和创新，2006 年建立的中国社会科学院学部即是践行"三个定位"、改革创新的产物。

中国社会科学院学部是一项学术制度，是在中国社会科学院党组领导下依据《中国社会科学院学部章程》运行的高端学术组织，常设领导机构为学部主席团，设立文哲、历史、经济、国际研究、社会政法、马克思主义研究学部。学部委员是中国社会科学院的最高学术称号，为终生荣誉。2010 年中国社会科学院学部主席团主持进行了学部委员增选、荣誉学部委员增补，现有学部委员 57 名（含已故）、荣誉学部委员 133 名（含已故），均为中国社会科学院学养深厚、贡献突出、成就卓著的学者。编辑出版《中国社会科学院学部委员专题文集》，即是从一个侧面展示这些学者治学之道的重要举措。

《中国社会科学院学部委员专题文集》（下称《专题文集》），是中国社会科学院学部主席团主持编辑的学术论著汇集,作者均为中国社会科学院学部委员、荣誉学部委员,内容集中反映学部委员、荣誉学部委员在相关学科、专业方向中的专题性研究成果。《专题文集》体现了著作者在科学研究实践中长期关注的某一专业方向或研究主题,历时动态地展现了著作者在这一专题中不断深化的研究路径和学术心得,从中不难体味治学道路之铢积寸累、循序渐进、与时俱进、未有穷期的孜孜以求,感知学问有道之修养理论、注重实证、坚持真理、服务社会的学者责任。

2011 年,中国社会科学院启动了哲学社会科学创新工程,中国社会科学院学部作为实施创新工程的重要学术平台,需要在聚集高端人才、发挥精英才智、推出优质成果、引领学术风尚等方面起到强化创新意识、激发创新动力、推进创新实践的作用。因此,中国社会科学院学部主席团编辑出版这套《专题文集》,不仅在于展示"过去",更重要的是面对现实和展望未来。

这套《专题文集》列为中国社会科学院创新工程学术出版资助项目,体现了中国社会科学院对学部工作的高度重视和对这套《专题文集》给予的学术评价。在这套《专题文集》付梓之际,我们感谢各位学部委员、荣誉学部委员对《专题文集》征集给予的支持,感谢学部工作局及相关同志为此所做的组织协调工作,特别要感谢中国社会科学出版社为这套《专题文集》的面世做出的努力。

《中国社会科学院学部委员专题文集》编辑委员会
2012 年 8 月

目　　录

三

四

五

序

　　1977 年恢复高考，填写第一志愿时，我毫不犹豫、义无反顾地报考了北京大学哲学系。我对马克思主义哲学由衷地信仰，心甘情愿献身于哲学事业。在"文化大革命"迷茫蹉跎的年代里，作为一名初出茅庐的初中学生，带着对现实的巨大疑惑，开始接触马克思主义经典著作，我即为伟人们的哲学聪睿所折服，使我透过雾霾看到了光明。在黑龙江生产建设兵团屯垦戍边的十年岁月里，我在艰难实践中深刻感受到马克思主义哲学给我增添了无穷的智慧与力量。在繁重劳动的闲暇，我阅读了当时能找到的马克思、恩格斯、列宁、斯大林、毛泽东的著作，以及中外哲学史和与哲学相关的书籍和资料，我深入地走进了哲学的殿堂，马克思主义哲学引导我思考，指引我前行。我在 1989 年撰写的学术自传中写道："在实践中体会到，要把个人前途同国家命运、人民事业联系在一起，必须解决对世界的根本认识，即树立科学的哲学世界观和人生观。"这就是我报考北大哲学系、选择学习哲学的初衷。从那时起至今，30 多年过去了，我一直在哲学之林中漫步不却，故本文集取名为《哲林漫步》。

　　本文集收辑我自入大学读书以来关于哲学问题的论文和研究笔记，其中多是从哲学的视野观察现实问题的文字。本文集所收文章可分为以下几类：

　　第一类是自 1978 年 2 月以来，在北京大学哲学系学习期间撰写的论文和研究笔记。我是学业荒芜的一代，初中尚未毕业，恰逢"文化大革命"爆发，离开了课堂，走进了社会。十年后，重返大学校园。久旱逢甘霖。跨进大学校门，我似久离母乳的婴儿，拼命地吸啜知识的乳汁。除了完成哲学系必修课程，我利用一切可以利用的时间，大量阅读我认为应当阅读的书籍。20 世纪 70 年代以来，世界科技浪潮汹涌而至，我一下子被当时的新科技、新学科、新思想、新观点的突发跃进所吸引。我选修了高等数学、生物学、化学、物理学等自然科学基础课程，同时又高度关注系统论、控制论、信息论、耗散理论、模糊逻辑、计算机科学等新崛起的学科和高新技术的进展。我着重研究了自然科学与哲学的关系问题，自然科学中的哲学问题，系统论、信息论、控制论的哲学问题，翻译了一些国外论著，如翻译了贝塔朗菲的《一般系统论》的若干章节，撰写了一系列关于科学哲学的研究笔记和论文。

第二类是 1982 年 2 月以来，硕士研究生期间撰写的论文和研究笔记。这一时期也是我国社会思潮最为活跃的时期，一方面，邓小平同志倡导"解放思想，实事求是"，推动了马克思主义思想解放运动，恢复了马克思主义、毛泽东思想的科学理论和党的正确路线；但另一方面，又有大量的思想糟粕涌现社会。针对错误思潮，我有目的地研读了马恩列斯全集，力图从中找到正确的答案。我重点研读了马恩早期著作，针对当时国内外关于人道主义的讨论，西方马克思主义、存在主义、人本主义等思潮，研究了马克思唯物史观的形成、马克思主义关于人及人的本质问题的认识进程等问题。这也是我对自己世界观的一次大梳理。

第三类是 1984 年 12 月以来，担任中共中央党校哲学部教师和博士研究生期间撰写的论文和研究笔记。这时，我由偏重对理论问题的思考而转向对现实问题的探索，注意力主要放在对社会主义各国和我国社会主义实践中的重大现实问题的研究上。自 1978 年十一届三中全会以来，我国进入了社会主义改革开放新的历史时期。20 世纪 80 年代初，我国经济社会发展已由拨乱反正、恢复党的正确路线，转到全面推进农村改革、城市改革阶段。总结社会主义各国建设的经验教训，总结我国社会主义建设的经验教训，搞清楚社会主义社会基本矛盾是什么、主要矛盾是什么、人民内部矛盾是什么，以及怎样解决这些矛盾；社会主义发展动力是什么、束缚社会主义生产力发展的体制弊端是什么，以及怎样在坚持社会主义制度的前提下进行社会主义体制改革……归结到一点，苏东各国社会主义的现实教训，中国特色社会主义改革开放的现实实践把搞清楚"什么是社会主义，怎样建设社会主义"这个重大的首要问题摆到了我们全党面前。回答这个重大问题，归结到马克思主义哲学层面上来说，就是怎样认识社会主义社会矛盾和发展动力问题。带着这个重大现实问题，我仔细研读了马恩列斯毛关于科学社会主义的一系列著述，阅读了世界通史、德法英俄史、联共（布）党史等，较为系统地研究了国际共产主义和社会主义运动发展历史，研究了社会主义各国和我国社会主义建设的历程。我以中国特色社会主义重大理论和现实问题为主题，收集了关于社会主义矛盾和发展动力问题的国内外相关研究资料，集中精力研究了社会主义的发展动力和矛盾问题，研究了中国特色社会主义改革发展问题，撰写了一系列论文和研究笔记。

　　第四类是 1988 年 9 月以来，在中共中央党校哲学教研部任教，担任哲学部、教务部负责人和中共中央党校校领导时撰写的论文和读书笔记。这一时期，国际上发生了重大变化，苏东社会主义各国党逐步离开了马克思主义的正确理论和路线，高度集中的僵化体制严重束缚了社会主义生产力的解放和发展，各国社会主义发展遇到了极大的困难，陷入困境。以美国为首的西方势力加大了对社会主义的分化、西化和瓦解的力度，否定马克思主义、否定社会主义、否定共产党领导的思潮甚嚣尘上，苏东各国出现了一系列社会危机事件，直至苏东剧变，社会主义发展步入低谷。在国内，一方面，社会主义改革开放取得初步成功，开创了中国特色社会主义发展新局面；另一方面，也受到国际上反马克思主义、反社会主义、反对共产党领导的错误思潮影响，出现了政治风波。我们党领导的中国特色社会主义有效地抵御了国际国内错误思潮的进攻，中国特色社会主义建设掀起了新的高潮，取得了成功。在这个大的环境背景下，我有针对性地从事马克思主义哲学原理研究，马克思主义哲学中国化研究，邓小平理论和中国特色社会主义重大理论实践问题的研究，对社会矛盾问题、社会动力问题、社会利益问题、社会形态演变规律问题、社会生活方式问题、人的问题、主体性问题等重大哲学问题展开广泛研究，对经济体制改革、政治体制改革、机构改革、社会主义民主和法制建设、社会主义意识形态工作、社会主义市场经济及其运行规律都做了深入思考，对党的建设、党的思想理论建设和干部教育进行了专题探索，取得了一些研究成果。

　　这期间，我在河北省秦皇岛市实际锻炼，接触群众、接触实践，从现实生活中吸取了许多积极的养分，写了一些现实性很强的文章和调查报告。

1996 年以来，我担任中共中央党校副秘书长、副校长。党领导人民克服了一系列困难，冲破重重阻力，进入了大踏步的发展阶段，中国特色社会主义事业取得巨大成就。除了担任繁重的行政管理事务工作以外，我把自己的理论研究、哲学探索完全投入到火热的现实实践中。我集中精力从事马克思主义中国化、中国特色社会主义理论体系的研究，如邓小平理论研究、"三个代表"重要思想研究、科学发展观研究，还有新时期人民内部矛盾研究、人类历史规律研究、社会主义建设规律研究、执政党建设研究、党校建设规律研究、"三农"问题研究、初级阶段阶级、阶层和利益群体研究，取得了一些成果。

第五类是 2007 年 12 月以来，担任中国社会科学院常务副院长期间撰写的论文和研究笔记。这期间，中国特色社会主义事业已经发展到一个新的阶段。除了担任日常工作以外，我利用一切可以利用的时间从事马克思主义哲学中国化，马克思主义中国化，中国特色社会主义道路、制度、理论体系，党的建设，哲学社会科学发展规律等研究。

我在从事研究与写作的过程中，注重从现实生活中提炼重大理论问题，并上升到哲学层面来思考，注重从马克思主义哲学的基本立场、观点、方法出发来提出问题、认识问题、分析问题，提出解决问题的思路。

因担任中国社会科学院常务副院长，负责全院的日常工作，行政事务缠身，只能利用早晚闲暇整理文稿，推迟了文集的交付完成，谨表歉意。本文集收录的文章是按撰写时间顺序编排的。因有些文字是二三十年前写就的，些许认识有着较大的时间局限性，甚至有些名词、概念今天已经不再使用了，譬如当时使用的"社会主义商品经济"，即是今日通行的"社会主义市场经济"概念等，不一一列举了。我仍以尊重历史的态度予以保留，请读者谅解。按照中国社会科学院学部主席团出版文集的"已经结集出版的文章，一般不应选入本文集"的要求，我只是选辑了尚未结集出版的论文和研究笔记、读书笔记，且更多收入本集的是早年撰写的文字。为了便于读者了解我的哲学求索生涯，附录了我的主要著述目录。

2013 年 1 月于中国社会科学院院部

附：**主要著述目录**

一　著作：

1.《控制论、信息论、系统科学与哲学》（合作），中国人民大学出版社 1986 年版。

2.《社会科学世界漫游》（合作），中国少年儿童出版社 1986 年版。

3.《社会生活方式论》（合作），江苏人民出版社 1988 年版。

4.《政治体制改革论纲》（合作），黑龙江人民出版社 1988 年版。

5.《社会主义矛盾、动力和改革》，黑龙江人民出版社 1988 年版。

6.《社会利益论》（合作），人民出版社 1988 年版。

7.《经济利益·政治秩序·社会稳定——社会主义社会矛盾的深层反思》，中共中央党校出版社 1991 年版。

8.《自然·社会·科学的辩证法》（合作），中国商业出版社 1991 年版。

9.《现代城市文化的建设与管理》（合作），江西人民出版社 1991 年版。

10.《谈谈新时期人民内部矛盾问题》（合作），中共中央党校出版社 1994 年版。

11.《科学发展观研究》，中共中央党校出版社 2004 年版。

12.《构建社会主义和谐社会的理论与实践》，中共中央党校出版社 2006 年版。

13.《效率·公平·和谐——论新时期人民内部矛盾与社会主义和谐社会》，人民出版社 2006 年版。

14.《科学发展观的研究与实践》，中共中央党校出版社 2006 年版。

15.《党校工作规律研究》，中央文献出版社 2007 年版。

16.《王伟光自选集》，学习出版社 2007 年版。

17.《科学发展观基本问题》，人民出版社 2007 年版。

18.《社会主义和谐社会理论基本问题》，人民出版社 2007 年版。

19.《王伟光讲习录》（上、下册），中共中央党校出版社 2008 年版。

20.《党校工作规律研究》（续集），中央文献出版社 2009 年版。

21.《利益论》，人民出版社 2001 年版、中国社会科学出版社 2010 年再版。

22.《王伟光论文辑》，中共中央党校出版社 2010 年版。

23.《社会矛盾论》，中国社会科学出版社 2011 年版。

24.《校园十年建设纪实——我在中央党校工作的日子里》，社会科学文献出版社 2011 年版。

25.《记忆中的我》，作家出版社 2011 年版。

26.《中国道路与马克思主义中国化》，合肥工业大学出版社、人民出版社 2012 年版。

27.《王伟光讲习录》（续集），中共中央党校出版社 2012 年版。

28.《党的建设研究》，社会科学文献出版社 2012 年版。

29.《马克思主义与社会主义的历史命运》，社会科学文献出版社 2013 年版。

二　主编：

1.《社会主义社会的矛盾和发展动力》（包括个人部分译文），求实出版社 1987 年版。

2.《〈马克思主义著作选编〉讲解》，中共中央党校出版社 1995 年版。

3.《〈马克思主义著作选编〉内容提要和注释》，中共中央党校出版社 1996 年版。

4.《"五种精神"学习读本》，中共中央党校出版社 2001 年版。

5.《正确认识思想政治工作面临的新问题》，人民出版社 2001 年版。

6.《若干重大理论与实际问题解读》，中共中央党校出版社 2002 年版。

7.《全面建设小康社会百问》，人民出版社 2002 年版。

8.《马克思列宁主义基本问题》（合作），中共中央党校出版社 2002 年版。

9.《"三个代表"重要思想研究》，人民出版社 2002 年版。

10.《"三个代表"重要思想学习导读》，中共中央党校出版社 2003 年版。

11.《当前党的建设重大理论和实践问题》，中共中央党校出版社

2003 年版。

12.《创新与中国社会发展》，中共中央党校出版社 2003 年版。

13.《创新论》，红旗出版社 2003 年版。

14.《科学发展观干部读本》，中共中央党校出版社 2004 年版。

15.《提高构建社会主义和谐社会干部读本》，中共中央党校出版社 2005 年版。

16.《建设社会主义新农村的理论与实践》，中共中央党校出版社 2006 年版。

17.《科学发展观概论》，人民出版社 2009 年版。

18.《社会主义通史》（八卷本），人民出版社 2011 年版。

19.《中国特色社会主义理论体系研究》，人民出版社 2012 年版。

三　译著：

1.《西方政治思想史》（合译），求实出版社 1984 年版。

2.《苏联工业创新》（合译），科学技术出版社 1988 年版。

3.《历史与阶级意识》（合译），华夏出版社 1989 年版。

4.《组织行为学》（校），求实出版社 1989 年版。

四　论文：

在《中国社会科学》、《哲学研究》、《求是》、《人民日报》、《光明日报》、《经济日报》等国家级报纸刊物上发表论文 400 余篇。主持多项国家哲学社会科学基金项目。

—

哲学的产生和发展是科学推动的结果

——一谈哲学与自然科学的一般关系

　　从人类思想科学发展史来看，科学的起源先于哲学，人类在生产实践中首先接触到和积累起来的是常识性的生产和生活的知识及经验，这些知识和经验是实用科学发展的最可靠的基础。火是人类最早最惊人的化学发现，天文学的起源可以追溯到对于肉眼可以看到的天体运行一类的自然现象的观察，物理学可以追溯到人们用来推动生产发展的工具的发明，生物学是从动植物的观察和人们病伤的简单处治开始。当然这些知识和经验都只局限于某一具体事物、具体过程，局限于人类直接的肉眼观察和亲身经历，人们还不可能上升到抽象概念和加以系统的解释，哲学当然不可能产生。

　　哲学的产生是科学发展推动的结果。科学固然依赖于经验性的知识，但没有抽象的理论思维，经验性知识永远上升不到科学。经验性知识积累到一定程度，就需要加以理论化和系统化，这样必然引起人们世界观和思维方法的发展，哲学便产生了。在古埃及和古巴比伦那里，丈量土地、建筑测绘等经验知识逐渐形成条理，几何学起源了，但真正从理论上加以总结提高的是古希腊的哲学家，毕达哥拉斯学派创立了几何学。三百年以后，欧几里得加以最后的概括，平面几何学建立了。在古代，哲学和科学是一个东西，是无法分开的。因为人们还不可能分门别类地研究自然现象建立分科，只能从整体观念上分析自然现象，科学和世界观、方法论问题融合在一起。在西方真正创立古代科学的应首推爱奥尼亚的自然哲学家。自然哲学家在物质中寻找实在，渐渐地创立了基本元素说，产生了留基伯和德谟克利特的原子论。古代原子论既是现代原子物理学的始祖，又包括了深刻的唯物论和辩证法思想。毕达哥拉斯学派在研究数学过程中认为实在不在于物质而在于形式和数中，这就是哲学上的唯心主义。

在古希腊人那里哲学和自然科学融合发展，哲学家往往是著名学者一身兼任。不过那时的自然科学并不是现在意义上的科学。以后苏格拉底和柏拉图的唯心论和形而上学代替了爱奥尼亚的自然哲学。发展至中世纪，神学与唯心论结合在一起，科学被扼杀了。中世纪的哲学抛弃了科学，它本身也失去了活力。哲学离开科学，不仅扼杀科学，同时也失去了自身发展的动力。

资产阶级文艺复兴以来，哲学和科学都有长足发展，但二者仍然是分离的。这是因为，一方面由于阶级斗争的需要，哲学家主要注重于社会政治经济领域；另一方面，自然科学正处在分门别类地搜集材料阶段，科学大体的研究范围和主要轮廓已经规定好了，他们对涉及整体的世界观和方法论很少感兴趣。自然科学家和哲学家是分居的。尽管如此，彼此仍然是相互影响的。18 世纪机械唯物论哲学的形成同自然科学的分门别类研究方法是分不开的，康德哲学就是以牛顿力学为基础建立的。但这只是就哲学和自然科学的内在必然关系而言。科学家和哲学家并没有建立自觉联盟。19 世纪大部分科学家很少研究哲学，黑格尔哲学同当时的科学脱离了关系，而只表现了对历史学和经济学的极大兴趣。当然，特殊情况不能说没有。这种不正常的分离导致了哲学落后于科学，同时，科学本身也受到一定限制。

19 世纪自然科学的重大突破引起了哲学的革命——马克思主义哲学产生了，开创了哲学和科学结合的前景，哲学开始对科学产生了巨大的能动指导作用。哲学家对科学开始注意了，科学家也逐渐意识到哲学对科学的指导作用。伟大的爱因斯坦在科学上的巨大建树与他自觉的哲学意识是联系在一起的。

列宁曾经号召哲学家和科学家结成联盟。当今，哲学与科学日益结合，相互渗透，二者结合是时代的要求。科学家不注重哲学就不能向纵深发展，哲学家不注重科学，哲学就会僵化、衰亡。纵观人类思想史，自哲学产生以来，就依靠自然科学，不断摄取自然科学成果，同时还以该时代最发展的科学作为典型来形成自己的观点。自然科学的发展不断冲击哲学，哲学往往很被动。一旦哲学奋起突破，又将推动自然科学的发展。在人类思想史上哲学真正推动科学有两起实例：一起是古希腊的自然哲学；一起是马克思主义哲学。今天，自然科学面临许多重大突破，提出了大量的带有普遍性的问题需要从哲学的高度加以概括。如"物质"含义，就需要在马列主义一般哲学原理的基础上进行新的概括，吸收自然科学的新内容。还有结构、信息、时空、运动形式等自然科学带有普遍性的问题，都需要进行哲学的概括。同自然科学家携起手来，在马克思主义的基本哲学原理基础上，概括自然科学的最新成果，在哲学上也来一个重大突破，这是摆在哲学界面前光荣的历史职责。

（原载北京大学哲学系《群声》1979 年第 4 期）

历史上的哲学中心总是随着自然科学的中心转移而转移

——二谈哲学与自然科学的一般关系

　　笔者曾在《群声》第 4 期上发表了关于哲学与自然科学一般关系的议论，并打算再陆续发表一些看法，以望引起同志们的共同兴趣，从中探讨出哲学发展的一般规律。

　　资产阶级工业革命之前，人类经过漫长的历史，生产工具虽然有了巨大的进步，但从本质上讲仍处于手工工业阶段。与这种生产力状况相适应，民族与民族之间，地区与地区之间，国家与国家之间没有建立普遍的、稳固的交往和联系，整个世界没有联成一气。这就形成了文明之间的隔阂，形成了不同历史条件下地域性的科学文化中心。历史上任何一个科学文化中心的形成，都是由该中心所处的经济、政治、地理等因素影响的结果。文明中心的标志往往是以该时代科学文化所能达到的高度为标志的。但由于世界经济政治诸条件发展是不平衡的，因而各地区科学文化的发展也是不平衡的，呈跳跃性质的。历史上自然科学中心是不断转移的，随着这种自然科学中心的转移，哲学的中心也发生转移。世界最古老的文明中心应当说是在东方。古埃及、古巴比伦、古印度、古中国是世界古代应用科学的发祥地，与该地区的应用科学状况相适应成长起了茂盛的哲学幼林。公元前 6—7 世纪，世界科学的中心通过中亚转移到希腊，这个地区包括中亚、北非、南欧很大一个区域。希腊兼收并蓄了古埃及、古巴比伦的文化，并通过中亚吸收了古印度、古中国的文化，古代应用科学在希腊人那里达到了高峰。同时，哲学在希腊人那里也达到了资产阶级文艺复兴以来最辉煌的时期。公元 1 世纪，希腊为罗马所灭，自然科学中心继续西移，哲学也随之而移。欧洲进入中世纪后，世界文明中心又向东方转移，阿拉伯世界成为当时科学文化的中心。同时，中国创造了闻名于世的四大发明，应用科学有了长足的发展，并涌现出一大批哲学家、思想家。中华民族和阿拉伯民族的文明应当在世界历史上占应有的地位。自资产阶级文艺复兴以来，西方又成为世界自然科学的中心，与此相适应的英国、荷兰的唯物主义，稍后一点的法国的唯物主义，应当说是当时世界人类理论思维所能达到的高度。资产阶级工业革命以来，生产力发生了根本变革，机器工具代替了手工工具，世界各地之间的交往方式发生了很大的变化，世界文化之间的通融普遍了、密切了。但由于资产阶级革命发生在欧洲，因而西方仍是当时文化中心。近代自然科学应当归功于西方，德国古典哲学则是西方资产阶级哲学所能达到的高峰。

在此以后，哲学中心的转移不仅仅是与自然科学中心的转移相联系。这是因为：（1）19 世纪末 20 世纪初，帝国主义这个怪物出现了，建立了世界市场，把世界联成一气。本质上的先进自然科学和思想文化会很快地为世界其他民族所吸收。科学文化为民族独占的局面打破了。（2）在帝国主义阶段，垄断资产阶级虽然拥有了先进的自然科学，但是不会对先进的哲学思想感兴趣。（3）阶级社会中阶级斗争的发展也推动哲学向前发展。在帝国主义阶段，世界基本矛盾激化，无产阶级与资产阶级的斗争相当尖锐化，社会政治生活风云突变，这些事件当然要引起哲学的发展。

在自由竞争资本主义阶段，资本主义社会矛盾焦点集中在西方，马克思主义就产生于西方。但是到了帝国主义阶段，随着阶级斗争的发展，列宁主义产生于俄国，毛泽东思想产生于中国。世界哲学中心又转移到了东方。但是我们必须注意的是，这种转移并没有脱离自然科学。

70 年代以来，世界经济、政治、文化发生了很大变化。自然科学正面临重大突破，马克思主义哲学也面临亟待发展的局面。综观哲学中心随着自然科学中心的转移而转移的历史一般规律，我们切不能抱着"我们自然科学落后，哲学先进"的老观点不放，应当看到自然科学先进的地方，会迸发出哲学思想的火花。我们必须努力发展自然科学，有了发达的自然科学，才能促进哲学的发展，同时也要充分地注意向外国的先进科学学习，从中吸取先进的哲学营养，也应当充分注意研究资产阶级的哲学，抛弃与资产阶级反动世界观相适应的哲学糟粕，吸取与发达的自然科学相适应的那部分哲学精华，促进马克思主义哲学的发展。

（原载北京大学哲学系《群声》1979 年第 5 期）

科学是哲学发展的前提和基础之一

——三谈自然科学与哲学的关系

　　哲学是人类高度理论思维的成果，哲学的形成和发展是以人类历史发展至一定阶段所积累起来的雄厚的社会文明为前提和基础的。人类的社会实践是哲学思想产生的源泉，是哲学思想发展的根本动力。在阶级社会中，阶级斗争的实践给予人类哲学思想的形成和发展以重大影响，作为一切知识结晶的哲学，一般不直接与实践发生联系，而是间接地通过与实践更有直接联系的政治、法律、道德、科学、艺术等意识形态诸观点与实践发生关系。哲学总结在一定实践基础上产生的政治、法律、道德、科学、艺术诸意识形态来发展、充实自身，同时又反过来影响这些意识形态的发展，并通过这些意识形态指导和影响人类的社会实践活动。我国以往的哲学思想史研究对于阶级斗争在哲学发展中的重要作用，对于社会科学对哲学思想发展的影响，给予了一定的重视和研究，但是对于自然科学在哲学发展中的作用重视不够、研究不够。本文力图从哲学发展史和科学发展史的相互关系中，探讨科学对于哲学发展的作用，探寻哲学发展的一些规律，从而使我们更自觉地促进马克思主义哲学的繁荣。

　　现在我们仅对欧洲哲学和科学史的大致梗概做一粗略的讨论，从中我们可以得到一些规律的启发。

　　古希腊哲学的素朴唯物论、辩证法思想开创了欧洲哲学史中最灿烂的首篇，它的形成既反映了奴隶主阶级的利益，是当时一定社会政治经济条件的产物，同时又同当时的科学发展分不开。古希腊奴隶社会的繁荣是建立在古埃及和古巴比伦文明基础上的，在古代埃及和巴比伦人那里，生产技术、对自然观察的经验和知识已经有了一些条理，如度量单位的规则，简单的算术、年历、对天象的周期性的认识，对日食、月食的认识等。古代应用科学在古埃及和古巴比伦人那里已经初具雏形。真正使这些知识条理化、系统化、理论化的是古希腊的自然哲学家们。米利都学派的泰利斯创建了几何学，毕达哥拉斯学派第一次把抽象的数的概念摆到显要的位置上，推动了数学的发展。古希腊的自然哲学家们在对世界本原、物质结构的科学探讨中创立了基本元素的学说，其最高峰就是留基伯和德谟克利特的原子论。德谟克利特的原子论既是当时自然科学的重要成就，又是哲学思想的重要成果。原子论学说体现了古希腊哲学的世界本原是物质的、万事万物互相联系和互相转化这样一个素朴的唯物论和辩证法的自然观。原子论哲学标志着古代唯物论哲学的一个伟大高峰。

在亚历山大里亚时期，各种自然科学更加发展，自然科学出现了同哲学分离的倾向，自然科学的发达进一步推动哲学唯物论的发展。这个时期的科学成就大致是：欧几里得把古代数学最后系统化确定了平面几何体系；数学家、物理学家阿基米得提出了流体静力学的一些原理、杠杆的基本原理，在力学方面做出重要贡献；天文学家阿里斯塔克提出了最早的太阳中心说；西波尔柯斯制定出了九百颗恒星的量表；在数学、天文学的推动下，地理成为一门独立的知识，埃拉科色居民已经利用三角法测定太阳和月球的相对大小及它们同地球的相对距离，绘制了有经纬线的世界地图；生物学、医学也有相应的发展；在工艺技术上，人们还创造出了玩具蒸汽机；罗马时期天文学家托勒密体系的确立，实际上也是亚历山大里亚科学传统的继续。科学技术的发展极大地开阔了人们的思路，人们对自然界规律的认识更深入、更细致了。在物质本原和物质结构的探讨上，伊壁鸠鲁继承发展了德谟克利特的原子论。他认为原子在运动中，由于内部原因产生偏离直线的运动，由于原子的倾斜运动，原子与原子之间产生冲突，结合成万物。伊壁鸠鲁的学说已经提出了事物运动的原因，在于事物内部矛盾的大胆看法。素朴的唯物辩证法又前进了一步。古罗马时期的卢克莱修根据科学发展所达到的水平，继承了德谟克利特和伊壁鸠鲁的原子论哲学。古希腊罗马时期科学与哲学的关系有一个显著的特点：科学家同时就是哲学家，哲学的成果和科学的成果融合在一起，哲学的见解通过科学的探讨表达出来，同时哲学观点渗透在科学成果中。

动摇于唯物论和唯心论之间的亚里士多德哲学在哲学基本倾向上是属

于唯心论的，但是丰富的自然科学知识却奠定了亚里士多德体系中唯物论和辩证法的基础。

古希腊素朴唯物主义流派是同科学联系在一起的，而与德谟克利特路线相对立的苏格拉底、柏拉图唯心主义流派却鄙视科学。到了古罗马时期，自然科学的繁荣开始衰败，人们对科学的注意转向了社会学、伦理学方面，虽然在这些方面有些独到之处，但整个素朴唯物主义哲学却没有多大进展。到了罗马帝国末期，朝气蓬勃的唯物主义哲学完全被新柏拉图主义等唯心主义所代替了，哲学越来越带有神秘主义、唯心主义的色彩了。到了普罗提诺那里，哲学完全堕落成为神学的基础。随后欧洲进入中世纪，神学完全排斥了科学，自然科学几乎绝迹，哲学成为神学的婢女，自然科学衰败引起哲学的倒退。自然科学无成就，哲学上也就无成就。正当欧洲处于中世纪的学术黑暗时期，中国和阿拉伯世界都处于哲学和科学的鼎盛阶段。这段历史事实说明，哲学的发展除了受社会实践和其他复杂的社会政治历史条件影响外，自然科学也是促成哲学发展的重要因素，唯物辩证法的发展与自然科学的兴旺发达息息相关。

欧洲黑暗的中世纪直到11、12世纪才逐步改变学术贫困的状态。随着商品经济的发展，产生了新兴的工商业阶层，也就是近代资产阶级前身。中世纪经院哲学唯名论与唯实论的斗争，曲折地反映了这一新兴阶级的政治要求。中世纪末期，唯名论与唯实论之争表现为科学与反科学的斗争，唯名论促进了当时科学的发展。13世纪以后，特别是英国、法国，城市工商业越发发展，不断刺激人们研究技术和自然科学的兴趣。中世纪唯名论哲学和自然科学的发展，冲击着宗教神学的哲学基础，一起为近代科学和资产阶级唯物论的诞生做了思想上的准备。

在欧洲从14世纪末开始，经过15、16世纪，从封建社会到资本主义社会的过渡阶段，即"文艺复兴时期"，社会基本矛盾进一步激化，社会发展到即将产生激烈变革的时刻，宗教神学严重地阻碍了人们觉醒和斗争，思想解放成为政治革命的先导，新兴的资产阶级从古希腊罗马文化中找到了可以利用的反封建的武器，那就是哲学和科学，以及以人为中心的文化艺术，资产阶级人文主义文化是资产阶级的最大成就。社会条件和科学还没有为哲学的突破提供充分的前提，哲学并没有重大发展。而自然科学的兴起则是文艺复兴时期的主要成就。资产阶级为了发展生产、发展技术，首当其冲地要发展自然科学。近代自然科学正处于启蒙、收集、探寻的阶段。文艺复兴时期最主要的科学发现就是哥白尼学说。自然科学的新发现证明了物质世界有它本身的规律，证明宗教神学的荒谬，说明只有依靠经验，依靠科学实验，才能认识真理。

（原载北京大学哲学系《群声》1979 年第 6 期）

自然科学是哲学发展的基础

——从科学与哲学史看哲学发展的规律

哲学是人类高度理论思维的结果，哲学的形成和发展是以人类历史发展到一定阶段所积累起来的雄厚的社会文明为前提和基础的。哲学总结在一定社会实践基础上产生的政治、法律、道德、科学、艺术诸意识来发展和补充自身，同时又反过来指导和影响人类的社会实践活动。我们以往的研究对于阶级斗争在哲学发展中的重要作用，对于社会科学知识在哲学思想发展中的影响给予了一定的重视和研究，但对自然科学在哲学思想发展史上的作用重视不够、研究不够。本文力图从科学发展史和哲学发展史的相互关系中，探讨科学对于哲学发展的作用，探寻哲学发展的一些规律，从而使我们更加自觉地促进马克思主义哲学的繁荣。

（一）

现在我们仅对欧洲哲学和科学史的大致梗概做一粗略的讨论，从中我们可以得到一些规律性的启发。古希腊哲学的朴素唯物论、辩证法思想开创了欧洲哲学史中最灿烂的篇章，它的形成反映了当时进步奴隶主民主派的利益，是当时一定社会经济、政治条件下的产物，同时又同当时的科学发展分不开。古希腊奴隶社会的繁荣是建立在古埃及和古巴比伦文明基础上的，在古埃及和巴比伦人那里，生产技术、对自然观察的经验和知识已经有了一些条理——如度量单位和规律、简单的算术、历法、对天象的周期性的认识、对日食、月食的认识等等。古代应用科学在古巴比伦和古埃及人那里已经初具雏形，真正使这些知识条理化、系统化、理论化的是古希腊的自然哲学家们。米利都学派的泰利斯创建了几何学，数学也有了一定发展。古希腊的自然科学家们在对世界本原的物质结构的科学探讨中创立了基本元素的学说，其高峰就是留基伯和德谟克利特的原子论。德谟克利特的原子论既是当时自然科学的重要成就，又是哲学思想的重要成果。原子论学说体现了古希腊哲学的世界本原是物质的，万事万物互相联系和互相转化这样一个素朴的唯物论和辩证法的自然观。原子论哲学标志着古代唯物论哲学的一个伟人高峰。在亚历山大里亚时期，各种自然科学更加发展，自然科学出现了同哲学分离的倾向，自然科学的发达进一步推动哲学唯物论的发展。这个时期的科学成就大致是：欧几里得把古代数学最后系统化，确定了平面几何学体系；数学家、物理学家阿基米得提出了流体静力学的一些原理，提出了杠杆的基本力学原理，在力学方面做出重要贡献；天文学家阿里斯塔克提出了最早的太阳中心说，希波里克斯制定了900颗恒星的星表；在数学、天文学的推动下，地理成为独立的一门知识，埃拉托色尼已经利用三角法测定太阳和月球的相对大小及它们与地球的相对距离，绘制了有经纬线的世界地图；生物学、医学也有相应的发展；在工艺技术上人们还制造出了玩具蒸汽机；罗马时期天文学家托勒密体系的确立实际上也是亚历山大里亚科学传统的继续。科学技术的发展极大地开阔了人们的思路，人们对自然界规律的认识更深入更细致了。在物质本原和物质结构问题的探讨上，伊壁鸠鲁继承发展了德谟克利特的原子论。他认为原子在运动中，由于内部原因产生偏离直线的运动，由于原子的倾斜运动，原子与原子之间产生冲突，结合成万物。伊壁鸠鲁的学说已经提出了事物运动的原因在于事物内部的大胆看法。素朴的唯物辩证法又前进了一步。古罗马时期的卢克莱修根据当时科学发展所达到的水平，继承了德谟克利特和伊壁鸠鲁的原子论哲学。古希腊罗马时期科学与哲学的关系有一个显著的特点：科学家同时就是哲学家，哲学的成就和科学的成就融合在一起，哲学的见解通过科学的探讨表达出来，同时哲学观点渗透在科学成果中。动摇于唯物论和唯心论之间的亚里士多德哲学在哲学基本倾向上是属于唯心论的，但是他的丰富的自然科学知识却使亚里士多德体系包含许多唯物论和辩证法的因素。古希腊的素朴唯物主义是同科学联系在一起的，而与德谟克利特路线相对立的苏格拉底、柏拉图唯心主义流派却鄙视科学。到了古罗马时期，自然科学的繁荣开始衰败，人们对科学的注意转向了社会学、伦理学方面，虽然在这些方面有些独到之处，但整个素朴唯物主义哲学却没有多大进展。到了罗马帝国末期，朝气蓬勃的唯物主义哲学完全被新柏拉图主义等唯心主义所代替，哲学越来越带有神秘主义、唯心主义色彩了。到了普罗提诺那里，哲学完全堕落成为神学的婢女了。

随后欧洲进入了中世纪，神学完全排斥了科学，自然科学几乎绝迹，自然科学衰败引起了哲学的倒退。自然科学无成就，哲学上也就无造就。正当欧洲处于中世纪的学术黑暗时期，中国和阿拉伯世界却处于科学和哲学的鼎盛时期。这段历史事实说明，哲学的发展除了受社会实践和其他复杂的社会政治、历史条件影响外，自然科学也是促成哲学发展的重要因素。唯物辩证法的发展与自然科学的兴旺发达息息相关。

欧洲黑暗的中世纪直到十一二世纪才逐渐改变学术贫困的状态。随着商品经济的发展，产生了新兴的工商业阶层，也就是近代资产阶级前身。中世纪经院哲学唯名论与唯实论的斗争曲折地反映了这一新兴阶级的政治要求。中世纪末期，唯名论与唯实论之争表现为科学与反科学的斗争，唯名论促进了当时科学的发展。13世纪以后，特别是英、法城市工商业越发发展，不断激起人们研究技术和自然科学的兴趣，中世纪唯名论哲学和自然科学的发展，冲击着宗教神学的哲学基础，一起为近代科学和资产阶级唯物论的诞生做了思想上的准备。

在欧洲从14世纪末开始，经过15、16世纪，是从封建社会到资本主义社会的过渡阶段，即"文艺复兴时期"。社会基本矛盾进一步激化，社会发展到即将产生激烈变革的时刻，宗教神学严重地阻碍了人们觉醒和斗争，思想解放成为政治革命的先导。新兴的资产阶级从古代希腊文化中找到了可以利用的反封建的武器，那就是哲学和科学，以及以人为中心的文化艺术。资产阶级人文主义文化是新兴资产阶级的最大造就。由于社会条件和科学还没有为哲学的突破提供充分的前提，哲学并没有重大的发展。而自然科学的兴起则是文艺复兴时期的重要成就。资产阶级为了发展生产、发展技术，首当其冲地要发展自然科学。近代自然科学正处于启蒙、收集、探寻的阶段。文艺复兴时期最重要的科学发现就是哥白尼学说。自然科学新发现证明了物质世界有它本身的规律，证明了宗教神学的荒谬，说明只有依靠经验、依靠科学实验才能认识真理。自然科学的发展打破了宗教神学的框框，提高了对客观实际进行观察的实验方法，为资产阶级唯物论、经验论的建立提供了科学的前提。伟大的资产阶级文艺复兴战士达·芬奇认为认识"必须从经验出发，并通过经验去探寻原因"①。文艺复兴是从意大利开始的，当时意大利经济比较发达，在欧洲科学文化中占据首位。著名的文学家但丁、艺术家、科学家达·芬奇、自然科学家伽利略都在意大利。在自然科学方面，虽然有波兰的哥白尼、德国的科卜勒，但中心仍在意大利。文艺复兴时期著名的哲学家也在意大利，即布鲁诺。他接受和发展了哥白尼的太阳中心说，论证了宇宙是一个统一的物质，有自己的客观规律。他认为哲学必须重视经验知识和科学实验。在自然科学的推动影响下，布鲁诺的哲学无疑是资产阶级唯物论经验论哲学的开创者。文艺复兴时期新兴资产阶级手中的哲学武器是现成的古希腊的哲学。自然科学的发展给古希腊的唯物论思想增加新鲜的内容——观察实验的认识方法。哲学唯物主义前进了，将促使自然科学产生重大突破，完整的资产阶级机械唯物论的体系即将诞生。

　　17 世纪的英国是第一批走上资本主义道路的国家之一，由于资产阶级革命，由于生产力的发展，科学蓬勃发展，英国成为近代科学的第一个中心。英国科学家牛顿在力学、天文学、数学上的研究开创了早期现代科学发展的重要的时期，这是对伽利略、科卜勒以来科学研究成果的一次大综合。他发现了运动三定律和万有引力定律，创立了古典力学，并同莱布尼茨一起建立了微积分。自然科学的巨大成就促使唯物论哲学在英国得到了很大的发展，促进了欧洲资产阶级唯物论哲学的发展。英国唯物论的代表人物是培根、霍布斯及稍晚一些的洛克。培根是"英国唯物主义和整个现代实验科学的真正始祖"②，主张唯物论的反映论，制定了认识自然的经验（实验）的方法。洛克是培根与霍布斯的唯物路线的继承者，他最重要的成就就是开创了唯物论经验论。这个时期英国还产生了一批自然神论者。英国的唯物主义经验论哲学为 18 世纪法国机械唯物论哲学打下了基础。

---

　　①　《列奥那多·达·芬奇札记选》，第 6 页。

　　②　马克思、恩格斯：《神圣家族》，《马克思恩格斯全集》第 2 卷，人民出版社 1957 年版，第 163 页。

科学和唯物论哲学的发展，迫使宗教神学改头换面，不再以赤裸裸的面孔出现，而是乔装打扮，把经验加以曲解，这就是贝克莱的主观唯心主义和休谟的不可知论。哲学上的两条路线斗争在新的阶段展开了，这种斗争无疑会进一步加强唯物论。当时，整个欧洲还有荷兰斯宾诺莎的唯物论，不成熟的法国资产阶级思想代表——笛卡尔的二元论，以及伽桑狄的不彻底的唯物论，德国软弱的资产阶级思想代表莱布尼茨的唯心论。这些哲学思想都或多或少地从当时自然科学中吸取了养料。尽管如此，17世纪欧洲自然科学和哲学思想的中心仍在英国。

18世纪后半期的法国已经成为当时欧洲资产阶级革命的中心，同时也是自然科学的中心。当时法国的自然科学取得了牛顿以来最重大的成就，拉普拉斯、拉瓦锡、毕丰等著名科学家，在数学、物理、化学、生物等方面都做出了重大贡献。在阶级斗争的推动下，18世纪法国唯物论在总结当时科学成就的基础上产生了。18世纪法国唯物主义是资产阶级革命时期哲学中最典型、最彻底的形式，清除了17世纪唯心论宗教神学的杂质，贯彻了唯物论、无神论的路线。当然法国唯物主义仍然带有不可避免的机械性、形而上学性。自然科学给了法国唯物论哲学同宗教神学决裂的极大勇气，科学是不惧怕神学的，科学是唯物论反对神学唯心论的有力武器。一次，当拿破仑问法国大科学家拉普拉斯："有人告诉我，你写了这部讨论宇宙体系的大著作，但从不提到它的创造者。"拉普拉斯果断地回答："我用不着那样的假设。"①

18世纪末和19世纪初，自然科学的许多方面又有了新的巨大成就。康德的太阳起源说，撕开了形而上学世界观第一个缺口。法国天文学家拉普拉斯进一步论证了康德的假说，德国地质学家魏纳和英国地质学家哈顿说明了地球的变因和生物的变迁，法国毕丰提出了人类同源的学说，法国的拉马克发表了进化学说，拉瓦锡推翻了形而上学的燃素说，奠定了关于燃烧和氧化过程的学说。形而上学的自然观开始动摇了。科学的发展为哲学的进一步发展提供了新的论据，德国古典哲学的辩证法因素在被唯心论

---

① ［英］W. C. 丹皮尔：《科学史及其与哲学和宗教的关系》，广西师范大学出版社2001年版，第158页。

歪曲的形式下反映了自然科学的这些成就。德国古典哲学的著作者康德、费希特、谢林、黑格尔之所以能创立辩证法，除了反映德国资产阶级的进步要求外，还由于他们所拥有的自然科学材料要比他们的哲学前辈多得多。

19世纪中期，科学中心正在逐步由法国转向德国，这个时期人类思想史经历了一次伟大变革——马克思主义哲学诞生了。当时自然科学的最新成果——进化论、能量守恒和转化定律、细胞学说，是马克思主义哲学产生的科学前提。马克思主义哲学的产生为自然科学提供了最锐利的思想武器，近代自然科学获得了突飞猛进的发展，促使哲学不断地丰富自身的内容。资产阶级上升时期的哲学终于攀登了它所能攀登的高峰——18世纪法国机械唯物论和德国古典哲学唯心论辩证法。资产阶级哲学的这两个重大成就，总结了整个一个时代的科学成就。反过来，又影响和促进整个一个时代的科学的发展。最后，整个资产阶级科学、哲学财富为马克思主义哲学的产生提供了重要的理论来源和科学前提。

科学是哲学的前提和基础已为科学——哲学史所证实。那么是否可以说科学先进的地方哲学也先进呢？这不是绝对的。经济、科学、文化落后的地方也可能产生先进的思想，但必须具备一定的社会历史条件。列宁主义产生于落后的俄国、毛泽东思想产生于落后的中国正是由于俄国和中国社会矛盾集中、政治冲突激化的原因造成的。虽然如此，列宁主义、毛泽东思想并没抛弃世界先进的自然科学，反而给予了应有的重视。

（二）

一定的自然科学总是与一定的哲学思想相互联系、相互依据、相互促进。历史上曾屡次出现过科学文化中心与哲学中心相吻合的现象。在整个人类历史的发展过程中，曾依次形成过地域性、民族性的文明中心。文明中心的标志一般都是以该时代应用的科学技术和文化艺术所能达到的高度为标准，毫无疑问该文明中心科学文化发展会大大提高该民族理论思想的水准。一般说来，一个民族在哲学上的建树与它在自然科学上的建树是相一致的。世界最古老的文明中心应当说是在东方，公元前二三十世纪到19

世纪以来，古埃及、古巴比伦、古中国、古印度是世界上最古老的文明发祥地，创造了灿烂的古代科学文化，涌出了大批哲学家、思想家、政治家。公元前六七世纪，世界文明中心经过中近东影响到希腊，希腊人兼收并蓄了古埃及和古巴比伦的文化，形成了欧洲文明中心。古代应用科学在希腊人那里达到了高峰，同时古希腊的哲学也达到西方资产阶级文化复兴之前最辉煌的成就。公元 5 世纪罗马帝国灭亡以后，欧洲进入黑暗的中世纪，世界文明中心转向东方，在阿拉伯世界和中国封建社会涌现出大批举世闻名的科学家、思想家、哲学家。自 15 世纪资产阶级文艺复兴以来，西方又成为近代科学的发源地，与此相应产生了法国机械唯物主义和德国唯心主义辩证法。值得大书特书的是在 19 世纪西方诞生了马克思主义哲学。自然科学与哲学历史和逻辑的一致，绝不是偶然的历史巧合，它深刻地反映了自然科学与哲学的内在必然联系。这种内在联系不仅体现在一个时代自然科学成就与哲学思想成就的一致上，还具体表现在某些哲学家和科学家身上。历史上许多著名的科学家同时就是哲学家，哲学家同时又是自然科学家。在古代自然科学与哲学是一回事，自然科学和哲学的分离实际上是近代科学产生以后的事情。一定的自然科学造就一定的哲学观，而一定的自然科学又总是离不开一定的哲学观的支配和影响。

恩格斯曾经精辟地揭示了科学与哲学的内在联系："随着自然科学领域中每一个划时代的发现，唯物主义也必然要改变自己的形式。"[①] 自然科学领域内每一次成就或多或少地对哲学的发展都起了一定的推动作用。哲学既具备一般意识形态的特征，又有别于一般的意识形态，具有高度的抽象性、概括性和综合性，人类哲学思想的形成要略晚于其他意识形态的形成。当社会生产力发展到一定阶段，人类的物质文明和精神文明积累到一定程度，人类的理论思维达到一定的水平时，哲学思想才能最终臻于完美。从古代应用科学意义上的自然科学来看，哲学当然晚于自然科学的起源。自然科学的发展为哲学的产生、积累提供了物质和精神前提。人类在生产实践中首先接触到和积累起来的是常识性的生产、生活的知识和经

---

① 恩格斯：《费尔巴哈和德国古典哲学的终结》，《马克思恩格斯全集》第 21 卷，人民出版社 1965 年版，第 320 页。

验，这是古代应用科学发展的最可靠的基础。火是人类最早、最惊人的化学发现，天文科学的起源可以追溯到对天体运行一类自然现象的肉眼观察，物理科学可以追溯到人们用来推动生产发展的工具的发明，生物学、医学是从对动植物的观察和人们病伤的简单处治开始的。但是这些知识和经验都只局限于某一具体事物，局限于人类直接的肉眼观察和亲身体验，人们还不可能上升到抽象的概念和加以系统的解释。随着生产的发展、知识的积累，人类对自然界的认识不断地扩大，应用科学才有可能产生。应用科学的产生和发展一方面为哲学的产生和发展提供和积累素材；另一方面又不断地培养和提高人类的理论思维能力。哲学的产生是科学发展推动的结果，人类哲学思想的产生使人类的理论思维升华到新的水准，促进自然科学的纵深发展，哲学又在不断概括、总结自然科学成果的过程中发展自己。一定的哲学观必然建立在一定的自然科学理论基础上。古希腊的朴素唯物论辩证法同当时原子论自然观相一致，近代资产阶级机械唯物论又是以整个古典力学为基础的，德国古典哲学中的辩证法因素反映了当时自然科学突破形而上学自然观的新成就，而 19 世纪上半叶自然科学领域的三个伟大发现为建立辩证唯物主义世界观提供了自然科学的前提。

　　自然科学具有相当的能动性，生产的需求推动着科学技术不停顿地发展。科学的发展一方面不断地扩大人类的认识范围，提高人类的抽象思维能力，为哲学提供论据，推动哲学的发展；另一方面科学每发展到一定阶段又迫切地要求哲学为它提供更先进的科学认识方法，科学在方法论和世界观上的迫切要求推动着哲学的发展。欧洲中世纪末期经院哲学中唯名论思想曾促进了欧洲近代科学的启蒙，但当科学进一步发展时，唯名论的神学前提就束缚了科学的发展，科学要求打破神学世界观的枷锁。13 世纪自然科学家罗吉尔·培根总结了当时科学发展的经验，第一次提出了观察和实验的方法，他说："没有经验不可能充分认识事物。"① 这是认识论上革命性的先声。当哥白尼、伽利略、牛顿建立了古典力学体系，给予神学最有力的打击后，培根和洛克才最后把这种考察事物的方法移植到哲学中来

---

① 《罗吉尔·培根的大著作》伯克译英文本第一卷，宾夕法尼亚大学出版社 1928 年版，第 125 页。

建立了唯物论经验论哲学，但这种哲学不可避免地存在着形而上学的缺陷。自然科学的进一步发展又要求打破形而上学的自然观。1755 年康德提出了星云假说有力地冲击了形而上学的自然观。在一系列科学成就的推动下，德国古典哲学表述了辩证法这一崭新的科学认识方法。不幸的是，活生生的辩证法却被禁锢在唯心论的框子里。只有马克思、恩格斯才拯救了辩证法，为人类提供了辩证唯物主义这一科学的方法论和世界观。一定的哲学思想的形成，总要促进自然科学向纵深发展，推动自然科学产生新的重大突破。自然科学划时代的重大突破，一定会引起哲学的重大进展。但哲学的重大发展，一般来说又总是产生于自然科学的重大突破之后。但是一旦哲学有了重大的突破，就将对自然科学的发展产生深远的影响。科学不仅是哲学发展的动力，而且科学实验活动还是检验任何一种哲学理论正确与否的标准之一，自然科学的每一项新成就都为辩证唯物主义哲学提供了最令人信服的证据。科学又是哲学唯物论反对神学、反对唯心论，辩证法反对形而上学的重型炮弹。在反对唯心论的斗争中科学促进了唯物论辩证法的蓬勃发展。近代资产阶级革命就是高举着科学的旗帜向宗教神学开战的，自然科学的进展有力地动摇了经院哲学的神学基础。从此自然科学便从神学中解放出来，为唯物主义的发展打扫了路障。

在承认阶级斗争、生产斗争实践推动哲学发展的前提下，必须承认科学对哲学发展所起的推动作用，随着科学技术的发展，其作用越来越明显、越来越重要。自然科学对哲学发展所起的作用，一是表现为直接的作用，即科学直接为哲学提供思想素材供哲学吸收、采纳、综合和概括。现代自然科学中的大量哲学问题是哲学发展取之不尽的资料来源。譬如，关于时空观问题，自然科学关于时空的观点不断丰富哲学的时空观。爱因斯坦相对论时空观的建立，再次充分论证和充实了马克思主义辩证唯物主义的时空理论。二是表现为间接作用。科学的发展推动生产力的发展，尤其是近代科学诞生以来越发成为生产力中普遍起作用的因素，引起整个社会生活、社会结构、社会生产关系、阶级关系的变化，科学通过这些因素的媒介间接地影响哲学观点的变化和发展。以蒸汽动力代表的第一次科技革命，使得资本主义生产力突飞猛进地发展，发展到自由竞争时期资本主义生产关系所不能容忍的地步，阶级矛盾激化了。资产阶级学者关于阶级斗争的观点提出来了，资产阶级古典政治经济学建立了，空想社会主义产生了。在工人运动实践的基础上，吸收了前人的积极思想成果，马克思主义的唯物主义历史观才得以最终确立。科学对哲学的作用表现为推动和局限两个侧面，哲学的发展也要受一定科学发展水平的局限，"哲学则是关于自然知识和社会知识的概括和总结"①。科学是人类对自然规律的认识和总结，自然科学的水平反映了人类对自然界的认识程度。自然科学的发展不断打开哲学家的眼界，扩大哲学家的视野。因而哲学的发展也要受到自然科学发展的局限。哲学具有高度的相对对立性，对客观事物具有一定的洞察力和预见性，在对世界客观规律的总体看法上他要走在自然科学的前头，但是对客观辩证法的全部认识和表述上要受到自然科学水平的局限。恩格斯在论述希腊哲学时指出："在希腊人那里——正因为他们还没有进步到对自然界的解剖、分析——自然界还被当作一个整体而从总的方面来观察。自然现象的总联系还没有在细节方面得到证明，这种联系对希腊人来说是直接的直观的结果。这里就存在着希腊哲学的缺陷，由于这些缺陷，它在以后就必然屈服于另一种观点。"② 恩格斯显然论述的是科学发展对哲学发展的影响和局限。恩格斯在《反杜林论》中同样指出："近四百年来自然科学分门别类的研究方法"，"就造成了最近几个世纪所特有的局限性，即形而上学的思维方式"③。历史上一切哲学唯物主义在承认物质是世界的本原这个最基本的问题上都是一致的，但是每一个阶段的唯物主义对全部哲学的基本问题——物质与精神的关系问题——的认识程度和表述程度是受人类对自然规律的认识程度的限制的。只有马克思主义的辩证唯物主义才深刻地揭示了物质与精神的相互关系。马克思主义哲学是迄今为止最彻底的哲学，但它并没有终结哲学。马克思主义辩证法也并没有把自然界客观辩证法全部揭示出来。从一定意义上说，马克思主义哲学也要受自然科学发展的局限。有人怀疑这样估计自然科学的作用是否否认阶级斗争对哲学的作用。不错，哲学与阶级斗争有着必然联系，但是否阶级斗争

① 毛泽东：《整顿党的作风》，《毛泽东选集》合订本，第774页。
② 恩格斯：《自然辩证法》，《马克思恩格斯全集》第20卷，人民出版社1971年版，第385页。
③ 恩格斯：《反杜林论》，《马克思恩格斯选集》第3卷，人民出版社1972年版，第61页。

才是哲学发展的唯一动力，是否哲学仅仅是阶级斗争的工具呢？我们正是在充分估计阶级斗争作用的前提下来估计自然科学的作用。在阶级社会中，科学发展、运用的道路和后果要受到阶级斗争的限制。上升时期的资产阶级能够建立与当时自然科学相一致的哲学思想体系，现代资产阶级虽然掌握着比工人阶级多得多的先进的自然科学知识，但先进的哲学思想却掌握在工人阶级手中，就是这个道理。

　　科学对哲学的发展有着如此重要的作用，可是并不能以此否认哲学对科学的指导作用。哲学需要科学，但科学同样需要哲学。科学虽然造就了先进的哲学思想，可是先进的哲学思想并不一定马上为科学家所接受。辩证法往往要等待历史许久。"不管自然科学家采取什么样的态度，他们还是得受哲学的支配。问题只在于：他们是愿意受某种坏的、时髦的哲学的支配，还是愿意受一种建立在通晓思维历史和成就的基础上理论思维的支配。"[1] 科学本身并不能自发地一致地产生哲学，科学家并不一定是自觉的辩证唯物论者。任何科学成果本身并不等于哲学成果，只有把科学成果放在世界观的高度，并在世界的整体联系中去考察、整理、研究，才能上升到哲学的高度。这项工作不是单方面的科学研究工作所能代替的。科学家往往缺乏的是从整体联系中处理问题，具体的研究项目和范围限制了他们。在古希腊人那里，哲学和科学是一回事，那是当时历史条件决定的，那时科学还不能分门别类地进行个别细节方面的研究，只是从整体上、大体上去考察，科学研究本身就带有整体联系的性质，当然科学与哲学是一回事。近代科学开始还是以自然哲学的形式出现的，那是由于一方面受希腊自然哲学的影响，另一方面近代科学还处于初创，科学家往往一个人可以在多学科上突破，带有一个总体的眼光，科学家往往片面地把自己的研究范围看作是整个世界，把自己探寻的部分规律看作整个世界的规律，妄图建立凌驾一切的自然哲学体系。再有则是受经院哲学的束缚，总是羞羞答答地带有一点神学味道或披着神学的外衣。牛顿体系就具备这个特点，他企图用力学的观点来解释世界，但把第一推动力归于上帝，企图建立完整的自然哲学体系。往后，随着科学的发展，进入了分门别类的研究阶

---

① 恩格斯：《自然辩证法》，《马克思恩格斯选集》第 3 卷，人民出版社 1972 年版，第 533 页。

段，科学的分支越来越多，科学与哲学分家了。19 世纪末 20 世纪初科学又在向综合成长的方向发展，科学与哲学存在联合的趋势。大科学家爱因斯坦对哲学就给予足够的重视。在科学飞跃发展的今天，科学与哲学迫切需要建立联盟，同时，科学更不能自发地产生哲学了，只有运用马克思主义哲学总结自然科学的最新成就才能发展哲学思想。

（三）

近三十年来科学技术进展迅猛，对社会存在和社会意识产生了深远的影响。伴随着自然科学的发展和整个人类社会生活的深刻变化，马克思主义哲学正面临着一个转折点。不研究、不重视科学就不能对当前社会出现的新情况进行说明、概括和总结，马克思主义哲学就不能发展。因而，只有在对社会科学领域给予足够的重视和研究的同时，必须对自然科学给予充分的注意，才能发展马克思主义哲学。

当前，自然科学在许多领域内都有新的发展，整个自然科学面临着重大突破。现代物理学正在向着物质结构的更深层次进军。1974 年，丁肇中发现了 J/ψ 粒子后，冲破了以往的理论，把基本粒子理论的研究由强子结构推进到层子结构这一层次的大门口，把物质结构由原子、原子核、基本粒子推进到第四层次——层子层次。现代生物学也由细胞层次的研究进入了分子层次的研究，DNA 双螺旋结构的发现开辟了分子生物学新的研究方向，分子遗传学新成就开始揭示了遗传之谜，在生物科学一系列新成就的基础上发展起来了遗传工程学。生命的起源、发育机理、进化的原因、思维本质等生物科学的基本理论问题都在进行着创造性的探寻。在宏观世界的研究方面，宇宙天文学的宏观观察已达到一百亿光年的空间，天文物理学方面大量难以理解的问题不仅打破了人们习惯的天体观，而且打破了以往的科学的天体物理观，河外天体的谱线红移现象发现后，人们提出了我们所观察到的宇宙膨胀运动的假说，形成了关于宇宙演化问题的一个学派。60 年代以来，密度极高的"脉冲星"、能量极大的"类星体"、星际之间含有有机分子的"生物云"，以及星际和星象际空间具有 3°K 微波背景辐射等天文学四大发现，为人类揭开天体起源和生命起源之谜提供了新的线索，可以设想，在不远的将来，人们对宇宙的认识将会出现质的飞跃。数学越来越渗透到自然科学各个领域中去，发展出许多新的分支来。化学不是近代科学概念上的化学了，已经被其他许多个学科所吸引，成为联系最广泛的学科之一。自从1948年维纳提出现代控制论以来，它已经作为新的基础理论大踏步地迈进基础学科的行列，其作用越来越大。现代控制论是研究各种系统共同控制的规律的科学，它不是从物质的能量和基质方面，而是着重从信息方面研究。信息概念是控制论的基本概念。控制论的发展，信息渗透一切，把本质上不同的诸类系统、把自然领域和社会领域沟通了，表现了不同物质状态的同一性，为世界统一性提供了新的论据。控制论提供了用机器模拟思维的理论依据，使物质与意识关系的哲学老问题又遇到了新情况。自然科学的新成就扩大了人类对自然规律的认识，为哲学的发展开辟了广阔的前途。在物质的统一性、物质与意识的关系、物质结构、物质存在形式和基本运行形式、物质之间的相互作用等方面提出了大量的新课题，迫切要求哲学给予新的概念和总结。辩证唯物主义自然观在物质观、时空观、运动观、基本规律和范畴等方面都要作进一步的充实和发展。伴随自然科学的发展，哲学还要在信息观、结构观等新的概念上迅速做出总结。这些新的概念和总结势必引起哲学观的发展。同时，面临突破的自然科学还迫切需要哲学给予世界观和方法论方面的支持和指导。这就要求哲学工作者努力挖掘人类的哲学遗产，认真总结、大力宣传马克思主义哲学，紧密结合科学工作的实践，密切注视科学的动向，把活生生的马克思主义哲学观有的放矢地输送给自然科学工作者，而绝不是停留在宗教教义式的注释上，把呆板的教条原封不动地搬给自然科学界。

现代自然科学不仅在内容上为哲学发展提供了前提，而且在科学本身的发展上也为哲学理论发展提供了论据。自然科学本身在结构上、手段上、研究对象上、管理上的变化，客观地反映了人类对自然规律的认识，现代科学的发展变化是人类对已经认识的自然界普遍联系发展变化的缩影。科学的发展规律和相互交叉联系形成的科学整体系统反映了人类认识自然的程度及自然界的万事万物相互转化的辩证关系。对现代科学发展本身的研究，无疑会大大丰富马克思主义哲学思想。现代科学是在向立体交叉、综合和专一相结合的方向发展，构成了相互联系、相互渗透、相互转化的科学总体体系。科学的发展已经完全打破了数学、物理学、化学、地质学、天文学、生物学六大基础学科的界限。各学科相互渗透融合生长出许多综合性、边缘性的学科来，如天体物理学、分子生物学、环境保护学、仿生学等等。随着人类对自然规律总体关系的认识，形成了综合性极强的学科理论、控制论、信息论、系统工程学等。另一方面，科学又向专一化方面发展，学科越分越细，反映了人类对自然界认识的深化。学科无论在纵的方面，还是在横的方面，无论是在综合方面，还是在专一方面的发展，都反映了人类对自然的认识越来越接近客观事物本来的辩证法。现代科学不仅在结构上发生了和正在发生着深刻的变化，而且科学研究手段、对象、方法也发生了深刻转变。科学研究的对象大到一百亿光年，小到层子结构。在这样大尺度的时空范围内，研究对象变化无常，稍纵即逝，联系错综复杂，近代科学的实验室条件是无法模拟的，必然引起现代科学研究手段的变革。射电天文望远镜取代光学望远镜，电子显微镜取代光学显微镜，高能物理加速器是探寻物质内部结构最重要的认识工具，电子计算机已经部分代替了科学家的脑力劳动。近代科学分门别类的独门独户的一般实验室观察的方法已经不适应今日科学之需要。在现代科学研究手段基础上形成的国家科学管理体系和科学家社会集团研究能力反映了人类新的科学认识方法。科学研究认识方法的进步又为辩证唯物主义认识论和方法论的发展提供了令人信服的论据。

马克思主义哲学必须对现代科学注意的原因还在于自然科学与社会科学日益融会、相互渗透。自然科学大量地渗透到社会科学中去，两大部类学科的相交点生长出新的边缘学科来。现代数学已经渗透到现代经济学中去形成了现代经济学重要分支——经济计量学。系统学、信息学、科学学、未来学则是横跨两大学科的综合性科学，管理学本身已经是经济学、控制论、数学、计算机科学共同结合的产物，囊括整个社会经济及其他社会生活、整个自然科学的管理。难道我们不可以设想总有一天哲学也会把自然科学定量分析的研究办法引入哲学研究中来，作为哲学研究方法的一部分？自然科学和社会科学综合的趋势，进一步沟通了自然规律和社会规律的有机联系。不仅如此，科学还以极其复杂的途径普遍影响到社会生活的一切方面，对社会生产力，进而对社会经济结构、社会结构、上层建筑、人类社会实践产生深远影响，引起人类社会意识的深刻变化。科学就是通过这些复杂变化对哲学进一步施加影响的。现代科学成为生产力，使生产力诸因素发生变化，第二次科技革命使生产工具进入近代工业革命以来第三代机器系统：在控制论和计算机基础上形成的人工智能的延伸部分地代替人脑。劳动者的智力因素上升，体力劳动比重下降，这样必然引起阶级结构、阶级关系、阶级意识的变化。生产力的发展促使资本主义生产关系部分调整、上层建筑部分调整、阶级结构和阶级关系发生新的分化和组合、资本主义社会生产力和生产关系的矛盾、整个阶级矛盾在新的条件下以新的内容展开。科学的发展同样引起社会主义社会生产力和生产关系、上层建筑与经济基础的新的变化。不在大量占有材料的基础上，认真分析研究科学通过怎样的途径引起人类社会存在、社会意识的变化，在科学的作用下人类的社会存在、社会意识发生了怎样的变化，马克思主义的唯物主义历史观就不能得到应有的充实和发展。

（本文是作者 1979 年 6 月撰写的论文）

马克思主义哲学与自然科学

马克思主义哲学和自然科学具有密切的辩证联系，同时二者之间又具有相互不可替代的特点。自然科学的巨大进步是马克思主义哲学形成和发展的前提，马克思主义哲学又对自然科学的发展具有世界观和方法论的指导意义。自然科学不能离开和排斥马克思主义哲学的指导作用，同时马克思主义哲学又不能取代自然科学的发展。马克思主义哲学工作者必须学习自然科学知识，自然科学工作者应该自觉地学习和运用马克思主义哲学。

一　哲学和自然科学的辩证关系

哲学是关于世界观的学说，是理论化、系统化的世界观，是依靠理论论证和逻辑分析系统地回答关于世界最一般的问题，它是关于自然知识和社会知识的概括和总结，它离不开自然科学和社会科学的发展。自然科学是探索自然规律的认识活动和认识成果，它离不开理论思维，离不开世界观的指导。所以，哲学和自然科学之间存在着相互依赖、相互影响的辩证关系。取代和排斥自然科学的哲学是没有生命力的，哲学的发展依靠对自然科学成果的吸取和概括。正确的哲学思想推动科学前进，错误的哲学思想对自然科学起阻碍作用。哲学和自然科学互相促进，这是哲学和自然科学共同发展的一个客观规律。

哲学和自然科学的关系是普遍和特殊的辩证关系，它们之间既有区别又有联系。既不能把哲学问题和自然科学问题混为一谈，又不能把哲学和自然科学完全割裂开来、对立起来。

首先，从社会意识形态系统的层次上来说，哲学和自然科学处于社会意识形态系统的不同层次。哲学是自然科学和社会科学知识的结晶，在社会意识形态系统里，哲学属于最高层次，自然科学（例如力学、数学、化学、医学、农学、林学等）则相对属于低一层次。这种层次差别的意义在于：第一，以人们认识客观世界的深度来看，哲学和自然科学虽然都是对客观世界的本质和规律的概括，但它们的抽象程度、系统化程度和理论化的深度是不同的。自然科学是对自然界中某种具体规律的抽象，它反映的客观世界的本质和规律较为具体，而哲学则是以自然科学为中介而进行的最高级、最深刻的本质抽象，是对自然科学知识再抽象的结果，它凝聚了自然科学的成果，是对客观世界本质和规律的最高层次的理论抽象；第二，从哲学和自然科学到客观世界的距离来看，自然科学到客观世界较近，它是直接对自然界的科学抽象，而哲学不可能直接去反映自然的本质和规律，它必须通过自然科学的中介环节才能真正地、深刻地反映自然界的本质和规律，哲学距自然界较自然科学为远，所反映的自然界具有间接性。上述两层意思正好说明哲学属于社会意识形态的最高层次，比自然科学更高级、更深刻。

其次，从反映客观世界的范围和本质来说，哲学和自然科学是存在差别的。就反映的范围而言，哲学是自然、社会和思维三方面的总和，是反映整个宇宙一般规律的，它反映的领域大、范围广；而自然科学只是反映三大领域中的一个领域，相比哲学来说，它只反映世界的一部分，领域小一些，范围窄一些。就反映的本质而言，哲学所反映的客观世界的规律具有普遍意义，而自然科学所反映的客观世界的规律具有个别性和特殊性。哲学的普遍性是对自然科学规律个别性和特殊性的概括和总结。

再次，从研究对象、研究方法及其使用的概念、范畴上来说，哲学和自然科学存在着一定的区别。在研究对象上，哲学是关于世界观的学问，是研究自然界、社会和思维发展最一般规律的学问。自然科学则是受一般世界观的支配，研究自然界中各种现象运动形式的特殊规律的学问。一个是关于世界观的理论概括，研究宇宙间最普遍性规律的，一个是受世界观的支配，研究宇宙间某一特殊现象、特殊规律的，二者的研究对象是不同的。从研究方法来说，哲学主要是运用抽象思维、理论概括、逻辑分析的方法进行研究，而自然科学一般则是使用观察、实验、模拟、数学以及分析、归纳、假说等方法进行研究。一个是对自然科学和社会科学知识的高度的理论抽象，一个是在观察和实验基础上的分析、归纳和综合，二者的研究方法也有所不同。此外，哲学和自然科学表述各自研究内容所使用的概念、范畴也不完全相同。哲学使用的概念、范畴是在对自然界、社会和思维等领域所使用的概念、范畴高度概括的基础上产生的，它具有最一般的意义。自然科学所使用的概念、范畴则是在特定的范围里使用的。例如，哲学的物质概念是指不依赖人的主观意识而独立存在的客观实在，而在自然科学里，它指的是自然界中具有一定结构和属性的特体的总称。前者是一般，后者是特殊，在概念的外延上，前者包括后者，但二者又不能互相替代。如果以哲学"物质"概念代替一切，就会阻碍自然科学对物质结构及其属性的深入研究；如果以自然科学具体的"物质"称谓代替哲学的"物质"概念，就必然产生诸如"物质消失了"的唯心主义结论。

又次，从哲学和自然科学的社会属性来说，在阶级社会里，哲学具有鲜明的阶级性，而自然科学本身没有阶级性。在阶级社会中，不同的阶级具有不同的世界观，一定的哲学只是对一定的世界观的理论表现，是作为阶级意识出现的。因此，阶级社会中的一定的哲学总是从属于一定的阶级并为该阶级的利益服务，哲学从它在阶级社会开始产生之日起，它就具有鲜明的阶级性。自然科学则是关于自然现象及其关系的知识成果，是人类的共同财富，在阶级社会中自然科学本身不带有阶级性。然而，自然科学为谁所占有和使用，要受到社会制度和阶级的制约。

最后，从人的世界观和研究成果二者之间的关系来说，哲学工作者和自然科学工作者也是不完全一样的。一般来说，哲学工作者的阶级立场、世界观和他的研究成果是一致的，哲学工作者的阶级立场怎样、世界观怎样，往往就决定这个哲学工作者的哲学研究活动是为哪个阶级利益服务的，哲学研究成果在总的方向上反映哪个阶级的世界观。但不能把自然科学工作者的阶级立场、世界观和他们的科学成果混为一谈。由于复杂的社会原因，自然科学工作者的阶级立场和世界观呈现出复杂的情形，同他们的科学成果并不一定完全一致。例如，在剥削阶级社会，有些自然科学家往往是站在剥削阶级的立场上，其社会历史观一般来说还是唯心主义的，但他们的自然观又多半是唯物主义的，他们自觉地或不自觉地受哲学唯物主义的指导，通过总结生产实践经验和科学实验成果取得了一定的科学成就。所以，我们在评价一个科学家的科学成就时，只能以科学实践作为唯一标准，而不能以他的阶级出身、阶级立场和世界观上的偏见作为标准。

哲学和自然科学有一定的区别，不能把二者混同起来。但另一方面，哲学和自然科学的关系又极其密切。自然科学知识是哲学的重要基础之一，哲学对自然科学具有指导作用，二者紧密联系、相互促进。

哲学和自然科学之间有着深刻的内在联系的根本原因在于，自然科学理论中的基本概念与基本假设都包含着深刻的哲学世界观和方法论的普遍性特征，哲学的发展离不开自然科学理论所提供的基本素材和养分，而自然科学工作者的科学研究工作又离不开哲学世界观和方法论的指导。哲学和自然科学在哲学世界观和方法论的基点上紧密联系起来了。关于哲学和自然科学之间紧密联系和相互作用，这是各派哲学家和各门自然科学家都一直承认的。在量子力学及波函数的统计解释方面做出重要贡献的著名物理学家 M. 波恩指出："关于哲学，每一个现代科学家，特别是每一个理论物理学家，都深刻意识到自己的工作是同哲学思维错综地交织在一起的，要是对哲学文献没有充分的知识，他们的工作就会是无效的。在我自己的一生中，这是一个最主要的思想。"①

哲学和自然科学的密切联系，特别表现在哲学唯物主义以及辩证法和自然科学相互依赖、相互促进的关系上。因为，自然科学是对自然规律的近似正确的反映，它必须从客观事物出发，从客观存在的辩证规律出发，而不能靠主观臆测，所以，自然科学在本质上是唯物主义的、是辩证的。这样一来，哲学唯物主义和辩证法就能够为自然科学的研究提供世界观和方法论的指导。反过来，唯物主义和辩证法的发展也离不开自然科学，"随着自然科学领域中每一个划时代的发展，唯物主义也必然要改变自己的形式"②。自然科学推动了唯物主义和辩证法哲学的发展。

---

① ［德］M. 波恩：《我的一生和我的观点》，商务印书馆 1979 年版，第 26 页。

② 恩格斯：《路德维希·费尔巴哈和德国古典哲学的终结》，《马克思恩格斯选集》第 4 卷，人民出版社 1972 年版，第 224 页。

唯心主义和形而上学哲学和自然科学之间则存在着一种特殊的关系。从认识论上讲，唯心主义和形而上学哲学是以一种特殊的方式，即以"反面"的方式，来反映自然科学的发展水平。它们是对自然界规律认识不够的反映，是人们对自然科学成果的片面的、绝对化的、歪曲的理解和反映。自然科学在本质上是和唯心主义和形而上学哲学相对立的，实践证明，唯心主义和形而上学对于自然科学的发展起到了阻碍作用。例如，造成欧洲中世纪自然科学长期停滞的局面，除了封建制度的束缚这个主要原因以外，就是宗教神学这种赤裸裸的唯心主义和形而上学哲学对于自然科学长期禁锢的结果。实际上，自然科学的历史就是逐渐从宗教迷信和唯心主义哲学的束缚下摆脱出来的历史。那么，历史上唯心主义和形而上学对于自然科学发展有没有起到一些好的作用？从根本上来说，唯心主义和形而上学歪曲了自然界的真实面目，它对自然科学的发展不会起什么好作用的。如果讲作用的话，它可以从"反面"起到促进科学发展的作用。但是，也应看到，唯心主义和形而上学哲学家的哲学思想和哲学著作也是比较复杂的，其中有些也可能会夹杂某些唯物主义和辩证法的成分，如康德和黑格尔著作中就包含了很多辩证法思想，这些唯物主义和辩证法思想也会对自然科学家思考问题、开拓思路有一定的积极作用。因此，对唯心主义和形而上学哲学家的哲学遗产应当作具体分析。

正确认识哲学和自然科学的辩证关系，就能更好地促进哲学的发展，更好地发挥哲学对自然科学的指导作用，加速自然科学的发展。自然科学作用于哲学，哲学作用于自然科学，二者之间存在双向的相互作用关系。看不到哲学和自然科学的关系是普遍和特殊的关系，看不到二者本质上一致的联系，看不到它们之间的特殊区别，否认哲学对自然科学的指导作用，或者认为哲学可以代替自然科学的看法和做法，都是错误的。

二 自然科学推动马克思主义哲学的产生和发展

自然科学是推动哲学发展的革命性力量，自然科学对哲学唯物主义和辩证法的发展起到了决定性的作用。18 世纪末到 20 世纪初自然科学领域内划时代的重大发现，是马克思主义哲学创立的重要前提之一，自然科学的发展推动了马克思主义哲学的诞生。现代自然科学的新发展又不断为马克思主义哲学的进一步发展提供动力，促进马克思主义哲学的丰富和繁荣。

自然科学总是推动哲学的进化和发展，也就是说，自然科学的现状和发展趋势必然导致哲学出现与之相适应的状况和发展趋势。自然科学对哲学的一般作用在于：第一，自然科学总是不断向哲学提出新问题和新要求，从而推动哲学不断前进。任何新的、重大的自然科学理论成就，都是对自然界新的具体规律的揭示，这种新的科学成就除了论证和丰富哲学已有的概念、范畴、原理和规律以外，总不可避免地要提出与新的具体规律相联系的更高层次的哲学新问题和新要求，如对新发现的自然规律的认识必然反映出新的哲学问题和要求，等等。哲学正是在解决和回答这些新问题、新要求的过程中发展自己，不断地由低级形式向高级形式进化，从而达到与自然科学最新成就相适应的状态。第二，自然科学不断为哲学发展提供必需的、重要的认识素材和世界观材料，划时代的自然哲学成果会直接促进哲学的伟大变革。人们通过对自然界的科学认识活动获得了大量的科学事实的经验素材，以及概念、范畴、关系式、定律、原理等理性认识素材，这些感性素材和理性素材为哲学的理论抽象提供不同性质的基础和前提，促进哲学发展。例如，19世纪细胞的发现、20世纪放射性现象和遗传物质DNA、RNA的发现，对哲学的物质世界统一性原理和物质无限可分原理的确立起到了重要作用。再如，爱因斯坦相对论的科学理论，为揭示自然界的本质联系及其运动变化的规律的哲学认识提供了极其重要的科学基础。自然科学新成果是哲学发展的必要前提，而划时代的重大科学成就则在哲学的变革中起着直接的和重要的作用。第三，自然科学本身体现出一定的哲学思想和观点，会不断地丰富哲学的内容。自然科学本身虽然不能等同于哲学，但自然科学是哲学思想和观点产生的源泉之一，自然科学总是体现出一定的哲学思想和观点，直接论证、丰富和发展已有哲学的内容。例如，康德在1755年提出的星云假说，把整个自然界看成一个变化和发展的过程，这个哲学思想直接打破了18世纪关于自然界永恒不变的形而上学哲学见解。第四，自然科学是辨别、评析、支持、驳斥或推翻各种哲学观点的最有力的武器，反映客观自然规律的自然科学是检验哲学观点正确与否的试金石，自然科学为检验哲学观点的真理性提供了最有力的实践标准。例如，19 世纪自然科学的发展，最终使哲学抛弃了机械论；20 世纪自然科学的发展，也终于使盛行一时的逻辑实证主义放弃了他们推崇备至的"证实原则"中的谬误部分。自然科学对哲学观点的鉴别和检验，实际上起到了推动正确哲学思想发展的作用。第五，自然科学在认识过程中所运用的方法和手段，是哲学方法论形成的重要基础。哲学认识方法包含在一般的科学认识方法之中，同时又高于一般的科学认识方法。自然科学在完成对自然规律的认识中，必然要借助于科学的认识方法，这种科学的认识方法在揭示自然规律的过程中，显示出自然界本身的客观辩证法，体现出人的辩证法认识过程，这就为哲学方法论的形成和发展提供了前提条件。

自然科学对哲学作用结果的总要求，就是哲学要和自然科学的发展相适应。具体来说，在自然科学相对稳定时期，哲学要能够解释、说明自然科学的已有成果；在自然科学快速发展和在个别领域有新的突破时期，哲学要紧跟上自然科学的步伐，解决和回答自然科学提出的新的哲学要求；在自然科学取得全面性重大突破时期，哲学要适应自然科学的总要求，发生相应的哲学变革。尽管自然科学对哲学起着重大的推动作用，但自然科学对哲学的作用总是相对低层次的意识对科学抽象的高层次的意识的作用，是个别规律的科学抽象对一般规律的作用。但无论如何，自然科学对哲学的作用是根本性的、永久性的，它永远是推动哲学前进的根本动力。

马克思主义哲学的产生，充分证明自然科学对哲学发展的推动作用。古代朴素唯物主义是以古代萌芽状态的自然科学知识和对自然界整体的直接观察为基础而产生的哲学观点，这种观点把某种具体物质形态作为世界的本原，并把世界看成逐渐生成和发展起来的东西，从本质上看这种观点是正确的，但由于当时自然科学水平低下，对自然规律的认识有限，对世界总体的描述还带有臆测和不科学的成分。到了 18 世纪，经典力学体系已经建立，机械观在自然科学中占统治地位，同时在当时自然科学界通行的研究方法是把自然界分解成各个部分，分门别类地进行研究，即撇开自然界的总的联系，孤立地进行研究。英国哲学家培根和洛克总结和概括了这种自然观和研究方法，形成了形而上学的唯物主义世界观。形而上学的唯物主义世界观在自然科学知识上超过了朴素的唯物主义哲学，但对世界辩证联系的总画面的认识上却低于古希腊的唯物主义哲学。18 世纪末到19 世纪中叶，自然科学由搜集材料阶段进入到整理材料阶段，自然科学领域内划时代的科学新成就，尤其是当时自然科学的三大发现，向人们揭示出自然界的普遍联系和辩证发展进程。马克思、恩格斯概括了当时自然科学和社会科学的全部成果，实现了哲学史上的伟大变革，创立了辩证唯物主义和历史唯物主义。18 世纪末到 19 世纪中叶自然科学的最新成就是马克思主义哲学产生的重要基础。

　　自然科学是马克思主义哲学产生的动力，同时自然科学的新发展又进一步证明了马克思主义哲学的正确性，促进马克思主义哲学的进一步发展。19 世纪末以来，自然科学又取得了许多划时代的发现，特别是放射性元素和电子的发现，证明了原子不是不可分的，它还有内部结构，这就进一步检验了唯物主义辩证法的正确性，并在微观领域宣布了形而上学机械论的破产。尽管如此，当时仍有一些受形而上学机械观影响的科学家，在新发现面前乱了阵脚，惊呼什么"原子非物质化了"，一些唯心主义者也借此大做文章，说什么"物质消失了"，企图驳倒辩证唯物主义哲学。自然科学的伟大进步向马克思主义哲学提出了新的问题：什么是物质？哲学的物质概念同自然科学的具体物质概念有什么区别？这两个问题在马克思主义哲学的经典著作中是找不到现成答案的，这就需要迎接挑战，研究新问题。列宁研究了当时物理学的最新成果，做出了新的理论概括，从哲学上给物质概念下了一个完备的定义："物质是标志客观实在的哲学范畴，这种客观实在是人通过感觉感知的，它不依赖于我们的感觉而存在，为我们的感觉所复写、摄影、反映。"① 列宁的哲学物质定义高度概括了世界上千差万别的具体物质的共同性，对哲学范畴的物质概念和自然科学所研究的某个具体物质的概念作了明确的区分，坚持了世界统一于物质的哲学原则，批驳了唯心主义"物质消失了"的谬误，纠正了形而上学机械论的

---

① 列宁：《唯物主义和经验批判主义》，《列宁选集》第 2 卷，人民出版社 1972 年版，第 128 页。

"原子非物质化"的错误观点，澄清了人们头脑的混乱，坚持和丰富了辩证唯物主义的物质观。

19世纪末开始的自然科学的一系列重大突破，在20世纪获得了全面的、迅猛的发展，使马克思主义哲学面临着自然科学新的挑战。例如，20世纪初期创立的量子论、相对论和基因论，20世纪中期发展起来的基本粒子理论、控制论、信息论、系统论、分子生物学，以及电子计算机的广泛运用，20世纪近二十年迅速传播开来的突变论、协同论、耗散结构理论、模糊数学，以及人工智能的推广使用等，都是20世纪伟大的科学成就，这些科学成就正在酝酿着新的突破，给马克思主义哲学的发展提供了新的课题。有些科学成就给马克思主义哲学原理提供了新的证据，有些科学成就丰富了马克思主义哲学的基本原理，有些新的科学成就向马克思主义哲学提出了新的要求，要求对马克思主义哲学的个别结论和提法进行充实或修改，赋予新的表达形式。但是，无论怎样，新的科学技术蓬勃发展、新的科学技术成果不断涌现，并没有否定马克思主义哲学概括的基本范畴和基本规律，只是为马克思主义哲学的丰富和发展提供了新的证明材料和充实材料。借口新情况、新变化、新成果，认为马克思主义哲学已经过时了，这是完全错误的；同样，固守原有的结论、拒绝迎接自然科学的新挑战，否定一切新的东西，同样也是违反马克思主义哲学本性的。站在马克思主义哲学基本立场上，深入研究自然科学新成就，积极吸收当代各门科学发展的新成果，必将进一步丰富和发展马克思主义哲学。

三　自然科学需要马克思主义哲学的指导

自然科学是人类探索自然规律的一种认识活动，这种活动离不开哲学的指导。恩格斯指出："不管自然科学家采取什么样的态度，他们还是得受哲学的支配。问题只在于：他们是愿意受某种坏的时髦哲学的支配，还是愿意受一种建立在通晓思维的历史和成就的基础上的理论思维的支配。"[1] 这是为无数科学史实所证明了的真理。

---

① 恩格斯：《自然辩证法》，《马克思恩格斯选集》第3卷，人民出版社1972年版，第533页。

　　一定的自然科学总是受一定的哲学思想支配的。古代自然科学主要是受素朴唯物主义和辩证法思想的支配，在素朴唯物论和辩证法的影响下，古希腊自然科学、中世纪自然科学都取得了有关数学、力学、天文学、医学等方面的成果。中世纪的欧洲神学和经院派哲学占统治地位，自然科学发展受到束缚，长期停滞不前。15世纪后半期唯物主义哲学开始突破神学的羁绊，自然科学发展才开始有了转机。但是直到18世纪，在力学基础上形成的哲学唯物主义的形而上学方法一直指导着科学研究，在这种世界观和方法论指导下，自然科学处于搜集材料阶段，对自然现象、事物和过程进行分门别类的研究。这种旧的哲学观比较顽固地统治了19世纪上半叶的欧洲科学研究领域。从19世纪到20世纪初，一系列重大发现迫使人们开始接受辩证唯物主义哲学，辩证唯物主义哲学开始成为推动自然科学发展的重要力量。人类的一切活动都是有目的、有计划的活动，总要运用思维，受一定的世界观和方法论的支配，从而就必然和哲学发生密切联系。哲学对自然科学的支配和影响，主要表现在自然科学工作者要受一定的哲学观点的支配。唯一的差别是，有的自然科学家受过系统的哲学训练，自觉地接受某种哲学观点的影响；有的自然科学家虽然没有受过哲学训练，但都不自觉地受到某种哲学观点的支配。实践证明，历史上许多自然科学家之所以在科学研究中有所作为，正因为他们注意运用哲学，善于吸收人类历史上优秀的哲学成果，以指导自己的科学研究活动。比如，相对论发现者爱因斯坦、量子力学奠基人薛定谔、海森堡等人都是非常重视哲学的。因此，任何一个自然科学工作者，不论他们是否愿意，都要受一定的哲学世界观和方法论的支配。自觉地接受正确哲学的指导，就可以在科学研究中少走弯路，取得更大的成就。

　　哲学对自然科学的指导作用集中表现在世界观和方法论方面。任何一个自然科学家个人都必然自觉地或不自觉地使用一定的世界观和方法论，任何一项自然科学研究活动都必然自觉地或不自觉地接受一定的世界观和方法论的支配。在评价哲学对自然科学的作用问题上，存在两种倾向：一是借口自然科学特殊，否定和排斥哲学对科学的指导作用；再一种是，把哲学看成是万能的工具，无限夸大哲学的作用，妄图以哲学取代各门具体的自然科学。在处理哲学和自然科学的关系时，必须坚决反对这两种倾向，从世界观和方法论方面影响和指导自然科学工作者的科学研究活动，决不能企图用哲学代替自然科学来解决自然科学研究的具体问题。

自然科学研究工作总是在一定的哲学支配下进行，正确的哲学促进自然科学的发展，错误的哲学阻碍自然科学的发展。自然科学中的一般唯物主义和辩证法的哲学倾向对自然科学的发展起着积极的作用，但有一定的局限性。马克思主义哲学是正确的世界观和方法论，只有马克思主义哲学才是自然科学最有效的世界观和方法论武器，自然科学需要马克思主义哲学的指导。

马克思主义哲学是正确的世界观和方法论，它对于自然科学具有世界观和方法论的指导职能。马克思主义哲学承认自然界的物质性和自然规律的客观性，承认自然界万事万物、一切现象和全部过程之间的普遍联系和发展变化，承认自然界的物质现象是意识现象的基础，以及意识现象的相对独立性和反作用力，这就给科学工作者的研究活动提供了一个正确的世界观立场和方法论指南，引导自然科学工作者自觉地按照自然界的本来面貌去观察、研究和解释自然，揭示自然界的客观规律。马克思主义哲学从世界观和方法论上为自然科学研究指引了基本的方向。在社会主义国家的科学研究领域中，马克思主义哲学是无产阶级的伟大的思想武器，它对于自然科学具有政治上的定向职能。马克思主义哲学具有鲜明的阶级性和党性原则，它作为一种无产阶级的意识形态，制约着人们科学地认识自然界的动机、态度，规定自然科学研究工作的方向，是制定自然科学研究工作的方针、路线和政策的根本理论依据。坚持马克思主义哲学的指导，可以从思想上保证自然科学接受党的领导，为社会主义服务。马克思主义哲学是伟大的认识工具，它对于自然科学具有认识论的认知功能。它肯定世界是可知的，人们通过实践能够获得关于自然的真理性认识，并且为人们对自然界的认识指出正确的思维途径、思维方式和思维手段，这就会帮助自然科学工作者树立信心，解放思想，勇敢地开拓认识自然的途径，运用正确的思维方式，通过艰苦的科学实验和科学研究，从现象深入本质，不断深化对自然界客观规律的认识。马克思主义哲学是科学的方法论，它对自然科学具有方法论的启迪功能。马克思主义哲学揭示了宇宙间万事万物的唯物的辩证运动规律，为人们正确地认识自然规律提供了科学的方法论，以正确的思想方法、分析方法和研究方法武装自然科学工作者，启迪自然科学工作者运用正确的研究方法和研究手段去探索自然界的奥秘。

今天，随着社会实践的进步，现代科学同时正向着高度综合和高度分化的方向发展，正在向着自然界的广度和深度进军，科学研究的课题越来越复杂，项目越来越庞大，难度越来越大，自然科学工作者更应该自觉地学习和运用正确的哲学世界观和方法论来指导科学研究工作。

四　自然科学工作者应该自觉地学习和运用马克思主义哲学

今天，哲学与自然科学相互作用，哲学工作者和自然科学工作者结成联盟，已成为历史发展的必然趋势，顺应这一历史潮流，自觉地学习和运用马克思主义哲学指导自然科学，是对自然科学工作者的基本要求。

自然科学工作者怎样才能学会马克思主义哲学呢？恩格斯曾经为当时的科学家提出了两条可供选择的途径：一条是自发的途径："它可以仅仅由于自然科学的发现本身所具有的力量而自然地实现……但这是一条比较长期、比较缓慢的过程……"；另一条是自觉的途径："如果理论自然科学家愿意从历史地存在的形态中仔细研究辩证哲学，那么这一过程就可以大大地缩短。"①

所谓自发的道路，就是科学工作者在科学研究的实践活动中，通过对自然科学所揭示的经验事实和客观规律认识中，自然地取得一些唯物的、辩证的认识。这种自发形成的正确的哲学认识，往往经过多次失败

---

① 《马克思恩格斯选集》第 3 卷，人民出版社 1972 年版，第 467—468 页。

和成功的反复比较，经过多次正确与错误的反复认识，往往要付出极大的代价，犹如在漫长的黑暗中摸索前进，要碰到大量的阻力，其过程是缓慢的，其代价是巨大的，其道路也是曲折的，其结果是在某种程度上达到唯物的、辩证的认识，在总体世界观和方法论上达到辩证唯物主义的高度。

所谓自觉的道路，就是不仅通过科学实践取得正确的哲学认识，而且是通过系统的哲学训练和学习，学习前人留下的优秀哲学成果，系统地、全面地学习马克思主义哲学，并且学会在科学实践中自觉地运用马克思主义哲学作指导而取得的。有人以西方自然科学家能够取得卓越的成果为理由，否认马克思主义哲学的指导作用，这是不正确的。其实，西方一些自然科学家能够在科学研究中取得成就，`其原因有很多，但其中一个重要原因是他们通过科学实践比较自觉地接受了正确哲学观点的指导。譬如，日本物理学家坂田昌一自觉地运用唯物主义辩证法研究基本粒子理论，取得了卓越成就，就是很有说服力的例证。

马克思主义哲学是人类优秀思想的高度总结，不是读几本书就能掌握的，也不是一朝一夕的学习就能奏效的，更不要说得心应手地运用了。掌握马克思主义哲学，运用它来指导自然科学研究，这是一个长期的自觉学习、运用的过程，不仅需要自然科学工作者针对自然科学的实际问题，刻苦努力地阅读马克思主义哲学著作，研究和学习马克思主义哲学，而且更重要的是需要自然科学工作者通过自己的科学实践活动，自觉地学习和运用马克思主义哲学，从自己所取得的成就和遭受的失败中逐步体会和掌握马克思主义哲学的正确性。总之，自然科学工作者只有在科学实践活动中，学习和掌握马克思主义哲学，才能开创社会主义科学发展的新局面，才能真正使马克思主义哲学起到推动自然科学前进的作用。

列宁在著名的《论战斗唯物主义的意义》一文中说："战斗唯物主义为了完成应当进行的工作，除了同那些不是共产党的彻底唯物主义结成联盟以外，同样重要甚至更重要的是同现代自然科学家结成联盟。"[1] 我们主

---

① 《列宁选集》第4卷，人民出版社1972年版，第608页。

张自然科学工作者学习马克思主义哲学，并不等于否认哲学工作者同样需要自然科学知识，哲学工作者应当遵照列宁的教导，同自然科学工作者结成联盟，学习自然科学知识，向自然科学工作者学习，共同促进马克思主义哲学和自然科学事业的繁荣。

（本文是作者 20 世纪 80 年代初写的读书笔记，原载《哲学研究》

2010 年第 9 期，发表时作了必要删减）

关于老子"道"的定性分析

老子关于"道"的思想基本上是属于客观唯心论哲学。

关于老子"道"的思想，学术界有两种截然相反的看法：一种认为是客观唯心论，一种认为是唯物论。

老子提出"道"作为宇宙本体，是天地万物的本源。对于这种解释，两派似乎无分歧。老子说："有物混成，先天地生。寂兮寥兮，独立而不改，周行而不殆。可以为天下母。吾不知其名，名之曰道，强名之曰大。"（《道德经》二十五章）在这里，"道"则是靠自身原因存在并独立于天地之外，人看不见、听不着的天下万物的根源。我认为仅根据老子这个说法并不能判断唯物论还是唯心论。因为客观唯心论和唯物论都同样认为世界万物有一个本质，这个本质是客观存在，是不同于具体存在物的。所以判断老子"道"究竟属于唯物论还是客观唯心论，关键在于探讨老子讲的"道"是精神实体还是物质实体。我认为老子讲的"道"不是物质实体，而是精神实体。理由是：

第一，老子的"道"是人无法感知，无法把握的神秘莫测之物。

老子认为"道"是"无状之物，无物之象"，"视而不见"，"听之不闻"，"博之不得"，"近之不见其首，随之不见其后"。即"道"是没有形状，没有物象，看不见，摸不着，听不见的。列宁说："物质是标志客观实在的哲学范畴，这种客观实在是人感觉的，它不依赖于我们的感觉而存在，为我们的感觉所复写，摄影，反映。"物质作为世界本质虽然不等于某种具体之物，但它是标志着人们可以感觉到的，可以把握的，同时又不依赖于人的感觉而存在的客观实在。既然老子所说的"道"是恍恍惚惚，玄玄忽忽，人们既感觉不到，又无法把握，那么只能是一种精神的实体。有人引老子"道之为物，惟恍惟忽，忽兮恍兮，其中有象，恍兮惚兮，其中有物，窈兮冥兮，其中有精。其精甚真，其中有信"。来说明"道"虽然不是通过耳目可以直接感受到的，但它包含了精细的粒子是实实在在的。实际上，老子这段话恰恰说明"道"作为世界本源的精神实体中包含有精细之粒的东西，是精神包含物质。

在这里，我不要把物质概念与标志客观存在的物质相区别。物质作为概念则是抽象的、纯粹的思想之物。但物质本身则是丰富的、具体的、多样的、可感觉的。老子的"道"在这里只是一种极其抽象的东西并不是指客观事物。

第二，"道"的本质是无，世界万事万物都是从无产生。

司马迁《史记》中对老子"贵道虚无"的评价，深刻概述了老子"道"的本质。老子的"道"叫做"玄之又玄，众玄之门"。这就是说，道是虚无缥缈，似有非有的一切变化的总开关。老子认为，天下万物都是由这个虚无的道产生的，"天下万物生于有，有生于无"。列宁说："从无开始的运动倒是没有的，运动总得从某个东西开始的。"这种虚无的"道"显然不是指物质实体。

老子的"道"就是"无"，是不具有任何具体物质属性和形象的东西。古代朴素唯物论把世界的物质性归结为几种或者一种具体的物质，而老子的"道"是无具体物质属性的"无"，这只能是一种抽象的东西。把物质世界归结于本来什么都没有。这不是客观唯心主义是什么？

第三，在道与众物关系上，道是绝对的、抽象的、纯精神的原则。道是第一性的，物是第二性的。"道生一，一生二，二生三，三生万物。"这就是说从道中最终产生万物。在这里道与"一"同格，"一"是指具体事物形成前的统一状态，老子把这种统一状态无限夸大，推崇成为极其抽象的最高的"自然原则"（道法自然），即神秘的没有任何具体物质属性的"天"或"道"。老子道的思想很明显就是宣扬在世界万物之上有一个绝对的精神实体，这是第一性的，由此产生万事万物，这是典型的客观唯心主义。有人认为老子讲"道法自然"，是指"道"要符合自然规律，因而道是客观事物的规律。实际上，老子说："人法地，地法天，天法道，道法自然"是指人以地为根据，地以天为根据，天以道为根据，道以它自己本来的样子，以自身原因（自然）为根源，这个"道"不是指自然规律。

因为，在客观唯心论那里，同样认为绝对精神是以自身为原因的。但无论如何，老子"道"的客观唯心论的主张比起有神论毕竟还是前进了一步，是接近唯物论的，仅一尺之隔。

（本文是作者 1980 年学习中国哲学史的学习札记）

就《关于费尔巴哈的提纲》的有关
译文同朱光潜老先生商榷

在 1980 年《社会科学战线》第 3 期上，朱光潜老先生撰文对马列编译局《关于费尔巴哈的提纲》的译文①提出商榷，朱老先生严谨的治学精神，一丝不苟的科学态度深得我们晚辈的敬佩，朱老先生对《关于费尔巴哈的提纲》的一文所提出的中肯的意见，具有很高的学术价值，有助于我们对《关于费尔巴哈的提纲》的进一步学习和研究。同时，笔者抱着向朱老先生讨教，抱着探求真理的态度，对朱老先生的有关修改意见，提出一些不太成熟的看法。

朱老先生认为，"人的本质并不是单个人所固有的抽象物，在其现实性上，它是一切社会关系的总和②，这段话的翻译有毛病。""在其现实性上"德文是"inseine Wirklichkeit"，它应是德文日常口头语"其实"或"实际上"，把它译成"在其现实性上"不妥，全句应译为"人的本质其实就是一切社会关系的总和"。笔者查对了一下马列编译局翻译的，由人民出版社出版的《马克思恩格斯全集》50 年代、60 年代的版本，都翻译成"人的本质并不是单个人所固有的抽象物，实际上，它是一切社会关系的总和"③。在 70 年代编译的《马克思恩格斯选集》中，才将"实际上"修改为"在其现实性上"。笔者认为马列编译局的这一修改是合适的，朱老的修改意见是不妥当的，其理由如下。

第一，按照德文原意翻译成"在其现实性上"比较合适。"其实"、

---

① 《马克思恩格斯选集》第 1 卷，人民出版社 1972 年版，第 16—19 页。

② 同上书，第 18 页。

③ 同上书，第 3—8 页。

"实际上"的德文应该是"in Wirklichkeit"作为德文日常用语,没有物主代词"sein"。而马克思关于人的本质的这段话,德文是"in seine Wirklichkeit",有物主代词"sein"(中文"他的")。这样,"in seine Wirklichkeit"就由虚词变成了实词,变成了有特定指意的词,"Wirklichkeit"是谁的,是他的,他就是指人的本质。因此,翻成"在其现实性上"是符合原意的,联系上下文,"其"就是指人的本质。这样一来,马克思关于人的本质的这段话的意思就很明了了:人的本质并不是单个人所固有的抽象物,在(从)人的本质的现实性上(来看),它是一切社会关系的总和。

查对一下英译本,英译本把"in seine Wirklichkeit"翻译成"in its reality",英文的习惯用语"其实"、"实际上"是"in reality",没有物主代词 its(它的)。查对一下俄译本,俄译本把"in seine Wirklichkeit"翻译成"te geūcmlumell Hocmu",而俄语习惯用语"其实"、"实际上"是"l geū cmlumell Hocmu",也没有物主代词"cloū"(它的)。可见,英译本和俄译本都尊重了德文原意。

第二,联系马克思这个时期的整个思想来看,马克思关于人的本质的这段话,主要是批判费尔巴哈人本主义的,批判费尔巴哈抽象的人的本质观的,马克思强调的是人的本质的现实性,强调人的社会本质形成和发展的现实前提条件。在《莱茵报》之前,马克思受黑格尔唯心主义的影响,从黑格尔理性原则出发,认为人的本质是自我意识——自由理性,对人的本质的看法还是唯心的、抽象的。在《莱茵报》时期,马克思实际观察问题的着眼点已经转向一定客观关系中的现实的人,他看到了人及其活动体现了客观关系的本性。在《黑格尔法哲学批判》中,马克思借助费尔巴哈的唯物主义,从黑格尔的理性基点转到唯物主义的"市民社会"的基点上,认为人的本质在于社会性质,开始认识到人的现实社会特质。在《1844年经济学哲学手稿》时期,马克思对人的本质问题转入经济学的分析,从"市民社会"出发转向从人的劳动过程及其联系出发观察人的本质的立场上,认识到"人的本质是人的真正的社会联系"①,是劳动,是真

---

① 《马克思恩格斯全集》第42卷,人民出版社1979年版,第24页。

正的共同体①。这样，更加接近了对人的本质的现实性及其形成的现实前提条件的认识。在实际斗争中，马克思已把现实的人作为自己实际观察问题的着眼点，他的现实的人是实际生活中的活生生的个人。费尔巴哈同样强调"以自然为基础的现实的人"，他把人作为出发点；但是，关于这个人生活其中的世界却根本没有讲到，同样这个人始终是宗教哲学所说的那种抽象的人。② 在费尔巴哈看来，人的本质仅仅是孤立的个人本身固有的抽象物。由于在理论探索道路上，马克思并不是一下子认识到现实的人就是处于一定社会关系（首先是生产关系）中，从事具体的物质生产活动的人，所以还不可能认清费尔巴哈"现实的人"的抽象性质，还不可能科学地说明人的本质的现实性问题。在《1844 年经济学哲学手稿》中，马克思的这个理论缺陷表现得还是比较突出的。

"关于现实的人及其历史发展的科学……这个超出费尔巴哈而进一步发展费尔巴哈的工作，是由马克思 1845 年在《神圣家族》中开始的。"③从《神圣家族》始，经过《关于费尔巴哈的提纲》，到《德意志意识形态》，马克思创立了唯物史观，科学地认识了现实的人及其历史发展，发现了人的本质产生和发展的前提条件。（1）在《神圣家族》中，马克思找到了现实人存在的社会物质制约条件。马克思说："现实的人即生活在现实的实物世界中并受这一世界制约的人。"④ 现实的实物世界是什么？马克思指出，历史的发源地是在尘世的粗糙的物质生产中，不认识"某一历史时期的工业和生活本身的直接的生产方式"⑤，就不能认识这一历史时期，人的物质生产"只是在物质本身预先存在的条件下才能进行"⑥。人们的物质生产、物质生产制约条件、物质生产方式是社会的物质基础，是现实的实物世界。马克思进一步指出："实物是为人的存在，是人的实物存在，同时也就是人为他人的定在，是他对他人的人的关系，是人对人的

---

① 《马克思恩格斯全集》第 42 卷，人民出版社 1979 年版，第 487 页。
② 《马克思恩格斯选集》第 4 卷，人民出版社 1972 年版，第 242 页。
③ 同上书，第 237 页。
④ 《马克思恩格斯全集》第 2 卷，人民出版社 1957 年版，第 245 页。
⑤ 同上书，第 191 页。
⑥ 同上书，第 58 页。

社会关系。"① 列宁认为这段话表明马克思已经接近生产关系的提法了，现实的实物世界当然包括物质的生产关系在内。因此，现实的人就是处于现实的社会中，并受现实社会的物质的生活、生产条件和物质关系的制约的个人。(2) 在《关于费尔巴哈的提纲》中，马克思把社会实践作为历史唯物主义的基本范畴提出来了。马克思说："社会生活在本质上是实践的。"② 实践首先是生产实践，是人类全部社会生活和社会关系的基础，是人类社会存在和发展的根本条件，现实的人就是处于一定社会关系中从事一定的社会实践活动的人。社会实践是正确认识现实的人及其本质的客观基础。(3) 在《德意志意识形态》中，马克思确立了"生产关系"的概念，从而确立了说明现实的人及其发展的科学前提。马克思认为，唯物史观得以从出发的现实前提"是一些现实的个人，是他们的活动和他们的物质生活条件，包括他们得到的现成和由他们的自己活动所创造出来的物质生活条件"③。有生命的、肉体的、个人的存在，无疑是人类历史的第一个前提，但人是感性活动的人，其基本的、第一个历史活动就是物质生产活动。人们一方面同自然发生关系，表现为一定的生产力；另一方面，人们在生产中必然结成一定的关系，即生产关系，人们只有凭借生产关系才能进行生产活动，才能成为人。只有把现实的人归结为生产活动及其过程，归结为人们在生产中结成的物质关系及其历史过程，才能正确说明现实的人及其本质。

上面，我们简略地回顾了一下马克思科学世界观的形成，由此不难理解，将马克思关于人的本质那段话中的"inseine Wirklichkeit"翻译成"在其现实性上"是同马克思的基本思想一致的。

（本文是作者 1980 年撰写的文稿）

---

① 《马克思恩格斯全集》第 2 卷，人民出版社 1957 年版，第 52 页。

② 同上书，第 18 页。

③ 《马克思恩格斯选集》第 1 卷，人民出版社 1972 年版，第 24 页。

一般系统论的意义

——对一般系统理论的探求

现代科学的发展具有专业化的特征，需要庞大的计算数据，复杂的技术和各个领域内的复杂的理论结构。因此，科学被分离成为无数连续出现的新的分支学科，结果，物理学、生物学、生理学以及社会科学被紧缩在各自独立的领域内，难以获得共同的语言。

不管怎样，这是与另外一个值得注意的现象相矛盾的。概观现代科学的进展，我们看到了令人惊喜的现象，在相互无关系各自独立的学科中，相似性的问题和概念却在广为不同的领域内发展起来了。

古典物理科学的目的就是把自然现象最终分解成为受盲目自然规律支配的原始单子的运动。这点在莱布尼茨的单子论哲学体系概念中已经表达出来了，莱布尼茨认为：从原始粒子的位置和动量恰好能预示到宇宙在某点的状态。当物理学中统计学规律替换决定论的规律时，并没有改变这种机械主义观点，只不过是加强了这种观点。按照波尔茨曼推导的热力学第二定律，物理事件被导向为最大的或然性状态，从而，物理规律本质上则是"无秩序性的规律"，无秩序性的结果，统计学意义上的事件。无论如何，与这种机械主义的观点形成对比，整体性、相互作用性及有机性问题已经在现代物理学的各种分支中显现出来了。在海森堡关系和量子物理学中，把整个现象分离成为局部的事件已经变得不可能了。有序性和有机性的问题表现为是否是原子的结构、蛋白质的构筑及热力学中的相互作用的问题。同样，机械论生物学，认为其目的就是把生命现象分解成为原子实体和局部过程。生命的整体组织被分解成为许多细胞，生命的活动被分成为生理的和最终是物理的过程，生命行为分成无条件反射和有条件反射，遗传基础被分解成为特殊基因，如此等等。对比之下。有机性概念则是现代生物学的基础。它不仅仅需要孤立地研究部分与过程，而且还需要在进行孤立的、整体内部的研究时，解决那些使部分和过程相一致，产生各部分相互作用的动力，以及协调不同部位的行为的有机性和有序性的决定性的问题。相似性的倾向还表现在生理学方面，正当古典心理学企图把人体现象分解成为最原始的单位（生物学的原子单位），例如，最原始的感觉等等的时候，格式塔心理学说明了，生理整体性的存在以及其居首位的重要性，生理整体并不是原始单位的简单累积，而是由生理机制规律所支配的一个整体。最后，在社会科学中，把社会看作为类似社会原子的社会个体的相加的总和，即经济上的人的模型的概念，已被将社会、经济、国家看作为各部分组织的整体的倾向所代替。这样就包含了计划经济，神化国家和民族的重大问题，并且还反映着一种新的思维方式。

当人们认识到，这些发展是在那些相互孤立、并且主要是在对其他领域的研究和工作缺乏认识的情况下发生的事实时，这种在不同领域内的一般认识原则的类似性则更是令人有深刻的印象。

现代科学还有另外一个重要方面。迄今为止，精密科学——自然规律的主体几乎与理论物理学相一致，而少数几个试图说明非物理领域的准确的规律的人也已经获得了一些认识。但无论如何，从生物科学，行为科学、社会科学中的影响和发展看来，在不足以或不能够运用物理学知识的领域中，为了考虑到系统规律的运用，必须发展扩大我们概念结构的应用范围。

使理论具有普遍性、概括性特征的这样一种趋势正在许多领域中以各种方式产生，例如，由洛特克（Lotka）和维勒特瑞（Volterra）所倡导而开始的种群的动力，生物平衡和生存斗争的理论已经发展起来了，这个理论运用了个体、种、竞争系数等生物学的概念，一个相似的程序被运用于统计经济学和计量经济学中。后者所运用的方程的模型和类别恰巧与洛特克和维勒特瑞的那些理论所运用的相似，或者同化学运动的方程式相近似，但是物体和力的相互作用的模型是在另一个不同的水平上。举另一个例子，生命的有机体在本质上是开系统，即与外界环境交换物质的系统。传统物理学和物理化学处理的是闭系统，仅在近些年，有的理论才扩大包括不可逆的过程、开系统和不平衡状态。无论如何，如果我们需要运用开系统的模型认识动物发育现象，那么我们就会自动开始使不是涉及物理的，而是涉及生物学的基本的理论具有普遍性的特征。换句话说，我们正在处理的是普遍性的系统，这种情况同样适用于过去几年来引起人们极大兴趣的控制论和信息论的领域。

因而，如果不考虑系统的特殊种类，它们组成成分的特征，以及它们之间的关系和力的话，那么，就存在有运用于普遍的系统或子系统的模型、原则和规律。看来，不去探求有或多或少特殊性的系统，而去探求适用于一般情况的普遍性系统的原则，这是合理的要求。

这样，我们应当要求一门被标为一般系统理论的新学科。它的任务是为普遍性的"系统"列出公式，推导出适用的原则，这个学科的意义阐述如下：物理学涉及的是不同水平的一般系统。它是从诸如桥梁、机械建筑的工程师所运用的那些相当专门的系统，进一步扩展到受物理学科的特殊规律支配的诸如机械学和化学系统；受更普遍的规律支配的，适用于机械学、热学、化学及任何领域的本质上不同的自然科学的系统的热力学原则。没有任何东西规定我们必须最终运用物理学所传统处理的系统。然而，我们却能够寻找到普遍适用的系统原则，而不去考虑它们是否具有物理学、生物学、生理学的性质。如果我们提出这个问题并且给系统概念以适合的定义，那么我们就会发现，不考虑系统的特殊种类、成分及所具有的"力"，而存在着普遍适用的系统的模型、原则及其规律。

一般系统特征的存在的一个重要结果是，在不同领域中表现出结构的相似性和同构性。支配内在的广泛不同的实体行为的原则存有许多一致性。举一个简单的例子，生长发育的典型规律适用于细菌的细胞，细菌的种群，动物和人类的种群，又适用于遗传学或科学中一般以发表研究的数量来衡量科学研究进展，刚才谈到的物体，如细菌、动物、人类、书本等是完全不同的，由一些原因引起的机制也是不同的。但无论如何，数学上的规律是相同的，并且存在有描述自然界中动物、植物的系统的方程式。显然，在确定的物理化学以及经济领域内同样的系统方程式也被运用。这种一致性是因为相关的物体在一定程度上可以被看作为一个系统，即复杂的成分通过相互作用而共存；与"系统"相联系的提到的领域和其他领域在一般原则上具有一致性，并且甚至当条件被认为相同时的特殊的规律中也有一致性。

实际上，相似性的概念、模型、规律已经频繁地各自出现在广泛不同的领域中，并且以完全不同的事实为基础。有许多这样的例子。因为某一个领域的工作人员并不知道其所要求的理论结构在另一些领域已经获得很好的发展，而去多次重复地发现相同的原则，系统理论将避免这种不必要的重复性劳动。尽管系统的同构性在不服从量的分析的一些问题上表现出来，但是仍不失有重大的内在意义。例如，在生物系统与类似动物的组织和人类社会的大系统之间就存在有同构性，并且可以合理地从一个等级转换到另一个等级。哪些原则是特殊的以至于其转换能引起危险的谬误？能把社会及文明看成为系统吗？

因此，一般系统论，一方面提供了在不同领域中运用和转换的模型，另一方面则是把不同领域的进展密切结合起来的不明确的类比，这样看来，一般系统论将是一个有用的工具。

但是，一般系统论还有更重要的一个方面。这个方面可以通过著名的数学家和信息论的奠基人维纳建立的一个巧妙的公式来说明。维纳说：在发展非组织的复杂性的理论方面，古典物理学是相当成功的，例如，气体的行为是导管内个别的数不清的分子的无组织运动的结果，在这时，它是受热力学第二定律支配的，非组织的复杂性的理论最终要以机遇和概率的规律为根据，以热力学第二定律为根据。与此相反，当代的基本研究课题则是有组织的复杂性，诸如组织性、整体性、方向性、目的性及分化性等概念，这与传统物理学不一样。这些概念已在生物学、行为科学和社会科学的任何地方出现，事实上，这对于处理生命组织和社会团体等课题是必不可少的。因而，现代科学的基本问题就是关于有机性的一般理论。原则上，一般系统论能够给予这些概念以准确的定义，并且在适合的情况下，给予它们以定量的分析。

假如我们已经简单地指明了一般系统论的意义，那么我们就可以避免把不是系统科学的东西说成是系统科学的东西。我们反对这样的看法，即系统论只不过是把某类数学运用到不同的问题的简单事实。比如：指数生长规律可适用于十分不同的现象，从放射性衰变到因生殖力不足引起的人群灭亡。而所以如此是因为该公式是一种最简单的微分方程，所以能应用于多种事物，因此，如果所谓同构生长规律出现于完全不同的过程，它不过是以下情形的类似情况：初等算术，像二加二等于四，可以适用于一切可数对象，无论对象是苹果、原子或星系。

下面我们对此做出回答。答案不是在通过简单的解释而引用的例证当中，而是在系统理论的发展当中，问题不在于对于众所周知的数学公式的运用。当然，这里提出了一些新奇的而并非能彻底解答的问题。正如以上所提到的，古典物理学的方法特别适合于这类现象，即或是能够分解成为孤立因果联系的链，或是无限量的偶然过程的统计结果，这些都是与统计学机械论，热力学第二定律以及由此引出的全部规律相适应的。但古典的思维方式对于那种大量而有限的要素或过程的相互作用是无能为力的。在这里，人们提出了应当用整体性、有机性等概念来描绘这些现象的问题，并且迫切需要新的数学思维方法。

另一个反对意见强调系统理论具有能在无意义的相似性中完结的危险。这种危险的确存在。例如，把国家和民族看成为最高等级水平的有机体，这是一个广泛的思想。这种理论无论如何将构成极权主义国家的根据，在这个国家里单独的人只表现为一个无意义的细胞，或一个蜂巢中无足轻重的工蜂。

但是，一般系统论并不寻求表面上的含糊的相似性。这些相似性本身除了现象之间的近似之外只有很小的价值，永远也不能发现非近似性。讨论中的异构状态比纯粹的相似状况更多。然而，在某些方面，相一致的抽象和概念的模型被运用到不同的现象上，这是一种事实的结果。系统规律仅仅是考虑到这样一种意义才得到运用。这是与科学上的一般程序所不同的。这同引力定律适用于牛顿的苹果、行星系和潮汐现象是同样的情况，这意味着要考虑到这个理论体系的一定的局限性范围和机械性以及适用性，而并不意味着在其他许多方面如苹果、行星、海洋之间存在一种特殊的类似性。

第三个反对的理由认为系统理论缺乏解释的完备性。例如，有机体的有目的性，如发展过程的所谓同等结局等方面是系统理论不能解释的。无论如何，至今没有一个人能定义从动物的卵发育到由无数细胞组成的组织、器官及具有高度复杂功能的有机体中所引出的细胞发展的过程。

　　这里，我们应当考虑到，存在有各种程度的科学阐述，在复杂的、理论上少有发展的领域，我们不得不满足于经济学家海艾克提出的"原则性说明"的说法。一个例证可以表示其包含的意思。

　　理论经济学是一个高度发展的系统，它提出了精心研制的课题过程的模型。但无论如何，作为一个筹划者的经济学者却不是一个百万富翁。换句话说，他们能够按照原则很好地说明经济现象，却不能预言在某些时期某些方面股票市场上的波动。但是从根本上说，有一个原则上的说明，要比根本没有任何解释要好一些。如果我们能够引入必要的参数，那么"按原则"说明的系统理论就会成为在结构上与物理学的那些理论相似的一个理论体系。

一般系统论的目的

　　我们可以把这样一些想法概括如下：

　　在现代科学的各个不同学科中已经包含着相似的一般概念和观点。以往，科学总是试图通过把可观察现象分解为在彼此孤立的情况下可考察的基本单元来解释它们，而现代科学却涉及那种有点含糊不清的"整体性"概念，即它们是那种不能分解成为互不相干的局部事件的有机体和现象的问题。动力学的相互作用表明，在孤立或高度完型状态时，各个部分的行为是不同的，等等；简言之，对于各种程序的"系统"来说，通过研究它的各自孤立的部分，是不能理解它们的。在科学的各个分支上，这种性质的概念和问题已经明显地表现出来了，不论其是非生命物质、生命有机体、还是社会现象都是其研究的对象。这种一致性是在互相独立的、互相缺乏了解的学科中同时发展起来的，并且是以不同的事实和相互对立的哲学为根据的，所以这种一致性是令人吃惊的，它们表明了在科学的态度和概念上的一个普遍变化。

　　在不同的科学领域，不仅是一般范围和观点上的相似。我们还发现了在许多不同领域内的结构上的同一性和同构性规律。在许多情况下，同构性规律适用于确定的"系统"或"子系统"，当然这不考虑实体本身的性质。看来，这说明存在着适用于一定类型的任何系统的一般系统规律，这里不考虑系统的特性及其所包含的成分。

这些思考导致一个我们称之为一般系统理论的新的学科的形成。该学科的任务是要建立适用于一般"系统"的一系列原则，这个一般"系统"不涉及其组成成分的性质和这些成分之间的关系和"力"。

因而，一般系统理论是关于"整体性"的一般科学，这种整体性至今被认为是一个不明确的、模糊的、近似形而上学的概念。从精心研制的构成来看，它又只适用于各类经验科学，对于与"有机体的整体性"相关的科学来说，一般系统论同与"偶然性事件"相关的概率理论具有相似的意义。后者也是一个形式上的数学学科，它适用于更为不同的学科，诸如热力学、生物学以及医学实验、遗传学、人寿保险统计学等等。

这些表明了一般系统论的主要目的：

（1）在自然、社会的各类学科中具有整体化的普遍倾向。

（2）看起来这种整体化是系统的一般理论的核心。

（3）这种理论对于在非物理学科学领域中致力于精密理论研究则是一个重要方法。

（4）在发展直接进入各个学科领域的整体性原则过程中，这个理论使我们更接近科学整体性的目标。

（5）这样就能够把十分必要的整体化引进科学教育领域。

看起来，这里所讨论的这种理论的界限标志是恰当的，几年前，由当代一些学者引进了一般系统论的术语和基本思想，其结果，许多领域内相当数量的工作人员已经得出了相同的结论和研究方法。因此我们建议留传这个现在已经普遍适用的术语，但是它只是作为一个方便的标志。

首先看来，似乎把系统定义为"表示相互作用的诸成分的组合"是这样的一般化和不清楚，以至于不能更清楚地把握这门科学，并且，这也是不严格的。例如，如果按照通常的数学推理方法引进更专门的条件加以说明的话，系统可以通过一定类型的不同方法而加以定义，这样，可以在一般的或特殊的情况下发现系统的许多重要特征。

在一般系统理论中遵循数学的研究方法，不仅具有可能性而且具有普遍性。存在有一定数量的相关的研究方法，如信息论、控制论、博弈论、决策论、网络理论、随机现象模型、运筹学等等。这里提到的只是一些特别重要的方法。无论如何，不同的学科如物理学、生物学、经济学、行为科学等等，都包括在一个广泛领域的事实当中，使这些科学适宜于进入普遍性系统的研究。

我现在准备用一些例子阐明一般系统理论。

闭系统和开系统:传统物理学的局限性

我举的第一个例子就是开系统和闭系统。传统物理学处理的只是闭系统，即被看成与其环境相隔离的系统。因此，物理化学告诉我们，化学反应、反应的速率以及化学方程式总是在盛有一定数量反应物质的封闭试管中确立起来的。热力学明确地宣布它的规律只适用于闭系统。尤其是热力学第二定律表明，在一个闭系统中被称为熵的一定量必然增长到最大值，最后这一过程达到平衡状态而停止。第二定律可以用不同的方式加以表述，一种是把熵看作概率的测度，所以一个封闭系统趋向于最可几分布状态。然而由红色与蓝色微粒组成的混合物或由不同速率的分子组成的混合物的最可几分布就是处于完全无序的状态。而要把所有的红色微粒分为一边，蓝色的微粒分在另一边，或者在一个封闭的空间，右边是所有的高温的快速分子，左边是所有的低温的慢速分子，这是完全不可能的状态。因此，使熵或最可几分布趋向最大，也就是使无序趋向最小。

但是，我们发现有些系统就其特征和定义来看并不是封闭系统。每一个生命有机体本质上是一个开系统，它是在连续不断地吸入与排出之中，在不断构成或破坏组成成分之中来保持它自己的。只要它是活的，它就不会处于化学与热力学平衡的状态，而是处于与此不同的所谓稳定状态之中。这就是生命基本现象的本质，即所谓新陈代谢，这是活细胞内部所进行的化学过程。那么这是怎么回事？显然，传统物理学的公式原则上不能适用于作为开系统和稳态的生命有机体，并且我们有理由猜测生命系统的许多特征，在传统物理学看来是荒谬的，然而却正是上述事实的结果。

为了包括开系统，物理学的扩展仅仅是近些年的事情。这个理论已经照亮了许多物理学和生物学中尚属阴暗的现象，并已得出了一些重要的一般结论。我们仅提两点。

　　首先是异因同果（equifinality）的原则。毫无疑问，任何闭系统的最终状态是由初始状态决定的。比如在行星系统的运动中，行星的位置是由其所在时间 t 的位置所确定的；在一个化学平衡中，反应物最终的浓度自然要依赖于最初的浓度，如果最初的条件或过程改变了，那么最终的状态也将改变。在开系统中则不然，在那里，从不同的最初状态和不同的方式都可以达到相同的最终状态。这就是所谓的异因同果。这个原则对于生物调节现象有着重要意义。熟悉生物学史的人们将记得正是根据异因同果使德国生物学家杜里舒（Drieseh）接受了活力论，即不能用自然科学的术语来解释生命现象的学说。杜里舒的论证是以胚胎的早期发育实验为根据的。从一个完整的卵中，从一个卵分出的每半个卵中，从两个整卵的结合中都可以产生出一个正常的海胆个体，可见最终的结果是一样的。这同样可适用于许多其他种类胚胎中，包括人在内，双胞胎就是从一个卵中分裂而产生的。按照杜里舒的说法，异因同果与物理学的规律相矛盾，是只能通过一种类似灵魂的活力因素才能完成的，正是这种活力因素控制着由目的所预定的过程，使正常的有机体得以形成。然而，这也能表明开系统只是在其达到稳态的范围内才必须表现出异因同果的。所以，违反物理规律的假设就失去了作用。

　　我们有时可以从达尔文的进化论与加尔文勋爵（Lord Kelvin）的退化论之间、物理学的耗散规律和生物学的进化律之间所存在的尖锐对立中看出生命界和非生命界之间在性质上的另一个明显的不同。按照热力学第二定律，物理领域事件的一般趋向是趋向最大的无序状态和把差别降至无差别的水平，并以所谓宇宙的热寂状态作为最终的前景，当全部能量衰减为均匀分布的低温热状态时，世界进程就会终结。反之，生命世界表明，胚胎发育和进化过程都是向高级的有序、异质和组织的转变过程。但是，这是以开系统理论为根据的。在熵与进化之间的明显矛盾消失了。在所有的不可逆的过程中，熵必须增加。这样，在闭系统中熵的改变常取正值，有序性继续被破坏。而在开系统中，我们不仅由于不可逆过程而有熵的产生，而且也有熵的输入，但这个熵可以取负值。这就是生命有机体的情况，这种生命有机体可以输入具有高度自由能的分子。因此，维持自身稳态的生命系统可以避免熵的增加，甚至可以向提高有序性和组织性的状态发展。

从这些例子中，你可以设想出开系统理论的意义。在其他许多事例中，它表明在生命界中许多违反物理规律的假设是不存在的，或者这些假设甚至会随着物理学理论的普遍化而消失。开系统概念在普遍的意义上可以应用于非物理水平的现象。例如，在生态学和进化论中得到了极好的描述［惠特克（Whittacker）］，在心理学中把神经系统作为"动力开系统"来研究［克赖奇（Krech）］，在哲学中倾向于与"自我作用"和"相互运动"观点相反的"超作用"概念［本特勒（Bentley）］，这是与开系统模型密切符合的。

信息与熵

与系统理论紧密相关的另一个发展领域是现代通信理论。正像经济价值可以用美元或英镑来表示那样，人们常常认为能是物理学的货币。但是，在某些物理和技术的领域内这种货币是不容易接受的，在通信领域就是如此，由于电话、无线电、雷达、计算机随动系统等装置的发展，通信领域已经引起物理学新分支的兴起。

通信理论中的一般概念是信息。在许多情况下，信息流与能量流是一致的，即如果由某种物体所发射的光到达眼睛或光电管，那么就会引起有机体或某种机器的反应，可见是传递信息了。然而信息流与能流并不一致而是相反，或是在没有能流或物质的情况下信息照样传送的这样一些例子也能很容易地给出。如电缆就属于前一种情况，其中直流电只能朝一个方向流动，而信息即消息却能在二端中的任何一端上传送，只要在一端上中断电流，在另一端上加以记录即可。至于后一种情况如安装在自动售货商店的光电门上的启动装置，当影子切断光能，就通知光电管有人进来，门就开了。一般地说，这样的信息是不能用能的字眼来表达的。

然而，有另外一种方法来量度信息。这就是决策的方法。玩一种有二十个问题的游戏，我们约定用对提出的问题作"是"或"非"的简单回答来寻找出一种对策，在一种回答中所传递的信息量就是在两者中择一，如是动物或不是动物。对两个问题，就要在四种可能中决定出一种，如是哺乳动物或非哺乳动物，开花植物或非开花植物。对三个问题来说，就要在八种可能性中决定出一种等等。可见，在从各种可能中做出选择时可以用以"2"为底的对数来对信息加以度量，即所谓二进制或称比特（bit）。在两种回答中所包含的信息是 tog24 ＝ 2 个比特，三种回答是 tog28 ＝ 3 个比特，等等。这种信息量恰巧与熵甚至与负熵相似，因为熵也被定义为概率的对数。但是我们过去所说的熵是无序的度量，而负熵和信息则是有序性或有组织性的度量，因为后者与随意的分布相比是处于一种非概然的状态。

通信和控制的第二个中心概念是反馈概念。这个系统首先包括接受者或"感官"，可以是一个光电管、雷达屏，或生物意义上的感官。从技术角度看，信息是一个弱电流，从有机体角度看，信息则表现为神经传导等等。还有一个中枢将输入的信息加以重新组合并传输到效应器，效应器可以是由类似电动机加热线圈或螺管线的机器所组成的，或是由对接收的消息产生高能功率输出反映的肌肉所组成。最后，效应器的功能则被输回到接收器而加以监控，这就形成了一个自我控制的系统，即保证行动的方向性和稳定的系统（见下图）。

简单的反馈系统图

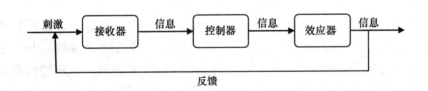

反馈装置在现代技术中得到广泛运用，用以使某种行为得以确定，像在恒温器和雷达接收器中就是如此。或用以使一些行为方向趋向一个目标，在这里，作为信息，当行为脱离目标时就使之产生反馈，直至达到目的或达到目标为止。跟踪某个目标的自推进的导弹、防空火炮控制系统、船舶驾驶系统以及其他所谓的随动系统就是这种情况。

现实中的确存在与反馈模型相一致的生物现象。首先，所谓体内平衡，即生命有机体对平衡的维持，典型的是温血动物中的体温调节。当变凉的血刺激脉的一定的神经中枢时，这个中枢就"接通"人体产生热的机构，这样体温就由返回中枢的信息所监控，使体温保持在恒定的水平上。类似的体内平衡还有用于维持体内大量生化变量稳定的机制。更进一步说，反馈系统可以化作存在于动物或人体内用于调节行为的伺服机技术系统。如果我们想拿起铅笔，那么感受器就把最初能拿住铅笔的距离报告到神经中枢系统，这种信息反馈到神经中枢，使动作受到控制，直至拿起铅笔为止。

在技术领域和生命有机体范围内，大量的各种不同系统都存在这种反馈线路，众所周知，由维纳所引入的一种新理论，即控制论就处理这类现象。这一理论试图说明，人造机器和生命有机体以及社会系统中的目的论或目的性行为就是以反馈性质的机制为基础的。

然而，必须切记，反馈系统具有相当特殊的性质。它假定上述的反馈类型具有结构上的装置。而且，生命有机体中的很多调节在实质上具有不同的性质，即在那里，指令是通过过程中动力学的相互作用而产生效力的。回想一下如胚胎的调节就是在异因同果过程中使部分重建整体的。还能指出在有机体系统中的基本的调节，如胚胎发育和进化的最基本、最原始的调节就具有动力学的相互作用的性质。这些性质基于这一事实，即有机体是一个开系统，它使自己维持或趋近于稳态。至于那些重叠的调节我们称为次要的，因其是由固定装置控制的，特别是反馈型的那些调节。事物的这种状态是被我们称为渐进（progressive）机制的这一有机物的普遍原则的结果。首先，系统（生物的、神经的、心理的或社会的）是由它们的组成部分的相互作用所控制的，然后，建立起固定的装置和约束条件就使得系统及其部分更为有效，但是也逐渐地减少并最终废除它的等势性（equipotentiality）。因此，动力学是一个广泛的领域，因为我们经常能通过引进适当的约束条件，从一般系统规律中得出类似机器的功能，反之就是不可能的。

因果关系和目的性

我想提的另一点是，在过去几十年中科学的世界图景已经发生了变化。从产生于19世纪的古典物理学的机械论的世界观看来，受不可抗拒的因果关系规律所支配的原子的无目的的作用产生出世界的一切现象，包括无生命的、有生命的和精神的现象在内。没有给方向性、有序性、目的性留下任何地位。有机界表现为一种通过由于随机的变异和选择的无意识作用所积累起来的机遇的产物。而精神世界则作为一种奇特的甚至是物质体的一种不合逻辑的附带的现象。

科学的唯一目的是分析也就是把类再分解成最小单位，分解成孤立的单个的因果系列。因此，物理世界被分解成为质点和原子，生命有机体被分解成为细胞，行为被分解成为反射，知觉被分解成为感觉点，等等。与此相适应，因果关系在质上是单因素的：在牛顿机械论中，一个太阳吸引一个行星，受精卵中的一个遗传基因产生某种遗传性征，某类细菌产生这种或那种疾病，精神因素像一串珍珠中的珠子一样由联想律而串列起来。我们认为康德企图把经典科学的基本概念加以系统化的范畴表意味着，相互作用和组织的概念不过仅仅是填补空虚或根本就不能显现出来。

上述的关于近代科学的特征，即那种孤立单元按单向的因果方式起作用的图景，现已证明是不够的。因此，在科学的所有领域中，如整体性、有机体、格式塔等概念的出现就意味着我们最终必须按照相互作用的组成成分的系统的字眼来思维。

同样，目的论和方向性的概念似乎超出了科学的范围，而成为神秘的和超自然的场所，或是一种拟人的力量，否则，就成为一种在本质上与科学格格不入的虚幻的问题。而这只是把研究者的心灵的投影放入受无目的规律支配的自然界中。然而不管怎样，这个方面是存在的，如果不考虑，甚至不太考虑各种所谓适应性、目的性、目标探索之类的概念的话，那么就不能对生命有机界加以设想，更不用说人类社会了。

这些方面，成为科学思想的严肃合理的课题，因此我们可以清楚地指明这种行为模拟的模型，这是现代观点的特征。

我们已经提到过三种这样的模型。一种是异因同果，即从不同的初始状态开始，按照不同的方式趋向于一个特殊的最终状态，这是以达到稳态的开系统中动力学的相互作用为基础的。第二种是反馈，如维持体内平衡于特殊状态或目标的追踪，它是以循环的因果链把维持一定状态或达到一定目标存在偏差的信息加以回输，以进行信息的监控的机制为根据的平衡机制。第三个模型是适应性行为。艾什比（Ashby）提出一种"脑的设计"，他对一般系统所用的数学定义和方程式恰巧就是本书作者现在所使用的。这两位学者已经独立地发展了他们的体系，并且随着兴趣的不同已得到不同的定理和结论。艾什比的适应性模型就是将一个系统简略地定义为阶梯函数，这种函数在越过一定的临界值以后就跃入一组新的微分方程。这意味着经过一定临界状态后，系统开始进入了一个新的行为方式。因此，运用阶梯函数，系统表示了生物学家称之为试错法的适应性行为：它通过不同的方式和方法进行尝试，最后稳定在与环境的临界值不再冲突的范围内。这样，一个通过试错法而自我适应的系统实际上被阿希贝设计构造成为一架称为体内平衡目的的电磁机器。

我并不打算讨论这些目的性和方向性行为模型的优点和缺点。我所强调的是这样的事实，直接导向特殊结局状态和目标的目的性行为并不是超出自然科学之外的某种东西，也不是毫无方向性的偶然过程的拟人的错误概念。不如说，它是在科学术语上能很准确定义的行为的形式，并且可以指明这种行为形式的必要条件和可能的结构。

什么是有机性

对有机性的概念也可作同样的考虑。有机性也是与机械性世界格格不入的。这个问题在古典物理学、机械学、电磁学等等学科中没有出现过，甚至热力学第二定律把有序性的破坏看作是事件的一般方向。这确是与现代物理学不同的。正如怀特海（Whitehoad）所强调的：一个原子，一个晶体或一个分子，都是有机体。在生物学中，有机体定义为组织化的事物。从生物化学到细胞学、组织学和解剖学，虽然我们拥有大量有关生物有机体的资料，但是，我们都仍然没有建立生物的有机理论，也就是没有一种能够解释经验事实的概念模型。

无论是生命有机体还是社会，有机性的特征是类似于整体性、发育、变异、层次序列、管理、控制、竞争等那样一些概念，这些概念在传统的物理学那里是没有的，而系统理论则能够很好地处理这些概念。在系统的数学模型内对这些概念加以定义是可能的，而且，在某些方面可以发展详尽的理论，这种发展可以从一般设想或特殊情况中推导出来。生物平衡周期性振动的理论就是一个很好的例证，这些理论是由洛特克、沃特瑞、高斯（Gause）以及其他一些人首先提出来的。确实可以发现沃特瑞的生物学理论和数量经济学在许多方面上是同构的。

　　但是，许多类似的有机体是不容易用数量来解释的，这种困难在自然科学领域里是众所周知的。因此，生物平衡和自然选择的理论是数学、生物学高度发展的领域，并且没有人怀疑它们的合理性和本质上的正确性，而且它仍是进化论和生态学的重要部分。因为像选择值、生和死的比率等等，这样的参数选择不是容易加以度量的，所以在生物学领域中运用生物数学也是困难的。这样，我们不得不满足于"原则上的说明"，但是引出有关结果的定性论证是可能的。

　　我们可以把鲍尔丁（Boulding）最近出版的题为《有机体的进化》这部著作，作为把一般系统论运用于人类社会的例子。鲍尔丁在这部著作中首先提出了有机体的一般模型，并且说明了他称之为适用于任何有机体的铁的规律。例如，这样的铁的规律就是马尔萨斯的人口论，这个理论认为人口的增加一般地说要比资源增加更快。于是就存在有机体发展的最优条件的限度：有机体越是大量发育，通信的路往往越长，依靠有机体性质的这种规律就越加成为限度的因素，不允许有机体发育到一定的临界限度之外。根据不稳定的规律，许多有机体不能处于稳定平衡状态，只表现循环的波动，这种波动起因于系统的相互作用。恰巧，这有可能用沃特瑞理论的术语加以处理，沃特瑞所谓第一个规律是作为两个种群的个体总数按比例周期循环的规律，这两种种群中的一种是靠食用另一种种群而生存的。因有大量买主而少数制造商控制市场的重要规律认为，如果有机体存在竞争，它们之间的关系是不稳定的，因而摩擦加冲突的危机要随着有机体数量的减少而增加。所以只要它们相对地减少或增多，它们就一定在某种共存方式上造成混乱。但是如果只是留下几对或一对竞争对象的话，例如现今出现的庞大的政治集体这种状况，那么冲突就会成为灾难，造成相互毁灭。许多关于有机体的一般定理是很容易扩展的。他们能够通过很好地运用数学的途径加以发展，如同在某些方面所已经做过的那样。

一般系统理论与科学的整体性

让我们用几句话来进一步叙述有关边缘学科理论的一般含义。

对于一般系统论的整体性功能，我们大致可以概括如下。很久以来，人们一直把科学的综合看成把科学简化为物理学，最后把全部现象割裂为物理事件。以我们的观点看，科学的整体化获得了更为现实的内容。关于世界整体性的概念并不是以把全部现实性的水平降低到物理水平的毫无意义的牵强附会的愿望为基础的，而是以不同领域的同构性规律为根据的，当说到被称为"形式上"的模型时，也就是当看到科学的概念结构时，这意味着我们正在运用系统结构上的一致性。当谈到"物质"这个用语时，就意味着世界即整个值得注意的事件显示出结构上的一致性，这种结构的一致性是通过不同的水平和领域内有序性的同构性迹象本身而表现出来的。

于是，我们获得了一个同简化论相对的我们称之为"整体各部分之间关系"的概念。我们不能把生物行为和社会的水准简化到低一级的水准，即物理的结构和规律的水准，但是，我们可以在各自水平上发现其结构和潜在的规律。阿尔都斯·赫胥黎（Aldous Huxley）曾经提出，世界像一个大奶油冰糕，物理的、生物的、社会的和精神的不同层次由草莓、巧克力和香子兰来代表，我们不能把草莓归为巧克力，也不能归为香子兰，也不能全部归结为心灵的和精神的东西。整体性原则就是在所有层次中发现组织性。机械论的世界观，把物理粒子看作最终现实的观点发现，这种受到文明称颂的物理技术，已经把我们的时代引向了灾难。而把世界看作巨大有机组织的观点，却有助于人们尊重生活，尊重那种在过去几十年血腥历史中丧失殆尽的生活。

（本文由作者译自贝塔朗菲《一般系统论：基础、发展和应用》一书的第二章。译文重点部分原载《自然科学哲学问题丛刊》1981 年第 1 期。全文原载庞元正、李建华主编《系统论·控制论·信息论经典文献选编》，求实出版社 1989 年版，王雨田校）

二

关于道德的阶级性与继承性

解放以来，伦理学界关于道德的阶级性和继承性的讨论说到底无非是这样两个问题：一、在阶级社会中，相互对立的或不同的阶级有没有共同的道德。二、剥削阶级的道德能否继承。回答这两个问题，单凭道德现象例证的罗列或只就某个侧面进行逻辑的推演，是不能得出正确的结论的。只有用历史唯物主义的基本立场、观点和方法对道德现象及其相关的社会现象进行科学分析才能得出正确的结论。

首先，我试图以历史唯物主义方法对道德现象进行一般分析，从中得出关于道德问题的一般结论。

马克思主义认为道德作为一种上层建筑和社会意识形态，是社会存在的反映，道德的形成、发展和变化，都是受人们的生存条件、社会制度诸因素所制约的，是由历史发展规律所决定的。

第一，社会的物质经济条件是道德的基础，道德的形成、发展、变化受其制约。人类所赖以生存的衣食住行等生活条件、自然地理环境、物质生产的谋取方式（生产方式）是人类道德观念赖以形成、发展的基础。例如，人们生活环境的不同（其生活环境则是由自然地理条件、生产力发展状况所决定的衣食住行条件）会形成不同的民族风俗习惯、形成不同的道德规范。例如服装，袒胸露背的服饰在热带非洲是正常的道德风俗，而在东方的一些国度里则被认为是不道德的。在人类社会物质生活诸因素中，起决定作用的是物质生活资料的谋取方式，即经济基础。原始社会的维护共同利益、热爱劳动、团结互助、群婚等道德原则与原始共产主义的生产力发展状况相适应；奴隶主杀奴、鄙视劳动、自私等道德与奴隶阶级的道德要求之间的对立同奴隶社会的生产方式相一致；封建社会地主阶级的忠君、男尊女卑、三纲五常、厌恶劳动等道德与农民阶级的要求平等、勤劳节俭之间的对立是与封建社会的经济关系相适应的；资本主义社会资产阶级的利己主义原则是同资本主义剥削制度相一致的；无产阶级集体主义原则是与大生产的生产力发展状况相适应的……一定的社会经济条件决定了一定的社会道德范畴。例如，伦理学界经常列举的"勿偷盗"的道德规范，只是基于私有制这种经济关系的道德现象，在原始共产主义社会，财产共有，偷盗问题不存在，何来"勿偷盗"的道德原则；到了发达的共产主义，物质极大丰富，这种道德范畴也会归于灭亡。再有，婚配道德观念也有其发展过程，在群婚状态，发生性关系的男女的离异并不能看作是不道德的，对于松散的对偶婚，男女离异也是允许的，只有在私有制社会产生了一夫一妻制婚姻后，离异才被看作是不道德的（但是这种婚姻道德则是以女子因经济原因不得不委身于男子、以卖淫嫖娼等社会丑恶现象为补充）。那么到了共产主义社会，双方感情不和而分离是道德的，虚伪地保持夫妻关系则是不道德的。可见，一定的社会经济条件决定一定的道德观念，当经济条件变化时，道德观念或迟或早总是要随之发生变化的，适合于一切条件、一切时代、一切阶级的永恒的道德原则是根本不存在的。但是如果不同的民族，不同的阶级，甚至不同时期的人处于相似的生活条件、相似的经济条件中，那么存在为社会所共同接受、共同遵守的道德共同点。但无论如何这是相对的，任何经济条件只是在一定条件、一定范围内相似。如人类阶级社会都是基于私有制这个共同的经济基础，但在不同的历史条件下，私有制发展为不同的阶段。例如，先公后私、大公无私，这是在私有制以来的为社会中为不同的阶级所共同提倡的道德规范。这种道德规范之所以为各个阶级所提倡，在于每个阶级都存在如何处理个人与本阶级整体利益的关系的问题，因此，每个阶级都要推崇本阶级先公后私的突出人物作为典范。但这种道德共同性是相对而言的：（1）剥削阶级的本性是自私贪婪的，劳动人民，尤其是工人阶级是讲集体互助的，工人阶级作为一个阶级是大公无私的。（2）在不同的历史条件下，"公"的具体内容、阶级内容不同。

　　第二，除经济关系以外，其他社会关系也给予道德的形成、发展、变化以深刻影响。道德作为反映和调整人与人、人与社会之间的行为规范的总和，是与人类社会共同存在的，道德所反映的社会关系不仅包括生产关系，而且包括其他广泛的社会关系，如家庭关系、朋友关系、民族关系、集体关系等，这些社会关系一方面受制于经济关系，另一方面也具有独立性。因此，作为社会存在反映的道德，不仅表现为直接受经济关系的影响，或通过其他社会关系而受经济关系的影响，而且也受除经济关系以外的社会关系本身相对独立发展的影响。如果把一切道德观念的形成都简单地归结于经济关系，那是一种并不能说明问题的解释。例如尊老爱幼，这是人类发展史上处理人与人之间亲密关系的重要道德原则，这种道德是直接同人与人自然繁衍的共同利益相适应的，产生于人与人之间的自然关系，当然在不同的历史条件下有不同的客观内容。再有，不要随地吐痰，文明礼貌这是人类社会自进入文明社会以来所共同遵守的道德原则，同保持人类良好的环境、保持人类的身体健康的共同利益有关。共同利益也会形成某些为一定时代、一定的阶级所共同认可的道德。但这仍然是相对的，即使不准随地吐痰，也不是永恒的，一旦人们自觉地尽这种责任，这种道德也就失去了存在的意义。

第三，作为意识形态的道德观念一经产生，有其相对独立性，道德观念的发展也受其内在规律影响，也有其自身的逻辑发展规律。在人类的道德发展中表现出某些逻辑的连续性和共同性，从道德本身的逻辑发展来看，当一种道德体系不适应已经发展的历史条件时，人们总是在新的历史条件下慢慢地约定俗成，兼收并蓄旧道德的合理成分，形成新的道德规范，然后由思想家加以概括形成道德理论体系。把道德概念这种本身的逻辑发展仅仅解释成"语言沿用"或"抽象继承"是不行的。道德的这种逻辑发展当然包括某种共性的东西。如爱国主义，这不单单是名词沿用，也不是抽象继承，它始终含有人们对自己祖国所担负的道德责任，这种道德的逻辑继承性包含着共同性。无论哪个时代的爱国主义，无论具有何种阶级内容、何等的阶级局限性，都包含热爱祖国、为道德献身的道德责任。当然爱国主义在不同的历史时期，都有不同的历史内容。

从上述分析中，我们可以得出这样一级的结论：即使是"不随地吐痰"也不是永恒的，一旦人们自觉地尽这种责任，这种道德也就随之灭亡了。但是囿于共同的历史条件、共同的公共生活关系、共同的道德发展规律，会形成一定的适用于一定时代、一定条件、一定阶级的共同道德。但这是相对的、有条件的。这就是道德的共性与个性、绝对性与相对性的统一。

其次，我用上面所得出的关于道德的一般结论解释道德的阶级性和继承性，不难得出以下结论。

第一，关于道德的阶级性。

在阶级社会中，最基本的、最主要的、最大量的道德规范、道德准则是阶级的道德，是有鲜明的阶级性的。因为阶级社会只不过是一定的社会经济关系发展到一定阶段的产物，这种经济关系必然制约、影响整个上层建筑和意识形态，当然包括道德。各阶级由于在生产关系中所处的地位不同，阶级利益必然不同。不同的阶级地位和阶级利益决定了不同的人们的生活实践的差别和对立，从而形成不同的甚至完全对立的道德观念、情感、原则和规范。因此，一方面各个阶级从维护本阶级的利益出发，需要把道德作为阶级斗争的工具，另一方面各阶级的经济地位和阶级利益决定了必然形成本阶级特有的道德体系。因此，在阶级社会中，各个阶级都有各自不同的道德，对立的阶级有着互相对立的道德，他们在道德根本原则上必然是互相敌对，所以一切道德体系必然有阶级性。

然而，另一方面，在阶级社会中，也存在为几个不同阶级甚至对立的阶级所承认、所共用的道德规范。这是因为：（一）由于道德是受经济基础决定的，所以在同一个社会经济基础上形成的各阶级的道德都处于一个统一体中，有共同的历史背景、处于同一发展阶段，必然有许多共同之处。例如，处于一个共同经济、法制体系之上，有共同的生活风俗习惯的民族，尽管分成不同的阶级，但是都有为共同的民族所遵从的道德。（二）由于各个阶级既然生活在一个共同社会中，都要进行相互交往，那么必然会形成不同于阶级关系的其他人与人的关系，这样必然会有一些起码的、必要的、共同承认的调整这种关系的社会公德。（三）由于道德的相对独立，任何阶级的道德思想体系在其发展中必然具有历史的连续性和逻辑的承续性，要兼收并蓄才能发展，那么在阶级社会的道德发展史中必然表现出某种联系、某种承续性和共同性。可是，尽管如此，道德的共同方面也或多或少、直接间接地受社会发展的经济状态制约、受阶级社会中阶级关系的制约。尽管这一道德规范为各个阶级所共同承认，但每个阶级对这一规范的理解不同、所采取的态度不同、所采取的立场不同、实行的程度不同，或多或少地加进不同历史内容、不同阶级内容的解释。

总之，在阶级社会中最基本的道德规范、以理论形态存在的道德体系是有阶级性的，是阶级的道德。也有一些具有共同性的道德规范，但仍然是要受阶级的局限的，因而是相对的、有条件的。

认识道德的阶级性问题，必然要弄清这样几个问题：（一）分清剥削阶级道德理论的超阶级的虚伪形式与其道德理论的阶级实质。历史上剥削阶级道德体系往往具有超阶级性的虚伪性，万不能以此论证道德共同性。譬如，平等观念在阶级社会中有鲜明的阶级内容，不同的阶级有不同的平等观，但是资产阶级作为剥削阶级，其平等观却打着全人类平等的招牌。（二）把道德的理论体系与具体的道德规范、社会公德区别开。在阶级社会中往往道德思想理论体系都是有阶级性的，但是某些具体的道德规范、社会公德可以是共同的。（三）勿把偶然的、特殊的、脱离一般规律的特例作为整个现象来看。"单独的个人并不'总是'以他所从属的阶级为转移，这是很'可能的'。"① 在纷乱复杂的社会中，特例是存在的，某个人不以本阶级的道德规范为准则，而采取另一阶级道德的现象是存在的，但这是特例。要把特例与一般现象区别开来。（四）勿犯抽象继承性的错误。在历史上，有许多的道德规范，如"忠"、"勇"、"爱"等，无论哪一个社会、无论哪一个阶级都曾使用，这并不是说这些规范有什么抽象的意义，或只是名词沿用。实际上这些范畴就其最一般意义上也是表达了人与人、人与社会关系中的某个特定的方面的一般道德责任，如"忠"主要是人与人、人与社会之间的信任这种特定道德责任，但是这种特定道德责任在不同的社会历史条件、运用到新的道德关系中时，有其具体的历史内容，在阶级社会中具有阶级性。（五）社会主义社会不同于其他阶级社会，是一个阶级正在走向消亡但同时又保留了阶级残余的社会，是一个公有制但同时又保留了私有制残余的社会。社会主义社会越发展，其道德的共同成分、非阶级性就越多。因此，我们不能用社会主义社会的情况来说明整个阶级社会。社会主义社会道德的阶级性在其性质上、程度上与阶级社会

---

① 《马克思恩格斯选集》第 1 卷，人民出版社 1972 年版，第 183 页。

大不相同，不能用社会主义社会道德的共同现象来证明阶级社会道德的阶级性。

第二，关于道德的继承性。

道德的阶级性问题一解决，道德的继承性问题就会很好解决。人类共同的社会历史发展的连续性，道德体系本身的逻辑发展必然造成道德发展的连续性和继承性。在剥削阶级社会中，剥削阶级的道德同样具备这些条件，同样也有可继承的一面。（一）任何一个剥削阶级在其上升时期总是有其顺应历史潮流、代表新的生产力的积极方面，这积极的方面是与历史发展相一致的，那么该阶级顺应历史发展，在新的生产关系基础上所形成的道德范畴当然有其可继承的方面。（二）在一定的社会中，互相对立的阶级同处一个统一体中，也必然存在不同阶级所共同关心的社会利益。那么剥削阶级处理这种共同的社会利益的道德规范也有其可取的一面。如遭受外敌进攻，防御对任何阶级都是当务之急；统治阶级的爱国主义道德情操也是可以批判继承的。（三）在统治阶级内部也是分成上下、左中右不同阶层的，一般来说其下层往往接近人民、同情人民，或者从阶级的自身利益出发提出在一定时期一定范围内多少能够反映劳动人民的利益要求。与此相适应，在剥削阶级道德与劳动人民道德根本对立前提下，在一定历史时期和一定历史条件下，都或多或少与劳动人民道德有一致之处，这些成分也是可以继承的。（四）任何统治阶级在其顺应历史、接近人民的某个侧面上，表现出来的道德规范必然继承前人的道德体系中的积极成分。这种道德体系的连续性和继承性是不可否认的。

总之，马克思主义者应当依据基本的历史事实确定对历史上剥削阶级道德的具体态度。一概否定或一概肯定都是错误的。在批判否定的同时，要对多少反映社会发展要求、与劳动人民利益一致、对无产阶级社会实践有积极意义的成分或因素，加以批判的改造和接受，这才是科学的态度。只有持这种态度，才能正确解决对剥削阶级道德及整个人生社会道德的批判继承问题。

（本文是作者 1982 年撰写的论文，原载《高校理论战线》2009 年第 8 期，
《马克思主义文摘》2010 年第 7 期摘编）

爱情·婚姻·家庭

——《家庭·私有制和国家的起源》读书札记

"人与人之间的、特别是两性之间的感情关系，是自从有人类以来就存在的。"① 爱情是一个历史的、具体的概念，要了解爱情的全部含义，必须追溯迄今为止的人类发展史、婚姻史和家庭史。

在原始社会，人们共同劳动、共同生活。与这种经济关系状态相适应的最早的婚姻形式是群婚制，"即整个一群男子与整个一群女子互为所有，很少有嫉妒余地的婚姻形式"②。群婚一方面说明男女之间性结合的随机性和暂时性，男女结合并没有固定的婚约，也没有巩固的感情基础。另一方面又说明人类物质生活的菲薄，从而决定了精神生活的贫乏，在那时男女之间的丰富的爱情无论如何是不可能产生的，男女关系必然带有很大的自然属性——单纯的性追求。在原始氏族公社内部男女结合主要取决于血缘的原则和自然性选择的原则。当然，自从人类脱离动物界以来，人类的性关系同动物界的性选择已经有了很大的区别，在长期的共同劳动实践中，男女之间的感情萌芽逐渐产生了。但是在原始社会早期，男女之间的性关系主要是服从于自然性选择的原则。原始社会婚姻关系的发展不断地缩小两性交媾的范围，由于逐次排斥血缘亲属通婚，结果任何群婚形式终于在实际上成为不可能的，结果只剩下一对结合的还不牢固的对偶群，这就产生了最原始的家庭形式的萌芽。群婚制过渡到对偶婚制首先应当归功于妇女。这是由于随着历史的发展，群婚就愈使妇女感到羞辱，妇女就愈迫切地要求婚配的专一性。由此可见，"个体婚制的发生同现代意义上的个人

---

① 《马克思恩格斯选集》第 4 卷，人民出版社 1972 年版，第 229 页。
② 同上书，第 30 页。

的性爱是多么没有关系"①。随着生产的发展，私有制出现了，财富越加集中，结果是一方面使丈夫在家庭中居于比妻子更重要的地位，另一方面又产生了利用这个地位来改变传统继承权而有利于子女的意图，这就必须保证妻子的贞洁，从而保证子女出生于肯定的父亲。一夫一妻制婚姻形式、家长制的个体家庭形式就是基于纯粹的经济原因而形成的。于是，人类历史上第一次出现了有固定婚约关系的家庭，经济利害关系就是一夫一妻制固定婚姻关系的纽带，完全排斥了男女因感情原因而结合的可能性。"一夫一妻制是不以自然条件为基础，而以经济条件为基础，即以私有制对原始的自然长成的公有制的胜利为基础的第一个家庭形式。"② 一夫一妻制绝不是个人性爱的结果，而是妇女处于男子的绝对权力之下的结果。一夫一妻制家庭不过是阶级社会对立和矛盾的缩影，妇女在家庭中处于奴隶的地位。当然一夫一妻制也有积极的一面，即在客观上为起源于对偶婚的现代意义的男女之间爱情提供了发展的可能性。虽然一夫一妻制是现代爱情能在其中发展起来的唯一形式，但是一夫一妻制赖以存在的私有制基础却又决定了私有制条件下的一夫一妻制是同爱情极不相容的。在私有制社会中，"婚姻都是由双方的阶级地位来决定的，因此总是权衡利害的婚姻"③。建立在私有制基础上的一夫一妻制是同爱情根本对立的。在奴隶社会奴隶主可以任意糟蹋女奴隶，奴隶主的妻妾也不过是家内奴隶而已。这里哪有什么爱情可言。倒是在男女奴隶中间通过劳动可能会自然而然产生男女之间的爱情，但这种爱情迟早会被奴隶主扼杀。在封建社会，统治阶级内部的通婚往往带有政治的联姻性质。统治阶级中的青年男女的婚姻，在他们还不懂事的时候，就已经由他们的父母根据政治原因和财产原因定下来了。甚至最高统治者——皇帝的婚姻也并不由己，而是由皇族和大臣们根据统治阶级的政治需要来选定。与封建社会自给自足的小农经济和宗法家长制度相适应的封建礼教意识不仅反映在统治阶级身上，而且禁锢着一般劳动人民的思想感情，在劳动人民中间所产生的爱情火花大多被这吃

---

① 《马克思恩格斯选集》第4卷，人民出版社1972年版，第42页。
② 同上书，第60页。
③ 同上书，第67页。

人的封建礼教所吞噬。在封建社会末期，资本主义生产关系开始出现，资本主义发展则要求突破封建专制的束缚，与这种经济政治要求相适应，资产阶级则在思想上提出了自由平等的口号，这种变化势必影响到人们最普遍的关系——婚姻关系。先进的青年人再也忍受不了包办的封建婚姻的束缚了，首先要求在婚姻上有某种自由的发展。英国莎士比亚的《罗密欧与朱丽叶》、曹雪芹的《红楼梦》中爱情悲剧的描写就是这种历史情况在文学上的反映，这些爱情悲剧与其说是言情不如说是对封建专制的批判。

因此，现代意义上的爱情是资产阶级最先提倡的。"正在兴起的资产阶级，……都愈来愈承认在婚姻方面也有缔结契约的自由，并用上述方式来实现这一自由。"① 实际上资产阶级的爱情自由不过是资产阶级经济上自由贸易要求的反映。资产阶级的婚姻仍然是阶级的婚姻，即在阶级内部则承认当事者享有某种程度的选择的自由。资产阶级的爱情、婚姻自由对于封建社会来说无疑是一个伟大的道德进步，但仍然是有局限性的，它背后隐藏的仍是赤裸裸的金钱关系。随着资产阶级走向没落，资产阶级革命时期所提倡的性爱解放变得越来越虚伪，现代资本主义社会中色情充斥、道德败坏、离婚率倍增就是对资产阶级爱情的绝妙讽刺。

爱情、真正的爱情是伴随着工人阶级的出现而产生的。"大工业在瓦解旧家庭制度的经济基础以及与之相适应的家庭劳动的同时，也瓦解了旧的家庭关系本身。""大工业使妇女、男女少年和儿童在家庭范围以外，在社会地组织起来的生产过程中起着决定性的作用，它也就为家庭和两性关系的更高级的形式创造了新的经济基础。"② 大工业的产物——工人阶级除了自己的双手以外别无所有，同时劳动妇女也成为家庭的供养者，男子统治的最后残余也失去了基础。工人阶级男女的结合只能靠感情因素起作用，他们的结合没有也不可能有财产的原因。无产者的婚姻则是建立在感情基础上的一夫一妻制而不是旧的私有制基础上的一夫一妻制。当然在工人阶级中间，一些工人的具体恋爱观由于受到剥削阶级习惯意识的侵蚀而仍带有某些偏见，甚至带有某些腐朽的东西。但是那不属于工人阶级本

---

① 《马克思恩格斯选集》第4卷，人民出版社1972年版，第77页。
② 《资本论》第1卷，人民出版社1975年版，第536页。

身，无论如何，真正的爱情只有在工人阶级产生后才能出现，工人阶级的产生第一次使爱情、婚姻和家庭成为一致的东西。工人阶级的这种高尚的爱情最集中地表现在意识到自己阶级地位和历史使命的工人阶级先进分子身上，在他们中间男女的结合则体现了人类最纯洁、最高尚的爱情，他们所提倡的恋爱观是工人阶级世界观的组成部分。

"结婚的充分自由，只有在消灭了资本主义生产和它所造成的财产关系，从而把今日对选择配偶还有巨大影响的一切派生的经济考虑消除以后，才能普遍实现。到那时候，除了相互的爱慕以外，就再也不会有别的动机了。"[1] 由于社会历史条件的局限，真正的爱情只有到了共产主义才能普遍的彻底地为人人所接受。这是由于，在今天社会主义社会中生产还没有为这种爱情提供完全充分可靠的物质基础的保证，资产阶级、封建主义的婚姻偏见还在影响着人们的恋爱观、婚姻观。爱情、婚姻、家庭还没有最终的一致起来。我们现在的任务是一方面大力宣传工人阶级的恋爱观，促进人们用工人阶级的世界观来正确处理恋爱、婚姻和家庭问题；另一方面要努力发展为彻底铲除剥削阶级的偏见赖以存在的物质基础而奋斗。

纵观人类全部爱情史，我们可以清楚地看到：爱情是在一定历史条件上形成的，抽象的超阶级的爱情是根本不存在的，在阶级社会中爱情是有一定阶级性的，受阶级关系的制约。当然，在阶级社会中，爱情固然受到阶级关系的制约，但阶级爱不等于爱情，爱情是一种特殊的感情，是特指男女之间的感情关系。恩格斯谈到性爱时指出："不言而喻，体态的美丽、亲密的交往、融洽的旨趣等等，曾经引起异性间的性交的欲望，因此，同谁发生这种最亲密的关系，无论对男子还是对女子都不是完全无关紧要的。"[2] 爱情自有爱情的标准，爱情的标准要受到社会历史条件的局限，但任何其他的标准都不能代替爱情的标准。人类的感情是一个复杂的社会现象。人类今天丰富的感情、丰富的内心活动是整个人类文明发展的必然结果，是一个历史地形成的东西，标志整个人类的文明程度。把人的感情完全归结于自然属性是错误的。否认爱情是一种特殊的男女感情也同样是错

---

① 《马克思恩格斯选集》第 4 卷，人民出版社 1972 年版，第 78 页。
② 同上书，第 72 页。

误的。爱情固然以一定的性机能为生理基础，但是绝不能把人的爱情仅仅归结于性欲，爱情是人类异性间长期文明生活的结果，它有着充实的社会内容。一个人对待爱情的态度不仅仅反映了他的政治态度而且还反映了他的整个文化教养水平。人类社会越发展，爱情的社会内容就越丰富。其所反映的整个社会文明程度就越深刻。担心到共产主义社会爱情会成为纯粹的性机能的需要的想法完全是多余的。到那时，人类的性爱则一方面由于完全摆脱了财产关系的制约而成为人类历史最高尚、最真挚的爱情，另一方面由于人类物质生活和精神生活的丰富，男女之间的爱情将会成为人类幸福的精神享受。历史上，爱情、婚姻和家庭是分裂的，婚约并不是由于爱情而缔结，家庭也并不建立在自由婚姻的基础上。工人阶级的出现、社会主义的建立为三者实现统一开辟了道路，美满的爱情、美满的婚姻、美满的家庭在共产主义社会必将成为普遍的现象。

（本文是作者 1982 年 10 月撰写的读书札记）

马克思中学论文到博士论文期间 (1835—1842 年初) 的社会历史观

1835—1842 年初（中学作文到博士论文）是马克思唯物史观形成前的早期探索阶段。马克思唯物史观形成前的早期探索阶段，就是马克思先后接受启蒙思想的人文主义历史观、黑格尔客观唯心主义的辩证历史观的积极成果，又不断地发现这些历史观弊端而有所突破，向新的历史观迈进的过程。

一　人的职业选择受人在社会上的
境况的制约（1835 年 10 月）

马克思中学的三篇文章，《根据约翰福音第 15 章第 1 至 14 节论信徒和基督的一致，这种一致的原因和实质，它的绝对必要及其影响》（1835 年 8 月 10 日）、《青年在选择职业时的考虑》（1835 年 8 月 12 日）、《奥古斯都的元首政治应不应当算是罗马国家较幸福的时代?》（1835 年 8 月 15 日），反映了少年马克思对周围社会问题、人生问题、宗教问题和历史问题的一些看法。尤其是《青年在选择职业时的考虑》更多地显示了马克思对社会现实问题的看法。通过这三篇文章，我们可以看到马克思尚未成熟的历史观的最早的表述，这些表述说明马克思还没有形成自己独立的历史观，仅仅受到启蒙思想的人文主义历史观的影响。然而，由于马克思对现实问题的大胆探求，却闪现出一些对社会历史问题的有价值看法。

《青年在选择职业时的考虑》选题本身就是一个社会现实问题。我们在此姑且不谈马克思在文章中表现出来的献身人类的抱负，而只分析马克思谈论职业选择问题时表现出来的未成熟的早期历史观。文章一开始，马克思就区别了人和动物，指出自然给动物规定了活动范围，动物被动地服从自然；神虽然给人指定了共同目标，但是却要人自己去寻找到达目标的手段。马克思突出了人不同于动物的能动性特点。马克思认为，神对于人只起启示作用，余下的事情全靠人自己去做。虽然这里还有自然神论的影响，但是，马克思显然强调了人的主动性作用，突出了人。

紧接着下文马克思公然怀疑神的存在。"我们应当认真考虑：所选择的职业是不是真正使我们受到鼓舞？我们的内心是不是同意？我们受到鼓舞是不是一种迷误？我们认为是神的召唤的东西是不是一种自欺？但是，不找出鼓舞的来源本身，我们怎么能认清这些呢？"① 马克思竭力寻找人所选择的职业对人的鼓舞的来源，是内心同意吗？是神吗？马克思都表示怀疑，那么产生鼓舞的根源究竟是什么？这个问题提得很好，按照这个逻辑必然要到现实社会关系中去寻找，当时马克思不可能认识到这点。马克思认为，虚荣心容易给人以鼓舞，推动人去追求人生目标，但虚荣心容易使人丧失理智，使人为了得到炫烁的使命而去碰运气。幻想也使人产生对待职业的热情，可是理智也容易被幻想蒙蔽。那么"在我们丧失理智的地方，谁来支持我们呢？是我们的父母，他们走过了漫长的生活道路，饱尝了人世的辛酸……"② 马克思认为父母的生活经验会给我们在职业选择时以帮助。马克思把实际的生活经验看得十分重要，显示出马克思冷静的现实态度。

通过分析，马克思认为既然人具有主动性，那么人能够选择职业，并且应该选择职业。"但是，我们并不总是能够选择我们自认为适合的职业；我们在社会上的关系，还在我们有能力对它们起决定性影响以前就已经在某种程度上开始确立了。"③ 马克思认为人的职业选择要受人们早已确立的人在社会上的境况的制约，比如体质就制约人们对职业的选择，个人的能力也限制人的职业选择，人们不能选择不能胜任的工作。"如果我们把这一切都考虑过了，如果我们生活的条件容许我们选择任何一种职业，那么我们就可以选择一种使我们最有尊严的职业……"④ 这些话，显示了马克

①　《马克思恩格斯全集》第40卷，人民出版社1982年版，第4页。
②　同上。
③　同上书，第5页。
④　同上书，第6页。

思在选择职业时的冷静态度，马克思看到了人的能动性并不是为所欲为的，仅在职业选择上就要受到社会上的境况、生活条件、体质能力等客观因素的限制。马克思的这个思想显然受到法国启蒙思想家关于环境决定人的思想的影响，然而马克思又有自己独特的见解。在人与周围的环境关系上，一方面他把人同被动地屈从于自然的动物区别开来，强调人的能动性，另一方面，他又看到周围环境对人的活动的限制。这里暗含有对当时德国现实的不满，德国等级森严的封建制度必然要限制人的发展、人的职业的选择。当然，马克思本人还没有自觉地意识到这点。

应当按照什么方针来选择职业呢？"在选择职业时，我们应当遵循的主要指针是人类的幸福和我们自身的完美。"① 马克思把人类的幸福和自身道德的完美作为选择职业的指针，一方面表现了马克思本人的献身精神，另一方面说明马克思受到启蒙思想的人道主义和伦理学观点的影响。所谓人类幸福，在少年马克思那里还不可能是指无产阶级及其他劳动人民的具体幸福，而只是抽象的人的抽象幸福。

启蒙思想的人道主义和伦理学影响，在马克思那篇有关宗教的文章中尤为突出。在这篇论宗教问题的文章中，马克思并不涉及纯粹的宗教问题，而是从伦理学的角度论述基督教。马克思认为，全部人类历史证明，人的历史只有同基督教一致，才能克服人的局限性，过合乎道德的生活，把宗教问题看成伦理学问题。认为人的本质要求人用不断提高道德的办法使自己上升到神，信仰宗教是人们的本质道德要求。马克思企图用人的本质的道德需要来说明宗教问题。

总之，1835 年前后的马克思在认识社会现实问题时已不是站在神学历史观的立场上，而是基本采取人文主义历史观的态度，并且在人与周围环境的关系问题上有自己独特的见解。

人文主义历史观支配整个文艺复兴的思想家、法国启蒙运动的思想家、德国早期的启蒙思想家，从这个历史观出发去解释社会历史问题，为资产阶级的社会政治经济活动提供理论根据。14 世纪后半期欧洲处于封建主义走向灭亡、资本主义开始发展时期，这个时期政治思想领域的历史任

---

① 《马克思思恩格斯全集》第 40 卷，人民出版社 1982 年版，第 7 页。

务主要是为资产阶级反封建的革命准备思想条件。14 世纪之前，神学历史观禁锢着人们的头脑，维系着封建主义的思想政治统治。只有打破神学历史观的束缚，把从神出发来解释一切社会历史问题彻底转向从人出发来解释一切社会历史问题，新兴资产阶级才能求得思想上的解放。文艺复兴时产生的人文主义历史观，把人与神对立起来，把神的历史变成世俗的人的历史，从世俗的人出发来解释社会现象，抨击社会问题，使人们对社会问题的认识出现了一个从神到人的转折，这是人类历史观的一次重大突破。但是人文主义历史观的最大缺陷在于建立在抽象的人性论的基础上，因而仍然是历史唯心主义。

人文主义历史观是从抽象的人去观察问题，最终的落脚点是把抽象的人的自然本性作为一切社会现象的基础和根源。法国启蒙思想注意到人同环境的关系问题，德国启蒙思想把抽象的人更加抽象化，变成了与现实毫无关系的纯粹理性，但是却提出了社会意识和社会存在的关系问题。马克思在人与环境的关系问题、理想与现实的关系问题上，已经形成一定的独立见解。马克思通过青年职业选择问题的分析，最后得出人的职业选择受人在社会上的境况的制约的结论，证明马克思意识到人既受环境的制约，又有一定的能动性（人可以去选择自己满意的职业），人不是环境的被动者；人的主观理想受现实环境条件的制约，主观理想和客观现实有矛盾，但不是截然对立的，人的理想可以实现。马克思的这个独特的见解，是马克思将来进一步突破唯心史观，逐步向唯物史观转化的正确的第一步。

有些学者认为，马克思根据人的社会地位预先已由人在社会中的境况所决定的结论，是历史唯物主义的萌芽，因为，马克思已经认识到社会关系和生活条件在社会中的意义。梅林认为：这个思想"还在少年马克思的头脑中，就已闪现着一种思想的火花，这种思想的全面发挥就是他在成年时期的不朽贡献"①。门德认为："……我们找到了马克思终生不倦追寻的概念，'……我们在社会中的关系'。"② 科尔纽认为："在这里，马克思第

①　弗·梅林：《马克思传》，人民出版社 1965 年版，第 10 页。

②　门德：《马克思从革命民主主义者到共产主义者的发展》，生活·读书·新知三联书店 1957 年版，第 12 页。

一次表达了社会关系在人类生活中的意义。"① 肖灼基认为:"在这里,马克思已经把人们的活动,人们的职业与一定的社会关系联系起来,从而戳穿了资本主义社会所谓职业自由的伪装。后来马克思在许多著作中进一步发展了这一思想。"② 虽然肖文没有把马克思的思想直接说成唯物史观的萌芽,但认为马克思看到了一定的社会关系的重要性。与上述看法相反,奥伊则尔曼认为:"在这里,作另外一种推测倒是要正确得多:马克思受到法国启蒙主义者关于人依赖于周围环境的学说的影响,法国启蒙主义者把周围环境主要地理解为政治条件、法律条例和习俗。"③ 奥伊则尔曼的评价是恰如其分的。

马克思在论述选择职业问题时一次讲到"在社会上的关系"(德文 Verhältnisse in der Gesellchaft)的影响,还一次谈到"生活条件"(Lebensverhältnisse)使用了"在社会上的关系"和"生活条件"的术语,德文 Verhältnis 含有情况、境况、环境、关系的意思,Lebensverhältnis 是生活情况、生活境况、生活环境、生活关系的意思。联系马克思上下文,我们可以清楚地看到,马克思在这里决不是,也不可能意识到唯物史观意义的社会物质生活条件和社会物质关系,这里仅仅讲的是人们选择职业时,受本身的身体条件、能力条件和人们所处的环境等社会诸境况的局限。所以,应该认为马克思认识到人们周围环境及本身的情况,并在人们有能力对它们起决定性影响以前就已经在某种程度上开始确立,人的职业选择受人在社会上的诸境况的局限。

二　反对现有与应有的对立,从现实中寻找观念
(1835 年 10 月—1837 年 10 月)

1835 年 10 月至 1837 年 10 月,马克思逐步摆脱启蒙思想的人文主义历史观的影响,经过费希特和谢林的影响,开始接受黑格尔的辩证唯心主

---

① 科尔纽:《马克思恩格斯传》,人民出版社 1963 年版,第 63 页。
② 肖灼基:《马克思青年时代》,湖南人民出版社 1982 年版,第 12 页。
③ 捷·伊·奥伊则尔曼:《马克思主义哲学的形成》,生活·读书·新知三联书店 1964 年版,第 31 页。

义历史观。《给父亲的信》就是这个过程的总结。

人文主义历史观是从抽象的人出发，因而不能正确说明社会现实问题，康德把理想同现实问题对立起来，当然也不能说明社会现实问题。那么怎样才能说明社会现实问题呢？18 世纪末 19 世纪初，德国资产阶级的力量逐渐加强，更强烈地要求实现资产阶级社会的现实，同时生产力的发展，引起人同外部世界更大规模的相互作用，这种情况在哲学上的反映，就是要求把理想付诸实践，解决现有与应有的统一问题。可是"德国资产阶级发展得如此委靡、畏缩、缓慢，以致当它同封建制度和专制制度对峙的时候，它本身已经是同无产阶级以及城市居民中所有那些在利益和思想上跟无产阶级相近的阶层相对峙的了"[1]。这种情况曲折地决定了德国古典哲学的唯心主义的保守体系。因此德国资产阶级哲学家只能从唯心主义的角度来解决现有与应有的统一。费希特第一次按唯心主义的方式表达了思维和存在（自我和非我）之间的辩证关系，他把思维和存在的对立都统一于主观（自我），建立了主观唯心主义体系。按照费希特的解释，现实归结于自我理想，即只要我想象出一个好东西，那么它就存在，不用革命，只要自我理性设定，德国合理的资产阶级社会就可以建立。谢林大大发挥了费希特关于自我与非我的统一的思想，认为自我意识是一种独立的行为，是第一性的，主体与客体、现实与理性仅仅是纯粹自我意识的不同表现，它们在差别中同一。谢林晚年虽然由"同一哲学"走向"天启哲学"，但他的同一哲学却对思维和存在的关系做出了更为明确的辩证表述，强调了自我理性的能动作用，批判了康德把资产阶级理想的东西推到了不可实现的彼岸世界的观点。黑格尔适应了当时德国资产阶级要求改善现状的积极态度，接受了法国启蒙主义用理性来对抗一切、改造一切的精神，但他又没有勇气按理性原则来改造德国社会，便说理性能够自己创造自己，即只要坚持理性的自我批判，德国资产阶级的理想就可以实现。他认为这个"理性"先于一切事物而存在，是一种能动的实体，在自我矛盾的发展过程中，把自己外化为主体和客体，又使二者统一，黑格尔在唯心主义基础上达到了思维和存在、理性和现实的辩证统一。黑格尔从上述基本

---

① 《马克思恩格斯选集》第 1 卷，人民出版社 1972 年版，第 322 页。

观点出发，认为历史发展过程是理性绝对观念的活动过程，历史的规律性和必然性是理性统治世界历史的结果，把人类历史看成一个理性的不断运动、变化、发展的过程，这个过程不是偶然事件的前后相继，而是有自己的规律和必然性。黑格尔辩证唯心主义历史观，是继从神学历史观转变到人文主义历史观的又一大飞跃。恩格斯指出："黑格尔把历史观从形而上学中解放了出来，使它成为辩证的，可是他的历史观本质上是唯心主义的。"[①]

马克思 1837 年 10 月 11—12 日《给父亲的信》的意义在于标志马克思摆脱启蒙思想的人文主义历史观，摆脱理想主义社会哲学理论，开始转向黑格尔哲学，接受黑格尔的历史观，反对应有与现有的对立，主张从现实中寻找观念，这是马克思对自己前一阶段的思想作了坚决的自我批判而得出的重要结论。

马克思在信中首先批判自己在"纯理想主义的"诗作中，浪漫主义地把主观理想同现实对立起来的理想主义思想。少年马克思深受启蒙思想的人文主义历史观的熏陶，在他的思想中理想主义的社会哲学占据重要地位。理想主义产生于西欧中世纪末期，是新兴阶级的思想家们把资产阶级和其他劳动群众要求变革现实的愿望和要求，加以理想化和空想化，想象和设计出未来社会的方案，而提出的社会哲学理论。法国人文主义启蒙思想家们继承了理想主义的传统。康德把理想推到了不可实现的"彼岸世界"；费希特认为我想象一个理想社会，这个理想社会就存在；谢林认为理想作为独立的自我意识自己实现自己，他们都把理想推向了极端。马克思未来的岳父威斯特华伦使马克思深受理想主义传统的影响。"这位老人用真理所固有的热情和严肃性来欢迎时代的每一进步；他深怀着令人坚信不疑的、光明灿烂的理想主义，唯有这种理想主义才知道那能唤起世界上一切心灵的真理；……您，我的父亲般的朋友，对于我永远是一个活生生的证据，证明理想主义不是幻想，而是真理。"[②]1835 年 10 月 17 日，马克思到波恩大学学习。在波恩的一年里，马克思

---

① 《马克思恩格斯全集》第 19 卷，人民出版社 1963 年版，第 226 页。
② 《马克思恩格斯全集》第 40 卷，人民出版社 1982 年版，第 187 页。

的诗作中仍然充满了理想主义、浪漫主义的色彩，马克思在诗作中抒发了对封建专制、反动势力、宗教的憎恨，抒发了对自由民主的向往。这些诗作说明马克思并没有意识到理想必须付诸实践，仍然受到费希特、谢林理想主义的影响。

　　1836年10月22日马克思转学到柏林，柏林是当时德国新旧阶级争夺政治、思想、宗教阵地的斗争舞台，同时也是黑格尔哲学的中心。马克思在柏林大学，通过法学研究，遇到了现有与应有的对立，遇到了现实问题，法学是与现实紧密联系的领域，法学使马克思从哲学高度思索德国现实问题，思索思维和存在、理想和现实这个哲学基本问题，从而德国最抽象的科学问题——思辨哲学问题，在马克思那里成为最紧迫的现实问题。开始马克思企图用费希特、谢林哲学去解决这个对立，但失败了，曾一度又转向纯理想主义的诗作中。在苦恼思索中，马克思逐渐接受了黑格尔的辩证唯心主义哲学，接受了黑格尔的历史观。马克思说在自己的诗作中"我的天国、我的艺术同我的爱情一样都变成了某种非常遥远的彼岸的东西。一切现实的东西都模糊了，而一切正在模糊的东西都失去了轮廓。对当代的责难、捉摸不定的模糊的感情、缺乏自然性、全凭空想编造、现有的东西和应有的东西之间完全对立……"①马克思在此批判理想主义无视现实，把脱离现实的理想变成毫无根据的愿望，反对把应有同现有的东西抽象地对立，马克思的自我批判证明他已经克服理想主义的社会哲学理论。马克思说："我从理想主义，——顺便提一提，我曾拿它同康德和费希特的理想主义比较，并从其中吸取营养，——转而向现实本身去寻找思想。"②"现实本身"当然还不是唯物史观意义上的现实。

　　向现实本身去寻求思想的结论，是马克思在研究法学的过程中，逐步克服费希特把思维和存在同一于自我，把现实同主观理想严重对立的主观唯心主义的认识进程中形成的。马克思在柏林，一开始就潜心研究法学，并且企图以某种哲学的研究来指导法学研究，建立一个新的法哲

---

① 《马克思恩格斯全集》第40卷，人民出版社1982年版，第9—10页。

② 同上书，第15页。

学体系，"使某种法哲学体系贯穿整个法的领域"①。1837 年初，马克思打算写作一部包括《形而上学》的《法哲学》的巨著，力图在这部巨著中先规定若干哲学原理，确立一系列原则、思维和概念的定义，提出一个不依赖具体经验的先验的法哲学理论，马克思说明实体的私法如何符合这个先验的法基本原则，马克思的尝试终于失败了。"在实体的私法的结尾部分，我看到了全部体系的虚假，体系的纲目近似康德的纲目，而执行起来却完全不是那样。"② 马克思认为自己的巨著的纲目同康德的《法学的形而上学的基本原理》的纲目是一致的，康德的先验论法哲学体系是与现实法相脱离的，那么自己的东西，即与康德相似的体系也是虚假的。"这里首先出现的严重障碍正是现实的东西和应有的东西之间的对立，这种对立是唯心主义所固有的；它又成了拙劣的、错误的划分的根源。开头我搞的是我慨然称为法的形而上学的东西，也就是脱离了任何实际的法和法的任何实际形式的原则、思维、定义，这一切都是按照费希特那一套……"③ 马克思清楚地认识到康德的先验论哲学，根本将主观理想和现实对立，而费希特的主观自我哲学，抽象地把主观理想与现实统一于自我，而实际上自然排斥现实，康德哲学与费希特哲学都不能使马克思有效地研究法学。法学是与现实密切相连的领域，研究法律必然遇到现实问题，必然遇到主观意志与现实的关系问题。失败使马克思从启蒙的人文主义历史观、理想主义社会哲学，经过康德和费希特的对比阶段，转而向"现实"本身去寻求思想。

马克思转向现实寻求思想的结论，还不是转向唯物史观，而是转向黑格尔的历史观。黑格尔哲学固然是把概念作为第一性的唯心主义哲学，但是黑格尔哲学充分强调主观理想同客观现实的辩证关系，不是把主观同客观现实相对立，而是主张理念在自身展开中客观现实化自己。黑格尔的哲学有强烈的客观现实性和辩证法思想的倾向，黑格尔哲学"唯心主义最少，唯物主义最多"④。因此研究法律，研究与人民现实生活密切相关的这

---

① 《马克思恩格斯全集》第 40 卷，人民出版社 1982 年版，第 10 页。

② 同上书，第 13 页。

③ 同上书，第 10 页。

④ 《列宁全集》第 38 卷，人民出版社 1986 年版，第 253 页。

个领域，黑格尔的哲学无疑比康德、费希特高明。黑格尔哲学有助于马克思不是从虚幻的、从外部、从与现实相对立的角度，而是从思想的具体化的现实生活本身去理解法律。后来马克思在确立了生产关系的概念以后，把法的基础解释成生产关系，为正确地说明人们与法的关系提供了可能。从思想的具体化的现实来说明法，到从一切社会现实的基础的物质生产关系来说明法，无疑存在着一定的逻辑联系。因此，当列宁称赞黑格尔哲学是"历史唯物主义的萌芽"① 时，我们也可以把马克思接受黑格尔的哲学看作是向唯物史观的某种过渡性的迈进。在此，马克思所说的现实，是黑格尔所讲的"在生动的思想世界的具体表现方面，例如，在法、国家、自然界，全部哲学方面……"② 的现实，即理念具体外化的现实世界，要从这个现实中才能寻找思想，意即从这个现实出发说明法，说明主观观念。马克思在信中对自己研究法学所表现出来的主观唯心主义倾向的自我批判，充分证明马克思已经开始掌握黑格尔的辩证法和历史观。马克思向父亲讲："请允许我像考察整个生活那样来观察我的情况，也就是把它作为在科学、艺术、个人生活方面全面地展示出来的精神活动的表现来观察。"③ 马克思在这里显然把人的现实生活活动看作是在科学、艺术、个人生活方面全面展示出来的精神活动，这同黑格尔把理念看成世界历史的积极的决定力量，人的现实的生活的一切如法、国家、精神、自然界等的外化是一致的。依照黑格尔的辩证法，马克思认为理念的自我展开充满了矛盾。"事物本身的理性在这里应当作为一种自身矛盾的东西展开。并且在自身求得自己的统一。"④ 因此 "我们必须从对象的发展上细心研究对象本身，决不应任意分割它们"⑤，马克思已经认识到思想的具体世界——人的现实生活环境是有机联系的、辩证发展的整体，用抽象的方法，离开同周围世界的关系，离开对象本身发展的一切生动现实，就会导向把本质和事物归结为毫无内容的形式的形而上学世界观，就会把法的形式和法的内

---

① 《列宁全集》第 38 卷，人民出版社 1986 年版，第 202 页。
② 《马克思恩格斯全集》第 40 卷，人民出版社 1982 年版，第 10—11 页。
③ 同上书，第 9 页。
④ 同上书，第 11 页。
⑤ 同上书，第 10 页。

容割裂开来，就会把法的原则看成是脱离现实的先验的主观原则，就会陷入现有和应有的严重对立。马克思在探索中认识到，费希特那一套使理想与现实相脱离，黑格尔的历史观才能说明现实。

对黑格尔的研究使马克思在施特劳拉休养时就逐渐认识到黑格尔辩证法，通过黑格尔的辩证法，他看到了形而上学的抽象理想原则之所以缺乏根据，同现实严重对立，就在于把数学的公理证明法搬到法哲学上来，像数学证明那样，事先给事物规定了前提条件，"在这种情况下，数学独断论的不科学的形式从一开始就成了认识真理的障碍，在这种形式下，主体围绕着事物转，这样那样议论，可是事物本身并没有形成一种多方面展开的生动的东西"①。因此，只有把研究事物的方法理解成为研究对象本身的内在必然的自身运动，才能有效地认识事物，这恰恰是辩证法的特点。

黑格尔的辩证法有助于马克思向正确的历史观迈进。马克思在患病期间，接触了青年黑格尔派的"博士俱乐部"，同黑格尔哲学的联系越来越密切了。对黑格尔辩证法的精辟理解，使马克思同青年黑格尔派在自我意识与现实关系上已经开始暴露出分歧，这点在信中可以清楚地看到，青年黑格尔派从黑格尔客观唯心主义返回到费希特的主观唯心主义，把自我意识看成超越一切经验现实的世界的唯一根源，即在历史观上把哲人的头脑看成历史的真正动力，认为只要进行理性的批判，就可以实现德国资产阶级化。马克思从黑格尔的思维和存在同一性的辩证观点出发，"从现实中寻找思想"。后来马克思在博士论文中发展了这个观点。

《给父亲的信》是马克思由启蒙思想的人文主义历史观转向黑格尔辩证唯心主义历史观的重要标志，是这一转变过程的总结。有的研究者忽略这封信的重要性是不对的，有的过高地评价这封信，认为"已经包含了马克思全部观念的萌芽"②，也是不符合客观事实的。

---

① 《马克思恩格斯全集》第 40 卷，人民出版社 1982 年版，第 10 页。

② K. Makx, *Der Historische Materialismus Die Fruhschriften*, Rrsg Von S. Landshutund J. P. Mayer, 1935, S. 15.

三　世界的哲学化同时也是哲学的世界化,哲学不仅认识世界还要改造世界(1837 年 11 月—1842 年初)

　　马克思在柏林大学学习期间,受到黑格尔历史观的极大影响,参加了青年黑格尔派反对德国封建制度和宗教统治的斗争,逐渐意识到青年黑格尔派的错误。"马克思按其当时观点来说,还是一个黑格尔唯心主义者。"① 但在一些重要理论问题上,已经同青年黑格尔派、同黑格尔哲学有了明显的不同。从 1839 年起,马克思着手研究伊壁鸠鲁主义、斯多葛主义和怀疑论哲学,对黑格尔的哲学和青年黑格尔派理论进行分析比较,以便进一步确立自己独立的历史观。马克思《关于伊壁鸠鲁哲学的笔记》、《自然哲学提纲》、《博士论文》正文,及《附录的片断》和《新序言草稿》表明马克思的思想进化过程。

　　马克思潜心研究古希腊自我意识哲学,反映了他对当时德国社会生活的迫切态度,对待青年黑格尔派的态度,对待黑格尔哲学的态度。30年代后期,德国资产阶级开始主张对社会政治结构进行改革,以便进一步适合资产阶级自由经济发展的需要。但是软弱的德国资产阶级自己不敢投身于斗争的实践,同时也不敢把工人阶级及其劳动群众作为革命的物质力量,把理性、知识、启蒙看成决定性的力量,认为只有个别哲学家的哲学批判活动才能改变德国的现实,青年黑格尔派就是这样的哲学代言人。他们把哲学看作历史进步的基础,认为只要运用哲学揭露国家和社会中的不合理东西,就足以使政治和社会具有合理性。他们强调哲学的批判活动,强调行动哲学,认为哲学的批判活动必须首先从宗教开刀,必须把黑格尔哲学从宗教神秘主义中解放出来。施特劳斯 1835 年出版的《耶稣传》,反对黑格尔用哲学论证宗教,他认为早期基督教的团体的神话传说是福音书来源,归根到底是福音书的内容,从而历史发展的实体是集体意识,而不是黑格尔的绝对精神。鲍威尔 1838—1841 年出版了批判神的启示和福音书的丛书,认为基督教是个别福音书作者自觉活

_____

① 《列宁全集》第 21 卷,人民出版社 1990 年版,第 28 页。

动的产物，因而历史的决定力量不是实体，而是自我意识，自我意识的任务是把人从宗教束缚下解放出来。他认为，基督教虽然曾经赋予人以崇高的价值，但现在却成为自我意识发展的障碍了。因此，现在的任务是以哲学为武器对基督教及其国家进行批判，用对基督教的批判代替人的解放，把行动哲学付诸于哲学批判的实践，强调批判的哲学。青年黑格尔派虽然批判了黑格尔的宗教观，然而却抛弃了黑格尔的历史辩证法和主观意识同客观现实辩证统一的思想，返回到谢林的自我同一哲学，最终又把主观理想同客观现实对立起来。青年黑格尔派历史观存在着不可克服的缺陷：（1）坚持历史观的唯心主义基础。黑格尔认为"绝对精神"是自然界和人类社会一切现象的本原实体，而施特劳斯认为历史的"实体"是集体意识，鲍威尔认为"自我意识"即个别天才人物的自我思想是创造世界的本原。（2）鼓吹英雄史观。青年黑格尔派鄙视劳动人民群众，他们认为历史是少数"自我意识"、"批判头脑"创造的，群众是无自我意识的，是不能进行思维批判的群氓。（3）认为只要通过哲学的理性批判，就可以改造普鲁士国家，批判基督教就可以解放人，用精神的批判代替物质的批判。青年黑格尔派的社会历史理论既不能说明德国现实，又不能指导实践，改造现实。要正确地解答现实问题，必须重新评价黑格尔的历史哲学，思索分析青年黑格尔的理论，马克思正是为此目的研究晚期希腊的自我意识哲学。

晚期希腊自我意识哲学，是在奴隶社会走向灭亡，人们精神受到黑暗现实的压抑，主张躲避现实，寻求自我安慰，独享个人精神自由的世界观的反映。晚期希腊自然哲学的共同目的就是在普遍的社会灾难中主张崇拜个人意志自由。马克思认为"在伊壁鸠鲁派、斯多葛派和怀疑派那里自我意识的一切环节都得到充分表述……这些体系合在一起形成自我意识的完备的结构……"[1] 伊壁鸠鲁"的解释方法的目的在于求自我意识的宁静……"[2] 求得自我意识自由。青年黑格尔派无视德国同晚期希腊的不同的历史条件，德国是处于上升阶段，资产阶级不是需要逃避现实，而是需

---

① 《马克思恩格斯全集》第 40 卷，人民出版社 1982 年版，第 195 页。
② 同上书，第 207 页。

要正视外部现实，需要认真思索人同现实环境、理论同现实斗争、如何改造现实问题的问题；伊壁鸠鲁主义是奴隶社会下降时期的哲学，主张逃避现实，割裂人同现实环境的关系。青年黑格尔派片面地追求伊壁鸠鲁哲学的自我意识自由，必然使理论与现实脱节，不可能正确地认识现实和改造现实。因此，深入研究伊壁鸠鲁主义，着重探讨人同周围环境的关系问题、哲学同现实的关系问题，是克服青年黑格尔派的致命缺点、向正确的历史观迈进的重要问题。

伊壁鸠鲁哲学的特点在于强调原子偏离说。在博士论文第二部分马克思首先抓住了这个主要之点。"……偏斜所表现的规律贯穿于整个伊壁鸠鲁哲学……"① 伊壁鸠鲁原子论的斜线运动表现了原子非物质性的精神本质，原子偏离直线就是偏离了它在其中不自由的那种方式，而确立自我自由和独立性。偏离说支持了证明人的意志绝对自由的社会学说，这种学说认为：原子斜偏是个人意识的象征，个人意识只要离开了世界，就能在感到无能为力的世界中确立自己的自由。虽然伊壁鸠鲁的个人意志自由是脱离周围环境，不能作用于周围环境的，但是却不自觉地强调了历史活动中人的自我决定能力，即人的主观能动性。黑格尔哲学认为，只能把世界理解为精神和具体现实的有机统一，世界的发展不是由精神任意决定的，而是通过精神深入到具体现实中所必然实现的，黑格尔反对伊壁鸠鲁把人同环境割裂，片面强调意志的任意性，对伊壁鸠鲁哲学评价不高。青年黑格尔派抓住了伊壁鸠鲁哲学的自我意识的自我决定能力，赋予精神以绝对的力量和自由。马克思分析了伊壁鸠鲁哲学特点的瑕瑜，抓住了青年黑格尔派的倒退，利用黑格尔思维同存在的统一说，深入探讨了意志同现实、人同环境的关系，坚持了必须把世界理解为精神和现实的具体统一的思想。

人同环境的关系，主观意志同客观现实的关系，按照伊壁鸠鲁的哲学语言来说，就是抽象的个别性同实在的关系。马克思从伊壁鸠鲁的原子论的本质特征入手，分析了伊壁鸠鲁哲学对这对关系的态度。马克思指出，伊壁鸠鲁哲学中的"原子——从自身排除了异在的点的存在——是绝对的、直接的自为存在，因而它不可能有简单的方向，不可能有直线，它偏

---

① 《马克思恩格斯全集》第 40 卷，人民出版社 1982 年版，第 214 页。

离直线"①。在伊壁鸠鲁看来，原子是绝对的、直接的、自为的存在，即是不受任何束约的、自为自在的绝对的点的存在，而直线是简单的方向，是点的扬弃、点的定在。原子作为点的存在不可能有方向，不可能有直线，其自身排斥、摆脱、扬弃直线，不接受定在的束缚，超脱一切。故此"它的本性不在于空间性，而在于自为存在"②。在伊壁鸠鲁哲学那里，原子成为没有前提的、空洞的自我隔绝的存在，成为抽象的个别性，成为脱离任何束缚的"自由意志"。"整个伊壁鸠鲁哲学也同样偏离了前提。"③基于这种绝对自由的原子论说，伊壁鸠鲁的整个社会学说也偏离了前提条件。例如，快乐仅仅是避开了具有定在性的痛苦的前提条件；个人的意志自由也存在于脱离了定在的条件，伊壁鸠鲁的自我意志自由完全成为一种不受任何条件束缚的抽象的自由。"伊壁鸠鲁哲学在实体前提的世界上寻找一种没有前提的东西。"④"正像原子由于从直线中抽象出来，偏离直线，从而从自己的相对存在，从直线中解放出来那样，整个伊壁鸠鲁哲学到处都脱离了具有局限性的定在，即凡是抽象个别性的概念应该在它的存在中予以表达的地方，都脱离了具有局限性的定在。"⑤伊壁鸠鲁哲学宣布存在脱离任何前提条件的绝对自由的人、绝对自由的人的意志，从而把人同环境、主观同现实完全对立起来了。

马克思严肃批判了伊壁鸠鲁哲学这种抽象性质和形而上学性质。马克思认为伊壁鸠鲁哲学是通过偶然性上升为必然性，把任意性上升为规律性来主张人的自由的，人的意志是自由的，完全割裂了偶然性和必然性、任意性和规律性的辩证关系。伊壁鸠鲁说："被某些人当作万物的主宰的必然性，是不存在的，宁可说有些事物是偶然的，另一些事物则取决于我们的任意性。"⑥伊壁鸠鲁的目的是想通过这个途径来回避神学决定论，但是却跑到了另一个极端，无视世界的必然性和规律性，把偶然性和任意性绝

---

① 《马克思恩格斯全集》第 40 卷，人民出版社 1982 年版，第 119 页。

② 同上。

③ 同上。

④ 同上书，第 120 页。

⑤ 同上书，第 214 页。

⑥ 同上书，第 204 页。

对化了，宣扬了一种不受必然性支配的偶然性、不受规律支配的主观任意性。这个分析说明马克思已经熟练地掌握了黑格尔辩证法。马克思指明了伊壁鸠鲁的脱离定在的自由的抽象性："抽象的个别性是脱离定在的自由，而不是在定在中的自由。"① 任何自由都是受客观条件局限的，都是相对的、有条件的，脱离条件的自由是抽象的个别性的自由，社会当中的任何个人，其自由都是受某种前提条件的制约的。马克思说："在伊壁鸠鲁看来，对人来说在他身外没有任何善；他对世界所具有的唯一的善，就是旨在做一个不受世界制约的自由人的消极运动。"② 在社会中，任何人的自由都不能脱离世界，脱离世界的自由只不过是抽象的自我意识的一种幻想。尤为可贵的是，马克思以人与人的交往、发展和关系来说明人的自由，指出："一个人，只有当同他发生关系的另一个人不是一个不同于他的存在，而他本身，即使还不是精神，也是一个个别的人时，这个人才不再是自然的产物。"③ 马克思试图从一种社会生活，从人与人的交往关系来说明人的自由、人的意志的局限性问题，说明人不能脱离世界、脱离周围环境而孤立存在，人的自由、意志自由只有在社会中通过人与周围环境、人与人之间的相互作用才能取得。伊壁鸠鲁强调个性、绝对自由，强调脱离世界、脱离社会的绝对个人自由，实际上这种自由只不过是存在于人头脑中的一种虚幻的抽象的自由，不是真正的自由，人的真正自由不能脱离环境，脱离集体，脱离人与人之间的交往。马克思这里暗含了同青年黑格尔派的不同看法。青年黑格尔派片面强调自我意识、自我决定力量，是脱离德国现实的一种空想，是根本改变不了德国现实的。

在批判中，马克思娴熟地运用黑格尔的辩证法，在唯心主义基础上辩证地处理了人与环境、主观意识与客观现实的关系，他既注意到伊壁鸠鲁哲学强调人的主观自我决定能力的合理性，同时又反对伊壁鸠鲁把人的自由同客观环境对立、把意识自由同现实条件对立的错误，批判伊壁鸠鲁抽象的、形而上学的意志自由论。认为必须从人与环境的相互作用、从人与

---

① 《马克思恩格斯全集》第 40 卷，人民出版社 1982 年版，第 228 页。
② 同上书，第 78 页。
③ 同上书，第 216 页。

人的关系角度来考察人的自由，片面强调不受局限的绝对的自由只是宣言一种抽象的自我意识的幻想，把人同环境分割开来，虽然可以达到抽象的理论精神自由，但却使人丧失通过周围环境来改造周围世界的可能性。马克思开始克服青年黑格尔派在理论上片面强调自我意识的自我决定作用，主张主观意志同客观现实对立的观点，坚持了黑格尔的人与环境、主观与客观具体统一的思想，同时又有所突破，他企图从人与人关系方面来说明人的意志自由问题。当然这里马克思所讲的人与人的关系还是一种抽象的思辨性质的关系，还不是后来以成熟的生产关系概念为基础的科学的人与人的社会关系，只有建立了科学的社会生产关系概念以后，马克思才能真正说明人的自由、人的主观意识问题。只有建立了科学的实践概念以后，才能科学地说明人的主观能力与客观条件的关系问题。

马克思批评伊壁鸠鲁哲学片面地强调人的意识的自我决定作用的同时，也看到了伊壁鸠鲁哲学中注重人的历史主动性、意识的能动性的合理因素。前面我们已经读到马克思在中学作文中就提出了人与动物的差别在于人的主动性的问题。《给父亲的信》又站在黑格尔的历史观上，把精神作用看作世界的基础和动力，认为人类社会的历史就是理性的自我矛盾的具体现实展开。马克思对伊壁鸠鲁哲学人的自我决定能力的探索包括了对历史发展动力的探求，包括了人的主观能动性同客观环境的关系的探索。

黑格尔说："哲学用以观察历史的唯一的思想便是理性这个简单的概念：理性是世界的主宰，因而世界历史过程是合理发生的。"[①] 黑格尔把世界历史看作是"理性"的具体展开和实现，理性支配世界历史，理性是世界历史发展的本原和动力。黑格尔认为，尽管每个人都根据自己"私人的利益、特殊的目的"进行活动，而他们活动的总结果却出乎自己意料之外地实现了理性的目的。黑格尔虽然承认个别历史人物动机背后还有不依其主观意志为转移的更深刻的动力和规律性。那么理性是怎样实现世界历史的动力作用呢？黑格尔说："精神的发展是自身超出，自身分离，并且同时是自身回复的过程。"[②] 因此理性的自身辩证发展构成了世界历史的发展

---

①　黑格尔：《历史哲学》，生活·读书·新知三联书店 1956 年版，第 47—48 页。
②　黑格尔：《哲学史讲演录》第一卷，生活·读书·新知三联书店 1956 年版，第 28 页。

变化。黑格尔并不重视自我意识，他只把自我意识看成人类的集体精神，是走向"客观真理"的主观精神的一个阶段，受理性的支配和制约。黑格尔关于历史动力的看法猜测到：（1）在人的主观意向背后存在真正的历史动力；（2）历史发展的动力在于内在矛盾性；（3）人的主观意志与客观规律的同一性。然而，其不可克服的理论缺陷在于：（1）在人类历史外部设立了一个超自然的理性动力；（2）又为历史设立了一个超自然的逻辑实现公式；（3）把理性看成人类历史一切现实的基础。青年黑格尔派反对"绝对精神"，认为世界历史发展根本不存在世界之外的精神作用。鲍威尔认为："思辨哲学（即黑格尔哲学）说理性是某种抽象的绝对力量，这是很错误的。任何绝对理性都是没有的。"① 青年黑格尔认为人对世界的批判的理性精神，就是人的理性，它是人在哲学中自我表现"自己本质"的自我意识，才是世界发展的动力，把历史发展的动力归结于个别天才人物的头脑。青年黑格尔派取消了黑格尔关于存在于世界之外的历史动力——绝对精神，反对了神学目的论，把历史动力归结于人的主观意志，虽然强调人的历史主动性，但把人的主观意志同周围世界的关系对立起来。例如，鲍威尔认为自我意识的发展是通过实体精神同周围环境的不断对立进行的。

在博士论文中，马克思深入探讨了伊壁鸠鲁哲学的自我意识概念，指出"如果把那只在抽象的普遍性的形式下表现其自身的自我意识提升为绝对原理，那么就会为迷信和不自由的神秘主义大开方便之门"②。马克思认为伊壁鸠鲁的自我意识概念只能使伊壁鸠鲁哲学陷入不可解脱的矛盾，宣传绝对自由的自我意识，最终却为不自由的神秘主义打开了大门。青年黑格尔派抓住伊壁鸠鲁哲学中的自我意识大做文章，把自我意识看成脱离现实的绝对的理性批判，从而把人的理性批判看成了不依赖任何事物的神圣至宝，青年黑格尔派的自我意识同样为神开了后门。马克思在博士论文阶段同样也运用了自我意识的概念，马克思对自我意识概念的运用与青年黑格尔派是不同的，一方面马克思对青年黑格尔"至上神的自我意识"产生

① 《普列汉诺夫哲学著作选集》第三卷，生活·读书·新知三联书店 1962 年版，第 757 页。
② 《马克思恩格斯全集》第 40 卷，人民出版社 1982 年版，第 242 页。

了动摇，认为"不应该有任何神同人的自我意识相并列"①。另一方面又赞成青年黑格尔派用自我意识来反对黑格尔的世界之外的理性动力的神学目的论。马克思认为必须在黑格尔历史观中驱除神学目的论对合乎规律的事物过程的影响，坚持认为世界历史发展在于人的主观精神。马克思认为世界历史不是理性的创造结果，而是人、人的理性、人的自我意识把世界历史创造成为适合人们需要的理性存在。马克思认为"感性的自然也只是客观化了的、经验的、个别的自我意识"②。世界历史不是其外部理性的结果，而是自己内在的人的自我意识的创造结果。这样一来，世界历史的发展不是在外部，而是在内部，不是在同世界对立的过程中由一种绝对的抽象的自我意识孤立地决定的，而是在同世界的反思关系中由精神性的东西人的主观能动性的形式——人的自我意识决定的，世界历史不是由抽象的自我意识任意决定的，而是在具体的人的主观意识同世界历史的相互作用的矛盾运动中发展起来的。青年黑格尔派通过伊壁鸠鲁的自我意识向右发展，倒退到谢林的主观唯心主义同一哲学。费尔巴哈完全否认了人的历史主动性，把人看成直观的、被动的、肉欲的、自然本质的人。而马克思却坚持了黑格尔精神发展是在同具体世界既对立又统一的情况下完成的，以及世界发展不是由主观抽象的自我意识任意决定的，而是由精神发展的内在辩证法决定的思想，进一步强调了人决定自己历史的能动性，驱除超历史的绝对观念。一旦马克思揭示出历史发展的物质基础，就会真正认识人民群众的历史决定作用。在这个意义上讲，马克思不但突破了黑格尔的历史观，而且在辩证地描述历史方面比费尔巴哈高明。

马克思上述思想突出表现在对哲学与世界、哲学同现实斗争的关系的论述上。在《笔记五》中马克思考察了哲学发展的一般规律，预见到哲学发展已经处于这样的时刻："哲学已经不再是为了认识而注视着外部世界；它作为一个登上了舞台的人物，可以说与世界的阴谋发生了瓜葛，从透明的阿门塞斯王国走出来，投入那尘世的茜林丝的怀抱……"③　"……哲学

---

① 《马克思恩格斯全集》第 40 卷，人民出版社 1982 年版，第 190 页。
② 同上书，第 233 页。
③ 同上书，第 135 页。

把握了整个世界以后就起来反对现象世界。现在黑格尔哲学正是这样。"①
马克思把哲学看作为自我意识所表现出来的理论精神,是能动的自我意识,是创造世界历史、消灭压迫的力量,自我意识的高级理论活动就是哲学的外化,即自我意识哲学发展到一定阶段,必然要能动地改造外部世界。马克思认为,现在哲学正处于改造外部世界的伟大时刻,黑格尔哲学担负了这个革命任务。马克思深刻地意识到哲学理论与现实斗争的关系,意识到哲学改造世界的伟大革命任务,意识到黑格尔哲学对德国现实的革命意义。

　　但是在哲学与现实的关系的具体论述上,马克思仍然遵循黑格尔的主观外化客观的唯心主义的同一性原则。"一个本身自由的理论精神变成实践的力量,并且作为一种意志走出阿门塞斯的阴影王国,转而面向那存在于理论精神之外的世俗的现实,——这是一条心理学的规律。"② 哲学作为理论精神,本性是自由的,是处于世俗现实的独立存在,当它面对现实时,就同现实产生冲突、矛盾,要求变革现实,于是哲学成为一种理论的实践力量。这是精神活动的规律。在这里,马克思仍然坚持黑格尔绝对观念的纯精神自我发展事先存在的观念。"不过哲学的实践本身是理论的。正是批判从本质上衡量个别存在,而从观念上衡量特殊的现实。但是哲学的这种直接的实现,从其内在本质来说是充满矛盾的,而且它的这种矛盾的本质在现象中取得具体形式,并且给现象打上它的烙印。"③ 哲学要求突破现实、改造现实,哲学作为理性批判的实践力量,按照理性要求创造一个世界,即哲学直接实现具体现实,哲学的直接实现的过程是充满矛盾的,哲学所实现的现象本身也充满了矛盾。在哲学与现实的关系中,马克思隐含地意识到改造现实的实践力量,但由于他还没有找到改造现实的实践的物质力量——无产阶级,所以只能把实践力量归结于自我意识,归结于哲学的理性批判的实践。虽然实践被看作是纯精神的活动,但无论如何马克思却看到了实践的能动作用。(后来马克思在《德意志意识形态》一

---

① 《马克思恩格斯全集》第 40 卷,人民出版社 1982 年版,第 136 页。
② 同上书,第 258 页。
③ 同上。

文中，才真正认识到批判的武器不能代替武器的批判，物质的力量只能用物质力量才能摧毁这一唯物主义的真理。）同时，马克思也看到了哲学的直接实现过程，即理论通过批判活动具体实现现实的世界的过程，是充满矛盾的。马克思接着表述说："当哲学作为意志反对现象世界的时候，体系便降低为一个抽象的整体，这就是说，它成为世界的一个方面。于是世界的另一个方面就与它相对立。哲学体系同世界的关系就是一种反映的关系。哲学体系为实现自己的愿望所鼓舞，同其余方面就进入了紧张的关系。它的内在的自我满足及关门主义被打破了。那本来是内在之光的东西，就变成了转向外部的吞噬性的火焰。"① "……世界的哲学化同时也就是哲学的世界化。……"② 马克思深刻地论述了哲学理论与现实斗争的关系，当世界历史发展是合乎理性的时候，哲学是一个具体的整体，二者是一致的。但哲学作为一种本身自由的理论精神不断地要求发展，世界历史在进程中必然变得不合理性了，哲学作为理论精神就起来反对、改变现实世界，这时哲学体系也被降为抽象的整体，哲学与世界的一致被破坏了，哲学为实现自己的能动性所驱动，要求变革现实，它于是就成为世界的一部分，而与世界的另一部分相对立。在这里，马克思超出了黑格尔，不再把理论精神作为世界历史之外的东西了，而是作为世界的一部分，把现实与哲学的关系作为世界内在的一对整体来看待。哲学作为一种实践的力量，能动地按照自己的理性需要改造社会，从而使世界哲学化，同时哲学在同外部世界的相互作用中，也逐步以现实的内容充实了自己，因而世界哲学化的同时也就是哲学世界化。在这里，（1）马克思已经把主观意识的能动作用同客观现实的关系阐述得十分清楚了。哲学作为一种主观的理论精神，是改造客观的实践力量，它在改造客观现实的同时，也改造了本身，以世界现实的内容来丰富自己，但仍是客观唯心主义的阐述。马克思认为"在哲学家在世界和思想之间所建立的一般关系中，他只是为自己而把他的特殊意识同现实世界的关系客观化了"③。哲学家的思想不是现实世

---

① 《马克思恩格斯全集》第 40 卷，人民出版社 1982 年版，第 258 页。

② 同上。

③ 同上书，第 203 页。

界的反映，而是哲学家把自己的思想客观化为现实世界。在哲学理论与现实世界、人的主观能动性与客观世界的关系问题上，马克思同黑格尔一样，头脚倒置，但是马克思比黑格尔的高明之处在于，他反对把改造世界的力量看作世界之外的绝对理念，而看作世界整体的一部分，并且把这种力量精神描绘成改造客观的内在的实践的批判力量，在改造客观的同时也充实了自身。在 1843 年底，马克思在《黑格尔法哲学批判导言》中，已经把哲学同无产阶级的物质力量联系起来，1845 年春《关于费尔巴哈的提纲》中指出"哲学家只是用不同的方式解释世界，而问题在于改变世界"①。1845—1846 年在《德意志意识形态》中说道："在革命活动中，在改造环境的同时也改变着自己。"② （2）马克思认为哲学理论与现实世界的关系，不是自发的实现的，而是通过对立、冲突和斗争实现的，他把世界历史描绘成了哲学理论不断地能动地改造世界、客观化为现实世界，世界又反作用哲学理论，促使现实世界哲学化的辩证发展过程。这说明，马克思在 1842 年底已经熟知了黑格尔的历史辩证法，把人类历史描写成一个辩证的过程，把人的社会活动理解成为一个有规律的过程，这个过程的发展不依赖外部的精神力量，而是依赖于人的能动的理性批判力量同现实的内在的矛盾运动。这个历史观有助于马克思通过唯心主义的途径解决当时德国的哲学斗争和改造德国社会现实的关系问题。

　　反对宗教的斗争是 40 年代前后的德国现实斗争的主要领域，马克思在解决哲学理论与现实斗争关系问题必然遇到宗教问题。伊壁鸠鲁哲学有强烈的无神论的倾向。马克思在分析德谟克利特哲学同伊壁鸠鲁哲学的差别时，认真分析了伊壁鸠鲁哲学的无神论的哲学基础。德谟克利特承认，一切均由必然性产生。伊壁鸠鲁认为，这种必然性并不存在，一切事物皆取决于偶然性，取决于我们自己。一个注意偶然性，一个注意必然性，在无神论立场上偶然性意味着人的自我意识的绝对自由，不受任何必然的主宰支配。伊壁鸠鲁的偶然性的自我意识哲学支持了无神论的立场。黑格尔企图用哲学来论证宗教，青年黑格尔派继承了伊壁鸠鲁的反宗教的思想传

---

①《马克思恩格斯选集》第 1 卷，人民出版社 1972 年版，第 19 页。

②《马克思恩格斯全集》第 3 卷，人民出版社 1960 年版，第 234 页。

统，用自我意识来对抗神，用自我意识来解释宗教，认为宗教是自我意识的异化，最终却宣扬了自我意识的至上的神性。马克思揭露了青年黑格尔派反宗教的不彻底性，马克思既不满足于伊壁鸠鲁哲学的无神论，又不满足于青年黑格尔派的宗教观，利用他已经掌握的黑格尔历史辩证法中历史客观性和思维与存在同一性的原则认真分析了宗教问题，力图从世界现实本身来说明宗教产生的原因。马克思在《博士论文》、《附录》中首先指出黑格尔关于神的存在的证明，完全是为神学辩护。黑格尔关于神学存在的证明，恰恰和神学证明相反。黑格尔认为："同为偶然的东西不存在，所以神或绝对者存在。"神学的证明是："因为偶然的东西有真实的存在，所以神存在。"① 神是偶然世界的保证。黑格尔的神学证明恰恰推翻了神存在的神学证明。马克思进一步指出，对神的证明是空洞的同义反复，比如本体论证明法，"凡是我真实地表象的东西，对于我就是真实的表象"②。这个意思是说凡是对我起作用的都是真实的存在。马克思认为，希腊的阿波罗神在希腊人生活中是起作用的，那么阿波罗神就是一种真实存在。在这个意义上讲，一切神都可以说是真实存在。因此，神存在的证明是根本不符合逻辑的，在逻辑上不值一驳。正因如此，对神的批判，对宗教的批判，也不能单纯从逻辑上来批判。譬如，康德在《纯粹理性批判》中对神存在的各种证明法的批判都是无济于事的，反而会加强神存在的本体论的证明。"一定的国家对于外来的特定的神来说，同理性的国家对于一般的神来说一样，就是神停止其存在的地方。"③ 马克思认为，一个国家、一个民族都有其特定的神的存在，把某个特定国家侍奉的神移到另外一个国家，那么这个特定的神就失去了其存在的意义，在理性的国家里，人们相信理性，不相信神。所以在理性的国家里，一般的神的观念是没有意义的。这个思想非常深刻，含有这样的合理因素：一定的客观现实产生一定的宗教，离开具体的客观现实，神就不存在了。马克思力图从现实存在来寻找宗教产生的根源。"真正的证明必须倒过来说：'因为自然安排得不

① 《马克思恩格斯全集》第 40 卷，人民出版社 1982 年版，第 284 页。

② 同上。

③ 同上书，第 285 页。

好，所以神才存在。''因为无理性的世界存在，所以神才存在。''因为思想不存在，所以神才存在。'……无理性就是神的存在。"① 马克思认为宗教产生的根源在于现实存在，当然，马克思所指的现实，还不是后来唯物史观意义上的社会生产关系的现实，而是指精神性的现实存在。马克思这里暗示德国现实，当时德国现实还是一种不适合资产阶级理性的压抑人的黑暗现实，人们的思想还没有解放，宗教就不可避免地存在。只有理性的现实实现了，非理性的宗教才消失。消灭宗教的办法，当然不是逻辑的批判，而是建立合乎理性的国家，只有这样，才能摧毁宗教存在的基础。马克思关于宗教问题的看法，在唯心主义的外衣里面包含着一种正确的、合理的内核，即从现实存在出发才能说明宗教产生的根源，只有铲除宗教存在的现实基础，才能消灭宗教。然而马克思却把这一切都归结于理性的作用。在宗教问题上，马克思不仅超出了青年黑格尔派，把黑格尔的辩证唯心主义历史观从神学目的论中解放出来，而且还超越了企图用爱的新宗教来代替基督教，并不理解宗教产生有着社会现实的原因的费尔巴哈。马克思对宗教的看法表明马克思克服了黑格尔体系的神学目的论，这从另一个角度证明马克思的历史观在《博士论文》期间所达到的程度。

　　总之，1841 年末 1842 年初，马克思的历史观已经前进到了唯物历史观的理论来源之一——黑格尔历史观阶段。列宁认为"历史唯物主义，是在黑格尔那里处于萌芽状态的天才思想——种子——的一种发展"②。黑格尔历史观是马克思唯物史观创立之前认识社会历史现实的极其重要的阶段，它是唯物史观的直接理论前提之一。《博士论文》表明，马克思已经掌握了黑格尔历史观中关于历史必然性、历史客观性、历史辩证法、意识与存在的辩证统一等合理的因素，这为马克思下一步克服费尔巴哈人本主义历史观，创立唯物史观准备了思想理论条件。

（本文是作者 1983 年 4 月撰写的研究笔记）

---

① 《马克思恩格斯全集》第 40 卷，人民出版社 1982 年版，第 285 页。
② 《列宁全集》第 38 卷，人民出版社 1986 年版，第 202 页。

马克思由唯心主义历史观开始向
唯物主义历史观的转化
（1841 年至 1842 年之交—1843 年夏）

鲍威尔 1841 年 3 月 31 日在给马克思的信中说："如果你想献身于实际活动，这是荒谬的。现在只有理论才是最有效的实践……"① 虽然马克思在完成博士论文后曾经打算担任教学工作，但从这封信中我们可以看出，当时马克思虽然倾向于从事实际教学活动，可由于 1842 年初鲍威尔被解聘，证明利用大学讲坛从事反对宗教和德国现存制度的斗争是不可能的，马克思完全放弃了执教的想法，开始为《莱茵报》撰写政论文章，献身于政治斗争。列宁说："从马克思在《莱茵报》上发表的论文中可以看出马克思已从唯心主义转向唯物主义，从革命民主主义转向共产主义。"②

一 "隐蔽在我们一切制度上的"，"任何法律都无法医治的痼疾"（1841 年底—1842 年初）

1841 年到 1842 年之交，是马克思社会历史观发展新阶段的开端。在这个阶段，马克思形成了革命民主主义观点，从纯思辨的理论斗争转向实际的阶级斗争，从对现存制度的理论批判转向了改变现存关系的斗争。

马克思从批判检查令出发对整个普鲁士专制制度进行了揭发。"书报

---

① 捷·伊·奥伊则尔曼：《马克思主义哲学的形成》，生活·读书·新知三联书店 1962 年版，第 114 页。

② 《列宁全集》第 21 卷，人民出版社 1990 年版，第 59 页。

检查就是官方的批评。书报检查的标准就是批评的标准，因而，就很难把这种标准和批评分割开来，因为它们是建立在同一个基础上的。"① 马克思揭示了书报检查的实质就是普鲁士专制制度的官方批评，是建立在专制制度基础上的。马克思揭露检察官二十多年的非法活动，"证明书报检查制度的骨子里隐藏着一种任何法律都无法医治的痼疾"②。"这一痼疾隐藏在我们的一切制度中。"③ 由于书报检查制度，"报刊不仅被剥夺了对官员进行任何监督的可能性，而且被剥夺了对作为许多个别人的某一阶级而存在的各种制度进行任何监督的可能性"④。马克思第一次把个人同阶级联系在一起，把阶级同社会制度联系在一起，认为由于书报检查制度致使报纸不可能对社会制度进行监督批判，不可能对社会制度的不治之症进行治疗！马克思已经深刻意识到了，书报制度背后存在着封建专制制度，这个不治之症，这样必然得出一个革命改造的结论："治疗书报检查制度的真正而根本的办法，就是废除书报检查制度。"⑤ 马克思已经意识到现存社会制度的痼疾，预言对付这种痼疾，任何法律也是无能为力的，必然得出一个秘而不宣的结论，即把对现存制度的理论批判行动变成革命改造的行动，这一思想大大超过了青年黑格尔派。1842 年 1 月—2 月 10 日写的《评普鲁士书报检查令》标志着马克思直接跨入政治生活，开始了反对封建专制制度、反对封建反动派的斗争，亲身参加实际斗争，使马克思的社会历史观开始发生了深刻的变化。

17 世纪 40 年代初，法国正处于资产阶级革命的前夜，争取自由和民主运动开始高涨。普鲁士政府在 1841 年 12 月 24 日颁发了新的书报指令，企图保存和强化过去发布的反动的书报检查制度，以限制自由和民主运动的发展。对待这个最现实的问题，马克思同青年黑格尔派发生了分歧，青年黑格尔派高度评价这个新的检查令，认为它将导致批评自由；马克思站在革命民主主义立场上，揭露了新检查令的虚伪性，主张取消检查制度，

---

① 《马克思恩格斯全集》第 1 卷，人民出版社 1956 年版，第 3 页。
② 同上书，第 5 页。
③ 同上书，第 30 页。
④ 同上书，第 21 页。
⑤ 同上书，第 31 页。

直接把斗争矛头指向反动的制度。

马克思同青年黑格尔派在对待书报检查令问题上的分歧反映在基本理论上，就是哲学理论同现实斗争的关系问题，也即社会存在和社会意识的关系问题。在这个问题上，马克思早在《博士论文》中提出哲学与世界相互联系、相互作用的观点，强调了哲学理论同现实斗争的辩证关系，当时这个看法就其世界观来说还是唯心主义的，然而却超出了青年黑格尔派把理论与现实割裂开来的思想。1841 年 4 月，德国资产阶级开始进入争取付诸行动的政治上的改革，争取出版自由和君主立宪制。与此相应，青年黑格尔派在政治上则更加激进，把斗争目标指向了普鲁士国家，可是他们在思想上仍然停留在理论与现实脱离的唯心主义立场上，企图通过自己的哲学批判，把普鲁士变成一个理性国家，他们把批判变成了目的本身。鲍威尔在 1841 年 11 月发表了《对黑格尔、无神论和反基督教者的末日的宣告》一文，首先对黑格尔的宗教哲学展开了批判，他把黑格尔的绝对观念变成普遍的自我意识的体现，认为国家是自我意识的创造物，不是基督教的国家，是理性的国家，哲学批判的目的就是要建立理性的国家，但是宗教是自我意识实现国家的障碍，哲学作为自我意识的理性批判，其斗争的目标就是宗教，理性国家作为自我意识的体现，只有通过哲学批判才能实现，把当时的现实斗争理解成为哲学同宗教的斗争。青年黑格尔派的历史观，在历史动力上用自我意识代替了绝对观念，"世界的唯一的力量是自我意识，而历史除了是自我意识的变易和发展外，没有别的意义"①。在国家观上用理性的国家代替了普鲁士国家，不再把普鲁士国家看成绝对观念的体现，"作为自我意识的创造物的国家，不再是基督教国家……"② 青年黑格尔派在政治上用哲学批判活动代替了老黑格尔派政治上的保守主义，然而他们在理论上却把黑格尔的思想导向右的方向，由客观唯心主义转向主观唯心主义，越来越脱离实际了。《末日的宣告》是在马克思的参与下，在 1841 年 8 月到 9 月写成、11 月发表的，提出："理论原则应该直接转向实践和活动……哲学在政治领域中也变成为一股积极的力量，坚决

---

① 科尔纽：《马克思恩格斯传》第 1 卷，生活·读书·新知三联书店 1963 年版，第 295 页。
② 同上书，第 249 页。

地冲击和动摇现存制度"①，提出哲学转入实践活动的问题。1842年初，鲍威尔完成了《黑格尔对宗教艺术和基督教艺术的憎恨和他对国家所有基本法的取消》他所承担的几章，马克思却拒绝与鲍威尔合作了。原因在于面对看待德国紧迫的现实问题，马克思开始了自己思想的新阶段，既转入实际斗争，开始向新的历史观转化，而鲍威尔却不能向前跨出，仍然停留在唯心主义历史观的立场上。实际上的分歧点，就在于哲学理论要不要面对现实，理论斗争要不要服从并结合于现实的政治斗争。马克思在两年后回顾说："1840年发生的政治运动使鲍威尔先生摆脱了他的保守派政治，并且一度使他上升到自由派政治的水平。但是，这种政治，老实说，只不过是神学的借口而已。"② 开始，马克思打算和青年黑格尔派一道通过哲学批判的道路来解决现实问题，但这样批判越来越远离实际，于是马克思便转向政治色彩较浓的《德意志年鉴》。在1842年1—2月，针对当时最迫切的出版自由问题，向反对制度直接展开了斗争，写作《评普鲁士最近的书报检查令》的论文，从一般的哲学问题转向实际政治斗争。马克思写作《评普鲁士最近的书报检查令》，实际上就是把哲学付诸实际斗争，把理论探讨放在对现实制度的认识上。这比《博士论文》迈进了一大步，在《博士论文》中政治观点披上了理论的外衣，间接表达自己的哲学思想，并且只不过是从理论上强调哲学与现实的关系；《评普鲁士最近的书报检查令》说明马克思直接对现实问题发表看法，开始了哲学理论与现实斗争的实际结合。

在实际斗争中，马克思一方面为自己开拓了一条从唯心史观到唯物史观的道路，另一方面又不能彻底割断他同师承的思想的关系。黑格尔的唯心主义历史观是马克思批判书报检查令的思想武器。马克思把自由出版物看成是国家精神，宣称"它无所不及，无处不在，无所不知。它是从真正的现实中不断涌出而又以累增的精神财富汹涌澎湃地流回现实去的思想世界"③，强调了理性、精神决定一切的基础作用，同黑格尔的绝对观念决定

---

① 拉宾：《马克思的青年时代》，生活·读书·新知三联书店1982年版，第52页。
② 《马克思恩格斯全集》第2卷，人民出版社1957年版，第144页。
③ 《马克思恩格斯全集》第1卷，人民出版社1956年版，第75页。

一切的唯心主义是一致的。又如，马克思从黑格尔的唯心主义真理观出发，反驳书报检查令关于谦逊地对待真理的说法，指出"真理是普遍的，它不属于我一个人，而为大家所有；真理占有我，而不是我占有真理"[①]。真理是精神的实质。精神是普遍的，真理也是普遍的，是不以任何人的意志为转移的东西。无论你谦逊还是不谦逊，真理都还是真理。所谓谦逊地对待真理，就是宣扬真理。马克思说，如果你们所说的谦逊是席勒所说的天才的谦逊，那么天才的谦逊就是"用事物本身的语言来说话，来表达这种事物的本质的特征"[②]。"精神的普遍谦逊就是理性，即思想的普遍独立性，这种独立性按照事物本质的要求去对待各种事物。"[③] "用事物本身的语言来说话"一方面强调了真理不以人的意志为转移的客观性，强调真理必须符合事物本身，有一种革命民主主义的倾向，在哲学上也有其合理的因素。而精神本性是自由的，按精神本性说法，就是主张出版自由。另一方面却把认识真理的个人精神化，真理的普遍性在于真理是脱离一切个体同时又包括一切个体的绝对精神，个人只有构成了个人的精神个体性的形式，内容是精神的，真理就是按照事物的精神性的内容本质来对待事物。这仍然是黑格尔的东西。马克思不过是把黑格尔的绝对精神作了民主主义的解释。马克思说："我是一个激情的人，可是法律却指定我用谦逊的风格。没有色彩就是这种自由唯一许可的色彩。……只准产生一种色彩，就是官方的色彩。"[④] 精神世界是最丰富的东西，但是专制制度却只允许一种存在形式，只准思想符合官方的色彩，这就是官方检查令所强调的谦逊。这种谦逊是与真理对立的，是不符合黑格尔真理观、不符合黑格尔关于精神世界是自由的说法的。最后，马克思总结性地指出，书报检查令是以"根本歪曲和抽象地理解真理本身为出发点的。作家的一切活动对象都被归结为'真理'这个一般的概念。可是，同一个对象在不同的个人身上会获得不同的反映，并使自己的各个不同方面变成同样多不同的精神性质；如果我们撇开一切主观的东西即上述情况不谈，难道对象本身的性质不应

---

① 《马克思恩格斯全集》第 1 卷，人民出版社 1956 年版，第 7 页。

② 同上书，第 8 页。

③ 同上。

④ 同上书，第 7 页。

当对探讨发生一些即使最微小的影响吗？"① 马克思这里显然是受到了黑格尔具体真理概念的影响，真理是具体的，而不是抽象的，同一个真理会在不同个人身上获得不同的反映，使真理本身表现为多方面的精神性质，可是你们却把真理看成是抽象的概念，否定了真理的多方面的精神性质，这样会堵塞真理的发展。书报出版自由是合乎真理的，它承认了真理的多方面的具体特征，扩展和丰富了真理，书报检查令是不合乎真理的，把真理变成枯燥的抽象的概念，损害了真理，也损害了认识真理的权利。马克思站在黑格尔的真理观的立场上批驳了书报检查令之后，马上转向对书报检查令的政治性的批判，指出既然普鲁士政府从抽象的真理出发，那么凡是政府的命令都是真理，因而书报检查令也是真理了，揭露了书报检查令违反真理的本质。

虽然《评普鲁士最近的书报检查令》一文有着浓厚的黑格尔唯心史观的色彩，然而我们又可以清楚地看到，马克思在国家问题、法律问题、宗教问题、道德问题上已经同黑格尔和青年黑格尔派存在着不可调和的分歧，这些分歧有助于马克思向唯物史观转化。

在国家问题上，马克思认为："国家应该是政治的和法的理性的体现者。"② 同黑格尔的国家观是一致的。但是，黑格尔认为普鲁士的基督教王国是理性的最高体现，宗教是国家的基础，而马克思认为基督教国家同国家的本质相矛盾，国家的基础不是基督教，而是自由的理性，自由理性的国家主张精神自由，以宗教为基础的国家违反国家本性，压制精神自由。从黑格尔的普鲁士基督教国家是理性国家的最高体现只能得出保守的、反动的、压制民主自由的结论。马克思从自由理性的国家概念出发，主张出版自由，反对专制制度和书报检查制度，得出的是革命的结论。马克思说："二十二年当中，保护公民的最高权益即他们的精神的主管机关，一直在进行非法的活动，这一机关的权力简直比罗马的书报检察官还要大，因为它不仅调查个别公民的行为，而且调整社会精神的行为。"③ 国家是社

---

① 《马克思恩格斯全集》第 1 卷，人民出版社 1956 年版，第 8 页。
② 同上书，第 14 页。
③ 同上书，第 4 页。

会精神的调节者，专制国家压制人民自由，只有理性自由的国家才能保护人民的精神自由，普鲁士国家是压制人民自由的专制国家。在普鲁士国家中，基督教的一般精神被看成为国家的特殊精神，压制了人民的自由理性，因此，马克思坚决主张国家与宗教分离的原则，"宗教应当支持世俗的政权，但是世俗的政权可不要受宗教支配"①。

赫斯认为："国家作为理性的化身不应屈服于宗教。"② 国家是理性的，宗教是非理性的，二者不可调和，宗教国家必然是专制国家，理性国家才是自由的国家，普鲁士基督教国家同理性国家相矛盾。到此为止，马克思同青年黑格尔派是一致的。然而青年黑格尔派的国家观主张：（1）自我意识（天才哲人的头脑）是国家的体现者和实现者；（2）自我意识的批判就能实现理性国家；（3）现存的国家是自我意识的异化。青年黑格尔派的国家观潜伏着反人民性和脱离实际斗争的性质。因此，他们看不到普鲁士国家书报检查令对人民精神自由的限制。与此相反，马克思认为，人民是国家的内在的、固有的体现者，人民体现了理性，人民是国家的本质。在自由理性的国家中，自由是人民的精神特权，而自由出版物代表了人民的精神，反对出版自由，就是反人民、违背自由理性国家的本性，普鲁士国家限制出版自由，完全违背了理性国家原则。马克思尖锐地指出要整个地取消书报检查制度，把斗争目标指向专制的普鲁士国家。

马克思从法的角度出发批判书报检查令，阐述了自己对法的看法。"我只是由于表现自己，只是由于踏入现实的领域，我才进入受立法者支配的范围。对于法律来说，除了我的行为以外，我是根本不存在的，我根本不是法律的对象。"③ 法律是现实的领域，人只要进入现实领域就要受法律的支配，法律只对人的行为负责，人的行为是法律的客观标准。"凡是不以行为本身而以当事人的思维方式作为主要标准的法律，无非是对非法行为的公开认可。"④ 检查令是没有客观标准的法律，它只能践踏思想自由，认可压制自由的专制。这种不以行为判定的法"是一个党派用来对付

① 《马克思恩格斯全集》第 1 卷，人民出版社 1956 年版，第 14 页。
② 科尔纽：《马克思恩格斯传》第 1 卷，生活·读书·新知三联书店 1963 年版，第 257 页。
③ 《马克思恩格斯全集》第 1 卷，人民出版社 1956 年版，第 16—17 页。
④ 同上书，第 16 页。

另一个党派的法律。……这不是法律，而是特权"①。新的检查制度"把专横提升为法的制度"②。马克思虽然意识到法律的现实性和法律的客观标准，认识到普鲁士现行法律的特权本质，检查令就是特权法的体现。然而在法律观上仍然停留在唯心主义阶段，他们讲的法律仍然是超出一切具体历史条件、具体经济基础的普遍的抽象的法，他用这种一般的法来对抗普鲁士的特权法，来反对书报检查令。这说明他还没有摆脱黑格尔法哲学的影响，从普遍的理性精神来解释法律，一切特权法都是违背普遍的法的精神的。但是，马克思在批判普鲁士官方书报检查令的斗争中，意识到普遍的法同现实的矛盾，普遍的法对于隐藏在我们一切制度上的痼疾都是无能为力的，法是不解决问题的。这种矛盾，必然促使马克思进行新的探索，去寻找医疗社会痼疾的新途径。

关于道德与宗教问题，马克思说："道地的基督教立法者不能承认道德是一种本身神圣的独立范畴，因为他们把道德的内在普遍本质说成是宗教的一种附属物。独立的道德要侮辱宗教的普遍原则，宗教的特殊概念则和道德相抵触。……道德的基础是人类精神的自律，而宗教的基础是人类精神的他律。"③ 马克思认为，道德是一种与宗教不同的独立范畴，普遍的自由理性是道德的本质，道德的基础是人类精神的自我节制；宗教只是一种特殊的现实的道德，它的基础是以信仰来节制人类的精神，它排斥自由理性。道德与宗教相互抵触。出版自由符合理性自由，因而是道德的，理性国家也是道德的。书报检查令限制人类精神的自由，是不道德的，基督教的国家实行专制制度，也是不道德的。马克思把道德与宗教分开，从普遍的道德出发来批判不道德的书报检查令，虽然带有唯心主义的色彩，然而比中学作文时期把道德与宗教联系在一起，把宗教看作为一种道德前进了一步。

谈到道德问题时，马克思涉及了宗教问题。马克思说，对于宗教问题，"我同费尔巴哈有些争论，这些争论不涉及原则，而是涉及对它的理

① 《马克思恩格斯全集》第 1 卷，人民出版社 1956 年版，第 17 页。
② 同上书，第 19 页。
③ 同上书，第 15 页。

解"①。费尔巴哈在 1841 年出版的《基督教本质》提出宗教起源的问题，认为宗教的形成是人的类本质的异化，提出用爱的宗教代替基督教。费尔巴哈企图从人本主义的唯物主义立场上来解释宗教起源的问题是一大进步，然而他对宗教的批判忽视了人的理性认识在宗教形成中的作用，忽视了人的理性认识对于宗教信仰的批判作用。马克思早在 1841 年 7 月就研究了费尔巴哈的著作，但并没有接受费尔巴哈的唯物主义的论点，对费尔巴哈关于宗教起源问题的唯物主义分析并不感兴趣，这些暴露了马克思的唯心主义历史观的立场。不过马克思却强调了理性对宗教的对抗作用，否定了费尔巴哈没有上帝的爱的宗教的新道德观。其次，费尔巴哈在研究宗教的一般内容时，认为宗教的实质是感情性的东西，使一种宗教区别于另一种宗教的一切东西都是次要的。马克思认为："把宗教的一般原则同它的具体内容和一定形式分割开来的做法，正是和宗教的一般原则相抵触的，因为每一种宗教都认为，它同其他一切（特殊的和虚构的）宗教的区别，正在于它的特殊本质，正是由于它有这种确定性，它才是真正的宗教。"② 每一种宗教都有自己特殊的教义，教义不仅是宗教的形式，也是宗教的内容。每种宗教相互区别的特殊性同宗教一般原则并不矛盾，因而也不是次要的。这说明了马克思同费尔巴哈早在 1841—1842 年之间在宗教观上就存在着差别。

纵观马克思的全文，我们可以看出这样一个矛盾，马克思强调自由的理性，把它看成基础的东西，以此来驳斥出版检查令，反对现存制度，观察问题的唯心史观却表现出反对现存制度的强烈的革命民主主义倾向，从黑格尔的唯心史观出发却发现了在普鲁士封建社会制度是隐藏着的不治之症。在反对现存制度的实际斗争中，马克思直接同书报检查令斗争，把书报检查制度同普鲁士专制制度联系在一起，把法律问题同现实问题，同批判封建特权联系在一起，接触了大量的现实社会问题，马克思原来的以自由理性为基础的唯心史观同实际产生了矛盾，这必然推动马克思去寻找认识社会现象的新途径，寻找改造现存社会制度的新道路。

---

① 《马克思恩格斯全集》第 27 卷，人民出版社 1972 年版，第 424 页。
② 《马克思恩格斯全集》第 1 卷，人民出版社 1956 年版，第 11—12 页。

二 "论战的不是个别人而是等级"（1842 年 4 月— 10 月为《莱茵报》撰稿期间）

马克思关于评书报检查令的文章只是为自己开辟了一条从抽象理论通往实际政治斗争的道路，只是从唯心史观向唯物史观转化的一个开端。为《莱茵报》撰稿推动马克思投入尖锐的政治斗争，促进马克思向唯物史观的进一步转化。

1842 年元旦，德国资产阶级创办了《莱茵报》，力图保卫资产阶级的经济利益。实际上，当时德国首要问题不是经济问题，而是政治问题。青年黑格尔派写了许多政治激进主义的文章，逐渐使《莱茵报》转变成为青年黑格尔派战斗的阵地，由此《莱茵报》逐步成为当时德国政治论战的中心，成为德国反对派众矢之的。面对这个情况，马克思重新强调了自己的工作重心，决定（1）暂时放弃给纯学术刊物《轶文集》写稿；（2）集中力量为《莱茵报》撰稿，投入政治斗争；（3）决定探讨德国柏林"自由人"。放开纯理论工作，致力于实际斗争，促使马克思世界观上已存在的矛盾更加激化了，马克思的激进的革命民主主义倾向同青年黑格尔派思辨的理论主张的矛盾更加尖锐了；革命民主主义要求具备能够表达广大劳动群众的实际物质需要的政治纲领，要求实际的政治斗争；青年黑格尔派对政治问题都作抽象思辨的解释，轻视实际斗争，拒绝探索出切实可行的革命和改造的纲领。因此，马克思在理论上面临的问题便是批判轻视实际斗争的思辨倾向，探求解答社会问题的新的历史观，寻找解决社会问题的途径。在探索中，马克思意识到了政治论战背面隐藏着不同的等级，不同的等级代表了不同的私人利益，逐渐接触了社会历史的真正秘密。在这期间，马克思所写的有代表性的文章是：1842 年 4 月《第六届莱茵省议会的辩论（第一篇论文）》；1842 年 4 月—8 月《法的历史学派的哲学宣言》；1852 年 5 月下半月《集权问题》；1842 年 6 月—7 月《第 179 号〈科隆日报〉社论》等。

1842 年 4 月 27 日，马克思给卢格的信谈到："由于出版问题的辩论，我又重新回到书报检查和出版自由的问题上来了，从另一观点加以考察。"① （在《评普鲁士最近的书报检查令》一文，马克思还是从极其一般的立场上来考察出版自由的，在这里，就已经从更深刻的、更现实的观点来研究出版自由问题。）马克思第一次提出在持不同意见的辩论的个人之间"实际上进行论战的是他们的特殊等级"②。政治态度、思想观点的对立是同等级地位的对立分不开的，而等级的对立反映了社会利益的对立。当然马克思这里所讲的利益，还不是特指物质利益，而是一般的利益。马克思说，反对出版自由的人，有"一种由他们同出版的真正的而不是想象的关系所决定的强烈的偏见"③。反对出版自由，对出版自由的反对态度，是由他们与出版的具体关系决定的，这种具体关系是什么，马克思没有明确指出，但从上下文显然可以看出反对人的态度与反对人背后的等级相联系，反对人所代表的等级又同反对人等级的利益相联系，这就是决定反对人态度的具体关系。"在关于出版的辩论中，特殊等级精神表现得无比明确而完备。……某个集团的精神、一定等级的个别利益、先天的片面性都表现得极其强烈、凶狠，露出一副狰狞的面孔。"④ 马克思从个人、等级、利益的具体关系分析，抓住了论战所体现的等级利益的实质。"辩论向我们显出诸侯等级反对出版自由的论战、贵族等级的论战、城市等级的论战，所以，在这里论战的不是个别的人，而是等级"⑤。揭示了省议会等级的实质。比如，马克思从这种分析入手，来分析城市等级代表的态度，就准确地抓住了城市等级口头上赞成出版自由，而在行动上又胆怯如鼠的两面性的等级特征，城市等级代表"的理性赞成出版自由，但是他所固有的依赖感却反对它，那末，他的发言就十分逼真地描绘了城市反动派的实情"⑥，十分准确地抓住了德国资产阶级两面性："半途而废和优柔寡断也是辩论人所属等级的特点。"⑦ 马克思在驳斥城市等级代表把出版自由归结于行业自由时指出，"伦勃朗曾把圣母玛利亚的像画成尼德兰的农妇；

---

① 《马克思恩格斯全集》第 27 卷，人民出版社 1972 年版，第 426 页。
② 《马克思恩格斯全集》第 1 卷，人民出版社 1956 年版，第 51 页。
③ 同上书，第 41 页。
④ 同上书，第 42 页。
⑤ 同上。
⑥ 同上书，第 83 页。
⑦ 同上书，第 82 页。

为什么我们这位辩论人不把自由描绘成比他更亲近更了解的模特呢?"① 马克思虽然并没有自觉地从阶级地位来分析阶级的态度,然而却不自觉地从阶级的地位来判断阶级的态度。"为了使德国人同他的思想亲近起来,为了向他表明这里所指的不是捉摸不到的远景而是他的切身利益,为了把神的语言变成人的语言,辩论人所采取的方式看来是合适的。"② 马克思认为城市等级的辩论人把出版自由作为企业自由,是为了使城市等级阶级感觉到他们的切身利益,这种方式是符合等级态度与等级利益一致的原则的。马克思一一分析了各个等级在辩论中的态度,最后总结性地指出:"辩论人分别从狭隘的等级利益出发来看待出版自由问题","人们奋斗所争取的一切,都同他们的利益有关"③。马克思在分析各个等级对待出版物自由问题的态度时,揭示了德国的社会结构,解释了这场辩论后面隐藏的各等级的利益,指出了从对立的社会利益中怎样产生不同的政治态度,把议会中辩论人不是看成单纯孤立的个人,而是看成代表等级的利益,这里孕育着个人和阶级、阶级和利益、阶级和阶级之间关系的唯物主义历史观的萌芽。

　　马克思在历史观上能有这样的进步,除了客观上他能够亲自参加当时政治斗争的实际以外,还同他主观上不断地进行理论的思索,深入批判德国古典哲学的思辨倾向,在揭示社会历史之谜时不断探求新的历史观也是分不开的。

　　(一)社会意识和社会存在的关系问题是历史唯物主义的基本问题,这个问题反映在当时德国理论界,就是哲学理论与现实斗争的关系问题。马克思在《评普鲁士最近的书报检查令》一文中发展了《博士论文》所提出的哲学与世界的辩证关系的思想。在这里,马克思又进一步揭露了德国理论界脱离实际的思辨倾向,认为德国自由主义者把"自由从现实的坚实土地上移到幻想的太空就是尊重自由","他们由于过分地敬重思想,所以就不去实现这些思想。他们把思想当做崇拜的对象,但不去培育它。"④

---

① 《马克思恩格斯全集》第 1 卷,人民出版社 1956 年版,第 83 页。
② 同上书,第 84 页。
③ 同上书,第 82 页。
④ 同上书,第 84 页。

马克思对德国唯心主义思辨的批判是深刻的，主张"用他们自己周围的严酷而现实的实际中的观点向他们证明伟大的思想问题"①。"严酷而现实中的实际的观点"强调了理论观点来自实际、理论与实际的辩证统一，只有用来自于现实的理论观点才能战胜思辨的倾向。在《第 179 号〈科伦日报〉社论》中，马克思驳斥海尔梅斯鼓吹逃避重大迫切的社会政治问题的观点，进一步阐述了哲学与政治生活的关系问题。马克思首先批判了以往全部哲学，特别是德国唯心主义哲学脱离实际、脱离群众的致命弱点："哲学，尤其是德国的哲学，喜欢幽静孤寂、闭关自守并醉心于淡漠的自我直观；所有这些，一开始就使哲学用那种与它格格不入的报纸的一般性质——经常的战斗准备、对于急需报道的耸人听闻的当前问题的热情关心对立起来。"② 马克思认为哲学脱离现实陷入纯思辨不符合哲学的本质，哲学必须走出自己的思辨的思想牢笼，极力到现实中去，要冲破"固定不变的、令人难解的体系的外壳，以世界公民的姿态出现在世界上"③。强调了哲学与现实的相互依赖的关系，"哲学不仅从内部即就其内容来说，而且从外部即就其表现来说，都要和自己时代的现实世界接触并相互作用"④。马克思认为，真正的哲学是自己时代的、人民大众的产物，是时代精神的精华。总之，从《博士论文》以来，马克思的思想沿着主观与客观辩证统一的方向正确的发展，在这里，马克思的进展在于：（1）在批判思辨哲学、旧哲学的基础上，认识到哲学脱离实际的思辨倾向；（2）更加强调了面对现实，强调理论对实际的依赖性，并在一定程度上认识到等级地位、等级利益对个人政治态度的影响作用；（3）进一步强调了哲学改造现实的作用。这是《关于费尔巴哈的提纲》第十条"哲学家只是用不同的方式解释世界，而问题在于改造世界"的论述的萌芽形式的表述；（4）开始探讨哲学形成的客观基础，开始从社会发展的观点来考察哲学同周围世界的关系。"那种曾用工人的双手建筑起铁路的精神，现在在哲学家的头脑中树立哲学体系。哲学不是世界之外的遐想，就如同人脑虽然不在胃里，

---

① 《马克思恩格斯全集》第 1 卷，人民出版社 1956 年版，第 84 页。
② 同上书，第 120 页。
③ 同上书，第 121 页。
④ 同上。

但也不在人体之外一样。"① "哲学不是与世隔绝的少数人的神秘的学说，而是从现实本身，从现实的内部具有的精神内容的发展中成长起来的强大的思想力量，它指导着各国人民在创造和进步方向的理性的、有目的的活动。"② 在哲学与现实的关系问题上，马克思与青年黑格尔派早在《博士论文》期间就存在分歧，马克思参加实际斗争标志着同青年黑格尔派在行动上的分离，《第 179 号〈科伦日报〉社论》就是这种分离的理论总结。马克思同青年黑格尔派在这个问题上的最终分裂，则是以唯物地解决认识与实践的关系为标志。

（二）马克思力图用辩证的观点来考察社会历史现象，并通过社会历史发展来把握社会历史现象的产生、发展、变化。马克思在评农民等级的代表的态度时，引了报告人的一句话："时间不可遏止地向前推移，必然会产生现有立法中尚无适当规定的新的重大的兴趣或者提出新的要求。每当这样的时刻，就必须制定新的法律来调整这种新的社会态度。这就是我们面临的时机。"③ 社会的状态不断地随着时间的推移向前发展，不断地提出新的主张要求，必须制定新的法律来适应新的社会状态。"这是真正的历史观点"④，马克思强调了历史辩证发展的观点，并指出社会不断发展而要求法律不断地随之而变的思想。这在历史观上也是一个重大的前进。（科尔纽认为，马克思在这里已经认识到政治制度、法的制度的发展取决于社会关系的发展状况，但这似乎评价过高，理由在下文叙述中可见。）⑤ 在《第六届莱茵省议会的辩论（第一篇论文中）》，马克思已试图从政治和社会的发展来考察出版自由问题，认为社会的发展决定出版自由的需要，以至于取消书报检查制度也成为绝对必要的事情。马克思认为："书报检查制度本身也受到时间条件和这一时期内形成的特殊观念的检查。"⑥ 诸侯贵族代表反对出版自由，认为书报检查制度促进了德意志的精神发

---

① 《马克思恩格斯全集》第 1 卷，人民出版社 1956 年版，第 120 页。
② 同上书，第 130 页。
③ 同上书，第 93 页。
④ 同上。
⑤ 科尔纽：《马克思恩格斯传》第 1 卷，生活·读书·新知三联书店 1963 年版，第 330 页。
⑥ 《马克思恩格斯全集》第 1 卷，人民出版社 1956 年版，第 44—45 页。

展，马克思历史地分析了这一时期德国的历史情况，认为德意志的精神发展并不是由于书报检查制度，而是由于违背了这个制度才获得发展，1819—1830 年间的书报检查制度禁锢了精神的发展，使得哲学界不得不用远离德国现实的思辨语言来探讨，因为被禁止理解的事物已经不能用明白的语言来表达，在这里马克思从社会历史发展的分析入手，正确地指出了德国思辨哲学产生的客观条件。马克思指出："这一时期从历史上清楚地证明：书报检查制度无疑给德意志精神发展带来了不可弥补的惨重损失。"[1] 马克思驳斥了诸侯代表对各国出版自由的进攻，强调了出版自由同历史发展条件的一致性。"出版物是历史的组成部分"，"在英国，出版物是同它的历史和特殊环境连生在一起的，荷兰和瑞士情况也是一样"[2]。

　　在关于宗教与国家问题，马克思同样表达了接近历史唯物论的新看法。在《第 179 号〈科伦日报〉社论》一文中驳斥认为人民生活的兴盛是宗教意识的高度发展而来的谬论时，论述到："古代国家的宗教随着古代国家的灭亡而消亡，这用不着特别说明，因为古代国家的"真正宗教"就是崇拜他们自己的'民族'，它们的'国家'。不是古代宗教的毁灭引起古代国家的毁灭，相反的，正是古代国家的毁灭才引起了古代宗教的毁灭。"[3] 马克思这一论断说明，马克思认识到宗教不是某种社会过程的原因，而是社会过程的结果，马克思企图从社会过程的发展来说明宗教的产生和消灭，这正是摆脱唯心史观框架的出路。马克思这个看法不仅超出了黑格尔的历史观，而且超过了费尔巴哈，正如恩格斯在《路德维希·费尔巴哈和德国古典哲学的终结》中指出的："费尔巴哈的下面这个论断是绝对错误的：人类的各个时期彼此借以区别的，仅仅是宗教的变迁。"[4] 当然，早期的马克思同后来的恩格斯对费尔巴哈的宗教是人类社会变迁的动因的论断的批驳是基于不同的社会历史观的，早期的马克思基本上基于唯心史观，而恩格斯是基于早已成熟的唯物史观。

　　虽然当时马克思在历史观上还是一个黑格尔主义者，但却已经用历史

---

①　《马克思恩格斯全集》第 1 卷，人民出版社 1956 年版，第 45 页。

②　同上书，第 47 页。

③　同上书，第 114 页。

④　《马克思格斯选集》，第 4 卷，人民出版社 1972 年版，第 231 页。

辩证的、历史现实的观点来看问题。在《集权问题》一文中马克思批驳了赫斯不是从具体事实出发，而是以抽象的空想的方式来研究国家问题，表明马克思已经结合实际来研究国家问题。在这里同样表达了马克思摆脱唯心主义历史观的倾向，马克思认为："每一个历史时期的谜是容易找到的。这些谜反映了时代所提出的问题，而且如果说在答案中个人的企图和观点起了很大的作用……那么相反，问题就是公开的、无畏的、左右一切个人的时代声音。"① 人们对历史的看法是受时代条件局限的，只有解答时代所提出的问题，才能找到历史之谜。

　　在这个时期，马克思的历史观虽然有了突破，但其基本立场还是黑格尔的唯心史观。这是因为：（1）这个时期马克思根本没有完成哲学上唯心主义向唯物主义的转变；（2）根本没有科学地确认社会生产关系的状况，他们讲的社会状况仍然是绝对观念的现实化的世界。这个情况，我们在《法的历史学派的哲学宣言》一文中看得很清楚。法的哲学学派（胡果、萨维尼等人）是公开为贵族等级制度辩护的、反动的历史学派，向德国反动社会制度宣战，同时也要战胜这一制度的理论辩护者。马克思从政治上揭露了这一学派为反动派辩护的本质，可是在理论批判上却碰到了问题。这个学派为反动社会制度辩护，是打着批判黑格尔关于必然的东西必须合乎理性的思想的招牌的。他们认为现存制度是非理性的、历史的、不需要人的主观理性支持的制度，是特殊的传统的民族精神的产物，而对历史传统的历史制度是不能作不合理性的解释的，是不容改变的，因而现存制度必然保存。当时马克思没有掌握唯物史观，只得用黑格尔的历史观来批判胡果的虚假的历史主义。马克思从理性出发，认为胡果的历史观来源于 18世纪自然状态说，而胡果在 19 世纪的德国坚持自然状态说又是反动的。18 世纪的自然状态说在当时是有进步意义的，而胡果利用自然状态说否认资产阶级理性国家的实现又是反动的，一个是批判封建专制制度，一个是保存封建专制制度，二者本质不同。马克思从理性出发，批判了胡果敌视理性、敌视历史的历史相对主义和历史怀疑论。但是马克思站在黑格尔唯心史观立场上是不能根本战胜反动历史学派的。胡果历史观从反面抨击一

---

① 《马克思恩格斯全集》第 40 卷，人民出版社 1982 年版，第 289 页。

个问题，历史决定因素不是理性，而是别的非理性的东西，马克思并不能唯物地解决历史动力问题，只能把理性作为历史发展的原因来回答，马克思对胡果反动历史观所提出的问答，说明唯心史观是不能根本战胜一切反动的历史观的。马克思没有摆脱唯心史观的局限，同样体现在利益问题的看法上。尽管马克思强调社会利益对人的政治态度的影响，可是，马克思讲的利益，还不是特指物质利益、经济利益，而是一般的抽象的社会利益。物质生产决定社会发展、存在决定意识这个根本问题没有解决前，既不能正确地理解物质利益概念，也不能正确地揭示物质利益在社会生活当中的作用。马克思提出社会利益对立决定等级代表在辩论中的对立意见，还不能简单地归结为唯物地解决这个问题，只能说是表现了唯物主义的倾向。同时，在如何对待利益问题上，马克思也表现出轻视利益的唯心主义的倾向，如他要求出版自由辩论的代表仍不要为利益所左右，而应服从普遍的理性。同时，马克思还不能正确地看待物质斗争和精神斗争关系，轻视物质斗争，强调精神斗争的作用，强调出版自由对反对专制制度的作用，强调哲学批判实现国家理性的作用，这些都带有明显的唯心史观的性质。

在对出版自由的论证上也暴露出马克思仍然没有摆脱唯心史观。马克思是从理性自由出发来考察出版自由的。"自由是全部精神存在的类的本质。"[1] 理性的本质是自由的，而人是一种理性的动物，因而人的本质也是自由的。"没有一种动物，尤其是具有理性的生物是带着镣铐出世的。"[2] 自由出版体现了人的本性，是自由实现的体现，是人类精神的慧眼，它只知道尊重理性，尊重人的本性自由，因而书报检查制度是违背人的自由本性的。马克思从普遍理性推出普遍自由，从普遍自由推出人的本性自由，用理性自由、人的本性自由来论证出版自由，反对书报检查制度。这里面不仅仅有黑格尔的东西，也掺杂着费尔巴哈人本主义的痕迹。这清楚表明马克思的历史观正处在一个转折时期，中间有费尔巴哈的人本主义历史观的影响。

---

[1] 《马克思恩格斯全集》第 1 卷，人民出版社 1956 年版，第 67 页。

[2] 同上。

　　马克思是从理性自由论述出版自由的，但是并没有完全陷入抽象的、思辨的自由说教，而是对自由进行了具体分析。"没有一个人反对自由，如果有的话，最多也只是反对别人的自由。可见各种自由向来就是存在的，不过有时表现为特权，有时表现为普遍权利而已。"① 出版自由体现了普遍自由，即人民的自由，而检查制度体现了特殊的自由，检查制度不是不要自由，而是不要人民的自由，只保持本身特权的自由。马克思指出，贵族代表认为自由仅仅是个别人物和个别等级的个别属性，这样，他们的结论必然认为普遍自由是有害的东西，为了保护特权，不可避免地斥责人类自由。因此，马克思认为只有反对主张特权自由的检查制度，才能获得普遍自由的出版自由，"类无用，种又有什么用"，没有了人民的普遍自由，任何个人的自由也是空的。马克思对自由的看法要比《博士论文》前进了一步，《博士论文》还是就自由来谈自由，而在这里，已经把普遍自由同人民的自由联系起来了，把主张人民的自由同反对特权的自由联系起来了。

　　通过对马克思关于自由问题的论述的考察，我们可以十分清楚地看到处在转化阶段的马克思在社会历史观上所体现出来的矛盾的特点。一方面，站在唯心史观的基点上，另一方面又在力图摆脱唯心史观的束缚，探寻新的社会历史观，以求对社会历史做出符合事实的探索。在国家与法的问题上，我们可以同样清楚地看到马克思这个特点。一方面，在国家与法的问题上，马克思自然保留有黑格尔国家观和法学观的成分。马克思在《第179号〈科伦日报〉社论》中谈到了黑格尔的国家观，认为黑格尔已经从人的眼光来观察国家了，从理性和经验，而不是从神学中引出国家的自然规律，表示赞成黑格尔的国家观。马克思认为："从前的国家法的哲学家是本能，例如功名心、善交际、或者是根据理性，但不是公共的而是个人的理性来看国家的。最新哲学持有更加理想和更加深刻的观点，它是根据整体的思想而构成对国家的看法。它认为国家是一个庞大的机构，在这个机构里，必然实现法律的、伦理的、政治的自由，同时，个别公民服从国家的法律也就是服从自己本身理性的即人类理性

---

　　① 《马克思恩格斯全集》第1卷，人民出版社1956年版，第63页。

的自然规律。"① 把国家看成理性的体现，看成调整社会发展的理性原则，这表达的是黑格尔的国家思想。在法的问题上，马克思认为："法律是肯定的、明确的、普遍的规范，在这些规范中自由的存在具有普遍的、理性的，不取决于个别人的理性的性质。"② 同样体现了黑格尔的法的思想。另一方面，在现实斗争中，马克思对黑格尔国家和法的唯心主义原则产生了怀疑。黑格尔认为普鲁士是国家理性的最高体现，在《博士论文》期间，马克思就认识到普鲁士并没有完全体现国家理性，在这时，马克思则把普鲁士国家看成是理性国家的对立面，看成是违背理性国家的产物。在 1832 年 3 月 20 日马克思给卢格的信中谈到："我很想说明普鲁士做不到公开的审判和辩论，因为自由的法庭和不自由的国家是互不相容的。"③ 普鲁士国家是非理性的宗教国家，是同理性相对立的，与自由不相容的，普鲁士国家体现的不是自由而是专制，普鲁士国家的反动政策是与普鲁士国家的反理性的本质是一致的。马克思揭露莱茵省的等级议会并不具有真正的议会自由，等级制度是与理想国家相违背的。这些都说明马克思在国家问题上已经超过了黑格尔。马克思在 5 月份的《集权问题》中已经更加现实地考察国家问题了。在《第 179 号〈科伦日报〉社论》中明确指出基督教国家是现实的理性的国家的对立物，必须通过哲学的批判实现理性的、现实的国家。同样对于法，马克思并没有局限在仅仅把法解释成普遍的理性的规范上，而具体区别真正的法和虚伪的法，"出版法是真正的法律，因为他反映了自由的肯定的存在，检查法是对自由表示怀疑的法律"④，是虚伪的法，是非法。真正的法体现了人民的自由，它对人民自由不能有任何压制，"法典就是人民自由的圣经"⑤，书报检查制度不是法律，而是外交手段。在这里，马克思把法律理解成实现人民自由的形式，法律是国家理性的体现，代表人民的自由，不能存任何压制的性质，批判了反动的普鲁士法，揭露了它反人民、反

---

① 《马克思恩格斯全集》第 1 卷，人民出版社 1956 年版，第 129 页。
② 同上。
③ 同上书，第 71 页。
④ 同上。
⑤ 同上。

自由的本质。这说明马克思在法的问题上已经超过了黑格尔。在探讨国家与法和在探讨自由问题时，马克思充分意识到人民精神的作用。"英国历史非常清楚地表明，来自上面的神的意志的思想如何产生了和它正好相反的来自下面的神的意志的思想；查理一世就是由于来自下面的神的意志才走上断头台的。"① "来自下面的神的意志"虽然是指人民之神的力量，但马克思只是隐隐地感觉到人民力量的存在和作用，并没有归结于人民的物质力量，只是归结于人民精神，把人们精神看成改变历史的决定力量，这比鄙视人民的黑格尔、青年黑格尔派要前进一大步了。

综上所述，在为《莱茵报》撰稿期间，马克思已经看到了个人背后的等级、等级背后的利益，在唯心史观体系上撕开了一个突破口，推动马克思由唯心史观向唯物史观的进一步转化。这个时期，马克思虽然仍停留在黑格尔唯心史观立场上，然而唯物史观的萌芽已经破土而出。

三　对现实物质利益,对"各种关系的客观性"的探讨(1842 年 10 月—1843 年 3 月)

马克思从 1842 年 10 月 15 日担任《莱茵报》总编起，到 1843 年 3 月 17 日被迫辞职，此间办了三件大事：(1) 同"自由人"最终决裂；(2) 对过去自己理论研究尚未涉及的"共产主义"现实问题进行评论；(3) 对第一次遇到的物质利益问题发表意见，促进马克思从唯心史观向唯物史观的转化起了决定性的作用。

(一) 同"自由人"最终决裂，强调正确理论必须结合具体情况

马克思主编《莱茵报》后，同专制制度进行了不屈不挠的斗争，日益把理论批判同社会政治问题联系起来，同青年黑格尔派的关系越来越疏远了。1841 年底，青年黑格尔派成立了一个无神论组织，自称"自由人"，在政治上坚持普鲁士国家的历史使命，理论上越发脱离实际，行动上局限于哲学批判的办法来实现普鲁士的历史使命，他们的主要错误在于：

---

① 《马克思恩格斯全集》第 1 卷，人民出版社 1956 年版，第 63 页。

（1）从黑格尔倒退到费希特，把精神同实体完全对立起来，从客观唯物主义倒退到主观思辨的唯心主义，完全脱离实际斗争；（2）把现实斗争理解成为抽象思辨的斗争；（3）对资产阶级自由主义在策略上采取了左的立场；（4）对共产主义问题采取轻浮的态度；（5）把一切社会问题都归结于神学问题，使政治斗争服从宗教斗争。马克思对自由人进行了坚决的批判斗争，收在《马克思恩格斯全集》第 40 卷的《海尔维格和卢格对"自由人"的态度》、第 21 卷的《马克思 1842 年 8 月 15 日致贝尔特·奥本海姆的信》、《马克思 1842 年 11 月 30 日致阿尔诺德·卢格的信》就是同自由人斗争的产物。事实上，马克思在担任主编之前，就已经对自由人进行了斗争。1841 年夏，鲍威尔在《莱茵报》上发表了一篇文章《论中庸》，把资产阶级自由主义政策说成是中庸政策，可是对于反对封建专制制度却提不出具体的行动纲领，只空洞地号召实现"理性国家的理想"。马克思清楚地指出，在当时，如果同自由主义发生冲突，那么就根本不可能战胜反动派，必须反对过左的策略。"无论如何，我们这样做就会使许多甚至大多数具有自由思想的实际活动家起来反对我们；这些人承担了在实法范围内逐步争取自由的吃力角色，而我们却坐在抽象概念的安乐椅上指出他们的矛盾。"① "自由人"的政治浪漫主义，自命天才和自我吹嘘的"左"的做法只能损害民主自由的事业。马克思深刻指出青年黑格尔派之所以犯这样"左"的错误，原因就是脱离实际，他们的理论带有抽象的和绝对的性质。马克思严肃地指出："正确的理论必须结合具体情况并根据现存条件加以阐述和发挥。"② 马克思的这个原理是继《博士论文》以来一再阐述的哲学理论与现实斗争的辩证关系的最精彩的总结，也是马克思在唯心史观基础上所达到的最高概括。根据这个原则，"我要求他们：少发些不着边际的空论，少唱些高调，少来些自我欣赏，多说些明确的意见，多注意一些具体的现实，多提供一些实际的知识"③。

在如何对待宗教问题上，马克思同"自由人"也存在着根本的分歧。

---

① 《马克思恩格斯全集》第 27 卷，人民出版社 1972 年版，第 433 页。

② 同上。

③ 同上书，第 436 页。

"自由人"从抽象的理性出发，认为基督教阻止了理性国家的实现，即阻止了普鲁士国家历史使命的实现，因而用哲学批判宗教就是斗争的中心问题，使政治斗争服从了宗教。马克思认为："要知道，宗教本身是没有内容的。它的根源不是在天上，而是在人间，随着以宗教为现实的被歪曲了的现实的消灭，宗教也将自行消灭。"① 马克思显然受到了费尔巴哈人本主义宗教观的影响，费尔巴哈认为宗教是人的类本质的异化，反映了多种多样的尘世生活的内容，这种客观内容是人的、人学的、自然的内容。然而，马克思又不完全同意费尔巴哈的看法，认为宗教不单单是自然人的内容的歪曲反映，而是"被歪曲了的现实"的反映，并且随着"被歪曲了的现实"的消灭，宗教也将自行消灭，意识到宗教产生的社会现实基础，只有消灭了宗教产生的社会基础，才能消灭宗教。因此，"更多地联系着对政治状况的批判来批判宗教，而不是联系着对宗教的批判来批判政治状况……"② 马克思的这个认识，在宗教观上是一个大飞跃，不仅超过了黑格尔、青年黑格尔派，还超过了唯物主义的费尔巴哈。当然，"被歪曲了的现实"的概念还不是唯物史观意义上的概念，但是却已经突破了唯心主义的宗教观。

最后，马克思还指出了"自由人"对共产主义的轻浮态度，要求他们要用更现实的态度来讨论共产主义问题。总之，马克思同"自由人"在政治问题、宗教问题、共产主义问题上的分歧，表明了马克思同他们的彻底决裂，表明了马克思同他们在理论联系实际问题上存在着根本分歧，这说明马克思在存在与意识这一唯物主义历史观的基本问题上已经越来越接近正确的解释了。

（二）探讨了提出共产主义理论问题的物质经济原因，提出了建立共产主义科学理论的任务

1831 年和 1834 年里昂纺织工人起义表明无产阶级已经形成一支独立的政治力量，这种形势促进了各种关于未来社会的空想方案的提出。1842

---

① 《马克思恩格斯全集》第 27 卷，人民出版社 1972 年版，第 436 页。

② 同上。

年，英国宪章运动取得了明显进展，共产主义理论开始同工人运动结合起来了。这些引起了马克思对共产主义问题的极大兴趣。马克思深入研究了蒲鲁东、德萨米、勒鲁和孔西德郎的思想，著文《共产主义和奥格斯堡"总汇报"》、《编辑部对共产主义和奥格斯堡〈总汇报〉一文的声明》，第一次对共产主义问题发表了意见。马克思认为共产主义问题是一个不以人的意志为转移的现实问题，它的提出有深刻的物质财产原因，"现在一无所有的等级要求占有中产阶级的一部分财产，这是事实，即使没有斯特格斯堡的泣说，也不论奥格斯堡如何保持沉默，它仍旧是曼彻斯特、巴黎和里昂大街上引人注目的事实"①。马克思看到了无产阶级同资产阶级在物质财产上的对立，无产阶级一无所有，为了生存，要求占有资产阶级的一部分财产，这就是共产主义问题产生的物质经济原因。马克思注意到了无产阶级的利益同共产主义问题的联系，强调了共产主义的现实意义，并且把共产主义作为新的世界观。同时，马克思认识到，正因为共产主义是现实问题，所以只有通过实践才能解决共产主义问题，"我们没有本事单纯用一句空话来解决那些正由两个民族在解决的问题"②。共产主义问题是基于人民的物质经济原因而产生的问题，只有在人民的实践斗争中才能解决。马克思对空想共产主义理论表示了正面的批判态度，认为空想共产主义思想在理论上是空洞的，缺乏现实性，在实际上是不可能实现的。但是对于空想共产主义的一些有代表性的作品，因为它们是一定历史条件的产物，所以只能在深入的研究后才能加以批判，表明了马克思对空想共产主义新的科学态度。因此，马克思说："真正危险的不是共产主义思想的实际经验，而是它的理论论证……"③空想共产主义方案是不可能实现，空想共产主义的种种实验对现存社会制度并不能构成真正的威胁。只有在实践斗争中，从实际中总结出科学的共产主义理论，才能真正指导工人运动，推翻现存制度，因而共产主义的理论论证是最重要的任务。马克思第一次提出了共产主义理论论证的战斗任务。当然，当时马克思还没有确立唯物史

①　《马克思恩格斯全集》第1卷，人民出版社1956年版，第133页。
②　同上书，第132页。
③　同上书，第134页。

观，不可能完成这一论证任务。正如马克思 1859 年在《政治经济学批判》序言里所说的，对空想共产主义"我曾表示反对这种肤浅言论，但是同时在和奥格斯堡总汇报的一次争论中坦率承认，我所做的研究还不容许我对法兰西思潮的内容本身妄加批判"①。只有当马克思确立了历史唯物论，才完成了科学共产主义的论证工作。

（三）认为法只能是现实在观念和意识上的反映，强调法的现实客观性

1842 年初，马克思在有关莱茵省等级议会辩论的第一篇论文中，把法看成是普遍的规范，局限于从法本身解释法，思辨抽象味还很浓。几个月后，马克思接触了大量的现实中法的问题，开始感到法本身的客观现实性。1842 年 8 月—12 月，《莱茵报》发表了一系列维护城乡权利平等的文章，反对实施普鲁士的等级原则和扩大封建贵族的特权。马克思写了一系列文章驳斥了《科伦日报》对《莱茵报》的歪曲，在现实斗争中又涉及法律问题。通过实际探讨，马克思认识到："法律只能是现实在观念和意识上的反映，只能是实际生命力在理论上的自我独立的表现。"② 马克思在《论新婚姻法草案》一文中批判了落后的普鲁士法时，进一步认识到："普鲁士法是建立在理论的抽象上的，……不是按照客观世界所固有的规律来对待客观世界，而是按照自己任意的主观意向和自己的与事物本身无关的意向来对待客观世界。"③ 马克思看到了法的不以人的主观臆想为转移的客观性，把人同法的关系，比做自然科学家同自然的关系，自然科学家只能表述自然，不能改造自然，人只能表述法，不能发明和制造法。法反映了事物的本质，是客观的，是不以人的理性为转移的，不能把立法者的理性提高为法律。马克思虽然在关于莱茵省议会辩论的第一篇论文中认为："法律是肯定的、明确的、普遍的规范，在这些规范中自由的存在具有普遍的、理性的、不取决于个别人的理性的性质。"强调了法的不取决于个别人的理性的性质，可是并不是如此强调不以立法人的主观臆想为转

---

① 《马克思恩格斯全集》第 13 卷，人民出版社 1962 年版，第 8 页。
② 《马克思恩格斯全集》第 1 卷，人民出版社 1956 年版，第 308 页。
③ 《马克思恩格斯全集》第 40 卷，人民出版社 1982 年版，第 309—311 页。

移的法的客观内容，而是以一种法的普遍的理性来否定立法人的理性。那么，马克思所理解的法的客观内容是什么呢？是"精神关系的内在规律"。那么这种精神关系是什么呢？是人民意志，法是人民意志的体现。法律"应该同人民意志一起产生并由人民意志所创立"①。这说明马克思对法的理解仍受唯心史观局限，但是却充实了民主主义的内容。马克思在批判反动的普鲁士法时，利用黑格尔的辩证观点说明了国家和法的历史性，指出了普鲁士国家和法的灭亡的必然性。"一切伦理关系按概念来说都是牢不可破的，但任何国家、任何婚姻、任何友谊都不完全符合自己的概念，任何实际存在的伦理关系都不符合自己的本质，……在自然界中，当任何存在物完全不再符合自己的职能时，解体和死亡自然而然地就会到来，当一个国家离开了国家概念时，世界历史就要决定其是否还值得继续保存的问题。"② 马克思从黑格尔的唯心辩证法出发提出了关于国家和法的"革命性"结论。

（四）分析了普鲁士的等级制度，指出特殊的等级利益、等级制度的基础

12 月份，马克思写了《论普鲁士等级委员会》一文，指出等级议会的组成是以特殊的等级利益为基础的，这是一个事实，省议会的这种性质通过省议会的每一行动而反映出来。"我们现在从我们的作者无疑也承认的事实出发。我们假定，省等级议会的组成完全符合它的宗旨，即从自己特殊的等级利益的观点出发代表自己特殊的省的利益。"③ 揭露了省议会的等级制度背后的特殊等级的利益。"愿望和利益本身是不说话的，说话的只是人。"④ 看到了左右人的政治态度的特殊利益。在这里，马克思既超出青年黑格尔派，又超出了费尔巴哈，不是把人看成抽象的人，而是看成具有一定具体利益的人。马克思虽然揭示了等级制度背后的特殊利益，然而仍受黑格尔唯心史观局限。（1）利用黑格尔的辩证法，批判把等级视为

---

① 《马克思恩格斯全集》第 1 卷，人民出版社 1956 年版，第 184 页。
② 同上。
③ 《马克思恩格斯全集》第 40 卷，人民出版社 1982 年版，第 337 页。
④ 同上书，第 339 页。

"神的世界秩序"的最终结果的看法。马克思认为，生命是有机物发展的辩证过程，人民也是有机的运动的，等级制度把人民作为原始无机体机械地划分成几个固定的、抽象的部分，存在于国家有机体内，是形而上学的，人民不可能产生有机运动，国家也不能成为有机理性的整体，真正的国家是人民自己有机活动的产物，真正的有机国家是人民代表制。黑格尔认为人民是一股盲目的力量，民主制是一种标志人民处于"未发展状态"的国家形式，真正的国家形式是君主制。在这点上，马克思又超出了黑格尔。（2）从理性国家出发，批驳等级制度代表私人利益、违背理性国家原则。马克思认为，"国家这一自然精神王国，不应也不能在感性现象的事实中去寻找和发现自己的真正本质"①。国家是一个理性的王国、一个理性的有机整体，而私人利益也要求建立严格等级制度，是与国家理性原则相对立的，在真正的国家中没有任何内涵的物质成分，只有精神力量。马克思在《评普鲁士最近的书报检查令》一文中只是意识到书报检查制度隐藏着任何法律都无法医治的痼疾，这里看到了特殊利益决定的等级制度是与国家理性原则相违背的。

（五）第一次探讨物质利益问题，看到了物质利益在社会生活中的作用

马克思在林木盗窃法的辩论中，探讨的已不是一般的利益了，而是具体的物质利益。当时德国处于资本原始积累阶段，地主阶级和新兴资产阶级对森林、草地、土地进行大规模的掠夺，农民阶级到森林私伐或捡拾树枝，表示反抗，以求生存。地主阶级和新兴资产阶级的代表，在省议会中坚决维护阶级私利，主张对私伐和捡拾枯枝的农民处以刑律。这是一个极其现实的物质利益问题。关于出版自由问题的辩论，虽然提到等级利益，但还不是直接的物质利益，出版自由问题同物质利益问题的关系被许多中间环节所掩盖，使人容易忽视物质利益的作用，而把出版自由看作人的本性自由的要求。在德国等级制度的评论中，马克思虽然意识到等级制度背后的特殊等级利益，但这还只是通过等级代表的政治态度而感到背后存在一个利益问题。这个利益是一般的社会利益，还不是直接碰到的物质利

① 《马克思恩格斯全集》第27卷，人民出版社1972年版，第323页。

益。这次林木盗窃问题的讨论，直接关系到物质利益问题，一方是资产者的物质利益，一方是贫苦阶级的物质利益，面对这个现实问题，马克思所持的历史唯心主义观要同客观现实的矛盾明朗化了、尖锐化了，马克思第一次超出了精神领域，在这个决定性的问题上突破了唯心史观的防线，马克思站到了"政治上和社会上备受压迫的贫困群众的利益"①一边，这不仅是阶级立场的根本改变，而且也是世界观上的一个根本性的突破。

马克思探讨的是物质利益问题，可是思想上还存在着黑格尔唯心史观的局限性。他在为群众物质利益辩护时不是着眼于社会经济方面，而是着眼于政治法律方面，局限于法律上、道德上、逻辑上的阐述。（1）不是从社会经济基础探讨法律根源，而是从法律体系内部寻找贫苦农民有权捡拾枯枝的法律根源。马克思认为，事物存在着法的本质，法律是事物法的本质的表达者。在枯枝和作为所有权的对象的林木之间不存在什么必然联系，枯枝不是森林占有者的财产，属于先占权范围，贫民在捡拾活动中接触到自然物，先占了它，农民在自己的活动中发现了自己的权利，因此，捡拾枯枝是合法的，不能算盗窃。（2）从抽象的自然本性出发，强调抽象的人道主义，为贫民的利益辩护。马克思认为贫民阶级"不仅本能地要求满足生活的需要，而且也感到需要满足自己权利的要求"②。贫民在自己的活动中存在着本能权利感，并且自然界也赋予了贫民这种基础权利意识，"在自然力的这一作用中，贫民感到了一种仁慈的，比人类力量还要人道的力量"③。从自然本性来看，农民捡拾枯枝是合法的权利活动，这是符合人道主义的。这里显然带有人道主义的痕迹。（3）从黑格尔的历史观出发，认识社会的不平等现象和阶级对立现象。黑格尔认为历史的发展是一种自由的发展过程，自由的发展表现为自由个人数量的增加，在亚洲专制国家中是一个人的自由，在古代共和国是一些人的自由，在现代是一切人的自由。马克思师承这个思想，他却是从社会集团之间的相互关系出发来考察自由的发展。马克思把历史分为两个时期：自由时期和不自由时期。

---

① 《马克思恩格斯全集》第 1 卷，人民出版社 1956 年版，第 141 页。
② 同上书，第 143 页。
③ 同上。

马克思利用黑格尔的术语把不自由时期称为"精神的动物世界"①。各等级之间的相互对立是不自由时期的特征，"人类就像分裂成许多不同种的动物群，决定他们之间的关系不是平等，而是法律的固定的不平等"②。这一时期人们关系受动物法支配，不自由时期人类分裂成等级，互相对立，具有动物的特点，"动物实际生活中唯一的平等形式，是同种动物之间的平等，这是这个种本身的平等，但不是类的平等，动物的类只在不同种的动物的敌对关系中表现出来，这些不同种在相互斗争中来确立自己特别的属性"③。在这个时期，人类社会是一个等级靠另一个等级为生。这个时期对动物的崇拜是原始的动物宗教，"因为人总是把构成其真正本质的东西当作最高的存在物"④。（这句话说明马克思已经深受费尔巴哈宗教观的影响。）马克思认为封建制度属于这个时期，"一种人靠另一种人为生"⑤，在自然界中，工蜂杀死雄蜂，而在封建制度中"雄蜂杀死工蜂——用工作把他们折磨死"⑥。马克思揭露了封建社会阶级对立、阶级压迫的事实，这是对德国专制制度的批判。马克思在 1842 年 3 月指出，"把人兽化，已经成了政府的信仰和政府的原则……"⑦ 马克思认为第二个时期是自由时期。在这个时期，人类自己创造了差别，自由法决定了人的平等，在这种社会里，人人都是"伟大的圣者（即神圣的人生）的高贵的、可以自由转化的成员"⑧。表现出人本主义的人道主义的思想。（4）仍站在黑格尔国家观立场上，把特权的利益说成与理性国家相违背，以此否认特殊利益。黑格尔把国家看成为存在于地上的神性的观念，把国家神性化、绝对化了，马克思把国家由神秘的东西变成与公民有着切实关系的东西，把国家世俗化、民主化，但马克思仍保留着国家是理性体现这一思想，只不过是认为普鲁士国家违背国家的理性原则，因为它把私有制上升到国家立场，使国

---

① 《黑格尔全集》（俄文版）第 4 卷，第 210 页（"精神现象学"）。
② 《马克思恩格斯全集》第 1 卷，人民出版社 1956 年版，第 142 页。
③ 同上。
④ 同上。
⑤ 同上书，第 143 页。
⑥ 同上。
⑦ 《马克思恩格斯全集》第 27 卷，人民出版社 1972 年版，第 422 页。
⑧ 《马克思恩格斯全集》第 1 卷，人民出版社 1956 年版，第 142 页。

家蜕变成等级国家，降低为私人利益的工具。马克思的基本论证方式还是以理性国家来否定等级利益，否定等级制度，否定反动的普鲁士国家。

总之，马克思在对物质利益的探讨中，表现了唯心史观和唯物史观的交叉、矛盾、转折。一方面，马克思从理性出发，否认私人物质利益，认为从私人物质利益出发是"下流的唯物主义"，是违反人民和人民的神圣精神的，是罪恶的。同时，另一方面，又看到物质利益的作用，看到私人利益把国家贬低为私人利益的工具，把法律变成保护私人权利的手段，利益左右了国家和法。物质利益同理性体现者——国家和法之间产生冲突，结果，马克思还是承认物质利益占了上风，承认物质利益的决定作用。马克思对物质利益这个认识是形成唯物史观的重要一步，为他今后正确解决市民社会和国家关系问题开辟了可能性。

（六）注意到了社会现象背后的各种关系的客观性，接触到了历史发展的客观规律问题

恩格斯说："关于摩塞尔酝酿葡萄酒的农民的状况问题，也和林木盗窃法案的辩论一样，促使马克思认真地研究社会生活的基础，从而最终导致唯物主义历史观和科学社会主义的发展。"[1] 马克思认识到物质利益的社会作用后，开始进一步深入探讨物质利益所体现的社会关系的客观本性问题，接触到历史发展的客观规律性问题。马克思在关于摩塞尔地区农民贫困原因的论战中，具体地调查了大量的材料，进一步探求农民贫困的真正原因。当时，普鲁士官僚们根本不承认农民的贫困同自己有关，他们都到他们治理的范围之外去寻找贫困原因，他们或是到自然灾害，或是到与当局无关的个人生活条件等方面去寻找原因，害怕触及贫困的真正原因。那么真正的原因如何去寻找呢？马克思说，我只要证明一点"我们就为说明问题提出了这个超出任何人的因素的基础"[2]。这点是"在研究国家生活现象时很容易走入歧途，既忽视各种关系的客观本性，而用当事人的意志来解释一切。但是存在着这样一些关系，这些关系决定私人和个别政权代

---

① 《马克思恩格斯全集》第 29 卷，人民出版社 1972 年版，第 409 页。
② 《马克思恩格斯全集》第 1 卷，人民出版社 1956 年版，第 216 页。

表者的行动，而且就象呼吸一样不以它们为转移。只要我们一开始就站在这种客观立场上，我们就不会去寻找善意或恶意，而会在初看起来似乎只有人在活动的地方看到客观关系的作用，那就不难确定，在何者对立条件下这种现象会真正产生，在何种外在条件下即便需要它，它也不能产生"①。马克思提出了一个原则，从各种关系的客观本性出发来说明社会现象。这一看法的提出，是继看到物质利益作用后，向唯物史观转变的又一重要标志。透过一切国家生活，看到国家生活现象背后的不以个人的好恶为转移的客观关系，从而揭示出社会现象的原因，这是认识社会现象的正确认识途径，在分析摩塞尔农民贫困原因时，马克思通过大量的论述，"揭示出一般关系对当事人意志的巨大影响"②，揭示出贫困的原因不在个别官员，不在于某些政治机构，"即便行政当局具有最善意的意图，它还是不可能摧毁这些本质的关系的势力，或者甚至可以说是这种命运的势力。这种本质的关系就是管理机构内部的官僚关系以及管理机构和被管理机构之间的官僚关系"③。马克思把贫困的原因归结为整个现存关系上的国家官僚制度，是普鲁士的专制制度，反对的不是个别官员，而是整个现存国家制度，这同时也是马克思在《莱茵报》工作期间在国家问题上所达到的最高成就。这里虽然又比《关于林木盗窃法》一文前进了一步，在那里，马克思还认为私人利益制约国家和法是"下流的唯物主义"，现在已从私人利益对国家的关系转向国家对私人利益的关系，转向认识到以不以人的意志为转移的客观关系为基础的国家管理制度造成了贫苦农民私人利益的贫困，应当反对的是整个官僚制度和管理原则。

但是，马克思并没有最终摆脱唯心史观影响。（1）马克思所讲的"各种关系的客观本性"，还不是指科学概念的物质生产关系。马克思说："这些关系就是管理机关对待摩塞尔河沿岸地区的特殊态度，日常权利和社会舆论的一般情况，以及占统治地位的政治精神及其体系。"④ 这些关系严格讲，还不是指物质的经济关系，更不是指科学的生产关系。（2）仍然轻视

① 《马克思恩格斯全集》第1卷，人民出版社1956年版，第216页。
② 同上书，第237页。
③ 同上书，第229页。
④ 同上书，第237页。

物质斗争，把消除普鲁士国家和摩塞尔地区大多数居民之间的冲突的因素放在自由报刊上，放在思想舆论斗争上。（3）在国家观问题上，还没有完全摆脱黑格尔理性国家的影响，他还是把普鲁士国家的管理机构看作是真正国家本质的一种异化形式。

考察马克思 1841 年底以来，尤其是在《莱茵报》期间的思想发展，可以看出，这个阶段是马克思、恩格斯发展的新阶段，即唯心史观向唯物史观转化的阶段。1841 年到 1842 年之交是马克思唯心史观向唯物史观转化的开端，马克思亲身参加实际政治斗争促进了转化的开始；1842 年 4 月—10 月是马克思由唯心史观和唯物史观进一步转化阶段；马克思为《莱茵报》撰稿促进了马克思的进一步转化，1842 年 10 月至 1843 年 4 月马克思在《莱茵报》工作期间是马克思由唯心史观向唯物史观转化的重要阶段。马克思本人认为："1842 年—1843 年间，我作为《莱茵报》的主编，第一次遇到要对所谓物质利益发表意见的难题。莱茵省议会关于林木盗窃法和地方分析的对话，当时的莱茵省总督冯涉培尔先生就摩塞尔农民状况同《莱茵报》展开的官方论战，最后，关于自由贸易和保护关税的辩论，是促使我去研究经济问题的最终动因。"① 对物质利益问题的探讨，是促进转化的决定性因素。马克思同"自由人"决裂，批判旧哲学的思辨倾向，在社会意识和社会存在的根本问题上不断向正确的方向前进，是促进马克思思想转化的思想理论动力。

（本文是作者 1983 年 7 月 11 日撰写的研究笔记）

---

① 《马克思恩格斯全集》第 13 卷，人民出版社 1962 年版，第 7—8 页。

马克思对黑格尔法哲学和国家哲学的全面批判(1843 年 6—8 月)

　　黑格尔在法哲学原理中声称哲学"主要是或者纯粹是为国家服务的"。黑格尔的法哲学和国家哲学是正处于资产阶级革命前的德国严重的思想障碍，批判黑格尔法哲学和国家哲学是德国革命的最迫切的现实的问题。

　　早在 1841—1842 年马克思就给自己提出了批判地分析黑格尔法哲学的任务。1842 年 3 月 5 日，马克思写给卢格的信说：正在写一篇文章"批判黑格尔自然法的，因为可能关系到内部国家制度"。半年后，马克思给达·奥本海姆的信中，把这篇"反对黑格尔关于立宪君主制的学说"的文章当作已完成的作品来谈论，并准备为它写一个附录。但这时，马克思还是站在黑格尔的唯心主义立场上来研究国家问题，来批判黑格尔哲学的。一年以后，马克思在《莱茵报》工作期间，接触大量的社会现实斗争问题，特别是通过对林木盗窃法的研究和对摩塞尔河地区农民生活状况的考察，遇到大量的社会经济、物质利益问题。1843 年 3 月，《莱茵报》被查封，受到普鲁士国家的粗暴迫害。1843 年初，费尔巴哈在《哲学改造纲要》中提出把黑格尔的思辨哲学颠倒过来，批判了黑格尔的思辨哲学，为批判黑格尔哲学提供了一个唯物主义的理论前提条件。这一切推动了马克思开始从物质利益和经济角度看待国家问题。这一切使马克思认识到，现实斗争的迫切问题不是宗教问题，而是社会政治问题，社会政治问题集中在国家问题上。普鲁士国家不是像黑格尔所讲的是最高的绝对观念的体现，是最高的善，而是强有力的等级压迫工具；思想舆论的批判、法律斗争不可能根本改变社会状况，不可能推翻普鲁士反动国家；黑格尔的国家哲学和法哲学与现实实际存在巨大矛盾，黑格尔法哲学和国家哲学成为马克思寻找社会真理的巨大障碍。国家的基础是什么？国家究竟是什么东西？国家同市民社会、政治同经济的关系是什么？这个重大问题困扰着马克思。"为了解决使我苦恼的疑问，我写的第一部著作是对黑格尔哲学的批判性的分析。"① 为了揭示国家之谜、历史之谜、国家革命形势提出的迫切问题，马克思在 1843 年 6 月至 8 月，在克罗茨纳赫研究了大量的历史资料和前人有价值的著作，写下了《黑格尔法哲学批判》这部手稿。

《黑格尔法哲学批判》是马克思唯物史观形成过程中的一部重要著作，是马克思 1842 年至 1843 年的思想总结。这部著作表明马克思已经基本上站到唯物主义立场上来分析批判黑格尔的国家哲学和法哲学（在《莱茵报》期间基本上还是站在唯心主义立场上），对黑格尔的社会历史观进行第一次理论性的批判，批判中"得出这样一个结果，法的关系正像国家的形式一样，即不能从它们本身来理解，也不能从人类精神的一般发展来理解，相反，它们根源于物质的生活关系"②。物质生活决定国家和法的关系，这是马克思向唯物史观彻底转变的起点，《黑格尔法哲学批判》是马克思向唯物史观彻底转变的标志。

一　马克思在唯物主义立场上，批判黑格尔法哲学和国家哲学，提出市民社会决定国家的结论，提出历史唯物主义的国家学说

恩格斯说："马克思从黑格尔的法哲学出发，得出这样一种见解：要获得理解人类历史发展进程的锁钥，不应当到被黑格尔描绘成'大厦之顶'的国家中去寻找，而应当到黑格尔所那样蔑视的'市民社会'中去寻找。"③ 在此之前，马克思的历史观还受黑格尔的影响，一开始认为人类历史从属于精神，后来逐步看到二者的联系，在《莱茵报》期间已经意识到经济和物质利益的作用。在《黑格尔法哲学批判》中，马克思已经开始

① 《马克思恩格斯选集》第 2 卷，人民出版社 1972 年版，第 82 页。
② 同上。
③ 《马克思恩格斯全集》第 16 卷，人民出版社 1964 年版，第 409 页。

认识到物质的生活关系在人类历史发展中的积极作用，开始意识到"市民社会"即物质的生活关系的基础的、第一性的作用。马克思的这个认识是从批判黑格尔的国家哲学过程中获得的。

马克思首先分析批判了黑格尔在国家及国家对家庭和市民社会关系上的观点，提出市民社会决定国家的思想，使自己的观点沿着唯物主义方向进一步深化。黑格尔认为，绝对精神发展经过逻辑、自然、精神三个阶段，在精神阶段，又一次经过主观精神、客观精神、绝对精神阶段。法哲学就是客观精神阶段，它又分为抽象的法、道德、伦理三个部分。伦理理念的发展经历了家庭、市民社会、国家三个阶段。国家是伦理精神的最后完成，"国家是伦理观念的现象"。国家在本质上是精神性的东西，家庭是"直接的或自然的伦理精神"。市民社会是"特殊的领域"，国家是"普遍性和特殊性的统一"，国家则是超出这两个领域的无限的现实精神，是这两个领域的目的。国家是理念的最高体现，决定市民社会和家庭，这是黑格尔唯心主义国家观的核心。黑格尔国家观涉及的中心问题是"私人利益体系"（市民和家庭）和"普遍利益体系"的关系问题。黑格尔认为，私人权利和私人福利，即家庭和社会"从属并依存于国家"，一切本质上都是由国家决定的。那么，国家又是怎样同家庭和市民社会发生关系呢？黑格尔把家庭和市民社会看成国家的概念领域，即把它们看作国家的有限性的领域，国家把自己分为这些领域，国家作为理念，产生家庭和市民社会，即国家现实性材料。马克思指出，在这里，黑格尔国家哲学的"逻辑的泛神论的神秘主义在这里已经暴露无遗"①。现实的关系是"国家材料的分配对于单个人来说是以情势、任性和本身使命的亲自选择为中介的"②，"把所有的个人当作群体来分配"③。但是这种现实的关系却被黑格尔思辨地看作是由理念私自制造出来的，理念产生家庭和市民社会。国家把材料分配给作为群体的人的家庭和市民社会，由此国家成为现象的精神体。马克思指出，"理念变成了独立的主体，而家庭和市民社会对国家的

---

① 《马克思恩格斯全集》第 1 卷，人民出版社 1956 年版，第 250 页。

② 同上。

③ 同上书，第 249 页。

现实关系变成了理念们所具有的想像的内部活动。实际上，家庭和市民社会是国家的前提，它们才是真正的活动者；而思辨的思维却把这一切头足倒置。如果理念变为独立的主体，那么现实的主体（市民社会、家庭、'情势、任性等等'），在这里就会变成和它们自身不同的、非现实的、理念的客观要素"①。因此，家庭和市民社会决定国家，是国家的原动力，自身把自己变成国家。国家是从作为家庭和市民社会的成员而存在的这种群体中产生出来的。"政治国家没有家庭的天然基础和市民社会的人为基础就不可能存在。它们是国家的必要条件。"② "但是在黑格尔那里，条件变成了被制约的东西，规定其他东西的东西变成了被规定的东西，产生其他东西的东西变成了它的产品的产品。"③ 黑格尔的思辨思维把市民社会决定国家的事实说成理念活动的结果，不说成这一群体的理念，而说成不同于事实本身的主观的理念，这样一来，对于单个人来说，国家材料这种分配就以情势、任性为中介。马克思说，黑格尔关于理念分为家庭和市民社会"这一节集法哲学和黑格尔全部哲学的神秘主义之大成"④。马克思紧紧抓住了黑格尔国家哲学中最本质的东西，并且把它颠倒过来，唯物主义地说明了国家的基础和本原。马克思在《摩塞尔记者的辩护》中曾提出决定国家本质的各种关系的客观本性问题，这次则进一步提出了市民社会决定国家的想法。

市民社会决定国家的提法是一个接近历史唯物主义的提法，接近于正确的国家的起源和基础的回答。这个提法包含着物质生活条件是国家等社会现象的基础，是第一位的，包含唯物史观的含义。马克思在这里沿用的是黑格尔的术语——"市民社会"。黑格尔认为"市民社会是处在家庭和国家之间的差别的阶段"，"是在现代世界中形成的"。"在市民社会中，每个人都以自身为目的，其他一切在他看来都是虚无。但是，如果他不同别人发生关系，他就不能达到他的全部目的……"⑤ 显然，黑格尔把市民

① 《马克思恩格斯全集》第 1 卷，人民出版社 1956 年版，第 250—251 页。
② 同上书，第 252 页。
③ 同上。
④ 同上书，第 253 页。
⑤ 黑格尔：《法哲学原理》，商务印书馆 1961 年版，第 197 页。

社会理解为人们在社会发展过程中所形成的种种关系。那么，这种关系是什么样的关系呢？黑格尔有时说市民社会是"需要和理智的国家"①，"理智"有别于"理性"，市民社会虽然属于理性的范畴，但它是"特殊性的领域"，是人的需要（物质）的场所。黑格尔提出市民社会首先是物质需要的体系。黑格尔认为，人们获得需要的手段，就是劳动。"劳动通过各色各样的过程，加工于自然界所直接提供的物资，使合乎这些殊多的目的。这种造形加工使手段具有价值和实用。这样，人在自己消费中所涉及的主要是人的产品，而他所消费的正是人的努力的结果。"② 黑格尔显然讲的是市民社会中人们通过劳动而满足自己物质需要，人们通过劳动和商品生产而发生种种联系。黑格尔尽管是以极其抽象的方式把现实关系思辨逻辑化、神秘化，然而剥开唯心主义外衣，市民社会讲的正是人的物质生活的关系。马克思站在唯物主义立场，剥去了蒙在市民社会上的神秘外衣，把国家与市民社会倒置的关系倒过来，并且把黑格尔的"市民社会"概念改造为"物质生产关系"的同义语来使用。马克思在批判中提到"物质国家"，以区别于"政治国家"③，物质国家的提法虽然比"理智和需要"国家的提法更为明确地指出市民社会的物质生活关系的性质。在《黑格尔法哲学批判》中，马克思虽然使用市民社会一词，然而，马克思却十分注意站在唯物主义立场上，力图把它改造成为一个科学的概念。在《〈政治经济学批判〉序言》中，马克思说当时他们已把市民社会规定为"物质生活关系的总和"，而对"市民社会的解剖应到政治经济学中去寻找"④。尽管如此，"市民社会"的用法却说明了马克思的历史观的不成熟性，市民社会术语是不科学的，不能正确表达物质的生产关系这个人类社会历史的基础，容易同黑格尔唯心主义历史观相混淆。在《德意志意识形态》中，马克思才第一次给市民社会下了定义："在过去一切历史阶段上受生产力所制约，同时也制约生产力交往形式，就是市民社会。"⑤ 在《哲学

① 黑格尔：《法哲学原理》，商务印书馆1961年版，第198页。
② 同上书，第209页。
③ 《马克思恩格斯全集》第1卷，人民出版社1956年版，第283页。
④ 《马克思恩格斯选集》第2卷，人民出版社1972年版，第82页。
⑤ 《马克思恩格斯选集》第1卷，人民出版社1972年版，第41页。

贫困》中，马克思已经用"生产关系"的科学概念，代替了"交往形式"、"交往关系"、"所有制关系"等用语，从而建立了唯物史观的最基本的概念。

马克思紧紧把握社会经济生活，从中寻找历史发展的说明，进一步揭示了私有财产对政治国家的支配作用。黑格尔认为，国家政权统治私有财产，使私有财产服从自己，服从整体的普遍利益。例如，黑格尔把长子继承权问题说成是政治上的要求，把政治国家当作长子继承权的决定因素，当作长子继承权的始因，看作政治国家决定了长子继承权。马克思指出："长子继承制是土地占有制本身的结果，……而黑格尔当作目的，当作决定因素，当作长子继承制的始因来描述的东西，反而是长子继承制的结果和后果，是抽象的私有财产对政治国家的支配权。他倒因为果，倒果为因，把决定性的因素变为被决定的因素，把被决定的因素变为决定性的因素。"① "长子继承制是私有财产的政治意义，是政治意义即普遍意义下的私有财产。"② 马克思注意到了国家制度同私有财产的联系，"政治国家对私有财产的支配权究竟是什么呢？是私有财产本身的权力，是私有财产的已经得到的本质。和这种本质相对的政治国家还留下了些什么呢？留下一种错觉：似乎政治国家是规定者，其实它却是被规定者"③。马克思明确指出了私有财产是政治国家的基础，"私有财产是国家政治制度的保障"④，"整个国家制度都建立在私有财产的基础上"⑤。这时，马克思开始认识到压迫制国家的物质基础问题。马克思看到了市民社会与国家的对立，市民社会各个不同等级、阶层的私人利益之间的对立，而且认识到社会划分为具有特殊的局部利益的各个不同集团或同业公会决定了国家的出现。国家利益成为一种同其他私人目的相对独立的特殊的私人目的。但是，马克思清楚地意识到压迫制国家的基础是私有财产，这个基础是粗劣的唯物主义，但它是以唯灵论的面目而出现的，因为有一个不依赖私人利益的外

---

① 《马克思恩格斯选集》第 1 卷，人民出版社 1972 年版，第 369 页。
② 同上书，第 380 页。
③ 同上书，第 369—370 页。
④ 同上书，第 380 页。
⑤ 同上书，第 381 页。

观，近乎得出国家是私有财产的产物和工具的唯物主义的对国家基础和本质的理解。当然在这里，马克思提出的私有财产的概念还与历史唯物主义的私有制度意义上的生产方式概念不同，当时，马克思还是把私人财产当作私人利益的、粗糙的、无灵魂的体现，还没有把私人财产作为社会生产关系的表现。因而，马克思还不可能完全揭示私有制度与阶级压迫的国家之间必然的联系，还不能正确说明国家的起源和本质问题。

马克思唯物主义地解决了市民社会和国际的关系问题，接着进一步批判了黑格尔在国家制度、国体问题上的唯心主义观点。马克思认为，黑格尔把国家制度看作一个机体，即统一体的观点，是一大进步，但是马克思认为，黑格尔的国家机体论的出发点是抽象的理念，这种理念向国家的发展就是政治制度。"事实上，黑格尔只不过是把'政治制度'这一概念消融在'机体'这个一般的抽象的理念中……"①　"黑格尔要做的事情不是发展政治制度的现成的特定的理念，而是使政治制度和抽象理念发生关系，使政治制度成为理念发展链条上的一个环节，这是露骨的神秘主义。"②　黑格尔关于国家机体的说法暴露了其国家观的唯心性质。这种思维从唯心主义理念出发，并没有揭示出国家的本质，并没有揭示出政治机体与动物机体的差别。黑格尔之所以需要机体概念是为了演绎出主权概念。按照黑格尔的说法，国家作为一个机体是主体，而这个主体只能理解为君主个人，因而，黑格尔从机体概念中必然引出君主制。而马克思认为国家的现实基础不是神或个别主体或君主，而是人民。人民是国家机体的基础，不是君主的主权，而是人民的主权。把人民作为国家制度的现实基础，这同后来唯物史观意义上的无产阶级专政国家不无一点联系。

为了批判黑格尔想根据国家制度的抽象公式来证明君主立宪制是国家制度的理想，马克思唯物主义地研究了法国大革命的历史进程、欧洲的历史进程，分析了市民社会与国家二者矛盾统一的发展的历史顺序，追溯了历史上曾经存在过的各种社会类型，说明历史是一定社会制度的合乎规律的更替，证明根本不存在国家制度的理想最终状态。在古代社会中，如希

---

① 《马克思恩格斯全集》第 1 卷，人民出版社 1956 年版，第 259 页。
② 同上。

腊那样的共和制度，政治国家本身同市民生活和意志一致。而在亚洲专制国家，政治国家是专制独裁制度，政治国家同物质国家一样，都是奴隶。因此，在古代社会中，社会成员的政治职能和他们作为私人的活动职能是一致的，人民与国家存在着"实体性统一"①。而在中世纪社会中，财产、商业、社会团体和每个人都有政治性质，国家的物质内容由国家形式规定了。一切私人领域都是政治领域，政治制度就是私有财产的制度，与国家生活仍然保持实体性的统一，人是国家的真正原则。但是，社会成员的政治活动分出了一些特殊的职能，成为一个等级，人还没有真正自由，国家制度同市民之间出现分离，是不自由的民主制。在现代社会，政治国家体现了普遍利益，市民社会体现了私人利益，政治国家与市民社会相分离、相对立，政治国家成为特殊等级的国家，产生了官僚制度。政治国家从市民社会异化出来，决定于市民社会的私有制基础，只有消除了私有制，才能产生新型的社会制度，马克思称之为民主制。而在真正的民主制中，政治国家就消失了。依照马克思的观点，迄今为止的政治国家是普遍物的体现，因此，社会制度就是一种政治制度，在民主制中，政治国家就其内容来说也成为普遍物，政治国家与物质国家没有区别。普遍物可以既通过国家形式又通过市民社会形式而表现出来，政治国家必然消亡。② 马克思在这里从作为基础的市民社会与作为上层建筑的政治国家一致的角度，论述了不同的社会形态依次更替的过程。在这里，马克思第一次接触到了历史唯物主义的另一个重要范畴——社会形态范畴。在论述中，马克思涉及了只有消除私有制，才能形成新的社会制度，而在新的制度下，国家必然消亡的理论，接近了对共产主义必然性的论述。

马克思虽然论证了国家消亡的问题，但是认为"建立新的国家制度，总要经过真正的革命"③。马克思的这个讨论显然是通过对市民社会的矛盾和阶级对立的探讨而得出来的。马克思具体分析了现代市民社会的"需要和劳动"、"城乡之间"的物质差别关系，指出"市民社会内部正分裂为

---

① 《马克思恩格斯全集》第 1 卷，人民出版社 1956 年版，第 285 页。
② 同上书，第 282—283 页。
③ 同上书，第 315 页。

等级和社会地位"①，认识到劳动阶级是市民社会各集团赖以安身和活动的基础。"被剥夺了一切财产的人们和直接劳动即具体劳动的等级，与其说是市民社会中的一个等级，还不如说是市民社会各集团赖以安身和活动的基础。"② 这里马克思虽然没有明确地谈到无产阶级，但他在揭露市民社会（即资产阶级社会）等级对立和矛盾时，意识到劳动阶级是社会"各集团赖以安身和活动的基础"，"直接劳动的等级"就是无产阶级概念的萌芽，马克思明确地看到了无产阶级的经济地位和作用。但由于直到 1843 年 10 月才同工人阶级建立真正的联系，才亲身参加实际斗争，所以当时还意识不到工人阶级在社会革命中的主力军作用，直到《〈黑格尔法哲学批判〉导言》提出了无产阶级历史使命的伟大思想。

《黑格尔法哲学批判》把黑格尔的国家哲学的整个唯心主义观点完全翻转过来，马克思唯物史观基本概念、基本范畴的最初形态可以在这里看到它的萌芽状态，产生了唯物史观的最初思想。市民社会决定国家，这一根本观点的提出使得马克思能够全面地批判黑格尔的唯心主义国家学说，唯物主义地论述了国家的起源、本质、灭亡等问题，接近提出社会形态、社会革命、无产阶级等科学的唯物史观概念。市民社会决定国家这一根本问题的解决，使得马克思在历史观上全面突破。

二　马克思为什么能够唯物主义地解决市民社会和国家关系问题，唯物主义地解决国家问题

其根本原因，首先在于马克思自觉地转向唯物主义立场上，批判黑格尔的思辨哲学，改造黑格尔的辩证法，解决一般哲学方法论问题。列宁说："早在 1843 年，当马克思刚刚成为马克思时，……马克思在当时就已经看出，不管'怀疑论者'叫做休谟主义者或康德主义者（在 20 世纪，或者叫做马赫主义者），他们都大声叫嚷反对唯物主义的唯心主义的'独断主义'，他们没有被千百种不足道的哲学体系中的任何一个体系所迷惑，

---

① 《马克思恩格斯全集》第 1 卷，人民出版社 1956 年版，第 345 页。
② 同上。

而能够经过费尔巴哈直接走上反唯心主义的唯物主义道路。"①《黑格尔法哲学批判》是一个标志，标志着马克思已经由唯心主义转向唯物主义立场上。在《莱茵报》期间，马克思还一般地说是站在唯心主义立场上，或站在黑格尔的辩证法上，然而却看到了现实生活中物质关系的重要意义，有些唯物史观的萌芽。在这时，马克思已经站在唯物主义立场上，并用唯物主义改造辩证法，在从哲学理论上批判黑格尔唯心主义哲学的基础上，提出了关于社会历史问题的唯物主义的看法，构成了唯物史观一些重要概念的最初形态。《黑格尔法哲学批判》体现了马克思在唯物主义一般哲学方法论原则上来批判黑格尔的思辨哲学，改造黑格尔辩证法，解决认识社会历史问题的基本立场、方法问题。

1. 马克思批判黑格尔哲学的唯心性质，指出黑格尔把法哲学变成了应用逻辑学，用唯心主义来处理社会问题，揭露了黑格尔方法的唯心性质。在认识方式上，黑格尔认为真理是一个过程，思维抽象规定本身不是真理，真理在于具体性，真理的认识有一个由抽象到具体的过程。这个认识是合理的。然而黑格尔却把抽象作为出发点，把抽象认识向具体认识的转化看成了思维创造了具体，认为一切具体现实都是由抽象思维逻辑地演绎出来的，因而他把客观主体变成了谓语，抽象的理念创造现实。例如，黑格尔把国家本身看作理念演化的结果。他认为，国家理念是以人民的普遍事物为前提的，这个前提内容客观地、实体地存在于理念之中，是自在的存在。但前提内容又必须在经验的现实中表现出来，应该自为地存在。也就是说，普遍的事物应该从抽象范围内演变出来，成为实际的事物，以经验的形式表现出来，成为自为的存在。国家就由此而产生。这就是思维产生具体，理念产生国家，国家理念不是从主体的市民社会中引出，而成为主体，市民社会成为谓语。"当黑格尔把国家观念的因素变成定语，而把国家存在的旧形式变成谓语时，——可是，在历史真实中，情况恰恰相反：国家观念总是国家存在的［旧］形式的谓语。"② 马克思尖锐地指出

---

① 《列宁全集》第 14 卷，人民出版社 1988 年版，第 355—356 页。
② 《马克思恩格斯全集》第 40 卷，人民出版社 1982 年版，第 369 页。

黑格尔是"用客观的东西偷换主观的东西，用主观的东西偷换成客观的东西"①，把现实的经验存在当作理念的现实真理。在认识论和辩证法上，"他把身为理念的主体的东西当成理念的产物，当作理念的谓语。他不是从对象中发展自己的思想，而是按照做完了自己的事情并且是在抽象的逻辑领域中做完了自己的事情的思辨的样式来制造自己的对象"②。黑格尔不是"用逻辑来论证国家，而是用国家来论证逻辑"③。因此，马克思指出黑格尔的整个国家哲学和法哲学体现了唯心主义的本性，是时代的政治神学。④"整个法哲学只不过是对逻辑学的补充。十分明显，这一补充只是对概念本身发展的某种附加的东西。"⑤马克思彻底揭示了黑格尔法哲学的唯心本质，从认识论和方法论上解决了谁是第一性的问题，揭去了黑格尔的神秘外壳，使历史观开始建立在唯物主义基础上了。

2. 马克思开始动手改造黑格尔的唯心辩证法，批判黑格尔辩证法的局限性，开始自觉地站在唯物主义立场上运用辩证法来分析社会历史现象。费尔巴哈之所以在历史观上陷入唯心主义的泥坑，一个重要原因就是直观的形而上学地来看待社会历史现象，而黑格尔之所以在其唯心主义历史观中尚有关于历史发展的合理内核，一个重要的因素就是他有辩证法（当然是头脚倒立的）。因此，马克思在批判黑格尔的唯心主义哲学的同时，十分注意对黑格尔的辩证法加以改造，作为认识社会历史的方法。1873年，马克思说："在将近三十年以前，当黑格尔的辩证法还很流行的时候，我就批判过黑格尔辩证法的神秘方面。"⑥黑格尔的国家哲学把社会历史看作一个辩证的发展过程，这是其合理的地方，但是黑格尔不是把这个历史发展过程看作现实客观辩证法，而是看作理念逻辑演绎的逻辑法，他在研究社会历史现象中不是研究特殊对象的特殊具体矛盾，而是去到处寻找抽象的一般的逻辑概念的矛盾。在《黑格尔法哲学批判》中，马克思既认识到

---

① 《马克思恩格斯全集》第1卷，人民出版社1956年版，第292页。
② 同上书，第259页。
③ 同上书，第263页。
④ 《马克思恩格斯全集》第40卷，人民出版社1982年版，第368页。
⑤ 《马克思恩格斯全集》第1卷，人民出版社1956年版，第264页。
⑥ 《列宁选集》第2卷，人民出版社1972年版，第217—218页。

黑格尔辩证法的唯心性质，同时又看到了黑格尔辩证法的不彻底性。黑格尔的辩证法不仅需要加以头脚倒置的改造，还需彻底地发展。"对现代国家制度的真正哲学的批判，不仅要揭露这种制度中实际存在的矛盾，而且要解释这些矛盾；真正哲学的批判要理解这些矛盾的根源和必然性，从它们的特殊意义上来把握它们。但是，这种理解不在于像黑格尔所想象的那样到处去寻找逻辑概念的规定，而在于把握特殊对象的特殊逻辑。"①

　　3. 马克思在彻底地批判改造黑格尔辩证法的过程中，发展了辩证法。（1）批判了黑格尔关于社会历史发展的形而上学发展观，提出了社会革命的历史辩证法。黑格尔认为："一种状态的不断发展从外表看来是一种平静的察觉不到的运动，久而久之国家制度就变得面目全非了。"② 马克思批判后，认为逐渐推移这种范畴，从历史上看来是不真实的，是违背历史事实的。在历史上虽然有国家制度存在改变的现象，但这些改变只具有局部的性质，"诚然，在许许多多国家里，制度改变的方式总是新的要求逐渐产生，旧的东西瓦解等等，但是要建立新的国家制度，总要经过真正的革命"③。因此，社会状况改变了，逐渐推移的说法是不能证明现实问题的。一个社会状态到另一个社会状态的发展必然通过社会革命，通过飞跃。马克思在这里把历史发展的辩证过程彻底化了。在这里可以分析一下的是，马克思还认识到了要使前进运动成为国家制度的原则，必须使国家制度的体现者——人民成为国家制度的原则。即只有成为国家的主人、国家的体现者，国家制度才不能随意改变。④ 从这里，我们可以看到马克思不仅批判了黑格尔的形而上学发展观，而且把辩证法彻底到历史领域，接触到历史辩证法问题。（2）批判黑格尔用中介调和矛盾的形而上学观，提出对立统一的思想萌芽。黑格尔认为对立面的中介把对立面导向统一，中介可以调和矛盾，达到一致。他把市民社会和国家看作两个极端，把两者关系看作一对矛盾。马克思认为这是对的。但是黑格尔却力图利用等级要素这个中介来消除二者的矛盾，他认为市民社会是私人等级，私人等级又是市民

---

　　① 《马克思恩格斯全集》第 1 卷，人民出版社 1956 年版，第 359 页。

　　② 同上。

　　③ 同上。

　　④ 同上。

社会的直接的本质的具体的专制。只有在立法权的等级要素中，市民社会才获得"政治意义和政治效能"，等级通过立法权而把市民同国家联系起来。黑格尔表面上调节了矛盾，二者矛盾的中介作用，通过等级要素而实现。① 马克思认为，等级要素的中介不可能消除矛盾，私人等级要想获得政治意义就必须背弃作为市民社会，并与此对立。政治市民脱离市民社会，必然使市民社会和政治国家相分离。② 黑格尔的中介作用既没把市民社会同国家分割开来，又没一致起来，只不过反映了实际存在的分裂。对此，马克思上升到辩证法的世界观、方法论上，深刻批判了黑格尔的中介不过是逻辑的思辨奥秘，是推论，"真正的极端之所以不能被中介所调和，就因为它们是真正的极端。同时它们也不需要任何中介，因为它们在本质上是互相对立的……"③ 黑格尔把推论的两个抽象环节，看作真正的对立面。这正好表现出他的逻辑中的基本二元论。事实上，"'两极是相通的'，北极和南极相互吸引，女性和男性也相互吸引，而且也只有男女两性的极的差别相结合，才会产生人"④。"从另一方面说，任何极端都是它自己的另一极端。"⑤ 北极和南极是本质同一，是同一种本质的两种对立的规定，是同一种本质在高级发展阶段上的差别。马克思总结说：第一，真正的极端是不存在的，而认识上的抽象性和片面性认为真理就是极端，只有极端才是真理。这种"真正的极端"只存在于逻辑的思辨奥秘中。第二，对立面存在转化。这种对立面的转化就是对立面的斗争和自我认识，这种转化是必然的、有意义的。第三，企图中介调和对立是错误的。"尽管两个极端都真正地存在着，都的确是极端，但是使它们成为极端的特性却仍然只包含在其中一个极端的本质中，对于另一个极端则没有真正现实的意义。"⑥ 一个极端本质地包含在另一个极端中，真正的本质二元论是不存在的。对立面是自我转化的，人为的中介调和是错误的。⑦ 马克思的上

① 《马克思恩格斯全集》第 1 卷，人民出版社 1956 年版，第 350—357 页。
② 同上书，第 343 页。
③ 同上书，第 355 页。
④ 同上。
⑤ 同上。
⑥ 同上书，第 356 页。
⑦ 同上。

述论述表明了对立统一关系的萌芽，存在一个统一物中的两对立面存在差别、同一的关系。这种表述是辩证法对立统一基本原理的不完善的、幼稚的表述。辩证法必将帮助马克思完成唯物史观的这一重大发现完成。

三　马克思经过费尔巴哈人本主义而批判自己过去曾接受过的黑格尔唯心主义，既批判费尔巴哈人本主义，同时吸收黑格尔主义的合理成分

马克思虽然站在唯物主义立场上对黑格尔哲学的唯心性和思辨辩证法进行了批判，但当时马克思还不是自觉的辩证唯物主义者，他虽然否定了理念第一性的唯心主义观点，但他正确的唯物主义基本立场还同唯心主义的提法和概念糅合在一起，还没有十分明确地看到物质独立于精神、派生出精神，还认为物质的东西同精神的东西是永恒存在着的统一世界内部两个彼此联系的方面。同时，对黑格尔辩证法的改造也是不彻底的，表述还是不清楚的。费尔巴哈的唯物主义是半截的唯物主义，而黑格尔的辩证法和唯心史观内含有大量的合理因素。因此，马克思受到费尔巴哈的唯物主义的影响来批判黑格尔思辨哲学，转向唯物主义的同时，又批判性地继承了黑格尔的辩证法和唯心史观中的合理因素。正是由于这个缘故，在《黑格尔法哲学批判》中，马克思的思想却表现出受费尔巴哈的影响，站在唯物主义立场上批判黑格尔，同时又带有费尔巴哈世界观的人本主义影响，即表现出对黑格尔的辩证法和唯心史观加以批判的同时，开始对费尔巴哈的人本主义的批判，同时又带有黑格尔哲学思辨的影响。当然，《黑格尔法哲学批判》的基调主要是马克思第一次唯物主义地同黑格尔决裂，开始转向唯物史观。但是整个《黑格尔法哲学批判》手稿仍带有上述特点。

1. 这种情况的一个重要原因在于马克思是"经过费尔巴哈直接走上反唯心主义的唯物主义道路的"。马克思对黑格尔的唯心主义批判是受到费尔巴哈的影响。马克思在《黑格尔法哲学批判》的首要任务是致力于把黑格尔哲学的唯心主义"翻转过来"。马克思在这里所使用的方法即唯物主义的方法，是费尔巴哈在《基督教本质》一书中所开创的，在《关于哲学改造的临时纲要》一书中所完成的事业的继承和发展。费尔巴哈在

1843 年 2 月出版的《关于哲学改造的临时纲要》一书提出了"将思辨哲学翻转过来"的任务。这对马克思从唯心主义向唯物主义过渡起了很大的作用。在《黑格尔法哲学批判》中的许多地方，我们都可以看到费尔巴哈对马克思产生的影响，如马克思关于黑格尔主体变作谓语的论述①，关于绝对观念是获得独立的客观存在的抽象的论断，都明显地打上了费尔巴哈的唯物主义的痕迹。费尔巴哈在马克思向唯物主义转变方面，对马克思的思想转变起了很大作用，但不是决定的作用。普列汉诺夫认为，费尔巴哈在马克思的转变中起到了决定作用，是错误的。正是由于这样，恩格斯才能说他和马克思跟费尔巴哈的结识是他们哲学发展的决定因素，是同过去一刀两断，或者用恩格斯自己的话来说，是"自我解放运动"。这是从黑格尔的思辨哲学中自我解放出来。这是马克思恩格斯哲学发展第一阶段的结束。② 夸大费尔巴哈对马克思的影响，认为马克思向唯物主义的过渡实质上是受费尔巴哈影响的结果，这种看法是错误的。

　　实际上，马克思很早就注意到费尔巴哈人本主义哲学的缺陷，一直就对费尔巴哈抱着批判的态度。早在 1842 年，《基督教本质》一书发表后不久（此书 1841 年 9 月面世），马克思虽然同意费尔巴哈的无神论，但也看到费尔巴哈不能把对宗教的批判同政治社会生活联系在一起。他在 3 月 20 日给卢格的信中说："在这篇论文里，我不免要谈到宗教的一般本质；在这个问题上，我同费尔巴哈有些争论，这个争论不涉及原则，而是涉及对它的理解。"③ 1842 年 11 月 30 日给卢格的信中说："我还要求他们更多地联系着对政治状况的批判来批判宗教"，因为"宗教本身是没有内容的，它的根源不是在天上，而是在人间，随着以宗教为理论的被歪曲了的现实的消灭，宗教也将自行消灭。"④ 马克思在对宗教的批判上显然已经超出了费尔巴哈，他看到了宗教产生的现实基础和灭亡的现实基础。马克思在 1843 年 3 月 13 日给卢格的信中就指出了对《关于哲学改造的临时纲要》一书的看法："费尔巴哈的警句中只有一点不能使我满意，这就是，他过

---

① 《马克思恩格斯全集》第 1 卷，人民出版社 1956 年版，第 270—271 页。
② 《普列汉诺夫著作选》（俄文版）第 18 卷，第 326—327 页。
③ 《马克思恩格斯全集》第 27 卷，人民出版社 1972 年版，第 424 页。
④ 同上书，第 436 页。

多地强调自然而过少地强调政治。然而这一联盟是现代哲学能够借以成为真理的唯一联盟。"① 由此可见，马克思并不是简单地运用费尔巴哈的成果，而是在批判黑格尔的唯心主义哲学的斗争中，受到费尔巴哈的深刻影响和启发，自觉地站在唯物主义立场上批判黑格尔。马克思对费尔巴哈这种批判性的看法主要是由于：第一，费尔巴哈严重地脱离斗争实际，尤其是脱离社会政治斗争，实际上，它的理论是纯粹从自然观、自然人的角度批判唯心主义，而马克思要解决的是社会政治斗争的实际问题，费尔巴哈的哲学理论有严重的脱离现实斗争的倾向，为马克思所不相容。（详见这个期间马克思给费尔巴哈的书信。）第二，费尔巴哈的唯物主义是直观的、形而上学的唯物主义，不讲辩证法，不能解释复杂的社会历史现象。第三，费尔巴哈的理论上半截是唯物主义，下半截是唯心主义。在历史观上，在一定意义上讲，它还不如黑格尔。费尔巴哈的理论根本不能说明社会历史现象。正是由于费尔巴哈哲学的这些致命的弱点，决定了马克思由唯心主义向唯物主义的过渡的决定作用不可能由费尔巴哈来担任。通过《黑格尔法哲学批判》，我们可以清楚地看到，马克思一方面受到费尔巴哈的影响，一方面同费尔巴哈存在着深刻的分歧。

这些分歧主要表现为：

第一，在许多社会理论论述问题上，马克思已经超出了费尔巴哈，开始纠正了费尔巴哈的缺陷。马克思关于社会与国家关系问题，我们暂且不论，只举对人的问题的看法。费尔巴哈的人本主义哲学的核心就是人，但这个人是抽象的人，是具有脱离社会关系的抽象的人性的人。用这种人性论是批判不倒黑格尔的历史观的。黑格尔的历史观反而讲的是肉体的、单一经验的个人。在黑格尔（法哲学）那里，"形式上是唯心主义，内容上是现实的"。"在费尔巴哈那里情况恰恰相反。就形式讲，他是现实的。他把人当作为出发点；但是，至于这个人生活其中的世界却根本没有讲到，因而这个人始终是宗教哲学所说的那种抽象的人。"②

显然，站在人本主义立场上是无法战胜黑格尔的。马克思在批判黑格

---

① 《马克思恩格斯全集》第1卷，人民出版社1956年版，第442—443页。
② 《马克思恩格斯选集》第4卷，人民出版社1972年版，第233页。

尔历史观的同时，超出了费尔巴哈的人本主义。黑格尔认为：国家的职能和活动同实际运用他们的个人发生联系，但是和它们发生联系的人并不是这些人的个人人格，而只是这些人的普遍的和客观的特质，即国家职能同个人有联系，但不同肉体的个人而只同国家的个人发生联系，即和个人的国家特质发生联系。黑格尔在这里显然看到了一种肉体的个人，一种是抽象的具有国家特质的人格，国家只同这种国家特质的人格发生联系。虽然黑格尔隐隐猜到了肉体的人还体现一种人的社会性，但他把二者分离了，对立起来了，把人性抽象地独立出来了。如果用费尔巴哈的人本主义显然就不可能战胜黑格尔了。马克思指出，黑格尔之所以发表这样的谬论，在于分不清人的社会性质和自然性质，把人的社会性质从人的自然本性中抽象出来、独立出来；在于抽象地脱离活生生的人来考察国家的职能，把特殊的肉体的人看成国家的对立面。马克思认为：（1）特殊的个体性是个人的个体性，国家的职能和活动是人的职能和活动，即人在国家职能和活动中所表现出来的人的特质同肉体的个人是一个东西。国家的活动离不开肉体人的活动。这里马克思已经站在现实的人、社会的人来分析问题。（2）肉体的自然本性不是人的本性，社会特质才是人的本质。（3）国家的职能是人的社会特质的存在和活动方式。（4）既然人是国家职能和权力的承担者，那么就应该按照人的社会性质，而不是按照人的自然性质来考察人。①

马克思十分精辟地表达了人的本质在于人的社会性的概念，既批判了黑格尔，又超出费尔巴哈。那么如何理解人的社会性呢？马克思认为，人的本质是人的社会性，那么市民社会就是人的社会性的客观化、人的本质存在的社会形式，而在市民社会中人分裂为等级和差别。"个人是否仍旧属于自己的等级，这一部分取决于机缘，一部分取决于本人所从属的劳动等等……"② 马克思是从社会等级、劳动来考察社会性，把人看作劳动的人、等级的人，市民社会的人的成员只有"作为国家成员，作为社会生物的规定，才成为他的人的规定"，"才获得人的意义"③，即具备社会性。

① 《马克思恩格斯全集》第 1 卷，人民出版社 1956 年版，第 270 页。
② 同上书，第 345 页。
③ 同上。

而"个人的生活方式，个人的能动性质等等，不但不使个人成为社会的一个成员、社会的一种机能，反而使他成为社会的例外，变成了他的特权"①。个人的肉体的活动并不能使人具有社会性，"出生只是赋予人以个人的存在，首先只是赋予他以生命，使他成为自然的个人；而国家的规定，如立法权等等，则是社会产物，是社会的产儿，而不是自然的个人的产物……"② 马克思在这里稍带地批判了人生下来就是国家的谬论，进一步阐述了人的社会性。

总而言之，马克思在《黑格尔法哲学批判》中提出了人的社会本质问题。马克思比费尔巴哈前进一大步，马克思主要是从人的社会关系方面来考察人，考察人性问题，用社会本质的概念代替了类本质的概念，认为人的异化原因主要不在于宗教，而在于私有制为基础的社会关系，指出人要扬弃自己本质的异化，要过符合社会本质的生活，不仅必须消灭宗教，而且首先必须消灭私有制危机的资产阶级社会及其相应的国家。马克思认为，首先，人的本质异化问题是一个主要问题，但不是在宗教基础上而是在社会和政治基础上提出问题，私有制是社会关系异化的主要原因，但还没有把扬弃私有制看成扬弃异化的主要条件。这些已经超出了费尔巴哈。其次，开始克服了抽象的人道主义，强调人的社会属性。"'特殊的人格'的本质不是人的胡子、血液、抽象的肉体的本性，而是人的社会特质，而国家的职能等等只不过是人的社会特质的存在和活动的方式。"③ 马克思已经同费尔巴哈强调抽象的人、抽象的人类之爱的人本主义开始有所差别了。

但是我们应当看到：马克思对人的社会性的理解，还不是彻底的唯物主义者。马克思没有把人们的物质生活关系归结为生产关系，还不能从生产关系的基础来认识人的社会性。只是停留在市民社会的一般看法上，这同"人的本质是生产关系的总和"的结论还有一段距离，还不是彻底历史唯物主义的看法，掺杂有唯心主义历史观的痕迹，是不成熟的历史唯物主

---

① 《马克思恩格斯选集》第1卷，人民出版社1972年版，第346页。
② 同上书，第377页。
③ 同上书，第270页。

义的人性观点。马克思关于人性的认识还有抽象的色彩，对人的社会性的分析还有思辨的成分，还有唯心史观的影响。马克思在这里已经开始有把人同动物相区别的结论了，马克思认为中世纪使人成为受本身规定性所摆布的动物，而文明时代，却是个人的实物体质脱离了人。[①]"人格脱离了人，自然就是一个抽象，但是人也只有在自己的类存在中，只有作为人们，才能是人格的现实的理念。"[②] 类存在显然是费尔巴哈的用语。马克思认为在中世纪社会分类为等级，使人脱离自己的普遍本质，把人变成直接受本身的规定性所摆布的动物，也就是成为赤裸裸的、肉欲的、单独的特殊的个人。而在文明时代，使人的实物本质，即某种仅仅是外在的物质的东西脱离了人，人的内容不是人的真实存在。[③] 这里虽然还在抽象地讨论人的本质异化问题，我们可以看到这个观点同《1844 年经济学哲学手稿》劳动异化的观点相区别。由于没有把人的社会本性归结为生产关系的总和，而不能从根本上克服费尔巴哈的人本主义，因为从用语到一般思想自然受费尔巴哈的影响，他还使用类本质、类存在、人本质的异化等用语，还受抽象人本主义的束缚。1844 年 9 月给卢格的信，他还把社会主义和共产主义学说看作片面地表现"真正的人的本质的"、"教条的抽象观念"，他虽然接受社会主义原则，但仍然把社会主义原则理解成为全人类特殊人本主义原则的特殊表现，虽然沿着历史唯物主义的发展，但还很受费尔巴哈的人本主义的影响。直到 1844 年 8 月 11 日马克思给费尔巴哈的信表明马克思是很清楚同费尔巴哈的分歧了。

第二，马克思对黑格尔的批判不同于费尔巴哈对黑格尔的批判。黑格尔的唯心主义国家哲学和法哲学包括大量的对社会历史的合理看法，黑格尔的辩证法经过改造又可能成为认识世界的重要方法，而费尔巴哈理论恰恰缺乏这些特点。在某种意义上说，黑格尔的唯心主义历史观要比费尔巴哈的人本主义更接近客观事实；在某种意义上说，黑格尔的唯心史观在认识历史观方面，要比费尔巴哈的唯物主义有用得多。正因为这个原因，马

---

① 《马克思恩格斯全集》第 3 卷，人民出版社 1960 年版，第 346 页。
② 《马克思恩格斯全集》第 1 卷，人民出版社 1956 年版，第 277 页。
③ 同上书，第 346 页。

克思与费尔巴哈不同。他保存了黑格尔的辩证法的"合理内核",破天荒地第一次着手唯物主义地改造辩证法。马克思不是简单地丢掉黑格尔哲学,而是开始批判地克服它,形成辩证唯物主义的理论。对于黑格尔的历史观,马克思也采取批判地继承的办法,吸收费尔巴哈历史观中合理的成分。马克思对黑格尔的批判和费尔巴哈对黑格尔的批判本质上是不同的。一是批判的态度不同。费尔巴哈是全盘否认,在批判黑格尔的思辨哲学的同时,连同他的辩证法一同抛掉。二是批判采取的途径不同。费尔巴哈主要以纯理论研究、宗教哲学批判为主,《基督教本质》"直截了当地恢复了唯物主义的地位",中心任务是批判宗教和神学。在这里批判唯心主义从属于对宗教的批判。在《临时纲要》中把对唯心主义批判,对黑格尔哲学批判放在第一位。同时,揭露黑格尔认识论根源同神学的联系,都极少涉及社会政治问题。马克思是为争取劳动人民的社会政治利益而探索理论。在现实政治斗争中研究与现实最迫切的理论问题、经济问题。一个是在书斋里探索纯理论,批判黑格尔;一个是在现实斗争中紧紧围绕现实斗争批判黑格尔。三是批判的直接对象不同。费尔巴哈主要是批判黑格尔的宗教思辨性和一般哲学观念。马克思则是批判黑格尔的国家哲学和法哲学,在批判黑格尔的唯心史观中揭示其唯心性。四是费尔巴哈只是在精神与物质的自然命题上把黑格尔倒转过来,而马克思则是从社会存在和社会意识、市民社会和国家关系、政治和经济关系、等级和物质利益上对黑格尔进行分析批判。马克思同费尔巴哈同样地批判黑格尔,本质不同,最后结果也不同。马克思转向辩证唯物主义、历史唯物主义,费尔巴哈却上半截在唯物主义,下半截停留在唯心史观上。当然,我们也不能否认费尔巴哈对马克思的影响,但在《黑格尔法哲学批判》中,马克思向唯物史观转向起决定作用的是,马克思参加现实实践斗争,在具体的现实社会历史问题的研究中,彻底地批判改造黑格尔唯心主义,而费尔巴哈的唯物主义只起辅助作用。

四　马克思关于对异化的认识，接近成熟的唯物主义历史观，但还有一定距离

前面我们已经看到了马克思如何受费尔巴哈的影响，批判黑格尔的同时又超出费尔巴哈。下面通过马克思对异化问题的认识，还可以看到马克思怎样既批判黑格尔唯心论又受黑格尔异化观的影响。马克思使用异化概念还是不成熟的唯物主义历史观的表现，还有唯心主义色彩的表现。

马克思和黑格尔都使用异化概念。黑格尔认为，家庭和市民社会是国家理念自我异化的结果。在黑格尔那里，异化的概念是唯心的，是理念的异化。马克思批判他把一切真实关系都颠倒了。[①] 马克思把异化加以唯物主义改造。马克思认为市民社会是物质生活关系，家庭和国家是市民社会自我异化，即内部矛盾发展的结果。马克思在这里显然也受到了费尔巴哈的宗教是人的自我异化的影响，认为在政治领域也发生了在宗教领域内一样的异化，"政治生活就是人民生活的经院哲学"，"政治制度到现在为止一直是宗教的领域，是人民生活的宗教，是同人民生活现实性的人间存在相对立的人民生活普遍性的上天"[②]。马克思用历史的观点追溯了国家和社会异化的历史。他认为，"政治制度本身只存在私人领域达到独立存在的地方才能发展"[③]。在古代社会中，"商业和地产还不自由、还没有达到独立存在的地方，也就不会有政治制度"[④]。政治制度就是国家的内容，是市民社会和国家的实体性统一。在古希腊，国家是市民的真正私人事务。在亚洲专制国家，政治国家只是一个人的独断专制，不可能有异化。在封建社会，政治制度就是私人财产制度，人民生活同国家生活是同一的。人是国家的真正原则，但还是不自由的人，所以国家和市民社会也不存在异

---

① 《马克思恩格斯全集》第 1 卷，人民出版社 1956 年版，第 294 页。

② 同上书，第 283 页。

③ 同上书，第 283—284 页。

④ 同上书，第 284 页。

化。马克思称为"完成了的异化"①。只有在近代，政治国家才从市民社会中异化出来，公共事务成为特殊的等级——官僚的特权，私人是市民社会的原则。商业发达，人是自由的，而社会普遍的职能是国家的原则，二者对立，政治国家从市民社会中异化出来，官僚制国家是异化的表现，国家的异化取决于私人的本质，即私有财产制度。而只有消除私人性质即消灭私有制，才能消灭国家与市民社会的相异化，才能产生新型的制度，即民主制。在民主制中，国家与市民社会又回归统一，便消灭了异化。在这里，马克思还从社会异化的观点引出了人的异化的看法。马克思认为，市民社会中的等级要获得政治意义，必须背弃市民社会的本质，而与此对立。"市民社会和政治国家的分离必然表现为政治市民即公民脱离市民社会，脱离自己固有的、真正的经验的现实性。因为作为国家的理想主义者，公民完全是另外一种存在物。他不同于他的现实性，而是同它对立的。"② 国家和市民社会的分裂异化造成人的本质的异化。这样人就不能不使自己的本质二重化，一方面是社会组织成员，一方面是官僚组织成员，二者对立。（文明社会）资本主义社会使人脱离了自己的实物本质③。过去的一切社会，运用各种方式摧残人的本质，现在的任务就是要使人的本质恢复，"要成为真正的公民，要获得政治意义和政治效能，就应该走出自己的市民现实性的范围，摆脱这种现实性，离开这整个的组织而进入自己的个体性。"④ 马克思在中学论文中曾提出人受环境的束缚，这里提出人要摆脱环境，成为具体的自由人。马克思后来已经看到这种分裂，是劳动的异化，是人成为自己创造物的奴隶。当然，这只有建立了唯物史观后才能解释。马克思已经看到人类的本质异化是一个主要问题，但不是在宗教基础上，而是在政治和社会基础上提出问题，提出私人制度是人的本质异化的根本原因，要解决社会异化问题，才能解决人的异化问题。马克思虽然在这里做了唯物主义的论述，认为国家是市民社会由于私有财产产生矛

---

① 见《马克思恩格斯全集》第 1 卷，人民出版社 1956 年版，第 284 页。同样意思可见第 334 页。

② 《马克思恩格斯全集》第 1 卷，人民出版社 1956 年版，第 341 页。

③ 同上书，第 346 页。

④ 同上书，第 341 页。

盾的自我异化的结果。私有制是社会关系方面异化的主要原因，但还没有把扬弃私有制作为扬弃异化的主要条件，从而得出只有消灭私有制，消灭异化和消灭私有制国家的正确的结论。"历史任务就是要使政治国家返回实在世界……"① 然而，这个论述显然距唯物史观还有距离。这里既有黑格尔的抽象地理解社会发展的思辨痕迹，还有费尔巴哈的直观唯物主义的痕迹。

总之，《黑格尔法哲学批判》表明马克思同黑格尔的决裂，站在唯物主义立场上，批判黑格尔的法哲学和国家哲学，唯物地探索历史发展基础和规律，开始迈进唯物史观的大门。历史唯物主义的发现和辩证唯物主义的发现同时进行。这是马克思转变阶段的开端的标志，标志着马克思开始向唯物史观彻底转变。

1843 年前后，德国工业进一步发展，工人阶级进一步贫困化，资产阶级同封建阶级、工人阶级同资产阶级及封建阶级的阶级矛盾进一步激化。法国各种空想社会主义学说在德国流行。20—30 年代圣西门主义，然后是傅立叶主义，于 40—50 年代则出现了形形色色的空想社会主义和共产主义学说，如伯恩施坦的社会主义和魏特林主义。在这种历史条件下，"自由人"日益脱离人民，脱离德国的实际斗争，越加倾向于主观主义和个人主义，趋向无政府主义，攻击共产主义限制了自我意识的发展，出现了施蒂纳的无政府主义，赫斯的费尔巴哈主义和空想共产主义的混合物。同时，1843 年初，费尔巴哈在《哲学改造的临时纲要》提出要把黑格尔的思辨哲学颠倒过来，并且完成了批判黑格尔思辨哲学的任务。虽然为马克思批判黑格尔法哲学提供了一个前提条件，但是费尔巴哈并没有解决当时最紧迫的德国现实政治问题。因此，当时，德国思想理论界陷入混乱，德国向何处去，应该干什么，不明确。另一方面，德国处于无产阶级革命前夜，而黑格尔在《法哲学原理》中宣布哲学"主要是或者纯粹是为普鲁士国家服务的"。黑格尔的政治观点阻碍了德国革命。因而，批判黑格尔《法哲学原理》，解决国家问题，是拨开迷雾的一个重要问题。

1843 年 3 月《莱茵报》被查封，受到普鲁士国家的粗暴迫害。这一

---

① 《马克思恩格斯全集》第 1 卷，人民出版社 1956 年版，第 283 页。

切使马克思看到黑格尔的国家哲学和法哲学同现实实际存在巨大矛盾，黑格尔的国家哲学和法哲学成为马克思寻求社会真理的巨大障碍，而如何认识国家问题，认识国家同市民社会的关系问题，即国家的基础和本质问题，认识政治等级与经济物质利益的关系问题，又是困扰马克思的关键问题。

（本文是作者 1983 年 8 月撰写的研究笔记）

马克思在《德法年鉴》时期历史观的发展
(1843 年 10 月—1844 年 7 月)

　　1843 年 3 月，马克思退出《莱茵报》编辑部后，开始同卢格商谈在国外出版《德法年鉴》事宜。马克思在 1843 年 3 月、5 月、9 月写给卢格的三封信，反映了马克思站在唯物主义立场上对黑格尔法哲学的批判，反映了马克思同卢格在刊物的性质、任务问题上的分歧，反映了马克思思想转变的情况。尤其是在 9 月份的信中，马克思规定了办报的方针、任务和目的，反映了马克思通过批判黑格尔法哲学，参加实践斗争，深入进行唯物史观探索的决心和愿望。1843 年秋到 1844 年 1 月，马克思为《德法年鉴》写了《犹太人问题》和《〈黑格尔法哲学批判〉导言》两文，明确解决意识和存在，精神和物质、理论和实践关系问题，提出了社会主义革命和无产阶级历史使命的思想的最初表述，标志着马克思最终转向了唯物主义，转向了共产主义。1844 年 3 月，马克思同资产阶级激进派卢格决裂，《德法年鉴》停刊。1844 年 7 月 31 日，马克思写了《评"普鲁士人"的〈普鲁士国王和社会主义革命〉一文》，驳斥卢格的思想，继续和发挥了《德法年鉴》提出的无产阶级革命的最初思想。从上述思想发展情况看，1843 年秋到 1844 年 7 月为马克思思想发展的《德法年鉴》期间，其代表作品是列宁称之为"马克思特别优秀的著作"①的《论犹太人问题》和《〈黑格尔法哲学批判〉导言》，这是马克思历史观发展的一个新阶段。列宁指出，在《莱茵报》期间，"马克思已从唯心主义转向唯物主义，从革命民主主义转向共产主义"②。恩格斯说，在《德法年鉴》时期，马克思

---

① 《列宁全集》第 21 卷，人民出版社 1990 年版，第 59 页。
② 同上。

"以《黑格尔法哲学批判》为开端，陆续写了一系列关于社会主义的文章"①。"马克思在这个杂志上发表的文章，已表明他是一个革命家，主张对现存的一切进行无情的批判"，特别主张进行"现实的批判；他诉诸群众，诉诸无产阶级"②。列宁认为"上述转变在这里已经彻底完成"③。根据恩格斯和列宁的看法，在《德法年鉴》期间，马克思完成了阶级立场的转变，成为一个无产阶级的革命家，《莱茵报》时期开始转向唯物主义，《黑格尔法哲学批判》站在唯物主义立场上批判黑格尔法哲学，《德法年鉴》则完全同黑格尔的唯心主义决裂了，站到唯物主义和共产主义的思想观点上了。因此，《德法年鉴》时期是马克思历史观转变的重要阶段。

奥伊则尔曼认为，马克思在 1843 年 9 月已经转变到"辩证唯物主义立场上和实质上是共产主义的原理上"④。这个看法是错误的。其一，奥伊则尔曼把辩证唯物主义和历史唯物主义分割开来，似乎是马克思先创立了辩证唯物主义，然后再把辩证唯物主义运用到历史领域，创立了历史唯物主义。实际上，马克思主义的辩证唯物主义和历史唯物主义哲学体系是一个不可分割的整体，是同时形成和创立的。其二，列宁在这里讲的是两个转变，并不是指转变到辩证唯物主义和历史唯物主义立场上，转变到科学社会主义立场上，而是指由一般唯心主义立场转到一般唯物主义立场，由资产阶级革命民主主义转变到尚未科学化的不成熟的共产主义世界观。实际上，在这个领域，马克思只是接近辩证唯物主义、历史唯物主义，其世界观虽然同黑格尔唯心主义决裂了，但还带有费尔巴哈的人本主义的痕迹。马克思虽然已经提出了消灭私有制的社会主义革命，认识到无产阶级的伟大历史使命，但还是不成熟的看法，还没有从经济上完成对资本主义必然灭亡、社会主义必然胜利的论述，为共产主义提供坚实的唯物史观的基石，还没有提出无产阶级革命和专政的思想，还没有找到建立共产主义的途径，还没有建立科学的共产主义思想。因此，《德法年鉴》时期，马克思接近创立唯物史观，但还没有真正创立唯物主义历史观。

---

① 《马克思恩格斯全集》第 19 卷，人民出版社 1963 年版，第 116 页。
② 《列宁全集》第 21 卷，人民出版社 1990 年版，第 29 页。
③ 同上书，第 59 页。
④ 奥伊则尔曼：《马克思主义哲学的形成》，生活·读书·新知三联书店 1964 年版，第 239 页。

一　关于无产阶级社会主义革命和无产阶级历史使命思想的最初表述

　　马克思主义关于资本主义必然灭亡、社会主义必然胜利的客观规律的阐述，关于无产阶级历史使命，无产阶级使用暴力革命打碎资产阶级国家机器，代之以无产阶级专政国家，最后过渡到共产主义的思想，既是站在历史唯物主义立场上观察分析现实社会矛盾的正确结论，同时又是历史唯物主义不可分割的组成部分。1843 年夏，马克思在克罗茨内赫期间，受到费尔巴哈唯物主义启发，站在一般唯物主义立场上，批判了黑格尔法哲学和国家哲学的唯心思辨的性质，提出了不是国家决定市民社会，而是市民社会决定国家的基本问题。在《德法年鉴》期间，马克思来到巴黎，亲身接触了巴黎无产阶级，投身到他们的斗争中去，同黑格尔的唯心主义彻底决裂了，更明确地解决了存在和意识的关系问题，看到了无产阶级作为革命的物质力量的巨大作用，对无产阶级革命和无产阶级伟大历史使命的思想作了最初的表述。这是马克思抛弃唯心史观、向唯物史观过渡的重大进展。

　　在《德法年鉴》创办前夕，1843 年 8 月至 9 月，马克思一方面在思想上经历着把黑格尔法哲学和国家哲学的头脑倒置的唯心性质倒转过来的过程，一方面又站在逐步明确的市民社会决定国家的立场上，思索现实社会问题，同卢格通信讨论《德法年鉴》办刊任务和方针。马克思在 1843 年 5 月写给卢格的信中已经隐隐地看到了资本主义社会无法靠自身来解决的社会矛盾，提出建立一个新世界的战斗任务。"工商业制度、人们的私有制和剥削制度正在比人口的繁殖不知快多少倍地引起现今社会内部的分裂，这种分裂，旧制度是无法医治的，因为它根本就不医治，不创造，它只是存在和享乐而已。"[1] "我们的任务要揭露旧世界，并为建议一个新世界而积极工作。"[2] 1843 年 9 月，当马克思完成了《克罗茨纳赫手稿》，对

---

[1]　《马克思恩格斯全集》第 1 卷，人民出版社 1956 年版，第 414 页。

[2]　同上书，第 414 页。

黑格尔法哲学和国家哲学的批判有一个较为明确的结论，提出市民社会决定国家后，他在写给卢格的信里，明确提出要解决"往何处去"的问题，认为面对着无法医治的旧制度，包括空想社会主义在内的各种思潮虽然对旧制度提出了各种各样的改革方案，都是在写字台上空想地推断未来，使得"向何处去"的问题十分糊涂和混乱。马克思明确地批判了空想共产主义思潮，指出了空想社会主义的脱离实际的空想抽象的性质，认为这种思潮不可能从理论上解决建立一个新世界的问题。"到目前为止，一切谜语的答案都在哲学家们的写字台里，愚昧的凡俗世界只需张开嘴来接受绝对科学的烤松鸡就得了。"① "所以我不主张我们竖起任何教条主义的旗帜。相反地，我们应当尽量地帮助教条主义者认清他们自己的原理的意义。例如共产主义就尤其是一种教条的抽象观念，而且我指的还不是某种想象中的和可能存在的共产主义，而是如卡贝、德萨米和魏特林等人所鼓吹的那种实际存在的共产主义。这种共产主义只不过是人道主义原则的特殊表现，它还没有摆脱它的对立面即私有制的存在的影响。所以消灭私有制和这种共产主义绝对不是一回事；除了共产主义之外，同时还出现了如傅立叶、蒲鲁东等人的别的社会主义学说，这绝不是偶然的，而是完全必然的，因为这种共产主义本身只不过是社会主义原则的一种特殊的片面的实现而已。"② 在 1842 年 10 月 15 日，马克思著文并在《莱茵报》发表了第一篇对空想社会主义评论的文章，他只是一般地认为空想社会主义缺乏现实性，认为对于空想社会主义者的思想决不能根据肤浅的、片刻的想象去批判，必须进行深入的研究后才能批判，目前最主要的不是对共产主义思想进行实际试验，而是对它进行理论论证③，提出了对共产主义理论论证的任务。当时马克思还是对空想社会主义采取了有所保留的慎重态度。马克思后来在《〈政治经济学批判〉序言》中提出："我曾表示反对这种肤浅的言论（这里指法国社会主义和共产主义），但是同时在和'奥格斯堡总汇报'的一次争论中坦率地承认，我以往的研究不容许我对法兰西思潮

---

① 《马克思恩格斯全集》第 1 卷，人民出版社 1956 年版，第 416 页。
② 同上。
③ 同上书，第 134 页。

的内容本身妄加评判。"① 不到一年，马克思明确地提出了空想社会主义的抽象空想的性质，认为它不过是人道主义的特殊表现，还受私有制的影响，还没有把消灭私有制作为共产主义的最终目的，指出空想社会主义的一个根本性质在于不消灭私有制。因此，马克思认为在解决"向何处去"的问题，我们不能树起这面旗帜。我们必须提出新的理论，"要对现存的一切进行无情的批判"②，"不想教条式地预料未来，而只是希望在批判旧世界中发现新世界"③。因此，马克思规定了《德法年鉴》的方针："对当代的斗争和愿望作出当代的自我阐明。"④ 马克思试图在斗争中探索不同于空想共产主义的革命道路，第一次以还不十分成熟的形式发挥了自己对共产主义的理解，认为社会革命是由于危机和阶级斗争的尖锐化而产生，开始克服空想社会主义的学说。

　　1843 年 10 月底，马克思迁居巴黎。巴黎给马克思的思想转变提供了重要的条件。1789 年法国资产阶级革命使马克思看到了无产阶级的阶级斗争和力量，直接参加了工人阶级的阶级斗争；同时，马克思接触到了大量的共产主义的思想原材料，巴黎的实际斗争和理论斗争进一步促进了马克思向唯物史观的转化。《论犹太人问题》、《黑格尔法哲学批判》是标志马克思历史观转变的重要著作。

　　《论犹太人问题》是 7—8 月写成的，大部分是在克罗茨纳赫动手写的，是《黑格尔法哲学批判》的继续和发展。《黑格尔法哲学批判》指出了市民社会决定国家，同时又提出了在市民社会和国家之间存在着对立和矛盾，存在分裂。《论犹太人问题》从犹太人解放问题入手，进一步探讨了解决市民社会和政治国家分离问题的途径和方法，论述了政治解放和人类解放的关系问题，提出人类解放的思想，对社会主义革命的思想作了最初的表述。1816 年 5 月 4 日，反动的普鲁士政府公布了犹太人不能担任公职，而只能在国家中处于从属地位的命令以来，犹太人由于在德国大多从事工商业和高利贷活动，在经济领域内有相当的势力，因此一直要求与基

---

① 《马克思恩格斯选集》第 2 卷，人民出版社 1972 年版，第 82 页。
② 《马克思恩格斯全集》第 1 卷，人民出版社 1956 年版，第 416 页。
③ 同上。
④ 同上书，第 418 页。

督教徒享受平等的权利。由此犹太人问题引起全德的关注和讨论，成为影响面很大的社会问题。鲍威尔两次著文，认为基督教德国的宗教本质决定了德国不能解放犹太人，同时犹太教的狭隘性本质也决定了犹太人没有能力也不可能获得解放。犹太人与基督教之间的对立是宗教的对立，只有消灭宗教才能消灭对立，只有一切人废除宗教，公民才能解放，把废除宗教信仰作为政治解放的前提，把宗教解放作为政治解放的前提，把社会问题变成了神学问题。马克思批判了鲍威尔的观点。

1. 指出鲍威尔的错误在于把犹太人这个社会政治问题变成纯宗教问题，把废除宗教信仰作为政治解放的前提，完全混淆了宗教解放、政治解放和人类解放的关系问题

马克思认为，只探讨谁应当解放别人、谁应当受到解放是完全不够的，人们应当探讨，这里指的是哪一种解放？人们要求的解放应具备哪些条件？鲍威尔却没有达到这样的高度，把社会政治问题降低为神学问题，混淆了宗教解放、政治解放和人类解放的关系问题。马克思历史地考察了政治国家与宗教的关系问题，指出犹太人问题根本不是宗教问题，而是政治问题。他认为犹太人居住的国家不同，犹太人问题有不同的提法。在封建专制的德国，犹太人问题表现为宗教问题；在资产阶级立宪制的法国，犹太人是一个宪政问题，是资产阶级革命不彻底的问题，犹太人与资产阶级国家保持着宗教对立的假象；在美国，犹太人的问题才失去了神学的意义，成为真正的世俗问题。因此，在政治国家十分发达的地方，国家不是从神学角度对待宗教，而是从政治角度对待宗教，犹太人的问题根本不是一个纯粹的宗教问题，即使在德国"我们在神学的圈子里怎样批判地转来转去，我们总转不出这个圈子"[1]。因此，看来政治国家与宗教并不是必然的因果条件关系，犹太人的问题并不是纯粹的神学问题，而是一个社会政治问题。

马克思进一步提出了政治解放问题，指出在政治解放的地方，宗教仍然存在，这说明政治解放与宗教解放并不矛盾，宗教的废除并不必然是政治解放的前提。政治解放就是国家摆脱一切宗教控制而得到解放，国家从

---

① 《马克思恩格斯全集》第 1 卷，人民出版社 1956 年版，第 424 页。

宗教中解放出来。中世纪政教合一，封建主通过宗教实施政治统治，资产阶级国家则摆脱了宗教，政教分离。可是政治上从宗教解放出来，并不是彻底的人类解放，国家虽然摆脱了宗教的统治，但是人还受宗教的控制，还不是自由人。宗教废除实际上是人类的彻底解放问题。因此，政治只从宗教中解放出来，宗教依然存在，虽然不是作为特权宗教存在。国家从宗教得到解放并不等于现实的人从宗教中得到解放。"政治解放本身还不是人类解放。"① 因此，鲍威尔认为犹太人不从犹太教中解放出来，就不能得到政治上的解放，是错误的，完全混淆了政治解放和人类解放的关系问题。

2. 马克思论述了政治解放的局限性，初步地看到了资产阶级革命的局限性

马克思进一步对政治解放的概念做了解释，"政治革命是市民社会的革命"②。马克思在这里所说的政治解放指的就是资产阶级革命。"政治解放当然是一大进步"③，马克思首先肯定资产阶级革命。政治解放使人在政治上从宗教中分离出来，宗教不再是国教了，但是政治解放（资产阶级革命）具有不可克服的局限性：（1）这种政治解放只使市民社会一部分人取得普遍统治，即原来处于被压迫地位的资产阶级变成新社会的统治者。他们虽然打着全体人类利益的旗号，把自己变成普遍利益的代表，实际上他们解放的不是整个社会，而是自己，即资产阶级一个阶级。因此资产阶级革命的成功，国家却被用来保护私人财产，保护私有的人，政治解放只是一种手段，目的是获得私人的财产权利。（2）国家虽然解放了，但人并没有从宗教中解放出来，只是取得了宗教自由。政治解放并没有把人从宗教桎梏中解放出来。（3）政治解放只是把市民社会从政治桎梏中（即封建桎梏中）解放出来，从一切普遍内容的假象中解放出来，以赤裸裸的财产、金钱、利己主义面目出现，把需要、劳动、私人利益和私人权利看作自己存在的基础，政治解放并没有废除私有财产，相反地却以私有财产为

---

① 《马克思恩格斯全集》第 1 卷，人民出版社 1956 年版，第 435 页。
② 同上书，第 441 页。
③ 同上书，第 429 页。

前提，以承认实际物质差别为前提。"从政治上废除私有财产不仅没有废除私有财产，反而以私有财产为前提。"① "国家远远没有废除所有这些实际差别（出身、等级、文化程度、职业差别），相反地，只有在这些差别存在的条件下，它才能存在，……"② 因此，政治解放并没有从私有制中解放出来，只是取得私有的自由。（4）政治解放赋予人们的只是虚伪的人权。政治解放使资产阶级国家利益采取超脱的公共外貌，打着全人类的、抽象的普遍人权的旗号，实际上却是维护私人利益。如果所有的社会成员都要求权利，要求自由，一旦触及这个本质，那么所谓的人权就会失去它虚伪的外衣。（5）政治解放一方面把人变成市民社会的成员，变成利己的、独立的个人；另一方面把人变成公民，变成法人，使人二重化，使人类自我异化。马克思在上述对政治解放局限性的分析中，含有了对资产阶级革命局限性的分析，他已经看到资产阶级革命并没有消灭私有制，而是保持了私有制，看到了资产阶级革命打着解放全人类旗帜的虚伪性。但却是用费尔巴哈人本主义的术语来表达。

3. 提出了人类解放的口号，最初表述了社会主义革命的思想

马克思认为政治解放不是真正的人类解放，真正的人类解放是要彻底消灭人类自我异化的极端的表现，"推翻那些使人成为受屈辱、被奴役、被遗弃和被蔑视的东西的一切关系"③，"把人的世界和人的关系还给人自己"④。马克思在这里用的虽然是费尔巴哈的术语，但表达的却是关于社会主义革命的思想。"只有当现实的个人同时也是抽象的公民，并且作为个人，在自己的经验生活、自己的个人劳动、自己的个人关系中间，成为类存在物的时候，只有当人认识到自己的'原有力量'并把这种力量组织成为社会力量因而不再把社会力量当作政治力量跟自己分开的时候，只有到了那个时候，人类解放才能完成。"⑤ 在市民社会中，政治国家与市民社会相分离，这种分离是由私有财产造成的，私有财产把人变成了利己主义的

----

① 《马克思恩格斯全集》第1卷，人民出版社1956年版，第427页。
② 同上。
③ 同上书，第461页。
④ 同上书，第443页。
⑤ 同上。

人，并且迫使人把自己在市民社会中不能实现的社会本质异化为政治国家，人在市民社会中是具体的人，而在政治国家中却是虚幻的、抽象的人，政治解放并没有扬弃人本质的二重性。只有真正的人类解放废除了私有制，消灭了国家和市民社会的对立，人才既是现实的个人，又是抽象的公民，才能消除人的自我异化，才有消灭把自己创造出的社会力量作为与自己对立的政治力量的现象。因此，在马克思上述对人类解放问题的表述中，就包括了消灭私有制、消灭阶级、消灭压迫、消灭奴役的社会主义革命的思想萌芽。

二 关于无产阶级是人类解放的物质力量和无产阶级历史使命的思想表述

1843 年 11 月—1845 年 1 月，马克思在巴黎同法国的民主主义者和社会主义者、德国的秘密团体主义者同盟的领导人，以及大多数法国工人秘密组织的领袖建立了联系，并经常出席德国和法国的工人和手工业者的集会。马克思提出了人类解放的思想，那么如何实现人类解放呢？靠什么力量来实现人类解放呢？《论犹太人问题》只提出问题，《〈黑格尔法哲学批判〉导言》进一步解决了这个问题，提出了无产阶级是人类解放的物质力量的论点。这是马克思关于人类解放理论的继续发展，也是马克思向唯物史观挺进的重要标志。

1. 马克思首先总结了德国的宗教批判运动，进一步提出了宗教批判结束后德国革命面临的任务

马克思认为，德国宗教批判已经结束，费尔巴哈最后完成的宗教批判是人类解放的前提。通过宗教批判使人们认识到宗教的谬误，使人意识到自己的真正本质，而人为了达到自己的真正的而不是幻想的现实性，现在不仅想以虚幻的神圣的形式，而且想在现实中占有自己真正的本质。但是要做到这点，如费尔巴哈那样的宗教批判已经不够了，必须要改变产生宗教的基础。"因此，彼岸世界的真理消逝以后，历史的任务就是确立此岸世界的真理。人的自我异化的神圣的形象被揭穿以后，揭露非神圣形象中的自我异化，就成了为历史服务的哲学的迫切任务。于是对天国的批判就

变成了对尘世的批判，对宗教的批判就变成了对法的批判，对神学的批判就变成对政治的批判。"① 因此，宗教批判结束后，德国革命面临的历史任务是揭露现实社会中的人的自我异化，确立对现实社会认识，探索社会解放的真理，对德国的现实社会状况进行无情的批判。

2. 对德国现实状况进行了深刻分析，提出既向德国现行制度开火，又要批判德国国家哲学和法哲学的口号

马克思分析了德国的现状，认为现代德国是一个"时代上的错误"。在英国和法国，资产阶级革命已经完成，可是在德国才刚刚开始，德国现实的制度是英法已经推翻的陈旧腐朽的封建专制制度。德国政治发展落后于西欧各国。马克思提出要对德国现实制度开火，无情地揭露这个社会的丑恶，针对德国现实制度的"批判是肉搏的批判"②，必须激起被压迫人民反抗的激情，号召人民起来战斗，消灭德国现制度。这里"肉搏的批判"还有对德国制度采取实际行动的社会革命的思想。马克思的"批判"不是单纯指理论上的批判，而是诉诸群众直接革命行动的批判。同时，马克思还认为，德国国家哲学和法哲学在黑格尔哲学、黑格尔的著作中得到最集中、最完整的阐述，间接反映了英法资产阶级革命的现实水平，德国的哲学跑在了德国现实前面，因此，我们批判德国的哲学，才能抓住本世纪的问题所在。如果我们单纯地否定德国现状，结果依然要犯时代的错误，因为即使否定了 1843 年德国的现状，我们也不会达到 1789 年法国的历史水平。如果我们直接抓住德国哲学批判，那么我们就能用先进的理论掌握群众，达到历史时代的水平。当然对德国现存制度的批判也是有意义的，因为德国是旧制度的公开完成，它反映了现代国家的隐蔽的缺点，对德国现实的斗争即是对各国过去的斗争，进一步消灭它的旧制度残余，又是推翻德国专制制度所必需的。因此，德国人民"不仅批判这种现存制度，而且还要批判这种制度的抽象继续"③，即德国哲学。

3. 具体分析了德国国情，指出德国革命的方向是社会主义革命，而不

---

① 《马克思恩格斯全集》第 1 卷，人民出版社 1956 年版，第 453 页。
② 同上书，第 455 页。
③ 同上书，第 458 页。

是资产阶级革命

　　德国在理论上已经超越了政治解放的中间阶梯，在实践上却是落后的。德国没有分享到资产阶级革命带来的发展欢乐，却分享了这一发展的痛苦。"当诸侯同帝王斗争，官僚同贵族斗争，资产者同所有这些人斗争的时候，无产者就开始了反对资产者的斗争。资产阶级还不敢按自己的观点来表述解放的思想，因为社会情况的发展以及政治理论的进步已经说明这种观点是陈旧的，或者至少是成问题的。"[1] 由于德国发展的落后，一方面德国资产阶级已经看到英法资产阶级革命造就成了自己的反对者——无产阶级；另一方面，当它打算革命时，本国的无产阶级已经发展起来了，对它构成了极大威胁，这就决定了德国资产阶级的软弱性，决定了德国专制制度的反动性，德国政府把资产阶级共和国的文明缺陷和旧制度的野蛮一起利用、结合起来。因此，在德国进行革命，既缺乏社会最积极的阶级，也缺乏鼓舞物质力量进行政治暴力的觉悟，同时也缺乏革命的大无畏精神的阶级。在德国，资产阶级革命的条件是不具备的。对于德国来说，仅仅实行政治革命，即实行资产阶级革命不可能解决德国的社会矛盾。因此，马克思的结论是："对德国来说，彻底的革命、全人类的解放并不是乌托邦式的空想，只有部分的纯政治的革命，毫不触犯大厦支柱的革命，才是乌托邦式的空想。"[2] 可见，部分的纯政治革命指的是资产阶级革命。在德国，实行资产阶级革命是空想，而直接进行社会主义革命才是现实的。"在法国，部分解放是普遍解放的基础；在德国，普遍的解放是任何部分解放的必要条件。"[3] 在德国，"不摧毁政治现状的一般障碍，就不可能摧毁德国的特殊障碍"[4]。这里"部分解放"指的是资产阶级革命，"普遍解放"是指"社会主义革命"。"一般障碍"是指整个造成人的自我异化的私有制基础，而"特殊基础"是指德国特殊的社会条件。因而，德国不能进行资产阶级革命而必须直接进行社会主义革命。"在德国，不消灭

---

[1]　《马克思恩格斯全集》第 1 卷，人民出版社 1956 年版，第 465 页。

[2]　同上书，第 463 页。

[3]　同上书，第 465 页。

[4]　同上书，第 463 页。

一切奴役制，任何一种奴役制都不可能消灭……"①　马克思在上述分析中包括了资产阶级革命和社会主义革命两个阶段的划分和两个阶段革命连续性的思想，进一步具体化了《论犹太人问题》提出的政治解放和人类解放的关系问题。

4. 第一次确立了无产阶级概念的内容，论述了无产阶级的伟大历史使命，找到了人类解放的物质力量

那么，德国解放的可能性在哪里完成？完成德国解放的物质力量在哪里？马克思在巴黎通过接触工人阶级，开始认识到无产阶级是创造新世界的力量。马克思在给费尔巴哈的那封信中曾说过："您应当出席法国工人的一次集会，这样您就会确信……历史是会把我们文明社会的这些'野蛮人'变成人类解放的实践因素的。"②　马克思具体分析了无产阶级的形成、性质和历史任务，提出了无产阶级伟大使命的思想。马克思首先分析了无产阶级形成的客观条件："德国无产阶级是随着刚刚着手为自己开辟道路的工业的发展而形成起来的。"③　看到无产阶级是伴随大工业的形成而产生的。同时，马克思又分析了无产阶级的成分来源："组成无产阶级的不是自发产生的而是人工制造的贫民，不是在社会的重担下机械地压出来的而是由于社会的急剧解体过程、特别是由于中间阶级的解体而产生的群众，不言而喻，自发产生的贫民和基督教德意志的农奴等级也在不断地——虽然是逐渐地——充实无产阶级的队伍。"④　看到了无产阶级是一个不断发展壮大的阶级。其次，马克思指出无产阶级是唯一彻底革命的阶级，无产阶级不是同德国国家制度的结果发生片面矛盾，而是同它的前提发生全面矛盾，即同私有制根本对立，"无产阶级要求否定私有财产"⑤。马克思还进一步论述了无产阶级和人类解放的关系，指出无产阶级"不要求享有任何一种特殊权利……它是一个若不从其他一切社会领域解放出来并同时解放

---

① 《马克思恩格斯全集》第 1 卷，人民出版社 1956 年版，第 467 页。
② 《马克思恩格斯全集》第 27 卷，人民出版社 1972 年版，第 450—451 页。
③ 《马克思恩格斯全集》第 1 卷，人民出版社 1956 年版，第 466 页。
④ 同上。
⑤ 同上书，第 466—467 页。

其他一切社会领域，就不能解放自己的领域"①。这个论述包含了无产阶级不解放全人类就不能最后解放自己的思想萌芽。马克思这个思想的提出，使《论犹太人问题》关于政治解放和人类解放的思想提高了一大步。因此，马克思的结论是：德国实际解放的可能性在于形成"一个被彻底的锁链束缚着的阶级"②，即无产阶级。马克思在这里第一次表述了无产阶级历史使命的思想。列宁说："马克思学说中的主要一点，就是阐明无产阶级这个社会主义社会创造者的具有世界历史意义的作用。""马克思最初提出这个学说是在1844年。"③

1844年7月6日，由于卢格始终站在资产阶级立场上否定共产主义革命的世界观，马克思同卢格不可避免地决裂了。《德法年鉴》因此原因而停刊。1844年6月，德国西里西亚纺织工人爆发了起义，这是德国无产阶级和资产阶级之间第一次大规模的阶级搏斗。马克思同卢格对这次起义看法存在分歧，并发生了争论。马克思《评"普鲁士人"的〈普鲁士国王和社会改革〉一文》驳斥了卢格。在论战中，马克思进一步发挥了《〈黑格尔法哲学批判〉导言》阐述的思想。（1）马克思明确指明了西里西亚工人起义的无产阶级革命性质。"起义所直接反对的不是普鲁士国王，而是资产阶级。"④（2）高度赞扬工人起义的高度理论性和自觉性："西里西亚起义一开始就恰好做到了法国和英国工人在起义结束时才做到的事，那就是意识到无产阶级的本质……"⑤，进一步看到了无产阶级的力量、前途和使命："只有在无产阶级身上才能找到解放自己的积极因素"⑥，深刻分析了无产阶级贫困的原因："赤贫现象的迅速发展乃是现代工业的必然结果"⑦，继续发挥了马克思在《德法年鉴》中提出的政治解放和人类解放的思想。马克思认为工人起义的根本原因不是政治的，而是经济的，"工人自己的劳动迫使他离开的那个共同体就是生活本身，也就是物质生活和

---

① 《马克思恩格斯全集》第1卷，人民出版社1956年版，第466页。
② 同上。
③ 《列宁选集》第2卷，人民出版社1972年版，第437页。
④ 《马克思恩格斯全集》第1卷，人民出版社1956年版，第469页。
⑤ 同上书，第483页。
⑥ 同上书，第484页。
⑦ 同上书，第476页。

精神生活、人的道德、人的活动、人的快乐、人的实质。人的实质也就是人的真正的共同体。离开这种实质而不幸孤立，远比离开政治的共同体而孤立更加广泛、更加难忍、更加可怕、更加充满矛盾"①，这里包含有劳动异化的理论，即工人自己劳动反而创造了统治自己的力量，劳动使人受到非人的待遇，表述上虽然有人本主义的东西，但较明确地指出了工人起义的物质原因。（3）马克思明确提出通过社会主义革命消灭现政权和旧关系。"每一次革命都破坏旧社会，所以它是社会的。每一次革命都推翻旧政权，所以它具有政治性。"②"一般的革命——推翻现政权和破坏旧关系——是政治行为。而社会主义不通过革命是不可能实现的。社会主义需要这种政治行为，因为它需要消灭和破坏旧的东西。"③马克思认为任何革命都是要推翻旧社会，而这种社会革命是带有政治性的：它必然要推翻旧社会的旧政权。社会主义革命不推翻旧政权就不能推翻和消灭旧东西。马克思主义历史观告诉我们，一切社会形态的更替都要通过社会革命才能彻底实现，而政权从一个阶级手中转变到另一个阶级手里，是社会革命的首要的基本标志。马克思明确论述了社会革命必然要消灭旧社会，而要消灭旧社会必然要推翻旧政权的思想，是马克思主义关于社会革命思想的萌芽状态的表述，并为无产阶级专政理论开辟了道路。通过上述，我们可以看到，马克思在此文中的思想是对《黑格尔法哲学批判导言》所提出的无产阶级社会主义革命和无产阶级历史使命思想的继续阐述和发挥。

三　关于社会存在决定社会意识关系问题的初步表述

是社会存在决定社会意识，还是社会意识决定社会存在，这是历史唯物主义的基本问题。早在《博士论文》时，马克思就已经站在黑格尔唯心主义的立场上提出了社会存在和社会意识的关系问题，提出了"哲学世界化和世界哲学化"的论点，论述了哲学与现实的关系问题，强调了哲学同

---

① 《马克思恩格斯全集》第 1 卷，人民出版社 1956 年版，第 487 页。
② 同上书，第 488 页。
③ 同上书，第 488—489 页。

现实相互联系、相互作用的辩证关系。在《莱茵报》期间，马克思开始由唯心主义向唯物主义转化，从抽象理论斗争转入实际政治斗争，主张理论原则应该直接转向实践斗争，并且第一次看到物质利益问题在社会现实生活中的作用，开始意识到经济问题的重要性。在克罗内茨赫期间，马克思站在唯物主义立场上，批判了黑格尔的国家哲学和法哲学的唯心主义性质，正确认识到，决不是国家制约和决定市民社会，而是市民社会制约和决定国家，转到了唯物主义立场上。在《德法年鉴》期间，马克思同黑格尔的唯心主义彻底决裂，初步表述了物质决定精神，"应该从经济关系及其发展中来解释政治及其历史，而不是相反"① 的思想，在社会存在于社会意识的关系问题上有了一个初步解决。正因为马克思在《德法年鉴》期间在这个问题上已经接近唯物主义历史观，有了初步的唯物主义的解决，所以才能够提出马克思学说的主要之点，即关于无产阶级伟大使命的思想。当然在这里所说的解决是：第一，在谁是第一性、决定性的问题上有了一个明确的态度。第二，但是在社会存在和社会意识概念、内容及其相互关系上，马克思还没有提出具体的、充实的论述，如社会存在主要是指什么、它是如何决定社会意识的等问题，马克思没有也不可能做出进一步的说明。只有当马克思从整个社会关系中抓住生产关系这个最基本的东西，并赋予科学的概念以后，社会存在和社会意识的基本问题才有可能完全解决。在《德法年鉴》期间，马克思在这个基本问题上是如何解决的呢？

1. 唯物主义地阐述了宗教问题

在《德法年鉴》期间，马克思在对宗教这个现实问题的研究中，力图贯彻唯物主义的基本观点。在关于犹太人问题的论战中，鲍威尔企图把犹太人问题归结为宗教问题，表现了鲍威尔把宗教看作基础性东西的唯心主义观点。马克思正确地论述了宗教的产生问题，指出宗教束缚问题不过是社会世俗生活的反映。"宗教已经不是世俗狭隘性的原因，而只是它的表现。因此，我们用自由公民的世俗桎梏来说明他们的宗教桎梏。我们并不认为：公民要消灭他们的世俗桎梏，必须首先克服他们的宗教狭隘性。我

---

① 《马克思恩格斯全集》第21卷，人民出版社1965年版，第247页。

们认为：他们只有消灭了世俗桎梏，才能克服宗教狭隘性。我们不把世俗问题化为神学问题。我们要把神学问题化为世俗问题。相当长的时期以来，人们一直用迷信来说明历史，而我们现在是用历史来说明迷信。"① 马克思在《莱茵报》期间还只是一般地谈到宗教产生有其现实客观的基础，在这里却明确地把世俗社会生活作为宗教产生的基础，宗教狭隘性只不过是世俗社会桎梏的结果。当然，我们如果简单地把这个问题说成是马克思已经完全唯物主义地解决宗教问题，似乎有些武断。那么，这种世俗的基础是指什么？我们从马克思关于犹太教的具体论述中可以看到世俗基础究竟是指什么。马克思说："我们不是到犹太人的宗教里去寻找犹太人的秘密，而是到现实的犹太人里去寻找犹太教的秘密。犹太的世俗基础是什么呢？实际需要，自私自利。"是"金钱"，是"做生意"。② 如果我们把马克思关于犹太教产生的世俗基础扩展到一般宗教产生的世俗基础，就不难看出马克思实际上已经唯物主义地，但不是历史唯物主义地解决了宗教起源问题。在《〈黑格尔法哲学批判〉导言》中，马克思进一步唯物主义地阐述了宗教问题。马克思认为，通过宗教批判，人们已经看到宗教不过是自己本身的反映，不过是人想在天国的幻想的现实中寻找一种超人的存在物，人创造了宗教，而不是宗教创造了人。"但人并不是抽象地栖息在世界以外的东西。人就是人的世界，就是国家，社会。国家、社会产生了宗教即颠倒了的世界观，因为它们本身就是颠倒了的世界。"③ 现实的人的国家和社会的压迫制度、剥削制度是宗教产生的基础。通过马克思关于宗教问题的论述，我们可以看出马克思在社会存在和社会意识的问题上已经站在唯物主义立场上了。但还不是站在历史唯物主义立场，只是接近历史唯物主义立场，因为这里显然还有费尔巴哈的人本主义的影响。由于马克思还没有科学的历史观，所以不能正确地解决宗教的产生问题。从世俗社会生活怎样产生宗教呢？马克思认为是"由于个人生活和类生活、市民社会生活和政治生活的二元性；他们信教是由于人把处于自己的现实个性彼岸

---

① 《马克思恩格斯全集》第 1 卷，人民出版社 1956 年版，第 425 页。
② 同上书，第 446 页。
③ 同上书，第 452 页。

的国家生活当作他的真实生活；他们信教是由于宗教在这里是市民社会的精神，是人们相互脱节和分离的表现"①。一句话，是由于人还不是"真正的类存在物"②。马克思把市民社会和国家相分离，造成人的二重性、人的本质异化作为人们信教的原因，还显然是一种抽象的解释，是费尔巴哈关于宗教是人的本质异化的人本主义的解释。但是在《德法年鉴》期间，马克思又超出费尔巴哈，马克思把创造宗教的人已经看成为不是抽象地栖息于世界之外的人，而是具体国家和社会的人，并把宗教的产生同世俗社会政治问题联系在一起，这就是超出费尔巴哈的唯物主义而接近历史唯物主义的宗教观。

2. 马克思关于原本—副本的论述是关于社会存在与社会意识关系的唯物主义表述

马克思说："在导言后面将要进行的探讨并不是针对原本，而是针对副本——德国的国家哲学和法哲学。"③ 副本显然讲的是理论意识形态的德国国家哲学和法哲学。那么原本是指什么呢？马克思说："德国的法哲学和国家哲学是唯一站在正统的当代现实水平上的德国历史。"④ "当代现实水平上的德国历史"是德国人民"想象的历史"。因为从社会发展角度来看，德国低于欧洲英法国家的历史水平，英法等国都完成了资产阶级革命，而德国仍处于封建制度下，德国人只能从理论上考察别国人做过的事情，德国的国家哲学和法哲学只是曲折地辩证地反映了英法资产阶级革命和资本主义社会制度。在这个意义上，原本显然指的是资本主义社会制度。由此可见，马克思关于原本和副本的说法，显然是在研究德国社会状况的基础上对社会存在和社会意识的唯物主义论述，德国国家哲学是副本，现代资产阶级社会制度是原本，副本来源于原本，原本—副本关系的表述包含了存在第一、意识第二的唯物主义的思想表达。

3. 马克思在分析彻底德国革命时，看到了革命产生需要一定的物质条件

---

① 《马克思恩格斯全集》第 1 卷，人民出版社 1956 年版，第 434 页。
② 同上。
③ 同上书，第 453 页。
④ 同上书，第 458 页。

、 理论在一国的实现程度取决于该国家对理论的需要程度。马克思认
为，"革命需要被动因素，需要物质基础。理论在一个国家的实现程度，
决定于理论满足这个国家的需要的程度"①。马克思是从革命条件是否具体
来分析德国革命的可能性的。马克思认为，由于德国的特殊国情，德国资
产阶级革命是不可能产生的，因为德国资产阶级革命是需要一定条件的。
"假定整个社会都处于这个阶段的地位，也就是说，既有钱又有教育，或
者可以随意取得它们，这个阶级才能解放整个社会。"② 也就是说，资产阶
级在经济条件上、社会思想条件上在社会中占了绝对优势地位，资产阶级
革命条件才成熟，只有在这种情况下，革命才能产生。而德国不具备这个
条件，因此，德国不可能成功地进行资产阶级革命。在这里，马克思包含
了革命的产生取决于物质因素的成熟程度的思想。同时，马克思还指出，
理论的实现程度取决于该国对理论的需要程度。在德国，仍然处于封建制
度统治下，资产阶级革命的条件尚未成熟，那么资产阶级阶级革命理论在
德国也不能变成现实。因此，在德国就产生了"德国理论界的要求和德国
现实对这些要求的答案之间的惊人的分歧"③，理论实现程度取决于理论需
要程度，同样包含了理论取决于现实的含义。实际上，在《德法年鉴》期
间，马克思在分析许多问题时，都注意从经济关系及其发展来解释政治社
会问题，表现了马克思在处理社会存在与社会意识关系问题时的基本唯物
主义态度。例如在分析政治解放的局限性时，注意从政治解放保留了私有
财产的角度来分析政治解放局限性，政治解放并没有废除私有财产，反而
以私有财产为前提条件；在分析资产阶级人权问题时，注意从私有财产角
度揭露资产阶级人权的虚伪性，认为"自由、平等"这一人权的应用是私
有财产的权利，就是人自由地处理自己私有财产的权利；在对犹太人的本
质和犹太人的解放问题上，马克思从犹太人所处的特殊的社会条件来分析
犹太人的本质，来认识犹太人的解放问题，认为必须用犹太教产生的人的
基础、实际需要、利己主义来说明犹太人的本质④，等等。对这些问题的

---

① 《马克思恩格斯全集》第 1 卷，人民出版社 1956 年版，第 462 页。
② 同上书，第 463 页。
③ 同上书，第 462 页。
④ 同上书，第 451 页。

唯物主义解答从侧面证明马克思已经注意从物质经验经济关系来说明社会现实，初步解决了社会存在和社会意识的关系问题。

4. 马克思对理论和实践关系问题的论述也反映了马克思在社会存在与社会意识的基本问题上的初步解决

在 1843 年 9 月马克思给卢格的信中，马克思认为，"从政治国家自身的这个冲突中到处都可以引出社会的真理。正如宗教是人类理论斗争的目录一样，政治国家是人类实际斗争的目录。可见政治国家在自己的形式范围内从政治角度反映了一切社会斗争、社会需求和社会真理"①。在这里，马克思已经表述了社会真理来源于斗争实践的思想。当然在表述这个问题上，马克思隐隐表现出还有黑格尔的影子，他还承认："理性向来就存在"，认为这是批判家的出发点。但这种看法，从马克思已经完全清楚的唯物主义立场来看是次要问题。既然理论来自实践冲突，那么"什么也阻碍不了我们把我们的批判和政治的批判结合起来，……把我们的批判同实际斗争结合起来，并把批判和实际斗争看做同一件事情"②，强调了理论来自于实际斗争，因而理论批判必须同实际斗争相结合。

可是在对待德国国家哲学的批判和对待德国现代制度批判斗争问题，存在着两个完全不同的派别。一派忽略了理论批判的作用，一派轻视了实践斗争。马克思对实践派和理论派分别作了批判。实践派否定德国哲学，没有把哲学归结于德国现实的反映，忽视对德国哲学的批判斗争，认为"他们不在现实中实现哲学，就不能消灭哲学"③。而理论派犯了相反方面的错误，把批判只归结为哲学同德国现实的斗争，没有采取对德国现实制度的实际斗争，"它的根本缺陷可以归结如下：它认为，不消灭哲学本身，就可以使哲学变成现实"④。两派的共同特征是把理论斗争与实践斗争割裂开来。

因此，德国革命必须既批判德国国家哲学，又批判德国现实制度，实际采取改变现存制度的行动，把理论批判同实践斗争结合起来。只有这样

① 《马克思恩格斯全集》第 1 卷，人民出版社 1956 年版，第 417 页。
② 同上书，第 417—418 页。
③ 同上书，第 459 页。
④ 同上。

才能实现德国革命。马克思革命性地表述了这个思想："理论一经掌握群众，也会变成物质力量。理论只要说服人，就能掌握群众；而理论只要彻底，就能说服人。所谓彻底，就是抓住事物的根本。但人的根本就是人本身。"① 马克思在这里首先肯定了物质力量的基础作用，群众这个物质力量在实践斗争中的决定作用，强调了彻底的理论必须反映事物的根本，同时不否认理论能动作用，即理论只要掌握群众，就能转变成物质力量。马克思在这里不仅揭示了事物的根本，即物质和精神、存在和意识、理论和实践的何为基础性的东西，而且强调了第二位东西的反作用，看到了二者之间的辩证关系。

总之，在《德法年鉴》期间，马克思较为自觉地站在唯物主义立场上，力图从物质因素，从社会现实生活，从经济关系来考察社会历史问题，唯物主义地说明了宗教问题、人类解放问题、理论与实践关系问题等，在对这些问题的解答中，反映了马克思对于社会存在和社会意识的基本问题的初步解决。也正是在这个问题上的初步解决，才使得马克思能够得出社会主义革命和无产阶级伟大历史使命的初步结论。马克思在《〈黑格尔法哲学批判〉导言》后面几段，关于"批判的武器当然不能代替武器的批判，物质力量只能用物质力量来摧毁"② 的名言，关于"哲学把无产阶级当作自己的物质武器，同样，无产阶级也把哲学当作自己的精神武器"③ 的观点，则是对马克思在《德法年鉴》期间存在与意识、精神与物质、理论与实践的基本问题上所达到的唯物主义思想高度的概括，是关于社会存在与社会意识关系问题的第一次较为明确的唯物主义的表述。

（本文是作者 1983 年 9 月撰写的读书笔记）

---

① 《马克思恩格斯全集》第 1 卷，人民出版社 1956 年版，第 460 页。
② 同上。
③ 《马克思恩格斯选集》第 1 卷，人民出版社 1972 年版，第 15 页。

马克思开始向现实的历史的人转变的准备阶段
(《德法年鉴》至 1845 年《神圣家族》前)

恩格斯指出："对抽象人的崇拜，即费尔巴哈的新宗教的核心，必须由关于现实的人及其发展的科学来代替。这个超出费尔巴哈而进一步发展费尔巴哈的工作是由马克思于 1845 年在《神圣家族》中形成的。"① 关于现实的人及其历史发展的理论是历史唯物论的重要组成部分。马克思关于现实人及其历史发展的理论的形成是同唯物史观的形成一致的：二者是一个统一的过程，唯物史观的基石是社会生产关系的概念，而马克思关于人的理论的建立又取决于生产关系概念的确立，因此，唯物史观的形成是马克思关于人的问题的科学看法最终形成的条件和基础，而马克思关于现实的人及其历史发展理论的确立，又促使唯物史观更加完整和充实。因此，在探讨马克思关于人的问题的思想发展过程，必须同马克思世界观转变和唯物主义历史观的形成结合起来加以研究。

在《德法年鉴》期间，正是马克思在费尔巴哈的影响下，离开黑格尔的理性的人的理解，开始转向现实的人的研究，开始了向唯物史观的关于现实的历史的人的理论转变的准备阶段。

一　马克思关于人的问题的最初思想探讨

对于"人的问题"的研究，自从文艺复兴以来，一直是欧洲哲学家和社会学家们关注的中心问题，经历了一个由启蒙思想的人文主义到资产阶

---

① 《马克思恩格斯选集》第 4 卷，人民出版社 1972 年版，第 237 页。

级人道主义关于抽象人性的思想，到黑格尔的唯心主义关于理性的人的观点，最后在费尔巴哈的人本主义哲学中得到了最高的认识表现的发展过程。马克思在确立了历史唯物主义的关于人的理论之前，在相当短的时间内也同样经历了这样一个发展过程，他最早受到人文主义和人道主义的思想影响，然后又接受了黑格尔的唯心主义，受到黑格尔理性主义学说的影响，在费尔巴哈人本主义的影响下，他又离开黑格尔的理性的人，转向对现实的人的研究。

1. 马克思接受启蒙思想人道主义影响的阶段

人道主义是关于人的本性、人的价值和尊严、人的个性解放等观念的理论化和系统化的理论体系，产生于"文艺复兴"，是新兴资产阶级反对封建主义和宗教神学的思想武器。他们以人为中心，以人性对抗神性，以人道对抗神道，以个性自由反对封建制度和宗教的桎梏。人道主义的最大特点是打着超阶级、超历史的抽象的人性的旗帜，实质上却表达了资产阶级争取本阶级利益的要求。它以自然法和自然权利为根据，以自然理性说明人性，主张天赋人权，打出"自由、平等、博爱"旗帜，以集合起一切力量来反抗封建主义和发展资本主义。它以"全人类的利益"自居，以"普遍性"粉饰自己，实质上却是体现了资产阶级一己的利益。从哲学理论上讲，人道主义讲的人性是抽象的人性，是超历史、超社会现实、孤立的人性。它的方法是从人的抽象的、孤立的存在物来观察问题。尽管它口口声声讲的是人，实质上仍然是一种唯心史观。① 由于意大利启蒙人道主义思想适合于英法资产阶级的需要，英法资产阶级在革命前后，把人道主义接了过来，尤其是法国启蒙哲学家和 18 世纪的唯物主义者进一步继承了人道主义思想传统，他们认为"人是自然的产物"，利己主义是人的共同本质，并且进一步提出了"人是环境产物"论断，他们以抽象的自然人性为基础，发展了自由、平等的人道主义思想体系。到了 1830 年（注：1830 年法国的七月革命和 1832 年英国的议会改革，使英、法两国的资产

---

① 马克思揭示了人道主义的阶级性质："这种'自由的人性'和对它的'承认'不过是承认利己的市民个人，承认构成这种个人的生活内容，即构成现代市民生活内容的那些精神因素和物质因素的不可抑制的运动……"（《马克思恩格斯全集》第 2 卷，人民出版社 1957 年版，第 145 页）

阶级相继掌权），英法资产阶级革命取胜，人道主义理论也发展到了极限，它不但不能突破人的自然性范围而达到人的社会性，反而逐渐变成了资产阶级维护本阶级统治的思想工具。

虽然资产阶级人道主义在英法等国走到了尽头，但却在德国得到了重新复活，在德国古典哲学中得到了新生。19 世纪 30 年代，德国开始了英法等国已经做过的事情，开始了反对封建专制制度和宗教神学的斗争，德国资产阶级必然继承了 18 世纪人道主义的思想传统。因此，在 18 世纪 30 年代的德国，法国启蒙思想的人道主义传统得到了广泛的传播。马克思在青年时期，在对人的问题的看法上，直接受到了 18 世纪法国人道主义启蒙思想的影响，这是马克思关于人的问题的认识的起点。通过马克思的中学作文，我们显然可以看到，马克思把"人"放到了突出地位，强调了人，突出了人，他说："自然本身给动物规定了它应该遵循的活动范围，动物也就安分地在这个范围内活动，……""神也给人制定了共同的目标——使人类和他自己趋于高尚，但是，神要人自己去寻找可以达到这个目标的手段……能这样选择是人比其他生物远为优越的地方。"① 虽然这种表述是有泛神论的影响，但我们可以清楚看到，马克思虽然强调了人与动物的区别在于人的能动性，强调了人对理想目标的追求，但是马克思认为人的能力是有限度的。"我们在社会上的关系，还在我们有能力对它们起决定性影响以前就已经在某种程度上开始确立了。"② 这显然是受到"人是自然的产物"、"人是环境的产物"的直观的启蒙家的思想结论的影响，强调了社会环境条件对人的制约和影响。马克思既然把人放在了突出的地位，那么马克思就把追求人类幸福和自身完美作为自己的行为准则，他认为如果选择了最能为人类幸福而劳动的职业，那么就可以在社会上占有较高的地位，提高我们本身的尊严，"人类的天性本来就是这样的：人们只有为同时代人的完美、为他们的幸福而工作，才能使自己也达到完美"③。即只有为人的幸福而工作，才能保证自己人的天性的尊严，保持人性的完

---

① 《马克思恩格斯全集》第 40 卷，人民出版社 1982 年版，第 3 页。
② 同上书，第 5 页。
③ 同上书，第 7 页。

美。马克思的上述思想一方面表现了为人类幸福的献身精神，在某些看法上超过了资产阶级人道主义；另一方面说明马克思的确深受人道主义思想的影响。在这个阶段，马克思关于人的问题的看法受启蒙人道主义影响，同马克思在总的历史观上受法国启蒙思想人道主义影响是一致的。正因为在总的历史观上马克思受到启蒙思想影响，才造成他接受了启蒙主义的关于人的一些看法。

2. 马克思受黑格尔唯心主义历史观关于人性问题的影响的阶段

1837 年 10 月 11—12 日，《给父亲的信》表明马克思摆脱了人道主义历史观的影响，开始转向黑格尔哲学，接受了黑格尔唯心主义历史观影响。当马克思转向黑格尔时，自然接受了黑格尔关于人的问题的理解。上面我们已经谈到，德国资产阶级继承了人道主义思想传统。但是由于德国的历史条件与英法不同，当德国起来革命时，无产阶级同资产阶级的斗争已经展开，无产阶级已经登上了政府舞台，显示了自己的物质力量。因此，人道主义思想在德国就具有新的特点：（1）更富有抽象性和思辨性。英法资产阶级的现实阶级利益的要求在德国转变成思想理论的要求，以哲学思辨形式曲折地表达出来，直接体现在 18 世纪人道主义中的利己主义的、要求具体物质利益的自然人，在德国哲学中完全成了抽象的人、理性的人。（2）以思辨的抽象语言却表达了对人的一定的社会历史的分析。这些特点在黑格尔唯心主义哲学中表现特别突出。首先黑格尔是以抽象的思辨的概念来表述人的问题，把人性、人的历史发展归结为抽象思辨的范畴。现实的、发展的人在黑格尔的唯心主义体系中变成了理性的人。黑格尔认为："人就是自由意志，作为自由意志，它是自在和自为地存在着的。"[1] "人之所以为人的本质是精神，而精神的唯一目的是自由。"[2] "人为了作为理念而存在，必须给它的自由以外部的领域。"[3] 按照黑格尔的看法，人是一种理性的存在物，"人的身体必须为精神所占有"[4]。在这个意义上说，人的本质就是理性，而自由是精神的实体和本质。在这个人意义

① 黑格尔：《法哲学原理》，商务印书馆 1961 年版，第 53 页。
② 同上书，第 56 页。
③ 同上书，第 50 页。
④ 黑格尔：《历史哲学》，生活·读书·新知三联书店 1956 年版，第 56 页。

上，人的本质是自由意志，人的本性是自由。黑格尔关于人的本性的看法，一方面表现了他的极端的唯心主义思辨性质，同时，又表现他企图强调人的主观能动性，强调精神作用以对抗启蒙思想人道主义的关于人的直观的、被动的、自然的本性的看法。黑格尔虽然讲的是理性的人，具有理性自由的人，但却包含了对现实的人及其历史发展的极有价值的看法。如，黑格尔认为，人与动物的区别在于人是有思想的动物，他认为只有人才有自由，因为只有人才是有思想的动物，而禽兽是没有自由的，因为禽兽没有思想。黑格尔认为，人是有理性的，人生中各个时期具有的理性有着很大的差别，小孩子只具有理性的能力，但还不能做合乎理性的事情，只是一个"自在地有理性的人"；成年人，经历了数十年的磨炼，已经成为"自为地有理性的人"，黑格尔猜测到了个体的人的思维发展的一般规律。黑格尔认为，人类的历史就是对自由本质的认识、理解逐步深化的历史。他认为，人类经过许多世界的历史时期才能意识到自由，只有人意识到了自由，人才能成为自由的人。他在《哲学讲演录》中概述了人类认识自由最终成为自由人的漫长历史。黑格尔提出的"世界历史无非是自由意识的进步"的原理，包括了关于人类和人类社会发展的规律的合理猜测，表明黑格尔把自由的实现当作人为之奋斗的最终目的，而且认为这个目标只有经过漫长的人类历史进程才能达到。马克思认为，人们认识世界和改造世界的最终目的，就在于使自己摆脱自然和社会的必然性的束缚，从而使自己成为真正的自由的人。恩格斯指出，自由"必然是历史发展的产物，最后，从动物界分离出来的人，在一切本质方面是和动物一样不自由的。但是在文化上的每一个进步，都是通向自由的一步"[1]。显然可以说，一部漫长的人类历史，就是不断从必然王国向自然王国迈进的历史。黑格尔虽然猜测到了人的历史发展的这个辩证过程，当然黑格尔这个思想是受法国启蒙人道主义关于人的自由思想的影响，目的在于追求资产阶级的私有财产自由，黑格尔对自由的理解显然是资产阶级的，他猜测到自由就是私有财产的自由；黑格尔虽然把人归结为理性的人，但是实际上他谈论的人都是活生生的、具体的人，如日耳曼人、印第安人……黑格尔还试图从

---

① 《马克思恩格斯选集》第 3 卷，人民出版社 1972 年版，第 154 页。

人的活动来说明人的本质，把劳动"认作人的自行证实的本质"，试图用人的需要以及利益说明人的行动和动机，"对历史的深入考察，使我们深信，人们的行动，都取决于他们的需要、他们的情欲、他们的利益、他们的性格和才能。因此，只有这些需要、情欲、利益才是这幕戏剧的动机。只有它们才起着主要作用"。对于这个思想，列宁批注："接近历史唯物主义。"① 由此可见，黑格尔关于人的问题的看法，虽然有着思辨的外衣，但却包含着接近历史唯物主义的关于现实的及其历史发展的科学概念的合理猜测。正是在这个意义上说，黑格尔的关于人的看法比启蒙思想的人道主义更具体、更现实、更接近历史唯物主义一些。

马克思接受了黑格尔唯心主义思想后，显然受到了黑格尔上述思想的影响。这种影响首先突出地反映在《博士论文》中。马克思同黑格尔一样，主张人的本质是理性，是自由的自我意识。从这个基本观点出发，他进一步探讨了人的问题：（1）认为宗教不合人性。人的本质是理性，而"无理性就是神的存在"，承认理性，必须否认违背人的理性的宗教。"对神的存在的证明不外是对人的本质的自我意识存在的证明。"② 当人们证明上帝是否"存在"时，实际上首先想到的直接的存在就是人的本质的自我意识。马克思通过人的理性本质的观点，否认神的存在，批判宗教，认为宗教违反人性。（2）马克思认为人的理性自由为人的本性。在《博士论文》中，马克思把它表述为自我意识。马克思所理解的人的理性的自由是不同于伊壁鸠鲁哲学中关于自我意识的脱离任何定在的绝对自由的自由，更不同于青年黑格尔派的完全脱离现实的绝对的精神自由，而是同黑格尔一样的"定在中的自由"。马克思认为，"抽象的个别性是脱离定在的自由，而不是在定在中的自由"③。"在伊壁鸠鲁看来，对人来说在他身外没有任何善；他对世界所具有的唯一的善，就是旨在做一个不受世界制约的自由人的消极运动。"④ 可见，马克思是反对抽象个别人的抽象的自由，进而言之是以思辨的语言中表述了具体的人的自由本性，批判了抽象的人的

---

① 《列宁全集》第 38 卷，人民出版社 1986 年版，第 344 页。
② 《马克思恩格斯全集》第 40 卷，人民出版社 1982 年版，第 285 页。
③ 同上书，第 228 页。
④ 同上书，第 78 页。

自由本性。（3）马克思在思辨的外衣下接触到了人的社会性问题。他说："一个人，只有当同他发生关系的另一个人不是一个不同于他的存在，而他本身，即使还不是精神，也是一个个别的人时，还个人才不再是自然的产物。"① 因此，没有脱离任何具体定在条件的人的自由本性，任何人只有他处于同他人的关系中、交往中，人才是人，才是具体的人，才不是自然的人。马克思的这个表述实际上已经接近人具有社会性、人是社会关系的产物的结论。马克思上述思想显然是受到黑格尔"接近历史唯物主义"的合理内核的影响。

二　马克思关于人的问题的进一步思想认识

1841 年 4 月，以及后来在《莱茵报》撰稿期间，马克思开始由纯思辨的理论斗争转向实际的政治斗争，开始了对普鲁士封建专制国家的批判，第一次开始对物质利益问题发表意见。马克思虽然是站在黑格尔唯心主义立场上，但这些却促使马克思对唯心主义历史观产生怀疑，实际开始了向唯物主义的转化。与此相应，马克思对人的问题的探讨也前进了一步。

1. 马克思用人的本性是理性的观点批判普鲁士国家。马克思认为，理性自由是人的本性，而国家则是理性的最高体现。那么，国家必须是"符合人性的国家"②，体现了人的理性自由。而以宗教为基础的普鲁士国家违反理性原则，压制人的理性自由。"不实现理性自由的国家就是坏的国家。"③ 马克思已经不同于黑格尔把普鲁士国家看成已经是理性的体现的保守观点。马克思从人的本性是理性自由引出了国家必须符合这个人性，否则就是坏国家，普鲁士就是违反人性自由的坏国家的结论。马克思把人性理解为理性的真正自由，要求按照人性的原则，即按自由原则来彻底改造现存的国家制度，建立一个"相互教育的自由人的联合体"④，这样的国

---

① 《马克思恩格斯全集》第 40 卷，人民出版社 1982 年版，第 216 页。
② 《马克思恩格斯全集》第 1 卷，人民出版社 1956 年版，第 126 页。
③ 同上书，第 127 页。
④ 同上书，第 118 页。

家才是符合人性的国家，即符合理性自由的国家。通过这些论述，我们可以看到，马克思似乎看到了国家体现了普遍的人性，猜测到了国家体现了人的普遍的社会要求，国家带有人的社会性，而基督教国家却违背人性，压制人性，在基督教国家中体现的是异化了的人性。马克思用人性来批判专制国家，说明马克思受到人道主义的影响，"已经用人的眼光来观察国家了，他们是从理性和经验中而不是从神学中引申出国家的自然规律"①。

2. 马克思在实际政治斗争中看到的已不是抽象的、个别的人，而是具体的与一定等级利益相联系的等级的人。马克思说，在出版自由问题的论战中，"辩论向我们显示出诸侯等级反对出版自由的论战、贵族等级的论战、城市等级的论战，所以，在这里论战的不是个别的人，而是等级"②。并认为在辩论背后隐藏着各等级的利益，"人们奋斗所争取的一切，都同他们的利益有关"③。马克思在揭露省级议会的等级制度背后的特殊等级利益时说："愿望、利益本身是不说话的，说话的只是人。"④ 表述了人是受具体利益支配来表达思想的观点。在关于摩塞尔地区葡萄农状况和林木盗窃法案的辩论中，看到与一定物质利益相关的穷苦阶级和地主阶级，并且努力"揭示一般关系对当事人意志的巨大影响"⑤，从人与人的关系中来分析人。在关于共产主义问题的评论中，看到了"一无所有的等级要求占有目前掌握治国大权的中等阶级的一部分财产"⑥，是共产主义问题产生的经济原因。马克思在一定程度上看到了人、等级、利益之间的必然联系，看到了人之间的具体阶级对立、财产对立。这时的人在马克思眼里是具体的、一定等级利益的人，在一定阶级对立中的人。当然，马克思当时的理论仍然停留在黑格尔抽象的理性人性观的立场上，但实际却开始突破了黑格尔的人性观。

3. 由于德国哲学继承了人道主义的传统，由于马克思看到的是具体的

---

① 《马克思恩格斯全集》第1卷，人民出版社1956年版，第128页。
② 同上书，第42页。
③ 同上书，第82页。
④ 《马克思恩格斯全集》第40卷，人民出版社1982年版，第339页。
⑤ 《马克思恩格斯全集》第1卷，人民出版社1956年版，第227页。
⑥ 同上书，第131页。

等级对立的人，由于马克思吸收了黑格尔的接近历史唯物主义的一些思想，所以在这个阶段，马克思关于人的问题的看法，既有利用人道主义的人的本性自由的思想反对专制制度，仍带有人道主义的影响，又有超出人道主义的方面，表现了对抽象的人道主义的某些克服，又有接近唯物主义的解释。马克思关于人的本性自由的提法就有人道主义的影响，但又同人道主义不同，人道主义从人的自然本性推出人的本性自由，马克思从人的理性本质推出人的本性自由。而且，马克思进一步把人的自由扩大为人民的自由；把人的概念扩大为人民，而自由不是个人的自由，而是人民的自由，理性是人民的自由理性，进一步批判基督教国家是违背了人民的理性，认为压制出版自由就是压制人民的自由。在这里，人的自由理性的本质概念已不是个别人的概念，而是类的概念。这比黑格尔要前进一步，但仍带有法国启蒙人道主义的影响。马克思与人道主义不同的另一方面是并没有陷入抽象的人的本性自由的说法。"没有一个人反对自由，如果有的话，最多也只是反对别人的自由。可见各种自由向来就是存在的，不过有时表现为特权，有时表现为普遍权利而已。"[1] 马克思已经看到了抽象的自由是不存在的，自由是具体的，是人能否自由地运用自己的财产特权而已，因而人的本性自由不是绝对的自由，是受限制的、有条件的、表现为特权的。马克思在为贫困农民捡枯树枝问题的辩论时，也有人道主义的影响。他认为贫民阶级在活动中存在着本能的权利感，在自然界也赋予贫民的权利意识，他们"不仅本能地要求满足生活的需要，而且也感到需要满足自己的权利要求"[2]，"在自然力的这一作用中，贫民感到一种仁慈的、比人类力量还要人道的力量"[3]。从自然本性来看，贫民捡枯树枝是合法的权利活动。这虽然是人道主义的影响，用人的自然本性来解释人的行为的合法性，然而不同的是马克思是站在大多数贫苦农民的立场上，为他们辩护。

　　4. 在对人与阶级对立的看法上，马克思虽然出发点还是黑格尔的唯心

①　《马克思恩格斯全集》第 1 卷，人民出版社 1956 年版，第 63 页。
②　同上书，第 146 页。
③　同上书，第 147 页。

史观，但是却开始突破黑格尔的思辨的防线，开始受到费尔巴哈人本主义的影响。马克思借用了黑格尔关于人类历史是自由的发展过程的思辨说法，把历史分为两个时期：自由时期和不自由时期，把不自由时期称之为"精神的动物世界"①。各等级之间的相互对立是不自由时期的特点，"人类就像分裂成许多不同种的动物群"②……"这些不同种的动物在相互的斗争中来确立自己的特别的属性"③。在这个时期，人类社会是一个等级靠另一个等级为生，对动物的崇拜是这个时期原始的动物宗教，"因为人总是把构成其真正本质的东西当作最高的存在物"④。封建社会就属于这个时期，在自然界中，工蜂杀死雄蜂，而在封建制度中，"雄蜂杀死工蜂——用工作把它们折磨死"⑤。马克思对封建社会阶级压迫的批判，实际上就是对普鲁士国家的批判。马克思在1842年3月指出："把人兽化，已经成了政府的信仰和政府的原则……"⑥ 马克思认为，第二个时期是自由时期，在这个社会中，人人都是"伟大圣者（即神圣的人类）的高贵的、可以自由转化的成员"⑦。兽性转化成了自由的人性。这里突出表现了费尔巴哈人本主义的影响。当然，还有启蒙人道主义和黑格尔的影响。

5. 现实生活、现实的人的等级对立、互相压迫使马克思开始怀疑抽象的人性的传统观念，开始怀疑人的本性自由的观点。马克思认为，现实社会并非理性自由的社会，而是一个"被分裂的人类世界"；现实国家不是理性的体现者，而是把人兽性化的违背人性的专制国家；私人利益处处僭越普遍的全人类的利益；现实中的人并不是绝对自由、平等的，而是互相压迫、互相撕夺的等级对立的人。他开始怀疑对人的抽象的思辨的人本性自由的说法。当然，这时期还没有从唯心主义圈子里跳出来。

---

① 《黑格尔全集》第4卷，第210页。
② 《马克思恩格斯全集》第1卷，人民出版社1956年版，第142页。
③ 同上。
④ 同上。
⑤ 同上书，第143页。
⑥ 《马克思恩格斯全集》第27卷，人民出版社1972年版，第422页。
⑦ 《马克思恩格斯全集》第1卷，人民出版社1956年版，第142页。

三　费尔巴哈人本主义对马克思关于人的学说的影响

人道主义的人在黑格尔手中从地上又跑到了天上，更加思辨化，成为理性的人，黑格尔的唯心主义性质决定了黑格尔关于人的问题的保守性和反动性。（1）黑格尔哲学把人说成了纯理性的本质，实际上支持了宗教的观点，把人上帝化了、神化了，即把人抽象为一种理性、自由意识，这只不过是上帝的代名词。（2）把人神化了，实际上支持了封建的君主专制，把专制君主说成是超人的化身、上帝的化身。（3）贬低了人作为人的价值，人不是人，而只是理性的产物，人的肉体不过是精神的占有物。（4）把人同理性割裂开来，把理性看成脱离人的绝对观念，人不是理性的载体，在这个意义说理性是人的本性。（5）人成了精神的产物，超自然的产物。

与黑格尔不同，费尔巴哈直接继承了18世纪资产阶级人道主义传统，他把人和自然提到首位，作为哲学研究的"唯一的、普遍的、最高的对象"①，他认为"神的主体是理性，而理性的主体是人"②，即上帝是人创造的、理性是从属于人的，从而建立了人本主义唯物主义哲学。其特点是：（1）人是自然的产物，人的基本规定就是他的自然本质。"作为自然本质，人就不应当有一种特殊的、超乎地、超出人的规定。"③ 但人又不同于动物，其区别就在于人有意识和感情。因此，费尔巴哈认为人是物质的、自然的产物，而不是精神的、超自然的产物，人的本质应从自然的、肉体的、感性的人去寻找。他的结论是：人的最高本质就是人自己。（2）把人的本质归结为人的类本质。费尔巴哈认为，人之区别于动物的不仅仅在于人有意识，人之区别于动物的在于人能意识到自己是人，是人的这种类。把类作为人的本质的基础，人是类的存在物。费尔巴哈已经开始意识到从人与人的联系来说明人的本质，但"类"还不是真正的社会关系，没

---

① 《费尔巴哈哲学著作选集》上卷，商务印书馆1959年版，第184页。
② 同上书，第247页。
③ 同上书，第312页。

有具体的社会历史内容，只是抽象地把"自我"和"你"联系起来的抽象共同性，而这种"类生活"的集中表现是抽象的爱。（3）用人本主义来批判宗教，认为宗教的本质是人，宗教通过人的自我异化而实现，上帝不过是人的本质的异化。（4）在人本主义基础上提出了自己的异化观，费尔巴哈的异化内容含义有二：首先，费尔巴哈说的上帝的异化是指人把自己的本质对象化为一个独立于人的精神本体，人把自己从自己的本质中分离出来，"人跟自己分离"，对象化自己的本质为一种独立的精神本质。其次，这种从人的本质中分离出来的独立精神本质，成为与人相对立、束缚人的、统治人的、人的异己的力量。费尔巴哈的异化观有强烈的反宗教性质。

费尔巴哈的人道主义在一定意义上恢复了传统人道主义的人的自然本性，把人从黑格尔的理性产物的人又返回到自然本性的人，把人从上帝、从天上恢复到人间、世俗间，同时，又发展了人道主义的传统，开始从感性的人、类存在的人来看待人，并且赋予人道主义以博爱主义的内容。当然，费尔巴哈引述黑格尔的唯心主义的人的观点的同时，却抛弃了黑格尔关于人的历史发展、人的主观能动性、人的阶级对立的猜测的有价值的东西，抛弃了黑格尔接近历史唯物主义的一些说法。费尔巴哈所说的人仍然是抽象的人，仍然是历史唯心主义意义上的人。

由于费尔巴哈在历史理论进步中所起到的解放作用，所以在人的问题上，马克思在开始怀疑黑格尔的同时，开始受到费尔巴哈的影响，并通过费尔巴哈的人本主义唯物主义开始摆脱了黑格尔的理性的人。然而，费尔巴哈的"抽象的人"又对马克思造成新的影响。

同时，由于马克思这时已经非常熟悉黑格尔的辩证法，又受到黑格尔的关于历史的接近唯物主义的一些看法，并且实际地接触到了实践的人，在历史观上已有了唯物主义的萌芽。因此，马克思又是在前进中不断"超越"费尔巴哈，开始接近唯物史观的关于现实的人及其发展的科学认识的。

在人的问题上，在《克罗茨纳赫手稿》中，马克思还更多地表现出既受到费尔巴哈人本主义的影响，同时又超出费尔巴哈，开始迈向对现实的人及其发展的科学认识。马克思在人的问题上的科学认识，是受到费尔巴哈的启蒙和影响，转而批判地继承黑格尔的思想，"超越"费尔巴哈。当然，在超越中，费尔巴哈的人本主义痕迹和马克思的天才萌芽结合在一起。并不是像某些人所说的那样，马克思有一个成为费尔巴哈人本主义者之后才又转到历史唯物主义上的过程。

在《克罗茨纳赫手稿》中，马克思：（1）已经从社会关系方面来考察人了，考察人性了。他认为，肉体的自然本质不是人的本质，社会特质才是人的本质。人的社会特质是通过国家职能和活动表现出来的，但特殊的个体性是人的个体性，国家的职能活动离不开人的肉体活动，人的肉体同人的社会特质是统一的一个东西。但人的特质是国家活动的存在和活动方式，所以应当按照人的社会性质，而不应按照人的自然性质考察人，人的本质在于社会特质。这样一来，理性只成为人的一个属性，而不成为人的本质属性了。人的本质属性是人的社会性。因此，人的本质就是社会性。那么，马克思不是抽象地来讨论人的社会性，要比费尔巴哈更彻底了，有人说在人的本质是社会性这一点上，马克思同费尔巴哈是一样的。我认为，实质上是不一样的。马克思讲的社会性是指人的社会性是市民社会的客观化，而市民社会这时在马克思的眼里又是经济的物质基础，是指一定的经济关系。马克思还从劳动、社会等级来考察人的社会性。"个人是否属于等级，这一部分取决于机缘，一部分取决于本人所从事的劳动。"①并认为"现实的人就是现代国家制度的新人"②，"只有作为国家成员，作为社会生物的规定，才能成为他二人的规定"，"才获得人的意义"③，才具有社会性。而费尔巴哈考察人的社会性是从"你"和"自我"的抽象的共同性的联系来考察。二者的社会性的说法内容是不同的。（2）接过费尔巴哈的口号，认为人的本质异化是一个主要问题。但不同于费尔巴哈，马克思认为人的异化原因不在于宗教，不是宗教的异化，而是由私有制造成的异化，把消灭私有制作为扬弃异化、复归人性的前提。（3）费尔巴哈把人作为宗教的基础，而马克思却将"市民社会的人"作

---

① 《马克思恩格斯全集》第 1 卷，人民出版社 1956 年版，第 345 页。
② 同上书，第 346 页。
③ 同上书，第 345 页。

为"国家基础"①。人不是理性的产物，同时国家也不成为理性的体现者，而是现实人的创造物，人成为国家的现实基础。通过上述一些披露，我们已经看出马克思已经开始超越费尔巴哈了，但同时仍不可避免地带有费尔巴哈的痕迹。关于人的问题的论述，马克思从用语到一般思想仍然受费尔巴哈的影响。马克思仍使用类本质、类存在、人的本质异化等用语，还受抽象人道主义的影响。如，马克思说："人格脱离了人，自然是一个抽象，但是他只是在自己的类存在中，只有作为人们，才能是人格的现实理念。"② 即人的本质就是在类的存在中才体现出来，这显然是受费尔巴哈的影响。马克思对人的社会性的看法尽管比费尔巴哈前进一步，但还有抽象的、思辨的性质，还不是生产关系意义上的社会性。

总之，通过对黑格尔法哲学的批判，马克思站在了唯物主义立场。首先是在费尔巴哈人本主义的影响下摆脱了黑格尔的理性的人、自我意识的人，把人本身当作研究的主要对象，但马克思与费尔巴哈不同，费尔巴哈的对象是抽象的人，而马克思要求针对现实人，开始了现实的人及其发展的科学认识的准备阶段。

三　马克思在人的问题上的思想发展

克罗茨纳赫期间，马克思站在唯物主义立场上批判了黑格尔的唯心主义历史观，同时在人的问题的探讨上，也在费尔巴哈的人本主义影响下，开始了摆脱黑格尔的理性的人，把人当作研究对象。在带有费尔巴哈人本主义痕迹的同时，马克思已经同费尔巴哈的抽象的人产生分歧，开始对具体的、社会的、阶级的、现实的人进行探讨。在《德法年鉴》期间，马克思同费尔巴哈在人的问题上继续扩大分歧。

在《德法年鉴》期间，马克思同费尔巴哈同样强调人的重要性，在费尔巴哈的影响下，马克思也主张："人的根本就是人本身"，"人是人的最

---

① 《马克思恩格斯全集》第 1 卷，人民出版社 1956 年版，第 345 页。

② 同上书，第 277 页。

高本质"①，"人创造了宗教"。但是马克思并没有停止于此，他尤其强调人的社会特质，即人通过国家等级的职能行为和活动所表现出来的社会性，进一步主张"人并不是抽象地栖息在世界之外的东西，人就是人的世界，就是国家和社会"②。人不是孤立的、抽象的、单纯的自然存在物，而是社会的、国家的、世界历史的存在物。可见，马克思强调的是具有社会内容的人，这同费尔巴哈的抽象的人已经有了更深一些的分歧，这种分歧在《克罗内茨赫手稿》中已经产生，在此更加强烈。这种分歧是马克思同费尔巴哈在人的问题上根本理论分歧的萌芽。对以社会为基础的人的探讨是马克思关于现实的人及其发展的科学认识的起点。

　　在《德法年鉴》之前，马克思直接对人的问题论述不多。现在开始大量论述人的问题。为什么？其中一个重要原因是马克思亲身参加实际斗争，投入到群众斗争中看到人民群众受压迫、受剥削的实际，看到了人民群众的力量。从《莱茵报》时期的贫苦农民阶级，到《德法年鉴》时期一无所有的工人阶级……面对着这些现实的具体的人，马克思越来越深地思考人的问题，这些推动马克思很快地从黑格尔的抽象的理性人转到了费尔巴哈的人本主义，但同时也意识到费尔巴哈的人本主义还不能说明现实的人。在费尔巴哈人本主义影响下，对现实的人进行了深入的探索，逐步开始与费尔巴哈产生了分歧。

　　例如，马克思在论述犹太人问题时，已不是单纯地从抽象的人性出发谈论犹太人的问题。"犹太人的现实本质在市民社会得到了普遍的真正的实现。"③ "我们不是用犹太人的宗教来说明犹太人的顽强性，而是用他们宗教的人的基础、实际需要、利己主义来说明这种顽强性。"④ 只有用犹太教赖以产生的人的基础，需要、私人利益的基础来说明犹太人的特性，即只有用犹太人赖以生存的市民社会才能体现出犹太人的本质，犹太人的本质不是抽象的，而是由犹太人所处的社会基础即私人财产制决定的。马克思考察犹太人的特质或说本性时是从具体地考察犹太人所处的利己主义的

---

① 《马克思恩格斯全集》第 1 卷，人民出版社 1956 年版，第 460—461 页。
② 同上书，第 452 页。
③ 同上书，第 451 页。
④ 同上。

世俗基础入手的，这里就包含了马克思对人的考察是从现实的、处于一定社会环境的人来考察的思想。

马克思还具体考察了无产阶级的形成、性质及其历史任务。这也说明马克思是从具体的现实人出发来观察人，开始在阶级社会中把人看成具体的阶级的人。

马克思在考察人的解放时，把私有制的消灭作为人的解放条件。这也说明马克思开始从一定的物质经济关系上观察人和论述人的解放问题了。

马克思与费尔巴哈在抽象的人的问题上产生分歧，还反映在他对人权的看法上。马克思认为人权是具体的，没有抽象的人权。"任何一种所谓人权都没有超出利己主义的人，没有超出作为市民社会的成员的人，即作为封闭于自身、私人利益、私人任性，同时脱离社会整体的个人的人。"① 实际上，人权不过是资产阶级私人财产自由的权利。抽象的人权是不存在的。难道利己主义的人、市民社会的成员，不都是具体的、活生生的人吗？

由此可见，马克思对人的探讨是从具体的、现实的人入手的。

然而，马克思在这时还不可能摆脱费尔巴哈人本主义的影响，马克思在对人的问题的论述上还有浓厚的费尔巴哈的抽象的人的痕迹。

1843 年 9 月，马克思在给卢格的一封信中，把费尔巴哈的人本主义规定为办报的一个思想基础："我们的全部任务只能是赋予宗教问题和哲学问题以适合于自觉的人的形态，像费尔巴哈在批判宗教时所做的那样。"② 费尔巴哈的人本主义指导思想还是马克思在这个阶段起作用的思想。

费尔巴哈的影响又突出地表现在马克思企图用人的本质异化来解释社会问题，解释政治解放的局限性，从人是人的最高本质中推出人类解放及社会生活革命的结论。

首先，马克思是站在人道主义立场上，用费尔巴哈的人本主义批判德国现实制度的。他认为，"这种制度的原则就是使世界不成其为人的世

---

① 《马克思恩格斯全集》第 1 卷，人民出版社 1956 年版，第 439 页。

② 同上书，第 418 页。

界"，"我们德国，当然远远落在使人复活的法国大革命后面"①。"专制制度的唯一原则就是轻视人类，使人不成其为人"②，"至于要前进，那么只有丢下这个世界的基础，过渡到民主的人类世界"③，"专制制度必然具有兽性，并且和人性是不想容的。兽的关系只能靠兽性来维持"④。专制制度是最高异化的环节。

其次，马克思认为，在资产阶级社会中，人的类本质同人相异化。资产阶级政治革命把市民社会从封建专制政治束缚下解放出来，消灭了市民社会的政治性质，市民社会从封建政治桎梏中解放出来，这样一来"封建社会将瓦解，只剩下自己的基础——人，但这是作为它的真正基础的人，即利己主义的人"⑤。而资产阶级国家却以普遍利益的形式独立起来，"国家唯心主义的完成也是市民社会的唯物主义主义的完成"⑥。政治解放使得政治国家同市民社会分离了，政治国家从市民社会中异化出来，它的最高基础是人，但却脱离了人，反过来奴役人。"完备的政治国家，按其实质来说，是和人的物质生活相反的一种类生活。"⑦ 因此，在国家中，人是作为类存在物，失去了自在的个人生活。在市民社会中，人是世俗的存在物。"在政治国家真正发达的地方，人不仅在思想中，在意识中，而且在现实中，在生活中，都过着双重的生活——天国的生活和尘世的生活。"⑧这样，人的类本质同人相异化，"人的个体感性存在同类存在相矛盾"⑨。政治解放造成和进一步加深了这种人的类本质的异化，"一方面把人变成市民社会的成员，变成利己的、独立的个人；另一方面把人变成公民，变成法人"。"前一种是政治共同体的生活，在这个共同体中，人把自己看作社会存在物；后一种是市民社会中的社会，在这个社会中，人作为私人进

---

① 《马克思恩格斯全集》第 1 卷，人民出版社 1956 年版，第 410 页。
② 同上书，第 411 页。
③ 同上书，第 412 页。
④ 同上书，第 414 页。
⑤ 同上书，第 442 页。
⑥ 同上。
⑦ 同上书，第 428 页。
⑧ 同上。
⑨ 同上书，第 451 页。

行活动，把别人看作工具，也把自己降为工具，成为外力随意摆布的玩物。"① 马克思说，政治解放也有进步作用。如，摆脱宗教政治统治，"在政治国家通过暴力从市民社会内部作为政治国家出现的时期，国家是一定而且能够达到废除宗教，消灭宗教的地步"②。但这必须要通过废除封建所有制，甚至于流血的斗争的办法。"当政治生活，特别强烈地感觉到自己的力量的时候，它就竭力压制它的前提——市民社会及其因素，使人成为人的真实的、没有矛盾的类生活。但它只有同自己的生活条件发生某种矛盾，宣布革命是不停顿的，才能做到这一点。"③ 只有进行彻底资产阶级革命，用暴力推翻封建国家，才能暂时消灭人的异化。可是当资产阶级革命一告终，宗教、私有财产、市民社会的一切因素就恢复，人又有了异化。马克思用人的异化的暂时克服，不能最终消灭人的异化来论述资产阶级解放的局限性。而只有人类解放才能彻底解决这个矛盾，只有当现实的人同时也是抽象的人，只有当人作为个人，在自己的个人劳动中，自己的个人关系中间，成为类存在物时才能消灭人的本质的异化，而这时人类解放才能实现。

"德国唯一实际可能的解放是从宣布人本身是人的最高本质这个理论出发的解放。"④ 马克思认为既然人是人的最高本质，那么就应当使人成为人，人类解放就是"把人的世界和人的关系还给自己"，即把人的类本质还给人自己，消灭人的本质的二重性，恢复人的本性。必须推翻一切使人不成其为人的一切关系，即使人本性异化的一切关系，就是要消灭以人为基础的，但却异化成人的对抗物的国家。马克思从费尔巴哈的命题中，引出革命的结论。

当然，马克思对社会革命的表述还有费尔巴哈人本主义的痕迹。"社会革命乃是对非人生活的抗议。"⑤ 同时马克思虽然看到了人类解放的力量——无产阶级，认识到无产阶级的使命，但还不能从经济关系上来阐

---

① 《马克思恩格斯全集》第 1 卷，人民出版社 1956 年版，第 428 页。
② 同上书，第 443 页。
③ 同上书，第 430—431 页。
④ 同上书，第 467 页。
⑤ 同上书，第 488 页。

述，而认为无产阶级"表现了人的完全丧失，并因而只有通过人的完全恢复才能恢复自己"①，并以此论证无产阶级使命。可见，马克思虽然表达了社会主义革命和无产阶级使命的思想，但却是以不成熟的、费尔巴哈的方式表达的。

费尔巴哈在《未来哲学原理》中，进一步规定了他的人本主义学说，分析了人怎样由类的本质而异化为神，从而变成利己主义的个人。为了把人的真正本质——类本质还给人，并使他们能够过社会的类生活，他认为必须消灭宗教，以符合人的真正本质的集体生活方式来代替现存的利己主义的、个人主义的生活方式，消灭人的本质异化。马克思在论述人类解放、向共产主义转化问题时，就是从类的这个基本观点出发，认为只有扬弃人类的本质异化，把人还给人才能完全解放人。《德法年鉴》一文就是从扬弃人的异化出发，试图探索人的异化的社会根源和性质，以及扬弃这种异化的条件，找出扬弃异化、人类解放的途径。

但是我们应当看到，马克思人的本质的异化理论，虽然来自费尔巴哈，但同费尔巴哈有区别：（1）马克思是要论证资产阶级剥削社会的不合理性，论证人类解放的必然性。人类解放就是要彻底消灭人类的自我异化的极端表现，"消灭那些使人成为受屈辱、被奴役、被遗弃和被蔑视的东西的一切关系"②。探讨异化产生的社会根源和社会性质，寻找消灭异化的社会力量和条件，寻找消灭异化的途径和形式，把人的异化问题完全变成现实社会政治问题。而费尔巴哈是为了批判宗教，通过扬弃宗教异化来解放人类，建立一种新的爱的宗教，完全从宗教出发论述人的异化。（2）马克思已开始从私有制角度看待人的本质异化问题。马克思说明了异化是如何从私有财产中产生出来的，私有财产把人变成了利己主义的人，并且迫使人们把自己的那个不能在社会中得到实现的真正的人的类本质异化为政治国家，政治国家与利己主义市民社会相分离，在这个政治国家中，人才能够过符合他们本质的生活，虽然只是以虚幻的方式进行。由于产生了市民与公民的矛盾，产生了人的二重性，人在市民社会中过着具体的人的生

---

① 《马克思恩格斯全集》第 1 卷，人民出版社 1956 年版，第 466 页。
② 同上书，第 461 页。

活，而公民却成是观念上的人。这种特性说明政治解放扬弃市民社会和国家之间的分离，扬弃人的本质异化。为了实现真正的解放，必须废除私有财产，把社会本质作为具体内容还给社会和国家。马克思接着论述了人的本质异化使得人受异己的物质力量的支配，"物的异化就是人的自我异化的实践。一个受着宗教束缚的人，只有把他的本质转化为外来的幻想的本质，才能把这种本质客观化。同样，在利己主义需要的统治下，人只有使自己的产品和活动处于外来本质的支配之下，使其具有外来本质——金钱——的作用——才能实际进行活动，实际创造出物品来"①。马克思从费尔巴哈的上帝是人的本质异化中推导出在私有制的情况下，人受金钱这种异己力量的支配，人成为物的奴隶，成为金钱的奴隶。（3）已经有了劳动异化思想的萌芽。马克思在 1844 年 7 月 31 日驳斥卢格污蔑工人起义的文章中说："工人自己的劳动迫使他离开的那个共同体就是生活本身，也就是物质生活和精神生活、人的道德、人的活动、人的快乐、人的实质。人的实质也就是人的真正共同体。离开这种思想而不幸孤立，这比离开政治共同体而鼓励更加广泛、更加难忍、更加可怕、更加充满矛盾；……"②工人自己的劳动使得工人离开了真正的共同体，这个共同体就是人的生活，包括人的物质生活和精神生活，也就是说人的劳动迫使人的本质异化。这已经接近了马克思在《1844 年经济学哲学手稿》中阐述的劳动异化理论。（4）马克思初步形成了关于在资产阶级国家中人过着二重性生活的思想。"人分为公人和私人的二重性。"③ 市民社会的人是私人，"作为市民社会的成员的人是本来的人，这是和公民不同的人，因为他是有感觉的、有个性的、直接存在的人，而政治人只是抽象的、人为的人，寓言的人，法人。只有利己主义的个人才是现实的人，只有抽象的公民才是真正的人"④。马克思关于人的二重性的说法，一方面是想论证人的本质异化问题，另一方面也反映了马克思在探讨人的问题上有价值的想法及思想的矛盾。他认为，就有感觉的个人来说，是单个人，单就这种有个性、有感觉

---

① 《马克思恩格斯全集》第 1 卷，人民出版社 1956 年版，第 451 页。
② 同上书，第 487 页。
③ 同上书，第 430 页。
④ 同上书，第 443 页。

的个别人来说，如果脱离一定的社会联系，就不成其为人，因而，在这个意义上说，它还不是真正的人。可是当把人作为一个真正的人来看时，他就不是具体的单个人，而是概括了各种各样的活生生的个人的共同特征的抽象的、一般的人。这种抽象的、一般的人是处在一定社会关系、一定联系中反映共同的人的特征的人。在这个意义上说，马克思抽象的人同费尔巴哈的抽象的人的含义不同。但是，马克思当时还不能从个别和一般关系、单独的人同社会的辩证关系来看人的二重性，而产生了人类本质与人的异化的结论。但是马克思的这种二重性的说法，包含了人的社会性是对处于一定社会联系、历史发展的无数的个别人的抽象的合理看法。

当然，在《德法年鉴》期间，在《论犹太人问题》中，还只是还停留在一般地论述人的本质异化问题。在《〈黑格尔法哲学批判〉导言》中则更进一步，以阶级对立来看人，寻找人类解放的物质力量和途径。

综上所述，我们可以看出，马克思在《德法年鉴》期间，在人的问题上基本上是遵循费尔巴哈的人本主义立场，但同时，马克思又已开始"超越"费尔巴哈人本主义思想。马克思关于人的问题的认识，接近对现实的人及其历史发展的历史唯物主义的认识，但其萌芽思想同费尔巴哈的人本主义观点糅合在一起。一方面，马克思用费尔巴哈的观点来表述社会主义革命、无产阶级历史使命等社会政治问题；另一方面，马克思开始了向现实人及历史发展的历史唯物主义的理论迈进，同时开始了同费尔巴哈人本主义的分离。

（本文是作者 1983 年 10 月 28 日撰写的研究笔记）

马克思在《1844 年经济学哲学手稿》
与《资本论》中怎样使用异化概念的

胡乔木同志在《关于人道主义和异化问题》的文章中指出，对异化概念要区别两种情况，一种是把异化作为基本范畴，作为理论和方法套用一切社会现象；一种是把异化作为表述特定历史时期的某些特点现象的概念，仅用来表述资本主义社会的特殊对抗现象。本文主要讨论在早期著作《1844 年经济学哲学手稿》（以下简称《手稿》）中，马克思是如何使用异化概念的；在成熟时期著作《资本论》中，马克思又是如何使用异化概念的。可以看出，马克思仅仅在后一种意义上使用异化概念。

一

在《手稿》中，马克思从资本主义经济的事实出发，全面批判了资产阶级经济学，批判了资产阶级的经济制度，提出了异化劳动的理论，在不同于德国古典哲学的意义上使用了异化概念，赋予异化概念以社会经济的意义。《手稿》中的异化概念在一定程度上克服了费尔巴哈异化观的局限性，成为一个有特指对象的，特别内涵的，严格限制的社会历史范畴，仅限用于描写资本主义制度下的雇佣劳动和资本的对抗关系。

第一，马克思的异化劳动理论是批判资产阶级经济学和分析资本主义经济关系而得出的结论，因此，马克思的异化概念有其特指的范围和对象，这就是资本主义社会的生产关系。

在《手稿》中，马克思对资产阶级经济学进行了大量的、深入的研究，发现了他们不可克服的局限性。马克思认为：（1）资产阶级经济学对资本主义采取了反历史主义的态度，把资本主义关系说成是永恒不变的。"我们看到，国民经济学把社会交往的异化形式作为本质的和最初的形式，作为同人的本性相适应的形式确定下来了。"① 马克思认为只有在一定的历史条件下，人的本质才产生异化，社会联系才以异化的形式出现。资产阶级经济学家把异化作为始终存在的东西，实际上宣扬了资本主义制度的永恒性。（2）资产阶级经济学家唯心主义形而上学的研究方法必将导致错误的结论。马克思指出，资产阶级经济学虽然从私有财产的事实出发说明问题，却不能找到说明资本主义经济现象的钥匙，一个重要的原因是它站在唯心主义形而上学的立场上，"把私有财产在现实中所经历的物质过程，放进一般的、抽象的公式，然后又把这些公式当作规律"②。把内部的、交换、分工的原因当作偶然的、外部的东西，却把贪欲即情感当作历史动力。资产阶级经济学家不理解运动的相互联系，不明白资本主义经济关系是必然的、不可避免的、自然的过程。马克思认为，研究资本主义社会必须从经济事实出发，而不能"处于虚构的原始状态"，把要说明的东西事先假定为一种历史事实。

在批判的同时，马克思把资产阶级经济学看成是现实经济关系的理论反映，肯定了亚当·斯密和李嘉图等资产阶级经济学家的合理看法，利用他们概括的一些经济范畴，对资本主义经济关系进行全面的考察分析，力图用完全不同于资产阶级经济学的理论来说明资本主义经济现象。"我的结论是通过完全经验的以对国民经济学进行认真的批判研究为基础的分析得出的。"③ 马克思说，我对资本主义的分析，是从国民经济学的各个前提出发的，采用了他们的范畴，从他们所概括的事实："工人降低为商品，而且是最贱的商品；工人的贫困同他的产品的力量和数量成正比；竞争的必然结果是资本在少数人手中积累起来，也就是垄断的更可怕的恢复；……整个社会必然分化为两个阶级，即有产者阶级和没有财产的工人阶级"④ 出发的。但是，我同资产阶级经济学不同的是，资产阶级经济学

---

① 《马克思恩格斯全集》第 42 卷，人民出版社 1979 年版，第 25 页。
② 同上书，第 89 页。
③ 同上书，第 45 页。
④ 同上书，第 89 页。

虽然从私有财产的事实出发，却不能说明这个事实，没有提供一把理解劳动和资本分离的钥匙，而我要寻找这把钥匙说明资本主义的经济现象。通过一系列的分析，马克思结论说："私有财产是外化劳动即工人同自然界和自身的外在关系的产物、结果和必然后果。"① 异化劳动是私有财产的直接原因，造成了资本主义的经济关系。

既然异化劳动理论是马克思结合资本主义经济事实的实际，认真考察工资、资本利润、资本积累和资本家之间的斗争、私有财产和劳动、地租、货币等经济范畴，并与此联系分析了重商主义、重农主义、斯密、李嘉图及其学派的观点，而得出的解释资本主义经济关系的结论，那么，异化概念当然是特指资本主义社会的现象，是以资本主义生产关系为特定对象的。

第二，马克思的异化劳动的理论是对资本主义经济关系所表现出来的经济现象的概括，因此，异化概念有特定的客观事实基础——资本主义经济关系所表现出来的现实现象。

异化劳动理论是"从当前的经济事实出发"的。马克思认为资本主义的经济事实是："工人生产的财富越多，他的产品的力量和数量越大，他就越贫穷，工人创造的商品越多，他就越变成廉价的商品。物的世界的增值同人的世界的贬值成正比。劳动不仅生产商品，它还生产作为商品的劳动自身和工人，而且是按它一般生产商品的比例生产的。"② 马克思认为这一事实表明：（1）劳动的产品作为异己的存在物，作为不依赖劳动者的力量，同劳动相对立、相异化；（2）劳动产品的异化是劳动活动本身异化的结果，劳动成为工人肉体上、精神上的额外负担，与工人相异化；（3）异化劳动使人同自己的类本质相异化；（4）当人同自身相对立时，他也同他人相对立、相异化。总之，通过对资本主义经济事实的分析表明：资本主义条件下的异化劳动"生产出一个跟劳动格格不入的、站在劳动之外的人同劳动的关系"，"生产出资本家……同这个劳动的关系"③。异化劳动理

---

① 《马克思恩格斯全集》第42卷，人民出版社1979年版，第100页。
② 同上书，第90页。
③ 同上书，第100页。

论是资本主义经济现象的事实的概括和反映，异化概念是以资本主义经济现象为特定事实基础的。

第三，马克思的异化劳动的理论是对资本主义生产方式下工人的特殊劳动考察分析的结果，因此，马克思异化概念有其特定的内容——资本主义条件的异化劳动。

马克思在《詹姆斯·穆勒〈政治经济学原理〉一书摘要》中，首先考察了一般商品生产条件下的劳动，认为一般商品生产下的劳动不是一般的劳动，而是"直接谋生的劳动"。马克思认为"直接谋生的劳动是指工人自己的劳动，工人生产的商品、工人自己的需要同自己的劳动使命没有任何直接的关系，购买劳动产品的人自己不生产，只是为了换取别人的东西"。"直接谋生的劳动"包含有：（1）劳动对劳动主体的异化和偶然联系，劳动活动成为劳动者的异己的活动；（2）劳动对象的异化和偶然联系，劳动产品成为劳动者的异己的力量；（3）工人是社会需要的奴隶；（4）工人活着只是为了谋取生活资料，维持自己的个体生存。马克思在这里还不是分析发达的商品经济—资本主义经济条件下的劳动，但"直接谋生的劳动"已包含了异化劳动的基本含义。

在《手稿》第一稿工资、资本利润、地租三节中，马克思虽然还没有直接提出异化劳动理论，但实际上已直接考察了资本主义条件下的劳动了，"一方面随着这种分工的发展，另一方面随着资本的积累，劳动者日益完全依赖于劳动，而且是极其片面的、机械式的特定劳动"①。这种特定劳动就是资本主义条件下的异化劳动。可是，资产阶级经济学家或者撇开具体历史条件抽象地谈论劳动，或者撇开具体的资本主义历史条件，只抽象地谈一般的社会劳动。马克思批判了抽象的劳动观，指出劳动是一定历史条件下的劳动，在资本主义条件下的特定劳动一方面创造了社会财富，另一方面又使工人越来越依赖于资本家，引起工人间剧烈的竞争，是工人贫困的原因。马克思具体考察了资本主义条件下的特定劳动。

在异化劳动一节中，马克思提出异化劳动理论。他认为异化劳动有两个组成部分：异化和占有。占有表现为异化，异化表现为占有。异化劳动

① 《1844 年经济学哲学手稿》，人民出版社 1979 年版，第 8 页。

含有占有权，即资本家对生产资料的占有，这种占有是资本主义条件下劳动异化的前提，占有必然表现为异化劳动。同时，劳动异化的四个规定又归结为资本占用的结果，异化表现为占有。因此，在资本主义条件下，劳动是一种异化的劳动，通过这种劳动，工人生产出资本家同自己的对立关系，生产出同自己相异化的支配自己的私有财产，生产出资本主义生产资料私有制。马克思的异化劳动理论是对资本主义条件下雇佣劳动考察的结果。

综上所述，马克思所使用的异化是一个特殊的，在使用上、在含义上都具有严格限制的概念。（1）马克思使用异化概念是有前提条件，有客观事实基础的，是以批判资产阶级政治经济学，全面分析资本主义的经济关系的客观事实为前提、为基础的。（2）马克思认为，异化概念是一个历史的范畴。马克思在论述异化劳动时，批判了黑格尔的唯心主义异化观，特别注意把对象化和异化区分开来。劳动对象化是指劳动的产品固定在某个对象中，物化为对象的劳动。劳动对象化是人类生产活动的一般特征，而劳动对象化不等于劳动异化，只有在资本主义条件下，劳动对象才作为异己的力量同劳动相异化，劳动异化只是资本主义社会的特有现象。（3）马克思的异化概念是对资本主义社会严重阶级对立现象的概括性反映。马克思认为，工人与资本家是"敌对性的相互对立。"（4）马克思的异化概念必然得出社会革命的结论。马克思认为异化反映了劳动和资本的不可抗拒的矛盾和对立。"劳动和资本的这种对立达到极限，就必然成为全部私有财产关系的顶点，最高阶段和灭亡。"① 而社会从私有财产，从奴役制的解放，是通过工人解放这种政治形式表现出来的。异化概念导致了工人阶级政治解放的革命结论。

但是，在马克思那里，异化也是一个有局限性的概念。在《手稿》中，马克思把异化劳动理论作为基本理论，把异化概念作为中心概念，力图揭示资本主义的秘密，论证资本主义必然灭亡、社会主义必然胜利的客观规律。但在实际上，由于：（1）异化劳动理论批判了资产阶级政治经济学，然而却不适当地忽视了劳动价值论的合理成分，以劳动异化论代替劳

---

① 《马克思恩格斯全集》第 42 卷，人民出版社 1979 年版，第 106 页。

动价值论，从某种意义上说，掩盖了剩余价值的秘密。（2）异化劳动理论虽然批判了黑格尔唯心史观，开始克服费尔巴哈人本主义，提出了"实践的人本主义"的新思想，接近唯物史观，然而还受人本主义影响，还没有彻底同唯心史观决裂。正因为异化劳动理论的这两个致命缺陷，所以，异化概念只不过是表达了资本主义生产关系的表面现象，并没有揭示资本主义社会的一般规律，异化概念是一个有严重局限性的概念，还不能科学说明社会历史，揭示资本主义的真正秘密。

二

1845 年以后，马克思全面创立了唯物史观，而后又发现了剩余价值学说，完全克服了异化劳动理论的局限性，用生产力和生产关系，雇佣劳动和剩余价值等科学范畴正确解释了资本主义社会的经济现象，揭示了资本主义社会的客观规律。从而马克思在早期著作中用来说明资本主义社会经济问题的基本概念——异化概念，为唯物史观和剩余价值学说的科学范畴所代替。马克思、恩格斯在成熟作品中，很少使用异化概念，即便使用这一概念也同早期著作中使用这一概念有着原则的区别。下面我们可以看一看，马克思在《资本论》中是如何使用异化概念的。

据我所查，马克思在《资本论》中有多处使用异化概念的情况。

在第 1 卷有 5 处使用了异化概念。在第 1 卷第 473 页，马克思指出资本主义生产方式使劳动条件和劳动产品具有与工人相异化的状态；在第 626 页马克思在论述资本主义再生产时，指出劳动同工人相异化而为资本家占有并入资本是资本主义再生产的起点和基础，资本主义再生产一方面生产物质财富，另一方面不断地把客观财富当作资本，当作他相异化的权力来生产，两处使用了异化概念；在第 668 页马克思指出资本是"过去劳动"与工人相异化的状态；在第 708 页指出科学并入劳动过程而使劳动过程的智力与工人相异化。

在第 3 卷第 100 页至 102 页马克思论述不变资本的节约时，8 次使用异化概念，指出不变资本的节约表现为一个和工人相异化的条件，造成一种假象，隐藏了资本关系的内在联系；在第 294 页马克思指出资本表现为异化的社会权力与社会相对立；在第 430 页马克思指出资本具有异化的性质；第 923 页马克思认为异化只是资本主义经济关系的表现形式；第931—932 页马克思指出，在资本主义条件下，劳动条件采取了与劳动相异化的转化形态；第 937 页马克思指出资本在生息资本的形式上取得了它的最异化最特别的形式；在第 938 页马克思指出，在三位一体公式中，剩余价值的不同部分互相异化的形式完成了，掩盖了剩余价值的源泉；在第939 页马克思指出，资本—利息，土地—地租，劳动—工资是资本主义经济关系的异化的不合理形式。上述只是大略的统计，数字不一定准确。

下面来具体分析一下，在《资本论》中马克思是如何使用异化概念的。

第一，在《资本论》中，马克思较为系统地使用异化概念是表述：在资本主义私有制为基础的生产方式下，工人同劳动条件、自身劳动、劳动产品发生异化，工人劳动生产出同他相异化的资本；资本是作为工人实现劳动的物质条件所具有的从劳动异化而又支配劳动的力量，是工人劳动实现条件——生产资料的异化状态，表现为异化的、独立的社会权力。因此，在《资本论》中，异化概念特指资本同劳动的对立和异化状态。

马克思在《资本论》第 1 卷第 23 章中指出："那种以生产资料的形式参与活劳动过程的过去劳动"是"这种劳动的同工人本身相异化的形态，即它的资本的形态"①。马克思在这里使用异化概念，特指资本是"过去劳动"同工人相异化的状态。"过去劳动"在这里指的是工人已经生产出来的，转化成劳动实现条件的物质生产资料。从人类一般劳动来看，劳动过程是人通过自己有目的的活动，去改变自然界的物质，使它采取能够满足人们需要的新的形态的过程。人要劳动，就必须首先有劳动手段和劳动对象，即生产资料，人的劳动通过劳动手段作用于劳动对象，结合形成一个生产物，一个使用价值。劳动手段和劳动资料是人类劳动的实现条件。在不同的社会中，由于生产资料掌握在不同的社会集团手中，劳动过程又具有不同的特点。资本主义劳动过程的特点是：生产资料属于资本家，不属于劳动者，劳动力的使用也属于资本家，劳动者是在资本家的强制下进

---

① 《资本论》第 1 卷，人民出版社 1975 年版，第 668 页。

行劳动，劳动过程的生产物也归资本家。这样，工人的劳动物化在别人的产品中，不断地转化为商品，转化为资本，转化为购买工人劳动力的生产资料，转化为与工人相异化的资本形态，资本成为"作为劳动本身的物质条件所具有的从劳动异化的而又支配劳动的力量"①。劳动的物的条件是工人劳动本身的结果，是工人劳动的自身的物化，然而工人劳动成果却表现为与劳动者相分离的、相独立的，统治支配劳动者的异己的东西。

在资本主义条件下，凡是实现劳动所需要的一切劳动资料和生活资料的物的要素，都表现为同工人相异化的处于资本方面的东西。"随着科学作为独立的力量被并入劳动过程而使劳动过程的智力与工人相异化……"②科学技术也成为支配工人的异己的力量。马克思又指出："资本主义生产方式使劳动条件和劳动产品具有的与工人相独立、相异化的形态，随着机器的发展而发展成为完全的对立。"③工人生产了机器，工人却反而成为机器的奴隶，机器的发展进一步使劳动与资本的对立更加尖锐。总之，在资本主义条件下，一切发展生产的手段都已化成为支配工人的手段，成为处于资本方面的异己的力量。

资本作为劳动本身的物质条件所具有的从劳动异化而又支配劳动的力量，具有异化的性质④。资本的异化性质一方面由它的异化状态反映出来，即工人生产的劳动条件，反而成为奴役工人的力量；另一方面，也就是根本的方面，在于它反映了资本表现为一种异化的社会权力，即少数资本家占有生产资料，占有工人的权力。"资本家表现为异化的、独立化了的社会权力，这种权力作为物，作为资本家通过这种物取得的权力，与社会相对立。"⑤劳动条件异化为资本状态，主要在于劳动条件成为资本家强制雇佣劳动，创造剩余价值的手段。资本通过物表现为一种社会关系，表现为资本家对生产资料占有的异化了的社会权力。

　　① 《马克思恩格斯全集》第 26 卷第 1 册，人民出版社 1972 年版，第 73—74 页。

　　② 《资本论》第 1 卷，人民出版社 1975 年版，第 708 页。

　　③ 同上书，第 473 页。

　　④ 马克思在第 22 章中谈到资本具有异化的性质，参见《资本论》第 3 卷，人民出版社 1975 年版，第 430 页。

　　⑤ 《资本论》第 3 卷，人民出版社 1975 年版，第 294 页。

在资本主义生产过程中，工人不断地把客观财富当作资本，当作同他相异化的、统治他和剥削他的权力来生产马克思在《资本论》第 21 章《简单再生产》中又使用了异化概念，说明资本主义再生产不仅生产出客观财富，而且再生产出同工人相异化的社会权力。"工人本身不断地把客观财富当作资本，当作同他相异化的、统治他和剥削他的权力来生产，……"①资本作为一种异己的社会权力，是在资本主义再生产过程中，不断地由工人生产出来的。

资本表现为异化的、独立化的社会权力，是与社会化大生产相对立的，这里包含了资本主义生产方式的不可克服的内在矛盾。马克思在论述资本积累时指出，资本的积累必然加深了生产的社会性和生产资料的资本家占有之间的矛盾，扩大资本和劳动之间的对立，使这种对立导致资本主义关系的解体。马克思说，资本积累增长必然导致生产资料的社会化程度提高，但对这个社会性的生产条件的社会权力的占有本质是全体劳动人民占有，在资本主义社会却由少数人占有，社会权力异化了，随着资本积累的提高，异化的社会权力也在增长，异化的社会权力表现为越来越尖锐的生产的社会性同私人占有之间的对抗性的矛盾，通过资本积累的增长，这种矛盾越来越激化，最终必然导致资本主义制度的解体。所以，资本表现为异化的社会权力已经包含了资本主义生产关系的解体，包含了向公有制的转化的必然趋势。

可见，在《资本论》中，在多数情况下，异化概念是用来表述资本的异化状态，资本与劳动的对立状态的。② 由于马克思是在极严格的唯物史观和剩余价值理论的前提限制下使用异化概念的，所以异化正确地表述了资本的性质和状态。

第二，在《资本论》中，马克思使用异化概念时，把异化作为资本主义生产关系的表现形式，甚至于是一种假象的直接表述，异化的基础和起点在于资本主义生产关系。因此，不能用异化来说明资本主义生产关系，

①《资本论》第 1 卷，人民出版社 1975 年版，第 626 页。

② 当然，马克思在《资本论》中也在其他意义上使用过异化概念。请参见《资本论》第 3 卷，人民出版社 1975 年版，第 938 页。

反而必须用资本主义生产关系来说明异化。

资本家占有生产资料，雇佣丧失生产资料而出卖劳动力的维持生存的工人，劳动者同他的劳动条件所有权分离，是资本主义生产过程事实上的基础和起点。在工人进入生产过程之前"他自己的劳动就同他相异化而为资本家所占有，并入资本中了"①。资本主义生产是以生产资料的私人占有、劳动者和劳动资料相分离为前提和基础的，在这个基础上，工人的活劳动不断物化在"过去劳动"中，工人的生产物不断转化为与工人相异化的劳动条件——资本。资本主义生产关系是异化现象的原因，异化不过是资本主义生产关系的派生物，外部表现形式。

马克思在《资本论》第 3 卷第 5 章多次使用"异化"、"相异化"的词或概念表述资本主义生产关系的异化现象或假象。马克思说："在工人即活劳动的承担者，同他的劳动条件的经济的，即合理而节约的使用之间，存在着异化和毫不相干的现象。"②马克思认为，这种异化首先在于，劳动是离不开劳动条件的，可是在资本主义条件下，劳动条件异化为资本，资本家为了获取剩余价值必然竭力节约劳动条件——不变资本的使用。劳动条件越是节约使用，工人就越受剥削，工人必然成为这种劳动条件的合理而节约使用的役使对象，工人创造的劳动条件，成为统治工人的异己力量，劳动条件的节约，进一步加强了对工人的统治和压迫，这当然是一种异化现象；其次在于，然而这种异化现象却是一种假象，不变资本的节约，实质上是工人劳动的结果，是直接与工人有关，离不开工人的，然而，不变资本的节约使用却造成一种假象，似乎不变资本的节约来自资本本身固有力量，来自资本家的勤俭，与工人无关，"然而对资本家来说，不变资本的节约表现为一个和工人相异化、和工人绝对不相干的条件"③，资本家认为不变资本节约是与工人不相干的，异化表现为假象。

"因为当资本关系使工人处于和他自己劳动的实现条件完全无关、相外化和相异化的状况的时候，它实际上就把内在联系隐藏在这种状态中

---

① 《资本论》第 1 卷，人民出版社 1975 年版，第 626 页。
② 《资本论》第 3 卷，人民出版社 1975 年版，第 102 页。
③ 同上书，第 100 页。

了。"① 在资本主义条件下，工人同自己劳动条件相异化的表面现象，把资本主义生产关系的内在联系掩盖起来了，异化是一种表面的假象。为什么不变资本的节约与工人异化会造成一种假象？马克思又进行了分析，在分析时三次涉及异化概念，每次都力图透过异化的表面假象，力图揭示资本主义的真正秘密。马克思指出，（1）构成不变资本的各种生产资料，对资本家来说，只代表他的货币，对工人来说，当作劳动资料，因此，这个价值的增减不涉及工人和资本家的关系，物的异化关系掩盖了人与人在生产中的真实关系。（2）生产资料在资本主义生产过程中同时是劳动的剥削手段，这些剥削手段贵与贱与工人无关，物的关系掩盖了人与人的关系。（3）生产资料作为资本家的财产，对工人是一种支配力量，其浪费与节约与工人无关。"工人实际上把他的劳动的社会性质，把他的劳动和别人的劳动为一个共同目的的结合，看成是一种和自己相异化的权力，实现这种结合的条件，是和他相异化的财产"②，在资本主义社会，工人也只看到生产劳动同自身异化的表面现象，把自己的社会劳动看作是与自己无关的、相异化的资本家的财产，工人当然认为不变资本的节约与己无关了。异化的假象使工人不能看到问题的实质。因此，马克思最后总结说：当一个生产部门劳动生产率表现为另一个生产部门的劳动生产资料变得便宜和得到改良，从而提高了利润率时，"社会劳动的这种普遍联系，就表现为某种和工人完全相异化的东西"③。因为资本家购买和占有生产资料，而工人一无所有，所以工人的社会性劳动从表面上表现为和工人完全异化的力量。这种异化现象是资本主义生产关系的派生物，是掩盖了生产关系内在联系的表面假象。

　　可见，在《资本论》中，异化概念总是作为资本主义生产关系派生出来的表面现象的直接反映，直接表述来使用。它具有二重性：一方面，它直接反映了资本主义生产关系的某些现象；另一方面，它又不是同资本主义生产关系内在本质直接同一，只是间接地反映了资本主义的内在本质，

---

① 《资本论》第3卷，人民出版社1975年版，第100页。
② 同上书，第101页。
③ 同上。

表现为一种假象，容易给人造成误解。在《资本论》中，一般能不用异化概念来表述的现象，马克思就很少使用异化概念，即便使用，也是极其谨慎地注意到异化背后的内在联系。

第三，在《资本论》中，马克思偶然用异化来表述资本主义各种经济关系的不合理的异化形式，但他指出，在异化的不合理形式中隐藏着剩余价值的真正秘密，在异化的不合理形式中，资本主义生产关系物化了，神秘化了，具有拜物教的神秘性质。如果把眼光停留在异化形式上，可能会导致资产阶级庸俗经济学家的错误结论。

资产阶级庸俗经济学认为，资本家获取利息是由于资本提供了服务中应得的报酬；土地所有者获取地租是由于土地提供了服务而应得的报酬；工人挣得工资是劳动这种服务的报酬。这种"资本—利息，土地—地租，劳动—工资"的说教，就是企图掩盖剩余价值秘密的资产阶级经济学的三位一体的公式。马克思批判了这个荒谬的看法，并指出：在这个公式中，雇佣劳动不是表现为劳动的社会规定的形式，而是被看作一般的劳动。"因此，劳动条件的这种和劳动相异化的、和劳动相对立而独立化的、并由此形成的转化形态……就和生产出来的生产资料和土地在一般生产过程中的存在和智能合而为一了。"① 资本—利息，土地—地租，劳动—工资是资本主义条件下与劳动相异化的劳动条件的转化形态，是资本主义经济关系的异化形式。如果我们只看到这是外部异化形式，而不注意它们具体的社会规定，那么它们就只剩下对任何社会适用的一般生产过程的特点了，资本主义的内在关系便被掩盖了。利息、地租、工资只不过是剩余价值的一部分，然而三位一体公式却掩盖了这种社会联系，而是直接同土地、一般劳动等自然要素联在一起，这样，"剩余价值的不同部分互相异化和硬化的形式就完成了，内部联系就最终割断了，剩余价值的源泉就完全被掩盖起来了"②。三位一体公式用表面异化的假象掩盖了剩余价值的秘密。

资产阶级经济学家的三位一体的荒谬公式，一方面是由他们的阶级

---

① 《资本论》第 3 卷，人民出版社 1975 年版，第 932 页。
② 同上书，第 938 页。

立场决定的。"实际的生产当事人对资本—利息，土地—地租、劳动—工资这些异化的不合理的形式，感到很自在，这也同样是自然的事情，因为它们就是在这些假象的形式中活动的。"① 庸俗经济学家站在资产阶级当事人的立场上，当然要为资本主义的异化的不合理形式辩护。另一方面，庸俗经济学得出错误的结论，还有认识上的原因，他们错误地把资本主义经济关系的表面的异化形式当作资本主义生产关系的本质的、必然的东西加以教条式的解释。"因此，毫不奇怪，庸俗经济学对于各种经济关系的异化的表现形式……感到很自在，而且各种经济关系的内部联系越是隐蔽，这些关系对庸俗经济学来说就越显得是不言自明的。"②

我们可以看一看马克思是怎样解释资本—利息的本质联系的，从而说明庸俗经济学家是怎样在认识上陷入荒谬的泥坑的。《资本论》告诉我们，资本不是物，而是一定社会形态的生产关系，它体现在物上，并赋予物以特有的社会性质。因此，资本通过物表现出一种神秘的，与人相异化的物的力量，这就产生了资本拜物教。资本的异化性质通过资本拜物教充分地体现出来了。马克思又进一步分析了生息资本，指出资本"又在生息资本的形式上，取得了它最异化最特别的形式"③。利息实际上是剩余价值的一部分。但是在资本主义条件下，具有支配别人劳动属性的资本所有权事先已经固定了。利息只表现了两个资本家之间的关系，似乎利息是直接来源于生息资本，这样一来"因为资本的异化性质，它同劳动的对立，转移到现实剥削过程之外，即转移到生息资本上，所以这个剥削过程本身也就表现为单纯的劳动过程"④，生息资本的最异化的形式掩盖了剩余价值的秘密。马克思的这个分析告诉我们，异化掩盖资本主义的本质，庸俗经济学家把异化的表面形式当作本质性的东西，必然导致错误的结论。

总之，在资本主义各种经济关系的不合理的形式中，资本主义关系神

---

① 《资本论》第 3 卷，人民出版社 1975 年版，第 939 页。
② 同上书，第 923 页。
③ 同上书，第 937 页。
④ 同上书，第 430 页。

秘化了，社会关系物化了，物质生产关系和它的历史规定性直接融合在一起的现象已经完成。如果只把眼光停留在异化形式上，可能会导致庸俗经济学的结论。显而易见，试图用异化概念来说明资本主义的内在本质，不但不可能揭示其本质，反而会掩盖之。

分析了马克思在《资本论》中如何使用异化概念，我们可以得出下列结论：

1. 异化是资本主义经济关系的表面现象，甚至是一种假象，它背后隐藏着资本主义的真正秘密，异化不能说明资本主义的奥秘所在，只有唯物史观和剩余价值学说才能揭示资本主义之谜。异化概念不是马克思主义的基本范畴，异化理论更不是马克思主义的基本原理。因此，在《资本论》中，马克思既没有专门论述异化，更没有用异化去揭示资本主义生产关系的本质，异化只是马克思在表述资本主义经济关系的某些现象时附带使用的概念或字眼。在《资本论》中，异化概念不再是马克思在早期著作中说明资本主义社会的主导性的中心概念了，而是作为一个辅助性的次要概念，服从于唯物史观和剩余价值的基本理论。

2. 在《资本论》中，即使马克思使用异化概念，也是有特定前提条件，有特殊内容，有特定目的。马克思使用异化概念，首先是在揭示了资本主义生产关系的内在本质的前提条件下，为了进一步形象地表述由资本主义生产关系所表现出来的某些现象而使用的；其特定的内涵是指资本和劳动的对立和异化及其转化形态；其特定目的是为了揭示资本主义生产关系的对抗性质。异化概念是一个在使用上、含义上都有严格限制的概念。

3. 马克思指出，异化形式是资本主义生产关系的表面现象，有时甚至表现为一种假象，在它背后才是资本主义生产关系的本质。因此，异化概念的使用容易使人造成误解，容易让人看到了资本主义关系的异化的表面现象，而忽略实质性的东西。因此，马克思在使用异化概念时，尤其注意异化概念的局限性，注意假象背后的实质性东西。

三

通过对《手稿》和《资本论》中异化概念使用情况的分析，我们清楚地看到：

1. 从早期马克思到成熟马克思，异化概念在马克思主义中的地位发生了根本的变化。在《手稿》中，异化劳动理论是马克思取代人本主义唯心史观来说明资本主义的基本原理。异化是这一理论中的主导性的中心概念；在《资本论》中，唯物史观和剩余价值学说成为马克思主义的两个基石，唯物史观和剩余价值理论取代了异化劳动理论，科学地揭示了资本主义社会的基本现象，异化概念也由主导性的中心概念下降为形象地表述马克思主义科学理论所揭示的资本主义社会现象而有时使用的辅助性的次要概念。

2. 异化概念的作用也发生了根本的变化。在《手稿》中，马克思本来打算用异化劳动理论、异化概念来解释资本主义的剥削本质，说明资本主义社会的一切现象，论述共产主义的必然性。在成熟时期，马克思发现异化概念只能表述某些资本主义社会现象，使用不当还会造成认识上的失误，因此，马克思只是用异化概念表述资本主义生产关系所表现出来的某些现象。

3. 异化概念在使用上的意义也发生了变化。在《手稿》中，异化概念是在一般方法论意义上使用的，马克思把异化作为认识资本主义社会一切现象的社会历史范畴来普遍使用。在《资本论》中，异化概念的使用已经不具有方法论的意义了，辩证唯物主义和历史唯物主义是马克思观察资本主义社会的一般方法论，异化只作为一个普遍的现成的概念或字眼来使用。

4. 异化概念的哲学基础也发生了变化。在《手稿》中，异化概念虽然讲的是经济异化决定其他社会异化，但是仍然带有人文主义和思辨哲学的某些影响，至少在术语上还受旧哲学的影响。在《资本论》中，异化作为特殊社会历史条件对抗性的社会矛盾的反映，是受辩证唯物主义支配的概念。

从以上四点来看，异化理论还不是成熟的马克思主义的科学理论，不能用异化理论来说明唯物史观和剩余价值学说，反而必须用唯物史观和剩余价值学说来说明异化现象。我们承认，从异化理论到唯物史观和剩余价值理论反映了唯物史观的合理成分。而且，从《手稿》到《资本论》，马克思始终把异化概念作为一个严格限制的概括性概念来使用。但是，必须看到，从《手稿》到《资本论》，异化概念从使用到含义都发生了原则的变化，把异化概念说成是马克思主义的科学的基本概念，并以此为论据坚持"社会主义异化论"是根本站不住脚的。

（本文是作者 1983 年 10—11 月撰写的研究笔记）

从现实的人出发就是从现实的
社会生产关系出发

　　现实的人和现实的社会活动（首先是生产活动），以及现实的社会关系（首先是生产关系）是一回事，有的同志把现实的人同现实的生产关系分开来看，甚至对立起来看，仅仅承认从现实的人出发，而否认从现实人出发就是从现实生产关系出发。其实，抽去了社会生产关系的客观前提，从现实人出发实际上就成为一句空洞的命题，现实的人又还原成为抽象的人。

　　纵观马克思世界观转变的过程，可以看到，马克思只有找到人类历史发展的第一个客观物质历史前提——人类的物质生产活动，并运用唯物辩证法对生产活动进行分析，形成了生产关系的科学概念，才最终找到了现实的人。众所周知，马克思在自己的思想历程中经历了两次重大的转折，一次是《德法年鉴》时期前后，由唯心主义世界观转变到一般唯物主义世界观，由资产阶级民主主义政治立场转变到无产阶级的政治立场，成为一名共产主义者；一次是从 1845 年的《神圣家族》开始到 1848 年《共产党宣言》为止，由从抽象的人出发的唯心主义历史观转变到从现实的人（即现实的生产关系）出发的唯物主义历史观，全面创立了唯物史观，由从人道主义出发的共产主义立场转变到从历史唯物主义出发的科学共产主义立场上。在这两个重大转折之间，马克思抛弃了黑格尔的唯心主义世界观，经过费尔巴哈的唯物主义，然而又是历史唯心主义的世界观，而最终确立辩证唯物主义和历史唯物主义世界观、历史观，经历了接受费尔巴哈主义的影响，但又不断地突破费尔巴哈主义的思想过渡过程。这个过渡是马克思思想中历史唯心主义和历史唯物主义激烈矛盾斗争时期。《1844 年经济学哲学手稿》（以下简称《手稿》）充分反映了马克思这个思想矛盾的特性。我们知道，马克思的思想转变并不是一下子由唯心主义转到辩证唯物主义，而是通过了一般唯物主义，然后才转到辩证唯物主义和历史唯物主义立场。这就增加了马克思思想转变过程的复杂性。在人的问题上也是如此。1842年4月，马克思开始为《莱茵报》撰稿，接着担任该报主编，这个工作推动马克思跳出了纯政治理论的圈子，投身到现实斗争中。当时，马克思在理论上仍然停留在黑格尔唯心主义立场上，认为人的本质是自由理性，从理性的人出发观察问题。可是，在实际的斗争中，马克思却面对着现实的，代表一定等级利益的具体的人。他具体分析了莱茵省议会辩论中诸侯等级、贵族等级、城市等级和农民等级的代表对待出版自由的不同态度，认识到"在这里论战的不是个别的人，而是等级"①。而在关于林木盗窃法的辩论以及就摩塞尔地区农民生活状况同官方进行的论战时，他进一步看到了社会的人是来源于一定的等级的，而物质利益在等级背后而起作用，认识到"初看起来似乎只有人在活动的地方看到客观关系的作用"②。马克思观察问题的实际着眼点已开始从黑格尔抽象理性的人转向等级的、一定客观关系之中的人，对黑格尔的理性的人的说法同社会现实人之间的矛盾产生了怀疑。1843年9月，马克思迁居巴黎，同恩格斯一起参加了法国和德国侨民的无产阶级革命实践活动，这时马克思实际观察社会问题的着眼点已经是现实的人，即无产阶级和资产阶级的现实经历，及其生存的社会条件——市民社会（资本主义社会）。这同马克思头脑中原有的黑格尔理性人的唯心主义观点发生了激烈的冲突，实际观察问题的着眼点的变化促使马克思开始批判黑格尔的唯心主义世界观，放弃从理性的人出发来考察问题，寻找新的理论出发点。这表明，马克思世界观转变的复杂性在于马克思并不是在批判黑格尔世界观之后，直接转向历史唯物主义世界观的，而是开始接受了费尔巴哈的影响，从一般唯心主义立场上转移到一般唯物主义立场上，然后又不断地超越费尔巴哈，最终抛弃了费尔巴哈，转向辩证唯物主义和历史唯物主义立场上的。在批判黑格尔一般

---

① 《马克思恩格斯全集》第1卷，人民出版社1956年版，第42页。

② 同上书，第216页。

唯心主义的基础上，马克思区别了抽象的、理性的人同现实的、经验的人，认为必须从现实的、经验的人出发。在《黑格尔法哲学批判》中，马克思认为，法人（社会团体、家庭、国际）只是现实的经验的人的实现，是抽象的人，现实的经验的人是国家的基础；黑格尔却恰恰相反，"不把社会团体、家庭等一般的法人理解为现实的经验的人的实现，而是理解为本身只抽象地包含着人格因素的现实的人"①……"不是从现实的人引申出国家，反倒是必须从国家引申出现实的人"②。马克思批判黑格尔抽象的理性的人，宣传从现实的经验的人出发。联系马克思在《黑格尔法哲学批判》中阐述的市民社会决定国家的原理，现实的人与市民社会显然是同格的概念。马克思后来回顾说："黑格尔按照十八世纪的英国人和法国人的先例，称之为'市民社会'"的是"物质的生产关系的总和。"③但是当时，马克思并没有从理论上直接把市民社会归结于社会关系的总和，更没有把现实的人归结于社会关系的产物。虽然在实际观察问题时，马克思已经开始从经验可以感觉到的、现实社会的现实人，以及他们的物质活动和社会关系出发，然而在理论形式上所表现出来的却是费尔巴哈的人本主义观点，"德国唯一实际可能的解放是从宣布人本身是人的最高本质这个理论出发的解放"④。把无产阶级解放的实际问题归结为从抽象的人出发的纯思辨的理论问题。从现实的经验出发的主张在理论上又还原为费尔巴哈的抽象的人。

实际上，马克思面对着现实的阶级的人，实际观察问题的着眼点已经转向现实的人，在理论表述上却是从抽象的人出发，理论的出发点停留在抽象的人上。这表明，处于急剧转变过程中的马克思思想当中存在着：（1）实践斗争的现实前提同旧的世界观、历史观之间，实际考察问题的出发点和理论上的出发点之间的矛盾；（2）唯物史观同旧历史观之间的两个交替出现的矛盾。《手稿》就深刻反映了马克思、恩格斯思想转变的特点，是马克思新旧世界观、新旧历史观、新旧出发点转换交替的重要著作。在

---

① 《马克思恩格斯全集》第 1 卷，人民出版社 1956 年版，第 292 页。
② 同上。
③ 《马克思恩格斯选集》第 2 卷，人民出版社 1972 年版，第 82 页。
④ 《马克思恩格斯全集》第 1 卷，人民出版社 1956 年版，第 467 页。

《手稿》中，马克思从市民社会问题入手，从现实存在的工人阶级同资产
阶级的对立关系入手，努力寻找工人和资本家对立的社会原因，探讨工人
解放的道路，然而在理论上却受费尔巴哈的局限，存在从抽象的人出发去
谈论人的本质、人的异化和复归的问题。可是，马克思在继续接受费尔巴
哈人文主义影响的同时，实际观察问题的着眼点却在改变，逐步冲破费尔
巴哈的局限，向着辩证唯物主义世界观和唯物主义历史观迈进。马克思虽
然继续使用"人是类存在物"的旧术语，然而却赋予着"人是类活动"
得以接近唯物主义历史观的新内容，"不论是生产本身中人的活动的交换，
还是人的产品的交换，其意义都相当于类活动和类精神——它们的真实
的、有意识的、真正的存在是社会的活动和社会的享受"①。在这里，马克
思讲的"类活动"是指人们的生产活动及其交往关系。他把人的本质归结
为劳动，猜测到了现实的人就是社会生产劳动活动及其由此生产的社会关
系。但马克思所说的生产劳动仅仅是从一般的意义上区别人与动物的非历
史的、非现实的、抽象的劳动，还不是一定经济条件的具体的社会生产劳
动。劳动是一般意义的劳动，人当然还是一般的抽象的人。

　　从《莱茵报》到《手稿》，在实际考察问题当中，马克思已经逐步把
现实的工人阶级及其资产阶级，他们的活动和关系作为实际上的着眼点。
在思想探索过程中，马克思开始去寻找根据经验研究的物质前提，马克思
已经意识到社会历史发展的现实物质基础——市民社会，人的物质生产活
动，并且把它们与现实的人同等对待。但为什么在理论上却未能彻底地突
破从抽象的人出发的唯心主义历史观？这种复杂性决定马克思不可能一下
子完全摆脱黑格尔的唯心主义思辨方法，完全克服费尔巴哈的唯心主义人
本主义的历史观的影响，只在批判了黑格尔的理性的人后，一般地指出从
现实的人出发，并没有说明现实的人，没有把现实的归结为现实的生产关
系，最终区别费尔巴哈的"以自然为基础的现实人"同历史唯物主义以社
会生产关系为基础的现实的人。黑格尔把人归结为绝对精神，归结为抽象
的概念，费尔巴哈揭露了黑格尔体系的"秘密"，把理性的人、自我意识
的人归结为"以自然为基础的现实的人"。但是，费尔巴哈"就形式讲，

---

　　① 《马克思恩格斯全集》第 42 卷，人民出版社 1979 年版，第 24 页。

他是现实的，他把人作为出发点；但是，他关于这个人生活其中的世界却根本没有讲到，因而这个人始终是宗教哲学所说的那种抽象的人"①。费尔巴哈也强调现实的人、社会的人，但是由于他把人同其生产的物质生活条件割裂开来，把人看成为被动的感性存在而不是从事物质生产实践活动的人，因而费尔巴哈现实的人只是就形式而言。但是，马克思与费尔巴哈对现实的人认识道路是根本不同的，这就说明了马克思能超过费尔巴哈，完成费尔巴哈所没有走完的道路，真正找到现实的人。费尔巴哈的人是从宗教批判中引申出来的，他认为上帝是人的本性的异化，是人们虚幻的反映。实际上，上帝是人们在历史发展中不断抽象的结果，它并不是哪一个具体的现实的人的反映。实际上，费尔巴哈只是把上帝还原为抽象的人，不是用社会关系而是用抽象的人来说明上帝。费尔巴哈现实的人不能为我们提供任何确定的现实内容。在实践上，马克思在实际斗争中面对着现实的活生生的人，并从中发现的现实的人的社会实践的物质力量，发现历史的现实客观前提。在理论上，由于马克思与费尔巴哈对现实人的认识道路不同，一开始，马克思同费尔巴哈的"现实的人"的实际内容就不同，但是由于马克思在世界观探索的道路上，并没有一下子抓住现实的人就是现实的社会关系（首先是生产关系），所以还不可能从根本上认识到费尔巴哈"以自然为基础的现实的人"的抽象的唯心实质。

"关于现实的人及其历史发展的科学"……"这个超出费尔巴哈而进一步发展费尔巴哈观点的工作，是由马克思于 1845 年在《神圣家族》中形成的"②。要摆脱超过费尔巴哈，其关键便是要找到新世界观、新历史观的理论出发点，仅仅回答新理论的出发点是现实的人，而不进一步回答现实的人是什么，就不能战胜费尔巴哈的抽象的人，把费尔巴哈的现实的人同历史唯物主义的现实的人相区别，真正找到唯物史观的出发点。只有找到人类历史的第一个客观前提，找到社会生产关系的科学概念，认识到现实人同时就是指现实的社会关系（首先是生产关系），才能最后地摆脱费尔巴哈抽象的人出发的唯心主义历史观，现实的人才能成为唯物主义历史

---

① 《马克思恩格斯全集》第 21 卷，人民出版社 1965 年版，第 329 页。
② 《马克思恩格斯选集》第 4 卷，人民出版社 1972 年版，第 237 页。

观意义上的现实出发点。马克思完成这项工作，除了最重要的亲身参加斗争的实践外，在理论上主要解决了三个问题：（1）在《神圣家族》中，马克思开始明确地解决了社会存在和社会意识的关系问题，指出外部世界、现实的、活生生的具体东西是第一性的，人的意识、思维、一般的观念是从具体东西抽象出来的，是第二性的。"思维根本不能实现什么东西。为了实现思想，就要有使用实践力量的人。"① 具体社会实践力量的人——人的社会实践决定社会思想，马克思大体看到人们的物质生产决定人们的历史，认识到"现实的人即生活在现实的实物世界中并受这一世界制约的人"②。现实的实物世界指的就是人在其中生活的、现实的物质生活条件，在社会生活领域解决存在与意识何为第一性问题，必然把现实人同现实物质生产，同现实的物质生产条件联系起来看。（2）在《关于费尔巴哈的提纲》中，马克思第一次从根本上批判了费尔巴哈唯物主义的局限性，把社会实践当作辩证唯物主义和历史唯物主义的基本范畴提出来了。马克思认为"社会生活在本质上是实践的"③。人的实践是人类全部社会生活的基础，是人类社会生存和发展的根本条件，人在实践中创造了自己的物质生活条件，也创造了人自己，创造了人与人之间的社会关系。人类社会实践当然包括人类的全部社会活动和社会关系。现实的人就是实践着的人，就是人们社会活动和社会关系。（3）在《德意志意识形态》中，马克思确定了人类历史的现实前提，并在事实上确定了"生产关系"的科学概念，从而进一步解决了对现实的人的科学认识。马克思、恩格斯指出：唯物史观的现实前提"是一些现实的个人，是他们的活动和他们的物质生活条件，包括他们得到的现成的和由他们的自己的活动所创造出来的物质生活条件"④。人的最基本的、第一个历史活动就是物质的生产活动，在物质的生产活动中，人们一方面同自然发生关系，表现为一定的生产力，另一方面，在生产中结成的一定的交往关系（即生产关系），生产关系总和构成了人类社会。现实的人同现实的生产关系和社会生活关系是分不开的。

---

① 《马克思恩格斯全集》第 2 卷，人民出版社 1957 年版，第 152 页。
② 同上书，第 245 页。
③ 《马克思恩格斯选集》第 1 卷，人民出版社 1972 年版，第 18 页。
④ 同上书，第 24 页。

只有把现实的人归结为人类现实的物质生产活动，归结为人们在生产活动中结成的物质生产关系，才能正确回答现实的人，从现实的人出发才能被理解为唯物史观得以建立的正确出发点。

有生命的、具体的个人的存在，无疑是人类历史的第一个前提，研究历史以人为对象是正确的，但是，这个对象必然是现实的人，不是抽象的人。如何区分现实的人和抽象的人呢？就是标志承认现实的人同时就是现实的社会关系（总和）（首先是生产关系）。为什么必须在二者之间画等号，理由如下：

1. 现实的人必须可以用纯粹经验的方法来确定，是通过直接的经验可以感觉到的，人们经验可以感觉到的现实存在的人同时就是感觉到了现实的社会的存在。人是个一般概念，是人们从千千万万现实的个人中长期抽象出来的人的一般，它摆脱了一切现实内容，摆脱了地球上发生一切经济的、政治的和社会的关系，摆脱了任何性别的和个人的特性，以至于在人身上只剩下光秃秃的概念。谁见过人，谁也没有见过人，人们见过的是生活在具体社会关系中，从事一定具体活动的活生生的个人，见到的是这样的具体人，见到的是这些人的具体的历史活动组成的具体社会。一切现实表现在语言中只能是概念，人们在日常的思维、言语、交往中使用人这个概念也是必要的。但是，如果错误地把人们长期抽象出来的人的这个一般概念完全等同于人们通过经验所感觉到的现实生活中的个人，把人这个概念当作现实理论研究的出发点，当作现实的东西，那么就犯了唯心主义历史观的错误。现实的人首先必须是经验可以感觉到的。但是，人们凭借经验感觉到个人的存在，同时也就感觉到个人的特性、个人的活动，个人之间与经验的关系，一句话，感觉到了人的社会的存在。人的经验既不可以感觉到没有人的活动，没有人的社会，也不可能感觉到脱离开一定社会的人，脱离一定生产关系的人。人们的存在就是他实际的社会生活过程，"社会本身，即处于社会关系中的人本身"①。

2. 现实的人是在一定的社会条件下以一定的方式进行生产活动的个人，发生一定的社会关系，受生产力的发展和与这种发展相适应的生产关

---

① 《马克思恩格斯全集》第 46 卷下册，人民出版社 1980 年版，第 226 页。

系的制约。首先，人是进行物质生产活动的人，人离不开物质生产实践。现实的人的存在同时就是实际的物质生产实践的过程。其次，人不能毫无前提限制地进行生产，人只能是在一定物质生产条件前提限制下，能动地创造自己及其社会，人脱离不开社会物质生活条件，现实人的存在同时就是运用现成的和他们自己活动所创造的物质生活条件的过程。再有，人们不能孤立地进行生产，人们必须借助于共同的联系，以一定的方式结合起来才能生产。因而人们在生产中必然发生物质的交往关系——生产关系。人们只有借助于物质的生产关系才能进行自己的物质生产活动，现实人的生产过程同时就是人们在生产中互相交往而从事生产的过程。人们生活的自然物质条件是被动的，而人们的社会关系（首先是生产关系）却体现了人们能动的社会条件，人们的社会关系的总和（首先是生产关系）决定了现实的人是这样而不是那样，现实的社会关系首先是现实的生产关系，就是现实人的本质。正是在这一意义上，马克思说，奴隶社会的奴隶和公民，"在社会之外他们才是人"①。现实人与现实社会关系不能分开看，事实上也分不开。现实的人就是现实社会关系的规定。

3. 现实的人同时是社会历史发展的结果，才能成为历史唯物论的客观前提。"人只有作为自己本身的产物和结果才成为前提。"② 人作为生命的存在是地球上有机生命发展所经历的前一个阶段的结果，在这个过程发展的一定阶段上，人才脱离动物成为人。人之所以成为人，正是人类社会实践的结果，是人们社会关系作用的结果。人既是肉体的自然存在，同时又是能动的感性活动者；人既是社会历史活动的主体，又是社会历史的客体；人既是环境的产物，同时又是环境的创造者；人在改造客观世界的同时，不断地创造社会的人类和人类的社会。现实的人只有作为人类历史活动的、人类社会关系的过程和结果，才能作为历史的经常前提而存在。在这个意义上说，在人类社会以前，事先不存在着人，人作为社会历史的结果和前提，与社会同时存在。人创造环境，同时环境也创造人；人们是他们本身历史的剧中人物和剧作者。现实人同时就是现实的社会能动的活

① 《马克思恩格斯全集》第47卷，人民出版社1979年版，第173页。
② 《马克思恩格斯全集》第26卷第3册，人民出版社1974年版，第545页。

动。现实的人体现了社会历史的过去和现在。人包括从历史上创造下来的精神因素和物质因素。

4. 从现实的人出发就是从现实的生产关系出发。当马克思找到了历史观的物质生产活动和物质生产关系的现实前提时，马克思才真正地解决了对现实人及其历史发展的科学认识，可以这么说，而后的理论研究和实际考察中，马克思就不再仅仅从现实的经验的人出发了，而是具体地去考察社会的物质经济情况，社会的生产关系的变更，生产力和生产关系的矛盾运动，从中寻找社会历史发展的规律，寻找无产阶级及其劳动群众解放的道路。如果我们从现实的人出发，而实际地放弃现实生产关系的客观前提，现实的人也就成为脱离具体社会条件的空洞的抽象，从现实的人出发实际上就还原成为从抽象的概念出发的历史唯心主义的命题了。我们应当采取马克思的态度，把现实的人归结于现实的社会关系（首先是生产关系），把从现实人的出发变成从社会的现实生产关系前提出发，实际地去考察社会的现实情况。"人是马克思主义出发点"是非马克思主义的命题。因为，即便在采用这个命题之前，加上一定生产条件下的人的理解和前提，这个似是而非命题也是模糊的，也容易造成误解。对人的认识，是从现实的人出发的，而不是理性的人；从现实的人出发，就是从现实的社会生产关系出发。如果不清楚现实的人就是现实的社会生产关系的人，不清楚从现实的人出发就是从现实的社会生产关系出发，仍混淆于费尔巴哈从抽象的人来出发的唯心主义的人本主义历史观。

（本文是作者 1983 年 11 月撰写的研究笔记）

关于历史唯物主义

一

列宁说："马克思的历史唯物主义是科学思想中的最大成果。人们过去对于历史和政治所持的极其混乱和无端的见解，为一种极其严密的科学理论所代替。"[①] 历史唯物主义揭示了人类社会发展的客观历史过程和一般规律，为无产阶级提供了科学的历史观，使人类对于社会历史的研究第一次定位在这一科学的基础之上，历史唯物主义的创立是人类历史观的伟大变革。

历史唯物主义创立的理论逻辑起点，便是唯心史观终结的理论逻辑终点。在历史唯物主义创立之前，尽管历史上有不少有作为的思想家，特别是 18 世纪以来的一些资产阶级思想家，在探讨历史发展的最后原因方面，提出了不少有价值的思想，但始终摆脱不了唯心史观的束缚，在社会历史领域基本上是唯心主义统治一切。唯物史观创立的最直接的、现成的理论条件便是 18 世纪以来的资产阶级社会历史观。资产阶级的社会历史理论，一方面本质上是唯心的，另一方面却提出了许多有价值的东西。马克思是在批判他们唯心的实质，吸收借鉴他们有价值的成果的基础之上创立了马克思主义的唯物史观的。

1. 18 世纪法国唯物主义者的历史观

18 世纪法国唯物主义者对社会历史发展的动因，也曾经做过一些有益的探讨，提出了"人是环境的产物"的著名命题，这在历史观上是一个进

---

① 《列宁选集》第 2 卷，人民出版社 1972 年版，第 443 页。

步。在他们看来，如果人依赖于周围环境，那么人的全部性格都是为社会环境所决定的，人的缺点也是由社会环境所决定。所以，要改变人的缺点，就必须首先改变造成其缺点的社会环境。依据这个命题本质推出，人是环境产物，人类思想也为其周围环境所决定，那么人类的思想发展也就必须为社会环境的发展、社会关系的历史所决定。因而，必然转入研究社会环境的历史、社会关系的历史及其社会发展的规律性。但是法国唯物主义者只是接近这个任务，他们在这个任务面前却拐到了另外一条唯心主义道路上去了。他们认为，"环境"指的是法律和执行法律的制度，这样一来，"环境决定一切"便转变成"法律造成一切"，法律和政治制度则成为社会历史发展的原因，而好的法律和政治制度又取决于人的理性，理性是教育的结果，教育能帮助民众克服愚昧、偏见、无知、轻信、惊慌失措、缺乏经验、志愿和预见等错误意见。这样一来，便出现了与"人是环境的产物"的相反的命题"意见支配世界"。到底是环境决定人的观念、意见，还是人的观念、意见决定环境呢？法国唯物主义陷入了"二律背反"。

2. 19 世纪空想社会主义者的历史观

空想社会主义的杰出代表圣西门认为，历史不是偶然事件的堆积，是有规律可遵守的；要发现这个规律，就必须了解人类的过去。他找到了所有制对社会制度的决定作用这个重要的观点，"所有制的制宪工作才是基本。因此，这项制宪工作才是社会大厦的基石"[①]。所有制指的是财产关系。为什么财产关系起这么大的作用？他认为，答案应当从产业发展的需要中去找，企图用生产因素来解释社会发展的原因。圣西门还看到阶级生产对历史发展的作用，看到了财产关系、社会环境引起了阶级斗争，阶级斗争又促进了社会发展。这些看法要比法国的唯物主义要高明一些，但他只是似乎接近这个思想，却永远没有做出正确结论。

3. 法国复辟时代的历史学家的历史观

法国复辟时代的历史学家，在历史观上继承了 18 世纪法国唯物主义者和 19 世纪空想社会主义者的许多重要观点，同时又在革命方面有所推

---

① 《圣西门选集》第 1 卷，商务印书馆 1979 年版，第 188 页。

进。首先，他们注意到了人民群众的历史作用。当然，他们所说的人民群众主要指资产阶级。其次，对阶级斗争在社会发展中的作用也予以重视，并试图探讨阶级斗争的经济根源。再次，他们所看到的财产关系是一个国家的政治制度的基础。但是，财产关系又是由什么决定的，由于他们不理解生产关系是财产关系的基础，财产关系只不过是生产关系在法律上的表现，突出上层建筑，因而不得不用"征服"来解释财产关系及其起源，而为什么要征服呢，是为了实际利益。这样他们又陷入了征服决定财产关系，财产关系反过来又说明征服这样一个无法解决的矛盾之中。他们引用"人性"来解脱这个矛盾的困境，认为在人类本性中有一种征服欲、统治欲，这便是产生征服的原因。

4. 黑格尔的唯心主义历史观

黑格尔认为："'绝对观念'是一切社会制度、政治制度、宗教观点、伦理观点、道德观点、道德状况、智力状况决定者，是历史发展的最后动力。"黑格尔的历史观基本上是唯心主义的，但是黑格尔的辩证法决定了他在历史观方面的贡献，提出了许多合理的思想，对唯物史观的创立有一定启发作用。列宁说，黑格尔的见解"接近历史唯物主义"，"已经有历史唯物主义的萌芽"，是历史唯物主义"直接的理论前提"。黑格尔认为：（1）人类历史不是一成不变的，是由低级向高级发展的辩证过程。任何一个历史阶段都有产生、发展和消灭的过程。（2）人类历史发展服从客观规律，历史人物的表面动机和真实动机都不是历史事变的最终原因。在这些动机后面，还应有其他探索的动力，历史动力不在人性中，而在人性之外。（3）猜测到历史活动中人的主观能动性。

5. 费尔巴哈的人本主义历史观

列宁认为，"马克思离开黑格尔，是从费尔巴哈走向历史唯物主义的"。费尔巴哈是唯物史观创立之前的最后一个资产阶级的唯心主义历史观理论形态。费尔巴哈批判了宗教和黑格尔的唯心主义体系，返回到唯物主义，这是费尔巴哈的巨大功绩。费尔巴哈认为，以自己的感性存在为基础的人是社会历史发展的基础，并且从以自己的感性存在为基础的人出发，考察和证明社会历史发展，这是他的历史观的重要之处。费尔巴哈的历史观：（1）力图用自然唯物主义来作为历史观的基础，批判了唯心主历史观的哲学基础。（2）反对历史的动力是理性意见的唯心史观的说法，把历史动力归结于"人"的能动。虽然这种人是抽象的人，却是从神、理性降到世间的人，这也是一个进步。但是费尔巴哈由于旧唯物主义的局限性，在历史领域并没有摆脱唯心主义的束缚。（1）费尔巴哈的"人"是抽象的人，他企图从这个抽象"人"的概念出发，从首先存在"固定不变的人"本质出发来说明历史。（2）把历史看成是抽象"人"本性的展开。（3）过分夸大宗教的作用，把宗教变迁说成历史变迁的动因。

马克思以前的思想家为什么不能够从根本上摆脱历史唯心主义呢？这里既有阶级立场，社会历史条件的限制，还有认识上的根源。

我们知道，人类社会历史发展过程和自然过程不同，在自然界中起作用的主要是不自觉的力量，而在社会历史中，起作用的是人，"全是具有意识的，经过思虑或凭激情行动的、追求某种目的的人；任何事情的发生都不是没有自觉的意图，没有预期的目的的"①。这个特殊的社会历史发展形式很容易使人发生迷惑：以为人的历史发展决定于人的主观意识，把社会历史看成个人意见所支配的偶然事件的堆积。

所以，列宁认为，一切历史理论有两个主要缺点。第一，考究产生这些思考动机的原因，没有看出物质生产发展始终是这种社会关系的根源；第二，过去的历史理论恰恰没有说明人民群众的运动。

马克思是通过什么途径，从哪里开始克服唯心主义上述两个根本缺陷，建立唯物史观的？法国 18 世纪唯物主义历史观看到"人是环境的产物"，然而这又陷入"意见支配世界的矛盾"；空想社会主义历史观看到了生产因素在社会发展中的作用，然而自然逃脱不了人类历史是理性进化的历史唯心主义结论；法国复辟时代历史学家发现了阶级斗争在社会发展中的作用，并试图探讨阶级斗争的经济根源，然而却用征服来说明经济关系，并且用历史之外的人性来证明征服的起源；黑格尔把理性说成是社会历史的动力，在唯心主义前提下，纠正意见支配世界的观点，企图从历史本身，而不是从历史之外去寻找历史发展的动因。但最终回归到理性上。

---

① 《费尔巴哈和德国古典哲学的终结》，《马克思恩格斯选集》第 4 卷，人民出版社 1972 年版，第 243 页。

费尔巴哈表面上把历史归结为人的历史，但是由于他讲的人是抽象的人，因而历史也不过是人的本质抽象概括的历史，还是陷在唯心史观的老圈子里。他们都在力图去找寻历史的动因，但终又回到意志动力的解释上。这说明，这里面有一个基本的理论上的问题需要解决，只有解决了这个基本理论，才能克服上述历史观徘徊不前的状况。

二

马克思在《关于费尔巴哈的提纲》（以下简称《提纲》）中彻底解决了这个转变的理论难题，在《费尔巴哈和德国古典哲学的终结》（以下简称《终结》）中又作了进一步的详尽论述。

1. 第一次从根本上批判了资产阶级和一切旧唯物主义的局限性。第一次把社会实践当作历史（辩证）唯物主义的基本范畴提出来。

马克思指出："从前一切唯物主义——包括费尔巴哈的唯物主义——的主要缺点是：对事物、现实、感性，只是从客体的或者直观的形式去理解，而不是把它们当作人的感性活动，当作实践去理解，而是从主观方面去理解。"①

费尔巴哈和其他唯物主义的主要缺点就是看不到社会实践的作用，离开社会实践去理解客观事物，理解社会现实的人，因而，只能形而上学地把人与环境对立起来，或者把人归结为理性的人，他们（1）把客观世界仅仅看成了人的认识对象，而不是人的改造对象，（2）把人看成单纯的、被动的感性客体，而没有看成是从事实践活动的人，忽视了人对客观外界的能动的改造活动，（3）人们对客观世界的认识，是在改造客观世界中形成的，（4）马克思把革命实践理解为"改变世界"，认为"社会生活在本质上是实践的"。马克思把社会实践作为历史唯物主义的基本概念，说明实践是社会生活的基础，是人类社会生活的本质和规律。马克思的哲学"在劳动发展史中找到了理解全部社会史的锁钥"②。他把社会发展更看成

---

① 《马克思恩格斯选集》第 1 卷，人民出版社 1972 年版，第 16 页。
② 《马克思恩格斯全集》第 21 卷，人民出版社 1965 年版，第 353 页。

个人的物质生产实践的活历史，看成进行物质生产资料生产的劳动群众实践史，从而才揭示了社会历史的客观规律。旧唯物主义者，包括费尔巴哈在内，就"因为离开实践去考察客观世界时，因而陷入唯心史观"。

马克思把实践观念引入唯物史观，从社会实践出发，从而就能对任何社会现象做出正确的解释。比如在人与环境和教育的关系上，唯心主义认为人是环境的产物，但环境是怎样改变的呢，旧唯物主义不能说明。马克思指出："环境正是由人来改变的，而教育者本人一定是受教育的。""环境的改变和人的活动的改变的一致，只能被看作是并合理地理解为革命的实践。"①人在实践中改变环境，因而也改变了人自身。环境和人的改变都是以社会实践为基础的。马克思正确地阐述了实践范畴，从而从旧唯物主义历史观的迷宫中迈了出来。

马克思批判了费尔巴哈由于离开了社会实践，从而对宗教的认识和批判也是不彻底的，他虽然把宗教归结为世俗基础，但却不能从社会实践出发，正确阐述宗教的社会根源和克服宗教的正确途径。马克思在《终结》中，用历史唯物主义的观点和阶级分析的方法，彻底地批判了以往的历史唯心主义。

因此，通过人类能动的物质实践活动，既能解决主观唯物主义把外界事物单纯看成客体，把人看成静态的感性存在的缺陷，又能克服把片面强调人的主观能动性，克服把理性看成历史动力的黑格尔唯心主义的缺陷，沟通了建立唯物史观的认识论上的桥梁。

2. 第一次正确地证明人的本质问题，越过了以抽象的人的本质为出发点的费尔巴哈人本主义唯物史观，找到了唯物史观的新出发点。用关于现实的人及其历史发展的科学来代替对抽象的人的崇拜。马克思只有克服费尔巴哈的人本主义哲学，才能建立唯物史观。而费尔巴哈观察社会的基本方法是从抽象的人、人性、从本性出发来证明社会。因此，只有正确地证明人的本质问题，才能突破费尔巴哈的人本主义理论，用唯物史观代替人本哲学。马克思指出："人的本质并不是单个人所固有的抽象物。在其现

---

① 《马克思恩格斯选集》第1卷，人民出版社1972年版，第17页。

实性上，它是一切社会关系的总和。"① 这里包含两层意思：一是马克思正确地说明了人的本质问题，二是指出了唯物主义观察人和解决人的问题基本的理论原则，就是说从社会关系出发，从社会物质生产的高度出发，从社会实践出发来说明人性、人的本质。马克思在哲学中彻底扬弃了18世纪唯物主义和费尔巴哈唯心史观的作用，指出18世纪唯物主义的三个局限性：（1）机械性；（2）形而上学性；（3）唯心史观。指出费尔巴哈没有提出唯心史观的原因就是在于把自己和人当作自己哲学的出发点。他的人是抽象的人，他不能找到通向物质生产观念世界的道路，仅仅把这些人作为历史中抽象的人来考察，而不理解人的社会属性，忽视革命的实践。"旧唯物主义的立脚点是'市民社会'；新唯物主义的立脚点则是人类社会　或社会的人类。"新唯物主义——实践唯物主义——历史唯物主义的立脚点是人类社会关系。这就是唯物史观的出发点。费尔巴哈从抽象的、孤立的人出发把人的本质理解为一种内在的，与具体个人自然地脱离出来的共同性，由此来证明社会。这是一种唯心主义史观。正是通过对人的本质的正确探讨，马克思找出新的世界观——唯物史观的出发点——社会的物质关系，认识到由此出发才能证明一切人类社会现象。

马克思把他的唯物史观哲学同一切旧哲学的根本对立，归结于它们的阶级基础和理论出发点的对立。旧哲学立足于资本主义私有制、资产阶级世界观，新唯物主义——实践唯物主义——唯物史观则是无产阶级世界观。旧哲学离开社会实践去这样或那样地解释过去，新的唯物主义不是局限于解释世界，而是把"改变世界"，把社会实践作为自己的根本出发点和最终目的。运用唯物史观的批判性和实践性，深刻地阐明了马克思在实现哲学变革中的伟大意义和看法。

三

费尔巴哈没能完成历史使命，终归没有去做。马克思在《提纲》中彻底开辟了创立唯物史观的理论途径。紧接着在《德意志意识形态》（以下

---

① 《马克思恩格斯选集》第1卷，人民出版社1972年版，第18页。

简称《形态》）等一系列成熟著作中，创立了一种崭新的唯物史观。唯物史观的创立是人类历史观上的一次伟大变革。

1. 它把唯心主义从它最后的避难所——社会历史领域中清除出去，建立了著名的、彻底的、统一的、辩证唯物主义和历史唯物主义相结合的马克思主义哲学。

恩格斯在《终结》中指出了费尔巴哈的功绩，但费尔巴哈在历史领域是唯心主义。马克思、恩格斯克服其局限性，"第一次对唯物主义世界观采取了真正严肃的态度，把这个世界观彻底地（至少在主要方面）运用到所研究的一切知识领域"①，把唯物辩证法贯彻到社会领域，第一次正确分析和回答社会历史问题，创立了唯物史观。

在《反杜林论》中，恩格斯说："这样一来（指历史唯物主义的创立——引者注），唯心主义从它的最后的避难所中，从历史观众被驱逐出来了……"②在马克思主义以前，只有自然观上的唯物主义，没有历史观上的唯物主义。当自然观上的唯物主义占统治地位的时候，唯心主义还可以在历史观方面容身。一旦社会历史也用唯物主义观点解释，唯心主义就没有容身之所了。唯物史观是马克思主义哲学不可分割的一部分。历史唯物主义的创立使马克思主义哲学成为这种辩证唯物主义和历史唯物主义的彻底的、完备的唯物主义学说。恩格斯在《终结》中也同样概括地阐明马克思主义哲学的伟大之处。马克思主义哲学的产生，不仅把旧哲学从自然领域中驱逐出去，而且把他从历史领域中驱逐出去了。马克思主义哲学成为包括自然、人类社会、思维的，并用唯物主义解释的、完整的唯物主义世界观。

2. 历史唯物主义的建立使社会主义由空想变成科学。

恩格斯在《反杜林论》中说："这两个伟大发现——唯物主义历史观和通过剩余价值揭破资本主义生产的秘密，都应归功于马克思。由于这些发现，社会主义已经变成了科学。"③ 在马克思主义之前，空想社会主义只

---

① 《马克思恩格斯选集》第 4 卷，人民出版社 1972 年版，第 238 页。
② 《马克思恩格斯选集》第 1 卷，人民出版社 1972 年版，第 66 页。
③ 《马克思恩格斯选集》第 3 卷，人民出版社 1972 年版，第 67 页。

是在一定程度上批判了资本主义。历史唯物论的基本原理揭示了阶级的产生、发展和消灭的历史过程，指出了阶级的存亡仅是物质生产发展到一定历史阶段的产物，资本主义社会有必然不可克服的矛盾必然灭亡，无产阶级将通过革命推翻资产阶级国家，建立无产阶级专政，并过渡到共产主义，从而使社会主义由空想变为科学。

3. 历史唯物主义的建立，使研究社会的各门学问变成科学，为我们研究社会历史提供了指导性的方法。

恩格斯说："如果不把唯物主义方法当作研究历史的指南，而把它当作现成的公式，按照它来裁剪各种历史事实，那末它就会转变为自己的对立物。"① "我们的历史观首先是进行研究工作的指南，并不是按照黑格尔学派的方式构造体系的方法"②，绝不能把历史唯物主义当作标签贴到各种事物上去。历史唯物主义原理对各门具体科学都有指导意义。有了它，才使各种研究社会的学问成为科学。但是历史唯物主义实践观和方法论，只能当作研究各门社会科学的指导方法，而不能把它当成现成公式乱套。唯物史观为我们提供了研究社会历史发展的方法论准则。

4. 历史唯物主义为无产阶级建立社会主义和共产主义提供了可靠的理论武器。

历史唯物主义是无产阶级的科学历史观，无产阶级依靠这个科学认识，透彻地了解过去，分析现实斗争，就未来的发展趋势，制定无产阶级的政治路线，指导无产阶级的斗争。历史唯物主义使共产党人和人民看清前途、增强信心，把握自己的现实斗争活动，是无产阶级及其劳动群众的强大思想武器。在今天，也是指导我国社会主义建设的重要理论武器。

四

马克思、恩格斯在《提纲》、《形态》等成熟著作中创立了唯物史观，1859 年在《〈政治经济学批判〉序言》（以下简称《序言》）中对唯物主

---

① 《马克思恩格斯选集》第 4 卷，人民出版社 1972 年版，第 472 页。
② 同上书，第 475 页。

义历史观的基本内容作了科学的概括,在《反杜林论》和《终结》两篇
重要著作中进一步详尽地论述和发挥了唯物史观的一系列基本原理。恩格
斯指出:"我在这两部书里对历史唯物主义作了就我所知是目前最为详尽
的阐述。"①

1. 在《反杜林论》中,恩格斯通过对杜林唯心史观的批判,阐述了
经济与政治、经济基础与上层建筑的关系,指出经济关系对政治暴力、社
会意识形态的决定作用

杜林考察社会历史问题的观点和方法是唯心主义的。他不是从现实本
身去认识现实,而是从观念推证出现实,根本颠倒了存在与意识、基础与
建筑、经济与政治的关系。恩格斯进行的深刻批判,从根本上阐明了历史
唯物主义的基本原理:人类社会"以往的全部历史,都是阶级斗争的历
史;这些互相斗争的社会阶级在任何时候都是生产关系和交换关系的产
物,一句话,都是自己时代的经济关系的产物;因而每一时代的社会经济
结构形成现实基础,每一个历史时期由法律设施以及宗教的、哲学的和其
他的观点所构成的全部上层建筑,归根到底都是应由这个基础来说明
的"②。恩格斯站在这个基本立场上,揭露了杜林唯心史观的实质,批判了
杜林在一系列社会问题上的唯心主义历史观的看法,阐明了唯物史观的一
系列基本思想。

(1)阐明了无产阶级的道德观、平等观和自由观

道德观念作为一种社会意识形式,是社会存在的反映。"一切以往的
道德论归根到底都是当时的社会经济状况的产物。"③ 道德是由社会生产关
系决定的,在不同社会经济历史条件具有不同的社会道德。道德是具有历
史性的。随着历史的发展,道德的具体内容也在改变。没有什么永恒的、
抽象的道德。在阶级社会中,道德是有阶级性的。在阶级社会中,"道德
始终是阶级的道德"④。关于未来共产主义道德,恩格斯认为,只有不仅消
灭了阶级对立,而且在实际生活中也忘却了这种对立的社会发展阶段,超

---

① 《马克思恩格斯选集》第4卷,人民出版社1972年版,第479页。
② 《马克思恩格斯选集》第3卷,人民出版社1972年版,第66页。
③ 同上书,第134页。
④ 同上。

越阶级对立和超越这种对立的回忆的、真正人的道德才成为可能。恩格斯还认为，对同样或差不多同样的经济发展阶段来说，道德发展有一定的继承性；对于同一历史发展阶段，有着共同历史背景的道德观念来说，道德具有一定的共同性。

关于马克思主义的平等观，恩格斯指出，平等观念是历史的产物，是一定社会经济基础的反映。平等是一个法权概念，属于上层建筑，是由经济基础决定并为经济基础服务的，平等观念是历史的产物，具有鲜明的阶级性。恩格斯批判了杜林在平等问题上的超阶级的和非历史主义的观点，论述了平等观念的历史发展。他指出：在不同历史阶段，不同的阶级有着不同的平等要求。无产阶级的平等要求是伴随着资产阶级的平等要求而出现的。它的实际内容就是消灭阶级。"无产阶级的平等要求的实际内容都是消灭阶级的要求。任何超出这个范围的平等要求，都必然要流于荒谬。"① 剥削阶级和被剥削阶级之间没有什么平等而言。对无产阶级来说，消灭资本主义，消灭阶级，建立共产主义，解放全人类，才能实现真正的事实上的平等。因此，"平等的观念，无论以资产阶级形式出现，还是以无产阶级的形式出现，本身都是一种历史的产物，这一观念的形式，需要一定的历史条件，而这种历史条件本身又以长期的已往的历史为前提"②。平等观念是历史的范畴，是一定社会存在的产物。

关于自由，恩格斯认为，承认客观必然性是自由的前提，客观规律、自然界的必然性是第一位的，人的意志自由是第二位的，后者依赖、适应前者，只有首先承认必然性，才能谈得上进一步去认识和把握必然性。必然是客观的，同时又是可知的。自由就是对必然的认识，人对必然认识越深刻，行动就越自由。自由是历史发展的产物。自由是随着人们在社会实践中对客观规律认识不断发展而发展的，在各个历史发展阶段，人对客观必然性的认识和支配是有限度的，因而人的自由是相对的。同样，在社会生活领域，人的自由也是相对的、历史的。从来没有绝对的、永恒的、不受任何限制的自由。在阶级社会中，自由是有阶级性的，自由是受一定社

---

① 《马克思恩格斯选集》第 3 卷，人民出版社 1972 年版，第 146 页。
② 同上书，第 147 页。

会历史条件限制的相对的自由。

恩格斯详尽地论述了经济基础决定上层建筑的道理。

（2）深刻批判了杜林的暴力论的唯心主义本质，着重论述了经济决定政治，经济基础决定上层建筑的历史唯物主义原理。同时也论述了政治上层建筑对经济基础的一定作用

杜林认为，政治是"历史上基础性的东西"，经济不过是"第二等事实"，政治暴力是全部历史的出发点和基本事实，他用政治暴力来解释一切经济现象。恩格斯指出："暴力仅仅是手段，相反地，经济利益是目的。目的比用来达到目的的手段要'基础性'得多；在历史上，关系的经济方面也比政治方面同样基础性得多。"① 奴隶主要强迫别人当奴隶，单纯凭借暴力是不行的。他首先必须掌握使奴隶劳动得以进行的工具和对象，以及维持奴隶劳动能力的生活资料。这些东西固然可以通过暴力获得，但财产必然先由劳动生产出来，然后才能被持有。私有财产的产生同样也是经济发展的结果。相反，政治暴力倒需要用经济原因来说明。可见，经济是基础，政治暴力是从属于经济基础的，经济基础决定政治暴力，说明政治暴力。恩格斯还从军事暴力和经济的关系上，阐明战争的物质基础，以及人和武器在战争中的作用，进一步论证了经济决定政治的原理，指明暴力本身也不是单纯的意志行为，它必须有物质基础和前提，人和武器，武器和人则是同整个生产条件、经济条件相联系的。恩格斯还从阶级和政治关系的产生上，进一步论述了经济决定政治暴力的原理。他认为：阶级和政治关系的出现，是一种历史现象，是同生产发展的一定历史阶段相联系，是社会经济发展的产物，一切社会权力和一切政治暴力都起源于经济条件，随着社会历史的前进，一切政治权力、政治暴力将归于消亡。

恩格斯同时也指出了上层建筑、政治暴力对基础的反作用。它或者符合客观规律的要求，促进和保护经济发展；或者违背客观规律，阻碍社会经济发展。但在后一种情况下，经常会因经济发展的强大压力而土崩瓦解。恩格斯非常重视顺应历史发展的革命暴力的作用，把它比喻成为"孕育着新社会的旧社会的助产婆"。

----

① 《马克思恩格斯选集》第 3 卷，人民出版社 1972 年版，第 199 页。

　　（3）阐明了马克思主义在国家、宗教、家庭、教育等问题上的基本思想

　　恩格斯从上层建筑和社会生活方面揭露和批判杜林在国家、宗教、家庭、教育等问题上的资产阶级观点，阐述了马克思主义在这些问题上的一些基本思想。马克思主义认为，国家是一个阶级压迫另一个阶级的工具，是对被统治阶级实行暴力的机器，根本不存在什么超阶级的国家。在阶级社会中，个人的权利是由所属阶级地位决定的；权利总是属于统治阶级，而被统治阶级是没有什么权利的。到共产主义社会，随着阶级对立和差别的消灭，国家也将消亡。恩格斯还深刻阐明了宗教的本质及其产生的根源和消亡的条件。"一切宗教都不过是支配着人们日常生活的外部力量在人们头脑中的幻想的反映，在这种反映中，人间的力量采取了超人间的力量的形式。"① 原始宗教起源于人们受异己的自然力量的支配。阶级产生后，宗教的存在和发展主要是社会原因造成的。因此，只有当社会通过占有并有计划地使用全部资料而使一切社会成员摆脱奴役状态时，宗教才随之消亡。因此，工人阶级必须首先参加消灭资本主义剥削制度的阶级斗争，才能为逐步消灭宗教创造条件。恩格斯在家庭问题上指出，家庭是历史的产物，家庭的形成是由一切的经济条件决定的。资产阶级家庭是资本主义经济基础的产物，它必然随着资本主义制度的消灭而改变，不变革资本主义的经济基础，资产阶级家庭是得不到改造的。新的家庭只能随着社会主义制度的建立而产生。恩格斯还引述了马克思关于无产阶级教育的基本原则：生产劳动同智育和体育相结合，论述了马克思教育理论的极其重要的原则。恩格斯在上述问题的论述中，进一步说明基础决定上层建筑，存在决定意识的基本原则。

　　（4）恩格斯根据历史唯物主义原理，论述了马克思主义政治经济学和科学社会主义理论，坚持了历史唯物主义的基本原理

　　恩格斯在论述政治经济学的对象和方法时，坚持并论证唯物主义和历史唯物主义原理，运用阶级分析的方法和矛盾分析的方法，从分析生产力和生产关系，经济基础和上层建筑的矛盾运动出发，阐明了生产、交换和

---

　　① 《马克思恩格斯选集》第3卷，人民出版社1972年版，第354页。

分配在社会经济基础过程中各自地位以及它们之间的交互作用，揭示了生产关系内在矛盾运动的规律性，指出了马克思主义政治经济学的任务就在于揭示社会弊病的经济根源，指出某种生产方式产生、发展和灭亡的经济规律。

恩格斯从历史唯物主义的基本原理出发，阐明了科学社会主义的社会经济根源，深刻分析了资本主义的基本矛盾，揭示了资本主义必然灭亡和社会主义必然胜利的规律，论述了社会主义社会和共产主义社会的一些基本特征。

总之，马克思在论述政治经济和科学社会主义时，坚持和发挥了社会存在决定社会意识，社会物质经济基础决定上层建筑，经济基础和上层建筑、生产力和生产关系的矛盾运动是社会发展的动力，在阶级社会中，表现为阶级斗争的动力的一系列唯物史观的基本原理。

2. 在《终结》里，恩格斯则批判了费尔巴哈的唯心史观，着重从社会发展的客观规律来论述了历史唯物主义的基本原理

（1）论证社会历史的发展和自然界的发展一样，也有自己发展的客观规律，关键是发现这种规律，并掌握这种规律的基本内容

马克思主义以前的历史观把历史看成是英雄豪杰的个人思想史和活动史，认为社会历史的发展是由伟大人物的主观思想决定的，是偶然事件的堆积，没有什么规律可言。他们只看到思想动机的作用，而看不到思想动机背后的更深刻的原因。恩格斯指出，社会历史发展和自然界的发展一样，有着它本身的客观规律，但社会历史同自然界不同，是在人们自觉的、有目的的行动中发展的，因此，要寻找社会历史的真正的动因，就必须研究隐藏在人们动机背后的动力。恩格斯进而说明如何发现隐藏在人们动机背后的动力。恩格斯指出，要研究使广大群众、整个民族和整个阶级行动起来的动机，要研究那些持久的、引起伟大历史变迁的行动的动机，通过研究这些动机去发现隐藏着的动力，即社会的经济条件，才能发现社会历史的客观规律。恩格斯在这里提出了"人民群众是历史创造者"的重要原理。

（2）说明社会的经济基础决定上层建筑，论述上层建筑各个组成部分同经济基础的关系，以及他们互相之间的关系

恩格斯首先指出了政治、法律制度同经济基础的关系。任何政治斗争都是阶级斗争，这种斗争归根到底是由经济基础所决定的。"国家、政治制度是从属的东西。""经济关系的领域是决定性的因素。"国家、法律都是由经济基础决定的。恩格斯还分析了政治观点、法律观点、哲学、宗教等意识形态和经济基础的关系，他认为这些上层建筑和意识形态，都是由经济关系决定的，但它们同经济关系的距离有远有近，同经济的联系有直接有间接。国家、政治制度同经济基础的距离最短，哲学是远离物质基础的意识形态，宗教离开物质生活最远，好像是同物质生活最不相干，但是这些意识形态归根到底是由经济条件决定的。恩格斯还指出，意识形态、上层建筑具有相对的独立性，有继承性，它要利用前人所创造的思想成果和思想材料，并同现有观念材料相结合而发展起来，但是归根到底仍然是由造成这些思想材料形成、发展、变化的经济关系决定的。

（3）通过对费尔巴哈唯心史观的批判，阐明了用历史唯物主义关于社会存在决定社会意识的基本原理，用阶级和阶级斗争的基本观点，去观察和分析社会现象的重要意义

恩格斯针对费尔巴哈在宗教上的唯心主义观点，指出，在阶级社会中，人的感情总是有阶级性的，根本就无所谓纯粹的人类感情，更没有理由把这种感情尊崇为宗教，阶级社会的历史是阶级斗争的历史，如果把阶级斗争历史歪曲为宗教变迁史，那是对历史的极大歪曲。

恩格斯针对费尔巴哈的唯心主义伦理学，阐明了马克思主义的道德观，指出永恒的、超历史的、超阶级的道德，实际上根本不存在。在阶级社会中，道德具有阶级性的。"每一个阶级，甚至每一个行业，都各有各的道德。"① 费尔巴哈鼓吹抽象的爱的道德观，只能起到麻痹被剥削阶级的极其有害的作用。

（4）指出了生产方式的内在矛盾运动是社会发展的决定力量，阶级斗争是阶级社会发展的动力

恩格斯在分析社会动因时，论证了阶级斗争是阶级社会发展的直接动力。他指出，自从资本主义经济开始在封建社会内部成长以来，社会的阶

---

① 《马克思恩格斯选集》第 4 卷，人民出版社 1972 年版，第 236 页。

级斗争不仅日益尖锐，而且日益明朗化了，这就使人们探究历史发展的真实动因有了可能。恩格斯依次分析了人类社会发展的阶级斗争的动力的事实，并指出，资产阶级时代，土地贵族、资产阶级和无产阶级"这三大阶级的斗争和他们的利益冲突是现代历史的动力"[①]。

恩格斯进一步指出，阶级斗争虽然是动力，但阶级斗争本身又是被经济原因，即被生产方式所决定的，因此，归根到底，还是生产方式决定社会的发展。历史唯物主义认为，阶级的产生和存在，以及阶级斗争的变化和发展，都是被经济原因决定的，都是被生产方式内部生产力和生产关系之间的矛盾决定的。恩格斯以封建社会和资本主义社会当例子，证明阶级和阶级斗争的产生和发展是如何被生产方式决定的。因此，人类社会的发展，归根到底是由生产方式，生产力和生产关系的矛盾运动所决定的。资本主义社会矛盾的最终解决，只能通过改变资本主义生产方式，使生产力得到解放。生产关系一定要符合生产力的性质，这是历史唯物主义的一条基本原理。

五

马克思、恩格斯关于唯物史观的有关书信，主要是指著名的历史唯物主义的八封信。这八封信，对历史唯物主义的基本原理做了进一步的补充论述。

1. 马克思 1846 年 12 月 28 日致安年柯夫的信，痛斥了蒲鲁东宣扬的客观唯心史观，着重阐明社会历史是在生产发展的基础上不以人的意志为转移的客观必然过程，论述了社会存在决定社会意识，生产力决定生产关系并最终决定整个社会关系的原理。

蒲鲁东把社会历史说成是"一种普遍理性的自我表现"。马克思指出蒲鲁东不是从经济关系出发去理解人类社会发展，而是反过来从经济范畴的发展去理解人类历史，因而陷入唯心史观的泥坑。马克思认为，人们在一定物质生产水平上，不但建立了抽象的社会关系，而且按照自己的生产

① 《马克思恩格斯选集》第4卷，人民出版社1972年版，第246页。

关系生产出相应的观念、范畴。观念范畴是社会关系的理论表现。马克思认为，人们不能任意选择自己的生产关系。"社会——不管其形式如何——究竟是什么呢？是人们交互作用的产物。人们能否自由选择某一社会形式呢？决不能。"① 生产关系是人们互相交往关系的基本的、基础性的关系，而一定的生产关系又受一定的社会生产力制约。所以，任何一种社会形态的改变和发展，都是生产力发展的结果，而不是人们自由选择的结果。马克思进一步证明了，在生产力发展一定状况下，社会有一定的交换和消费的生产关系；在生产、交换和消费发展的一定阶段上，就会产生一定的政治制度等上层建筑。因而，马克思认为，人们不仅不能选择自己的生产关系，而且也不能自由地选择自己的生产力。"后来的每一代人所得到的生产力都是前一代人已经取得而被他们当作原来为新生产服务"②，都是前代人实践的结果，因此，人们决不能超越历史去自由选择自己的生产力。马克思认为，人类历史就是生产发展的历史，生产力是人类全部历史的基础，"人们的社会历史始终只是他们的个体发展的历史，而不管他们是否意识到这一点。他们的物质关系形成他们的一切关系的基础"③。人类的历史就是世代相传的劳动者的历史，这样的历史发展，是不以人的意志力为转移的，是由社会经济的发展来决定的。马克思还指出，当生产关系不适合新的生产力时，就要发生革命。用新的生产关系来代替旧的生产关系，为生产力发展开辟道路。人们"为了不致丧失已经取得的成果，为了不致失掉文明的果实，人们在他们的交往方式不再适合于既得的生产力时，就不得不改变他们继承下来的一切社会形式"④。马克思以封建主义的生产关系被资本主义生产关系所代替的事实，具体地说明了这个问题，生产力与生产关系的矛盾运动引起了无产阶级推翻资产阶级的革命运动。

2. 马克思在 1852 年 3 月 5 日致约·魏德迈的信中，概括地表述了自己对阶级斗争和无产阶级专政学说的具有伟大历史意义的主要贡献，论述了唯物史观的主要内容——阶级斗争和无产阶级专政的学说。

---

① 《马克思恩格斯选集》第 4 卷，人民出版社 1972 年版，第 320 页。

② 同上书，第 321 页。

③ 同上。

④ 同上。

马克思划清了无产阶级的阶级斗争学说同资产阶级的阶级斗争学说、马克思主义和机会主义的区别，阐明了自己对于阶级斗争和无产阶级专政学说的三点贡献：（1）说明了阶级的产生、发展和灭亡是由人类物质生产状况决定的，阶级是一个历史的范畴；（2）指出阶级斗争必然导致无产阶级专政，这是阶级斗争发展的客观规律；（3）指出无产阶级夺取政权后所建立的无产阶级专政，其历史使命和最终目的是消灭阶级社会，指明了共产主义的必然实现以及实现的途径。马克思关于阶级斗争和无产阶级专政学说的主要贡献，是历史唯物主义的科学原理，深刻说明了阶级存在同物质生产状况的关系，阶级斗争同无产阶级专政的关系以及无产阶级专政同阶级灭亡、国家灭亡的关系，从而阐明了无产阶级专政在整个历史发展中的必然性和必要性。

3. 马克思在1868年7月11日的致库格曼的信中，驳斥了资产阶级庸俗经济学家对马克思经济理论的攻击，阐明了历史唯物主义的根本观点，并且简要地论述了他的经济理论。

马克思说："任何一个民族，如果停止劳动，不用说一年，就是几个星期也要灭亡，这是每一个小孩都知道的。"① 物质生产资料的生产，是人类赖以存在和发展的基础。道理很简单，人类要存在和发展，首先必须获得吃、穿、住等基本生活资料；而要获得这些资料，就必须进行生产，在这个基础上，才谈得上从事政治、科学、艺术等活动。这是历史唯物主义的根本观点。马克思从这个基本观点出发阐明了马克思主义的劳动价值理论。

4. 恩格斯晚年从1890年到1894年在给施莱特、布洛赫、博尔吉乌斯等人写的信中，批驳了机会主义者和资产阶级学者对历史唯物主义的歪曲和篡改，全面阐述了经济与政治、经济基础与上层建筑的辩证关系，进一步揭示了社会意识形态的特点和作用，同时也论述了一些历史唯物主义原理，进一步发展了马克思、恩格斯创立的唯物主义历史观。

80年代以前，在社会历史观中，主要是反对唯心史观。因而，马克思和恩格斯当时的研究重点是："把重点放在作为基础的经济事实中探索出

---

① 《马克思恩格斯选集》第4卷，人民出版社1972年版，第368页。

政治观念、法权观念和其他思想观念以及由这些观念所制约的行动"①，较多地强调了基础决定作用，对上层建筑的反作用论述不够。到了八九十年代，机会主义滋生起来，肆意歪曲和篡改唯物史观，否定上层建筑的反作用，宣扬和平长入资本主义的谬论。一些资产阶级反动学者也把唯物史观庸俗化，说成只承认经济的决定作用。同时，德国党内一些青年党员对马克思主义理论缺乏深入研究，把唯物主义当作公式，到处硬套。在这种情况下，恩格斯站出来，全面地、完整地论述了经济基础与上层建筑的辩证关系，在充分肯定经济基础对上层建筑的决定性作用的前提下，着重论述了上层建筑对经济基础的反作用。

（1）论述了社会存在和社会意识的辩证关系，在肯定社会存在是第一性、决定性的作用的前提下，论述了意识形态的相对独立性和反作用

恩格斯指出："虽然物质生活条件是原始的始因，但是这并不排斥思想领域也反过来对这些物质条件起作用。然而是第二性的作用。"② 恩格斯说明了两点：一是说物质生活条件是人类社会存在和发展的基础。社会存在包括物质生产方式、地理环境和人口等，物质生产方式是决定性原因。马克思在致梅林的信中，批判了把意识形态的形成和发展看成是脱离物质基础的看法，指出人们的活动虽然是受人们思想动机支配的，但是人们的思想动机又是一定物质原因引起的，物质决定意识。二是说社会意识对社会物质生活条件，即社会存在，具有反作用。恩格斯在致梅林信中，进一步指出，当社会意识一旦被经济原因造成以后，"它已影响周围的环境，甚至能够对产生它的原因发生作用"③。但是社会意识的反作用是第二性的，是受制于第一性的社会存在的。恩格斯认为，只要从事哲学、宗教等研究的人们形成社会分工的一个特殊部分、独立集体，他们的学说、观点，包括他们的错误在内，"就要反过来影响全部社会发展，甚至影响经济发展"。但是，"他们本身又处于经济发展的起支配作用的影响之下"④。

恩格斯在反复强调经济因素对社会意识形态的决定作用的前提下，论

① 《马克思恩格斯选集》第4卷，人民出版社1972年版，第500页。
② 同上书，第474页。
③ 同上书，第502页。
④ 同上书，第485页。

述了意识形态的特点和作用。社会意识形态一旦由一定的经济条件产生出来以后，便具有相对的独立性，具有它本身的继承性和运动、发展的特殊规律。

恩格斯认为，思想、理论具有历史的继承性，还是社会意识形态相对独立性的具体表现。"历史思想家在每一科学部门中都有一定的材料，这些材料是从以前的各代人的思维中独立形成的，并且在这些世代相继的人们的头脑中经过了自己的独立的发展道路。"① "每一个时代的哲学作为分工的一个特定的领域，都具有由它的先驱者传给它，而它便由此以出发的特定的思想资料作为前提。"② 但是，意识形态的这种继承性，容易造成似乎与经济无关的假象，给唯心主义造成可乘之机。恩格斯总结说，实际上意识形态的继承性质，甚至继承性，摈弃什么、发展什么也是受经济基础制约的。

由于意识形态的历史继承性，造成了社会意识的发展与经济发展的不平衡性。历史上一些落后国家，在思想上都有可能超过经济比较发达的国家，但是这种情况归根到底也是以一定经济发展的水平为前提的。

各种思想之间存在相互作用和影响。恩格斯指出：各种社会意识形态的发展，除了以经济的发展为基础外，它们又都互相影响，产生各种思想之间的交互作用。在社会意识形态之间，政治思想和哲学思想起到了重要作用，影响和支配其他意识形态。哲学是作为世界观和方法论来影响其他意识形态的，但是哲学本身不仅不能代替其他各种意识形态，而且还直接受政治、法律和道德的影响。政治是经济的集中表现，一定的政治思想对哲学、宗教等意识形态产生着直接的影响，起着领导的作用。

（2）论述了经济基础与上层建筑的辩证关系，提出了上层建筑的反作用

恩格斯认为，第一，经济基础是第一性的，是社会历史发展的基础，对历史进程起着决定性的胜利。"根据唯物史观，历史过程中的决定性因

---

① 《马克思恩格斯选集》第 4 卷，人民出版社 1972 年版，第 501 页。
② 同上书，第 485 页。

素归根到底是现实生活的生产和再生产。"① 第二，上层建筑各种因素是第二性的，它的性质、状况、发展和变化归根到底是由经济基础决定的。但是，上层建筑的各种因素一旦产生出来，就有着自身的特殊发展规律和特点，并能决定历史发展的特点或特殊形式。这种反作用比起经济因素的作用当然是次要的，但不容忽视。第三，经济基础和上层建筑、经济基础之间、上层建筑之间各种要素的交互作用，影响历史发展，但归根到底是生产关系一定要适应生产力的需要。生产关系与生产力之间的矛盾运动决定经济基础的发展和改变。经济基础又决定上层建筑，归根到底是经济必然性起主要的、决定的作用。

恩格斯驳斥保·巴尔特对唯物史观的歪曲，着重指出了上层建筑在历史进程中的作用。他指出："当一种历史因素一旦被其他的、归根到底是经济的原因造成的时候，它也影响周围的环境，甚至能够对产生它的原因发生反作用。"② 上层建筑在历史进程中究竟具有什么样的作用，恩格斯指出："对历史斗争的进程发生影响并且在许多情况下主要是决定着这一斗争的形式的，还有上层建筑的各种要素。"③ 恩格斯论述了国家和法的产生，相对独立性及对经济基础的反作用，恩格斯以国家权力为例说明上层建筑是怎样反作用于经济基础的，有三种可能：一是国家权力如果沿着经济发展的同一方向起作用，经济的发展比较快；二是国家权力如果沿着与经济发展相反的方向起作用，就会阻碍经济的发展，经过一定的时期，国家本身也必然遭到崩溃；三是国家权力"阻碍经济发展沿着某些方向走，而推动它沿着另一种方向走"④，这第三种情况归根到底还是归结为前两种情况中的第二种。在第二种或第三种情况下，政治权力能给经济发展造成极大的损害。恩格斯还讲了国家权力对经济发展的反作用。

恩格斯驳斥了保尔·巴尔特之流对马克思主义的攻击，说明马克思一贯重视政治对经济的反作用。恩格斯指出，马克思在《路易·波拿巴的雾月十八日》和《资本论》等著作中，肯定了政治普遍依赖于经济条件，

---

① 《马克思恩格斯选集》第4卷，人民出版社1972年版，第477页。
② 同上书，第502页。
③ 同上书，第477页。
④ 同上书，第483页。

同时充分论述了政治斗争所起的特殊作用。

上层建筑对经济基础产生的反作用，是由于上层建筑各部分都有不同程度的相对独立性，形成它自己发展的特殊规律和相对独立的历史，因而就能积极主动地反映经济基础和起作用于经济基础。但是上层建筑决不会离开经济基础而单独起作用，它的反作用是在经济必然性的基础上产生和发挥的，"生产归根到底是决定性的东西"①。离开经济基础去谈上层建筑必然陷入唯心主义历史观。

（3）论述了其他唯物史观的原理

恩格斯在有关书信中指出，唯物史观不但是科学的理论，而且又是研究社会历史的唯一科学方法，但唯物史观不是教条，而是"进行研究工作的指南"②。

恩格斯论述了人们创造历史过程中客观规律性和个人意志的关系。为了通俗地说明历史的客观规律和个人意志的关系，恩格斯举了"平行四边形"的例子。历史中，无数个人意志就好像无数力的平行四边形的邻边；无数个人意志相互冲突的结果，就好像无数个力的平行四边形引出的无数根合力线。历史的最终结果，就好像是总的合力线。这说明：社会规律同自然规律一样，有其客观性；社会规律又不同于自然规律。社会规律表现有个人的目的和愿望；个人的目的表面上很少如愿以偿，在无数个人背后有一个物质的总动力；个人的意志对历史的发展不是不起作用的，无数个人意志表现为历史的合力。由此阐明了客观规律和个人意志的关系。恩格斯还提出了正确对待个人在历史发展中的作用，阐明了马克思作为无产阶级的伟大导师出现在历史上，是有其历史必然性的。历史人物在于顺应历史的潮流，应当肯定个人在历史上的地位和作用。

恩格斯指出，在人们的生产方式和交换方式中"也包括生产和运输的全部技术装备"③。技术装备是指科学技术说的，科学技术是生产力，恩格斯表达了这个思想。同时，恩格斯还阐述了生产对科学技术的重要作用，

---

① 《马克思恩格斯选集》第4卷，人民出版社1972年版，第481页。
② 同上书，第475页。
③ 同上书，第505页。

"社会一旦有技术上的需要，则这种需要就会比十所大学更能把科学推向前进"①。自然科学的产生和发展最终是由生产的需要和实践决定的。

最后，恩格斯讲了在历史发展中偶然性和必然性的关系，正像曲线（指偶然性）和中轴线（指必然性）的关系，这个轴线归根到底是经济发展的轴线，它"构成一条贯穿于全部发展进程并唯一能使我们证明这个发展进程的红线"②。

总之，马克思在《提纲》中为历史唯物论的创立开辟了新的理论起点，提出了唯物史观的思想。马克思、恩格斯在《反杜林论》、《终结》中全面地、详细地论述了历史唯物主义的基本原理。马克思在历史唯物主义的书信里又补充论述了历史唯物论的基本原理，恩格斯晚年在历史唯物主义书信中全面论述了经济基础与上层建筑、社会存在与社会意识的辩证关系，阐述了上层建筑的相对独立性和作用，进一步丰富了唯物史观。

（本文是作者 1983 年的读书笔记）

---

① 《马克思恩格斯选集》第 4 卷，人民出版社 1972 年版，第 505 页。
② 同上书，第 506 页。

马克思在早期著作中关于
人的问题的有关论述

在马克思早期著作中，关于人的问题的认识过程是同他的世界观的转变和唯物史观的形成密切相关的。唯物史观的形成是马克思关于人的问题的正确解决的理论基础，而马克思关于人的问题的科学解决又为马克思创立唯物史观提供了不同于旧哲学的新的理论出发点。

马克思的世界观经历了一个由18世纪法国启蒙思想的人道主义历史观，到黑格尔的唯心主义，经过费尔巴哈的人本主义，最后到辩证唯物主义和历史唯物主义的发展过程，与此相应，马克思关于人的问题的认识也经历了一个同样的过程。

一　受法国启蒙思想的人道主义影响的阶段

18世纪法国启蒙哲学家和唯物主义者继承了文艺复兴人文主义的思想传统，在历史观上以人代替神，以抽象的自然人性为基础，提出了"人是环境的产物"的论断。这些思想对于处于资产阶级革命前夜的德国产生了深远的影响。少年的马克思，在对于人的看法上，直接受到了法国人道主义思想的影响，这是马克思关于人的问题的认识起点。马克思在中学作文中认为，自然给动物规定了活动范围，动物局限于自然给定的范围内活动，而人却要自己去寻找达到自己目标的手段，这就是人比其他动物远为优越的地方。① 马克思虽然是在泛神论的前提下表达了上面的思想，但他

---

① 《马克思恩格斯全集》第40卷，人民出版社1982年版，第3页。

却强调了人与动物的区别点在于人的主观能动性。但是，马克思认为人的能力是有限度的。"我们在社会上的关系，还在我们有能力对它们起决定性影响以前就已经在某种程度上开始确定了。"① 强调了人受环境的局限，环境决定人。马克思还把追求人类的幸福和自身的完美作为自己的行为准则。"人类的天性本来就是这样的：人们只有为同时代人的完美，为他们的幸福而工作，才能使自己也达到完美。"② 马克思崇拜人的天性的完美和尊严。

二　受黑格尔唯心主义的影响阶段

1837 年 10 月，《给父亲的信》标志马克思接受了黑格尔唯心主义，在马克思成为青年黑格尔派时，接受了黑格尔关于人的问题的看法。

1.《给父亲的信》到《博士论文》期间。1837 年 11 月到 1841 年 3 月，马克思把客观理性作为世界的本质，并从客观理性出发说明人的问题。首先，在《博士论文》中，马克思把人的本质归结为自我意识。"对神的存在的证明不外是对人的本质的自我意识存在的证明。"③ 马克思认为，当人们证明上帝是否"存在"时，实际上首先想到的直接存在就是人的本质的自我意识，自我意识是人的本质。马克思后来指出："人的本质，人，在黑格尔看来是和自我意识等同的。"④ 马克思认为，自我意识是"本身自由的理论精神"⑤，既然人的本质是自我意识，那么人的本质是理性的、自由的、能动的。但马克思理解的人的理性自由不同于青年黑格尔派完全脱离现实的绝对的精神自由，是"定在的自由"，即受一定条件限制的自由。其次，马克思也看到了人的社会联系性。他说"一个人，只有当同他发生关系的另一个人不是一个不同于他的存在，而他本身，即使还

---

① 《马克思恩格斯全集》第 40 卷，人民出版社 1982 年版，第 5 页。
② 同上书，第 7 页。
③ 同上书，第 285 页。
④ 《马克思恩格斯全集》第 42 卷，人民出版社 1979 年版，第 165 页。
⑤ 《马克思恩格斯全集》第 40 卷，人民出版社 1982 年版，第 258 页。

不是精神，也是一个个别的人时，这个人才不再是自然的产物"①。马克思坚持了黑格尔理性的人的思想，在这个前提下，看到了人的一定的社会联系性。

2.《莱茵报》期间。1841 年 4 月马克思由纯思辨的理论斗争转向实际的政治斗争，开始了对普鲁士封建专制国家的批判，第一次对物质利益问题发表意见，对黑格尔唯心主义产生怀疑。与此相适应，在对人的认识问题上，马克思也开始对黑格尔理性的人持有一定的怀疑态度。首先，马克思在基本倾向上，仍然把人的本性看成是理性的自由，"自由确实是人所固有的东西"②。普遍理性自由是人的本性，他由此出发批判普鲁士的封建专制国家，他认为：国家必须是"符合人性的国家"③，是人的自由理性的体现，"不实现理性自由的国家就是坏的国家"④。要求按照自由的原则，建立一个符合人性的"相互教育的自由人的联合体"⑤。把人的问题同国家问题联系在一起来看待。其次，一方面，在理论上，马克思仍然接受黑格尔的理性的人的说法；另一方面，在实际斗争中，马克思看到的不是抽象的人，而是具体的与一定等级利益相联系的等级的人，具有"各种关系的客观本性"的人。马克思认为，在出版自由的论战中，"论战的不是个别的人，而是等级"⑥。人们所争取的一切"都同他们的利益有关"⑦。在一定程度上认识到人、等级、利益之间的联系，人是具体的一定等级利益的人。在《摩塞尔记者的辩护》一文中，马克思指出："在研究国家生活现象时，很容易走入歧途，即忽视各种关系的客观本性，而用当事人的意志来解释一切。但是存在着这样一些关系，这些关系决定私人和个别政权代表者的行动，而且就像呼吸一样地不以他们为转移。只要我们一开始就站在这种客观立场上，我们就不会忽此忽彼地去寻找善意或恶意，而会

---

① 《马克思恩格斯全集》第 40 卷，人民出版社 1982 年版，第 216 页。
② 《马克思恩格斯全集》第 1 卷，人民出版社 1956 年版，第 63 页。
③ 同上书，第 126 页。
④ 同上书，第 127 页。
⑤ 同上书，第 118 页。
⑥ 同上书，第 42 页。
⑦ 同上书，第 82 页。

在初看起来似乎只有人在活动的地方看到客观关系的作用。"① 这里客观关系还不是物质的生产关系,但马克思却看到了人活动中体现出来了一种关系的客观本性。马克思在实际斗争中接触到的是现实的人,但却在理论上还是从理性出发来说明人,他必然对黑格尔关于人的唯心主义观点产生怀疑。

三 受费尔巴哈人本主义影响,摆脱黑格尔的唯心主义阶段

1. 克罗茨纳赫期间。1843 年夏,马克思在克罗茨纳赫期间,受到费尔巴哈唯物主义启发,开始批判黑格尔唯心主义,提出市民社会决定国家。在对人的看法上,马克思(1)强调了人的社会特征。他认为,肉体的自然本性不是人的本质,社会特质才是人的本质,人的社会特质是通过国家职能和活动表现出来的,国家的职能和活动离不开人的肉体活动,人的肉体与人的社会特质是不可分割的一个东西。应当按照人的社会特质,而不应按照人的自由性质来考察人。"'特殊的人格'的本质不是人的胡子、血液、抽象的肉体的本性,而是人的社会特质。"② 如何理解人的社会特质?马克思认为,"如果在考察家庭、市民社会、国家等等时把人的存在的这些社会形式看做人的本质的实现,看做人的本质的客观化,那么家庭等等就是主体内部所固有的质。人永远是这一切社会组织的本质,但是这些组织也表现为人的现实普遍性,因而也就是一切人多共有的"③。马克思说:"个人是否仍旧属于自己的等级,这一部分取决于机缘,一部分取决于本人所从事的劳动等等。"人只有"作为国家成员,作为社会生物的规定,才成为他的人的规定","才获得人的意义"④。"现实的人就是现代国家制度的私人。"⑤

(2)提出人的本质二重化看法。这种二重化的看法是马克思关于现实

---

① 《马克思恩格斯全集》第 1 卷,人民出版社 1956 年版,第 216 页。
② 同上书,第 270 页。
③ 同上书,第 293 页。
④ 同上书,第 345 页。
⑤ 同上书,第 346 页。

中的人同理论上的、抽象的人的认识矛盾的反映。马克思认为在市民社会中存在着差别、分裂、等级，这种分类和等级划分使人的实物本质与人的普遍本质相脱离，即人的现实表现与人的本质分离了，人们在市民社会中不能实现自己的本质，于是就幻想在政治领域内实现自己的本质。人把自己二重化为市民和公民，人们的政治生活表现为脱离其现实生活的虚幻共同体。（3）开始主张从现实的人出发，批判了黑格尔理性的人，受费尔巴哈抽象的人的影响①。

2.《德法年鉴》期间。1843 年秋—1844 年 1 月，马克思写的《论犹太人问题》和《〈黑格尔法哲学批判〉导言》，以及 7 月写的《评"普鲁士人"的〈普鲁士国王和社会议案〉一文》等文章标志着马克思突破黑格尔的唯心主义，转到一般唯物主义立场上，同时又受费尔巴哈人本主义的影响。首先，马克思已不把理性自由看成人的本性了，把人的本质看成人本身，主张"人的根本就是人本身"②，"人是人的最高本质"③，表述了与费尔巴哈基本一致的看法。其次，马克思并没有停留在费尔巴哈阶段，在接受费尔巴哈人本主义的同时，就开始超越费尔巴哈的思想。（1）他尤其强调人的社会特性，"人并不是抽象地栖息在世界以外的东西。人就是人的世界，就是国家，社会"④。人不是孤立的、抽象的自然存在物，而是社会的、国家的、世界历史的存在物。"人的实质也就是人的真正共同体。"⑤（2）马克思注意从人的实际需要，私人利益来说明人。"我们不是用犹太人的宗教来说明犹太人的顽强性，而是用他们宗教的人的基础、实际需要、利己主义来说明这种顽强性。"⑥ 只有用犹太人赖以生存的市民社会才能说明犹太人的本质。（3）批判了所谓人权自由。"任何一种所谓人权都没有超出利己主义的人，没有超出作为市民社会的成员的人，即作为封闭于自身、私人利益、私人任性，同时脱离社会整体的个人的人。"⑦ 人

① 《马克思恩格斯全集》第 1 卷，人民出版社 1956 年版，第 292—293 页。
② 同上书，第 460 页。
③ 同上书，第 461 页。
④ 同上书，第 452 页。
⑤ 同上书，第 487 页。
⑥ 同上书，第 451 页。
⑦ 同上书，第 439 页。

是具体的市民社会的人，自由人权实质就是私有财产这一人权。（4）马克思从人的本质异化出发论及人的解放。马克思认为，在市民社会，人的类本质同人相异化，人过着二重性生活，人类解放就是"把人的世界和人的关系还给人自己"①。"德国唯一实际可能的解放是从宣布人本身是人的最高本质这个理论出发的解放。"②（5）已经看到了阶级的人。"德国无产阶级是随着刚刚着手为自己开辟道路的工业的发展而形成起来的。"③ 马克思从工业生产发展中看到了具体的无产阶级的人，并把它归结为人的解放的物质力量。

四　由费尔巴哈的抽象的人向历史唯物主义的现实人的转化的过渡阶段

1.《1844 年经济学哲学手稿》期间。在《手稿》中，马克思发挥了费尔巴哈人本主义理论。但是，马克思同费尔巴哈又不同，突破了费尔巴哈唯心主义历史观，提出了接近唯物史观的合理的思想。在人的问题上，也由抽象的人向现实的人转化。在 1844 年上半年，马克思认为"人的本质是人的真正的社会联系"④。人们在积极实现自己本质的过程生产人的社会联系、社会本质；人的社会本质不是一种同单个人相对立的抽象力量，而是每一个单个人的本质，是人的活动。那么，人的社会本质是什么呢？"自由自觉的活动恰恰就是人的类的特性。"⑤ "实际创造一个对象世界，改造无机的自然界，这是人作为有意识的类的存在物的自我确证。"⑥ 马克思认为，人不仅仅是自然存在物，而且是类存在物；生产劳动就是类生活，人的类特性就是自由的、自觉的劳动活动，正是通过这种类活动，人们才彼此联系起来，自然界才能人化、对象化，人才能成为社会的人。把

① 《马克思恩格斯全集》第 1 卷，人民出版社 1956 年版，第 443 页。
② 同上书，第 467 页。
③ 同上书，第 466 页。
④ 《马克思恩格斯全集》第 42 卷，人民出版社 1979 年版，第 24 页。
⑤ 《1844 年经济学哲学手稿》，人民出版社 1979 年版，第 50 页。
⑥ 同上。

劳动规定为人的社会本质，由此出发去说明社会历史，这使马克思接近历史唯物主义。但是，在《手稿》中，马克思讲的劳动还不是一定条件下直接满足物质生活需要的物质的生产活动，因而马克思对人的认识还没有摆脱唯心主义历史观的束缚。

2.《神圣家族》期间。恩格斯说："对抽象的人的崇拜，即费尔巴哈的新宗教的核心，必须由关于现实的人及其历史发展的科学来代替。这个超出费尔巴哈而进一步发展费尔巴哈观点的工作，是由马克思于 1845 年在《神圣家族》中开始的。"① 在《神圣家族》中，马克思进一步批判了黑格尔派的唯心主义，虽然还有费尔巴哈的人本主义影响，但提出了历史的发源地"在尘世的粗糙的物质生产中"②，并且接近提出生产关系的概念，大大超出费尔巴哈的历史唯心主义。在历史观上的这个进步，使马克思转向关于现实人及其历史发展的正确的认识。马克思批判黑格尔派的思辨唯心主义，用"'自我意识'即'精神'代替现实的个体的人"③。马克思强调现实的人就是生活在现实的实物世界中，生活在人与人的社会关系中的人，"实物是为人的存在，是人的实物存在，同时也就是人为他人的定在，是他对他人的人的关系，是人对人的社会关系"④。马克思指出不同历史时期的人是不同的，这是由各个历史时期的经济状况决定的。他认为，18 世纪的人不同于古代共和国的人，"正像他的经济状况和工业状况不是古代的一样"⑤，资本主义社会的人不是空洞的原子，不是神类的利己主义，而是利己主义的人，他们之间的社会联系不是政治生活而是市民社会⑥。总之，只有从每个历史时期的粗糙的物质生产出发才能说明现实的人及其历史发展，不是人的本质决定生产，而是物质生产决定人的本质。

马克思认为"历史不过是追求着自己目的的人的活动而已"⑦。创造

---

① 《马克思恩格斯选集》第 4 卷，人民出版社 1972 年版，第 237 页。
② 《马克思恩格斯全集》第 2 卷，人民出版社 1957 年版，第 191 页。
③ 同上书，第 7 页。
④ 同上书，第 52 页。
⑤ 同上书，第 156 页。
⑥ 同上书，第 153—154 页。
⑦ 同上书，第 118—119 页。

历史的不是思想，而"正是人，现实的、活生生的人"①。"思想根本不能实现什么东西。为了实现思想，就要有使用实践力量的人。"② 历史活动是群众的事业，工人阶级是人类解放的实践因素。马克思开始从社会实践来考察人，把历史归结为人民群众的实践活动。

最后，在 1845 年春到 1846 年夏，马克思在《关于费尔巴哈的提纲》和《德意志意识形态》中，彻底抛弃了费尔巴哈的人本主义，完成了从费尔巴哈人本主义向历史唯物主义的转变。与此同时，马克思也完成了对现实的人及其历史发展的科学认识。在《提纲》中，马克思提出了关于人的本质的科学定义，实现了人的本质观的历史变革。在《形态》中，马克思彻底批判了费尔巴哈人本主义哲学，同费尔巴哈哲学的出发点抽象的人相对立，马克思认为自己新世界观的出发点是现实的人，并且反复强调现实的人的本质是在一定社会生产关系中的人，从现实人出发，就是从人的一定的社会生产关系出发。它们是一回事。只有从现实的社会生产关系出发才能说明人的本质、人性和一切人的问题，认识到人的本质就是人的社会关系的总和。马克思彻底批判了费尔巴哈的抽象的人的同时，也就找到了唯物史观的新的出发点——现实的人，即社会物质生产关系，找到了正确认识人的问题的科学途径。

（本文是作者 1984 年 1 月 12 日撰写的研究报告）

---

① 《马克思恩格斯全集》第 2 卷，人民出版社 1957 年版，第 118 页。
② 同上书，第 152 页。

马克思关于人的本质的定义是科学的论断

1845 年春，在《关于费尔巴哈的提纲》（以下简称《提纲》）一文中，马克思提出人的本质"是一切社会关系的总和"①，这是马克思主义关于人的本质的科学论断。

一 马克思正确解决了说明人的本质问题的现实出发点

是从人的本质出发来说明人们的物质生产活动及其社会关系，还是从人们的物质生产活动及关系的客观前提出发说明人的本质，是马克思关于人的本质的科学论断同一切旧的哲学关于人的本质的观点的分水岭。关于人的本质的看法，不过是人们生产的物质生活条件和生产关系所决定的、人们生活于其中的一切社会关系在人们头脑中的反映而已，任何一个时代的思想家关于人的本质的概念，只是对其所处的历史条件的社会关系的认识，概莫能外，唯一的差别仅在于有的是科学的抽象，有的是扭曲的反映。"每个个人和每一代当作现成东西承受下来的生产力、资金和社会交往形成的总和，是哲学家们想象为'实体'和'人的本质'的东西的现实基础。"② 现实中每个人的物质生活条件及其社会关系是关于"人是什么"、"人的本质是什么"的现实基础，人们对人的本质的理论概括和回答，仅仅是对这个现实基础的理论表达。如，人的本质是自由的，只不过启蒙思想家关于资本主义的自由贸易的商品关系的抽象表达。当人们自己生产出生活条件和一切社会关系，并且把这些东西以思想的形式表达出来

---

① 《马克思恩格斯选集》第 1 卷，人民出版社 1972 年版，第 18 页。
② 《马克思恩格斯全集》第 3 卷，人民出版社 1960 年版，第 43 页。

时，就采取了逻辑规定的抽象概念形式，这样似乎人的本质不是现实人的现实社会关系的反映，而表现为从一般人的概念中，从人的本质中产生出来的逻辑规定了。这样一来，人的本质便成为现实人的现实社会关系产生之前，或其存在之外，或人本身先天固有的存在物了。无论是唯物主义思想家，还是唯心主义思想家，一概都把人的本质同现实的社会关系头脚倒立，这就是马克思之前的旧哲学无法逾越的思想障碍，这个障碍阻止了他们去正确地探讨人的本质问题。

人的本质"是一切社会关系的总和"。表明：（1）人是在"现实的、历史地发生和历史地确立的世界"里从事物质生产活动的个人，人及其活动、关系是受其物质生产活动所创造的既定的物质生活条件、物质社会关系的制约和限制的，人是社会关系的产物；人们的社会物质存在是第一性的，是现实的客观基础。（2）人离不开一定的物质生产活动，离不开一定的社会关系，离不开人们自己物质活动的历史过程，现实的人就是现实的社会活动和社会关系，就是整个社会活动和社会关系的过程，二者是一回事。（3）人的本质就是人的社会本质，它不可能存在于孤立的个体中、存在于整个社会关系中，是人们的社会关系决定了人的本质，只有从具体的社会关系出发才能概括出人的本质，而不是相反。马克思的正确结论首先是找到了研究人的本质的客观基础，其次才是从这个基础出发对人的本质做了正确的概括。

有的同志认为马克思的定义不全面，这不能算作科学定义，在《提纲》中，马克思没有提出生产关系的概念，"社会关系的总和"还不够科学，不足以说明人的本质。事实上，当时马克思虽然没有明确提出生产关系的科学概念，但是"社会关系总和"已经包括生产关系的内容，理由有：（1）在《黑格尔法哲学批判》中，马克思批判了黑格尔的唯心主义哲学，提出市民社会决定国家的结论，马克思后来回顾说："黑格尔按照十八世纪的英国人和法国人的先例，称之为'市民社会'"的是"物质的生产关系的总和"①。当时，马克思虽然没有从理论上直接把"市民社会"归结于"社会关系的总和"，然而实际观察问题时，已经从这个客观前提

_____

① 《马克思恩格斯选集》第 2 卷，人民出版社 1972 年版，第 82 页。

着眼了。市民社会决定国家的提法包含了物质生产关系总和和决定国家的合理成分。在同一本书中，马克思认为国家只是现实的经验的人的实现，要从现实的人中引申出国家，主张从现实的经验的人出发。现实的人决定国家和市民社会决定国家是同一个命题的不同表述，现实的人就是指市民社会。（2）在《1844 年经济学哲学手稿》（以下简称《手稿》）前后，马克思已经开始从市民社会的经济问题入手分析社会问题了。当时，马克思在理论的表述上仍然使用费尔巴哈旧哲学的术语，如"类活动"、"类存在"等，但实际内容已经包含了物质生产活动及其关系的新内容。他说："不论是生产本身中人的活动的交换，还是人的产品的交换，其意义都相当于类活动……"① "类活动"的实际内容已经不同于费尔巴哈赋予的意义了，具有人的生产活动及其交往关系的新因素。在《手稿》中，马克思继续说："正是在改造对象世界中，人才真正地证明自己是类存在物。这种生产是人的能动的类活动。"② 人们在生产活动中发生的关系是真正的类关系。虽然马克思对生产活动的考察还是抽象的，对人们在生产中发生的关系的考察还受到费尔巴哈人本主义的局限，但是却蕴涵了对生产关系概念的合理规定。（3）《神圣家族》已经接近提出生产关系的概念。马克思在《神圣家族》中已经把唯物主义扩大到社会生活领域，认识到物质生产在社会历史发展中的决定作用，认识到物质生产的方式是社会的基础，并且已经注意到生产关系的关键作用。"实物是为人的存在，是人的实物的存在，同时也就是人为他人的存在，是他对他人的关系，是人对人的社会关系。"③ 列宁认为这段话表明马克思接近提出自己整个"体系"基本思想——生产关系的概念。（4）从《提纲》同《德意志意识形态》（以下简称《形态》）的关系看，《提纲》"包含着新世界观的天才萌芽"④，提出了唯物史观的基本观点，《形态》进一步展开叙述了历史唯物主义的基本原理。在《形态》中，马克思、恩格斯指出，物质交往是人们生产过程中的交往，乃是任何一种交往的基础。"交往形式"、"交往方式"、"交往关

---

① 《马克思恩格斯全集》第 42 卷，人民出版社 1979 年版，第 24 页。
② 同上书，第 97 页。
③ 《马克思恩格斯全集》第 2 卷，人民出版社 1957 年版，第 52 页。
④ 《马克思恩格斯选集》第 4 卷，人民出版社 1972 年版，第 208—209 页。

系"这些术语就是《形态》所形成的生产关系的科学概念。从以上四点理由来看，马克思在《提纲》中关于"社会关系总和"的提法已经包含了生产关系的科学内容。把社会关系归结于生产关系，把生产关系归结于生产力的高度，把生产关系当作决定其余一切社会关系的基础，这是唯物史观形成的根本标志。《提纲》已经具备了这个理论条件，因而，《提纲》关于人的本质的结论是建立在正确的理论基础上的，是成熟的、科学的论断。

二　马克思关于人的本质的定义是科学的抽象，既说明了人的一般本性，又说明了每个时代历史地发生了变化的人的本性

古今中外一切旧哲学家都致力于寻找一个固定不变的人的本质，企图给人的本质下一个一劳永逸、人皆可用的定义，以为这样就可以从永恒不变的本质出发，去衡量和说明一切社会问题。

人的本质，即人的共同本性。我们并不否认共同本性的存在，但又认为人的本质是一个一般概念，是对具体人性的一个抽象，它是抛开了不同的历史发展时期、不同的社会集团、不同的生活物质环境、文化教养、文明程度、心理特征所造成的丰富多彩的人的个性，而抽象出来的人的一般共性。现实的顺序是社会物质条件及社会关系决定具体人的特性，而具体人的特性又决定了人的一般本性，即人的本质。因此，在承认人的共同本质的同时，必须承认人的具体人性的存在，承认必须从具体的社会关系出发才能说明人的具体人性，从而才能进一步说明人的本质。决不能将人的一般本质同人的具体个性、同社会关系对立起来、割裂开来。马克思说："首先要研究人的一般本性，然后要研究在每个时代历史地发生了变化的人的本性。"[1] 人的一般本性就是人的本质，历史地变化的本性就是指具体的人性，马克思科学地证明了二者之间的辩证关系。人的本质的科学的抽象可以用来说明人与动物的差别，对人进行人类学、社会学、心理学、教

_____

[1] 《马克思恩格斯全集》第23卷，人民出版社1972年版，第669页。

育学等具体科学的研究是完全必要的。马克思、恩格斯多次用一般生产劳动来区别人的劳动。但是冀图站在世界观、历史观的角度来说明现实的人及其特点的话，仍然停留在人的本质的一般概括上未免太空洞、太贫乏了。有人认为人的本质是需要，马克思认为讲需要从来不脱离开具体的历史条件。离开具体的需要，一般的需要还有什么实际意义呢？旧哲学家在研究人的本质问题的一个认识论上的根本缺陷就是，割裂人的本质这个一般同具体的人性、具体的社会关系的从属关系，只承认人的本质一般，而否认具体的人性，否认决定具体人性的社会关系，把一般本质扩大化、绝对化、片面化，变成了第一性的东西，变成了可以用来说明人的历史及其社会的东西了。因此，他们：（1）只承认为各个历史时代的全人类共有并有永恒标准的人的本质，否认了不同历史时代、不同社会经济条件的具体的人的特性；（2）只找到了区别人与动物的一般本质，只从人类学、社会学、生物学、心理学角度出发认识人的一般本性，而根本不承认存在不同时代、不同经济地位、不同生活条件的人的具体差别各异的人性；（3）他们的定义似乎适用于一切人，实际上都说明不了历史地变化了的人性及其变化的原因。

问题的症结不在于承认不承认人的共同本质，而在于承认不承认具体的历史地变化的人的特性，在于承认不承认造成人的特征的社会条件。历史上的思想家抛开具体的人性，抛开决定人性的具体的社会关系，而集中去探讨人的共同本质，从而得出一个适用于一切人、适用于一切时代的永久性的定义来。而马克思则历史地考察了人们的社会关系，以此说明人的具体特性，在这个基础上科学地抽象出人的本质。

在对人的本质进行概括时，马克思坚持从具体抽象出一般的唯物主义路线，旧哲学家包括杰出的唯物主义者费尔巴哈则是从一般到具体的唯心主义路线。在《神圣家族》中，马克思彻底地揭示了旧哲学家"思辨结构的秘密"。我们知道，人的认识总是从具体的、个别的、特殊的事物开始的，由特殊上升到一般。譬如，对于水果，人们起初只是见到一个一个具体的西瓜、苹果、梨、桃，见多了，人们就抽象出它们的共性，按照哲学家的语言，叫做概括出它们的本质，从而形成了"果实"这个一般概念、普遍的名称。具体的水果是一般"果实"（哲学家的语言叫做"水果的本质"）的概念的真实客观基础，一般"果实"、"水果的本质"是具体水果的一个抽象。但是思辨哲学家们把二者颠倒了，他们认为一般的"果实"概念是决定具体水果的"真正本质"，或者叫做"实体"，这种"本质"是一切具体水果中"共同的东西"，而千差万别的水果只是"果实"本质借以表现自己的"一般表现"、"简单存在物"。这样，思辨哲学家们就把一般的概念片面地、夸大地发展为脱离具体的绝对概念。马克思说：思辨哲学家"从'一般果实'这个非现实的、理智的本质造成了现实的自然的实体——苹果、梨等等"①。这是黑格尔范畴造成现实世界的思辨结构的全部秘密。用这种思辨的方法是得不到现实中内容特别丰富的规定，只能获得光秃秃的一般名称、概念。旧哲学家在人的本质的讨论中还是犯了思辨哲学家所犯的错误，他们只从不同的角度揭示了人的一般本质、人的本性，当他们从这种一般出发去说明现实的具体的人时，定然要陷入唯心史观的泥坑。人的本质是社会关系的总和，其科学性在于：（1）它不仅从哲学历史观的角度找到了人的共同本质，也就是人与事物（主要是动物）的根本区别（人是在一定社会关系条件下从事一定生产劳动的个人），说明人是什么；同时又能揭示出处于不同历史条件、不同经济环境的千差万别的个人的具体特性；说明每个具体的个人是什么。（2）它不仅是关于人的本质的科学定义，而且还提供了我们认识人的问题的正确途径。

三　马克思确立了社会实践在社会生活中的地位，从唯物主义认识论的高度正确解决了对人的本质的科学规定

在对人的本质进行科学抽象时，旧哲学家还有两个认识问题没有解决好。其一，他们或是单从客体方面，或是单从主体方面，去规定人的本质，而没有从二者的具体的统一方面来规定人。首先，唯物主义者一派往往把人看作自然的、环境的受动者，往往只看到人受制于自然环境，一句话，把人看作纯自然客体的受动的东西。因此，他们从纯客体的角度，从

① 《马克思恩格斯全集》第2卷，人民出版社1957年版，第75页。

受动者角度，给人的本质下定义，用客体的自然条件来规定人的本质，人是机器、人是自然产物、人的本质是自爱等，都只看到了人的自然属性的一面，并以偏赅全，把人的自然属性看作为人的全部本质所在。费尔巴哈似乎比他的前辈强一些，他把人看作是一个有血有肉、有意识、有理性的感性存在物，他认为："人只因为他是感觉论的有生命的最高级，是世界上最感性的、最敏感的生物，而有别于动物。"① 人是感觉的动物，是感性客体，但是他不懂人的感官是长期历史实践的结果，不懂得人不仅是感性的客体，而且还是感性的主动者，因此，只能从人的自然肉体自身来规定人的本质。费尔巴哈一类旧唯物主义思想家自以为从自然客体角度解释人是最"唯物"不过的了，可是，最终不可避免地退回到"爱"支配环境、理性决定一切的老路上去。黑格尔紧紧抓住了旧唯物主义的这个小辫子，看到了人的能动性，单纯从主体方面去考察人，唯心主义地扩大，发展了人的主观能动的方面，把人的本质规定为自我意识。

一切旧哲学家，无论是从客体方面来定义人，还是从主体方面来定义人，都逃脱不了历史唯心论的厄运。怎样才能跳出这个圈子呢？怎样才能找到连接主客体关系的桥梁，从主客体的对立统一中给人下定义呢？马克思引进"社会实践"的概念，彻底解决了这个问题。

《提纲》告诉我们："社会生活在本质上是实践的。"② 确立了社会实践在社会生活中的地位，从而才能正确地认识人的本质问题。首先，实践是人的物质的活动，既有主体性质，又有客体性质，体现了社会实践中的主客体统一性。主体性意义在于，人是实践的人，是能动的实践活动的主体。客体性的意义有两层：第一层，人这个实践活动的主体，其主体自身、主体的活动内容都是客观的、物质的；第二层，人作为实践的主体，同时又是社会实践的对象、客体，人本身就是社会实践的产物。因此，人的实践过程就是能动的主客体统一的发展过程，人们在改造客观世界的实践活动中，不断地改造作为客体的自身，人永远不是一个样子。只有从人的物质生产活动这个基本前提出发才能认识人。其次，人既是自然和社会

---

① 《费尔巴哈哲学著作选集》上卷，商务印书馆 1984 年版，第 213 页。
② 《马克思恩格斯选集》第 1 卷，人民出版社 1972 年版，第 18 页。

环境的产物，又是自然和社会环境的创造者。人们所生活的物质生活环境
（包括人们生活于其中的现成的自然环境，经过人们改造的自然环境，以
及人们所创造的社会环境）是人们实践的结果，人类自然社会历史的发展
过程就是人们社会实践的过程，人们所生活的自然—社会环境是人化的自
然、人化的社会，人们所生活的自然—社会客体环境发展过程同时就是人
作为主体的能动的实践结果，人不断地改造客观环境，客观环境也不断地
改造人，从这个能动的社会历史发展过程中才能正确说明人。再有，人们
在社会实践中必然形成各种各样的社会关系，社会关系在本质上也是社会
实践，既有人的主体能动性，又有客体的物质性。人与自然的关系，只有
通过社会关系才能相互发生作用，离开了社会关系，人与自然的关系就是
动物式的受制于自然的被动关系，而不是人改造自然的主动关系。不理解
社会实践就不能理解人与人的社会关系，就不能理解人与自然的关系，人
的社会实践创造了社会关系，人就是社会实践所创造的社会关系的总和，
及其产物。马克思说："从前的一切唯物主义——包括费尔巴哈的唯物主
义——的主要缺点是：对事物、现实、感性，只是从客体的或者直观的形
式去理解，而不是把它们当作人的感性活动，当作实践去理解，不是从主
观方面去理解。"① 而唯心主义却抽象地发展了主观能动的方面。旧哲学，
无论唯心主义，还是唯物主义，之所以在人的问题上陷入历史唯心论的泥
坑，认识论上的一个重要原因，就是在人与外部环境的关系上，不能从主
—客体统一的角度来考察、来说明之；之所以不能从主—客体统一的角度
来说明问题，关键就是没有找到人的社会实践这个连接主—客体的环节。
只有懂得革命实践的作用和意义，才能揭示人的本质。

其二，以往的一切旧哲学都把人的本质看作为抽象的、孤立的单个人
所固有的抽象物。物可以单独存在，如一块石头、一个钉子、一座楼房，
都可以作为个体而存在，一堆石头是石头，一块石头也是石头，当然不能
否认物之间没有关系，但是这种关系是纯自然界的物质联系。动物也可以
单独存在，如一只鸟、一头牛、一条鱼，一群鱼是鱼，一条鱼也是鱼，当
然不能否认动物的种群相互依赖关系，但是这种关系是被动的、纯自然性

---

① 《马克思恩格斯选集》第 1 卷，人民出版社 1972 年版，第 16 页。

质的相互依存关系。因此，物的根本属性可以是这个物的个体本身所固有的抽象物，当然这种根本属性也必然是同他物的比较才表现出来。比如说一棵树是桃树而不是李树，那么从单棵的桃树同单棵李树的比较中就可以发现桃树的特征。但是人则不然，个体的人只能存在于社会关系中，离开社会关系，个体的人便不能存在，不成其为人，单独个人是无法生存的，单个人同单个人的比较找不到人的本质特征。因此，人不同于物，人的本质决不能是单个人所具有的抽象物，只有从人所生活的社会关系中才能抽象出人的本质。

费尔巴哈把对动物的本质的抽象认识办法用来抽象人的本质，他认为：“孤立的、个别的人，不管是作为道德实体或作为思维实体，都未具备人的本质。人的本质只是包含在固体之中，包含在人与人的统一之中，但是这个统一只是建立在‘自我’和‘你’的区别的实在性上面。”① 他认为人的本质包含在人与人的关系中，但他所讲的“关系”是动物式的自然关系，从这种关系出发给人下定义，同对孤立的物进行本质的抽象如出一辙。

为什么对物可以直接从单个物抽象出其本质，而对人就不可以从单独的、孤立的一个人抽象出其本质呢？马克思提出了社会实践概念，从根本上纠正了费尔巴哈及其旧哲学规定人的本质的错误方法。马克思指出：费尔巴哈“（1）撇开历史的进程，孤立地观察宗教感情，并假定出一种抽象的——孤立的——人类个体；（2）所以，他只能把人的本质理解为‘类’，理解为一种内在的、无声的、把许多个体纯粹自然地联系起来的共同性”②。费尔巴哈不懂革命实践，因而不能把人同自然的关系理解为实质上是社会关系，而单纯地理解为自然关系。这样一来，人就成为只通过自然关系，而不是通过社会关系联系起来的，远离现实生活的，毫无社会差别的一般人的个人，把个人之间的联系归结为单个人的自然地、动物式地联系起来的自然共同体，费尔巴哈只能从单个人，最多是从“类”中抽象人的本质，而脱离社会关系的人是抽象的人，因而费尔巴哈实际上是从概

① 《费尔巴哈哲学著作选集》，生活·读书·新知三联书店 1959 年版，第 185 页。
② 《马克思恩格斯选集》第 1 卷，人民出版社 1972 年版，第 18 页。

念中抽象人的本质。马克思的社会实践观表明，任何孤立的个人无法实施社会实践，人是作为整个实践的总体而存在的，人们在社会实践中所必然形成的各种各样的社会关系决定人成其为人，人的本质存在于社会关系中，而不是存在于单个人中，把物本质的抽象方法用于人的本质的抽象是根本行不通的，只有对整个社会关系总和进行科学的抽象，才能正确认识人的本质。

马克思关于人的本质的科学论断是人的本质观的一次伟大的变革。

第一，它彻底清算了一切唯心史观的本质观，从历史观的高度分清了马克思主义现实的人同唯心史观抽象的人的根本区别，为进一步研究人的问题提供了锐利的方法论武器，开辟了一个更为广泛的领域。列宁认为，包括费尔巴哈在内的旧唯物主义主要缺点有三：一是机械的唯物主义；二是非历史的、非辩证法的唯物主义；三是"抽象地了解人的本质，而不是把它理解为（一定具体历史条件下的）'一切社会关系的总和'"①。马克思不仅战胜了唯心主义，而且还彻底克服了旧唯物主义的三个缺点，创立了唯物史观。在旧哲学中，尤其是费尔巴哈的人本主义关于人的本质、人性等观念是作为观察社会问题的历史观而提出来的，在对人的本质问题，对人的一系列问题上是同唯物史观彻底对立的。它们把抽象的人、人的一般本质作为社会存在和发展的基础，并且从人性、人的本质出发来观察说明一切社会历史问题，而不是把社会物质客观前提、社会生产关系作为人的本质、人性产生的基础和条件，从社会生产关系出发来说明人性和人的本质问题；它们把社会历史发展的原因归之于人的现有状况与人的本质的矛盾，并且企图通过改善人性的办法来解放人、改造社会，而不是把社会历史发展的原因归之于生产力和生产关系的矛盾，通过社会革命或社会改革的办法，促进生产力和生产关系的发展，从根本上改变人们的生活条件。马克思关于人的本质观告诉我们，只有从社会生产关系的前提出发，才能正确地回答现实人及其历史发展的一系列问题，从历史观的高度战胜一切旧哲学。

第二，马克思关于人的本质的科学论断是马克思历史观转折的一个重

---

① 《列宁全集》第 21 卷，人民出版社 1990 年版，第 34 页。

要标志，从此之后，马克思对人的本质的探讨转到了对现实社会生产关系的探索。马克思对人的本质的认识有一个转折的过程，当马克思认识到人的本质是社会关系的总和，现实的人同现实的生产关系是一回事时，就彻底抛弃了关于人的本质的唯心主义的观点。马克思关于现实人及其历史发展的科学认识，表明唯物史观代替了从人的本质出发解释一切社会问题的唯心主义历史观。人的本质问题的正确解决，促使马克思从对人的本质、对人性的探讨，转向对现实社会关系的探讨，转向对资本主义经济关系的严肃的分析批判。

（本文是作者 1984 年撰写的研究笔记）

1848 年欧洲革命和马克思主义的丰富和发展

1848 年革命是继 18 世纪法国革命之后爆发的一次规模最大的、为资本主义生产关系扫清道路的革命搏斗。

1848 年的革命是在资本主义发展较高阶段上进行的。当时，产业革命在英国已大体完成，在法国近于完成，在德国正在开始。无产阶级和资产阶级间的对抗已日益增长，而无产阶级已经登上政治舞台，提出自己的要求，并且有了自己独立的阶级组织——"共产主义者同盟"。

这次革命的基本原因是急速成立起来的资本主义同封建主义的经济政治桎梏的矛盾。1845 年和 1846 年的歉收和马铃薯病虫害严重地袭击了西欧各国，1847 年又爆发了第一次世界性的生产过剩危机，人民群众的苦难空前沉重，德国、意大利资产阶级对封建制度的反抗，法国资产阶级对一小撮大资产阶级和金融资产阶级的独断统治的反抗都加强了。1847 年末到 1848 年初，欧洲各国先后出现了革命趋势。

1848 年革命在欧洲各个国家所要达到的具体目的有所不同：法国是要求铲除封建残余，进一步发展资本主义；德国是要求推翻封建专制制度，建立统一的民主共和国；英国是争取普选权，改革选举制度；意大利是要求消灭国家分裂状态，建立统一的民族国家；匈牙利、波兰、罗马尼亚、捷克等国是反对民族压迫，实现民族独立。尽管欧洲各国的具体革命任务有所不同，但是就整个欧洲大陆来说，1848 年革命的基本任务是解决资产阶级和封建主义的矛盾，为资本主义的进一步发展扫清道路。这就决定了 1848 年革命的资产阶级革命性质。

1848 年初，意大利、法国、德国、匈牙利、罗马尼亚、捷克和波兰等国家，相继爆发了革命。当时，革命运动的中心是在法国。1830—1848 年法国金融资产阶级奥尔良王朝社会经济和政治发展的整个过程，准备了

1848 年法国革命，十八年的大资产阶级和金融资产阶级的独断统治，激化了人民大众同工业资产阶级的矛盾。1847 年的工商业危机和金融危机直接促成了 1848 年的二月革命。资产阶级民主主义者和工人共产主义者领导了革命，主力军是广大工人群众。二月革命推翻了七月王朝的统治，迫使资产阶级临时政府宣布第二共和国政体，但革命政权都掌握在共和派资产阶级手中，而用鲜血换来革命胜利的无产阶级，并没有实现自己的要求，资产阶级背叛了革命，出卖了无产阶级，把无产阶级所争取的东西剥夺得一干二净。无产阶级被迫采取了大规模的六月起义。马克思称六月起义是"现代社会中两大对立阶级间的第一次伟大战斗"①。在六月起义中，工人阶级明确提出了"社会主义共和国"的口号。由于客观原因，六月起义失败了。但六月起义具有重大意义。

当法国二月革命的消息传出来以后，德国开始了大规模的革命运动，最早是巴黎，接着是凡登堡、科伦、柏林、维也纳，先后爆发了以工人为主要力量的人民起义。三月柏林起义显示了德国无产阶级的伟大作用。德国资产阶级一方面与封建主义有了广泛联系，一方面又吸收了法国二月革命的教训，害怕工人阶级的力量，他们认为，"与奴役阶级制度谋和，要比只有一个为自由而斗争的远景好些"。所以德国资产阶级在革命一开始是软弱的，采取与封建主义妥协的办法，继而叛变了革命，导致人民革命失败，德国封建官僚夺取了政权。

1848—1849 年的意大利革命只能算作一般的资产阶级革命。意大利无产阶级尚很弱小，群众参与革命是不显著的，资产阶级又分为两派：自由派和民主派。革命第一阶段自由派掌握领导权，破坏了革命。第二阶段，民主派在取得政权后，便停步不前，导致了政权的失败。1848 年革命的最后一个东方余波是匈牙利革命。

1848 年革命失败的主要原因是由于资产阶级的叛变。同时，无产阶级的主客观条件还不成熟，当时在工人阶级中影响最大的是小资产阶级社会主义，而不是马克思主义。这也是造成革命失败的重要原因。1848年的欧洲虽然革命的主要任务是彻底肃清封建主义，为资本主义的发展

---

① 《马克思恩格斯选集》第 1 卷，人民出版社 1972 年版，第 415 页。

扫清道路，但是无产阶级与资产阶级的矛盾已经尖锐化了。一方面，资产阶级要利用无产阶级的力量来革封建主义的命，发展资本主义；另一方面，它已经把无产阶级视为"危险"的力量而顾虑重重，不敢大胆地发动无产阶级，甚至限制它的革命行动。一旦人民群众的革命风暴兴起，资产阶级社会立即向反动势力妥协，调转枪口屠杀工人阶级群众。德国资产阶级就是这样的典型代表，法国资产阶级虽然和德国资产阶级不同，但是它们阴谋地挑起了六月起义，用对工人阶级的血腥镇压来回答工人阶级的政治要求。由于大资产阶级社会主义的"超阶级"的"社会主义福音"错误思潮的影响，无产阶级还没有成熟到足以分清小资产阶级社会主义的虚伪性、资产阶级的反动性。只有当二月起义后，无产阶级才被迫采取适合战争需要的办法——六月武装起义来改造社会，但是它们在革命过程中尚不能有一条无产阶级自己的正确的政治路线，把革命引导到成功。无产阶级只有通过六月起义的血的教训，通过整个革命实践的教训，才能受到深刻的教育，使自己认识到不应该对资产阶级抱任何幻想，才能知道自己怎样进行正确的斗争。只有当无产阶级的革命导师马克思、恩格斯把革命的经验总结概括，上升成为正确的革命理论，当这种革命理论掌握了工人阶级群众时，革命才会成功。

　　1848 年革命虽然是资产阶级性质的，但与 17、18 世纪英国、法国资产阶级相比较，具有许多新的特点。其中最显著的特点是：无产阶级和资产阶级之间矛盾尖锐化，无产阶级为彻底实现民主任务而斗争，而资产阶级则力图把民主改革事业缩小到最低限度；无产阶级表现了革命的彻底性，成为这次革命的主要力量，而资产阶级又在革命一开始或在革命中途就背叛了革命；无产阶级为了回答资产阶级的叛变行为，采取了大规模的武装起义，而资产阶级却利用窃取到手的政权同反动势力联合起来，实现血腥镇压。1848 年革命是一场波澜壮阔的政治形式展开的阶级斗争，而这场斗争又最后集中表现在欧洲无产阶级与资产阶级斗争的主要事件上，整个革命力量显示了无产阶级的伟大历史作用，从此以后，历史的发展要以无产阶级的成败为转移，无产阶级将成为决定历史命运的阶级。

　　1848 年革命虽然失败了，但"在这些失败中陷入灭亡的不是革命。

陷于灭亡的是革命前的传统的残余"①，"1848 年革命给了马克思以前的一切喧嚷叫嚣、五花八门的社会主义派别一个致命的打击"②，"1848 年革命虽然不是社会主义革命，但它毕竟为社会主义扫清了道路，为这个革命准备了基础"③。1848 年革命打击和动摇了封建制度及其残余势力的统治，为资本主义在欧洲大陆的发展创造了条件，推动了欧洲被压迫民族争取独立解放事业的发展。

1848 年革命对于无产阶级革命事业有更为重大的意义。1848 年革命教育和锻炼了无产阶级，促进了无产阶级的政治成熟，促进了马克思主义和无产阶级的结合，推动了马克思主义理论的发展。在革命过程中，马克思和恩格斯亲自参加并指导了无产阶级的革命斗争。革命失败后，又全面系统地总结了这场革命的经验，进一步丰富和发展了马克思主义，为无产阶级革命提供了强有力的精神武器。

第一，关于革命的巨大历史作用的思想。

1848 年革命，尽管由于资产阶级的叛变，而先后遭到失败，但整个进程最显示出无产阶级群众革命的历史作用，马克思和恩格斯在分析法德革命进程时，首先指出了革命的巨大历史作用，指出"革命是历史的火车头"④。恩格斯说，革命是"社会进步和政治进步的强大发动机"，"在这种剧烈的震动时期五年就走完了在普遍环境下一百年还走不完的途程"⑤。

1848 年的欧洲革命是一次伟大的群众运动。马克思、恩格斯根据这次革命群众运动所显示的巨大威力，最充分地总结了群众运动对历史发展的巨大推动作用。革命之所以能对社会发展具有"火车头"的作用，根本作用在于人民群众高度发挥了革命积极性。因而，如何对待革命群众运动，如何看待人民群众的历史作用，这是马克思主义历史唯物论和历史唯心论的重要分歧点，马克思在总结 1848 年革命经验时，深刻而又精辟地分析了资产阶级对待革命群众的态度。他指出："当群众墨守成规的时候，资

---

① 《马克思恩格斯选集》第 1 卷，人民出版社 1972 年版，第 393 页。
② 《列宁选集》第 2 卷，人民出版社 1972 年版，第 438 页。
③ 《马克思恩格斯选集》第 1 卷，人民出版社 1972 年版，第 249 页。
④ 同上书，第 474 页。
⑤ 同上书，第 530 页。

产阶级害怕群众的愚昧，而在群众刚有点革命性的时候，它又害怕群众的觉悟了。"① 资产阶级把群众运动限制在只对它本身有利的狭隘的范围内，彻底暴露了它们的唯心史观。

同资产阶级和大资产阶级相反，马克思和恩格斯亲自投入到革命斗争中，以正确路线指导群众，以极大的热情支持群众运动，在事变之后，又以冷静的科学态度总结群众运动的经验，指导群众循着正确的方向前进。马克思、恩格斯关于革命的巨大历史作用的伟大思想是无产阶级政党依靠群众，将无产阶级革命进行到底的政治路线的理论基石。

第二，关于"打碎国家机器"的重要结论。

1848—1851 年法国资产阶级革命前夜发表的《哲学的贫困》、《共产党宣言》对国家问题只做了一般的表述，还没有提出怎样以无产阶级国家代替资产阶级国家，因为还没有这方面的经验。

马克思在《哲学的贫困》中写道："工人阶级在发展过程中将创造一个消除阶级和阶级对立的联合体来代替旧的资产阶级社会"②，"联合体"就是无产阶级国家的最初提法。在《共产党宣言》中，提出"工人阶级的第一步就是使无产阶级变为统治阶级，争取民主……""国家即组织成为统治阶级的无产阶级"③。列宁在《国家与革命》一文中指出："马克思指出了无产阶级需要国家这样一个反对资产阶级的特殊暴力组织，那末自然就会得出一个结论：不预先消灭和破坏资产阶级为自己建立的国家和机器，根本就不可能建立这样一个组织。在《共产党宣言》中已接近得出这个结论，马克思在总结 1848—1849 年的革命经验时，也就谈到了这个结论。"

法国和欧洲的阶级斗争实践推动了理论的发展。怎样才能推翻资产阶级的统治，取得无产阶级专政？马克思总结了 1848 年革命，指出必须通过革命手段，打碎资产阶级的国家机器，才能解放无产阶级，推动社会历史的发展。马克思在 1850 年发表的《1848 年至 1850 年法兰西阶级斗争》

① 《马克思恩格斯选集》第 1 卷，人民出版社 1972 年版，第 695 页。
② 同上书，第 160 页。
③ 同上书，第 272 页。

一书中，总结了二月革命以来法国阶级斗争，特别是巴黎无产阶级六月起义的失败教训，提出"推翻资产阶级！工人阶级专政！"① 1851 年底到 1852 年初，马克思又发表了《路易·波拿巴的雾月十八日》这篇名著，考察了法国社会从封建制度崩溃到资产阶级革命的历史，考察了这段历史中庞大的国家机器演变的早期情况，其中法国的政权形式虽然几经变革：从民主共和国变为议会共和国，又从议会共和国变为军事独裁统治。但是这一切变革都只能使这个机器更加完备，而不是把它毁坏。马克思从以上分析中得出一个著名结论："一切变革都是使这个机器更加完备，而不是把它毁坏。"② 列宁说："在这里，问题已经提得很具体了，还做出了非常确切的，肯定的，实际而具体的结论：过去一切革命使国家机器更加完备，但是这个机器是必须要打碎、必须摧毁的。"③ 马克思在二十年后写给库格曼的信中说："如果你读一下我的《雾月十八日》的最后一章，你就会看到，我认为法国革命的下一次尝试再不应该像以前那样把官僚军事机器从一些人的手里转到另一些人手里，而应该把它打碎，这正是大陆上任何一次真正的人民革命的先决条件。"④ 根据 1848 年革命经验，马克思提出了打碎国家机器的重要结论。

1871 年巴黎公社作了抨击和摧毁资产阶级国家机器的尝试，提出了无产阶级专政的具体形式——巴黎公社形式，证明了用暴力打碎旧的资产阶级国家机器这个无产阶级革命的普遍规律。

第三，关于无产阶级领导权和工农联盟的思想。

在革命前夕，恩格斯在《1847 年的运动》一文中分析农民和资产阶级的同盟关系时指出："毫无疑问，总有一天贫困破产的农民会和无产阶级联合起来，到那时无产阶级会发展到更高的阶段，向资产阶级宣战。"⑤ 明确表达了工农联盟的思想。

马克思、恩格斯在总结法国革命经验时，把工农联盟对无产阶级革命

① 《马克思恩格斯选集》第 1 卷，人民出版社 1972 年版，第 417 页。

② 同上书，第 692 页。

③ 《列宁选集》第 3 卷，人民出版社 1972 年版，第 194 页。

④ 《马克思恩格斯全集》第 33 卷，人民出版社 1973 年版，第 206 页。

⑤ 《马克思恩格斯全集》第 4 卷，人民出版社 1958 年版，第 511 页。

的重要性又提到了一个新的高度。马克思说："在革命进程把站在无产阶级与资产阶级之间的国民大众即农民和小资产阶级发动起来反对资产阶级制度，反对资本统治之前，在革命进程迫使他们承认无产阶级是自己的先锋队而靠拢它以前，法国的工人们是不能前进一步，不能丝毫触动资产阶级制度的。"① 恩格斯在《法国农民战争》和《德国的革命和反革命》等重要著作中，也用历史和现实的经验证明工农联盟的极端重要性。

马克思和恩格斯不仅阐述了工农联盟的重要性，同时也指出了工农之间建立联盟的可能性和必然性，论述了农民的两面性。同时，还对农民用阶级分析的方法区分了农民阶层，指明了联合农民的正确的阶级路线，还论述了只有无产阶级在革命中才表现了最大的勇气，表现了革命的坚定性和决心。马克思、恩格斯在分析各阶级的过程中，虽然没有提出"无产阶级领导权"的字样，但实际上已经有了关于无产阶级领导权的思想。例如，马克思认为，随着资产阶级发展和农民的贫困、破产，农民就会"把负有推翻资产阶级制度使命的城市无产阶级看作自己的天然同盟者和领导者"②。这就会有了无产阶级领导权的思想。

第四，关于不断革命的思想。

马克思、恩格斯在《共产党宣言》中就已经包含了不断革命的思想，提出德国资产阶级革命一定能成为无产阶级革命的前夜。在总结 1848 年革命经验时，特别是在《1848 年至 1850 年法兰西阶级斗争》、《中央委员会告共产主义者同盟书》中，进一步阐述了关于不断革命论的原理。马克思、恩格斯以德国革命半途而废为借鉴，具体分析了德国资产阶级、小资产阶级对企图在民主革命前的胜利时便赶快转变革命的态度。在 1850 年 3 月《中央委员会告共产主义者同盟书》中，提出了"不断革命"③的口号，要求把民主革命及时转向社会主义革命。在《1848 年至 1850 年法兰西阶级斗争》中，进一步阐明"这种社会主义就是宣布不断革命，就是无产阶级的阶级专政，这种专政是达到消灭一切阶级差别，达到消灭这些差

① 《马克思恩格斯选集》第 1 卷，人民出版社 1972 年版，第 403 页。
② 同上书，第 697 页。
③ 同上书，第 392 页。

别所由产生的一切生产关系，达到消灭和这些生产关系相适应的一切社会关系，达到改变由这些社会关系产生出来的一切观念的必然的过渡阶段"①。不断革命的思想体现了无产阶级的彻底性，体现了辩证唯物论的世界观。

以上就是马克思、恩格斯对 1848 年革命经验总结的四个主要观点。马克思、恩格斯在对 1848 年革命历史进程的分析中，始终贯穿了马克思主义的历史分析和阶级分析的方法，贯穿了历史唯物论的基本思想。譬如，马克思在《路易·波拿巴政变记》中，选择了法国历史上最典型发展的几个年头，运用他们创建的从经济基础去解释社会历史现象的伟大原理，做了辉煌的史学分析，为我们运用历史唯物论基本原理分析社会历史树立了光辉的典范。这是一笔宝贵的精神财富。除上述以外，马克思、恩格斯还在其他一系列的问题上做出了新的贡献，诸如策略问题、民族问题等。

列宁指出："马克思和恩格斯参加 1848—1849 年的群众革命斗争时期，是他们生平事业的突出的中心点。他们常常从这一点出发来判断各国的工人运动和民主主义的命运。他们为了最明白最清楚地判断各个不同阶级的内在本性和他们的倾向，也常常回过来研究这一中心点。"②

1848 年欧洲革命实践直接促使马克思、恩格斯对无产阶级革命运动中出现的新问题、新经验进行理论的探讨，概括和总结，推动了马克思主义理论的发展。

（本文是作者 1984 年研读世界近代史的读书笔记）

① 《马克思恩格斯选集》第 1 卷，人民出版社 1972 年版，第 479 页。
② 《列宁选集》第 1 卷，人民出版社 1972 年版，第 729—730 页。

透彻的历史洞察力

——《路易·波拿巴的雾月十八日》介绍

　　马克思的《路易·波拿巴的雾月十八日》（旧译《拿破仑第三政变记》）一文，作于 1851 年 12 月至 1852 年 3 月。恩格斯高度赞扬这部著作，指出："这是一部天才的著作。"马克思"对当前的活的历史的这种卓越的理解，他在事变刚刚发生时就对事变有这种透彻的洞察，的确是无与伦比"①。正因为马克思对社会历史具有这种敏锐的洞察力，所以他能娴熟地运用历史唯物主义观点，剖析法兰西第二共和国的历史、概括出它的历史经验、总结出指导无产阶级革命的原理。在如何分析社会历史方面，为革命的无产阶级提供了如何处理社会历史问题的立场，观点和方法。

　　1848 年法国二月革命后，工业资产阶级取得了政权，小资产阶级则成为他们的尾巴，而无产阶级的要求根本没有得到满足。于是，无产阶级采取了独立的行动，把斗争的目标转向工业资产阶级，结果爆发了巴黎无产阶级的六月起义。这是无产阶级和资产阶级两大对立阶级间的第一次大交锋，资产阶级的反革命势力残酷地镇压了这次起义。六月起义后，资产阶级共和派的右翼控制了政权。参加政权的还有代表地主阶级利益的"秩序党"和代表金融贵族及大产业家的保皇党人。路易·波拿巴就是以此为基础，并利用了法国农民中的保守主义情绪做了总统。波拿巴攫得权力后便着手建立帝国。1851 年 12 月 2 日他发动政变，经过一年，到了 1852 年的 12 月 2 日便当了皇帝，直至 1870 年普法战争时下台，这一时期，史称"第二帝国"。

---

　　① 《马克思恩格斯选集》第 1 卷，人民出版社 1972 年版，第 601 页。

　　波拿巴代表的是大资产阶级中最反动、最富有侵略性的阶层。法国资产阶级政权采取了军事独裁专政的形式，成为欧洲的反革命堡垒。从此，法国的军事警察官僚机器就以前所未有的规模加强起来了。

　　波拿巴政变是当时欧洲最重大的政治事件。关于这个主题，当时曾在欧洲论坛上发生过许多争论。其中引人注目的有两部著作。一是维克多·雨果的《小拿破仑》。雨果把事变完全归结为个人的暴力行动，把个人的主观作用看成是历史的动力。这是历史唯心主义的方法。另一部是蒲鲁东的《政变》，"他想把政变描述成以往历史发展的结果。但是，他对这次政变所作的历史的说明，却不知不觉地变成了对政变主人公所作的历史的辩护。这样，他就陷入了我们的那些所谓客观历史学家所犯的错误。"[1] 马克思写的这篇名著则选择了法国历史上最典型发展的时代，对之进行了深刻的、科学的分析，明确指出："法国的阶级斗争怎样造成了一种条件和局势，使得一个平庸而可笑的人物有可能扮演英雄的角色。"[2]

　　自 1848 年《共产党宣言》问世以来，无产阶级开始进入了旨在建立无产阶级专政的实际斗争。无产阶级革命怎样对待资产阶级的国家机器的问题急需解决。马克思的这部著作就是为了这种实际斗争的需要而写作的。

一　如何正确分析和处理社会历史问题

　　1848 至 1849 年的欧洲革命是对马克思的理论，特别是对他的唯物史观的第一次检验。马克思在总结这一时期斗争经验的基础之上，写出了《1848 年至 1850 年的法兰西阶级斗争》和《路易·波拿巴的雾月十八日》这两部唯物史观的奠基著作。马克思在《路易·波拿巴的雾月十八日》一书中，通过分析法兰西第二共和国的历史，验证了历史唯物论的正确性。恩格斯在为该书第三版所写的序言中指出："正是马克思最先发现了伟大

---

① 《马克思恩格斯选集》第 1 卷，人民出版社 1972 年版，第 599 页。
② 同上。

的历史运动规律，根据这个规律，一切历史上的斗争，无论在政治、宗教、哲学的领域中进行的，还是在任何其他意识形态领域中进行的，实际上只是各社会阶级的斗争或多或少明显的表现，而这些阶级的存在以及他们之间的冲突，又为他们的经济状况的发展程度、生产的性质和方式以及由生产所决定的交换的性质和方式所制约。这个规律对于历史，同能量转化定律对于自然科学具有同样的意义，它在这里也是马克思用以理解法兰西第二共和国历史的钥匙。"①

　　法兰西第二共和国这段历史错综复杂，充满着激烈的动荡。与马克思同时，有许多人企图对这段历史加以探索，但他们没能揭示出历史的本质。这是因为在马克思主义之前，唯心主义历史观在史学中占统治地位。这种历史观不是完全忽视了历史发展的现实的物质基础，就是把这些客观条件仅仅看成与历史过程没有任何联系的附带因素，把历史的发展动力或归结为神的意志或所谓普遍理性的作用，或是归结为某个人的主观愿望。他们看不到物质生产发展程度与人类历史发展的关系，也不懂得人民群众的历史作用。由于形而上学方法论的局限，他们不能，也无法正确理解历史的必然性与偶然性的关系、杰出历史人物与社会历史条件的关系，因而都不可能揭示出历史的发展规律。

　　马克思在《路易·波拿巴的雾月十八日》中运用历史唯物主义原理，考察了1848至1851年法国全部历史事件的进程，对此做出了明确和严谨的分期，总结了历史经验，揭示出波拿巴政变的性质，指出波拿巴政变是法国1848年革命的合乎规律的结局，并说明1848年的革命与1789年的革命不同，它一开始就是沿着下坡路发展的，分析了波拿巴主义是在民主改革和民主革命的环境中从资产阶级的反革命性中生长起来的，它依靠了大部分法国农民的支持，说明了法国资产阶级通过银行、高利贷、国家税收等方式对农民群众实行残酷剥削使农民陷于贫困，从而促使农民成为波拿巴主义的靠山。马克思还具体分析了资产阶级、小资产阶级和法国的各派政治力量，从混沌迷离的历史变化中理出一条清

　　① 《马克思恩格斯选集》第1卷，人民出版社1972年版，第602页。

晰的线索来。这说明只有借助历史唯物主义这把解剖刀，才可能具备透彻的历史洞察力。

二　如何运用唯物史观来分析社会历史问题

1. 马克思主义的分析社会历史问题的方法就是运用从经济基础的发展变化及其不同的状况去理解社会历史现象，从经济基础与上层建筑、生产关系与生产力的相互关系上来分析历史事变。马克思认为一切历史事变都深深植根于物质经济发展状况，植根于生产力和生产关系的矛盾运动。分析历史事变不应该只从几位领袖人物的偶然动机及个人素质等方面去寻找，而应从每一个经历了震动的国家的总的社会状况和生活条件中去寻找。法国当时在金融贵族的统治下爆发的经济危机，使工商业资产阶级的利益受到损害、使大批小资产阶级遭到破产、使无产阶级遭受到更沉重的压迫和剥削，也使生产力的发展遭到破坏，造成生产力和生产关系的严重冲突，于是发生了法国的二月革命。这次斗争中直接对立的是金融贵族和工业资产阶级，站在工业资产阶级一边的还有无产阶级、小资产阶级等。二月革命宣布成立共和国，一切有产阶级都跟金融贵族同样获得了参加政权的机会，而无产阶级的要求不仅没有得到满足，而且还遭受到资产阶级的进攻，结果爆发了无产阶级的六月起义。这次起义虽然失败了，却在资产阶级面前显示出无产阶级的强大力量，给资产阶级带来了更大的恐惧。资产阶级为维持其阶级专政，就必然采取有利于他们统治的方式。虽然资产阶级由于他们各自的利益，内部分成不同的集团，政治上形成经常的对立，但这种对立却永远服从于他们共同的利益。当多党派的争吵会给无产阶级起义提供可能时，那么资产阶级就会采取一党专政，甚至采取军事独裁专政。再有，长期被封建枷锁束缚的法国农民获得了小块土地，这就势必促使他们不惜任何代价保住这块土地，因而具有相当的保守性。法国的资产阶级又不断地通过高利贷沉重地压迫农民，这样小农就把高利贷者和金融资产阶级看成危险的敌人，就成为波拿巴的拥护者了。这些深刻的经济原因，及由此引起的政治原因，"造成了一种条件和局势，使得一个平庸而可笑的人物有可能扮演英雄的角色"。马克思全面而深刻地分析了法国的经济状况，揭示了事变的经济和政治原因和波拿巴政变的历史必然性。

2. 在阶级社会中，只有坚持阶级分析的方法才能找出历史的规律性。马克思认为，法国的阶级斗争在欧洲具有典型的意义，它表现得更为彻底，因而阶级斗争借以进行和阶级斗争结束借以表现出的政治形式也表现得最为鲜明。马克思正确分析了第二共和国时代的阶级状况，分析了各个阶级的特点及其他们的政党，并指出了他们各自在革命中与无产阶级可能发生和建立的关系。马克思着重分析了法国的资产阶级，揭露了他们既要享受革命果实，又极度害怕革命的矛盾状态，深刻地阐述了他们的软弱性、反动性以及最终失败的历史必然趋势。马克思根据对不同财产形式上的区别指出，法国的资产阶级除作为一般的资产阶级外，还代表土地资本家集团和大工业家、大商业家、大投机家集团。这两个集团在第二共和国时代，联合起来反对共和主义，其政治表现形式便是"秩序党"。马克思分析了法国的小资产阶级、农民阶级、流亡无产者和工人阶级，揭示了他们各自的特点和地位。

正是基于这种阶级分析，马克思才正确地说明了法国第二共和国时代的各类政治人物及其所代表的政治集团对革命的态度，并得出在实际斗争中考察和识别各阶级，各政党的重要结论："正如在日常生活中把一个人对自己的想法和品评同他的实际人品和实际行动区别开来一样，在历史的战斗中更应该把各个党派的言辞和幻想同他们的本来面目和实际利益区别开来。把他们对自己的看法同他们的真实本质区别开来。"[①]

3. 从具体的历史分析中引出必然的结论，而不是从抽象的逻辑推理中引出结论。

在《路易·波拿巴的雾月十八日》中，马克思得出了两个重要结论：一是彻底打垮资产阶级的国家机器；一是工农联盟的理论。马克思主义来自于对具体事件的历史分析，是正确的理论抽象。

---

① 《马克思恩格斯选集》第 1 卷，人民出版社 1972 年版，第 629 页。

首先，事实是研究社会历史问题的出发点。马克思说："本书是根据对于事实的直接感观写成的。"① 恩格斯在第三版序言中也指出："马克思不仅偏好地研究了法国过去的历史。而且还考察了法国当前历史的一切细节，搜集材料以备将来使用。"② 唯物主义的历史观是研究历史的指南，而绝不是现成的公式，因此，对社会历史问题的研究必须从事实出发，尽可能详尽地占有材料，从事实中发现历史现象之间的相互联系，从而总结出规律性的东西。马克思关于打碎旧的国家机器的绪论，就是在这样的基础上完成的。

其次，就是要在具体的历史联系中把握事物的规律。事物是普遍联系的。自然界是这样，社会历史领域也是如此。因此，分析一位历史人物或一事件，必须将其放在普遍的社会联系中去探索。马克思在分析法国的小农时，不是孤立地分析，而是把小农阶层放在他们所生活的经济环境中，结合他们的生活方式和他们的切身利益，以及文化状态和与其他阶级的关系进行具体的分析，既看到他们积极的一面，又看到他们消极的一面，从而得出了农民阶级有可能成为工人阶级同盟者的思想。

再次，还应看到历史发展的必然性是通过大量的偶然活动表现出来的。恩格斯在《路德维希·费尔巴哈和德国古典哲学的终结》中指出："在社会历史领域，尽管各个人都有自觉期望的目的，在表面上总的说来，好像也是偶然性在支配着……但是，在表面上是偶然性在起作用的地方，这种偶然性始终是受内部的隐蔽着的规律支配的，而问题只是在于发现这些规律。"③ 马克思运用历史辩证法，从大量的偶然事件中，找出了人物活动和事件发展的必然性。法国第二共和国期间的历史事件一件接着一件，六月起义无产阶级失败以后，共和主义的资产阶级也失败了，获得胜利的是金融资产阶级，但不久也被击败，最后不学无术的小拿破仑获得成功。从表面上看，历史充满了偶然性，甚至在当时许多有作为的思想家眼里，这些事变也难以捉摸。然而，马克思的伟大之处就在于透过大量的偶然事

---

① 《马克思恩格斯选集》第 1 卷，人民出版社 1972 年版，第 598 页。

② 同上书，第 602 页。

③ 《马克思恩格斯选集》第 4 卷，人民出版社 1972 年版，第 243 页。

件，看到了历史发展的必然性。他在充分占有资料并对纷杂的历史现象进行深入分析研究的基础之上，用历史唯物主义的观点和阶级分析的方法得出结论，政变的成功是已往事变过程的必然的、不可避免的结果。马克思深刻地揭示出波拿巴政变成功的历史必然性。

（原载《历史教学》1985 年第 1 期）

消极因素大大小于积极效果

　　邓小平同志关于建设中国特色社会主义的论述，是对马克思主义关于社会主义建设理论的重大发展。邓小平同志认为，搞中国特色的社会主义，关起门来搞建设不行。他说，"现在的世界是开放的世界……关起门来搞建设是不行的"①。"中国现在实行对外开放、对内搞活经济的政策。"② 邓小平同志关于对外开放的论述，是根据马克思主义关于商品经济和国际分工的理论，依据发展中国特色社会主义生产力的根本任务，总结了我国建国以来正反两个方面的经验。从我国生产力水平低，商品经济还不发达，存在闭关自守的自然经济的根源，存在民族经济的孤立性和闭塞性的具体国情出发，而提出的基本结论。这个理论是邓小平同志关于建设中国特色社会主义理论的重要部分。

　　自从中央提出对外开放政策以来，已有五年时间了。围绕着开放政策，有人持怀疑态度，担心引进外国资金和先进技术会把西方资产阶级腐朽没落的东西也带进来，会给我国社会主义建设带来消极的影响。对此，邓小平同志明确指出，实行开放政策，"会带来一些问题，但是带来的消极因素比起利用外资加速发展的积极效果，毕竟要小得多。危险有一点，不大"③。

　　事实胜于雄辩，我们实行开放政策五年实践所取得的成绩，充分地证明了邓小平同志的这些基本估计是完全正确的。首先，几年来，我们搞活了对外贸易体制，扩大了对外贸易，我国外贸和国际收支从逆差转为顺差，增加了外汇储备，促进了国民经济的发展。从 1981 年开始，我国进

---

　　① 《邓小平文选》第 3 卷，人民出版社 1993 年版，第 64 页。
　　② 同上书，第 59 页。
　　③ 同上书，第 65 页。

口连年大于出口，1981—1983 年的贸易顺差共达 94 亿美元，外汇储备额已达 160 多亿美元，我国的经济实力增强了。其次，经济特区越办越好，成为我国引进技术、引进管理、引进知识和对外开放的窗口，成为发展我国经济的骨干基地。再有，利用外资初步打开了我国经济开放的局面，有利于国民经济的调整。从 1980 年到 1983 年底，我国利用各种形式的外资总额 116 亿美元，1984 年有了更大规模的增加，这样就弥补了我国建设资金的不足，支持了若干重点建设项目，帮助复活了一批资金缺乏、准备停缓建的项目，促进我国海上石油的开发，提高了老企业的技术改造工作。还有，大量引进外国的先进技术，加强了同各国之间的经济、科学、文化的交流，扩大了世界信息量，对于促进我国社会主义建设，产生了无法用金钱来计算的巨大作用和影响。

当然，实行对外开放政策必然带来一些问题，如在吸收外资方面造成了一些损失，让资本家拿了我们一些钱，甚至一些西方资本主义的腐朽的拜金主义观念和腐朽的生活方式也会传进国内，产生一些消极的影响。但是，从实行对外开放的巨大成绩来看，积极效果是主流，消极因素是次要的，它的影响和作用大大小于积极效果。我们有些同志所担心的什么"资本主义变样"、"剥削制度还魂"、"劳动人民遭殃"、"社会风尚败坏"，只要我们防范工作做好了，是可以避免的。这是因为：（1）我国是以社会主义公有制经济为主体的，社会主义经济基础很巩固，适当地吸收外资，动摇不了我国的社会主义公有制；（2）我们是社会主义国家，坚持的是社会主义分配原则，鼓励劳动致富、共同富裕，提倡一部人先富起来，但是不搞两极分化，不会出现资本主义社会阶级对立的现象；（3）只要我们善于掌握，就会增强而决不会削弱我们自力更生搞建设的能力。如果我们采取开放政策，积极发展对外经济贸易关系，尽量利用外资、外技，加强国际交流，就是增强我国的国际竞争力，增强我国的发展动力；（4）有坚强的中国共产党，有社会主义精神文明的基础，可以抵御住西方腐朽东西。实行开放，会带来一些消极因素、一些风险，然而，如果我们始终坚持四项基本原则，不会出大的问题，翻不了社会主义这条大船。

实际上，我们有些同志是戴着有色眼镜看待西方影响、外国影响的，他们不做具体分析，或是把外国说成什么都好，连外国的月亮都是圆的，或是把外国一切说成什么都坏，外国人一无是处。他们分不清外国哪些是先进的东西，哪些是落后的东西。他们所说的"消极因素"，实际上有一部分并非真的那么"消极"，比如说，西方的进步文化，西方人民优质的衣、食、住、行与生活资料，有些现在已为我国人民所接受，在我国流行，成为我国人民丰富的社会生活的一个部分。我们有些同志不问青红皂白，通通打上"黄色"的印记，禁止人民去接受它，这是不对的。在实行开放政策时，我们要注意抵制的是真正的消极的东西。对于这些消极因素，我们不要怕它，不要因噎废食。不能因怕之，就闭关自守、闭门锁国，而是要敢于承认它，善于抵制它，善于诱导人民在接受外来的先进的东西的同时，注意剔除不良的东西。这才是马克思主义的科学态度。

邓小平同志关于实行开放政策，积极效果大大多于消极因素的估计，贯穿了如何观察和解决问题的马克思主义立场、观点、方法，贯穿了马克思主义的活的灵魂，贯穿了马克思主义的最基本的策略和原则。既要实事求是地看到问题的积极方面，又要实事求是地估计到问题的消极方面，同时又要抓住的问题主导方面、主流方面，根据事物发展的主导因素、主流倾向来制定我们的基本方针，来增强我们完成某一项任务的决心。这样科学的思想方法和工作方法是贯穿邓小平同志《建设有中国特色的社会主义》一书的精神实质。学习《建设有中国特色的社会主义》，必须抓住这个实质，学好、学透，切实指导我们当前的改革工作和发展工作。

（原载《中央党校通讯》1985 年 3 月 30 日）

哲学的现实与现实的哲学

　　马克思主义哲学以往的生命力就在于它不断地回答了时代提出的问题。马克思主义哲学要保持它的旺盛的生命力，决不能停留在原有的结论上，必须面对现实，继续回答新时代提出的现实问题。哲学工作改革的出路就在于此。只有这样，哲学才是富有生命力的、现实的哲学。在当今社会主义改革的时代，积极回答改革中提出的问题，才能真正谈得上发展马克思主义哲学，丰富马克思主义哲学。

一

　　我国哲学界的现实状况并不尽如人意，当前哲学改革的呼声得到广泛响应的势态就可以说明这一点。且不讲"哲学改革"这个词用得是否合适，从人们在讨论中提出的在哲学研究方面、哲学教学的内容、体系、方法等方面的"改革"设想，就可以看出，我们现在的哲学工作在许多方面有脱离现实的倾向。

　　一些哲学工作者不注意研究现实问题，既不了解国外的情况，又不了解国内的情况，对自然科学的发展状况知之甚少，对当代各种社会主义现实运动的发展漠不关心……由此，许多论著、论文、讲稿空洞冗长，缺乏现实感；许多过于"标准化"的教科书东拼西凑，缺乏新的见解和方法，就连得到世界范围广泛重视的控制论、系统论、信息论，某些教科书也没有给予应有的反映。当然，这是个别情况，就相当一部分哲学工作者来说，对现实问题还是有比较多的了解的，但是，在理论与实践结合的工作上成效不大。了解现实情况是一回事，讲的、写的又是一回事。

　　造成这种状况的原因是多方面的，我们的哲学研究工作和教学工作与现实脱节是一个比较严重的问题。

哲学是时代的精华。哲学属于意识形态范畴，任何社会意识都是一定社会存在的反映，哲学也不例外。但是哲学并不直接反映社会存在，它以最抽象、最概括、最普遍的理论形态反映社会存在。一定的社会历史现象反映到人们头脑中，形成关于自然、关于社会历史、关于人类思维的一定的科学理论形态，进而形成一系列具体的自然科学和社会科学学科，这些学科的理论形态反映了人类对世界的一定的看法，反映了一定的世界观。而哲学正是在这些学科的基础上，经过人类抽象思维的进一步加工，形成最高层次的理论形态，也就是对自然、对人类社会、对认识的最一般规律的认识。正是在这个意义上讲，哲学是人类思维成果的精华。

然而，任何一门科学理论都不是静止不变的，都不是僵死固定的。自然界和人类社会在不断地变化，人们对它们的认识也不断地变化、不断地充实，乃至改变自己的内容，从而不断地改变自身的表达形式。任何一个理论形态的发展、变化，其原动力都来源于实践。每个时代都会提出自己时代的问题，因此，每个时代理论形态如果与自己时代相适合，就必然要回答该时代的问题。

譬如，古代希腊哲学的产生是从对世界整体形成概念开始的，也就是说，希腊哲学的早期阶段，哲学家们偏重于从客体方面的研究入手，竭力探索世界的本源问题，探索世界最本原的物质究竟是什么。这就应运而生了许多关于客体的本体论的学说：以泰勒斯为代表的米利都学派提出"始基"的概念，赫拉克利特和亚里士多德进一步发展了这个概念，德谟克利特提出了朴素的原子论，等等。

自然科学和社会科学的各个学科只是回答本学科的具体的时代问题，而哲学则要回答最根本、最普遍、带有共同性的时代问题，也就是说要回答时代的根本问题、总问题。

一般地说，一定的时代必然提出一定的根本问题。只有回答这个根本时代问题的哲学，才是富有生命力的哲学。在古代希腊社会，人类所面临的一个根本问题，就是何为世界本原的问题，反映到哲学上，就是朴素唯物论和唯心论的论战。在欧洲中世纪，一直贯穿着唯名论和唯实论的斗争，从表面上看，这是宗教内部的派别之争，然而，却反映了冲破封建神学束缚的时代要求。历史越向前发展，人类的思维也就越加成熟，哲学反映时代的要求也就越明显、越强烈。在欧洲，处于封建社会和资本主义社会之交的时期，在封建社会内部萌发了资本主义经济关系，随着资本主义经济的成熟，逐步地提出了政治要求，冲破封建束缚，这就是资产阶级时代的要求，与这个时代要求相一致，资产阶级的人文主义运动、启蒙运动，站在时代的前列，反映了时代的要求，论述资产阶级社会代替封建社会的合理性。康德—黑格尔德国古典哲学适应德国资产阶级试图代替封建社会的时代要求。所以，我们说，哲学不仅是人类思维的精华，在更进一步意义上讲，哲学是时代精神的精华。

　　任何一个理论形态都不是被动地、直观地反映现实存在，作为时代精神精华的哲学更是如此。一旦哲学反映了现实要求，体现了历史发展的规律和趋势，正确地回答了历史发展所提出的问题，哲学就具有指导人们变革的实践的功能。当世界资本主义开始取代封建主义的时候，时代所提出的问题，主要是为资本主义制度合理性辩解。这个历史任务要求人们必须承认资本主义必然存在的事实，承认历史的进化。于是便产生了为了资本主义的诞生大喊大叫的英国经验论哲学、法国启蒙哲学和法国 18 世纪唯物主义，以及后来的德国古典哲学，尤其是黑格尔的唯心主义辩证法。他们有的是直接论述资本主义的合理性，为资本主义制度的建立提供理论根据，如洛克哲学的三权分立说，法国启蒙哲学对神学、对蒙昧主义的抨击，以及法国唯物主义的自然法学说，费尔巴哈的人本主义。正如恩格斯所说："从十五世纪中叶起的整个文艺复兴时代，在本质上是城市的，从而是市民阶级的产物，同样，从那时起重新觉醒的哲学也是如此。哲学的内容本质上仅仅是那些和中小市民阶级发展为大资产阶级的过程相适应的思想的哲学表现。"①

　　当无产阶级开始登上政治舞台的时候，正是资本主义社会的内在矛盾日益暴露、开始尖锐化的时候，时代哲学就面对推翻资本主义制度、实现社会主义的伟大任务。论证资本主义的必然灭亡、社会主义的必然胜利，这个历史任务要求彻底的唯物主义和彻底的辩证法，马克思主义哲学应运

---

　　① 《马克思恩格斯选集》第 4 卷，人民出版社 1972 年版，第 249—250 页。

而生了。它创立了辩证唯物论，并运用它来观察分析社会历史现象，创立了历史唯物主义，揭示了人类社会发展的一般规律，为无产阶级革命提供了必要的理论武器。

然而，马克思、恩格斯所处的时代是自由资本主义上升时期，他们利用历史唯物主义所做出的某些结论，只适用于当时的时代。他们站在彻底的马克思主义哲学立场上只能预见到未来社会发展的一般情况，并不能对未来社会做出具体的结论。在无产阶级革命和帝国主义时代，列宁捍卫和发展了马克思主义哲学，解决了该时代的历史任务。

可见，时代不断地发展，不断地提出新的历史问题，作为时代精华的哲学也必须不断地回答时代提出的问题，才能永葆理论之青春。当然，哲学所回答的问题同具体科学所回答的问题不同，哲学要抓住时代提出的根本问题，也必须经过一番努力和反复。因此，只有回答时代提出的问题的哲学才能称得上现实的哲学，否则马克思主义哲学就没有生命力。

二

马克思主义哲学观察问题、分析问题、解决问题的一般立场、观点、方法，是建立在彻底的唯物主义和彻底的辩证法的基础上的，因而就目前来说，马克思主义哲学的基本原则并没有过时，但这不等于说马克思主义哲学就不需要发展了，就不需要充实了。每个时代都有其现实的问题，马克思主义哲学通过回答时代提出的问题来充实、发展和完善自身。马克思主义哲学有两个基本原则，一是历史的观点，一是发展的观点。从这基本原则出发，马克思主义哲学对自身也必须采取历史的、发展的态度，人们在一定的历史条件下对自然、对社会的认识结论，随着时代的交替，有些过时了，需要修改，需要重新做出结论。当然，这恰恰不意味着马克思主义哲学过时了，说明的却是马克思的哲学是彻底的理论、彻底的哲学，是富有生命力的哲学，是现实的哲学。反之，如果我们抱住马克思主义哲学的本本不放，既不用它来说明新的问题、做出新的结论，又不在实践中不断发展它，那么，马克思主义哲学在这些人手中就会变成僵死的教义。

总之，发展马克思主义哲学，实现哲学研究和教学领域内的进一步变革，关键问题就是要紧密结合现实，回答时代提出的问题。目前，许多同志对"哲学改革"这个词很感兴趣，有的同志认为，哲学改革的关键问题就在于寻找哲学与实践的中介，寻找哲学与实践的连接点，于是出现"中介哲学"、"应用哲学"、"管理哲学"，大体上认为现在的哲学太抽象，离实际太远，解决不了具体问题，应该在最高层次的哲学与实践之间，找到一种介乎于二者之间的理论，找到一门直接能够解决具体问题的哲学。对这种看法的正确与否，我们姑且不论，但是，我们必须明确，哲学的功能不是解决某个具体问题的，而只是为解决具体问题提供一般的世界观和方法论指南；哲学应该面向现实，不能一味地埋头于故纸堆中考证、注释，而要成为现实的哲学，但现实哲学的意思并不是让哲学处理具体学科的问题；"哲学改革"（我暂且用这个词，我认为提"哲学工作的改革"更合适）的根本出发点在于回答时代提出的根本问题，回答实践提出的根本问题。

我们现今的时代提出哪些重大的、带有根本性的问题，需要哲学来回答呢？这就要从当前时代发展的基本趋势来分析。目前世界有两大潮流：一是科技革命的潮流。这个潮流的浪潮可以追溯到 18 世纪的工业革命。18 世纪工业革命促成了 19 世纪自然科学的飞跃发展（如三大发现等）。19 世纪自然科学的发展推动了工业的发展，又带来了 19 世纪末 20 世纪初的科学技术的第二次革命（如电子的发现、基本粒子说、相对论的提出等）。世界步入 20 世纪，尤其是第二次世界大战后，电子计算机、自动控制等科学技术的崛起，激起 60 年代、70 年代世界范围的更大规模的、更广范围的、更深层次的科学技术大发展。目前，这场科技大浪潮向哲学提出了许多带有根本性的问题，迫切需要哲学来加以总结、加以说明。如，人工智能问题提出了人类思维的一系列新问题，需要马克思主义认识论来回答；系统论提出了一系列新的原则，需要辩证法来总结，并促进辩证法自身的日益丰富。

恩格斯说过，自然科学的每一个重大发展，都迫使唯物主义改变自己的形式。实际上，自然科学的每一次重大发展，不仅使哲学改变形式，而且还使其内容得到丰富。19 世纪自然科学的重大发展推动了马克思以辩证唯物主义哲学来代替机械唯物主义哲学；19 世纪自然科学的新发现促使列宁写出了《唯物主义和经验批判主义》，提出了许多新的哲学见解，丰富了马克思主义哲学。今天，我们的哲学如果不回答现代科技发展的浪潮中涌现出来的新问题，就不能丰富自身。

当代第二个浪潮是社会主义浪潮。世界社会主义浪潮从马克思、恩格斯创立科学社会主义以来，已有一百多年的历史，至今方兴未艾。初始，它像一个幽灵在欧洲少数几个发达的资本主义国家徘徊，今天已经发展成为世界的燎原之火。哲学要发展就必须面对这个现实，回答这个现实所提出的问题。

马克思创立了历史唯物主义，以历史唯物主义为武器，分析了资本主义社会的经济运动，揭示了资本主义社会发展的内在矛盾，揭示了资本主义必然灭亡、社会主义必然胜利的客观规律，提出了无产阶级革命的理论，使科学社会主义由空想变成了科学。在无产阶级革命和帝国主义时代，列宁提出了一国社会主义胜利的理论，发展了历史唯物主义。在殖民地、半殖民地国家社会主义如何搞社会主义革命，毛泽东同志根据中国革命的实践，提出了"实事求是"、"独立自主"、"群众路线"为特点的毛泽东哲学思想，由此来分析中国具体国情，提出了中国革命"分两步走"的正确战略，提出了农村包围城市、武装夺取政权的具体革命道路。可见，随着社会主义实践的发展，随着社会主义浪潮的发展，哲学需要不断地回答时代提出的新问题。

目前，社会主义已经成为世界性的浪潮。其标志是一系列社会主义国家建立，一系列国家在寻找通向社会主义的发展途径，并在发展道路上遇到种种新的问题和新的挑战。那么，目前提出哪些问题呢？

（一）按照马克思主义的说法，社会主义一旦建立，就会以比资本主义快得多的速度来发展自身的生产力，来发展社会生产。可是，从现实的社会主义国家国内经济建设的速度来说，并没有达到人们预想的结果。当然，许多社会主义国家的底子薄、基础差，与发达资本主义国家的经济相比，存在着不可比拟性。但是，就社会主义经济发展本身来讲，存在着两个问题：一是战后资本主义经济发展很快，如日本、联邦德国，这些国家战后经济迅速恢复，而且发展也很快，美国、法国等国的经济也有了很大的发展，相比之下社会主义国家的发展慢了一些。二是战后许多一分为二的国家，单就经济发展指标来讲，走社会主义道路的国家要慢一些。比如南、北朝鲜相比，东、西德相比，等等。当然，我们这里是就经济发展这个单一指标而言，对其他各种复杂因素不做考虑。这样就提出两个问题：为什么社会主义的经济发展没有以比资本主义高得多的速度发展？为什么资本主义经济相对来说还有了很大的发展？

（二）发达资本主义国家目前尚无社会主义革命的形势。按照马克思的预言，当资本主义矛盾发展到极点就是社会主义革命的前夜。换句话说，也就是社会主义革命应当在发达资本主义国家发生。然而，并非如此。比如二战后，日本、欧美资本主义国家一直处于经济和社会危机之中，政治罢工、工人示威层出不穷。然而，随着资本主义经济的发展，进入70年代和80年代以来，一些资本主义国家实现"四高"政策，工人革命热情下降了，马克思所预见的那种发达资本主义的革命形势不仅没有出现，而且处于低潮。在这种形势下，欧美许多共产党员和个人组织纷纷采取议会斗争的形式，出现了许多民主党、社会党执政的现象，在工人运动中提出了走和平过渡、议会道路的理论，甚至对无产阶级专政的提法也提出了诘难。这些现象集中起来，可以归纳为这样的问题：马克思站在历史唯物主义立场，所揭示的资本主义必然灭亡、社会主义必然胜利的规律是否正确，通过怎样的道路社会主义才能代替资本主义？

（三）社会主义国家的建立，使社会主义进入新的阶段。然而社会主义国家在其发展过程中，却出现了一系列国内问题和矛盾。现在人们都在思索什么才叫社会主义、怎样建设社会主义的问题。马克思、恩格斯、列宁、斯大林都曾预见过，社会主义社会是一个美好的社会，在社会主义社会，财产公有，共同劳动，按劳取酬，消灭了剥削和压迫，但是对社会主义本身出现的问题和矛盾，他们都没有充分估计到。

最早建立的社会主义国家苏联，建国之初至50年代一直采取斯大林的模式。这种模式在建国之初也许是必要的，然而到50年代就暴露出它的缺陷。在苏联之后的许多国家，都采取了苏联的模式，在其发展道路上也都暴露出一些缺陷。斯大林在世时，坚持认为社会主义只有苏联这一个模式，把任何党、任何国家对社会主义具体途径的不同选择都斥之为修正主义、非马克思主义。

尽管如此，在社会主义内部的确出现了一些问题和矛盾，匈牙利事件、波兰事件（波兹事件）、捷克布拉格之春、苏联赫鲁晓夫上台、下台、中国"文化大革命"，等等。

这些问题说明，社会主义本身存在着矛盾，如果对这些处理不当，就潜伏着危机。苏联的模式是不利于社会主义健康发展的，而且发展社会主义不应只有一个固定的模式。南斯拉夫党较早地开始认识上述问题，采取了一些改革的措施。随之而来，一系列社会主义国家都开始了改革。我国现在也在进行改革。

总而言之，上述三个问题集中到一点，就是无产阶级夺取政权后，面临如何认识社会主义的规律，如何按社会主义的客观规律办事，使社会主义真正以比资本主义快得多的速度发展。这就是当今时代提给马克思主义哲学的又一重大问题。

三

由上所述，可以看出，在发展马克思主义哲学这个意义上讲"哲学改革"也可以，就是要回答当前两大浪潮提出的根本问题。怎样回答科技浪潮提出的问题，本文暂不做具体的讨论，下面仅对社会主义浪潮所提出的问题提出一些看法。

在历史唯物主义创立之前，人们对历史发展的规律众说纷纭，找不到正确的答案。马克思创立了历史唯物主义，为科学的认识人类社会提供了正确的认识工具。马克思运用历史唯物论，分析了资本主义社会矛盾，发现了剩余价值的秘密，从而正确地说明和认识了资本主义社会的客观规律，找到了无产阶级革命的途径。然而，马克思、恩格斯所在的时代，并没有社会主义国家的建立。列宁也只有在建国初期实践。对于什么是社会主义、社会主义的具体规律是什么，他们并没有具体的说明，也不可能有具体的说明。许多社会主义国家的建立是按照马克思、恩格斯的设想搞的。经过几十年的实践，社会主义在发展进程中暴露出一些问题，说明我们对社会主义的认识还很不够，对社会主义社会的内在矛盾和发展规律缺乏认识。因此，站在马克思主义历史唯物论立场上分析社会主义的经济运行，从经济基础的分析入手，揭示社会主义社会的基本矛盾、基本规律，是回答社会主义浪潮提出的问题的重要任务。

几十年的社会主义建设的实践，提出了这样一个严肃的问题：社会主义公有制的建立，提供了一个比资本主义优越得多的社会主义制度，可是为什么社会主义制度的优越性没有充分地发挥出来，甚至在经济发展等方面落于资本主义国家之后？这说明我们对社会主义客观规律的认识有问题，没有制定出或采取符合社会主义客观规律的路线、方针和政策，没有解决对这一根本规律的认识。

马克思、恩格斯只设想社会主义社会是一个消灭阶级和压迫的、不存在商品生产和货币交换的社会。列宁领导了无产阶级夺取政权之后向社会主义过渡的阶段的社会主义实践，看到了过渡时期矛盾的复杂性、阶级斗争的残酷性，实际上采取了货币经济的措施和新经济的政策。斯大林开始是否认社会主义存在商品经济的，不承认社会主义社会还存在矛盾，认为政治上和道义上的一致是社会主义社会发展的动力。到晚年，他开始意识到社会主义经济不单单是计划经济，社会主义还存在着矛盾。1957年，毛泽东同志鉴于匈牙利事件，鉴于国内的斗争和矛盾，提出社会主义社会还是存在着矛盾的，社会主义社会矛盾是社会主义社会发展的动力，社会主义社会存在两大类矛盾：基本矛盾是生产关系与生产力、上层建筑与经济基础的矛盾；社会主义还存在人民内部矛盾。认识到这些，是人们对社会主义认识的一大进步。但是，这种认识还是粗线条的、一般的、有某些不足的。首先，我们对社会主义社会矛盾的认识是从矛盾的一般原则出发，分析社会主义社会矛盾现象而得出的一般结论。如果我们具体地从分析社会主义的经济运行入手，认识社会主义矛盾的经济条件，就会对社会主义矛盾的认识得出具体的结论。比如基本矛盾是生产关系与生产力、上层建筑与经济基础的矛盾这个结论，一般来说是正确的，但是并没有具体说明这对基本矛盾在社会主义的表现是什么。马克思在分析资本主义社会的基本矛盾时，找出四个基本表现，而我们研究的结论还是一般原则的。由于没有从具体的社会主义经济问题入手分析问题，找出具体矛盾表现，因而，就会在什么是主要矛盾问题上摇摆不定，导致中国社会主义建设的重大失误。其次，片面地理解矛盾，把矛盾是发展动力的原则引申为阶级斗争。这个错误的认识根源也在于不能具体地认识基本矛盾的表现。

由此可见，要分析认识社会主义社会的客观规律，必须从分析社会主义社会的经济条件入手，实事求是地从社会主义基本经济关系中的矛盾分析入手，找出社会主义社会经济关系本身所固有的矛盾，找出社会主义社会基本矛盾的具体表现形态，从而认识社会主义社会的不以人的意志为转移的客观规律，以此来制定政策，采取适合本国国情的社会主义发展模式，充分发挥社会主义的优越性。

总而言之，哲学研究和教学工作要改变自己不尽如人意的现状，就需要每一个哲学工作者自觉地面对现实，克服哲学界存在的理论与现实联系不够密切的状态，清除本本主义的余毒。在坚持四项基本原则的大前提下，勇于实践，提出并解决社会主义革命和建设中存在的迫切问题，使我们的哲学成为充满生气和活力的现实的哲学。

（本文是作者 1985 年 10 月写就的随感）

论当前我国的政治体制改革

社会政治体制是社会根本政治制度的具体组织形式的总和，换句话说，它是与一定的经济基础相适应的政治上层建筑的具体构成形式的总和。政治体制的核心问题是政治权力的构成形式问题，即国家的政体问题。广泛的政治体制改革应当包括：国家政治权力的合理构成，国家领导体制和社会管理体制改革，行政机构改革，干部人事制度改革，国家政治生活运行机制的调整等方面。

一　政治体制改革的迫切性和重要性

我国的人民民主专政是与社会主义的经济基础基本相适应的政治制度，这是比资本主义的资产阶级少数人专政的政治制度优越得多的政治制度。然而，社会主义制度的优越性需要适当的政治体制，适当的政治组织形式才能体现出来，只有在实践中不断地改革和完善现行的政治体制，才能使社会主义政治制度的优越性充分地体现出来。

但是，随着经济体制改革的逐步深入，我国现行政治体制的某些弊端越发暴露出来了。我国的社会主义民主体制尚不健全，人民还不能完全直接地、迅速地、有效地监督国家机构和国家工作人员中滋生起来的一些腐败现象，还不能完全参与国家政治生活的决策，不能充分地调动起人民群众的政治积极性；干部人事制度的变革没有跟上经济体制改革的步伐，实际存在"官本位"制、领导干部终身制、家长制，干部的种种特权现象，人事干部制度统得过死，干部选拔缺乏健全的民主程序等，严重影响了改革发展的顺利进行；机构重叠臃肿，人员膨胀，办事效率低也是经济机制良性运行的一个大障碍……。

现行政治体制所存在的某些弊端的根源在于：（1）由于我国几千年来根深蒂固的封建主义影响，以及这种影响赖以存在的落后的社会基础尚未彻底清除掉，致使我国现行政治体制还保留有某些封建的残余因素。（2）现行国家体制还保存许多过渡时期国家政权机构的特点，如相对高度集中的国家权力和行政管理机构。（3）我国现行的政治体制在一定程度上还受到苏联斯大林模式的长期僵化的高度集权的政治体制的影响。

按照马克思主义的原理，生产力与生产关系、经济基础与上层建筑既相适应又不相适应的矛盾运动推动了社会主义社会的发展。经济体制改革主要调整生产关系不适应生产力发展的某些环节和方面。当经济体制改革取得了一定的成果，上层建筑的某些方面和环节就不适应已经改革了的经济体制。因此，改革现行政治体制以适应和促进经济体制改革，不能不是一件紧迫大事。近几年来，通过经济体制的重大改革，有计划地发展商品经济的、充满生机与活力的新体制开始取代原有的僵化的计划经济旧体制，这就必然要求我们进行相应的政治体制的改革。不相应地进行政治体制改革，经济体制改革就无法继续深入，并最终取得成功。

二　社会主义政治体制改革的战略目标

社会主义现代化建设是人类历史上一项极其宏伟的事业，从事这项事业一定要有明确的战略目标，这个战略目标既是我们为之奋斗的理想，同时又是我们实际行动的指南，是我们采取实际改革步骤的基本原则。社会主义政治体制改革同样需要制定出正确的战略目标，它既是我们政治体制改革的目的，又是我们进行政治体制改革的原则和指南。

我们的目的是要建设具有中国特色的社会主义现代化强国。这个现代化有特定的含义，它应包括经济上的现代化、政治上的现代化和思想文化上的现代化。也就是说，要建设比资本主义更发达的社会主义的物质文明、政治文明和精神文明。

社会主义政治文明就是指先进的、不断趋于完善的、有利于社会主义物质文明建设、促进和保证社会主义精神文明建设的社会主义政治制度及其适当的政治体制和政治观念。我们的人民民主专政的政治制度是较之资本主义政治制度先进得多、文明得多的政治制度，这就构成了社会主义政治文明的基本点。然而，我们的政治制度还需要进一步完善，我们还没有建成一个更好地发挥社会主义政治制度优越性的完善合理的政治体制。就这点而言，我们对社会主义政治文明建设还没有给予应有的重视。

社会主义政治文明是社会主义物质文明建设的指南和保证，同时也是社会主义精神文明建设的指南和保证。加强社会主义政治文明的建设，是社会主义现代化建设不可缺少的环节，同时也应当是我们进行政治体制改革的战略目标。

从目前我国的实际情况来看，我国政治体制改革的战略目标就是要建立高度民主、法制完备、富有效率的社会主义政治体制。政治体制改革的具体战略目标是：

（一）要建立与社会主义商品经济相一致的社会主义民主体制。民主政治体制是与经济发展相适应而形成的。封建的专制制度和高度集中的中央集权体制是与自给自足的自然经济发展相适应的。资本主义商品经济的发展，要求彻底的自由贸易、自由交换，要求实行交换领域的平等原则，这种自由平等的经济要求就迫切需要打破封建专制，确立一种民主平等的政治环境，以利于资本主义商品经济发展，资本主义的民主体制便应运而生了。同理，社会主义的商品经济就需要比资本主义更高类型的社会主义民主体制。我们目前现行的政治体制是与计划经济体制，与改革前的农村经济体制相适应的，这种政治体制助长了我们政治生活中不正常的现象的生长，与社会主义商品经济发展不相一致。因此，建立与社会主义商品经济发展相适应的民主体制，应是我们政治体制改革的中心任务。

（二）建立和健全人民群众参与管理国家大事的民主体制。社会主义国家政治权力机构、领导体制应当是根据人民的利益和意志，代表人民行使管理国家权力的组织实体，是社会主义政治体制的主体部分。坚持中国共产党的核心领导地位又是关键。目前我们的政治体制在这方面有两点明显的不足：（1）还没有一种有效的办法，从制度上来保证人民及时地清除政治权力机构滋生出来的某些腐败现象，不能随时罢免不称职的甚至蜕化变质的工作人员，任命真正为人民服务的、德才兼备的工作人员，并对在职的工作人员实行有效的监督。（2）目前的政治体制在一定程度上不能有效发挥人民管理国家大事、参与国家决策的政治积极性。社会主义事业是全体人民的事业,建设社会主义要靠人民的积极性和创造性。调动人民的积极性需要一定的物质利益刺激,但是仅靠物质利益还是不够的。只有彻底地实行社会主义的民主体制才能完全调动起群众的政治热情。因此,建立在党坚强领导下的人民参政、人民监督、人民自治的对国家政治权力和领导体制的权力制约体制,是社会主义民主体制建设的关键。

增强企业的活力是经济改革的中心环节。承认企业是相对独立的商品生产和经营的经济实体,增强企业的活力,就必须在政治上给予独立的经济实体以更大的权力,使它们享有更大的自治权和自由权。高度集中的政治体制显然不适应商品经济发展的要求。必须建立与社会主义"开放搞活"的经济体制改革相一致的,建立在集中与民主相结合基础上的分权制和自治制。这种分权制和自治制包括横向分权、纵向分权、自治。横向分权就要把党与政、政与企区别开来;纵向分权就是简政放权,中央给地方、地方给下属以更多的权力,基层单位实行人民直接参政,基层以上单位实行人民通过代表间接参政。以调动各个层次的积极性,使社会主义社会真正成为充满活力的社会有机体。

(三)彻底改革与完善党和国家的干部制度,建立与新的经济体制相适应的国家工作人员选任考核制度。社会主义的国家机构和领导体制是社会主义政治体制的主体部分,而各级党和国家干部又是这个主体部分的主要成分。我国现行干部队伍的成分基本上是只进不出、只升不降,其结果,干部的总数量只增不减,人才不合理构成继续存在。全国各行各业都要打破大锅饭,打破铁饭碗,打破平均主义。而某个人一旦当了干部,进入了干部的圈子,就捧定了干部职务的铁饭碗,只要不犯法,干好干坏总归有饭吃,一直提升;只要不搞女人、不贪污,总是降不下来,而且某些人借助于权力往往比旁人吃得要更好,这样就形成了一个对内对外缺乏人才流动的封闭的人事体系。我们国家的权力构成、领导体制与这个封闭体系有重要的联系。这与我们以搞活开放为目的的经济体制改革是不相称的。现行干部制度的许多不完善的方面在制度上维持了该封闭体系。因此,必须首先改革与完善现行干部制度。干部制度改革的根本目的就是要从制度上破除干部的种种特权现象,打破僵化的干部体系。实行干部制度的改革，必须要健全对干部选拔、监督和罢免的民主程序，实行干部任期制、选任制、轮换制、招聘制，逐步缩小委任制的范围，坚决消灭干部职务终身制，建立一个适应改革需要的、开放型的、流动型的国家工作人员选任考核制度，以便同工人劳动合同制大体协调起来。

（四）要建立与高效益的社会主义经济体制和运行机制相配套的社会主义政治体制的组织办事机构及其运行机制。社会主义经济体制改革的目的是要建立高效益的社会主义经济体制，与此相应，也必须努力建立高效率的社会主义政治体制。著名社会学家韦伯有一段话讲得十分精彩，他说："现代资本主义的利益关系在内部首先建筑在计算的基础上，它的生存要求有一个能使它的活动至少在原则上可以按照确定的一般规律，进行合理的计算的司法系统和行政系统。……跟旧时代的资本主义的既得形式相区别的现代资本主义的特征如下：在任何不合理地组织起来的政治制度内，依据于合理的技术对劳动的严格合理的组织是不存在的，也绝不可能产生出来，因为具有固定的资本和依赖于精确计算的现代企业，对于法律和管理的不合理性是十分敏感的，只有具有合理法律的官僚国家中它们才能产生出来。"① 韦伯揭示了讲究效益的资本主义经济企业同结构合理的国家体制和法律体制之间的相互依赖关系。我国的现行政治体制毛病很多：机构重叠、臃肿，因人设事、人浮于事、扯皮推诿，官多兵少、冗员过多等，这些官僚主义的现象严重阻碍了经济机制高效率的运行。按照社会经济发展和整个社会发展的要求，建立合理的行政办事机构势在必行，必须实现社会主义政治体制机制的良性运行。

（五）加强和完善社会主义法制。政治体制改革的核心问题是建立高度的社会主义民主政治，民主政治需要社会主义的法制保障，同时社会主义商品经济的发展也需要法制的保障。政治体制改革的一个重要任务，就是坚决肃清封建专制主义的残余思想影响，加强立法和司法工作，使人民的民主、自由、平等权利得到切实的保障，将国家权力机构和工作人员置于法制的严格监督和制约之下，使各项经济活动有法可依。

---

① 韦伯：《经济与社会》，第491页。

三　近期可行性政治体制改革的步骤

近期可行性政治体制改革的步骤，即是指在现有的条件下，政治体制改革能走多远，采取哪些具体步骤，而又不至于超出政治体制改革的社会承受力所能承担得了的界限，并且通过近期改革的确可以取得较好的社会效益。我的初步意见是：

（一）进行广泛而深入的思想理论准备，改革政治体制首先必须进行政治理论和政治观念的变革。从国外经济体制改革的经验来看，他们在进行经济体制改革之前，都进行了长期的思想理论准备工作，他们在采取具体步骤之前，对传统的经济理论都有重大的突破，比如对社会主义商品经济特征、市场机制、价值规律的作用、社会主义的多种所有制体系等方面的看法，都突破了原有的经济理论观念。我国的经济体制改革在改革展开之前，在一些重大理论上也有许多突破。进行政治体制改革，风险更大，因此更需要进行广泛的理论讨论，对传统的政治理论观念进行广泛深入的探索，把理论准备、思想准备工作做得更充分一些。现在我们思想理论战线上的一个重要任务就是反对封建主义。邓小平同志在 1980 年 8 月《党和国家领导制度的改革》一文中，指出了我们现行的具体制度中的主要弊端"就是官僚主义现象，权力过分集中的现象，家长制现象，干部领导职务终身制现象和形形色色的特权现象"。并指出，"这种现象，同我国历史上封建专制主义影响有关"。继续肃清思想政治方面的封建主义残余的影响，实行政治思想观念的根本变革，这是政治体制改革的极其重要而必不可少的步骤。

（二）目前政治体制改革的准确提法应是，在改革经济体制的同时，必须相应地进行某些政治体制的改革。社会主义社会是一个有机的系统的整体，它既包括经济，又包括政治。社会主义有机体的运行离不开这两个系统的运行及其相互作用的机制。社会主义改革也是一个伟大的社会系统工程，需要政治体制改革与经济体制改革同时配套进行，才能取得最佳的社会改革效应。为什么只提进行某些方面的政治体制改革呢？原因是：（1）我国现行的政治体制在许多基本方面，还是与社会主义根本政治制度相一致的；（2）几年来，在政治体制改革方面，我们已经采取了一些重大的措施，如制定了一系列法律，加强法制建设，按四化标准调整领导班子，废除领导职务终身制等，这些改革已经取得了较好的成效；（3）政治体制改革是一个至关全局的敏感问题，必须看准一步走一步，一呼而上就会造成不可弥补的损失，因此一个方面一个方面地逐步改革政治体制，是积极而稳妥的。

（三）在制度上采取一系列切实的改革措施，清除干部的种种特权现象。目前，影响经济体制改革健康发展的一个突出问题，是干部特权现象，这是封建主义的特权思想、特权制度在我们政治体制上的影响。当前我们政治生活中有一个怪事，就是一切向"官"看，有人把"官"看作一种特权。干部特权现象造成了风气不正、官僚主义，只对上负责，不对下负责，一定程度上影响了人民的政治积极性；干部特权现象表现为尚未彻底废除的终身制、"官本位"制、裙带关系，权力过分集中；干部特权问题不解决，机构就不可能彻底精简，冗员就不可能彻底裁掉。一句话，表现在干部身上的种种特权现象是社会主义商品经济发展的大敌。改革干部制度，从制度上打掉封建特权影响，是政治体制改革的重点。改革干部制度必须先认真实行任期制和轮换制，坚决消灭终身制。应做出明确规定，各级领导干部连任不得超过两期，从制度上来避免任何变相的终身制。一般说来，担任领导职务之前干什么，离任后还干什么，真正做到能上能下，能官能民。由于我们党是从战争年代过来的，保留有大量战争年代的老干部，因此，彻底消灭终身制可以采取过渡性的办法，可以规定出一条时间界限或级别界限，界限范围之内的干部可以完全包下来，通过离退休的办法自然减员。界限范围外的干部一律能上能下，能官能民，坚决实行任期制和轮换制，任期满后就离开领导干部岗位，去从事原来的工作。其次，实行干部选聘制、考任制，缩小干部委任制的范围，建立健全人民群众选举、监督、罢免干部的民主程序和制度。各级政府和司法部门的领导干部必须由党提名，同级人代会选举产生，各级政府机构和司法部门的领导人由党提名，人民代表大会通过，其余领导干部和工作人员实行聘任制。企业事业单位的主要领导干部由企业事业单位的党提名，职工代表大会选举产生，各单位的主要部门负责人由党提名，职代会投票表决，其余干部和工作人员实行聘任制、考任制。

（四）有步骤地逐步实现党政分工。我国现阶段政治体制改革的一个问题，就是要解决权力过分集中的问题，而造成权力过分集中的一个重要原因，就在于严重存在的党政不分。党政不分，以党代政，就会造成权力过分集中于党委，而党委的权力又往往集中于几个书记，特别是第一书记，这很容易造成了一言堂、家长制、官僚主义，妨碍了政府部门职能的发挥，影响了各个方面的积极性，导致党不管党的现象。因此实行党政分工，这是政治体制改革的一个突破口。实现党政分工，应逐步做到：（1）各级党组应不直接参与对具体行政、业务工作的具体责任，从而加强思想、政治，政策方面的领导，通过思想教育工作、政治工作，通过联系群众来改善和加强党的领导；（2）改善党同权力机关，同政府机构，同经济企业，同司法部门，同民主党派和群众团体的关系，党应充分发挥它们的作用；（3）党应管党，加强党的自身建设。

（五）以调整和转变国家机构职能为中心，进行行政职能合理化和人才结构合理化的机构改革。就机构重叠臃肿而精简，就人员膨胀、人浮于事而精简，恐怕达不到精简的目的。精简目的在于机构职能合理化和人员构成合理化，以最优的效应适应社会发展的需要，而不在于精简本身。因此行政机构改革首先必须以调整和转变国家机构职能和人才合理构成为目标，制定出切实可行的机构职能合理化和人才构成合理化的最佳方案。其次实行党政职能明确分工，这是行政机构合理化的关键。是否可以在县以下地方政府、中小企业试行党政分工。必须严格控制现有国家机构编制和人员，一般情况下，严禁增加机构、提高机构等级、增设职位、增设人员。因工作需要而必增不可的机构和人员采取机构职能合理转换和人才结构合理调配的办法来解决。机构中的冗员，可采取自然减员（老同志离退休）、充实基层、离职学习等办法来裁减。

（原载《学术论坛》1986 年第 6 期）

关于社会主义社会矛盾理论的历史考察

社会主义社会有没有矛盾？如果有矛盾，有些什么矛盾，应当怎样解决这些矛盾，这些都是重大的科学社会主义的理论问题，也是马克思主义的基本哲学原理问题。

一　马克思主义经典作家关于社会主义矛盾的有关论述

19 世纪上半叶，面对着资本主义的社会现实，马克思、恩格斯理论工作的重点主要是放在对资本主义社会矛盾的分析上，所以他们并没有，也不可能具体地分析社会主义社会的矛盾。然而不能由此而认为马克思、恩格斯不承认社会主义社会仍然存在矛盾。马克思在《〈政治经济学批判〉序言》中揭示了贯穿一切社会的社会基本矛盾的客观规律，他认为，生产力与生产关系之间的矛盾、经济基础和上层建筑之间的矛盾是人类社会的基本矛盾，也是推动人类社会向前发展的最根本的动力。马克思主义关于社会基本矛盾的理论揭示了社会矛盾的普遍性，社会基本矛盾贯穿一切社会，当然也包括社会主义社会，马克思关于社会基本矛盾的论述同时也是关于社会主义社会基本矛盾的论述。事实上，马克思在《哥达纲领批判》一文中已经对社会主义社会矛盾做出了科学的预测，他认为，未来社会在各个方面，在经济领域和上层建筑领域都带有它脱胎出来的那个旧社会的痕迹，实际上这已经预示到社会主义社会存在着新旧两种社会因素的矛盾。马克思预见到社会主义社会矛盾的非对抗性质和解决办法，他指出："资产阶级的生产关系是社会生产过程的最后一个对抗形式。"[①] 所谓最后

---

① 《马克思恩格斯选集》第 2 卷，人民出版社 1995 年版，第 83 页。

一个对抗形式，也就意味着资本主义之后的社会主义的生产关系与生产力的矛盾再也不具有对抗性质了。他还认为，未来社会矛盾不能用"政治革命"形式来解决，"社会进化不再是政治革命"①。指出了社会主义社会矛盾的根本解决办法。但是，总的来说，马克思、恩格斯由于实践的局限，不可能对社会主义社会矛盾问题做出明确的回答。

列宁是第一个领导社会主义实践的革命领袖，他明确认识到，从资本主义社会向社会主义的过渡时期充满了矛盾，存在着激烈的，甚至是残酷的敌对阶级斗争。他指出，社会主义因素同资本主义因素的矛盾是过渡时期的主要矛盾。关于社会主义社会的矛盾问题，列宁也仅仅作过一些原则的论述。1920 年 5 月，列宁在《对布哈林〈过渡时期的经济〉一书的评论》中，批评了布哈林将对抗和矛盾混为一谈，认为社会主义社会没有矛盾、冲突和任何偶然现象的错误观点。他说，对抗和矛盾断然不同。"在社会主义条件下，对抗消灭了，矛盾仍将存在"②，他还预见到，社会主义社会在不断解决生产力与经济、政治制度之间的矛盾中得到发展。列宁认识到，社会主义社会将消灭阶级对抗，但是还存在着非对抗性的矛盾，生产力与社会经济关系之间的非对抗性矛盾是社会发展的主要源泉。

二　关于社会主义社会矛盾问题的三个认识阶段

实践是认识的源泉，只有经过社会主义社会的实践，才能真正认识社会主义社会的矛盾。科学社会主义经典作家们关于社会主义社会矛盾的有关论述都不过是根据当时的历史事实和历史发展趋势所做出的理论预测和科学设想，从苏联宣布成为第一个进入社会主义社会的国家到今天，社会主义社会的实践运动已经经过 50 余年的历史了，这 50 年的社会主义社会的实践过程，也正是人们对社会主义社会矛盾问题的认识过程。就这 50 年的社会主义实践运动来说，人们对社会主义的矛盾认识大体上经历了三个阶段。

---

① 《马克思恩格斯选集》第 1 卷，人民出版社 1972 年版，第 161 页。
② 列宁：《对布哈林〈过渡时期的经济〉一书的评论》，人民出版社 1976 年版，第 12 页。

第一阶段，基本不承认社会主义社会还存在着矛盾。

这个阶段是从 1936 年苏联宣布进入社会主义社会到 50 年代初斯大林逝世前后。在这个阶段，斯大林简单地提出了社会主义制度下"生产关系和生产力状况完全适合"，认为，苏联各族人民的友谊，苏维埃爱国主义，人民在政治上和道义上的一致是社会主义社会发展的动力的论断。人们在这个阶段对社会主义矛盾的认识，正是以这种形而上学的结论为主要特征的。列宁去世后，在苏联宣布进入社会主义社会以前，斯大林同志也承认社会主义过渡时期存在着矛盾、阶级和阶级斗争。斯大林对苏联社会存在的矛盾作过一些分析，使用过"内部矛盾"（指工农之间的矛盾）和"外部矛盾"（指社会主义国家和资本主义国家之间的矛盾）这样的概念。1926年，他在联共十五次代表大会上指出，社会主义工业化的方法"不是使国内矛盾尖锐化，而缓和并克服这些矛盾"①。1930 年，他明确认为："我们有两种矛盾。一种矛盾是内部的矛盾，即无产阶级和农民的矛盾（这里是指在一个国家内建成社会主义而言）。另一种矛盾是外部的矛盾，即我们这个社会主义国家和其它一切资本主义国家间的矛盾（这里是指社会主义的最后胜利而言）。"② 但是到 1936 年，当苏联宣布进入社会主义社会以来，斯大林不承认苏联社会主义内部还存在着矛盾，不认为正是这些矛盾推动着社会主义社会向前发展。他认为，如果有矛盾，那么一端也是通到外国帝国主义那里。在一个长时期内，他否认社会主义的生产力和生产关系，经济基础和上层建筑之间还存在矛盾，认为苏联的生产力和生产关系完全适合，政治上和道义上的一致是社会主义社会发展的动力。他说："生产关系和生产力性质完全适合的实例，便是苏联的社会主义国民经济这里的生产资料的公有制和生产过程的公共性质是完全适合的，因此在苏联没有经济危机也没有生产力破坏的情形。"③ 1938 年，斯大林在联共（布）第十八次代表大会上指出："与任何资本主义社会不同，现在的苏联社会的特点就在于，在苏联社会中再也没有对抗的敌对阶级了，剥削阶级已经消灭了，

---

① 《斯大林全集》第 8 卷，人民出版社 1960 年版，第 250 页。
② 同上书，第 62—63 页。
③ 《联共（布）党史简明教程》，人民出版社 1975 年版，第 155 页。

而构成苏联社会的工人、农民和知识分子但在友爱合作的基础上生活和工作的。……在这种共同性的基础上，像苏联社会在道义上和政治上的一致。苏联各族人民的友谊以及苏维埃爱国主义这样一些动力也得到了发展。"①由于斯大林不承认社会主义社会内部还存在矛盾，但是苏联国内的社会矛盾又是客观存在的事实，因此，斯大林同志在国家政治生活中严重地混淆了不同性质的矛盾，把党内、人民内部的矛盾归结为外部帝国主义造成的敌我矛盾，犯了肃反扩大化等严重错误。

斯大林的观点从 30 年代以来就一直统治着苏联的理论界。40 年代，苏联理论界以社会主义条件下，生产关系是完全适应生产力的发展，那么什么是推动社会主义社会发展的矛盾为题，对社会主义社会发展展开了争论。讨论中出现两种观点，一种认为生产关系与生产力存在矛盾，另一种即多数人持反对态度。如有人认为："社会主义生产关系适合生产力的性质意味着，它们之间的矛盾已经完全消灭了。"② 最后，《在马克思主义的旗帜下》杂志做了结论，认为社会主义生产关系和生产力之间不存在矛盾。

一直到逝世的前一年，斯大林在《苏联社会主义经济问题》一书中，才含含糊糊地承认社会主义生产力和生产关系之间存在着矛盾，他说："'完全适合'这种说法是不能在绝对的意义上来理解的。不能把这种说法理解为仿佛在社会主义制度下决没有生产关系落后于生产力的增长现象、生产力是生产中最活动、最革命的力量。……既然这样，那么'完全适合'这种说法该怎样理解呢？应当理解为在社会主义制度下，通常不会弄到生产关系和生产力发生冲突，社会就有可能及时使落后的生产关系适合生产力的性质。"③ 二者之间的矛盾"无疑是有的，而且将来也会有。因为生产关系的发展落后于并且将来也会落后于生产力的发展。只要领导机关执行正确的政策，这些矛盾就不会变成对立。而这样也就不会弄到社

---

① 《斯大林文集（1934—1952）》，人民出版社 1985 年版，第 263 页。

② 别列斯特涅夫：《论社会主义生产关系和生产力的完全适合》，苏联《经济问题》杂志，俄文版，1940 年第 5—6 期。

③ 《斯大林选集》下卷，人民出版社 1979 年版，第 577 页。

会的生产关系和生产力发生冲突"①。但是斯大林认为，当时苏联党的政策是对头的，生产关系与生产力是"完全适合"的。可见，斯大林还没有从理论上把社会主义社会的基本矛盾作为全面性的问题提出来，还没有认识到这些矛盾是推动社会主义社会向前发展的基本矛盾，受斯大林观点的影响，苏联理论界也开始承认社会主义社会存在着矛盾。康斯坦丁诺夫在1954年主编的《历史唯物主义》一书中指出："在苏联社会主义社会中，不再有相互对抗的阶级，不再有对抗性的矛盾，然而它的发展还是通过矛盾，通过新事物对旧事物的斗争，通过发展着前进着的东西与衰朽着的东西的斗争而实现的。"② 并认为批评和自我批评是社会主义社会发展的动力。

第二阶段，肯定了社会主义社会存在矛盾，提出基本矛盾、主要矛盾和不同性质矛盾的学说。

这个阶段是从50年代中期开始持续到60年代，第二个认识阶段实际上是自1936年以来，关于社会主义社会矛盾的第一次大规模的论争高潮。1956年，国际共产主义运动就如何评价斯大林问题展开了论争。当时，许多社会主义国家先后相继宣布进入了社会主义，与此同时又发生匈牙利事件、波兰事件及其他国家少数群众闹事的事件。于是，如何看待斯大林的理论遗产，如何看待斯大林关于社会主义社会矛盾问题的论述，如何正确理解和处理社会主义社会的矛盾问题，就成为当时最迫切的马克思主义现实理论问题之一。各社会主义国家共产党对此表示了各自的态度。其中，中国共产党和毛泽东同志提出了社会主义社会基本矛盾、主要矛盾和两类矛盾的学说，对马克思主义的社会主义矛盾学说做出了应有的贡献。南斯拉夫党也是最早提出社会主义社会存在矛盾的社会主义国家共产党之一。苏联理论界经过50—60年代的几次讨论，也逐步认识到了社会主义社会存在着矛盾，而且还对社会主义社会基本矛盾表现、矛盾性质、社会主义发展动力等问题进行了广泛深入的理论探索。斯大林逝世以后，他在后期犯的严重错误逐渐暴露出来了，这首先引起苏联理论界对社会主义矛盾问

① 《斯大林选集》下卷，人民出版社1979年版，第590页。
② 康斯坦丁诺夫主编：《历史唯物主义》，人民出版社1955年版，第529页。

题的思索。50 年代中期，苏联《哲学问题》杂志重新开始了社会主义矛盾问题的讨论。1955 年，苏联《哲学问题》第 2 期刊登了斯捷潘年的文章《社会主义社会发展中的矛盾及其克服的途径》，这篇文章探讨了社会主义社会的基本矛盾、主导矛盾等问题。接着在《哲学问题》第 6 期上，围绕着斯捷潘年的文章展开了讨论，一种意见认为，社会主义社会存在着矛盾，存在着基本矛盾；一种意见否认之，认为人民在道义上和政治上的一致是社会主义社会发展的源泉，一致与和谐是社会发展的辩证法。讨论中统一的基本意见认为，社会主义社会的统一、一致是绝对的，矛盾即使存在也是相对的。这次讨论并没有最终解决对社会主义社会矛盾的认识问题。这次讨论之后，苏联哲学界在 1957—1958 年，就社会主义社会矛盾的若干问题，在刊物上继续展开讨论，讨论中几种观点是：（1）关于社会主义社会的基本矛盾。有人继续否认社会主义社会存在基本矛盾，认为如果社会主义社会存基本矛盾，那么它起作用的结果，就会根本破坏社会主义社会生产关系对生产力性质的适应。相当多的人认为社会主义存在基本矛盾，但对基本矛盾的具体表述不同。（2）关于社会主义社会矛盾的性质和表现形式。有的学者认为，社会主义社会存在着非对抗性和对抗性两类矛盾。有的则认为社会主义社会不存在对抗性矛盾，因为社会主义社会矛盾不是对立面之间的矛盾，而是对立倾向之间的矛盾，在社会主义条件下，"对立面统一和斗争规律"这个公式已经过时。（3）关于社会主义发展动力。一种意见认为矛盾是社会主义社会发展的源泉，对立面的斗争仍然是社会主义社会发展的动力。另一种相反的意见认为，把社会主义社会发展中的矛盾夸大为动力是不正确的，人民在政治上和精神上的一致是社会主义社会的动力。到了 60 年代，苏联理论界已经广泛地讨论了社会主义社会的矛盾和基本矛盾问题，大多数人认识到社会主义社会矛盾的存在。1965 年 4 月到 1965 年 11 月至 1966 年 1 月，苏联哲学界就社会主义社会辩证法问题举行了两次大规模的讨论会。讨论中，以乌克兰米夫、斯捷潘年、罗任、图加林诺夫为代表的一派认为，资本主义辩证法同社会主义辩证法不同，社会主义社会生活中没有对抗、对立，只有差别，资本主义是"对抗的辩证法"，社会主义是"和谐的辩证法"，社会统一是社会主义经常起作用的源泉和动力。以罗森塔尔、费多谢耶夫为代表的另一派，批判"两种辩证法"的理论，认为社会主义在"社会统一"条件下存在矛盾，这种矛盾是社会发展的动力。对于这场争论，苏斯洛夫在1967年提出了结论性的意见："通过矛盾的产生和解决而发展，这是自然界和社会辩证发展的普遍规律、社会主义的特点不是没有矛盾。"① 从总的方面来说，他肯定了罗森塔尔等人的观点。

虽然苏联理论界对社会主义社会矛盾问题进行了较为深入的讨论，很多看法已经超出了斯大林关于社会主义矛盾的基本观点，但总的来说，当时苏联的讨论还是很浮浅的。可以说，在马克思主义发展史上，关于如何认识社会主义社会矛盾问题，直到60年代后期还是苏联哲学界没有解决的重大问题。

南斯拉夫是比较早地认识社会主义社会矛盾问题的。南斯拉夫理论家卡德尔说道："……社会主义的发展是通过本身内部的客观矛盾进行的，对于其中的某些矛盾，人们多少能够有意识地加以控制；对于另外一些矛盾，则无法控制。因为人们的意识本身受到这些客观运动的影响……当然，这些矛盾并不具有阶级斗争的性质，不一定要通过对抗性的对立来解决，但也不是靠政府的某种理性的计划和理想的政策来解决，而首先是通过个人利益的冲突和意见的交锋得到解决的。在这个过程中，个别的矛盾也可能带有对抗的性质……此外，……资本主义世界和社会主义世界之间的矛盾将逐步成为次要的，而社会主义社会关系进一步发展的问题将日益成为当代的真正历史。"②

在关于社会主义社会的矛盾这个重大的理论问题上，我们党和毛泽东同志有独创的理论贡献，提出了主要矛盾、基本矛盾、两类不同性质的矛盾的理论命题，而且作了深刻的论证和阐述。1956年，我党发表了《关于无产阶级专政的历史经验》和《再论无产阶级专政的历史经验》两篇文章，阐述了我党关于社会主义社会矛盾问题的认识。文章指出："有一些天真烂漫的想法，仿佛认为在社会主义社会中是不会再有矛盾存在了。

---

① 苏斯洛夫：《伟大的十年》。

② 卡德尔：《社会主义与战争》，贝尔格莱德文化出版社1960年版，塞尔维亚—克罗地亚文版，第167—176页。

否认矛盾存在，就是否认辩证法，各个社会的矛盾性质不同，解决矛盾的方式不同，但是社会的发展总是在不断的矛盾中进行的，社会主义社会的发展也是在生产力和生产关系的矛盾中进行的。""在我们面前有两种性质不同的矛盾：第一种是敌我之间的矛盾（……）。这是根本的矛盾，它的基地是敌对阶级之间的利害冲突。第二种是人民内部的矛盾（……）。这是非根本的矛盾……"文章还进一步提出了人民内部矛盾的解决办法，即从团结的愿望出发，经过批评或者斗争获得解决，从而达到新的团结。这是我党第一次公开阐明的有关社会主义社会矛盾，关于两类不同性质的矛盾的原则性观点。1957 年，我国完成了社会主义三大改造，过渡时期的基本任务已经完成，大规模的群众性的阶级斗争基本结束，人民内部的各种矛盾冲突出来了，国内闹事的情况增多了。鉴于波匈事件的教训，鉴于国内的新情况，毛泽东同志总结了我国社会主义建设的实践经验，注意到斯大林同志和当时苏联理论界关于社会主义社会矛盾的不正确的认识，发表了《关于正确处理人民内部矛盾的问题》（以下简称《正处》）的讲话，系统地论述了社会主义社会的矛盾问题，着重强调正确处理人民内部的矛盾问题是一个总题目，是社会主义国家政治生活的主题。毛泽东同志在这部著作中运用对立统一规律研究社会主义社会，认为社会主义社会充满着矛盾，正是这些矛盾推动着社会的前进。他明确指出，社会主义社会的基本矛盾仍然是生产关系和生产力之间、上层建筑和经济基础之间的矛盾，它们之间既有基本适应的一面，又有不相适应的一面。毛泽东同志还特别强调指出，社会主义社会的矛盾同旧社会的矛盾，例如同资本主义社会的矛盾，是根本不同的。资本主义社会的矛盾表现为激烈的对抗和冲突，表现为剧烈的阶级斗争，那种矛盾不可能由资本主义制度本身来解决。社会主义社会的矛盾不是对抗性的矛盾，它可以经过社会主义制度本身，不断得到解决。毛泽东同志还提出了两类社会矛盾的学说，他认为，社会主义社会的矛盾分为两类，一类是敌我矛盾，一类是人民内部矛盾。敌我矛盾是对立的矛盾，人民内部矛盾，一般说来是在人民利益根本一致的基础上的矛盾。两类矛盾的性质不同，解决的方法也就不同。人民内部矛盾是社会主义社会的主要矛盾，它是社会主义社会向前发展的动力。在这前后，刘少奇同志也对两类矛盾的学说做出一定的贡献，他认为，人民内部矛盾

"大量地表现在人民群众同领导之间的矛盾问题上，更确切地讲，是表现在领导上的官僚主义同人民群众的矛盾这个问题上"①。他还认为，人民内部矛盾"大量地表现在分配问题上"②。刘少奇同志进一步阐述了人民内部矛盾的主要表现和人民内部矛盾的主要表现领域。关于国内的主要矛盾，毛泽东同志的《正处》中明确指出革命时期的大规模的急风暴雨式的群众阶级斗争基本结束，"我们的根本任务已经由解放生产力变为新的生产关系下面保护和发展生产力"③。敌对阶级间的矛盾转变成人民内部的矛盾。早在1956年党的人大决议明确指出，社会主义制度在我国已经基本建立起来了；国内主要矛盾已经不再是工人阶级和资产阶级的矛盾，而是人民对于经济文化迅速发展的需要同当前经济文化不能满足人民需要状况之间的矛盾。在现实的社会主义社会生活中，这对矛盾表现为人同人之间的人民内部矛盾。

　　到这为止，毛泽东同志的我们党对社会主义社会矛盾的认识还是正确的。《正处》的讲话是1957年2月进行的，在6月17日公开发表时又作了修改和补充，其中增加的关于阶级和阶级斗争的直接论述与《正处》关于社会主义社会矛盾问题的整个基调发生了矛盾。由于《正处》的修改稿出在反击右派的前后，毛泽东同志对当时阶级斗争的形势估计过于严重，因此他在发表稿中增加上了这样一段话："无产阶级和资产阶级之间的阶级斗争，各派政治力量之间的阶级斗争，无产阶级和资产阶级之间在意识形态方面的阶级斗争，还是长期的、曲折的，有时甚至是很激烈的。无产阶级要按照自己的世界观改造世界，资产阶级也要按照自己的世界观改造世界。在这一方面，社会主义和资本主义之间谁胜谁负的问题还没有真正解决。"毛泽东同志的这一提法是同党的八大精神违背的，是同《正处》的正确内容相背离的。在1958年10月，毛泽东同志在党的八届三中全会上提出，"无产阶级和资本主义的矛盾，社会主义道路和资本主义道路的矛盾，毫无疑问，这是当前我国社会主义的主要矛盾"④。他认为，八大关

---

① 《刘少奇选集》下卷，人民出版社1985年版，第303页。
② 同上。
③ 《毛泽东选集》第5卷，人民出版社1977年版，第366页。
④ 同上书，第375页。

于主要矛盾的提法是不对的。这样，毛泽东同志就改变了自己在《正处》里的正确论断，否定了八大的提法，把阶级斗争引申到人民内部，认为阶级斗争是国内的主要矛盾。后来，他又提出要进行政治思想战线的社会主义革命，社会主义阶段始终存在阶级和阶级斗争的论断，直至发动"文化大革命"，提出了"无产阶级专政下继续革命"的理论。这个理论认为，无产阶级和资产阶级的矛盾是整个社会主义历史阶段的主要矛盾，资产阶级就在共产党内，党内走资本主义道路的当权派是社会主义革命的主要对象，必须用一个阶级推翻另一个阶级的政治大革命来打倒党内走资派，才能坚持社会主义，建成社会主义。这个理论完全走到了毛泽东同志1957年本人提出的关于社会主义矛盾问题正确看法的反面，是对我党和毛泽东同志关于社会主义基本矛盾、主要矛盾、两类不同性质矛盾正确学说的一个否定。

第三阶段，恢复关于社会主义基本矛盾、主要矛盾、两类不同性质矛盾的正确说法，重新深入研究社会主义社会矛盾问题。

第二个认识阶段大约是在60年代后期持续到80年代，这个阶段同时也是关于社会主义社会矛盾问题的第二次论争高潮。60至70年代，国际共产主义运动出现了一系列的世界性的重大事件：如中苏公开论战；经过世界力量的重新组合社会主义阵营已经不复存在，社会主义各国之间矛盾和流血事件的发生，60年代捷克"布拉格之春"事件，中国"文化大革命"的发生和结束，直至80年代的波兰大动乱，社会主义各国的改革运动等等，这些事件产生的原因和性质虽然各不相同，但却进一步引起社会主义各国对社会主义矛盾问题的重新深入思索和论争，引起对社会主义矛盾问题的重新研究。

社会主义矛盾的错误理论，及其在这个理论指导下发动的"文化大革命"，给中国人民和社会主义事业造成了深重的灾难。这个认识从反面说明，正确认识社会主义矛盾问题的极端重要性。自1978年以来，也就是党的十一届三中全会以来，我们党彻底地清理和纠正了长期存在的"左"倾的思想和理论观点，其中也纠正了关于社会主义社会矛盾问题的错误观点，恢复了我们党和毛泽东同志在过渡时期结束时关于社会主义社会矛盾问题的正确认识。党的十一届三中全会果断地停止了"以阶级斗争为纲"的口号。1981 年 6 月，十一届六中全会通过的《历史决议》指出："在社会主义改造基本完成以后，我国所要解决的主要矛盾，是人民日益增长的物质文化需要同落后地区的社会生产之间的矛盾。"同时《决议》对社会主义时期的阶级斗争进行了新的理论概括，它的基本点是：在剥削阶级作为阶级消灭以后，阶级斗争已经不是社会主义社会的主要矛盾，但由于国内的因素和国际的影响，阶级斗争还将在一定范围内长期存在，在某种条件下还有可能激化。在党的十一届三中全会正确路线的指引下，我国理论界也从我国的实际情况出发，对社会主义社会的矛盾问题进行了广泛的探讨和研究，其中探讨的主要问题是社会主义社会基本矛盾及其具体表现，社会主义社会基本矛盾和改革，社会主义社会主要矛盾，社会主义社会人民内部矛盾及其经济根源，社会主义社会矛盾的性质、分类和解决办法……，我国理论界关于社会主义社会矛盾问题的讨论，进一步深化了我们对社会主义社会矛盾问题的正确认识。

70 年代，苏联思想界已经广泛使用基本矛盾这个概念了，多数人开始肯定社会主义社会存在着矛盾，认为生产力与生产关系的矛盾是社会主义社会的基本矛盾。但是，勃列日涅夫执政时期苏联理论界虽然承认社会主义社会还有矛盾，但很少明确指明生产关系不大适合生产力的发展，在体制上只承认完善，不提改革。时至 80 年代，由于当时爆发了震惊世界的波兰 80 年代的社会动乱，促使苏联理论界对社会主义社会的矛盾性质问题展开了一场大讨论。1982 年，苏联《哲学问题》杂志发表了谢苗诺夫和布坚科的两篇文章，他们认为社会主义条件下存在着对抗性的矛盾，这在苏联理论界引起了极大的反响，揭开了这场争论的序幕。实际上，安德罗波夫上台后，关于社会主义社会矛盾问题的认识就有了一些新的变化。安德罗波夫本人援引列宁的话"对抗已消灭，矛盾还存在"的同时，强调不应该忽视非对抗性矛盾，否则会转化为严重的冲突。1983 年 6 月，他在苏共二十六大报告中指出，苏联社会"并非尽善尽美"，认为社会主义不存在矛盾的观点是"政治上的幼稚"，把解决矛盾作为"社会主义向前发展的源泉和动力"。在安德罗波夫这种思想的指引下，苏联理论界以及整个东欧思想界全面展开了关于社会主义矛盾性质问题的讨论，争论的焦点就是社会主义社会存在不存在对抗性矛盾，非对抗性矛盾能否转化为对抗性矛盾。1984 年初，苏联《哲学问题》杂志第二期刊登了关于社会主义社会矛盾问题的"反应综述"，题目是《关于迫切问题的争论》，赞成谢苗诺夫两人关于社会主义存在对抗性矛盾的观点。同时发表了这两人答辩式的补充文章，他们认为，社会主义社会是一个尚未摆脱尖锐冲突与摩擦，甚至可能会出现尖锐冲突的社会。布坚科认为，波兰事件的发生不能只用"资本主义残余"来解释，否则就会忽视社会主义社会非对抗性矛盾的实际作用，不能及时解决社会主义社会所固有的矛盾和防止矛盾激化。谢苗诺夫认为，一系列社会主义国家在过渡时期以后还会出现对抗性的矛盾。这不是非对抗性矛盾转化为对抗性矛盾，而是除了社会主义社会固有的非对抗性矛盾之外，在一定阶段有可能出现某些对抗性矛盾。同年 7 月 20 日，苏共中央委员、苏共中央理论刊物《共产党人》杂志总编科索拉波夫在《真理报》上发表文章，不同意社会主义条件下还存在着对抗性矛盾的观点，他指出，某些作者认为非对抗性矛盾有可能转化为对抗性矛盾的依据是"至今还经受过渡时期波折的那些国家的经验"，是"把社会主义已经根除的特征搬到已建成的甚至是发达的社会的身上"，是"惊人的思想倒退"。此后，苏联《哲学问题》杂志编委会就发表社会主义社会普遍存在对抗性矛盾的文章作了检查。苏联哲学研究所召开学术会议，批判了《哲学问题》杂志在办刊工作中存在的严重错误，指出它发表的有关矛盾性质的文章背离了列宁关于社会主义社会"对抗消失了，矛盾存在着"的著名论断。1985 年 3 月，戈尔巴乔夫当选为苏共中央总书记后，苏联理论界重新展开了社会主义矛盾及其性质的讨论，苏联学者库利科夫认为：社会主义没有而且不可能使社会主义摆脱矛盾，矛盾在社会主义条件下，不仅对抗性矛盾，就是非对抗性矛盾，如果对它们不加以研究，在经营管理实践中不慎重考虑，也会发生冲突，会使经济和社会状况恶化。①

总而言之，围绕着社会主义社会矛盾和发展动力问题，社会主义各

---

① 参阅苏联《经济问题》1986 年第 1 期，B. 库利科夫的《社会主义社会经济体系的矛盾是该体系发展的源泉》一文。

国在实践过程中，大体经历了三个认识阶段。与这三大认识阶段大体差不多，苏联关于社会主义矛盾问题也大体经历了三个认识阶段：（一）三四十年代普遍否认社会主义矛盾的存在，认为一致与和谐是社会发展的动力；（二）五六十年代开始意识到社会主义社会存在着矛盾，承认社会主义存在着矛盾，认为矛盾是发展的源泉和动力，但许多人仍然认为，社会主义社会的一致是绝对的、社会主义社会的矛盾仅仅是相对的，一致与和谐是社会主义发展的最终动力；（三）七八十年代基本承认社会主义社会存在着矛盾和基本矛盾，并且由一般地讨论矛盾在社会主义发展中的作用和意义转入研究社会主义基本矛盾的具体表现，基本矛盾和主要矛盾的关系，社会主义社会矛盾的分类和产生原因，社会主义社会的发展动力，社会主义矛盾的性质，以及矛盾的解决办法。我国理论界对社会主义矛盾问题的认识，大体也经历了一个马鞍形的认识过程；过渡时期结束时，对社会主义社会的矛盾有大体正确的估计和认识；50 年代末到 1978 年，在长达 20 年的时间里，走了很长一段理论弯路，错误地估计和认识了社会主义社会的矛盾问题，导致了我党社会主义建设工作的重大失误；十一届三中全会以来，经过理论上的拨乱反正，又返回到对社会主义社会矛盾问题的正确认识上，并且开始了对社会主义社会矛盾问题的更深入一步的理论探讨，理论上的前进，促进了社会主义改革开放实践工作的蓬勃发展。

纵观人们对社会主义社会矛盾的认识过程，可以看出，长期存在两种极端的错误倾向：一种倾向可谓之社会主义社会无矛盾无冲突论，这种倾向认为一致与和谐是社会主义社会发展的动力；一种倾向可谓之把社会主义社会的矛盾绝对化、扩大化的观点，这种倾向把阶级斗争毫无限制地引申到社会主义社会的矛盾概念中来，把社会主义矛盾绝对化，否认社会主义社会矛盾中的统一的、一致的方面。人们对社会主义社会矛盾的认识的前两个大的阶段，都伴随着理论上的失误和行动的失误：第一个阶段否认矛盾存在，结果导致斯大林无法认识实际存在的矛盾，造成错误地估计实际存在的矛盾，混淆了不同性质的矛盾，造成肃反扩大化；第二个认识阶段虽然肯定了矛盾的存在，结果错误地把矛盾扩大化、绝对化，同样混淆了两类不同性质的矛盾，导致了"文化大革命"

灾难性的结果。实践证明人们对社会主义矛盾的错误认识，没有不给社会主义建设事业不带来严重危害的。同样，人们在每个认识阶段，当清理了对社会主义矛盾的错误认识时，就会进一步加深对社会主义矛盾的正确认识，带来社会主义事业的新的繁荣。对斯大林错误的反思，产生了关于社会主义社会基本矛盾、主要矛盾和两类不同性质矛盾的正确认识。对无产阶级专政下继续革命理论的批判，带来了对社会主义矛盾的更深入一步的认识。关于社会主义社会矛盾和动力问题的正确认识，是全面进行社会主义建设的理论依据。

人们为什么会对社会主义社会的矛盾问题，经历这样一个正确与错误，真理与谬误的反复认识过程呢？除了社会历史局限性以外，还有如下三个认识根源：一是没有把社会主义社会矛盾运动看作是不以人们的意志为转移的客观规律；二是没有辩证地、全面地分析矛盾，讲矛盾时忽略统一，讲统一时忽略矛盾，犯了形而上学的认识错误；三是没有从经济入手分析社会主义社会矛盾产生的最终根源，仅仅从政治思想领域来分析认识矛盾。实践证明，只有克服上述三种认识片面性，才能正确认识社会主义社会的矛盾。

三　近年来社会主义社会矛盾问题讨论情况

下面所概述的主要是 1978 年以来，关于社会主义社会矛盾问题的研究讨论情况。

（一）社会主义基本矛盾及其确定内容

关于社会主义社会基本矛盾的存在与否，70 年代末期，苏联理论界仍然有两种观点。否认社会主义社会基本矛盾的学者认为，在马克思主义中，基本矛盾范畴不具有普遍性，马克思主义的基本矛盾范畴表示生产力和生产关系之间根本不相适应，这个范畴是在研究对抗性矛盾的基础上制定的，而这种对抗性在社会主义是不可能得到发展的，因此不能机械地把这个范畴运用于社会主义。持上述观点的学者主张区分基本矛盾和主要矛盾两个范畴，要求大家研究现实矛盾。他们认为，许多人所表述的基本矛盾实际上是社会主义矛盾体系中的某一个，可能是社会主义发展阶段上的主要矛盾。① 但是持这种否定观点的在苏联学术界是少数。多数人肯定社会主义社会存在基本矛盾，实际上苏联早在 50 年代就开始讨论社会基本矛盾问题，当时主要是讨论整个共产主义形态的基本矛盾。当时就有两种观点：一些人认为，马克思讲的基本矛盾是指，资本主义是形态所特有的，即生产社会化和资本家私人占有之间的矛盾。这个基本矛盾已经被社会革命解决了，所以不应再讲基本矛盾。② 另一些人承认共产主义社会基本矛盾的存在，但对什么是基本矛盾又有不同的理解。60 年代，苏联理论界继续讨论这个问题，明确了基本矛盾和主要矛盾两个概念的区别和联系，多数人才承认社会主义基本矛盾的存在。到了 70 年代，只有少数人否认基本矛盾的存在。

肯定社会主义社会存在基本矛盾的人，对社会主义社会基本矛盾的确定内容有在不同的看法。一种看法认为，社会主义社会基本矛盾仍然是生产关系和生产力之间的矛盾，上层建筑和经济基础之间的矛盾。另一种看法则认为，社会主义基本矛盾不一定表现为生产力同生产关系之间的矛盾。有人认为，社会主义的基本矛盾同社会主义经济规律密切相关，生产和需要的矛盾是社会主义社会的基本矛盾。有的人认为，整个共产主义生产方式同由它产生的、超过现有生产水平的、社会和个人的物质和精神需要之间的非对抗性矛盾，是共产主义形态的基本矛盾。有的认为，生产与消费之间的矛盾是社会主义社会的基本矛盾。有的人认为，共产主义因素同现存的资本主义"痕迹"之间的矛盾是社会主义的基本矛盾。有的认为，社会主义社会基本矛盾是按能力进行劳动和按劳动进行分配的矛盾，即各尽所能与按劳分配之间的矛盾，也可以说是，人们在生产资料方面的平等关系与分配领域和财产状况中的不平等之间的矛盾。最近苏联学者扎拉索夫认为，在社会主义社会，个人作为生产资料所有者的资格，不是直接以独立的主人，而是间接地以生产资料集

---

① 参见格列则尔曼《历史唯物主义和社会主义社会的发展》，生活·读书·新知三联书店 1973 年版，第 362—363 页。

② 参见苏联《哲学问题》1957 年第 1 期。

体共有者的形式实现的。所以，个人的社会地位（作为所有者）与他参加的生产管理（作为共同的主人）之间的矛盾，才是社会主义社会的基本矛盾。①

我国学者绝大多数都同意毛泽东同志的论断，即"在社会主义社会中，基本矛盾仍然是生产关系和生产力之间的矛盾，上层建筑和经济基础之间的矛盾"。但对这对矛盾的确定内容也存在两种观点。一种观点认为社会主义社会的基本矛盾是占统治地位的社会生产关系和生产力之间、社会主义上层建筑和经济基础之间的矛盾，不包括社会主义同旧社会的生产关系和上层建筑残余的矛盾。其理由是：（1）社会主义社会中虽然存在着旧社会生产关系和上层建筑的残余，但是，构成一个社会的经济基础，规定一个社会性质，决定一个社会发展方向的，是占统治地位的生产关系的总和，而不是一切现在的生产关系的总和。否则，就无从确定各个社会的特殊本质。（2）社会主义同旧残余的矛盾，不同于社会主义社会基本矛盾，它们有着根本不同的内容和特点。因此不能把前者归于后者之中去。（3）从提出社会主义社会基本矛盾的历史背景来看，1956 年生产资料私有制的社会主义改造基本完成后，在全国人民面前提出了社会主义社会还有没有矛盾的问题，即社会主义生产关系和生产力之间、社会主义上层建筑和经济基础之间还有没有矛盾的问题，正是在这种情况下，毛泽东同志论述了社会主义社会基本矛盾的问题。另一种观点认为，社会主义社会的基本矛盾既包括社会主义生产关系和生产力、上层建筑和经济基础的矛盾，也包括旧社会的生产关系和上层建筑的残余同社会主义的矛盾。其理由是：（1）在现阶段，虽然社会主义的生产关系和上层建筑是占统治地位的，但是，经济领域和上层建筑领域都还有旧社会的残余，这些旧社会的残余同生产力和社会主义的矛盾是一个客观事实。应当把这一类矛盾概括到社会主义基本矛盾中去。（2）社会主义社会和社会主义制度是两个不同的概念，前者既包括社会主义性质的东西，又包括旧制度残余的东西。后者则不包括旧的残余。我们研究社会主义的矛盾，就不能把旧残余排除在处。（3）毛泽东同志在分析社会主义社会基本矛盾时，就把资本家定息，

① C. 扎拉索夫：《社会主义的基本矛盾》，苏联《经济问题》杂志 1987 年第 2 期。

资产阶级意识形态和官僚主义等旧社会遗留的东西，作为互相矛盾方面的表现。

（二）社会主义社会基本矛盾的具体表现

各国理论界普遍认为，随着社会主义实践的发展，再也不能停留在社会主义社会生产力与生产关系、上层建筑与经济基础既相适应又不相适应的一般论述上了，应当对社会基本矛盾在社会主义社会各国的具体表现做出具体的概括。邓小平同志也已指出要具体深入地研究社会基本矛盾在社会主义社会的具体表现，中国理论界一致同意邓小平同志的提示。苏联理论界也提出要研究社会主义基本矛盾的具体表现形式。苏共中央委员索波拉波夫在1984年《真理报》著文指出，认为生产力与生产关系之间的矛盾是基本矛盾，这种看法未必是"推陈出新"或"新发现"，这种看法指出的是一个大家早已明白的一般社会矛盾，这种认识丝毫无助于我们对新社会的认识。① 关于社会主义社会矛盾的具体表现，提出了许多不同的意见。大致意见有：社会主义社会化生产同社会主义公有制之间的矛盾；社会化生产发展水平与社会主义公有制的规模、程度、形式及上层建筑之间的矛盾；生产社会化的具体状况与社会主义公有制的具体形式之间的矛盾；社会化水平更高的生产力或其发展趋势和社会主义公有制的具体结构及程度的矛盾；生产社会化的提高程度与社会主义生产关系体现巩固和完善化程度的矛盾；社会化生产发展的不平衡与公有制具体形式之间的矛盾；生产社会化和生产资料公有制基础上不同层次的生产单位的相对独立性的矛盾；生产和生产力的一定的社会性同社会主义所有制和生产关系的几种（或一种）具体社会形式之间的矛盾；生产的直接社会性同社会主义的社会—个人占有之间的矛盾；生产的社会化同社会主义所有制内容之间的矛盾；不断发展的社会生产力同社会主义公有制的具体形式的矛盾；生产社会化程度的低水平同生产关系的国家集中制之间的矛盾；以手工、半手工工具为主的生产力同巩固社会主义经济制度的矛盾是初级阶段社会主义的基本矛盾；不断发展的社会生产力与经济体制之间的矛盾；日益增长

---

① 波·索波拉波夫：《社会主义和矛盾》，苏联《真理报》1984年7月20日。

的社会现存生产力与现存生产关系实际体制之间的矛盾；社会生产力的实际状况和发展要求同经济体制、政治体制和思想观念体系不能适应其要求的矛盾；多层次的现实生产力状况同过分集中统一、单一的僵化的经济体制之间的矛盾。现在，人们已经开始结合各社会主义国家初级阶段的社会主义特征，经济、政治状况，来具体分析社会主义社会的基本矛盾的具体表现形式了。

（三）社会主义社会基本矛盾的特点及其与改革的关系

关于社会主义社会基本矛盾的特点，大多数人同意社会主义社会基本矛盾是非对抗性的，主要表现为人民内部矛盾，可以通过社会主义本身自觉地加以解决，可以通过社会主义改革来解决。在这个基本前提下，人们对基本矛盾的特点进行了具体的讨论。（1）有的认为，生产关系与生产力发展的要求，上层建筑与经济基础的要求基本适应又相矛盾，是社会主义社会基本矛盾的特点。其理由认为，首先，这是社会主义制度的本质反映。社会主义制度使国家、集体和劳动群众之间的利益根本一致，因此社会主义社会的基本矛盾是根本利益一致基础上的矛盾，是非对抗性的矛盾。其次，它与阶级对抗社会里基本矛盾的表现有本质的不同。在阶级对抗的社会里，当一种新的生产关系建立起来时，它与生产力的发展要求是相适应的，但随着生产力的发展，二者之间的矛盾就会逐渐激化，发展成剧烈的阶级斗争，表现为公开的对抗。而社会主义社会的基本矛盾，始终处于既相适应又相矛盾的状态，相适应的一面是基本的主要的，不是前一阶段相适应，后一阶段相矛盾。（2）有的认为"又相适应又相矛盾"概括现阶段社会主义基本矛盾的特点是不准确的。各个社会的基本矛盾都是又相适应又相矛盾，这并不是哪一个社会独有的特点。各个社会在不同的发展阶段上，其相适应和相矛盾的两方面，在主要和次要地位上是互相转化的。社会主义社会基本矛盾也有一个从以相适应为主到以相矛盾为主的转化，如果任何时候都以相适应为主，社会主义的生产关系和上层建筑就不会消亡。就社会主义基本矛盾本身运动状况来说，也不是始终总是基本适应又相矛盾的，在特殊条件下，可能会出现暂时的或局部的以不相适应为主的情况，如"文化大革命"期间。所以，社会主义基本矛盾的特点不在于又相适应又相矛盾的情况，而在于其矛盾的特有的性质和解决矛盾的特有的形式。即非对抗性；不表现为剧烈的阶级斗争；可以经过社会主义制度本身，通过改革自觉地加以解决。（3）有的认为，社会主义基本矛盾的非对抗性就是其基本的适应性，那些还适应的环节和方面可以通过改革、调整变为适应的环节和方面。（4）有的认为，不能把非对抗性同基本相适应性完全等同起来，对抗性与基本适应既有联系又有区别。简单地认为非对抗性就是基本适应是片面的。矛盾的非对抗性仅为矛盾双方的基本适应性提供了现实可能性的前提。但如果在社会主义实践中主观认识上发生失误，仍然会出现基本不适应的情况，会出现暂时的对抗性矛盾。当然认为矛盾的对抗性同相矛盾的一方面相联系也是片面的，对抗性是贯穿于既相适应又相矛盾的社会主义基本矛盾的运动过程始终的特点。

关于社会主义社会基本矛盾的解决方法，一种意见认为，矛盾解决方法是由矛盾的性质的决定的。社会主义社会基本矛盾的非对抗性，决定了矛盾解决方法的特点是矛盾的自我调节性。这种自我调节性又具有整体性和自觉性的特点。另一种意见认为，矛盾解决方法不仅受矛盾性质的制约，而且受矛盾结构的制约。如果矛盾的结构基本合理，就采取只对其中不适应的部分加以调整的方法来解决；如果矛盾的结构基本不合理，则要采取变革旧结构，建立新结构的方法来解决。

关于社会主义基本矛盾和改革。比较一致的意见认为，社会主义基本矛盾的理论是经济体制改革的理论基础。社会主义基本矛盾的运动必然导致社会主义改革，改革是解决社会主义基本矛盾的手段，改革的根本动力在于社会主义基本矛盾，而社会主义基本矛盾的解决又依赖于改革。但社会主义基本矛盾的解决不是自发的、盲目的过程，而是通过自觉的改革实现的，只有进行改革，才能使社会主义基本矛盾实现内部适应和动态平衡，才能促进社会生产力的发展。

（四）社会主义社会的主要矛盾

1. 社会主要矛盾和基本矛盾的关系

基本看法认为，社会主义矛盾与社会基本矛盾既密切联结、相互统一，又有明显的区别。第一，社会主要矛盾是在社会发展一定阶段上具于首要地位，并影响其他矛盾存在和发展的矛盾。在历史发展的一定阶段，主要矛盾上升到主要地位之后，其他矛盾便隶属于它。主要矛盾是为解决社会发展的主要任务而客观上必须抓住的关键和主要环节。从规定和影响其他矛盾存在和发展的角度来看，主要矛盾和基本矛盾并没有区别，在很多情况下，同一矛盾既是基本的又是主要的。第二，社会主要矛盾是社会主义基本矛盾的具体表现。社会主义基本矛盾非到过程完结，不会发生根本变化。而主要矛盾是基本矛盾在不同的历史发展阶段上的具体表现。在基本矛盾发展的不同阶段上，主要矛盾也有所不同。各个时期不同的主要矛盾，都不过是基本矛盾的各种不同的具体表现。主要矛盾建筑在基本矛盾之上，同时又受其制约。第三，正确认识和解决不同阶段的主要矛盾，是正确解决社会主义基本矛盾的关键。

主要矛盾和基本矛盾又是有区别的。基本矛盾规定社会过程的本质，贯穿于整个社会历史发展过程始终，因此比较稳定；而主要矛盾是诸社会矛盾中属于支配地位的矛盾，于历史发展过程中的各个阶段乃至各个时期都有可能发生变化，某一阶段的主要矛盾可以为下一阶段的主要矛盾所代替、在社会的同一历史过程中，基本矛盾只是一对，而主要矛盾可以有两对以上。

2. 社会主义初级阶段的主要矛盾

关于社会主义现阶段主要矛盾是什么，有许多不同的见解。

苏联东欧国家的理论工作者有的认为，生产力同生产关系之间的矛盾是主要矛盾；有的认为由生产力发展程度决定的生产水平和日益增长的社会需要之间的矛盾是主要矛盾；有的认为所有劳动者在生产资料的关系上人人平等与按社会主义分配原则分配社会产品方面的不平等之间的矛盾是主要矛盾；有的认为，垄断阶段以前的古典资本主义经济的主要矛盾是生产过剩，而在计划管理体制下运行的社会主义的主要矛盾是"短缺"[1]。

关于我国社会主义现阶段的主要矛盾，我国学术界主要有四种观点。第一种认为，我国生产力水平较低，远不能满足人民和国家的需要，生产和需要的矛盾是主要矛盾。第二种认为，主要矛盾不应当从生产和需要的

① 参见科尔内·亚诺什《短缺经济学》，经济科学出版社1986年版。

关系中去找，而应当从生产力和生产关系的矛盾中去找，所以，把我国目前较低的生产力水平提高到现代化水平同生产关系、上层建筑中妨碍实现现代化的某些环节之间的矛盾，是我国现阶段的主要矛盾。第三种意见不同意前两种观点，认为第一种观点只讲生产力和经济实力的一面，而丢掉了生产关系和上层建筑的一面；后一种观点只强调生产关系和上层建筑中不适应生产力发展的那一面，而把生产力和经济条件丢掉了。而且在我国社会主义制度下，生产关系和上层建筑适应生产力发展的那部分占主导地位，而不适应的那部分占次要地位。因此，这两种观点都有不够全面的地方，只是把这两种观点结合起来，才能正确地表达我国当前社会的主要矛盾。党的十一届六中全会关于"我国所要解决的主要矛盾，是人民日益增长的物质文化需要同落后的社会生产之间的矛盾"的论断是一个正确的科学表述。这里所说的"社会生产"它同"生产力"这个概念的含义不同，它不仅包括了生产力，而且包括了生产关系。第四种观点，认为阶级斗争是社会主义现阶段的主要矛盾。现在只有极少数的人坚持这种观点。

关于主要矛盾的主要方面，也有三种不同的理解，一种认为发展水平还很低的生产力是我国当前主要矛盾的主要方面；一种认为，我国现阶段主要矛盾的主要方面是生产关系和上层建筑中不适应生产力发展的那些环节、方面；再一种认为，在我国主要矛盾的具体运动中，矛盾双方地位是因时间、地点和条件而不断变化的，一切应从实际出发来确定主要矛盾的主要方向。

3. 关于社会主义社会的主导矛盾

苏联理论是认为，在社会主义条件下，除了基本矛盾和主要矛盾之外，还存在主导矛盾。谢苗诺夫认为，主导矛盾属于非基本的非主要的矛盾，但又是在具体社会条件下，在社会发展的具体阶段被提到首位的矛盾。主导矛盾明显表达出社会发展的具体历史要求，表达出社会发展到一定阶段、一定时期的主观要求。谢苗诺夫还具体分析了苏联社会现阶段五个主导矛盾。第一，现行的以粗放为主的经济发展方式和整个社会与经济发展的客观要求的集约化为主的方式之间的矛盾。第二，社会发展的整体的、综合的、平衡的客观要求和现存的比例失调的、非平衡的发展现象和倾向之间的矛盾。第三，国民经济活动中的集权制和民主原则之间的矛盾。第四，生产、经济结构体系之间、国民经济计划和管理之间的矛盾。第五，工农业发展水平之间的矛盾[①]。

（五）社会主义的矛盾的性质

社会主义矛盾的性质是什么？在一定条件下是否可以转化？转化的趋向是什么？对这些问题，学术界也作了广泛的讨论。大多数同志认为，社会主义社会的矛盾，从整体上看，从根本性质上看，大量的、主要的是非对抗性矛盾，这是由社会主义社会基本矛盾的非对抗性所制约和决定的。但也存在少量的、次要的对抗性矛盾，在一定条件下非对抗性矛盾和对抗性矛盾是可以互相转化的。

1. 怎样理解非对抗性矛盾和对抗性矛盾。什么叫对抗性矛盾？什么叫非对抗性矛盾？有如下几例见解：（1）非对抗性矛盾就是矛盾不但可以自我解决，矛盾对方不会发展到互相冲突的地步；对抗性矛盾则是矛盾自己无力解决，最后发展到互相冲突的地步。（2）从本质上看，不具有本质对抗性因素的是非对抗性矛盾；具有本质对抗因素的是对抗性矛盾。（3）在矛盾属性中，同一性为主的非对抗性矛盾；斗争性为主的是对抗性矛盾。（4）矛盾双方具有根本一致关系的即非对抗性矛盾；矛盾双方具有本质上根本对立关系的叫对抗性矛盾。（5）矛盾双方具有"相容性"，即性质根本一致，可以互相促进、互相结合、共同发展的是对抗性矛盾；矛盾双方具有"不相容性"，即性质根本相反，一方的存在与发展以妨碍或损失另一方为前提的是对抗性矛盾。（6）非对抗性矛盾是社会根本利益一致基础上的矛盾，大部分表现为人民内部矛盾；对抗性矛盾是社会利益根本对立为基础的矛盾，大多数表现为敌我矛盾。（7）从矛盾表现形式来看，非对抗性矛盾一般采取非爆发性的、和平的、非暴力的表现方式，而对抗的外在表现形式一般是爆发式的、非和平的、暴力的方式。（8）从矛盾解决方式来看，非对抗性矛盾可以通过团结—批评—团结的公式，运用说服的办法，思想工作的办法来解决，而对抗的矛盾往往是要采取专政的办法、武

---

① 谢苗诺夫：《从理论上加深对发达社会主义条件下矛盾的分析并使其具体化》，苏联《哲学问题》1984 年第 2 期。

力的办法加以解决。

2. 非对抗性矛盾和人民内部矛盾。有人认为非对抗性矛盾通常表现为人民内部矛盾，对抗性矛盾通常表现为敌我矛盾。另一种意见认为，不能简单地把非对抗性矛盾同人民内部矛盾，对抗性矛盾同敌我矛盾画等号，他们之间有时有些重合，有时有些不重合。

3. 社会主义社会存在不存在对抗性矛盾，非对抗性矛盾到对抗性矛盾的转化有没有可能性？

关于这个问题，存在两种截然相反的意见。第一种意见认为，在社会主义条件下，从原则上说，从总体上说，对抗与社会主义是不相容的，但是在具体情况下则存在着对抗性矛盾或对抗性因素，并且非对抗性矛盾可以转化为对抗性矛盾。甚至有人还认为，在社会主义条件下，由于主观处理不当，会导致矛盾的激化和积累，再加上内部和外部反革命分子，帝国主义分子的利用和煽动，矛盾便会酿成严重的社会危机，威胁社会主义国家本身的安危，波兰事件就是一例。一些学者认为对抗性矛盾有两类，即外部对抗性矛盾和内部对抗性矛盾。外部对抗矛盾有两种表现形式：一是社会主义国家同资本主义、帝国主义国家之间的对抗；一是社会主义国家之间由于国家利益和民族利益的矛盾而造成的局部和暂时对抗。社会主义国家内部对抗性矛盾也有两种表现形式：一是社会主义同反社会主义分子之间的斗争；一是在具体历史条件下，人民内部的非对抗性转化为对抗性矛盾，认为社会主义社会存在对抗性矛盾的同志列出了如下基本原因：（1）国际上帝国主义和反社会主义力量外部的干涉和破坏。（2）社会主义内部敌对的反革命分子的活动。（3）资产阶级和其他剥削阶级以及旧社会的传统影响。（4）新的剥削阶级分子，国家机关的蜕化变质分子的产生。（5）社会主义体制方面的缺陷，执政党犯错误，对人民内部矛盾处理不当。大家一致认为，社会主义社会对抗性矛盾的存在具有如下两个特点：其一，具有局部性和暂时性；其二，表现为人民内部少数不坚定分子蜕化变质，而不会从社会主义内部产生出一个新的剥削阶级。

另一种意见根据列宁的论断"在社会主义条件下，对抗消灭了，矛盾依然存在"，认为社会主义不存在对抗性矛盾。这种观点认为，对抗性矛盾和非对抗性矛盾的区别。首先在于对抗性矛盾的背后是相互敌对的阶级和社会力量，它们的利益就其实质来说是不可调和的。其次，对抗性矛盾只有在阶级斗争过程中，至少是在敌对双方被消灭，也就是在整个矛盾消除过程中才能解决。社会主义已经解决了谁战胜谁的问题，因此社会主义社会是不存在对抗性矛盾的。当然个体对抗还是存在的，但个体对抗不同于社会对抗。[①]

（六）社会主义社会矛盾的分类问题

理论界一致认为，社会主义社会存在的矛盾不是个别的、单个的矛盾，而是一个矛盾体系。关于社会主义社会矛盾分类问题主要有以下几种不同的看法：

第一种观点，根据矛盾的普遍性程度，把社会主义社会分成 6 类矛盾：（1）一切社会所固有的矛盾，如生产力和生产关系，生产和需要的矛盾。（2）阶级社会所特有的，社会主义社会所仍然保留下来的矛盾，如阶级、阶层之间的矛盾。（3）整个共产主义阶段所特有的，但在社会主义阶段具有独特表现的矛盾，如民主与集中，先进与落后，正确与错误的矛盾。（4）整个社会主义阶段所存在的矛盾，如三大差别所造成的矛盾，同商品生产相联系的矛盾。（5）社会主义初级阶段所特有的矛盾。（6）与个别社会主义国家具体的历史条件有关的矛盾。

第二种观点，按照矛盾的意义和地位，可以把社会主义矛盾划分为基本的和非基本的、主要的和非主要的、主导的和非主导的、本质和非本质的、必然的和非必然的矛盾。

第三种观点，按照矛盾的性质，可以把社会主义矛盾分作为对抗性的矛盾和非对抗性矛盾、阶级矛盾和非阶级矛盾、人民内部矛盾和敌我矛盾几大类。还有人进一步把非对抗性矛盾分为背反性矛盾和并列性矛盾，把对抗性矛盾分为阶级对抗性矛盾和非阶级性对抗性矛盾。主张把社会矛盾分为具有阶级斗争性质的矛盾，不具有阶级斗争性质的矛盾和带有阶级斗争性质的矛盾。后两类属于人民内部矛盾。

第四种观点，按照矛盾的作用，可以划分为作为发展源泉和发展动力

---

① 参见波·科索拉波夫《社会主义和矛盾》，苏联《真理报》1984 年 7 月 20 日。

的矛盾和并非起到动力作用的矛盾，本源的和非本源的矛盾。矛盾是一切社会发展的源泉，但并非一切社会矛盾都能起到发展动力的作用。有些主观犯错误所造成的矛盾会影响社会的健康发展。

第五种观点，按照矛盾的内容，可以分成社会主义本身所固有的矛盾和社会主义社会所存在的矛盾，即社会主义矛盾和社会主义条件下的矛盾。前者指社会主义制度本身所固有的矛盾，比如生产与需要的矛盾，后者指社会主义条件下所存在的一切矛盾，包括旧社会所遗留下来的矛盾。有人干脆把矛盾分成同社会主义本质不相符合的旧社会遗留下来的矛盾和具有社会主义性质的各类现象之间的矛盾两大类。有的人则把矛盾分成社会主义本身所固有的矛盾，社会主义从以往旧社会所承袭下来的矛盾，人们主观犯错误所出现的矛盾三大类。

第六种观点，按照矛盾的发生范围，把社会主义矛盾分成内部矛盾和外部矛盾。内部矛盾是指社会主义国家内部的矛盾，外部矛盾指社会主义国家之间，社会主义国家同其他社会形态的国家之间的矛盾。有的人把社会主义矛盾分为经济领域的矛盾、政治领域矛盾、文化领域的矛盾和其他社会生活领域内的矛盾几大类。

第七种观点，主张从解决矛盾的方法出发，把矛盾分为两类，一类是以矛盾一方消灭另一方而得到解决的矛盾，一类是以矛盾双方的结合而得到解决的矛盾。

总之，可以根据矛盾产生的条件，矛盾性质、内容，矛盾作用的范围、程度、时间，矛盾自身的表现形式等角度来对社会主义社会的矛盾进行分类。譬如有人按时间标准，把矛盾分成经常性矛盾和暂时性矛盾（周期性的、短暂的）、新矛盾和旧矛盾，等等。

（本文是作者 1987 年 6 月 15 日撰写的研究笔记）

理论社会主义、现实社会主义和变形社会主义

对社会主义进行再认识，必须首先解决什么是社会主义这个大前提。要解决什么是社会主义这个大前提，必须依次探讨人们过去在理论上所设想的社会主义是什么，社会主义实践者们所建立的现实的社会主义是什么，社会主义在现实运动中为什么会发生变形现象，变形的社会主义又是什么。

一　理论社会主义

究竟什么是社会主义？最初产生的社会主义只是一种以思想形态存在的东西，即理论的社会主义。理论社会主义就是以思想理论形态存在的社会主义的思想理论体系。理论社会主义在其发展进程中，表现为三个形态：空想社会主义理论、科学社会主义理论、非科学社会主义理论。科学社会主义理论有两个有机的组成部分：一部分是科学社会主义创始人所创立的科学社会主义经典理论，这里面不应包括科学社会主义创始人囿于历史的局限而做出的某些结论和判断。另一部分是在社会主义运动不断深入的实践过程中，社会主义运动的实践者们所进一步提出来的科学社会主义的发展理论，这里面当然也不应包括后来人们所附加在科学社会主义身上的思想成分。非科学社会主义理论，是指以科学社会主义面目出现的非科学社会主义或反科学社会主义理论。

关于社会主义是什么样子，马克思和恩格斯在创立社会主义理论时，曾根据当时的历史事实及可能的历史发展趋势，勾画出一个大体的蓝图，提出过一些初步的构想，论证过它的优越性。19 世纪中叶，马克思和恩格斯在展望未来社会时，一般还是把"社会主义"一词作为共产主义的同义

语来使用，把纯粹的共产主义形态，即共产主义社会的高级阶段，作为资本主义制度的直接对立物来论述，并没有把共产主义社会明确地分为两个阶段。因此，他们对未来社会的展望和描述绝大多数都是对整个共产主义社会形态的展望和描述，确切地说，是对共产主义社会高级阶段社会形态的展望和描述。只是在1875年写的《哥达纲领批判》一文中，马克思才把资本主义社会到未来完全成熟的共产主义社会的演变划分为三个阶段：（1）变资本主义社会为共产主义社会的"革命转变"时期；（2）"共产主义社会第一阶段"；（3）"共产主义社会高级阶段"。在这里，马克思明确地把共产主义社会分成两个阶段。共产主义社会的第一阶段，就是我们现在所说的社会主义社会。关于社会主义的基本特征，马克思在《哥达纲领批判》以及后来的一些著述中做过一些原则性的论述。他认为，社会主义是这样的共产主义社会，"它不是在它自身基础上已经发展了的，恰好相反，是刚刚从资本主义社会中产生出来的，因此它在各方面，在经济、道德和精神方面都还带着它脱胎出来的那个旧社会的痕迹"①。笼统地讲，社会主义就是带有"旧社会痕迹"的共产主义社会的第一阶段，这是社会主义的最原则性的特征。应当说，这个判断是完全符合历史唯物主义发展观的。至于社会主义的某些具体特征，马克思大体提出了四个基本特征：（1）高度发达的社会化生产。当时马克思所设想的社会主义社会，是在高度发达的资本主义社会化生产所创造的物质前提基础上建立起来的，所以，在马克思那里不言而喻的是，高度发达的生产力是社会主义最根本的特征。（2）一切生产资料归全体社会成员所有，消灭私有制，建立公有制。（3）实行全社会范围内的联合劳动。个人的劳动作为联合体总劳动的一部分，由联合体直接支配，无论是在生产中，还是在消费中，劳动都是用时间这个自然尺度来衡量，劳动的分配，包括作为物化劳动的生产资料及其产品是直接分配的。这样一来，劳动产品不表现为商品，劳动不表现为价值，商品货币关系消亡了。（4）个人消费品实行按劳分配。大体上来说，旧社会的痕迹、高度发达的生产力前提、公有制、联合劳动和按劳分配，是马克思关于社会主义的伟大科学构想，也是社会主义社会的主要特

---

① 《马克思恩格斯选集》第3卷，人民出版社1972年版，第10页。

征。其中关于发达生产力的特征，因为马克思所构想的社会主义是建立在资本主义生产力高度发展基础上的社会主义，所以，发达生产力的特征是不言而喻的，他在《哥达纲领批判》中并没有专门分析和强调这一特征。应该说，生产力作为社会主义的特征，在马克思那里是无须反复说明的。关于公有制和联合劳动，马克思并没有明确地把它们作为区别共产主义两个阶段的基本特征，也就是说，马克思没有具体明确地指出，社会主义的公有制和联合劳动是什么样子，共产主义高级阶段的公有制和联合劳动又是什么样子。一般来说，马克思关于公有制和联合劳动的论述，是就共产主义两个阶段的基本特征笼统而言的，关于社会主义不同于共产主义高级阶段的特殊特征，马克思真正详细论述的只是第四点，即个人消费品的按劳分配问题。马克思用按劳分配和按需分配把共产主义社会的第一阶段和第二阶段区别开来，并且科学地论证了按劳分配是一种带有旧社会痕迹的经济关系。正因为社会主义具有比资本主义优越得多的经济制度和政治制度，所以科学社会主义创始人们十分自豪地预见，社会主义一定以比资本主义快得多的速度来发展社会生产力，社会主义一定会创造出比资本主义民主广泛得多的人民民主。

关于什么是社会主义，科学社会主义的经典作家仅仅给我们留下粗线条的蓝图、大致的构想这样一份理论遗产。至于未来社会主义还存在什么问题，可能会发生什么矛盾、遇到什么困难，马克思、恩格斯并没有也不可能做出精确的判断。事实上，马克思、恩格斯创立科学社会主义的时代，社会主义作为一种社会制度，还没有成为现实，它还只是一种学说，一种理想形态的东西。关于未来社会主义的任何设想，哪怕它在理论上是百分之百的正确，但只要它还没有被付诸实践，没有经过试验的验证，它就只能是一种理论状态的东西。

二　现实社会主义

社会主义从科学理论变成现实实践，也就是说，由理论社会主义变成现实社会主义，是近七十年的事情。现实社会主义作为一种新生的社会制度，作为一种新生的社会形态，必然有一个不断成熟、不断完善、不断发展的过程。在这个过程中，现实社会主义必然会出现一系列前进中的问题，成长中的缺点。虽然我们不能把这些问题和缺点归结为现实社会主义的本质性东西，但它们却是现实社会主义自身发展进程中所必然伴生的东西。既然现实社会主义是一个逐步成熟、逐步完善、逐步发展的过程，那么人们对它也要有一个逐步深入的认识过程，人们不可能一下子完成对现实社会主义的认识。马克思所创立的科学社会主义理论只是在当时历史条件下所得出的科学结论，必然要受历史局限性的制约。随着时代的发展，人们必然会根据现实社会主义的新实践来检验、来充实、来发展科学社会主义理论。在现实社会主义的实践运动中，检验科学社会主义理论的正确性；根据新的历史条件重新认识科学社会主义经典作家的某些结论，充实和发展科学社会主义的力量；批评人们所附加在科学社会主义理论中的虚假成分，这就是现实社会主义向理论社会主义提出的时代任务。

罗莎·卢森堡有一个意见还是很中肯的，她认为，由于我们运动的实际需要还没有达到充分运用马克思思想的地步，因而，我们才认为马克思的某些思想似乎已经过时了，当然不排除马克思学说的一些细节和某些思想的确已经过时了。[①] 罗莎·卢森堡这个意见同样适用于马克思所创立的科学社会主义的理论。马克思和恩格斯关于社会主义的构想是根据当时的历史条件，进行符合历史发展趋势的理论推论和科学预测而提出的大体的设想，从历史的总趋势来看，他们关于社会主义社会基本特征的分析，大致是符合历史发展最终方向的。认为马克思主义关于社会主义特征的设想是乌托邦主义、是错误的。但由于历史时代的发展，马克思的某些个别结论可能不适用于今天的实践，或者是有误的。同时，又由于马克思预料的是更加未来的一些事情，而我们现在所处的历史条件又没有达到充分需要这些理论预想的程度，因此，就会造成我们理解的科学社会主义理论同现实社会主义的矛盾。这里的关键问题在于，在社会主义建设的实际过程中，我们没有彻底抛弃前人囿于历史条件而带有空想因素的个别论断，没有彻底破除对马克思主义的教条式理解和附加到马克思主义名义下的错误观点，没有完全根据新的实践来发展科学社会主义的理论。革命导师的理

---

① 参阅鲁道夫·巴罗《抉择》，人民出版社 1983 年版，第 8 页。

论遗产本身不是教条，而我们一些人把它们教条化了，革命导师的基本构想并不是空想主义，而我们一些人把它空想化了，附加给马克思主义名下许多错误的观点。

实践表明，在建设社会主义的过程中，年轻的社会主义者们一般都犯有两个错误：一是用一般代替特殊、主观代替实际，犯了教条主义、主观主义的错误。他们脱离现实社会主义的具体实践。实际上，我们现实已经建立起来的社会主义，其发展过程和发展程度与马克思原来设想的社会主义很不相同。马克思所设想的社会主义是直接从发达的、成熟的资本主义国家直接过渡过来的，这样的社会主义不仅已经完全消灭了阶级和阶级差别，消灭了商品货币关系，甚至国家也变成了非政治性的国家，这种社会主义甚至已经达到了可以开始直接向共产主义高级阶段过渡的程度。然而，我们现实中的社会主义却是从落后国家发展起来的，许多国家还需要有一个相当长的叫做初级阶段的社会主义建设时期，才能逐步达到马克思所预见的那种社会主义。我们一些年轻的社会主义者们却脱离实际地把马克思主义的构想教条化和主观化，抽去了最重要的现实情况，超越了客观现实，僵化地固守书本上的模式，固守苏联一家的建设模式。二是忽略了生产力这个衡量社会主义生产关系是否先进的最重要的标准。马克思在论述社会主义的特征时，把高度发达的社会生产力已经包括在内了。而在落后的国家里建立社会主义的一些年轻的社会主义者们，却忽略了生产力这个最重要的前提条件，只是一味地从生产关系方面去加快社会主义建设的步伐，他们对现实中的社会主义缺乏冷静的分析，对社会主义建设的长期性和艰巨性缺乏足够的认识，试图超越社会主义社会发展的必经阶段，错误地把社会主义生产资料公有制的确立看成是向共产主义过渡的开始，认为公有制搞得越快越好，越公就越是社会主义。正是年轻的社会主义者们认识上的错误，导致了现实社会主义在发展过程中发生了一些不应发生的事情，出现了社会主义的变形现象，甚至出现了变形的社会主义。

三　变形社会主义

离开科学社会主义的理论指导，违背社会主义的现实运动规律，在社会主义建设实践中就会出现社会主义的变形现象，或者叫做变形的社会主义。社会主义的变形是同社会主义的本质格格不入的一种社会现象。例如，按劳分配原则完全为平均主义所代替；脱离社会主义现实生产力的实际要求的生产关系体系的形成；社会主义民主和法制遭到严重的破坏；民主集中制被官僚集权体制或无政府主义的分权体制所代替；生产下降，经济困难，劳动人民生活水平下降；政权机关内部腐败现象日趋严重……社会主义变形的结果是，严重损害劳动人民的利益，严重损害社会主义的事业，败坏社会主义威望，动摇人民群众对马克思主义和社会主义信念。社会主义变形的持续发展必将葬送社会主义事业，使社会主义制度不再为劳动人民的利益服务，而服从于一小撮阴谋篡位者、官僚主义者、投机分子之流的社会特殊集团的利益。这样的社会制度虽然仍被称为社会主义，但正在逐步丧失社会主义的本质特征，变成为不平等的、不公正的、效率低下、贫穷落后的社会。变形社会主义，其产生的理论认识根源是由于人们脱离实际，对理论社会主义采取主观主义、教条主义的态度，对社会主义本质进行歪曲理解造成的，是在错误理论指导下的错误实践的产物；其社会历史根源在于新生的社会主义在其发展的进程中，还不可能一下子摆脱全部旧传统因素的影响，这些旧的传统因素作为深刻的社会历史根源，使得社会主义在发展过程中不可避免地要伴随产生一些变形的现象。只有在现实社会主义实践的基础上，随着实践的发展，不断发展科学社会主义理论，剔除非科学性的社会主义理论，才能及时避免和纠正变形社会主义现象的产生。

（本文是作者 1987 年撰写的研究笔记）

试论社会主义国家的社会危机现象

　　周期性的危机是资本主义的特有现象，是资本主义生产方式不可克服的内在矛盾的必然反映，是资本主义生产力同生产关系矛盾激化的集中表现。那么，社会主义国家是否存在社会危机现象呢？这是一个十分敏感的问题，也是一个极其重要的理论问题。

一　问题的提出

　　斯大林是最早论述社会主义过渡时期危机现象问题的。在 1924 年苏共第十四次代表大会的政治报告中，斯大林认为："在资本主义国家那里发生的经济危机、商业危机和财政危机，都只能触及个别资本家集团，而在我们这里却是另一种情况。商业和生产中的每次严重停滞，我国经济中的每个严重失算，都不会以某种个别危机结束，而一定会打击到整个国民经济。每次危机不论是商业危机、财政危机或工业危机，在我们这里都可能变成打击全国的总危机。"[①] 布哈林在 1928 年 9 月写的《一个经济学家的札记》一文中，非常明确地阐述了向社会主义过渡时期的危机现象。他认为，当时苏联国内的经济危机具有与资本主义经济危机"颠倒"的性质，一个是商品荒，一个是生产过剩；一个是群众的求过于供，一个是群众的求大大低于供；一个是资本缺乏，一个是积累过多。他认为，社会主义性质国家的过渡时期经济有可能出现危机，它是由过渡时期经济的相对无计划性产生的。[②] 当然，斯大林和布哈林面对的是还没有确立社会主义

[①]　《斯大林全集》第 7 卷，人民出版社 1958 年版，第 248 页。
[②]　参见《布哈林文选》，东方出版社 1988 年版，第 274—276 页。

制度的国家的实践，他们在这里讲的危机现象，还不是指社会主义国家的社会危机现象，而是指处于社会主义过渡时期无产阶级专政国家中所发生的危机现象。在前苏联宣布建立社会主义制度以后，1938 年，斯大林就认为，"在苏联没有经济危机，也没有生产力破坏的情形"①。

此后，较早地提出了社会主义国家社会危机现象问题的是南斯拉夫。这是因为，南斯拉夫较早地抛弃了苏联的僵化经济体制模式，实行了自治制度，并运用了市场机制，国内不同程度地出现了商业危机和财政金融危机现象。继南斯拉夫以后，匈牙利以及其他一些东欧国家的理论家，在 60—70 年代也先后提出关于社会主义国家存在危机现象的看法。

1980 年波兰事件之后，波兰团结工会激进分子的理论权威、社会学家叶·维亚特尔在他发表的许多文章和讲演中，又提出了波兰社会主义政治危机现象问题。于是，围绕着社会主义社会存在不存在危机现象问题，社会主义国家理论界展开了一场大讨论。其中，有代表性的是苏联哲学家谢苗诺夫和布坚科的观点。他们在 1982 年和 1984 年先后发表文章，认为社会主义社会在某些具体条件下可以导致对抗性矛盾，认为社会主义社会存在着危机。1987 年 3 月 17 日，匈牙利《人民自由报》发表沃罗·罗锐的文章，文章认为："在取得了惨痛的经验教训之后，我们才放弃了那种认为只有资本主义社会才存在危机的片面看法。总的危机的确是资本主义社会的特点。然而，在社会主义国家中，在特定的历史条件下，在部分领域中出现暂时的危机也并不是不可能的。" 1987 年 11 月 23 日，波兰统一工人党中央社会和经济政策部副部长伏沃基米什·豪斯奈尔说："现在社会主义社会里有各种不同的冲突，包括最危险的甚至那些会威胁到社会主义存在的冲突。"②

二　社会主义国家社会危机现象产生的根源

什么叫社会危机现象？社会危机现象就是由于社会矛盾的积累得不到

---

① 《联共（布）党史简明教程》，人民出版社 1975 年版，第 187 页。
② 参见《世界经济导报》1987 年 11 月 23 日。

解决而发展到激化、白热化的外部对抗状态，是社会矛盾发展到影响社会安危的矛盾总爆发的社会现象。换句话说，社会危机现象是社会矛盾的积累、激化、白热化，直到发展到矛盾双方的对抗性冲突公开化、总爆发的现象，是危及社会安定的矛盾特殊紧张状态。关于社会主义国家社会危机现象，从理论上说，首先，既然社会主义国家社会存在一定程度的对抗性矛盾，如果处理不好，就有可能使这类对抗性矛盾激化和白热化，甚至出现矛盾的总爆发，危及社会的安危。其次，即使是社会主义国家社会的非对抗性矛盾，如果处理不好，也会转化成为对抗性矛盾，这类对抗性矛盾也有可能发展到矛盾总爆发的地步。从实践上说，尽管我们有些同志不愿意使用危机这个词，但是无论如何，社会主义国家的社会危机现象确实是一个客观存在的事实，它在社会主义发展过程中的确已经多次出现。比如，1956 年的波匈事件、1968 年的布拉格之春、1980 年的波兰团结工会运动、中国的"文化大革命"，等等。

社会主义国家社会危机现象产生的根本原因，必须从深厚的经济根源上来寻找。社会主义商品经济①关系内在矛盾的存在、变化及其向激化方向发展，是社会主义国家产生社会危机现象的经济原因。社会劳动和个别劳动的矛盾构成社会主义商品经济的基本内在矛盾，这一矛盾的运动和发展，从总的方面来说是社会主义经济发展的内在动力，但也会带来如下经济后果：（1）只要有商品生产，就会有个别劳动和社会必要劳动的差别，从而，一个企业和个人的劳动就有一个是否被社会承认的问题。如果企业或个人生产的商品不能及时地销售出去，或个别劳动消耗高于社会必要劳动，那么企业和个人的个别劳动就不能完全转化为社会劳动，企业和个人劳动消耗就不能完全得到补偿，个别劳动消耗补偿就不能直接表现为社会必要劳动消耗补偿。加上企业之间的竞争，就会使个别企业赔本破产，社会生产不平衡，产品不对路、积压、脱销，某些商品供不应求，某些商品积压过剩，造成社会劳动的巨大浪费。（2）商品的个别价值和社会价值之间存在的矛盾，会由于企业、个人单纯地追求本企业利润而激化、表面化。企业作为独立的经济实体，当然不可能准确地了解社会需要，也不能

---

① 当时还没有提出"社会主义市场经济"概念，而是用"社会主义商品经济"的概念。

使自己的劳动直接表现为社会必要劳动。这样一来，就容易造成企业生产的一定程度的盲目性和无计划性，会使生产暂时失控，冲击计划，造成一定程度的比例失调，使社会总生产和总需要出现巨大缺口，造成通货膨胀，影响国民经济协调发展，甚至会造成一定的经济困难，引起群众的愤懑，造成社会动荡，带来危机现象。

一般来说，在社会主义条件下，商品生产内在矛盾的展开不会达到对抗性冲突的地步，不会造成社会生产和社会需要之间的基本比例严重失调，也就是说，不会导致资本主义意义上的经济危机。但是，社会主义商品生产内在矛盾的展开，一方面表现了社会生产总体的自觉过程，另一方面却表现为生产的一定程度的自发性、无计划性；一方面不会导致资本主义的生产过剩、通货膨胀和经济危机，另一方面如果弄不好就会造成一定程度的、暂时的生产不平衡，比例失调，社会生产和社会需要缺口过大，通货膨胀，造成严重的经济困难；一方面不会造成生产者之间根本的利益冲突，但另一方面却又会造成不同利益群体之间的利益矛盾，如果处理不好，还会酿成暂时的、局部的、对抗性的冲突。

由于在我国社会主义初级阶段还存在多种经济成分，因此，在现实社会中，不仅存在社会主义公有制性质商品经济的基本矛盾——社会劳动和个人劳动的矛盾，而且还存在私有制性质商品经济的基本矛盾——社会劳动和私人劳动的矛盾。由于生产的私人性质，这部分私人生产表现出更大的盲目性、自发性，如果缺乏必要的引导和控制，所造成的经济恶果也更为突出，会在社会生产和社会需要之间引起严重的矛盾，甚至还会直接酿成局部性、暂时性的危机现象。

上述只是社会主义国家产生社会危机现象的客观可能性条件。如果领导机关在主观上不犯错误，妥善处理好各类矛盾，危机现象是不会发生的。只有在指导思想上和行动方针上犯严重错误，才可能使客观存在的矛盾激化，出现社会危机现象。

在我国社会主义的初级阶段，尤其是在改革开放的过程中，社会危机现象更容易爆发。这是因为，初级阶段正是生产力发展相对落后向较发达生产力过渡的时期，即"从温饱向小康转轨的社会不稳定时期"。在这个时期，当人们的温饱问题解决之后，需要反而更强烈了，需求结构呈多样化，再加之社会主义初级阶段复杂的社会条件和社会矛盾的作用，就有可能导致不同的利益群体之间的冲突，从而引起更大的社会矛盾、冲突，导致社会危机现象的发生。这是因为，社会主义改革开放时期，还是新旧体制摩擦转化、社会利益结构进行新的调整的时期。这一时期，旧的社会秩序尚未退出历史舞台，新的社会秩序尚未建立，这种暂时无序的空白状态，潜伏着一系列足以导致社会发生剧烈动荡的危险因素，再加上改革过程中各个群体的利益发生着越来越明显、越尖锐的矛盾和冲突，加剧了社会生活和经济生活的"失控"，也同样孕育着危机现象爆发的可能。

三　社会主义国家社会危机现象的特征

社会主义国家存在对抗性矛盾激化的可能，这种可能性就有可能导致类似危机的社会现象发生。但是，这种危机现象只是局部的和暂时的，可以通过社会主义自身力量加以解决。这同资本主义社会的不可克服的、制度性的、全国性的社会经济政治全面危机有着本质的差别。

社会主义国家社会危机现象，同资本主义社会的危机具有本质的不同，主要区别在于：

（1）资本主义的危机是由于资本主义社会不可克服的、本质上对抗的社会基本矛盾引起的社会经济、政治、文化的全面制度危机，而社会主义国家的社会危机现象是在特定的历史条件下，在部分领域内所出现的局部的、暂时的社会矛盾激化现象。在资本主义社会里，由于资本主义私有制同社会化生产的矛盾，整个社会生产处于无政府状态，人民购买力相对不足，从而造成生产过剩。同时，又由于资本主义私有制商品经济的内在矛盾，造成通货膨胀、信用危机，从而引起资本主义的周期性经济危机。这种周期性经济危机，又进一步引起了资本主义社会的全面总危机，最终导致资本主义社会矛盾的总爆发。社会主义国家社会危机现象是由于人们主观上犯错误，使得本来存在的社会矛盾得不到妥善解决，矛盾不断激化、积累，以致发生冲突和危机。从根本上来说，社会主义出现危机现象，也是局部的或暂时的现象。

（2）资本主义的危机表现为必然的、周期性的、间歇性的、不可克服的结构性、制度性危机。这种危机资本主义制度本身无法克服，最终只有采取外部冲突的形式，即社会革命的形式才能得到解决。社会主义的危机现象并不具有有规律的周期性，社会主义有可能出现危机现象，但并不是必然要产生危机。如果工作做好了，社会主义的局部性危机现象可以减少到最低限度，甚至可以防止和杜绝。社会主义制度本身可以自觉地克服社会危机现象。

四 正确认识和处理群众动乱问题①

社会主义国家社会危机现象，往往伴随着群众动乱，即便在尚未发生社会危机现象时，也有可能出现某些群众动乱事件。所谓群众动乱事件，就是当社会主义国家出现某种局部性的危机现象或暂时性的经济困难时，或者当群众的一些社会要求得不到满足时，或者当官僚主义和党政机关工作人员的腐败行为严重侵犯人民利益时……群众同各级领导机关发生的正面冲突事件，如罢工、罢课、罢市、示威、冲击领导机关，等等。群众性的动乱事件是一种客观存在的社会现象，是社会主义社会人民内部矛盾激化、出现对抗现象的表现。群众性的社会动乱能够引起程度不同的社会动荡，造成某种程度的社会不安定局面，干扰社会生活的正常秩序，影响社会经济的正常发展。严重的社会动乱能够使社会经济陷入困境，直接威胁国家政权的安危。

群众动乱发生的直接原因，首先是由于经济发展出现了严重的困难，人民对体制上的弊端和错误的政策不满。尤其是某些经济政策和措施损害人民的切身利益，造成人民生活水平相对下降，致使群众有一些物质上的或其他方面的要求没有得到满足。其次是由于领导上的官僚主义和腐败行为、不正之风，使得本来应当解决的群众的合理要求长期得不到解决，或者由于对群众不合理的要求采取官僚主义的态度，没有采取有效的措施及时疏导，使得本来可以解决的矛盾激化了。特别是一些领导干部利用职权贪污腐败、欺压群众、任人唯亲，对这类腐败现象和不正之风，人民群众

---

① 现在的提法是群体性事件，这样的提法比群众动乱问题更规范、更适当。

非常痛恨，迫切要求追究，而官僚主义领导却解决不力，甚至采取回避、保护的态度，这就促成了人民群众的不满情绪不断积累，最后爆发群众性的动乱。第三是由于缺乏对落后群众的思想教育工作，人民群众中的偏激情绪和某些错误思想泛滥，致使某些群众以过激的言辞、过分的情绪、粗暴的手段、不适当的方式向党和政府发泄不满，提出不切实际的要求。第四，群众动乱发生还有一个可能的原因，就是当群众产生不满情绪，酝酿闹事时，或在闹事过程中，有国际上反对势力和国内少数坏人插手进来，这就会使群众动乱复杂化。当群众动乱发生时，一方面要提高警惕，防止反对势力和少数坏人浑水摸鱼；另一方面又不能主观主义，先入为主地把一切动乱都简单地归结为背后有少数坏人，要先调查清楚，再下结论，切忌判断失误。第五，社会主义国家国内复杂的民族宗教关系中的不安定因素，也是群众动乱发生的重要原因。许多社会主义国家都是多民族的国家，由于复杂的历史、宗教、文化传统等社会原因，使得某些民族在相互关系上发生摩擦和冲突，这种民族矛盾发展到一定程度也会酿成群众动乱。第六，社会主义国家体制上的弊端是群众动乱发生的深层原因。社会主义国家建立以后，各国都程度不同地照搬了苏联集权式的体制，在一个相当长的时间内忽视了社会主义民主和法制的建设，由于民主体制不完善、法制不健全，造成了大批的冤假错案，引起了人民群众的强烈不满。社会主义国家的一些动乱或多或少总是与社会主义体制上的弊端有关。

当前我国社会生活中存在两大危险因素：一是物价上涨，通货膨胀；一是干部中的腐败现象日渐严重，社会风气日渐下降。这两者对我国的社会安定构成严重的威胁，是随时有可能引起群众动乱的不安定的因素。群众动乱事件的参加者基本上是人民群众，他们的主要指向目标是领导机关。有些动乱实际上反映了领导同群众的矛盾，反映了领导身上的官僚主义和腐败现象同群众的矛盾。如果我们对社会动乱事件掉以轻心，或在处理上失误，就会使矛盾进一步激化，甚至发展到出现严重暴力冲突事件，会使人民内部矛盾转化成敌我矛盾，会直接危及党和国家的命运。因此，对待群众动乱事件必须分清两类不同性质的矛盾。对参与动乱的大多数群众必须加强思想教育工作，满足群众提出的可以解决的合理要求。对少数破坏公共利益、行凶犯法的人，给予必要的法律制裁。同时必须认真总结经验教训，坚决消除领导机关的各种不正之风和腐败现象，坚决克服官僚主义，改进领导方面的错误和不足，密切联系群众，恰当地处理好各种矛盾。当然，克服群众动乱最根本的方法是大力发展社会主义民主，健全社会主义法制，建立完善的社会主义体制，从制度上、从法律上来根除社会动乱发生的各种隐患，保证社会安定团结的政治局面，促使社会主义经济高度发展，不断提高人民生活水平。

五　保证社会稳定发展，防止社会危机现象的基本途径

防止社会动乱和危机现象的根本出路在于：

（1）大力发展社会生产力。社会主义初级阶段人民内部矛盾和冲突的种种表现，归根结底都是由于现有的物质和精神文明状况难以满足人民日益增长的物质文化需要而造成的。因此，只有坚定不移地把发展社会生产力作为工作的重点，大力发展社会主义经济，才能从根本上防止社会动乱和危机现象的产生。

（2）建立社会主义商品经济的新秩序。现在社会上出现的种种混乱现象都同商品经济新秩序尚未建立起来直接相关。制度不健全，规则不统一，法制不完备，竞争不平等，必然造成漏洞，形成一种混乱无序的状态，促使商品经济的内在矛盾向激化方向发展。只有按照社会主义商品经济的要求，使各经济主体的经济行为和相互间的关系契约化、有序化、协调化和规范化，使商品竞争平等化，使整个社会主义经济运行制度化、法律化，保证社会主义商品经济良性运行。

（3）建立适合我国商品经济发展的经济—政治体制。社会主义商品经济的根本特征是公有制制度同商品经济的有机结合，这个根本特征要求社会主义生产关系的具体体制：既要适应社会主义经济计划性的需要，又必须适应商品经济市场发展的需要。充分体现不同层次的经营主体的相对独立性，充分发挥具体经济细胞活力的社会主义所有关系的具体结构，必然要求上层建筑，尤其是国家领导体制及其组织机构也必须具有两个特点：一是要体现出社会主义商品经济的有计划性和实行有效宏观调控的特点，这就需要能代表各方面利益的、高效率的、相对集中统一的领导体制；一

是又要体现出商品经济发展所要求的灵活性和相对独立性，要求能够充分调动企业和个人的积极性来，这就需要国家领导体制具有充分的民主性和灵活性，对商品经济、市场机制的适应性。由此看来，与社会主义经济基础相适应的应当是，既坚持社会主义国家政权的相对集中管理职能的性质，又充分发扬社会主义民主；既符合商品经济的有计划性的要求，又符合有计划的市场经济的要求；既能对社会主义经济实行有效的宏观调控，又能充分发挥出不同经济实体相对独立性的社会主义上层建筑的具体体制，也就是建立一个既有民主又有权威的民主政体，才能从体制上有效地预防危机和动乱的发生。

（4）建立多元协调的社会主义利益群体结构，合理地满足不同利益群体的利益要求。培育和发展社会利益群体组织，确立起法律地位，发挥它的自治功能，提高各个利益群体的参政程度，使各个利益群体都有表达和实现自己利益的渠道，使各利益群体的沟通和协调制度化，防止人民内部利益矛盾激化。

（5）健全社会主义民主和法制。民主的健全、法制的完备是防止动乱和危机现象，实现社会安定的前提。民主生活愈健全，法制愈完备，社会生活才愈安定。只有在人民群众中实现广泛的民主，通过民主监督，才能有效地治贪、反贪和防贪，才能有效地根治官僚主义。实行有权威的民主、有法制的民主是保证社会安定的根本措施。

（原载《中国政治体制改革》1989 年第 3 期）

既要有权威的民主,又要民主基础上的权威

最近一年来,新权威主义思潮犹如一块投入水中的顽石,在沉寂一时的思想之潮中激起了层层涟漪,掀起了阵阵波浪,引起了人们深刻的反思,展开了对社会主义现代化发展道路和民主政治建设的热烈讨论。讨论中提出了各种不同的观点,对这些意见的取向和抉择,将对我国的改革进程和社会主义现代化的发展方向产生重大影响。下面,笔者从理论上谈几点粗浅的看法。

一 走什么样的道路

关于新权威主义思潮的讨论,实质上是关于我国社会主义现代化建设走什么样道路的争论。对此有两种截然不同的思路:一是全盘西化,幻想通过西方议会民主来实现社会主义的商品化和现代化,这就是西方议会民主派所主张的意见;一是试图靠集权政治、靠少数政治强人,向西方民主过渡,来实现社会主义的商品化和现代化,这就是新权威主义所坚持的主张。然而,我国走什么样的道路,通过什么方式来实现社会主义的现代化,必须从我国的实际国情出发。西方议会民主的道路,是发达资本主义国家根据自己的国情,经过几百年的努力,建立起比较完备的资产阶级民主政治,而走上资本主义现代化道路的;新权威主义所主张的道路,是第三世界一些不发达的国家,特别是"亚洲四小龙"走向现代化的某些成功经验所提供的一种途径。无论是西方发达资本主义国家,还是第三世界的一切走向现代化的不发达国家,都有它们各自的具体国情,而我国同这些国家的情况不同,所处的历史条件也不同。我们是社会主义国家,我们是在公有制经济占主体,多种经济成分并存,商品经济不成熟、不发达、不

平衡的前提下来建设社会主义的，这就决定了我们必须从这个基本事实出发，来考虑我国社会主义的发展道路问题。当然，我们也不能排斥别国成功的经验，但是，如果照搬别国的经验，十有八九是要误国误民的。

公有制基础上的商品经济结构，具有计划经济和市场经济的双重性，这种双重性又决定了社会主义生产具有双重目的性：整个社会生产以满足社会需要为整体目的，而具体生产单位又必须把追求利润作为局部目的。从整个社会生产来看，满足社会需要的社会生产是通过国家有计划的宏观控制来实现的，而具体生产单位的生产又必须通过生产单位之间的市场竞争来实现。这种二重结构和二重目的使社会主义经济具有两个方面的特性：如果宏观计划控制不当，会造成企业生产的盲目性，使整个经济失控，比例失调；如果宏观计划控制过死，会造成企业缺乏活力，造成生产停滞下降，发生经济困难。这就要求一方面要对社会主义经济实行有计划的宏观控制，另一方面又必须充分调动企业的积极性，通过市场竞争来增强社会主义经济的活力。这个根本特征要求社会主义生产关系的具体体制：一方面必须从根本上适应商品经济计划性的需要，另一方面又必须适应商品经济市场发展的需要。

充分体现不同层次的经营主体的相对独立性，充分发挥具体经济细胞活力的社会主义所有关系的具体结构，必然要求上层建筑的具体结构和具体形式，尤其是国家领导体制及其组织机构也必须具有两个特点：一是要体现出社会主义商品经济的有计划性和实行有效宏观调控的特点，这就需要能代表各方利益的、高效率的、相对集中统一的领导体制；一是又要体现出商品经济发展所要求的灵活性和相对独立性，要求能够充分调动起企业和个人的积极性来，这就需要国家领导体制具有充分的民主性和灵活性，对商品经济、市场机制的适应性。由此看来，与社会主义经济基础相适应的应当是，既坚持社会主义国家政权的相对集中管理职能的性质，又充分发挥社会主义民主；既符合商品经济的有计划的要求，又符合有计划的市场经济的要求；既能对社会主义经济实行有效的宏观调控，又能充分发挥出不同经济实体相对独立性、充分实现人民民主的社会主义上层建筑的具体体制。

上述分析表明，只有建立既要有能够实行有效宏观控制、具有集中领导权威的中央政府，又要有能够充分发挥独立经济实体和广大群众的积极性这样的社会主义经济—政治体制，才能保证完成社会主义现代化建设的任务。一句话，社会主义商品经济的发展既需要民主，又需要权威，需要把二者有机地集合起来的社会体制。

尤其是我国正处于社会主义发展的初级阶段，还保留有大量的个体经济和私营经济；还存在着其他形式的分配方式，如经营收入、剥削收入；商品经济一方面是不成熟的，一方面又同一定的个体和私营经济相联系。某些个体经济的经营者和私营经济的雇主就个人生产的目的来说，仍然是以追求利润和货币增值为唯一目的。在这种私人生产目的的驱动下的某些个体或私营的经营者，一方面在正确政策的引导下和严密法律的规范下，可以有利于社会生产，有利于人民的需要，有利于社会的稳定发展；另一方面，他们又可以不顾社会整体需要盲目地发展生产，甚至可以违法犯法、投机倒把，这就会使商品经济生产的盲目性膨胀发展，损害人民的需要，扩大分配不公，引起社会矛盾的尖锐化，造成一定程度的社会动乱。这种情况就要求我们：一方面必须坚定不移地发扬民主，推进政治体制改革，充分调动社会各方面的积极性，促进商品经济的发展；另一方面，又必须实事求是地、稳妥有步骤地建设社会主义民主，尤其在实施民主的过程中，必须强调加强统一领导、集中管理的权威。

二　经济建设与民主建设须臾不可分离

一些主张新权威主义的学者认为，新权威主义并不排斥民主，它所主张的最终目标也是社会主义的政治民主化和经济现代化。分歧不在于最终目标的设定，而在于实现目标所采取的途径和手段。问题的症结在于，新权威主义主张目前在我国不宜推行"民主政治"，而是要把权力集中在领袖人物和少数精英分子手里，实行"开明专制"、"集权政治"，由一些强有力的领导人物强制性地推行现代化，以此来防止社会动乱和腐败，扫除商品经济发展道路上的种种障碍，以保证经济上实行自由企业制，待商品经济充分发展以后，才谈得上实行民主，这样做比马上实行彻底的民主更为可行。这里就提出了两个问题：在我国实现社会主义现代化的建设过程中,经济建设和民主建设能不能分开;民主和权威能不能分开。

我们在进行社会主义现代化的经济建设的同时,必须切实稳妥地进行社会主义的民主建设。这是因为:

第一,生产资料的社会主义公有制需要建立与此相一致的社会主义民主制度的国家形式。社会主义公有制是全体劳动人民共同占有生产资料,实行按劳分配的社会主义根本经济制度,这种经济制度的实质就是劳动人民当家作主人,真正成为生产资料的主人,与这种经济制度相适应的应是社会主义的民主制度,它是人民当家作主的政治制度,是保障全体人民享有管理政治、经济、文化等社会事务的权利的政治制度。

第二,社会主义有计划的商品经济也需要建立与其相适应的民主政治。作为一种政治制度的民主,是与经济发展相适应而形成的,是为经济服务的。从社会发展历史来看,商品经济的形成是民主制国家形式形成和发展的前提条件,商品经济的发展水平制约着民主制国家形式的完善程度,制约着民主的实现程度。社会主义民主建设要有赖于商品经济的发展,是社会主义商品经济发展的必然产物。反过来说,民主同任何上层建筑一样,归根到底是为经济服务的,它必然会影响和推动商品经济的进一步发展。封建的专制制度和高度集中的中央集权体制是与自给自足的自然经济发展相适应的。资本主义商品经济的发展,要求彻底的自由贸易、自由交换,要求实行交换领域的平等原则,这种经济要求迫切需要打破封建专制,确立一种民主平等的政治环境,以利于资本主义商品经济发展,资本主义的民主体制便应运而生了。同理,社会主义的商品经济应当需要比资本主义更高类型的社会主义民主体制。因此,建设与社会主义商品经济发展相配套的民主政治体制,既是社会主义商品经济的必然产物,又是发展社会主义商品经济的根本需要。

第三,社会主义现代化必须包括政治上的现代化。我们的目的是要建设具有中国特色的社会主义现代化强国。这个现代化有特定的含义,它应包括经济上的现代化、制度上的现代化和思想文化上的现代化。也就是说,要建设比资本主义更发达的社会主义的物质文明、制度文明和精神文明。

社会主义的物质文明就是先进技术武装起来的、高效率的社会生产力，在生产发展基础上积累起来的越来越充裕的物质财富以及全面反映这种物质条件的人民的丰富的社会物质生活。社会主义精神文明是指与社会主义物质文明相适应的教育、文化、科学、文学艺术、新闻出版、广播电视、群众娱乐等文化方面及其相应的设施，以社会主义世界观和道德为核心的思想、道德和纪律等思想方面及其相应的机构，以及全面反映这种精神文明的人民的丰富多彩的思想文化生活和较高的思想境界和文化素质。社会主义制度文明就是指先进的、不断趋于完善的、有利于社会主义经济发展、促进和保障社会主义两个文明建设的社会主义制度及其体制。社会主义制度文明是社会主义物质文明和精神文明建设的指南和保证。我们社会主义的根本制度是较之资本主义制度先进得多、文明得多的制度，这就构成了社会主义制度文明建设的基本起点。然而，虽然我们的根本制度是好的，但是我们现行的具体体制还存在着种种弊端和缺陷，我们还没有最终找到一个很好地发挥社会主义制度优越性的完善合理的具体体制。

比较现代发达的资本主义各国和现实社会主义各国的经济状况，可以看出这样一点：现代资本主义社会制度仍然具有强大的动力机制。社会主义社会制度本应具有比资本主义强大得多的动力，而事实上，社会主义的经济却并没有达到应有的发展速度。问题的一个重要症结在于，第二次世界大战后的资本主义经过激烈的混乱和动荡时期，经过几次世界性的经济危机和两次世界大战的浩劫，吸取了以往的历史经验和教训，采取了一系列的调整措施。首先，对生产关系的各个领域、各个环节加以调整，逐步形成了比较规范的资本主义商品经济的秩序。其次，对上层建筑的一些具体制度加以调整，建立了比较严密和完备的资本主义民主政治体制和法律体系。这就为资本主义社会的商品竞争创造了一个比较规范花和制度化的平等环境，使得战后资本主义各国的国内矛盾相对缓和，社会经济有一个相对和平稳定的发展条件。相比之下，现实中的社会主义各国还没有建立起完备的、严密的现代社会主义文明制度。社会主义要把自身蕴藏的动力充分地发挥出来，必须在进行社会主义物质文明建设的同时，紧紧抓住社会主义现代制度文明的建设。

我国社会主义建设的主要历史教训，就是没有集中力量发展社会生产力，尽快实现工业化和生产的商品化、现代化和社会化，建设雄厚的社会主义物质文明基础。而要发展社会生产力，就必须调动起全体人民群众的积极性，调动起社会主义的方方面面的积极性。怎样调动各方面的积极性呢？一是在经济上充分利用利益的刺激作用，政治上切实加强民主建设，从经济和政治上激发起人们的主动性和创造性；二是切实加强社会主义制度文明建设，把社会主义建成一个完备的法治社会，给社会成员创造公平合理的竞争环境，提供有效的社会矛盾协调体制。运用利益的刺激作用，可以调动起社会主义各方面的积极性，但利益的激励作用是有条件的，如果利益竞争机会不均等，利益分配不公，反而会挫伤群众的积极性，引起不必要的利益冲突，酿成不安定的社会因素。因此，在充分发挥利益激励作用的前提下，必须加强制度保障，协调好人民内部的利益矛盾。从经济上来说，主要就是建立合理的分配体制和赋税制度，建立经济法规协调体系，通过制度和法规来调整人民内部的经济利益矛盾，保障有一个秩序井然、公正合理的利益竞争环境。从政治上来说，主要就是加强社会主义的民主和法制建设，民主体制可以使社会各个利益群体都具有表达和实现自己利益的正常渠道，可以通过民众政治参与、决策民主化、扩大政治透明度等具体制度来调动广大群众的积极性，可以通过法制来制止党内和政府内腐败现象的发生，减少社会不安定因素，尽可能地化消极因素为积极因素。

　　以上分析表明，社会主义经济建设为民主建设提供基础和前提，社会主义经济建设又需要民主建设来保证、来促进，二者互为因果，互相促进。在社会主义现代化的进程中，我们必须注意防止两种倾向：一种倾向是脱离经济建设发展的需要和实际的经济现状，幻想在一天之内就完成民主化进程，犯民主建设急性病；一种是借口经济建设落后，人民民主意识较差，而主张民主缓行，先搞"开明专制"，待经济发展后，再搞民主建设，犯民主建设慢性病。这两剂治国药方都是误国误民的假药，民主激进会造成不必要的社会动乱，阻碍经济建设的发展；民主缓行同样也会使社会不安定，贻误经济建设的时机，社会主义的经济建设和民主建设须臾不可分离。

三 民主和权威缺一不可

现在我们回答新权威主义思潮提出的第二个问题：在我国社会主义现代化建设中，民主和权威能不能分开。

要搞清这个问题，必须首先讨论一下何为民主、何为权威。古往今来，民主表现为三个形态：作为意识形态而存在的民主意识和民主观念，主要指人们的民主意识、民主思想、民主理论、民主观点，等等；作为政治上层建筑而存在的民主制度和民主体制，主要是国家的根本制度、国家所采取的具体政体形式、在国家政治生活中通行的民主程序和法律规则；作为规范社会组织和个人行为方式准则的民主原则和民主方法，如政党内部实行的民主集中制原则、人们在解决各类争端问题时所采取的平等协商的处理方法、群众组织的组织原则，等等。其中，作为政治上层建筑而存在的民主制度和民主体制是最重要的民主形态，我们这里重点讨论的就是作为国家政治制度和体制的民主，即民主政治。民主政治的具体构成形式可以依不同的历史条件、不同的国情特点有所不同，但都必须依据程序原则、按多数人的意愿办事的原则和尊重少数人的权利的原则。作为国家制度和体制的民主并不排斥统一，并不排斥集中，并不排斥领导，并不排斥个人的作用。因为任何民主的国体和政体，都必须通过适当的集中统一的领导体制表现出来；在民主基础上选举出来的、集中代表人民意愿的政府，也必然要通过活生生的个人来组成。可以想象，没有领导者个人存在的政府是什么样的政府，没有统一领导、代表人民共同利益的民主政治制度是什么样的制度。作为国家制度和体制的民主只是同专制制度、同个人专断相对立，同统一意志、同集中领导是相一致的。

什么叫权威？1871年，恩格斯在《论权威》一书中以铁路为例说明权威时指出："在这里，活动的首要条件也是要有一个能处理一切所属问题的起支配作用的意志，——不论体现这个意志的是一个代表，还是一个负责执行有关的大多数人的决议的委员会，都是一样。不论在哪一种场合，都要碰到一个表现得很明显的权威。"① 权威表现为在人们活动中起支配作用的、使人们服从的一种强制性的意志力量，体现这个意志力量的可以是一个代表，也可以是一个组织。权威具有两个方面，一方面是一定的强制，另一方面是一定的服从。服从有自觉的服从，也有被迫的服从。在人类社会发展的任何时候、任何条件下，人们的社会活动都离不开权威。譬如在大海里行船，在危险关头，要拯救大家生命，所有的人就必须立刻服从一个人的意志，这时的权威就是不能侵犯的绝对权力。权威可以同物质财富结合，也可以同思想结合；可以同权力结合，也可以同威望、荣誉结合；可以同组织的力量结合，也可以同个人的力量结合；可以同民主结合，也可以同专制结合，而产生一种使人服从的威慑力。在人类社会活动中，权威是必不可少的东西，马克思主义并不是一般地反对权威。不适当的权威会产生消极的，甚至坏的作用，比如，为社会发展所不允许的专断的权威，会阻碍经济的发展和社会的进步。但是"把权威原则说成是绝对坏的东西，而把自治原则说成是绝对好的东西，这是荒谬的"②。因此，对权威的社会作用要进行具体的、历史的分析。

就狭义的范围来讲，我们这里所讨论的权威是政治权威，是同政治权力相结合而产生的权威，这种政治权威的前提是民众的服从，而这种服从有两种情况：一种情况是多数人的被迫服从，一种情况是多数人的自愿服从，前者的服从是通过专制制度而产生的权威造成的，后者的服从是通过民主制度而产生的权威造成的。也就是说，政治权威既可以同专制制度结合而产生集权政治的权威力量，也可以同民主制度相结合而产生民主政治的权威力量。

在资本主义产生之前，奴隶制国家、封建制国家基本上实行的是专制政治，靠的是专制政治的权威维持政权，当然这并不排斥个别国家在个别历史阶段所建立的奴隶主民主制和封建民主制的政体。在资本主义出现之后，专制体制曾起到了阻碍商品经济进一步发展的消极作用，只有当资产阶级逐步建立起比较完备的资本主义民主政治秩序，才能有力地促进了资

---

① 《马克思恩格斯选集》第 2 卷，人民出版社 1972 年版，第 553 页。
② 同上。

本主义商品经济的发展。资产阶级民主政治的权威具有比专制政治的权威更优越的历史进步性，它是以一定程度的自愿服从为前提的。从历史的进步性上来看，自觉服从造成的民主政治权威比被迫服从的专制权威表现出更大的、更长远的优势力量。以自愿服从为基础的民主政治权威产生的是内在的凝聚力量，以被迫服从为前提的专制政治权威产生的是外在的胁迫力量。社会主义本质上是人民当家作主的制度，这种制度所需要的权威应当是民主政治的权威，是以大多数人的自觉服从为基础的权威。

专制政治的权威离不开个人专断，离不开封建家长制，而民主政治的权威反对个人专断和封建家长制，又不排斥个人的领导作用，不排斥集中统一的领导。这里问题的关键在于，领导者个人是否是通过民主的程序选拔上来的，是否接受群众的有效监督，集中统一是否在民主决策的基础上形成，集中统一的领导是否按多数人的原则来实施。我国是社会主义性质的国家，我们要建立有计划的商品经济秩序，我们必须要建立以大多数人的自觉服从为前提的民主政治权威。眼下群众中流传着这样一句话："我们既不要无政府主义，也不要无主义政府。"这也就是说，我们既要反对否定一切权威的极端民主化的倾向，也要反对否定民主建设的迫切性和重要性，主张实行"集权政治"、"开明专制"的思潮，这两种倾向都是不利于社会主义现代化建设的。在我国的现代化建设进程中，民主和权威是不能分离的，不能只强调民主而不要权威，也不能只强调权威而不要民主。

以上三个方面的分析归结为一个结论：我们社会主义现代化建设，必须走经济建设和民主建设并进、民主和权威有机结合的道路，逐步建立起既能切实实现有权威的人民民主，又能在民主基础上实施有权威的宏观控制的社会体制，通过制度和体制的保障来实现社会主义的现代化。

（原载《党校科研信息》1989 年 4 月 15 日）

"北大荒精神"万岁

1990 年 7 月 20 日，当年参加北大荒支边建设的近三千名北京知识青年，以及来自上海、天津、哈尔滨、杭州的知识青年代表，欢聚在北京全国政协礼堂，庆祝《北大荒人名录》和《北大荒风云录》这两部记载当年知识青年奋战北大荒的踪迹的姊妹书首次发行。

会上，当著名播音员赵忠祥同志以他那特有的雄浑、刚毅、坚定的语音朗读国家副主席、农垦战线的老司令王震同志亲笔题写的贺词："艰苦奋斗，勇于开拓"的瞬间，几千人的会场静得连每个人的呼吸都显得那样的沉重。突然，瞬间的寂静戛然而止，全场爆发出一阵雷鸣般的掌声、欢呼声。整个会场的老知青们的心像一团烈火熊熊燃烧起来了。许多人热泪盈眶，心绪万千，为北大荒精神的不泯而欣慰、而满足、而激动。几十万知识青年用青春的血、青春的肉躯、青春的年华换来了党和人民的崇高赞誉，从第一支解放军垦荒队进入北大荒开始，几代人用美好的青春培育起来的"北大荒精神"得到了党和人民的首肯。

北大荒精神意味着什么？社会主义建设和改革开放新时期还需要不需要北大荒精神？激情之后，需要冷静，需要理性的思索，需要肯定的回答。

（本文是作者 1990 年 7 月 20 日撰写的通讯稿，正式发表于何处已查找不到了）

近年来哲学研究的三大迫切问题论析

这些年来，我国哲学工作者结合国内外新的实践发展、新的科技进步，进一步拓宽了哲学研究的领域，涉足于更为广泛的研究课题，探讨了许多新的问题，取得了一大批科研成果。由于我国社会主义改革和建设的实践迫切需要哲学的意识形态导向作用，我国哲学工作者结合国际学术界的研究状况，对哲学的主体和主体性问题、社会形态理论和社会形态的演变规律、社会主义社会的矛盾和发展动力这样三个问题进行了更为热烈深入的讨论。关于这些迫切问题的讨论，对于进一步廓清思想理论上的混乱，发展马克思主义哲学，牢固确立指导社会主义实践的实事求是思想路线的哲学基础，是十分必要的。这几年，在哲学领域争论的问题很多，因篇幅所限，仅对上述三个迫切的哲学现实课题作理论上的论析。

一 关于哲学的主体和主体性

主体及主体性问题是近些年哲学研究的重点课题。这个问题涉及哲学的自然观、认识论和历史观方面的一系列基本问题，但又不仅仅局限于哲学领域，在史学、美学、文学、艺术等广泛的领域都激起了层层涟漪，在现实的社会生活中亦产生了一定的意识形态导向效应。首先应当肯定的是，主体及主体性问题的研究，对于进一步丰富和发展马克思主义哲学，产生了有益的作用。然而，人们在研究中提出了各种各样的看法，存在着一些严重的分歧。现在一个重要任务就是运用马克思主义哲学的基本原理，全面地、科学地分析主体及主体性问题讨论过程中提出的一些不同观点，搞清什么是主体？什么是客体？主客体之间具有怎样的关系？怎样才能正确地认识和发挥主体能动性？真正做到在主体问题上，既坚持马克思主义哲学，又进一步丰富和发展马克思主义哲学。

（一）马克思主义哲学创始人的一个重要功绩

在主体及主体性问题上，历来存在两种根本对立的倾向：一种倾向是忽视主体及主体性问题的重要性，错误地认为凡是讲主体、讲主体能动性都是离开了马克思主义的唯物主义哲学立场；另一种倾向是离开马克思主义唯物主义基本立场，过分夸大主体及其能动性的作用，甚至说什么马克思主义哲学使"主体旁落"，只有抛弃马克思主义哲学，才能找回"失落的主体"。正是对于这两个基本倾向，马克思主义哲学与其他哲学流派存在着根本的分歧。马克思主义哲学创始人非常重视主体及主体性问题，突出这个问题，是马克思主义哲学创始人在人类思想史上的一个重要功绩。

马克思主义哲学产生之前的旧历史观存在着两个根本缺陷：从思想原因而不是从物质经济原因来说明人类历史活动的动因，来说明历史发展的动力；只看到少数历史人物的作用，忽视人民群众是真正的历史主人的地位。造成上述根本缺陷，既有社会历史根源，又有阶级根源，还有思想认识根源，其中一个认识上的重要原因，就在于对社会历史规律特殊性的认识。在自然界中起作用的是没有人和人所参与的、自发的、被动的力量，而在社会历史中起作用的主体是有思想、有意识、有目的的人，每一个社会现象都留有人的意志的轨迹和烙印。这样就很容易造成一个假象，似乎个别英雄人物的思想动机支配了历史的发展和变化。因此，要克服旧历史观的根本缺陷，既要把唯物论彻底贯彻到历史领域，完全解决物质第一性和精神第二性的哲学基本问题。又要把辩证法彻底贯彻到历史领域，科学地解决精神对物质的反作用问题，认识到社会历史也是一个主体能动性发挥的辩证的发展过程。

怎样克服旧历史观的根本缺陷呢？一个关键的问题，就是在批判唯心主义的前提下，突破形而上学的直观唯物主义历史观的局限，坚持唯物论和辩证法的有机结合，科学地说明主体在社会历史发展中的能动作用。这个历史性的伟大突破，首先集中反映在马克思 1845 年写的《关于费尔巴哈的提纲》这篇著名的文章中。恩格斯称这个提纲是"包含新世界观天才萌芽的第一个文件"，这个"新世界观天才萌芽"就突出表现为把实践的观点全面引入到唯物主义哲学中来。马克思从生产劳动实践这个基本范畴分析起,把人们的社会关系归结于生产关系,把生产关系归结于生产力,发现了社会发展的基本矛盾,找到了理解全部历史的基本线索,从而创立了唯物史观。

唯物史观的创立表明,既从物质本体论的客体方面,又从人的能动性的主体方面来观察社会现象,必然允分重视实践的重要作用。马克思主义哲学恰恰是把实践的观点引入到唯物主义体系,充分肯定了主体的能动性,才克服了旧历史观的困惑。在唯物辩证法的基础上,正确解决并给予主体问题以足够的重视,这是马克思主义哲学创始人的一大功绩。

(二) 必须划清两条界限

马克思主义哲学并不轻视主体作用,而是十分重视主体作用。那种认为马克思主义哲学使"主体失落"的说法,无论如何也是站不住脚的。当然,曲解马克思主义哲学重视主体的本意,把马克思主义哲学说成是"主体性哲学",同样也是错误的。在对主体及其能动性的重视方面,马克思主义哲学与其他哲学存在着根本的分歧:绝不能离开唯物主义的物质本体一元论来强调主体能动性,这是同一切唯心主义哲学的根本分歧点;同时又不能片面地、直观地,形而上学地对待物质本体论的原则,轻视主体及其能动性,这是同机械的、直观的、庸俗的、形而上学的旧唯物主义的根本分歧点。研究主体及主体性,必须划清唯物主义与唯心主义,辩证唯物主义同其他旧唯物主义流派这两条界限。在坚持唯物主义物质本体论的基本立场上,重视和强调主体的作用,绝不能把唯物主义原则同重视主体性的问题对立起来,割裂开来,必须把二者辩证地、有机地结合起来。

人作为历史的主体,在创造历史的过程中,在改造自身生存环境的过程中,在认识真理并把真理转化为人的自觉行动的过程中,都发挥出巨大的能动作用。全部问题的关键不在于承认不承认、重视不重视主体问题,而在于如何正确地认识主体及主体性问题。在马克思哲学产生之前,关于主体及主体性问题,尽管各种各样的哲学流派提出了许多有价值的看法,但是他们因无法划清上述两条界限,因而也就不可能科学地说明主体及主体性问题。

主客体关系及主体的作用问题，是哲学思想发展史上的一个重要课题，以往哲学流派在该问题上的得失经验表明：第一，主客体关系及主体作用问题的正确解决，首先取决于哲学本体论问题的科学解决；第二，在解决物质本体论的唯物主义前提下，必须坚持主客体的辩证统一，不论是单独从主体方面，还是单独从客体方面，都不可能正确解决主体及主体性问题。

（三）现实的启示

在对待主体及主体性问题上，偏向任何一方（无论是偏向主体，还是偏向客体），都会导致错误的结论。

在现代西方哲学思潮中，存在着一股离开唯物主义物质本体论的原则，过分强调人的主体地位和作用的倾向。这种倾向贯穿于唯心主义的科学主义和人本主义两大思潮中，特别突出地体现在人本主义思潮中。现代西方哲学的主体性思潮，在其理论来源上，继承了西方哲学思想关于主体性研究的积极成果，包括消极影响；在其现实基础上，一方面是现代资本主义社会科学技术飞跃发展，人对自然支配作用越来越大的客观反映，另一方面又是现代资本主义社会面临着深刻的经济、政治、思想和文化矛盾和危机，而又找不到产生这种危机的根源和摆脱这种危机的出路的思想反映。在现代资本主义社会现实中，一方面，人在越来越大的限度内控制着自然，成为巨大生产力的创造者；另一方面，却又无法摆脱社会固有矛盾的束缚，摆脱精神危机的制约。面对着现实与思想的巨大矛盾，现代西方哲学主体性思潮试图寻找一种精神慰藉的出路，把资本主义社会的矛盾和弊端归结为人的主体本质异化，试图用抽象的人性论对人的本质、个人的价值实现、人的个性解放进行哲学的论证，企图通过改造主体意识，唤醒人的本质能动性的"心理革命"、"文化革命"、"意识革命"，通过对"日常生活的批判"、对"大众文化的批判"、对"意识形态的批判"来实现人的主体性变革，以便找到摆脱资本主义危机的出路。20 世纪 60 年代，一些发达资本主义国家发生的新"左"派运动正是这种理论的实践表现，新"左"派运动的失败从反面证明，由主体性思潮导向的旨在改变资本主义现状的"主体革命"的荒谬。

过分夸大主体及主体性的思潮，在马克思主义理论研究界内部也引起了一些混乱。20 世纪 20 年代，德国社会民主党人朗兹胡特和迈耶尔、比利时工党领袖德曼、法兰克福学派代表人物马尔库塞利用《1844 年经济学哲学手稿》（以下简称《手稿》）中的某些具体提法，企图把马克思主义人道主义化、人本主义化。他们认为，马克思主义的本质和核心是人道主义，历史唯物主义的马克思主义不是真正的马克思主义，人道主义的马克思主义才是真正的马克思主义。二战以后，一些社会民主党理论家以及其他一些学者利用《手稿》大做文章，企图把马克思主义归结于人本主义。1948 年，匈牙利人卢卡奇出版了《历史与阶级意识》一书，对列宁的《唯物主义和经验批判主义》（以下简称《唯批》）进行批判，认为《唯批》把马克思主义认识论归结为直观的、机械的、消极的反映论，忽视了主体的作用。德国理论家柯尔施明目张胆地指责列宁"把认识仅仅描绘成主观意识对这种客观存在的被动式反映。……既破坏了存在和意识的辩证关系，而且作为一个必然的结果，破坏了理论和实践的相互关系"[1]。南斯拉夫"实践派"认为："关于世界的统一性在于它的物质性的看法是没有得到彻底克服的教条主义和直观唯物主义的残余，是过时世界观的最后残余。""马克思主义是实践的一元论而不是物质一元论。"[2] 由于实践造就了一个感性世界，造就了一个人化自然，就应当把实践升华为主体，这个主体是世界的本质。南斯拉夫"实践派"不适当地夸大了实践的地位和作用，把实践当作第一位的本体存在，并从实践出发过分夸大主体的作用。

现代西方哲学的主体性原则在基本哲学倾向上是非科学的，因为它是站在唯心主义立场上，对哲学基本问题作了错误的回答。现代西方哲学的一些流派把"意志"、"生命本能"、"纯粹意识"等主体的主观因素当作为世界存在的根据，在讲主体能动作用时排斥客观条件的制约性，否定客观事物发展的必然规律。离开唯物主义基本立场，奢谈什么主体性原则，是一种片面的、抽象的主体性原则。当然，尽管如此，还应实事求是地承

---

[1]　柯尔施：《马克思主义和哲学》，重庆出版社 1989 年版，第 53 页。
[2]　转引自《南斯拉夫当代哲学》，中国社会科学出版社 1982 年版，第 121 页。

认，现代西方哲学在研究主体在认识中的地位，探讨主体的非理性因素的作用，分析主体在历史活动中的选择作用，对资本主义社会弊病从主体性方面进行谴责和揭露等方面，都无疑具有合理的价值。

十一届三中全会以来，我国掀起了一场深刻的思想解放运动，这场运动引起了哲学理论界的极大兴奋，推动哲学工作者突破了许多理论禁区，深化了马克思主义哲学的研究工作。其中关于主体及主体性问题的探讨，对于我国哲学界摆脱主体问题研究的落后局面，反对机械论的倾向，具有不可低估的理论和实践意义。但应当严肃地指出的是，关于主体性问题的讨论，确实也存在着不分良莠、不加批判地一股脑引进现代西方哲学的主体性思潮，逾越一定的界限、抽象地发挥主体性的倾向。譬如，在本体论方面，否定物质第一性、精神第二性的原则，认为恩格斯的《路德维希·费尔巴哈和德国古典哲学的终结》、斯大林的《辩证唯物主义和历史唯物主义》都离开了马克思主义的人本主义，使物质占了主体地位，"具有一种强烈的物本主义色彩"，否定了人的主体性，认为"客观性只是一个古老的幻梦"，"月亮在无人看它时确实是不存在的"。在认识论领域，诸如列宁的《唯物主义和经验批判主义》是机械的反映论，任意夸大认识主体的选择性、创造性和能动性，试图用"选择论"、"重构论"和"建构论"来取代马克思主义能动的、革命的反映论。在历史观领域，怀疑生产力发展的最终决定作用，怀疑历史发展客观规律的必然性，认为历史完全是主体自主选择的结果。哲学领域内任意夸大主体能动性的倾向在人们中间，尤其是在一些青年中间产生了强烈的消极效应，引起了相当的思想混乱。

应当高度重视主体及主体性问题，这既是马克思主义哲学的理论传统，又是发展马克思主义哲学所必需的。但如果认为主体可以超越客体的制约随心所欲地发挥，把主体任意提升到本体的地位和高度，真理就会变成谬误。关于主体及其能动性的讨论既是一个哲学理论问题，又是一个关系到革命政党能否依据正确的思想路线来指导社会主义革命和建设的重大实践问题。全部问题的关键不是要停止关于主体问题的讨论，而是要把这场讨论继续引向健康、深入的发展轨道上，在研究和讨论中进一步丰富和发展马克思主义哲学。

（四）主客体及相互关系

研究主体及主体性问题，必须搞清什么是主体，什么是客体，主客体之间具有怎样的关系？

主客体及其关系是以科学的实践观为基础的。研究主体及主体性问题，必然首先涉及实践问题。实践概念在马克思主义哲学中占有十分重要的地位，所谓实践是指人们改造世界的创造性的物质活动。实践本身不是静态的而是处在动态之中的，是一种创造性的物质交换活动。实践本身不是"本体"、"存在"、"客体"，更不是一种可指性的实体对象，而是反映人与自然、人与社会环境、主体与客体、主观与客观相互对象化的概念，实践是物质与精神、主体与客体、主观与客观的动态统一。实践概念应当是主客体及其相互关系的始发概念。只因为人的社会实践，才引发出人们在社会实践过程中的主体、客体以及主客体关系。

从最一般的哲学意义上来说，主体是指从事社会认识和社会实践活动的人，客体则是指人的社会认识和社会实践活动的对象，即主体所指向的对象世界。在这个意义上讲，主体是人，客体是主体的对象。当然，认为只要是人就是主体，外部自然界就是客体，这是不全面的。严格地讲，只有处于社会实践及相应的认识活动中的人才是主体，主体应当是社会的人、实践的人、历史的人、有思维活动的人。作为主体，可以是个体，也可以是群体，可以是政党、阶级、民族或某个利益集团。客体具有这样一些基本类型：（1）物质性的自然客体，包括有人化的自然、人尚未改造过的自然。（2）物质性的社会客体，包括人自身和人类社会物质生产和物质生活的各个领域、物质生产关系和物质生活关系的各个方面。（3）精神性的社会客体，包括人的社会心理和社会意识的各个方面和各个过程。

主客体关系就是主体与客体，即作为社会认识和实践的人同认识和实践的对象世界包括实践的人之间的一种对象性的关系。所谓对象性关系就是：主体在一定的客体条件下去认识客体，并按照自己的意愿、目的，利用、改造、再塑客体，使客体主体化，在利用、改造、再塑客体的过程中，主体又不断地使自己适应、吸收、同化客体，从而使主体客体化。这种对象性的关系呈双层结构，一层是物质性关系，表现为主客体之间利用与被利用、改造与被改造、塑造与被塑造的物质能量交换关系；另一层是精神性关系，表现为主客体之间的认识与被认识、评价与被评价的思想认识上的关系。主客体的双层关系涉及人同自然、人同社会、人同他人、人同自身这四对关系中。

第一层，物质性关系。

主客体之间的物质性关系首先表现为主客体之间的利用关系。主体的对象性活动首先是利用客体的活动，主体生命活动的第一步是要维持自身生命的延续和生命的再生产，这就需要主体利用自然客体获得有利于人自身生存和繁衍的物质能量。在满足基本生理需求的基础上，主体还要满足更高级、更广泛的社会需要，如发展的需要、交往的需要、精神的需要，等等。这样一来，主体对客体的利用关系就由物质性关系扩展到精神性的关系。在利用客体的过程中，主体也有一个不断改造自身以适应客体的问题，也就是说，客体对主体也有一个反利用关系。主客体之间的利用关系是利用和反利用的统一。

其次，主体与客体之间并不是单纯的物质性的利用关系，它们之间还存在着一种物质性的改造关系。主体在对客体的利用过程中，并不是被动地去适应客体，而是根据自己的需要，不断地改造客体，以适应主体的需要。比如，人为了满足自身的需要，不仅仅单纯地从野生植物、野生动物那里直接摄取养料，而且还需要能动地改造自然，培植各种植物、养殖各种动物，以摄取更多、更好的养料。主体对客体的改造，实际就是主体以自己新的需要，利用现有的技术、材料，按照自己的目的，能动地改变客体，以使客体不断地满足主体新的需要。这种主体对客体的改造过程是主体与客体之间的一种物质能量交换过程。当然，主客体之间的改造关系是相互的，主体在改造客体的过程中不断地改造自身。

最后，再塑关系是主客体之间物质性关系的高层次表现。在主客体相互改造的基础上，就会进一步发展为主客体之间的相互再塑造的关系，即主体按照自己的需要、意愿、目的，利用客体提供的条件、材料，对客体进行重新塑造。比如，人按照自己的衣食住行的需要，所创造的现代住房、现代交通工具、现代衣饰、现代人造食品，已经不是原有的自然物了，也不再是仅仅经过改造了的自然物了，而是在自然材料基础上再塑造、再创造的人工自然物。再塑关系同利用改造关系一样也是双向的,主体在实践中不但再塑客体,同时也不断地创新主体自身,再塑主体自身。

第二层,精神性关系。

在物质性关系的基础上,主客体之间还存在着一种精神性的认识和评价关系。首先,在利用、改造、再塑客体的实践过程中,必然发生主体对客体的认识过程。主体要科学地利用、改造、再塑客体,必须要正确地认识客体,否则就无法达到利用、改造、再塑客体的预期目的。当然,主体对客体的认识也只有在利用、改造、再塑客体的过程中才能实现,主体的认识素质和认识能力也正是在利用、改造、再塑客体的过程中不断地得到提高。主客体的认识关系是在利用、改造、再塑客体的基础上形成的,反过来,主体对客体的认识又指导主体对客体的物质性的对象化过程。

其次,精神性关系还包括主体对客体的评价关系。主体对客体的全部认识和实践活动,都是为着满足主体的物质和精神生活的需要,主体对客体的认识、利用、改造和再塑过程,就是客体对主体需要的满足过程。客体对主体需要的满足必然引起主体对客体的价值评价问题,引起主体的自我价值评价问题。主体的价值评价包括两个层次:一是主体对客体价值的评价,即相对于主体来说,客体能够在多大程度上满足主体的需要,即客体应当是什么。二是主体的自我价值评价,在客体对主体需要的满足过程中,主体在多大程度上体验到主体自我的存在意义,即主体应当怎样做。主客体之间的价值评价关系,在形式上是主观的,但在内容上却是客观的。主体对客体的评价关系决定主体在认识和实践客体的对象化过程中,"应当怎样做",使客体"应当是什么"。主客体的评价关系是在认识、利用、改造和再塑客体的基础上形成的,反过来,对主体利用、改造、再塑、认识客体起着导向的作用。

(五) 关于主体的特性

研究主体必然引出主体性问题。我们所说的主体性,是指主体在利用、改造、再塑、认知、评价客体的社会实践和社会认知过程中,所表现出来的全部特殊属性。主体的主要特性是:

1. 自然性。主体并不是游离于自然界之外的超自然物,而是自然的产物，是自然界中特殊的一部分。主体是物质世界长期发展的产物，主体的肉体是由复杂的物质元素构成的实体，主体的能动性是物质反应性长期发展的结果。主体的心理与生理活动都有其自然物质基础。自然属性是主体的第一天然属性，主体的一切特性都是以自然物质属性作为载体、前提和基础的。

2. 实践性。实践是主体的根本特性。人之所以成为主体，就在于人不是消极地、被动地单靠自然提供的条件和材料来维持生命活动，而是通过自身的社会实践活动，能动地改造外部自然社会以满足自身生存和发展的需要，并且在改造外部世界的过程中不断地改造完善自身。实践是人作为主体活动的基本形式，是主体能动活动的最主要、最集中的表现。

3. 社会性。人是社会存在物，是一切社会关系的总和。人作为主体必定是社会主体，其社会认识和社会实践活动无不具有社会性。在阶级社会中，主体具有阶级性。主体的社会性、阶级性决定了主体的思想、决定了主体对客体的态度、决定了主体之间的关系。离开了社会性也就无所谓主体。

4. 意识性。人是有意识的，主体具有意识性。主体的意识以情感、意志、目的、理性思维等形式表现出来，使主体在活动中表现出一定的指向性、目的性和计划性，表现出主体对客体具有主动的反映性、思维性、控制性和创造性。主体的意识性一方面表现在主体的自我意识上，即主体能够认识到主体自身在整个世界中的地位和作用，认识到主体自身素质在认识和实践过程中的重要性；另一方面则表现在主体对客体的意识，即能够认识到客体的条件、规律以及客体涉及的内外诸关系。没有主体的意识性也就没有主体及其主体的活动。

5. 主动性。因为人是有意识、有目的、实践的人，所以主体在思想和行动上表现出一种主动的特性。所谓主动性，就是指主体不是被动地、消极地、无所作为地适应客体，成为客体的奴隶。相对客体来说，主体具有一种自由性、自主性、积极性、选择性和创造性。主体的自由性集中表现出主体对客体必然规律的认识和把握，表现出主体对客体对象的利用、改造和再塑，表现出主体自身自由全面发展的需求。主体的自主性就是指主体具有自我意识、独立思考、自我评价、自我反省、自我批评、自行调控、自我设计、自我规范的自主精神和自主能力。主体的积极性就是指主体在社会认识和社会实践中表现出积极进取，不甘现状的态度和劲头，为了维持和发展自身的需要，主体对客体采取一种积极认识、积极实践的态度和行为。在历史活动中，主体对历史活动、历史事件、历史发展趋向具有一定的选择能力。当然，这种选择的客观结果无非具有两种情况：一是主体的选择符合历史发展的必然规律，这样的选择有利于历史的进步；一是主体的选择违背历史发展的必然规律，这样的选择不利于历史的进步，反而会造成历史的曲折和暂时倒退。主体在对客体的认识、实践过程中表现出巨大的创造属性，这种创造性突出表现在主体不是直观地、消极地、反射式地反映客体，而是积极地、能动地预见客体的发展趋势，突出表现为主体不是消极地、被动地适应客体，而是积极地、主动地改造、再塑客体，并在改造客体的过程中改造自身。主动性是主体在自然性、社会性、实践性、意识性基础上所发挥出的集中品格。

上述五个主要特性集中起来就是我们通常讲的主体能动性，主体能动性是主体的综合特征，是主体所表现出来的最突出、最集中的品质。主体的自觉能动性主要表现为认识的能动性和实践的能动性两个方面。主体认识的能动性是通过人对客观外界的感性活动的能动性、理性活动的能动性而表现出来的。一方面主体认识的能动作用，表现为"从感性到理性"、"从理性到实践"这两个能动的飞跃；另一方面，主体认识的能动作用通过感性活动也可以表现出来，如果仅仅强调了理性认识活动的能动作用，而忽视了作为认识初级形式的感性活动的能动性，那么就是片面地认识主体认识的能动性。现代西方哲学的某些流派歪曲唯物主义反映论，攻击唯物主义认识论主张感性活动的反映特征是消极的机械反映论。实际上，马克思主义认识论主张人的认识活动从始至终包括感性阶段在内都是一个能动的过程。

主体能动性一方面是通过主体的认识活动表现出来，再一方面，而且更重要的方面则是通过人的实践活动而表现出来。实践在本质上是一种创造性活动，主体实践的能动作用首先表现在人对自身生存的自然环境和社会环境的利用、改造上，其次表现为人对自身的改造上。主体实践的能动作用，还表现为它是主体认识的源泉、动力和检验标准。关于实践的能动作用，在哲学上历来存在两种倾向：一种倾向是轻视实践的作用。轻视实践的作用有主观唯心主义和机械唯物主义两种表现，主观唯心主义表现为过分夸大主观能动性，或夸大经验的作用，或夸大理论的作用，而忽视实践的作用；机械唯物主义表现为把人理解成被动的自然存在物，忽略了人的实践活动的创造性。另一种倾向是过分夸大实践的作用。过分夸大实践的作用也有两种表现：一种表现是轻视理论的指导作用，过分夸大无意识、非理性在人的活动中的作用；另一种表现是企图用实践概念来代替物质概念，以实践本体论来代替物质本体论。

（六）正确认识和发挥主体能动性

主体性问题，说到底是主体能动性和客体制约性的关系问题，主体能动性的发挥能不能离开客体的制约和限制，怎样在客体制约前提下，最大限度地发挥主体能动性的问题。在实际工作中，这就是能不能坚持主观符合客观的唯物主义原则，坚持一切从实际出发、实事求是的思想路线问题。

讨论主体能动性和客体制约性的关系问题，一定要避免走两个极端：一个极端是无视客体的制约性，过分夸大主体能动性，搞"精神万能论"、"唯意志论"，跌到主观唯心主义的泥坑里；另一个极端是过分强调客体的制约性，完全排除主体能动性，搞"宿命论"、"机械论"，倒退到旧唯物主义的形而上学的立场上。马克思主义哲学坚持主体能动性和客体制约性的辩证统一，坚决反对主体问题上的两个极端的错误倾向。

怎样才能科学地认识、正确地发挥主体能动性呢？这就需要既要坚持唯物主义基本原理，反对唯心主义，又要坚持辩证的观点，反对把主客体机械地割裂开来、对立起来的形而上学片面性，主张主体能动性与客体制约性的辩证统一。

第一，必须从唯物主义物质一元论出发来理解主体能动性与客体制约性的关系。离开哲学基本问题的正确解决，是无法科学地理解主体能动性与客体制约性的关系问题的。必须在坚持唯物主义物质一元论的基础上才能科学地认识客体及其关系。然而简单地把客体等同于物质，把主体等同于精神，认为哲学基本问题同主客体关系问题完全等同，把唯物主义原则庸俗化，企图用主客体问题代替物质与精神的哲学基本问题，同样也是错误的。主客体问题的正确解决固然取决于哲学基本问题的解决，但并不能把哲学基本问题同主客体问题完全画等号。哲学基本问题同主客体问题各有其特定的角度和内容，二者不完全一致。按照辩证唯物主义来认识世界，整个世界可以划分为两大基本现象：物质现象和精神现象。物质就是不依人的主观意志而存在的客观实在，精神不过是物质的产物，世界统一于物质性。物质是第一性的，精神是第二性，这是唯物主义认识一切外部事物的基本原则，主客体二者都是运动着的物质存在形式和物质衍生形式，它们的存在、变化都服从于统一的物质世界。主体包括物质肉体和主观世界两大部分，主体的本体、基础、前提是物质的，故不能完全把主体等于精神。客体是主体的对象，但客体又不都是物质的，它既包括物质世界，又包括精神世界。简单地认为客体是物质，主体是精神，实际上把两个不同内涵的东西混淆了。这种混淆既可以抛弃唯物主义物质论原则，导入过分夸大主体的主观唯心主义路线；又可以把主客体简单地对等为物质与精神，导入庸俗唯物主义的轨道。

第二，在唯物主义基础上，坚持主客体辩证统一论。客体是基础，主体是主导，主体能动性与客体制约性是辩证统一的。（1）客体作为主体认识、实践的对象，不论是物质性客体，还是精神性客体，都为主体的认识和实践活动提供了客观的依据、内容、前提、条件和基础。（2）客体作为主体认识和实践的前提和基础，它的客观条件、客观材料和客观规律制约、影响主体能动性发挥的方向和程度。（3）在一定的客体限制的基础上，主体自身素质如何，是主体能动性得以正确充分发挥的关键。

客体对主体的制约性主要表现为客体的客观条件、客观材料（包括精神材料）、客观规律对主体能动性的制约。实际上，主体能动性与客体制约性的关系集中表现为主体的主观能动性同客体的客观条件、客观材料、客观规律的制约性的关系。

客体的制约性首先表现为客观条件、客观材料和客观规律对主体的主观能动性具有决定和制约的作用。客观条件、客观材料和客观规律是独立于主体的主观能动性之外的第一位的东西。作为有意识、有目的的主体的活动及其能动的属性则是第二位的东西，主体的主观能动性要受客体的客观条件和客观材料的限制，受客观规律的制约。当人们对客观条件、客观材料和客观规律缺乏认识的时候，客观条件、客观材料和客观规律作为一种异己的、统治人的客观力量，起着盲目的、强制性的和破坏性的作用，人们任凭客观条件、客观材料和客观规律的戏弄和摆布，没有行动自由。当人们逐步认识客观条件、客观材料和客观规律时，客观条件、客观材料和客观规律则成为人们进行认识和实践活动的依据、准则和检验标准。但是，人们既不能凭空制造客观条件、客观材料，"创造"和"制定"规律，也不能否认客观条件、客观材料，"废除"和"消灭"规律。如果主体的主观能动性超出了条件允许的限度违背了规律，就会受到客观条件、客观材料和客观规律的惩罚；如果人们的主观能动性及其社会实践符合客观条件和客观材料，遵循客观规律时，人们就可以从客观条件和客观规律那里获得"奖赏"。主体的主观能动性是否符合客观条件、客观材料的要求，是否遵循客观规律的发展，也就是我们通常所讲的主观与客观是否相一致，这是关系到主体的自觉活动能否达到预期目的的关键。

其次，主体的主观能动性对客观条件、客观材料和客观规律具有一定的反作用，主体的自觉活动离不开主体的主观能动性，主体的主观能动性在客观条件、客观材料和客观规律面前并不是束手无策，处于完全消极、被动的地位。主体的主观能动性表现为人能够正确认识与运用客观条件、客观材料和客观规律，在一定的客观条件限度内，按客观规律办事，以实现自己预期的目的。正确认识客观条件、客观材料和客观规律，是正确把握客观条件、客观材料，运用客观规律的前提。人们正确地认识客观条件、客观材料，正确地认识客观规律，就可以在实践中驾驭、控制和利用它们，从而达到改造世界、改造自身的目的。

在认识和处理客体的客观规律和主体的主观能动性这对矛盾时，我们必须反对两种倾向：一是唯条件论倾向。唯条件论实质上是一种机械论，它否认和抹杀主体的主观能动性，只讲条件，不讲主体的主观能动性，认为主体在客观规律面前束手无策，无所作为；一是唯意志论倾向。唯意志论实际上是一种主观唯心主义，它否认客观条件、客观材料和客观规律的决定性作用，无限夸大人的主观能动性，离开条件、不讲规律，认为人的主观意志决定一切、支配一切。总之，在处理客观条件、客观材料、客观规律和主体的主观能动性的关系时，既要反对唯条件论，又要反对唯意志论。坚持有条件论，但不唯条件论，这就是辩证唯物主义对客体制约性同主体能动性关系的根本态度。

主体能动性的发挥不是无限的、无条件的、绝对的、任意的，绝对不能离开主客体及其相互作用的物质基础，不能离开客体的制约性来抽象地发挥主体的主观能动性。在目前哲学研究中，忽视主体作用的倾向有之，片面夸大主体作用的倾向亦有之。

在哲学研究中轻视主体的作用，看不到主体能动性，是机械唯物主义；脱离唯物主义前提，过分夸大主体的作用，是主观唯心主义。这两种倾向不仅会给理论界、学术界带来消极的影响，而且在实践中也会造成指导思想和指导路线上的偏差，从而给实际工作带来巨大的损失。全部的问题不在于要不要发挥主体能动性，而在于怎样才能正确发挥主体能动性。马克思主义哲学所主张的主体能动性是符合客体的客观条件、客观规律的能动性，是建立在科学认识和正确把握客观条件、客观规律基础上的能动性，这种正确的、科学的主体能动性需要大力提倡。不断提高主体素质，提高主体的认识能力和实践能力，按照客观规律办事，是正确发挥主体能动性的关键。

二　社会形态理论和社会形态演变规律

近些年来，关于社会形态理论及社会形态演变规律，学术界展开了一些讨论，譬如社会发展五形态说和三形态说的争论。所谓五形态说，就是我们通常所讲的人类社会发展必然依次经过原始共产主义社会、奴隶社会、封建社会、资本主义社会、共产主义社会（社会主义社会是其发展的第一阶段）这五个阶段。所谓三形态说，是人们根据马克思伦敦手稿中对社会历史进程的看法而提出的一种论点。在这部手稿中，马克思指出："人的依赖关系（起初完全是自然发生的），是最初的社会形态，在这种形态下，人的生产能力只是在狭窄的范围内和孤立的地点上发展着。以物的依赖性为基础的人的独立性，是第二大形态，在这种形态下，才形成普遍的社会物质交换，全面的关系，多方面的需求以及全面的能力的体系。

建立在个人全面发展和他们共同的社会生产能力成为他们的社会财富这一基础上的自由个性，是第三个阶段。第二个阶段为第三个阶段创造条件。"① 依据马克思关于人的依赖关系、物的依赖关系、个人自由发展这三大阶段的划分，有人提出，马克思认为人类社会经过自然经济、商品经济和产品经济这三个阶段。这是社会发展三形态说。

围绕着三形态说和五形态说，引起了一些争论，也产生了某些思想混乱。有的人用三形态说否认五形态说，认为五形态说不是马克思的本意，不是历史发展的普遍规律；也有的人看不到人类社会必然要经过商品经济阶段，才能过渡到最后的产品经济阶段。这场争论实际上涉及社会主义是不是历史的必然，社会主义要不要发展商品经济，这样一些重大的实践问题。

（一）五形态说和三形态说都是马克思主义社会形态及其演变规律理论的内容，二者是一致的，不是相互排斥的。

现在理论界有一种说法，认为马克思从来没有说过人类社会有五种基本的社会形态更替，五形态说是斯大林提出来的。这种说法不符合马克思主义哲学发展史的事实。早在马克思主义创立的初期，在马克思、恩格斯二人 1846 年合著的《德意志意识形态》一书中，他们就第一次提出人类社会经过五种所有制形式：（1）部落所有制；（2）古代公社所有制和国家所有制；（3）封建的或等级的所有制；（4）资产阶级的所有制；（5）未来共产主义所有制。这就为揭示依次更替的历史发展五形态提供了一个认识前提。1859 年，在《〈政治经济学批判〉序言》一书中，马克思在论述历史唯物主义基本原理的基础上，指出了历史上社会形态依次更替的情况："大体来说，亚细亚的、古代的、封建的和现代资产阶级的生产方式可以看作是社会经济形态演进的几个时代。资产阶级的生产关系是社会生产过程的最后一个对抗形式……"② 在 1867 年出版的《资本论》中，马克思充分论证了共产主义代替资本主义的必然性。当然到此为止，还不能说五形态说完全成熟了。比如，虽然马克思肯定"古代"社会之前还有

---

① 《马克思恩格斯全集》第 46 卷上册，人民出版社 1979 年版，第 104 页。
② 《马克思恩格斯选集》第 2 卷，人民出版社 1972 年版，第 83 页。

一个社会形态，但他对原始社会形态的概括却有些模糊，古代的社会是指古希腊、古罗马的奴隶社会，但亚细亚生产方式是指什么社会，其属性是什么，马克思对此还没有明确的界说。后来，历史科学有了一定的发展，特别是历史学家摩尔根的《古代社会》一书出版，对原始社会提供了详尽的研究材料，这才使马克思对原始社会有一个明确的认识，这些认识集中反映在马克思1880年到1881年间对《古代社会》一书的摘要中。最后，恩格斯利用马克思批语，经过研究，于1884年写出了《家庭、私有制和国家的起源》一书，明确地勾画出人类社会发展五形态的学说。这些都说明，五形态说是马克思创立的，是马克思、恩格斯在历史唯物主义基础上对社会发展形态的科学分期。

三形态说同样也反映了马克思根据生产力发展的历史状况，对社会发展形态所做的一种科学分期的看法。从马克思表达的整个思想来看，第一个阶段，"人的依赖关系"实质上是自然经济社会的特点。在自然经济条件下，生产力低下，分工不发达，生产的直接目的是为了生产者的自身需要，必须采取人与人直接互相依赖的办法来克服工具落后的状况，比如原始人必须依赖于原始群体，帮工必须依附于师傅，这就表现为个人对他人、对社会组织的依赖；第二阶段，人对物的依赖关系实质上是商品经济社会的特点。在商品经济社会中，生产发展了，人们生产的目的主要是为了交换，人与人之间的关系物化成商品，产生了"商品拜物教"，人依赖于商品，处于物化的、异己的关系的统治下，人同样也是不自由的；第三阶段，"个人全面发展"就是商品经济消亡以后社会的特点，有人把这个社会概括为产品经济社会。在这个社会中，生产力高度发达，消灭了旧式分工，产品极其丰富，人摆脱了物及其外部关系的束缚，成为人自身的主人、社会关系的主人、物的主人，人可以自由、全面地发展。

社会发展进程的这两种划分，都是根据历史唯物主义的基本原理，对社会形态演变进行分析的正确结论，二者的理论根据是一致的。实际上，五形态说和三形态说是互相包容的。按照马克思的原意来理解，自然经济阶段基本是前资本主义社会，如原始社会、奴隶社会、封建社会。商品经济阶段是资本主义社会，人们概括的产品经济阶段则是共产主义社会。按照马克思最初的预见，社会主义是在资本主义商品经济高度发达的基础上建立起来的。因而，作为共产主义第一阶段的社会主义，不存在商品和货币。可是，现实的社会主义却是在相对落后的国家建立的，这样的社会主义必然要经过商品经济充分发展的阶段。当然，这两种划分也是有区别的。对于社会历史发展的分期，人们可以根据需要，对同一对象，按照特定的标准，从不同的角度加以划分。例如，以阶级斗争为线索，可以划分为阶级社会、阶级过渡社会和非阶级社会；以生产资料所有制性质为标准，可以划分为原始公有制社会、私有制社会、低级形式的公有制社会和高级形式的公有制社会……当然，任何科学划分都不能离开历史唯物主义基本原理的指导。以生产力发展状况为主线，根据社会基本矛盾运动规律的特点，直接考察社会经济关系的性质和特征而进行的划分，也就是五形态说，是最主要、最基本的划分。

（二）绝对不能形而上学地理解社会发展五形态说。如果把社会发展五形态说理解为一个单线式的、纯粹的、僵死的，没有任何特例变化的历史发展序列，就会违背历史唯物主义的原则。

历史唯物主义的任何一个原理都只是对社会现象本质特征的概括，并不是对全部历史事实的罗列和堆砌。这就是说，理论在概括事物的本质时，剔除了大量的偶然因素、活生生的事例，只是对历史发展客观逻辑的一种抽象，并不是对全部社会现象的总汇。社会发展五形态说，只是马克思运用科学的抽象方法，对历史发展本质规律的一种理论上的概括，实际的历史发展情况要复杂得多。五形态说只反映了人类历史发展的一个普遍性规律，这个总的趋势是必然的、不可逾越的，然而其具体的发展又不是单一的、直线的、绝对的。至于在一定历史条件下，哪个国家、哪个民族、哪个地区是否可以有特例、有偶然的情况发生，是否都要经过五个阶段，其实马克思也没有讲得那么绝对。首先，五种社会形态只是典型的社会发展模式，它们并不是固定的模式，社会形态的典型性并不排除具体发展道路的多样性。在人类社会发展五大形态之间，还存在非典型性、过渡性的社会。奴隶社会到封建社会之间有过渡性社会形态存在；我国的半殖民地半封建社会，以及从旧的半殖民地半封建社会向社会主义过渡的新民主主义的社会形态，都是过渡性的社会形态。其次，在人类社会发展的共同道路上，有些民族、国家和地区，借助于某种特殊的条件，可以超过历史发展的一个或几个阶段，直接进入到某一高级阶段，表现出历史发展的跳跃性。譬如，美国直接跨入发达的资本主义行列；我国一些少数民族，在党的领导下，分别从奴隶社会、封建社会，甚至原始部落的社会状态直接进入社会主义社会。最后，人类社会发展依次经历的每一个社会形态，尽管都有各自的本质特征，但在不同民族、不同国家，甚至不同地区，由于历史条件不同，同样性质的社会形态具有不同的表现特点，甚至会出现不同性质乃至对立的社会制度并存的现象，有时同一性质的社会形态却包括不同的，间或对立的经济成分和政治因素。譬如，中国的封建社会同西欧的封建社会有不同的特点；同样的中华民族可以有不同的社会制度并存，甚至在同样的社会主义国家可以采取"一国两制"的形式；在我国现阶段存在着以公有制为主体，多种经济成分并存的经济结构，等等。

以上说明，社会形态的发展是普遍性和特殊性、一致性和多样性的统一。历史的发展有两个必然的趋势：一方面，整个人类历史必然要依次经历五个社会形态的发展，这是社会形态发展的普遍逻辑；另一方面，在整个社会形态发展的进程中，必然会有某个民族、某个国家、某个地区出现偶然和特例，这也是不以人的意志为转移的。

在一定生产力条件下，经过人们的主观努力，又具备一定的历史条件，社会历史的发展是可以跳跃的。科学社会主义的经典作家也不否定这一点。1877年，马克思在批评俄国民粹主义者米海诺夫斯基时说："他一定要把我关于西欧资本主义起源的历史概述彻底变成一般发展道路的历史哲学理论，一切民族，不管他们所处的历史环境如何，都注定要走这条道路，——以便最后都达到在保证社会劳动力极高度发展的同时又保证人类最全面的发展的这样一种经济状态。但是我要请他原谅。他这样做，会给我过多的荣誉，同时也会给我过多的侮辱。"[1] 1881年，马克思认为，一般来说，像英国等资本主义比较发达的国家，资本主义生产方式是通向共产主义的必由之路。但他又预言，像俄国那样落后的国家"可以不通过资本主义制度的卡夫丁峡谷"[2]，而走向共产主义。社会发展五形态说只是为

----

[1] 《马克思恩格斯全集》第19卷，人民出版社1963年版，第130页。
[2] 同上书，第436页。

认识历史发展的基本规律提供一个指南，如果把五形态说教条化，当作普罗克拉斯蒂的铁床，任意裁剪历史，就会使历史唯物主义庸俗化。

（三）人类社会形态的演进是一个自然历史过程，在一定条件下，经过人们的努力，可以建立起较为先进的社会制度，但社会发展所历经的生产力发展的自然历史过程是不可逾越的。商品经济是现实社会主义发展进程所不可逾越的经济发展阶段。

我们说，社会历史发展可以有特例，有跳跃，这是有条件的。首先，任何先进制度的建立都离不开一定的生产力条件以及其他客观条件，如果旧中国没有近代工业的基础，没有 200 万无产阶级，那么无产阶级政党无论如何也不可能诞生，新民主主义革命和社会主义革命无论如何也不可能成功。其次，具备了一定的客观条件，首先是生产力条件，那么在这个基础上，主观条件及其他必要条件成熟的地方，就有可能建立起先进的社会制度。而那些生产力条件虽然好，但主观条件及其他条件不成熟的地方，却仍然有可能处于比较落后的社会制度状态。

人类社会发展是一个自然历史过程，生产力、社会经济发展的时间可以有长有短，但是生产力、社会经济发展所经历的自然发展阶段却是不可逾越的。当一个民族，在一定条件下，经过努力建立了比较先进的社会制度，那么这个民族所面临的首要任务则是利用先进的社会制度，加速社会生产力的发展。在落后的条件下建立社会主义的国家，不应当消灭商品经济（实际上也消灭不掉），而是应当利用先进的社会制度，大力发展商品经济，促进社会生产力的发展。我国正处于社会主义初级阶段，商品经济是不可逾越的自然历史阶段。看不到这种必然性，就会犯历史唯心主义的错误。当然，在社会主义条件下发展商品经济，要注意公有制条件下的商品经济同私有制条件下的商品经济的本质区别。在坚持社会主义公有制的前提下，坚持计划经济与市场调节相结合，使社会主义商品经济得到充分的发展。

三　社会主义社会矛盾和发展动力

社会主义各国几十年发展的实践证明：在社会主义的发展进程中，其伟大成就是举世瞩目的，但也暴露出一系列矛盾、冲突和动乱，出现了社会主义法制和民主遭到严重破坏的现象；社会主义各国都程度不同地遇到了一定的经济困难，社会主义的发展速度并没有达到人们预想的结果。现实社会主义在高度民主和发达生产力这两个方面，都没有达到人们预期的目标。面对这些问题，人们不能不思索：如何认识社会主义社会的矛盾和发展动力，采取什么样的社会体制，才能有效地调节社会主义社会的矛盾，充分发挥出社会主义制度本身固有的发展动力的作用来，最终建成具有高度民主和发达生产力的社会主义。因此，如何认识和处理社会主义社会的矛盾，如何认识和充分发挥社会主义社会的内在发展动力，这是当代社会主义发展所面临的重大迫切的时代哲学课题；马克思主义必须有大发展，这是现时代的大趋势；重新认识社会主义，发展马克思主义关于社会主义的理论，形成当代的社会主义论，这是现时代理论发展的根本性问题；而说明和解决社会主义社会的矛盾和动力问题，则是对社会主义进行再认识的关键问题，从而是当代社会主义论的重要哲学基础。

社会主义社会的矛盾和社会主义社会的发展动力，这是两个互相联系，又互相区别的现实哲学问题。社会主义自身所固有的矛盾是社会主义社会发展的根本动力和源泉，正确认识社会主义社会矛盾及其动力作用，是正确认识社会主义社会发展动力的必要前提条件。

（一）关于社会主义社会矛盾问题的三个认识阶段

从苏联宣布第一个进入社会主义社会到今天，社会主义社会的实践运动已经过了 50 余年的历史了，这 50 年的实践过程，也正是人们对社会主义社会矛盾的认识过程，这个过程大体上经历了三个阶段：以"完全适合论"和"统一动力论"为代表的，否认社会主义社会存在矛盾的基本倾向占统治地位的阶段；关于社会主义社会矛盾理论的初步形成阶段；深入研究社会主义社会矛盾，社会主义社会矛盾理论进一步形成阶段。

第一阶段，以"完全适合论"和"统一动力论"为代表的，否认社会主义社会存在矛盾的基本倾向占统治地位的阶段。

这个阶段是从 1936 年苏联宣布进入社会主义社会到 50 年代初斯大林逝世前后。在这个阶段，斯大林简单地提出了在社会主义制度下"生产关系和生产力状况完全适合"的论点,认为苏联各族人民的友谊、苏维埃爱国主义、人民在政治上和道义上的一致是社会主义社会发展的动力。人们在这个阶段对社会主义社会矛盾的认识,正是以这种形而上学的结论为主要特征的。

直到逝世的前一年,斯大林在《苏联社会主义经济问题》一书中,才含含糊糊地承认社会主义生产力和生产关系之间存在着矛盾,但是斯大林认为,当时苏联党的政策是对头的,生产关系与生产力是"完全适合"的。可见,斯大林还没有从理论上把社会主义社会的基本矛盾作为全面性的问题提出来,还没有认识到这些矛盾是推动社会主义社会向前发展的基本矛盾。

第二阶段,关于社会主义社会矛盾理论的初步形成阶段。

这个阶段是从 50 年代中期开始持续到 60 年代。第二个认识阶段实际上是自 1936 年以来,关于社会主义社会矛盾的第一次大规模的论争高潮。1956 年,国际共产主义运动就如何评价斯大林问题展开了论争,当时,许多社会主义国家先后相继宣布进入了社会主义,与此同时又发生匈牙利事件、波兰事件及其他国家少数群众闹事的事件。于是,如何看待斯大林的理论遗产,如何看待斯大林关于社会主义社会矛盾问题的论述,如何正确理解和处理社会主义社会的矛盾问题,就成为当时最迫切的马克思主义现实理论问题之一。各社会主义国家共产党对此表示了各自的态度,其中,中国共产党和毛泽东同志提出了社会主义社会基本矛盾、主要矛盾和两类矛盾的学说,对马克思主义的社会主义矛盾学说做出了应有的贡献。南斯拉夫党也是最早提出社会主义社会存在矛盾的社会主义国家共产党之一。苏联理论界经过 50 年代至 60 年代的几次讨论,也逐步认识到了社会主义社会存在着矛盾,而且还对社会主义社会基本矛盾表现、矛盾性质、社会主义发展动力等问题进行了广泛深入的理论探索。

但是,由于《关于正确处理人民内部矛盾的问题》发表在反击右派的前后,毛泽东同志对当时阶级斗争的形势估计过于严重,因此他在后来逐步走到了 1957 年本人提出的关于社会主义社会矛盾正确看法的反面,尤其是在"文化大革命"期间,提出了"无产阶级专政下继续革命"的理论,这是对我党和毛泽东同志关于社会主义基本矛盾、主要矛盾、两类不同性质矛盾正确学说的一个否定。

第三阶段，深入研究社会主义社会矛盾，社会主义社会矛盾理论进一步形成阶段。

这个阶段大约是从 60 年代后期持续到 80 年代，这个阶段同时也是关于社会主义社会矛盾问题的第二次论争高潮。60 至 70 年代，国际共产主义运动还出现了一系列的世界性的重大事件，如中苏公开论战，社会主义各国之间矛盾和流血事件的发生，1968 年捷克"布拉格之春"事件，中国"文化大革命"的发生和结束，直至 80 年代的波兰大动乱，社会主义各国的改革运动等，这些事件产生的原因和性质虽然各不相同，但却进一步引起社会主义各国对社会主义社会矛盾问题的重新深入思索和论争，引起对社会主义社会矛盾问题的重新研究。

社会主义社会矛盾的错误理论，及其在这个理论指导下发动的"文化大革命"，给中国人民和社会主义事业造成了深重的灾难。这个教训从反面说明，正确认识社会主义社会矛盾问题的极端重要性。自 1978 年以来，也就是党的十一届三中全会以来，我们党彻底地清理和纠正了长期存在的"左"倾的思想和理论观点，其中也纠正了关于社会主义社会矛盾问题的错误观点，恢复了我们党和毛泽东同志在过渡时期结束时关于社会主义社会矛盾问题的正确认识。在党的十一届三中全会正确路线的指引下，我国理论界也从我国的实际情况出发，对社会主义社会的矛盾问题进行了广泛的探讨和研究，其中探讨的主要问题是社会主义社会基本矛盾及其具体表现，社会主义社会基本矛盾和改革，社会主义社会主要矛盾，社会主义社会人民内部矛盾及其经济根源，社会主义社会矛盾的性质、分类和解决办法，等等，我国理论界关于社会主义社会矛盾问题的讨论，进一步深化了我们对社会主义社会矛盾问题的正确认识。

70 年代，苏联思想界已经广泛使用基本矛盾这个概念了，多数人开始肯定社会主义社会存在着矛盾，认为生产力与生产关系的矛盾是社会主义社会的基本矛盾。但是，在勃列日涅夫执政时期，苏联理论界虽然承认社会主义社会还有矛盾，但很少明确指明生产关系不大适合生产力的发展，在体制上只承认完善，不敢提改革。

到了 80 年代，由于当时爆发了震惊世界的波兰 80 年代的社会动乱，引起苏联理论界对社会主义社会的矛盾性质问题展开了一场大讨论。1982年，苏联《哲学问题》杂志发表了谢苗诺夫和布坚科的两篇文章，他们认为社会主义条件下存在着对抗性的矛盾，这在苏联理论界引起了极大的反响，揭开了这场论争的序幕。1984年初，苏联《哲学问题》杂志第2期刊登了关于社会主义社会矛盾问题的"反应综述"，赞成谢苗诺夫两人关于社会主义存在对抗性矛盾的观点，同时发表了这两人答辩式的补充文章。他们认为，社会主义社会是一个尚未摆脱尖锐冲突与摩擦，甚至可能会出现尖锐冲突的社会。布坚科认为，波兰事件的发生不能只用"资本主义残余"来解释，否则就会忽视社会主义社会非对抗性矛盾的实际作用，不能及时解决社会主义社会所固有的矛盾和防止矛盾激化。谢苗诺夫认为，一系列社会主义国家在过渡时期以后还会出现对抗性的矛盾，这不是非对抗性矛盾转化为对抗性矛盾，而是除了社会主义社会固有的非对抗性矛盾之外，在一定阶段有可能出现某些对抗性矛盾。同年7月20日，苏共中央委员、苏共中央理论刊物《共产党人》杂志总编科索拉波夫在《真理报》上发表文章，不同意社会主义条件下还存在着对抗性矛盾的观点，他指出，某些作者认为非对抗性矛盾有可能转化为对抗性矛盾的依据是"至今还经受过渡时期波折的那些国家的经验"，是"把社会主义已经根除的特征搬到已建成的甚至是发达的社会身上"，是"惊人的思想倒退"。此后，苏联《哲学问题》杂志编委会就发表社会主义社会普遍存在对抗性矛盾的文章作了检查。苏联哲学研究所召开学术会议，批评了《哲学问题》杂志在办刊工作中存在的严重错误，指出它发表的有关矛盾性质的文章背离了列宁关于社会主义社会"对抗将会消失，矛盾仍将存在"的著名论断。1985年以后，苏联理论界重新展开了社会主义社会矛盾及其性质的讨论，许多人认为，在社会主义条件下，矛盾不是对抗的，如不注意也可能产生严重对抗。这个看法无疑承认了社会主义社会也存在着对抗性质的矛盾，并为社会主义改革提供了理论依据。

（二）关于社会主义社会矛盾和发展动力的若干理论问题

第一，社会主义商品经济关系的内在矛盾。

商品经济关系是存在商品经济的社会主义历史阶段的最基本的经济关

系，研究社会主义矛盾，必须首先考察社会主义商品经济关系的内在矛盾。社会主义商品经济是分析社会主义矛盾的现实出发点，社会主义劳动范畴是分析社会主义商品经济关系内在矛盾的基始范畴。社会主义分工和所有关系同时又是决定社会主义特点及其发展的基本因素。通过分析社会主义分工和所有关系，认识社会主义劳动的性质和特点，可以剖析社会主义商品经济关系的内在矛盾。

在社会主义社会，一方面存在着新生长起来的社会主义性质的分工，另一方面又存在着旧社会遗留下来的旧式分工。社会主义性质的分工是旧式分工向新式分工过渡性质的分工，兼有自发分工和自觉分工双重性质的特点：一方面，它具有新式分工的自觉性、自愿性和计划性的特点，另一方面，它又保留着旧式分工自发性、强制性和盲目性的胎痣。历史上产生的旧式分工，使具有单一直接社会性的劳动开始分离为具有社会劳动和私人劳动二重形式的分离性劳动，私有制使劳动的内在分离采取了完全对立的形式。正是分工所造成的社会劳动的内在分离同私有制一起，构成了商品经济形成的基本前提，也构成了商品经济基本矛盾产生的基础。社会主义新式分工因素的社会主义公有制的确立，从社会主义内部开始否定旧式分工给劳动带来的分离特点，使得社会主义劳动开始消除了内在分离的对抗性质，开始具有自主劳动、联合劳动、直接性社会劳动的基本特点。然而社会主义旧式分工痕迹的存在，不完全成熟的公有制，又决定了社会主义劳动还不是完全的自主劳动、联合劳动和直接社会性劳动，决定了社会主义的劳动还具有一定的内在分离性：社会劳动和个别劳动的分离和矛盾。

社会主义生产资料所有关系是社会主义生产关系的核心，社会主义所有关系的性质和形式，对社会主义商品经济关系具有决定性的影响。共同占有、联合劳动、按照劳动的质和量平均地分配劳动成果，是社会主义所有关系的本质。但是，社会主义分工的基本性质，社会主义劳动的分离特点，从根本上决定了现实社会主义的所有关系还不是完全的共同占有、财产公有、联合劳动的关系。在社会主义所有关系中，一方面，共同劳动者都是平等的生产资料所有者，具有生产资料共同占有者的社会性质；另一方面，不同的生产协作体，不同的劳动者又具有相对独立的特殊利益者的社会性质。社会主义所有关系的这种两重性，是理解社会主义所有关系内在矛盾的枢纽。社会主义所有关系深刻的内在矛盾是：全体劳动者对生产资料共同占有公有性质，同不同劳动者和生产单位在生产资料具体经营和使用上相对独立性的矛盾。具体表现为：（1）生产资料共同占有和消费资料个人占有的分离和矛盾；（2）劳动者的生产资料共同主人的地位同实际生产经营管理权限的分离和矛盾；（3）社会主义公有制内部"大公"与"小公"，以及"大公"之间、"小公"之间的矛盾；（4）社会主义公有制内部关系的"两权"相对分离。在现实社会主义生产力发展的条件下，这种矛盾是客观存在的，既要实现劳动者对生产资料占有的公有性质，又必须保证不同劳动者和生产单位对生产资料使用上的相对独立性，这就是对社会主义所有关系具体体制的特殊要求。

关于社会主义分工及其劳动内在分离性的分析，社会主义所有关系内在矛盾的分析，既论证了社会主义公有制基础上商品经济存在的客观必然性，同时又为对社会主义商品经济基本矛盾的分析提供了必要的理论前提。社会主义商品经济的基本矛盾表现为：社会劳动和个别劳动的矛盾。其具体表现是：（1）仍然表现为价值和使用价值的矛盾；（2）集中表现为社会（整体）联合劳动、局部联合劳动（全民所有制和集体所有制企业），联合劳动成员个人劳动的矛盾；（3）具体表现为生产的两重性、经济运行的两重形式和社会分配的两重关系；（4）表现为社会主义商品经济计划性和盲目性的矛盾。社会主义商品经济关系的内在矛盾一般不采取对抗形式，也不具有对抗性质，一般不会造成生产的无政府状态，导致生产过剩，以至于产生经济危机。但是，如果搞不好，也会造成一定程度的、暂时的生产不平衡，比例失调，生产和需求缺口过大，通货膨胀，出现经济困难和危机。

第二，社会主义的利益矛盾。

经济关系是社会矛盾赖以存在和发展的最深厚的根源，利益关系是一定经济关系的体现，构成社会矛盾形成的最直接的原因。从直接根源上来认识社会主义矛盾，必须进一步研究社会主义利益矛盾。

认识社会主义利益矛盾，必须首先揭示社会主义利益矛盾的基本运动规律，这就需要我们依次说明社会主义利益矛盾的存在原因、基本性质和类型、集中表现和主要特点等基本问题。

现实的社会主义生产力的发展相对落后是利益矛盾存在的最根本的物质根源；社会主义分工的性质及其所决定的劳动的社会形式是造成利益矛盾存在的基本因素；不完全、不成熟的公有制和按劳分配制度是利益矛盾存在的经济基础上的原因；社会主义商品经济是利益矛盾存在的重要条件；劳动者本身的素质和劳动能力的差别是利益矛盾形成的不可忽视的社会前提条件；社会主义的政治生活状况、劳动者的思想觉悟程度是影响利益矛盾发展变化的思想政治原因。

迄今为止的利益矛盾分为两大类：一种是对抗性的利益矛盾，对抗性利益矛盾有阶级对抗性和非阶级对抗性两种形式；一种是非对抗性利益矛盾，非对抗性利益矛盾也有阶级性和非阶级性两种形式。社会主义社会的利益矛盾和社会主义的利益矛盾是有区别的，社会主义社会的利益矛盾既包括对抗性的利益矛盾，又包括非对抗性的利益矛盾，既包括人民内部的利益矛盾，又包括敌我性质的利益矛盾。社会主义利益矛盾就是根本一致基础上的非对抗性的利益矛盾，它在社会主义社会中的整个矛盾体系中居主导地位，是社会主义矛盾存在、发展、激化和解决的总根源，它的存在和发展影响和制约其他的社会矛盾。

社会主义利益矛盾在运动中集中表现为共同利益和特殊利益的矛盾，这个矛盾具体体现为：长远利益和眼前利益的矛盾关系；整体利益和局部利益的矛盾；既得利益和将来利益的矛盾关系。社会主义利益矛盾运动的特点是：（1）根本利益的一致性；（2）利益矛盾的非对抗性；（3）利益矛盾存在的长期性；（4）利益矛盾通过协调而得到解决。

为了进一步研究社会主义利益矛盾，可以从两个方面——社会主义经济关系（静态）方面和社会主义经济运行（动态）方面，来具体考察社会主义利益主体，尤其是利益群体在经济生活中所发生的利益矛盾关系。社会主义利益主体的纵向利益矛盾集中表现为国家、集体和个人三者的矛盾关系，社会主义利益主体的横向利益矛盾集中表现为个人之间、集体（民族、阶层、阶级、地区、企业、部门、单位）之间、国家之间的利益矛盾。

在纵向和横向的利益矛盾中，探讨社会主义利益群体及其群际矛盾具有十分重要的理论意义和实践意义。利益群体是社会主义成员通过一定社会关系，在相对共同的利益基础上所形成的利益共同体。人们在经济关系中的占有不同、地位不同、作用不同、产品的所有不同，是划分利益群体的根本矛盾。由于复杂的社会历史原因，社会主义各个利益群体之间具有一定的利益差别和矛盾。在社会主义经济生活中，企业是最稳定的经济利益群体，是社会主义纵向和横向利益矛盾的关系焦点，是社会主义经济运行的活力细胞。只有承认企业群体之间利益差别的存在，通过利益刺激和利益协调，调动企业的积极性，整个宏观经济才能搞活。但是如果放松国家的宏观控制，任凭企业自行发展，就会冲击国家的整体利益，搞乱整个宏观经济。正确认识和处理社会主义经济关系和经济运行中的利益矛盾，才能有利于社会主义经济的发展。

第三，社会主义的基本矛盾。

社会主义社会是一个有机的结构整体，生产力、生产关系（经济基础）和上层建筑构成了社会主义整体结构第一层次的构成要素。一定的生产关系（经济基础）和上层建筑集中表现为一定的制度，一定的制度具体体现为一定的体制，一定的体制具有一定的组织机构。社会生产关系及其具体形式集中表现为经济制度、经济体制及其组织机构，政治的上层建筑及其具体形式集中表现为政治制度、政治体制及其组织机构。社会制度、社会体制和组织机构构成相互依赖、相互作用的矛盾关系，是社会主义整体结构的第二层次的构成要素。社会制度在社会发展中起着稳定剂的作用，社会体制在社会各构成要素的相互作用中起着中介的作用，组织机构是社会经济基础和上层建筑两大领域的结合部。社会制度制约社会体制，并通过社会体制制约组织机构。组织机构反过来影响社会体制，社会体制又反作用于社会制度，社会体制及其机构的变革对社会制度具有一定的反作用。生产力、生产关系（经济基础）和上层建筑的矛盾，一定要通过社会制度、社会体制和组织机构的具体矛盾运动而表现出来，社会制度、社会体制和组织机构三者的矛盾运动是生产力、生产关系（经济基础）和上层建筑三者矛盾运动的外部表现形态。社会主义制度的确立，只是为社会主义生产力的发展创造一个可能的条件和前提，要使这种可能性变成现实，必须建立符合生产力发展的社会体制。生产力、生产关系（经济基础）和上层建筑的矛盾构成了社会主义基本矛盾，它决定社会主义有机体整体结构的特点和功能。然而，要具体认识社会主义基本矛盾，必须要具体认识社会主义社会制度、社会体制和组织机构之间的矛盾。

关于社会生产力、生产关系（经济基础）和上层建筑之间的矛盾，可以分成这样两个层次：社会基本矛盾一般，即贯穿人类社会始终的社会生产力、生产关系（经济基础）和上层建筑矛盾运动的普遍性表现形式；社会基本矛盾特殊，即社会基本矛盾在特定社会形态中的具体表现形式。马克思、恩格斯揭示了社会基本矛盾的运动规律，然而他们并没有停留在对社会基本矛盾的一般认识上，而是全面揭示了资本主义社会基本矛盾的具体表现。毛泽东同志指出社会主义基本矛盾仍然存在，这是一大贡献，但并没有给予社会主义基本矛盾的具体表现加以科学的概括。

社会主义基本矛盾的具体表现及主要特点是：（1）生产关系基本适合生产力的发展，上层建筑基本适合经济基础的需要，需要有一个相对稳定的相当长的历史时期，以便使它们充分发挥出促进生产力发展的作用；（2）生产关系对生产力、上层建筑对经济基础的促进作用，必须而且只能通过党和国家领导人民的有组织的自觉活动表现出来，这就产生了党和国家在这个活动过程中，其认识和领导是否正确的问题，也就是说，党和国家的路线、方针、政策是否适合生产力发展的客观规律的问题；（3）社会主义基本矛盾具体表现为：生产关系的具体形式，即经济体制出现不适合生产力发展要求的情况，上层建筑的具体形式，即政治体制出现不适合经济基础的需要的情况；（4）社会主义基本矛盾可以通过社会主义制度本身，通过改革，加以自觉地调整而得到解决；（5）社会主义基本矛盾在人与人的关系上表现为人民内部矛盾；（6）在社会主义社会，还存在旧的上层建筑残余、旧的生产关系残余同社会生产力之间的矛盾，还存在社会主义上层建筑和经济基础同旧上层建筑和经济基础的参与因素的矛盾，这是同社会主义基本矛盾性质不同的矛盾。

以上是关于社会主义基本矛盾具体表现和一般特点的分析。除此之外，结合社会主义的实践经验，还要对生产力、生产关系（经济基础）和上层建筑矛盾运动的以下几个问题，着重进行理论上的再认识。（1）生产力是判断生产关系是否先进的最终客观标准。（2）生产关系对生产力的反作用集中表现为"适合"和"不适合"两个方面。生产关系的"不适合"

表现为"超前型"、"落后型"和局部或暂时不适应型三种情况。在目前实践中，"超前型"比"落后型"对社会主义发展的危害更大。(3) 生产关系适合生产力的发展必须经过经济体制的中介。生产关系的基本内容和基本性质是相对稳定的，但其具体形式、具体体制不是变动不居的，某一确定的社会制度的基本性质和基本内容是大体相似的，但具体体制却没有千篇一律的模式，也没有经久不变的形式。在社会主义根本制度既定的前提下，体制成为影响社会生产力发展的重要因素。(4) 生产关系不会自动适应生产力的发展，必须通过改革改变生产关系的不适当的体制，才能促进生产力的发展。

把握社会主义社会结构的基本矛盾，还必须研究社会主义主要矛盾。在我国目前的初级阶段，主要矛盾是人民日益增长的物质文化需要同落后的社会生产之间的矛盾。而要解决这个矛盾，就必须大力发展生产力，要发展生产力，就必须解决目前阻碍生产力发展的现行社会体制。目前在我国，阻碍生产力发展的障碍不是来自社会主义制度本身，而是来自僵化的社会主义现行体制和机构因素。

在认识社会结构基本矛盾之后，认识各个特殊领域的主导矛盾是完全必要的。在经济领域有两对起主导作用的矛盾：(1) 生产与需要的矛盾具体表现为生产与消费的矛盾，构成经济领域的主导矛盾，具体表现为供给与需求、积累与消费、生产资料生产和生活资料生产、商品生产和货币供应这样几对矛盾。(2) 社会主义社会成员在等量的劳动领取等量报酬方面的平等同消费上事实的不平等的矛盾，是分配领域内的主导矛盾，这个矛盾直接引发出社会公平和社会效率问题。政治上广泛的民主同国家领导体制上相对集中的矛盾构成了政治领域内的主导矛盾。人民内部的思想是非矛盾构成了意识形态领域内的主导矛盾，这个矛盾具体表现为正确与错误、先进与落后、科学与迷信、革新与保守的矛盾。社会主义意识形态领域里的思想是非矛盾，还渗透有社会主义意识形态同剥削阶级意识形态残余的矛盾和斗争。在我国社会主义发展的初级阶段，人民内部的思想是非问题，集中反映了社会主义新思想、新观念、新文化、新风俗同封建主义传统思想、传统观念、传统文化、传统风俗的斗争。坚决反对封建主义意识形态，是我国目前阶段意识形态领域内的主要任务。

第四，社会主义社会的人民内部矛盾。

我国社会主义建设三十多年的实践证明，毛泽东同志提出的人民内部矛盾学说正确概括了社会主义社会矛盾运动的规律和特点。人民内部矛盾产生、发展及其解决的经济根源是什么，如何认识社会主义现阶段的利益群体及其群际矛盾，人民内部矛盾激化会不会导致社会冲突和危机，怎样才能从制度上保证正确处理好人民内部矛盾，等等，是实践所提出的重大问题，需要我们去总结、探讨，来丰富人民内部矛盾的学说。

1957 年，毛泽东同志在《关于正确处理人民内部矛盾的问题》中提出了两类矛盾的学说，着重从政治上、思想上来分析人民内部的矛盾问题，并且从政治思想上提出了解决的办法，但是从经济利益根源上对人民内部矛盾分析得不够。实践经验证明，只有从经济根源上对人民内部矛盾进行深刻的、正确的分析，才能正确认识和处理人民内部矛盾问题。

社会主义的深刻的经济、政治等社会原因，决定了社会主义社会主要的人际关系突出表现为人民内部的利益矛盾。人民内部利益矛盾是一切人民内部矛盾存在、发展、激化和解决的总根源，是制约其他各类矛盾发展的主导性矛盾。

在一定条件下，人民内部的利益矛盾可以转化成利益冲突。人民内部的利益冲突具有两种形式：一是直接性冲突，即利益主体之间因切身利益而发生的直接性的摩擦、冲撞和争执；二是间接性利益冲突。直接性的利益冲突往往发生于经济领域，间接性的利益冲突一般发生在政治思想领域。如果对一定的直接性利益冲突处理不好，就会深化上升为间接性的利益冲突，由个人冲突发展到群体冲突，由经济冲突上升为政治冲突，由局部冲突上升为全局冲突。经济办法是解决人民内部利益矛盾最主要、最基本的方法，"对个人利益的关心"、"统筹兼顾，全面安排"是解决人民内部利益矛盾的基本原则，在正确处理人民内部利益矛盾的过程中，思想政治工作偏废不得。

在社会主义初级阶段，由于社会分工差别，由于存在着多种经济成分，存在着多种形式的分配方式，由于在接受教育、职业、社会地位等方面还存在一定的差别，以及其他复杂的社会历史因素和社会心理方面的差别，决定了不同利益群体的存在。从目前我国的实际情况来看，大体上存在这样几个大的利益群体：工人阶级中的物质生产者利益群体、农民阶级利益群体、知识分子利益群体、社会领导者和公有制企业和管理者利益群体、个体劳动者群体、私有经济经营者利益群体。我国现阶段利益结构是一个复杂多元的利益群体格局，存在着错综复杂的群集关系，构筑一个适合多元利益格局、充分发挥利益动力作用、调动不同利益群体积极性的社会体制，是解决初级阶段利益群际矛盾的制度保障。

社会主义社会的人民内部矛盾是根本利益一致基础上的矛盾，是非对抗性矛盾。然而，在人民内部存在着某些个别的对抗矛盾和矛盾对抗现象。人民内部的非对抗性矛盾也会转化成为对抗性矛盾。人民内部矛盾大量地表现为领导同群众的矛盾，领导同群众的矛盾又大量地表现在领导中的官僚主义和腐败现象同人民群众的矛盾问题上。

社会危机现象是由于社会矛盾的积累得不到解决，而发展到白热化的矛盾外部对抗状态。社会主义社会存在着产生社会危机的客观可能性，但社会主义并不是必然伴随着危机的。如果社会主义领导力量主观指导思想上不犯错误，危机是可以避免的。社会主义社会只存在着局部的、暂时的、可以通过社会主义自身力量自觉解决的危机现象。社会主义社会的危机现象，往往伴随着社会动乱事件的发生。所谓社会动乱，就是由于种种复杂社会原因所造成的群众同领导机关之间的正面冲突事件，反映了领导同群众的矛盾。群众性的社会动乱能够引起程度不同的社会动荡，直接威胁国家政权的安危。社会主义社会的危机、动乱是人民内部矛盾的激化现象。建立一个有利于生产力发展，有利于协调人民内部矛盾，充分发挥政治民主和经济民主，调动人民群众积极性的社会体制，使对人民内部矛盾的处理制度化、法制化，是有效协调人民内部矛盾，防止社会主义危机现象出现的基本措施。

第五，社会主义社会发展动力。

认识社会发展动力，大致可以从两个角度来探讨：一个角度是探讨社会历史活动的主体——人进行社会活动的动力；另一个角度是探讨依不以人的意志为转移的客观规律而运动的社会客体发展的动力。我们必须认清这两个不同角度的动力，并且回答二者是怎样互相联系形成有机的社会主义动力系统的。

生产力、生产关系（经济基础）和上层建筑的矛盾运动是作为客体的社会主义社会发展的根本动力，而这个根本动力作用又具体表现为生产力同具体的社会体制之间的矛盾运动。其中生产力是有决定性作用的因素。需要、利益是刺激社会主义社会成员从事社会活动的内在动因。生产力中最活跃的因素是劳动者，最大限度地满足劳动者的物质需要，就可以调动起劳动者的积极性。在社会经济活动中，个人的逐利活动要受整个社会生产关系的制约，单个人的利益，无论对个人起积极的作用，还是起消极作用，都会在整个社会经济活动中相互抵消，构成受生产关系制约的总的历史动因——社会整体需要，社会整体需要就成为社会整体生产发展的内在动力。然而，需要和利益的动力作用必然要通过人们之间的利益竞争而体现出来，生产力和生产关系的矛盾就表现为人民内部矛盾，人民内部矛盾成为推动社会主义发展的直接动力。这样，主体活动动力和客体发展动力就统一为社会主义社会的发展动力。社会主义社会发展动力的主要特点是：它是一个多层次、多因素、具有复杂作用机制的合力系统；社会矛盾是社会主义发展动力的源泉；在社会主义发展动力作用的过程中，人的主体活动的自觉能动性因素增长了；非对抗性质的社会主义矛盾可以通过"对立面结合"方式来解决，这是社会主义矛盾启动力作用的基本形式；在社会主义制度既定的条件下，社会体制是社会动力作用得以发挥的重要制约条件。

从社会主义矛盾和发展动力的角度来看，目前阻碍我国社会主义发展的最关键的障碍因素是：阻碍生产力发展的高度集中的经济体制，限制人民群众积极性发挥的权力过分集中的政治体制，这个僵化的体制忽略了利益的激励作用，忽视了民主建设，从而限制了商品经济的发展，束缚了企业和个人两个积极性，窒息了社会主义应有的活力。因此，只有通过社会主义改革，构筑适应社会主义商品经济发展，很好地发挥利益激励竞争机制，充分发扬经济民主和政治民主，有利于协调人民内部矛盾、调动人民群众积极性的新型的经济—政治体制，才能充分地发挥出社会主义社会发展动力的作用来（以上分析皆以现实社会主义，主要是我国社会主义现实为案例）。

（本文是作者 1992 年撰写的研究综述）

现实的哲学必须研究现实的矛盾

——访王伟光教授

问：听说您一直致力于现实问题的哲学研究，尤其对社会主义初级阶段的社会矛盾问题有一定造诣。那么，您为什么要选择这样的研究方向？您已经开展了那些方面的研究？

答：说我有志于现实问题的哲学研究，这倒是真的，但"造诣"却谈不上。我之所以选择现实问题的哲学研究，是基于这样两个方面的考虑。其一，哲学应当面对现实，只有回答现实提出的重大问题，它才有生命力，也只有从现实生活中捕捉出重大课题，加以深入的开拓发展，才能真正地发展哲学。黑格尔曾从唯心主义观点出发，揭示了哲学和时代的关系，他说："哲学的任务在于理解存在的东西，因为存在的东西就是理性，就个人来说，每个人都是他那时代的产儿。哲学也是这样，它是被把握在思想中的它的时代。"哲学的生命力在于它是时代精神的概括，现实的哲学就是时代的哲学。时代哲学是时代矛盾的理论结晶，任何社会历史的哲学命题，都是该时代矛盾的尖锐化而提出来的。对该时代矛盾的正确认识和科学抽象，正是对该时代特征、规律的把握，也就是该时代的时代精神——时代哲学。资本主义自由竞争时代所特有的矛盾是唯物史观产生的客观条件，唯物史观主要就是在对资本主义内在矛盾的理论概括和科学说明基础上形成的时代哲学。我国现实的社会主义正处于其发展的初级阶段。它在发展过程中存在着一系列的社会矛盾。因此，发现和认识我国社会主义初级阶段社会矛盾的新特点，揭示我国社会矛盾和矛盾动力作用的客观规律，正是马克思主义哲学在中国所面临的重大的时代哲学课题。

其二，社会主义在中国及别国所走过的曲折历程，尤其是它在苏东所遭受的重大挫折，也充分说明了正确认识社会主义初级阶段的社会矛盾之必要。

关于我近几年结合现实生活提出的重大问题所进行的理论探讨和研究，主要有以下一些课题：社会形态理论及社会形态演变规律；社会主义初级阶段的利益群体和利益矛盾；社会主义初级阶段的基本矛盾、主要矛盾；人民内部矛盾和社会主义的发展动力；社会主义初级阶段的意识形态等。

问：您是否认为，回答了社会主义初级阶段的社会矛盾问题，也就为建设有中国特色的社会主义理论提供了哲学基础？

答：是的，在我们这样的大国实现社会主义的现代化，谈何容易！从主观上看，恐怕必须要解决好对中国社会发展规律的认识。毛泽东同志指出："辩证法的宇宙观，主要地就是教导人们善于去观察和分析各种事物的矛盾运动，并根据这种分析，提出解决矛盾的方法。"认识事物规律，就是认识事物内在矛盾的特殊性；认识中国社会主义现阶段的国情，就是认识它的内在矛盾的特殊性。只有深刻认识社会主义现阶段社会矛盾的特殊性，才能认清中国社会现阶段的社会本质，认清有中国特色的社会主义的发展规律。

问：是不是认清了中国社会主义现阶段的国情、本质，把握有中国特色的社会主义发展的内在规律，也就可以制定指导我国社会主义现代化建设的正确的路线、方针、政策和措施了？

答：是这样的。正是从这个角度讲，对我国社会主义初级阶段社会矛盾的科学认识，为建设有中国特色社会主义理论提供了一定的哲学依据。新中国成立40多年来的实践表明，每当党和国家的领导对社会矛盾的判断和处理失误，就会严重影响社会主义民主和法制的建设，就会给社会主义中国带来不应有的损失。社会矛盾是一个复杂的系统，只有正确处理我国社会存在的各类矛盾，才能按照我国现阶段社会矛盾的客观规律，建立起能够有效地调节社会矛盾的民主体制和法制体制，保证有中国特色的社会主义协调发展。

问：您对社会主义现阶段社会矛盾问题的研究进展如何？

答：驾驭社会主义初级阶段的社会矛盾这样一个重大课题，是有很大难度的。我分三个阶段来开展对该课题的研究：一是收集综合资料阶段；

二是专题研究阶段；三是完成研究成果阶段。在第一阶段，我收集了国内外理论界关于社会主义国家内部矛盾的有关研究资料和社会主义各国的国内矛盾的现实状况，以及东欧演变过程中和事变之后的社会矛盾演变情况，出版了一些资料汇编性的成果。如《社会主义社会的矛盾和发展动力》等。在第二阶段，分门别类地进行专题研究，发表了《社会主义矛盾和改革》、《社会利益论》等论著。第三阶段，是科研最终成果，出版了《经济利益、政治秩序、社会稳定——社会主义矛盾的深层反思》这一专著。现在我正准备在现有研究的基础上，进一步拓宽深化这个课题的研究，如对社会主义初级阶段的利益群体及群体矛盾的研究。

　　问：关于社会主义社会的矛盾问题，一直是我国理论界普遍关注的重大理论课题之一，请问您在第三阶段完成的这本书，在理论探索上有哪些新方法、新思路？

　　答：以往对社会主义社会矛盾的研究，侧重于从政治思想方面来分析，而从经济事实出发，分析社会主义社会矛盾产生、发展和解决的根源则不够。我力图跳出旧的思路，打破脱离实际，套用辩证法的矛盾范畴，给实践贴标签的做法，确定了新的研究视角，这就是立足经济分析，从实际出发，注重从现实的社会主义国家实际存在的矛盾出发，考察中外社会主义建设的历史经验和教训，进行具体的、缜密的分析研究。在进行矛盾分析时，我采取了从经济利益入手，再进入政治、思想、文化领域的思路。全书按照这一思路分为六章，分别探讨了社会主义国家的经济矛盾，利益矛盾，商品经济矛盾，社会结构矛盾，人际矛盾，最后探讨了社会动力和体制改革。本书循着这一思路坚持以唯物史观的基本观点为指导，比较系统地概括了我国和其他国家的社会主义实践经验，比较完整地展现了社会主义社会矛盾纵横交错的生动图景，并提出了如何解决这些矛盾的原则性意见。

　　问：能否介绍一下这本著作在理论观点方面有哪些新的见解？

　　答：社会主义国家的社会矛盾是一个"老问题"，社会主义建设的历史有多长，这个问题的讨论时间就有多长。我力图在坚持马克思主义基本原则和坚持社会主义的前提下，解放思想，力求在理论上有所创新。主要有以下内容：

认真分析了社会主义现阶段商品生产的内在矛盾（在我写这个问题时，社会主义市场经济概念还没有成为全党的共识）。我认为社会主义商品（市场）经济的内在矛盾表现为：社会劳动和个别劳动的矛盾。这个矛盾具体表现为社会整体联合劳动、局部联合劳动、联合劳动成员个人劳动之间的矛盾；社会生产目的的两重性，经济运行的两重形式和社会分配的双重矛盾关系；社会主义商品（市场）经济的有计划性和一定的盲目性的矛盾，这对矛盾在社会主义生产力和生产关系的运动中展开为：一定程度的相对发展的生产社会化同不同所有制经济成分及公有制基础上不同层次的经营主体的相对独立性之间的矛盾。这个分析较好地揭示了社会主义商品（市场）经济发展的客观规律，预见了社会主义国家在发展商品（市场）经济的过程中可能出现的问题和困难，提出了如何发展社会主义商品（市场）经济的建设性的意见。

在分析了社会主义现阶段商品（市场）经济基本经济关系之后，提出了经济利益问题，提出了在社会主义现阶段，在剥削阶级作为整体阶级已被消灭的前提下，怎样认识不同利益群体之间的利益矛盾问题。我认为，人民内部利益矛盾是一切人民内部矛盾存在、发展和解决的总根源，是制约其他各类矛盾发展的主导性矛盾；必须按照历史唯物主义的原则正确划分人民内部的利益群体，人民内部不同利益群体之间存在着群际矛盾；在一定条件下，人民内部的利益矛盾可转化为对抗性的利益冲突；必须加强民主制度和法制制度建设，用经济办法和思想政治工作来处理好人民内部的矛盾，等等。

本书还对社会主义基本矛盾和主要矛盾等概念做了明确区分，提出社会需要和社会生产的矛盾，渗透到社会主义社会生活各个领域、各个方面，贯穿于社会主义历史发展全过程，起着根本的作用，构成社会主义基本矛盾的实质和核心；可以从生产力、生产关系（经济基础）、上层建筑和制度、体制、机构这两个层次上来认识社会主义的基本矛盾；等等。

这本书是在两年多前写的。我通过对社会主义国家内部和外部矛盾交叉状况，经济、政治和思想矛盾的交叉状况，以及人民和敌我两类矛盾的交叉状况的分析，预见到社会主义国家内部有可能出现对抗性的矛盾，出现社会冲突和政治动乱，乃至出现社会危机现象，并且提出了预防和制止动乱和危机发生，保证社会正常秩序的根本措施和应急办法。在全面分析社会主义国家内部矛盾的基础上，还从主体和客体两个方面揭示了社会主义社会的发展动力，认为必须从物质利益和精神鼓励两方面来调动劳动者的积极性和创造性，必须通过改革，建立适当的利益刺激体制和经济政治体制，才能充分调动起群众的劳动热情，最大限度地发挥出社会主义社会发展动力的作用，在经济发展上最终超过资本主义，真正体现出社会主义制度的优越性。

问：在加快社会主义经济建设和改革开放的新时期，人民内部的矛盾有哪些新的特点？正确处理人民内部矛盾的意义何在？

答：新时期的人民内部矛盾，呈现出更加复杂的状态，其主要特点是：

（1）物质利益矛盾更为尖锐、更为突出。

（2）人民内部矛盾大量地、经常地发生在分配领域，集中表现为群众收入的差距，表现为收入差别所引起的矛盾。我国改革开放以来，社会分配格局发生了新的分化和组合，一方面，分配上的平均主义尚未完全打破，分配的合理格局远未完全形成；另一方面，又出现了收入差距过大和不合理的现象。因此，虽然群众的收入总体上增加了，但又引起群众新的不满情绪，加剧了群众之间的摩擦和矛盾。

（3）人民内部利益矛盾以直接冲突的形式表现出来。如一些群众之间会因为财产纠纷、资产分配、土地使用等问题，爆发激烈的纠纷和暴力冲突。如果对这些问题缺乏警惕，处理不当，就会影响社会稳定。

（4）人民内部利益矛盾往往集中通过干群关系表现出来，相当一部分群众的意见指向所在地区和单位的直接领导。

（5）人民内部利益矛盾冲突双方的群体界限十分清楚，群体意识十分明确。例如，在我国，知识分子具有明确的建立社会主义民主政体的政治意向，具有改善本利益群体生活待遇和工作条件的强烈的群体要求；普通职工群众的注意力则更多地集中在工资、物价和福利待遇的物质利益要求上。

（6）目前正在进行的社会主义市场经济体制改革，使人民内部矛盾又出现了一些新情况。首先，社会主义市场经济体制改革一方面繁荣了社会主义经济，另一方面又使人民内部的利益矛盾更加普遍和明显。比如，由于把企业推向市场，进行了以增强企业活力为重点的改革，给企业"松绑"，这既调动了企业的积极性，使企业之间发生了广泛的横向经济联系，同时又使得社会主义的经济关系趋于复杂化，有可能促使企业更多地注重自身的效益，使生产和分配领域内的利益矛盾更突出、更复杂。又如，由于逐步培育了各类市场，利用市场机制进行经济调节，一方面搞活了社会主义经济，另一方面又使得社会主义的市场关系复杂化、矛盾多重化。其次，社会主义经济体制改革的发展，提出了政治体制改革的任务，使政治生活中的各种关系和矛盾明朗化、突出了。比如，如何处理党政关系、政企关系、党同民主党派的关系、中央同地方关系等等。再次，社会主义市场经济体制改革深刻地改变了人们的思想观念，改变了社会主义的人际关系结构，使得人民内部的人际关系更为复杂化、多层次化。总之，社会主义市场经济体制改革所带来的社会生活的深刻变化，赋予人民内部利益矛盾以新的内容和形式。

（7）在复杂的国际国内因素的综合作用下，人民内部利益矛盾同敌我利益矛盾，同一定范围内的阶级斗争交叉在一起，使人民内部利益矛盾表现出错综复杂的状况。

在新时期，正确处理人民内部矛盾，调动一切积极因素，化消极因素为积极因素，是我国当前政治生活的主题，也是维护社会稳定。发展社会主义市场经济的重要的基础，我们必须结合新的实际，认真研究和正确处理新时期人民内部矛盾。

问：通过您的介绍，我体会您的基本观点是，哲学研究必须紧密结合实际，分析现实矛盾，回答从现实中提炼出来的重大课题，这就是哲学面临的现实任务。

答：您理解得很对。哲学只有说明现实才有生命力，只有揭示时代矛盾才有理论上的彻底性。哲学要具有生命力，在理论上必须有现实感和时代感。哲学一定要从现实中提炼问题，才能升华，才能发展。而且，哲学所概括的问题必须是该时代的重大课题，是时代矛盾的集中反映。拿马克思主义的历史唯物主义来说，要发展，就要解决三个层次的问题：一是善于概括历史唯物主义的基础理论，如社会发展规律论，社会矛盾论，社会动力论，社会利益论，社会价值论等；二是善于回答时代和现实提出的重大理论问题，如社会主义发展的规律问题，社会主义改革问题，人民内部矛盾问题，等等；三是善于解决当前历史唯物主义研究中的难点、热点问题。做好这三个层次的概括，才能从时代高度发展马克思主义的历史唯物主义。

（原载《哲学动态》1994 年第 1 期）

简论社会科学方法论及其基本原则

开展社会科学方法论的研究，是推进社会科学繁荣发展的重要环节。运用马克思主义哲学对社会科学方法论研究的现状加以分析，对社会科学方法论研究中提出的重要理论问题给予科学的回答，确立社会科学方法论基本原则，建立科学的社会科学方法论体系，是摆在我们社会科学方法论研究人员面前的一项重要任务，也是摆在社会科学工作者、哲学工作者面前的一项重要任务。

一　社会科学研究对象的特殊性

社会科学研究方法论，既有同自然科学研究方法论一致的地方，又有其特殊性。社会科学是以社会现象为研究对象的科学，它的任务是研究并且阐述各种社会现象和社会发展规律。社会现象及其规律的特殊性决定了社会科学研究的特殊性。

第一，社会活动中人的主体能动性决定社会科学研究要考虑到社会历史现象中人的主体参与性。人既是社会产物，又是社会的创造者；既是社会主体，又是社会客体；人既受社会规律支配，又具有一定的主动性和能动性；人既是研究者，又是被研究者。由于这些原因，使得人们关于社会的认识比关于自然的认识要复杂得多。社会现象及其规律无不打上主体能动性的烙印，这就会影响社会科学研究中信息、资料的客观性，理论预测的准确性，加大社会科学研究的复杂性。譬如，研究者在获取被研究者的信息的同时，被研究者也在获取关于研究者的信息，这样研究者在对研究对象进行考察时，难免影响研究客体，结果是所获资料有可能不能完全代表正常状态下的对象的行为规律。自然科学家是在自然过程表现得最确实、最少干扰的地方进行考察的，是在保证过程不受外界干扰的情况下进行实验的，而社会科学家对社会现象进行分析时，必须要进行广泛的调查，在调查过程中，外界的干扰是不可避免的。自然科学所研究的是被动的自然界，而社会科学所研究的是现实的活动着的人，这就决定了社会科学研究必须考虑到社会现象的人的参与性，从主客体统一的角度去认识社会现象及其规律。

第二，社会现象表现出个体性、偶然性、随机性，这就决定了社会科学研究的困难性。从唯物史观的历史决定论角度来说，人类社会的发展是一个自然历史过程，但这个自然历史过程是通过无数个有意志、有目的人的共同合力促成的。从宏观看，人类历史是必然的规律在起作用，但从具体的历史过程、具体的历史事件、具体的社会现象、具体的人的活动来看，人的有意识的活动又充满了个体性、随机性、偶然性和不可重复性，这就决定了人们把握社会规律的难度，把握必然性的难度。自然界的对象往往是同类事件，例如，任何水分子的化学性质与每一其他水分子的化学性质都相同，但社会现象往往是个体事件，它既要依赖整个历史必然性而变化，而在具体变化中又要依赖于某种特殊的、个别的形式和条件，诸如个人的品格、气质和意志等，人类社会是一个高度发展的自然系统，因而把握认识它都有一定的难度。当然在偶然性、随机性背后隐藏着必然性，偶然性、随机性要受必然规律的支配。这样，研究社会现象及其规律，必须善于透过现象看到本质，透过偶然看到必然。

第三，人类社会是一个极其宏大、复杂的系统，这就决定了对社会现象认识的极端复杂性。人类社会系统中所包含的要素、参量、变量甚多，有自然的因素、有社会的因素、有人的主观因素等复杂因素的作用，研究社会现象决不能像研究自然现象那样，用一般的类比、归纳的办法来处理。比如，在复杂的社会现象中，人是社会现实活动的人，离开了现实活动的人，社会就不存在了，但社会中个体的差异又是极其繁杂悬殊的，人的个体差异主要不是取决于生物学上的原因，而是取决于经济原因、政治原因、文化原因和心理原因等复杂的社会因素。而在自然科学那里，比如物理学中的等量物品，可以作为一模一样的同类物品来处理，社会现象极其复杂的个体差异，加上种种自然、心理、社会因素影响，使得社会现象千头万绪，错综复杂，很难进行观察、概括和分析。

第四，社会科学具有社会意识形态性，这就决定比起自然科学研究来说，更要受研究者的阶级立场、利益倾向、价值取向，所处客观条件的制约。一般来说，社会科学中相当多的一些学科属于意识形态和上层建筑范畴，它们直接或间接地反映社会经济基础和政治制度的要求和需要，打上特定的社会形态的标志和烙印，在有阶级存在的社会中，相当多的社会科学是有阶级性的，比如，有无产阶级经济学和资产阶级经济学的分别，而没有无产阶级医学和资产阶级医学的区别。当然，社会科学研究的意识形态性和客观性并不对立。一般来说，进步的阶级总是顺应历史发展规律，这种阶级性同社会现象的客观性是一致的。人们对社会科学的研究和认识同人的阶级立场、利益倾向和价值取向是有关的，要受人的这些社会历史因素的限制和影响。

社会科学研究区别于自然科学研究的特殊性，当然还可以归纳出许多，但主要是上述四个方面，造成上述这些区别的根本原因就在于自然科学对象是无意识的、无目的活动的客观过程或物质客体，而社会科学研究则是现实的活动着的个人，这种特殊性就决定了社会科学研究的复杂性，困难性和难预测性。

除了上述社会科学不同于自然科学研究的一些特殊性外，随着生产力的发展，自然科学的发展，以及社会的全方位的发展，社会科学研究还出现了许多其他新的特点。如社会科学与自然科学交叉融合，以及各门社会科学学科之间的相互渗透的综合化趋势；社会科学逐步摆脱传统思辨哲学的影响，注重对社会现实问题的探讨，越来越具有应用性的发展趋势；把数学方法运用到社会科学领域，使社会科学的发展表现出定量研究的精确化的趋势；社会科学由传统的过多的探讨过去而逐步转向在研究过去的同时也面向未来的研究，表现出预测性的趋势，等等。这样，现代社会科学研究就具有综合化、应用化、定量化和预测化四大特点，这四大新特点相辅相成，与自然科学逐渐结合在一起，进一步加强了社会科学研究的特殊性。

二　社会科学研究的方法论原则

社会科学方法论既有同于其他社会科学研究方法的方面，又有别于其他方法的方面，社会科学方法论既要遵循一般社会科学研究的原则，又要有适合于自身特殊性的原则。探讨社会科学方法论及其原则，必须搞清社会科学方法论原则的意义和作用。

（一）社会科学方法论原则的意义和作用

方法论原则是哲学世界观对具体研究方法发挥指导作用的中介环节，是方法论的基础、主线和标志，它制约、支配研究过程的各个阶段和各个环节，影响和决定研究方法、手段、工具的选择和运用，制约研究态度、步骤和研究成果。

社会科学方法论是关于社会科学研究方法的理论。在研讨、阐述科学认识方法时，侧重于对方法论作哲学分析，侧重于方法的理论基础，它是一门理论性很强的学科，在社会科学方法论科学体系中，方法论原则占有核心的地位。

第一，社会科学方法论原则是哲学世界观对社会科学研究方法发挥指导作用的中介。

哲学世界观与方法论，这两者在本质上是一致的。这种一致性主要体现在：（1）任何科学方法归根结底都为一定的哲学世界观所决定。（2）方法论支持、影响甚至改变着一定的世界观。（3）哲学世界观终究要转化为一定的方法论。

世界观与方法论在意义上也有一定差别。首先，两者的对象范围是不同的，哲学世界观的范围是包括自然、社会和人类思维的整个世界；方法论的研究对象是方法，只限于研究方法这个范围。其次，哲学世界观对于人的实践活动的指导是间接的，作为方法论研究对象的方法，往往是以规范、章程、条例、准则甚至律令等相对确定的形式存在着的，并且方法论还规定了方法的性质、特点、作用、适用范围、有机联系等，这就使得方法论知识具有直接操作性，人们可以直接利用它们去指导自己的认识活动、研究活动以及改造世界的物质活动。

　　哲学世界观往往是一种理论形态，表现为一定的理论体系和理论观点，它要转化为方法论，对人们的实践活动发生指导作用，往往要通过一系列的中介环节。方法论原则就是哲学世界观和实际应用的研究方法之间的中间层次，是哲学方法论对一般科学方法论和具体科学方法论发挥指导作用的中介环节。这样，方法论原则就具有了双重特点：一方面，它不是纯粹的理论，它简单明了、清楚明白，具有某种准则、律令、模式的形式，带有很大的指令性，操作性；但是，另一方面，它又为一定的理论体系所支撑，是一定的理论体系的浓缩化、结晶化，因此它并不等于一套具体而细微的操作技术，不去管人们具体实践的操作细节，而是管整个行动方案，管大致的研究思路。

　　在社会科学方法论体系中，必须首先明确承认马克思主义哲学的指导地位，承认马克思主义哲学是我们社会科学研究的理论基础。我们认为，马克思主义哲学特别是其唯物史观，为进行社会科学研究提供了根本性的指导。把唯物主义历史观基本原理用以指导人们的社会科学研究活动，会派生出一般的社会科学研究的方法论原则，马克思主义哲学正是凭借这些原则来实现对社会科学方法论的指导。

　　第二，社会科学方法论原则制约、支配着研究过程的各个阶段和各个环节。

　　首先，方法论原则制约、支配着研究课题的选择，遵循不同方法论原则的人，有其自己考虑问题的特定的角度，因而在选择研究课题时，就会表现出一定的甚至是极大的差异，例如，信奉"证实原则"或"证伪原则"的研究者们，会自然而然地把那些既不能证实也不能证伪的形而上学问题、神话、占星术、宗教和伪科学问题排除在自己的研究视野之外。

　　其次，方法论原则在一定程度上还影响、制约着研究方法、研究手段、研究工具的选择和运用。例如，汤因比按照"文明社会可比性原则"，在研究文明史的过程中，就注重运用比较研究法，因为这种方法可以克服历史的狭隘性，把所研究的个别事物纳入广阔的历史背景之中，从而为更好的综合创造前提，并且，这种研究方法还有助于揭示历史规律的同异，为深入探求历史现象的本质及其规律创造条件。

　　再次，方法论原则还影响、制约着研究途径、研究步骤、研究态度等因素。例如，波普所描绘的科学进化的逻辑，也就是他认为的个别科学家进行科学探索的逻辑。波普所要求的研究态度是：大胆地猜测，无情地批判、进攻、创造，充分弘扬主体的能动性。

以上表明，方法论原则是科学世界观与具体的研究方法之间的中介。它影响、制约、支配着科学研究过程的各个阶段、各个环节。

（二）社会科学研究方法论的几个基本原则

社会科学研究方法论具有以下一些基本原则：

第一，实践原则。

社会科学研究社会现象及其规律，必须要研究社会实践过程，必须要研究社会实践的主体和客体，必须要从社会实践中来提炼研究课题，并且依据社会实践来检验研究课题的成果。社会科学研究者的认识必然要受其实践程度的局限。因此，实践的原则应是社会科学方法论所遵循的第一原则，在社会科学研究中遵循实践的原则，就必须根据社会实践的需要与可能去选择研究课题，在研究过程中，研究者必须要深入社会实践，进行调查研究，从实践中获得关于研究对象的客观、系统、确实的第一手资料。社会科学的研究成果要接受社会实践的检验，社会实践是检验社会科学成果正确与否，评价社会科学研究成果价值如何的根本标准。

第二，系统原则。

系统原则是一切科学认识活动的基本方法论原则，同时也就是社会科学研究所应遵循的方法论原则。坚持系统性原则，必须要做到把研究对象看作一个有机联系的整体，并且始终注意把握各要素在系统联系中所获得的整体性的新质态。机械地、形而上学地认识方法是先把整体分解为各个部分，然后再把各个部分相互组成整体，这种分析方法虽然注意到了各个部分，但却极大地歪曲了整体对象的本身，因为任何整体都不是各部分的简单相加，整体大于、优于各部分的简单相加。在人类社会中，相互影响、制约、作用的因素，变量、参量很多，其作用影响也是十分复杂多样的，如果我们在研究中不注意整体性、系统性，势必会歪曲整体现象本身，从而得出错误的结论。研究对象的系统原则还要求我们在研究过程中，把社会对象看成是一个有层次的、有组织的、有序的、具有有机结构的整体系统。按照系统的原则，在世界的各种系统中，每一层次，每一等级都具有自身独特的结构与功能，社会系统更是如此。因此，要分层次，分等级地来分析事物的结构与功能，坚持系统性原则必须坚持动态开放性的原则，始终把社会研究对象看作是一个动态的、开放的系统。任何社会系统总是处于一定的环境中，与外部环境有着物质、能量、信息的交换，并且处于不断的运动变化之中。坚持整体性原则，还必须做到坚持系统都是有序的，是一个自组织结构，具有高度的主动性、合目的性，以及追求最优化状态的性质，在研究社会系统时，也必须坚持注意社会活动中的人的目的性，社会组织的最优化选择等因素。

第三，发展原则。

坚持发展原则，首先要坚持把任何社会现象都看成是一个产生、变化和发展的过程，坚持用过程论的观点来看待研究对象；其次，研究社会问题要坚持把对现状的研究和对该事物历史的研究结合起来，要认识到任何社会现象都是一定历史发展的产物，只有深刻了解历史，才能更深刻地了解研究对象的现状，坚持用历史的观点来研究社会现象及其规律；最后，要善于把握研究对象的发展规律、发展趋势，善于根据事物的发展规律和发展趋势做出超前预测，坚持从历史决定论的观点来认识社会现象。

第四，时空原则。

一切以时间、条件、地点为转移。任何社会现象，社会规律的发生都具有特定的时间、地点，具有特定的历史条件。对历史规律、社会现象进行分析必须坚持具体的、历史的分析，从事物的具体时间条件出发，来认识社会现象和社会规律。

第五，矛盾原则。

矛盾规律要求我们在社会科学研究过程中，认真贯彻矛盾分析方法。所谓矛盾原则就是根据矛盾运动的规律来分析社会科学研究对象的原则。在运用矛盾分析方法时，必须坚持矛盾的统一性和斗争性相结合的原则，坚持矛盾的普遍性和特殊性相结合的原则，共性和个性，绝对性和相对性相统一的原则。要把矛盾分析方法同实践的原则、发展的原则、系统的原则结合起来，全面探讨社会现象内部矛盾各个方面及其环境、结构的变化及其趋势，只有这样才能更深刻地揭示社会现象的本质。

第六，定性和定量相结合的原则。

　　定性研究是对事物的质的方面加以分析、研究，系统分析是进行定性研究的重要分析方法。只有通过定性研究，我们才能把不同质的社会现象区别开来。定量研究是对事物的量的方面进行分析、研究，量是事物存在和发展的规律、程度、速度，以及构成事物的共同成分在空间上的排列，可以用数量来表示的一种规定性。定量研究就是对事物量的规定性进行分析和概括。定性分析指导定量分析，然而没有一定的量的分析，也不会有定性的分析，定量分析是定性分析的精确化、具体化、深入化。定性分析发展到定量分析，这是科学认识发展的必然趋势。马克思指出："一门学科只有当它达到能够成功地运用数学时，才算真正发展了。"① 我们在社会科学研究时，在收集材料，调查研究期间，既要注意研究对象的质，又要注意收集分析对象的量，在分析对象过程中，要通过量的分析来概括对象质的规定性。在对社会现象进行评价时，既要注意质的评价，又要注意量的评价，通过质的评价指导量的评价，通过量的评价来支持质的评价。

　　第七，方法多元化的原则。

　　社会科学的研究对象既是主体有意识活动的过程，又是一个历史发展的过程，同时也是一个由多种变量因素构成的复杂系统。因此，社会科学研究面对的是一个十分复杂、十分多样的研究对象，这就要求必须对不同的研究对象，采取不同的研究方法，这就要求社会科学研究必须在马克思主义理论的指导下对不同的研究对象，选择适合本对象的研究方法。既要注意从各个不同领域，不同学科中移植、借用、吸收行之有效的方法，又要创造性地发现适合本研究对象的新的研究方法，要把普遍性的研究方法同特殊性的研究方法结合起来，形成一个多元化方法论体系，只有这样，才能处理复杂多变的社会研究对象。

　　第八，客观性原则。

　　坚持客观性原则就是按照客观世界的本来面目来认识世界。所谓观察的客观性，就是要按照社会科学研究对象的本来面目去反映、去认识客观对象。也就是说，在认识和研究过程中，要从客观实际出发，要从调查研究出发，在大量、全面地收集和掌握第一手感性经验材料的基础上，进行

---

　　① 　保尔·拉法格：《回忆马克思恩格斯》，人民出版社 1957 年版，第 73 页。

全面的分析研究，力求认识和把握客观事物所具有的普遍必然的本质和内在的发展规律。客观性原则是人们取得正确的科学认识的基本原则。

第九，全面性原则。

全面性原则要求我们在社会科学研究过程中，尽可能全面地认识和把握研究对象。客观实际情况是十分复杂的，任何事物、任何现象都是多种因素、多种条件、多种属性构成的统一整体，要达到对事物的客观性的认识，必须要全面地认识事物。列宁指出："要真正地认识事物，就必须把握、研究它的一切方面，一切联系和'中介'，我们决不能完全做到这一点，但是，全面性的要求可以使我们防止错误和防止僵化。"① 必须"从事实的全部总和、从事实的联系去掌握事实"②。在新的科学研究领域，坚持全面性的原则是十分重要的。

三　社会科学方法论的一般、特殊与个别

恩格斯在研究黑格尔的《逻辑学》时指出："个别性、特殊性、普遍性，这就是全部《概念论》在其中运动的三个规定。"③ 按照马克思主义哲学的说法，一般是指事物的本质，特殊是指不同事物的具体独特的性质，个别是指事物的具体的实际存在。相对一般来说，特殊比一般要更具体、更生动，相对特殊来说，个别比特殊要更具体、更生动，特殊相对个别来说，又是一个一般。一般寓于特殊之中，特别寓于个别之中，只有认识个别，才能说明特殊；只有说明特殊，才能认识一般。反之，只有掌握一般，才能深刻地认识特殊；只有在认识一般的基础上认识特殊，才能更深刻地认识个别。

一般说来，社会科学方法论可以分为一般方法论、特殊方法论、个别方法论三个层次。一般方法论是指揭示整个社会科学研究对象所共有的最一般规律、最一般本质、最一般特点的方法论体系。如关于整个社会的发

---

① 《列宁选集》第 4 卷，人民出版社 1995 年版，第 453 页。
② 《列宁选集》第 23 卷，人民出版社 1995 年版，第 279 页。
③ 恩格斯：《自然辩证法》，人民出版社 1984 年版，第 204 页。

展规律是什么，社会本质是什么的研究方法论。社会科学一般方法论大体上又可以分三个层次：哲学思维方式，即哲学方法论；一般科学思维方法，即适用于一切学科包括自然科学在内的一般思维方法；仅适用于社会科学而不适用于自然科学的一般社会科学方法。社会科学特殊方法论是指揭示社会研究对象的特殊领域、特殊方面、特殊阶段的特殊规律、特殊本质、特殊性质的方法论。例如，揭示经济领域的经济规律的方法论的体系，揭示政治领域规律的方法论体系。社会科学个别方法论主要是指适用于某种具体学科的具体研究方法的方法论体系，如适用于经济学科的经济学方法，适用于历史学科的历史学方法，适用于教育学的教育学方法，等等；或仅只适用某个范围的方法，如数学方法、逻辑方法等，它只是揭示社会科学的个别具体研究对象的个别特点、个别规律的方法论体系。其特点是适用对象狭窄专一，普遍性程度低，个体经验性和程序操作性并存。

马克思主义哲学，尤其是历史唯物主义作为世界观具有最一般社会科学研究方法的功能，对社会科学其他方法论具有指导作用，同时它又不能完全取代其他社会科学方法论的作用。对此，我们必须反对两种倾向：一是"取消论"的倾向，否定马克思主义哲学的指导作用；二是"取代论"的倾向，用马克思主义哲学取代其他方法论的作用。长期以来，"取代论"在我国社会科学方法论研究领域具有占支配地位的倾向。许多人误以为，既然马克思主义哲学是科学的世界观和方法论，对社会科学研究具有指导作用，那么在社会科学研究中就不需要其他形式的社会科学研究方法了，这样一来，方法论"指导"变成了"取代"。这种"取代论"具体表现为：只承认马克思主义哲学方法论的作用，排斥其他社会科学方法论；把马克思主义方法论看作为一成不变的僵化公式，照搬照套，用它来任意裁剪社会科学的研究对象；否认现代西方哲学和西方社会科学研究的有益的方法论成果。这种"取代论"倾向，对我国社会科学研究工作起到了很坏影响。

哲学世界观和方法论是最高层次的社会科学方法论。除此之外，一般社会科学方法论还包括两个方面：

一般科学思维方法。包括逻辑方法、系统方法、信息方法等程序性、操作性等极强的一些方法，这些方法适用于科学研究的各个领域，当然也适用于社会科学研究领域。譬如，系统乃是包括人类社会在内的宇宙间事物存在的普遍方式，任何事物都是以系统的方式而存在，系统无处不在，无时不在。系统科学所揭示的系统方法是既适用于自然科学，又适用于社会科学的一般科学思维方法。当然，怎样在社会科学领域如经济学、法学、语言学、文艺学、历史学等领域，有成效地运用系统方法，这也是一个需要进一步探索和研究的课题。

一般社会科学方法论里最低一个层次是仅适用于社会科学的一般科学思维方式，比如，社会考察、社会观察、社会分析、社会调查等方法。由于社会科学研究对象具有特殊性，所以有些自然科学方法是不能完全适用于不同于自然对象的社会科学研究对象的。比如实验室方法，只能适用于社会科学的某些领域。所以由于社会对象的特殊性，就形成了仅只适用社会科学的一般研究方法。

社会科学特殊方法主要是指适用于某个具体学科的具体研究方法。如适用于教育学的教育心理方法；适用于经济学的经济统计学、经济数学方法。此外还有一些特殊的只适用于社会科学研究的某些领域、某些范围、某些方面，而不是适用于一切方面的方法，比如数学方法。数学方法日益为社会科学研究所运用，因为在社会生活中，社会现象也同其他现象一样，既有质的规定性，也有量的规定性，数量的规定应当通过数学的方法来揭示和描述。今天，数学的方法在经济科学领域内得到非常广泛的应用。尽管如此，数学方法也有局限性，在有些方面是适用的，但在有些方面又不适用，一些经济问题可以运用数学的方法，但一些政治问题、意识形态的问题却又不能用数学的方法来研究。再比如实验的方法，控制论方法，历史比较法，类推法，都是用于特殊目的、特殊对象的科学方法。比如为了适应古代文献学的需要产生了古代文献考证方法，在语言学方面的快速阅读法、快速记录法等。社会科学一般方法与特殊、个别的社会科学方法，当然是一般与个别的关系。首先，特殊的、个别的方法要接受一般方法的指导，这种指导具体体现在运用方法论原则的指导上，任何特殊的、个别的社会科学方法都受一般方法论的制约、影响和支配。其次，一般社会科学方法论引入某个具体特殊的研究领域，也可以直接解决特殊、个别的社会科学研究问题，使一般方法论特殊化、个别化。比如，历史学的历史方法引入到政治学、社会学，政治学、社会学，就可以运用历史学方法研究分析社会历史发展的过程。当然，特殊、个别的社会科学方法在接受一般方法论的指导时，若不根据本学科的特点进行创造，那么一般社会科学就可能蜕变成为教条、框框，这不但不能推动特殊、个别的社会科学的研究，反而会窒息社会科学研究的发展。

（原载《北京社会科学》1995 年第 2 期）

解放思想　放眼世界

——纪念真理标准讨论 20 周年

邓小平同志站在世界大局，纵观世界历史进程，依据世界经济发展规律，提出了放眼世界的重要观点。他说："中国在西方国家产业革命以后变得落后了，一个重要原因就是闭关自守。建国以后，人家封锁我们，从某种程度上我们也还是闭关自守，这给我们带来了一些困难。三十几年的经验教训告诉我们，关起门来搞建设是不行的，发展不起来。"[①] 从而得出了"中国的发展离不开世界"[②] 的重要结论，提出了必须放开眼界看世界，中国搞建设必须对世界开放的战略观点。放眼世界的观点是解放思想，实事求是思想路线的重要精神，要解放思想，实事求是，就必须打破狭隘的、保守的、故步自封、夜郎自大的封闭主义观点；不放开眼界看世界，就无法大胆地解放思想，实事求是，就无法真正地改革开放，就无法开创建设有中国特色的社会主义的新局面。纪念真理标准讨论 20 周年，面对新形势、新世纪，解放思想，一定要解放到从世界观点看中国的境界。

一　从世界宏观大局看中国

只有正确分析时代的经济、政治、社会发展特点，认识时代的特征，把握历史规律，才能确定正确的发展战略和策略，确定正确的对外政策，才能为国内的发展把握机遇，创造良好的国内国际环境。认识时代特征是

---

① 《邓小平文选》第 3 卷，人民出版社 1993 年版，第 64—65 页。
② 同上书，第 78 页。

制定国内发展战略和发展策略的重要依据。

认识时代特征，必须着重认识世界大局；认识国情，必须首先认识世情。站在世界大局看中国，这是邓小平同志观察中国问题的基本眼光，也是邓小平理论的重要观点，是解放思想，实事求是的必然思想结果，党的十一届三中全会以来，邓小平同志在设计中国特色社会主义改革的战略构想和宏伟蓝图时，始终从世界宏观大局着眼，放开眼光看世界，用世界眼光看中国，以极大注意力关注和研究世界形势的变化，分析和思考世界力量的对比。正是基于对世界格局和形势的分析，特别是基于对80年代以来世界局势的变化、世界科技的进步、世界经济的发展，以及对资本主义的新发展、新变化的认识，摸准了世界发展的脉搏，根本改变了世界大战可能打起来，要准备打仗的总判断，形成了世界大战可以避免的基本结论，从而提出了和平与发展是当代世界主题的科学论断。邓小平的这一论断，精辟地把握了当今时代特征，认清了世情，为我国的发展提供了正确的机遇判断。

放眼世界，就要关注世界宏观战略发展问题，世界眼光就是宏观战略眼光。和平与发展问题是当今世界上带有全球性的战略问题。和平是当今世界的宏观趋势，维护世界和平，防止新的世界大战，这是世界各种健康力量的共同要求；发展是世界各国的全局任务，不论是发达国家还是不发达国家都在谋求发展。和平是发展的客观条件，发展又是和平的前提和内容。当今世界和平与发展的时代条件，为我国社会主义建设提供了新的机遇。只有放眼世界，正确判断时代，才能增强机遇意识，才能抓住机遇，发展自己。邓小平同志站在世界宏观的大局上，对时代特征做出判断，为我们正确制定改革开放的路线、方针、政策提供了重要根据。

实际上，邓小平同志"一国两制"的伟大构想也是依据世界眼光，以正确的时代特征的判断为依据，分析中国的国情而得出的战略结论。70年代以来，国际形势发生了重大变化，和平与发展成为世界的主题，用和平方式解决国际争端已经成为人民的迫切要求，各国都在集中力量谋求和平、搞建设、求发展。我国的对外交流更加广泛，台湾更为孤立，同时香港、澳门、台湾这几年经济发展较快。在世界经济中占有一席之地，用和平方式解决港澳问题，有利于大局，有利于发展。目前，香港回归的实践也证明了这一点。

二　从世界普遍联系看中国

邓小平同志讲："现在的世界是开放的世界。"[1] 从当今世界的大局来看，整个世界是一个互相关联的整体，中国只是这个整体中的一员。任何一个国家，不论是东方落后国家，还是西方先进国家；无论是社会主义国家，还是资本主义国家，要想发展，孤立于全世界是不行的，关起门来搞建设更行不通。因为整个世界已经联成一气了，对外开放已成为各国发展的大趋势和基本要求。解放思想，必须彻底地放开眼界，放在世界普遍联系中来看中国的改革、中国的发展。对外开放，打开国门搞建设，是解放思想、实事求是的基本要求，是站在世界大局，放开眼界的重要结论。

当今世界的不同民族、不同地区、不同国家已经形成一种以广泛的社会分工为基础，以普遍联系为特点的市场经济的交往方式。各个民族、地区和国家都被动或主动地联合起来，借助于世界联系来解决自身面临的共同性的发展问题，如贫困问题、环境问题、经济发展问题、社会进步问题等。改革开放以来，中国更是积极主动地打开国门，逐步介入世界市场的大联系之中，在广泛的国际交往中，主要依靠自己的力量，建设有中国特色的社会主义。

早在 18 世纪 60 年代到 19 世纪 60 年代，西方各先进国家先后完成了产业革命，资本主义已从工场手工业过渡到机器大工业，资本主义生产力的发展推动世界打破了国家界限，发展成普遍联系的统一的世界市场。正如马克思、恩格斯所说："资产阶级，由于开拓了世界市场，使一切国家的生产和消费都成为世界性的了。……过去那种地方的和民族的自给自足和闭关自守，被各民族的各个方面的互相往来和各方面的互相依赖所代替了。"[2] 随着世界市场的形成，国际分工越分越细，各国经济对他国经济、对世界市场的依赖越来越强，你离不开我，我也离不开你，谁也离不开

---

[1] 《邓小平文选》第 3 卷，人民出版社 1993 年版，第 64 页。
[2] 《马克思恩格斯选集》第 1 卷，人民出版社 1972 年版，第 276 页。

谁。要发展，就必须互相联系在一起，才能发展，特别是第二次世界大战以后，通过世界货币、国际金融、国际投资、国际交换，形成更加紧密型的国际分工关系，开创了世界经济开放式发展的新时代。谁关门，谁就要吃亏，谁就发展不下去。

市场经济是开放的经济。普遍联系的世界市场决定中国必须实行全方位的对外开放，以求得在国际市场上最佳的资源配置。从现代市场经济观点来看，中国只是整个世界市场的一部分。当今世界，生产流程、产品转换、技术深化、消费行为、金融证券、生活方式等都愈益国际化，每一个文明国家以及这些文明国家中每一个人的需要的满足都得依赖于整个人类世界。任何产品都可能是国际合作的产物，跨国公司大量涌现，以谋求最大限度地占领世界市场，市场经济的运作必然要按照世界普遍联系的规律来运作，任何国家想参与就得遵循普遍联系、对外开放的规律，中国亦难例外。

在封建主义的鼎盛期，中国曾在原料、财力、技术等方面占据世界优势。但封建统治者奉行对西方商人的"羁縻怀柔"政策，死抱住"中国中心"的残缺罗盘紧闭国门，终至于鸦片战争期间被西方列强强迫接受国际法观念和贸易规则，以一系列不平等条约强制中国门户开放。清皇朝衰落了，中国贻误了数次现代化的机遇，中华民族饱受丧权辱国和贫困落后之苦。新中国曾克服国内外的巨大压力取得巨大成就，然而"左"倾错误日趋扩大，酿成十年"文化大革命"，采取了闭关锁国的政策，给我国经济发展带来极大的恶果，中国经济基本上还是自给自足经济，无缘分享国际资源的好处。

发达资本主义国家的现代化是目前世界物质文明的最高成就，落后国家绝不能因为生产力状况、文化传统、意识形态、社会制度的差异而拒斥发达资本主义国家先进东西的影响。中国的历史与现实证明：关门锁国是失败的，对外开放的思想是正确的。改革开放以来，中国积极主动地参与到全球市场经济的广泛联系中。随着建立经济特区、开放沿海城市、建立沿江沿边内陆经济开发区、推进关贸总协定的谈判、大量引进外国资金、确立社会主义市场经济体制等重大措施的陆续出台，开放程度越来越大，外国资本、技术大量涌入，提高了廉价劳动力的使用效益，进出口贸易总额剧增。随着经济交往的扩大，我国领导人频繁出访，寻求进一步扩大开放合作的机会，民间交流活动更多，对外开放的形势越来越好，形成了改革开放的新局面。总之，一个国家的经济要由封闭走向开放，从国内走向国际，从计划经济走向市场经济，从不发达经济走向发达经济，必须大力加强对外开放，走向世界。

三　从世界历史发展看中国

早在 1845 年马克思就阐述了"世界历史发展"的思想：随着生产力的巨大增长和高度发展，人们的普遍交往建立起来，一方面产生普遍竞争，使每一民族都依赖于其他民族的变革；另一方面，使地域性的个人为世界历史性的、经验上普遍的个人所代替。各个相互影响的活动范围在这个发展进程中越是扩大，各民族的原始封闭状态由于日益完善的生产方式、交往以及因交往而自然形成的不同民族之间的分工消灭得越彻底，历史也就越是成为世界历史。无产阶级只有在世界历史意义上才能存在，就像共产主义——它的事业——只有作为"世界历史性的"存在才有可能实现一样。而各个人的世界历史性的存在，也就是与世界历史直接相联系的各个人的存在。马克思"世界历史"思想的内在意蕴在于：在世界历史的总发展进程中，可以在资本主义、帝国主义统治薄弱的环节突破，跳跃式地夺取政权，而不一定经过资本主义的"卡夫丁峡谷"建立社会主义制度，但世界经济发展的总规律是不可违背的，市场经济发展的必然阶段是不可逾越的。落后国家虽然可以避免一些灾难和痛苦，但却面临着生产力的巨大增长、国际性的大分工、世界普遍的交往、广泛的竞争等人类普遍面临的世界历史性课题，任何个人、任何民族、任何国家都不可能摆脱这些课题的纠缠。因为个人的存在，民族的存在，乃至国家的存在都是世界历史性的存在，不可能摆脱世界历史性发展的总规律。因此，只有把握世界历史发展的最新脉搏，敢于并善于参加和利用国际社会的普遍关系，才是国家、民族和个人获得与世界历史共同发展的唯一的出路。

马克思还提出社会历史发展"三形态论"，认为人类社会经历"人的依赖关系"、"以物的依赖性为基础的人的独立性"、"自由人联合体"三个社会形态阶段。我们现在所处的时代还是"以物的依赖性为基础的人的独立性"阶段。照马克思的说法，这个形态的特征就是市场经济的体系。也就是说，人类社会发展从总体上说是不可能跨越市场经济发展的阶段的。"三形态论"实际上深化了世界历史思想，论证了商品经济、市场经济的历史发展的不可逾越性。从世界历史发展过程中看，商品、货币、资本、市场都是发展社会生产力的重要因素，是世界历史发展进程中所不可缺乏的东西，这也正是现实社会主义国家所缺乏的。按这个思路，中国要发展就必须找准自己在世界历史中的定位，彻底抛弃传统的计划经济体制，重视现代市场经济规律，建立社会主义市场经济体制。

中国还是一个发展中国家，要想真正融入世界历史进程，就必须充分借鉴吸收其他国家和地区从不发达到发达的历史经验。从世界历史发展的进程来看，社会主义最终要代替资本主义，这是不可避免的历史发展趋势。然而，中国的社会主义制度是在落后的国度里建立的，是在不发达的、不完善的生产力前提基础上建立起来的，还没有经过充分的市场经济的发展，生产力发展的阶段、市场经济发展的阶段是不可逾越的。有中国特色社会主义首先必须发展市场经济、发展生产力。其次，必须要吸收国际上包括资本主义国家在内的先进科学技术、先进的管理经验。从世界的历史进程来看，任何社会都不是凭空产生的，都是在前人基础上、原有的前提上发展起来的。从世界历史来看，由于 19 世纪末 20 世纪上半叶，资本主义经济政治发展不平衡，使 20 世纪社会主义革命首先在帝国主义统治的薄弱环节，在资本主义世界各类矛盾的焦点，在落后国家取得夺取政权的成功。这样从一开始，社会主义各国经济发展就先天不足，在生产力、技术上大大落后于发达资本主义国家。一方面，市场经济、生产力发展不可逾越，另一方面，又必须迎头赶上，这就需要尽快发展本国的市场经济，发展生产力，与世界市场接轨，与世界联系在一起。为尽快缩小差距，尽快赶上并超过资本主义国家，像中国这样落后的国家更需要吸收国外先进的经验、技术、管理，吸收利用全人类文明成果，才能最终战胜资本主义，这是世界历史进程所决定的。

四　从世界科技进步看中国

邓小平同志说过：现在的世界发展一日千里，每天都在变化，特别是科学技术，追都难追上。科学技术是经济发展的首要推动力，邓小平同志"科技是第一生产力"的观点正是在这个意义上提出的。当代世界经济突飞猛进发展的事实证明：科学技术是第一生产力，是世界经济发展的内在动力因素。就其本性和应用而言，科学技术没有国界，没有阶级性，世界经济发展取决于人类如何利用科学技术，取决于人的发展完善与科学技术的发展完善的统一。任何国家都不可避免地要融入世界性的科技进步洪流。为了大幅度提高社会生产力，增强综合国力，提高人民生活水平，确保现代化实现。必须充分认识到科技的重要作用，增强科技意识，大力发展科技，努力促进科技与经济的结合，把国民经济的发展转移到依靠科技进步和提高人员科技素质的轨道上来。

放眼世界，从世界科技进步来看中国，我们可以清楚地看到科技在世界经济和社会发展中的第一位的变革作用、推动作用。纵观世界历史，正是科技进步推动资本主义的不断创新，不断发展，从农业经济转向工业经济，又从工业经济转向知识经济。横观当今世界，特别是 20 世纪 80 年代以来，世界经济正在发生大转折，加大了技术创新和科学管理创新的力度，科技进步对世界经济的推动作用大大超过其他任何因素。邓小平同志的世界眼光，着眼于世界科技发展。看到世界科技发展，就可以清楚地看到，中国要迅速发展，必须依靠科技进步，别无他路。依靠科技就要打开国门，引进外国的先进技术与先进管理，大力发展科技，大力发展教育。

当代科技革命具有信息爆炸、进步速度加快、更新周期缩短、多学科领域综合渗透、高科技主导作用越来越强等新特点。高科技发展所造成的直接后果就是全球化的电脑、电视、网络以及人造卫星、程控电讯等现代化信息手段的形成，各国纷纷建立信息高速公路，使全球各个角落都可以迅速方便地进行交流。知识经济反映了当代高科技发展的重要趋势。

当代新科技革命、知识经济的兴起等，对中国到底意味着什么呢？当今信息技术革命所引发的经济竞争，是一种存亡兴衰之争，应该清醒地认识世界科技的发展趋势，有效地实施科教兴国战略。人才的科技素质已经关系到国家的前途，中国的教育必须真正做到面向世界、面向未来、面向现代化。科技全球化和经济一体化要求我们必须用世界的观点来研究中国的科技，积极参与国际科技交流、转让活动，从学习世界先进科技的过程中找准切入点和突破口，积极推进科技攻坚，力求形成自己的强项和名牌，只有这样才有可能在世界大市场中站稳脚跟，实现可持续发展。在邓小平同志的关心下，中国的科技发展战略已经起步并初见成效。江泽民同志在十五大报告中明确指出："世界变化很大很快，特别是日新月异的科学技术进步深刻地改变了并将继续改变当代经济社会生活和世界面貌，任何国家的马克思主义者都不能不认真对待"，必须把对世界科技的认识提高到一个新的高度，以积极态度推进中国的科技进步。

放眼世界，用世界的眼光看中国，是解放思想，实事求是的重要内涵之一。从世界宏观大局看中国，是起步的视角。从世界历史发展看中国，是深层次的立足点。从世界普遍联系看中国，是开放的重要依据。从世界科技进步看中国，则是当代发展的重心。四个层次相互结合，将全局感、历史感、现代感、紧迫感融合于解放思想、实事求是的过程，就是不断放眼世界，打开国门，对外开放的过程。如果说每一次思想解放都有一个制高点的话，那么，当前我们应该高举邓小平理论的伟大旗帜来寻找思想解放的新的制高点。"哀民生之多艰，搏风雨兮宇内"，路遥途险，置身于这样一个全球化交往开放世界大环境中，难道我们这些建设有中国特色社会主义的时代的幸运弄潮儿还有什么理由不打开眼界，放眼世界，将自己的祖国的命运跟整个世界息息相关地联系在一起，依据世界历史的脉搏大步前进呢？

（原载《中国教育报》1998 年 5 月 27 日）

马克思主义在当代中国与时俱进
不断创新的光辉典范

邓小平南方谈话是一篇当代中国马克思主义的纲领性文献，在当代中国马克思主义的形成与发展过程中具有重要的地位和作用。南方谈话是邓小平理论的代表作，是当代马克思主义的经典之作，它集中地、系统地论述了邓小平理论的科学体系、精神实质和现实意义。南方谈话在整个改革开放的历史进程中占有承前启后的重要地位，之前有《解放思想，实事求是，团结一致向前看》的第一篇政治宣言书，之后有江泽民同志"七一"重要讲话；从邓小平 1978 年在十一届三中全会上的讲话到南方谈话，再到江泽民"七一"讲话，我们党所领导的社会主义改革开放和现代化建设事业经历了两个十年，面临三次重大历史关头。只有从这样一个历史的跨度、时空的角度、实践的高度，来看待南方谈话的地位、意义和作用，才能更深刻地理解邓小平南方谈话的精神实质和政治意义，也才能更深刻地理解江泽民"七一"讲话的理论内涵和政治意义。

一　十一届三中全会上的讲话："解放思想，
实事求是"的第一篇政治宣言书

从 1978 年十一届三中全会到 80 年代末 90 年代初，是我国社会主义改革开放和现代化建设的第一个十年，这个阶段是以邓小平同志在十一届三中全会上的重要讲话《解放思想，实事求是，团结一致向前看》作为标志的，党的十五大把这篇重要讲话概括为我国社会主义改革开放和现代化建设进程中的第一篇政治宣言书。中国共产党历史上曾经有过两次重大转折：一次是遵义会议，一次是党的十一届三中全会。十一届三中全会是我们党在社会主义建设正处于生死存亡的关键时刻召开的一次极其重要的会议。1976 年粉碎"四人帮"到 1978 年，我国社会主义建设正处于徘徊时期。因为当时是按照"两个凡是"的主张指导工作的。所谓"两个凡是"，实质上就是仍然坚持"文化大革命"所奉行的"左"的理论和路线不变。1976 年，我们国家已经被"四人帮"破坏到近于崩溃的边缘，又经过两年的徘徊，我国经济社会发展更是雪上加霜，处于危机状态。而恰恰在这个时期，世界上发生了翻天覆地的变化，亚洲"四小龙"已经腾飞，资本主义世界已经进入现代资本主义发展的新阶段。在这个重要的历史转折关头，邓小平同志提出了"解放思想，实事求是，团结一致向前看"的正确主张，发动了"实践是检验真理的唯一标准"的大讨论，恢复了实事求是的思想路线，进行了理论上和路线上的拨乱反正，确定了以经济建设为中心，坚持改革开放、坚持四项基本原则的正确路线。邓小平同志的第一篇政治宣言书，起到了在历史转折关头力挽狂澜的巨大历史作用。正是在正确的思想路线和政治路线的指引下，我们党领导全国人民按照邓小平同志开创的改革开放新格局和新思路，整整走了十年。在这十年中，农村发生了巨大变化，城市改革进入攻坚阶段，中国特色社会主义现代化建设取得了重大成绩。这十年，也正是邓小平理论逐步系统化的十年。

二 南方谈话：邓小平理论达到成熟高峰的标志

90 年代初到 20 世纪末是中国特色社会主义事业发展的第二个十年，80 年代末 90 年代初正是该阶段的历史转折关头。80 年代末，国际上发生了东欧剧变，列宁亲手创建的社会主义苏联崩溃了，东欧社会主义阵营不复存在了，共产党在整个东欧和苏联失败了。在国际上反社会主义、反马克思主义的逆流冲击下，我国也发生了一场重大政治风波。当时，我们党面临着国际国内复杂严峻的形势，面对着来自"左"和右两方面的干扰。"左"的干扰认为改革开放是错误的，以经济建设为中心也是错误的，应该回到"以阶级斗争为纲"的路线上去。来自右的干扰则鼓吹完全"西化"，完全私有化，完全资本主义化。"左"和右两方面的干扰都很大，我国社会主义改革开放和现代化建设的进程受到了严重的阻碍。中国社会主义究竟向何处去？这成为世界瞩目的焦点。在这个关键的历史时刻，邓小平同志提出，坚持党的基本路线一百年不动摇。不坚持社会主义，不改革开放，不改善人民生活，只有死路一条。谁要改变十一届三中全会以来的路线、方针、政策，老百姓不答应，谁就会被打倒。这就是说，十一届三中全会以来的路线是完全正确的。既要防止"左"，又要防止右，要坚定不移地沿着十一届三中全会确定的路线走下去。南方谈话正是在这样大的历史背景下，经过邓小平同志深思熟虑而形成的，它是我们党在改革开放至关重要的历史关头的第二篇"解放思想，实事求是"的政治宣言书。

邓小平同志南方谈话篇幅虽短，朴实无华，但理论和政治内涵是十分深刻、博大的。邓小平理论体系中几乎所有的重要观点都在南方谈话中体现出来了，它是邓小平理论的系统的、集中的体现，是邓小平理论科学体系最终形成的标志。从今天的现实来看，需要从以下几个方面加深对南方谈话的理解。

第一，南方谈话科学地回答了"什么是社会主义，怎样建设社会主义"这个中国特色社会主义建设的首要的基本问题。邓小平同志说："什么是社会主义，如何建设社会主义。我们的经验有许多条，最重要的一条，就是要搞清楚这个问题。"他还说："问题是要把什么叫社会主义搞清楚，把怎样建设和发展社会主义搞清楚。"因为不搞清楚这个问题，到底中国特色社会主义的发展，就没有前途，没有出路，没有方向。在这个首要的基本问题上，邓小平同志一针见血，抓住了要害。从苏联、东欧的失败到中国社会主义建设的历程来看，我们在这个问题的认识和实践上，曾经走过很长一段弯路。150多年前，马克思、恩格斯创立了唯物史观和剩余价值理论，揭示了资本主义必然灭亡和社会主义必然胜利的历史规律，得出社会主义在数国同时取得胜利的结论。列宁继承和发展了马克思主义，分析了垄断资本主义的经济政治矛盾，揭示了帝国主义发展不平衡的规律，突破了马克思恩格斯的原有结论，得出了社会主义可以在一国首先取得胜利的结论，领导了十月革命，建立了人类历史上第一个社会主义制度的国家。毛泽东同志把马克思列宁主义同中国革命的具体实践相结合，解决了在中国半封建半殖民地社会夺取政权的理论、路线和道路问题，创立了毛泽东思想。关于什么是社会主义、在落后的中国怎么建设社会主义的问题，尽管毛泽东同志在领导中国社会主义建设的实践中有所探索，但并没有科学地解决这个问题。毛泽东同志只解决了中国革命的问题，没有解决中国社会主义如何建设的问题。邓小平理论科学地、系统地，也是初步地回答了"什么是社会主义，怎样建设社会主义"的问题，解决了在中国这样落后的东方大国怎样建设社会主义的问题。邓小平同志说过：贫穷不是社会主义。只有富起来，好起来，人们才会说社会主义好。邓小平同志提出了社会主义本质论和社会主义初级阶段论，对"什么是社会主义，怎样建设社会主义"问题从根本上进行了科学的回答。

第二，"解放思想，实事求是"是南方谈话的精神实质，是邓小平理论的精髓，是贯穿南方谈话全文的一条红线。实事求是是毛泽东思想的灵魂，是我们党克敌制胜的法宝。邓小平同志说，实事求是是马克思主义的精髓，要提倡这个，不要提倡本本。邓小平同志在"实事求是"前加上了"解放思想"四个字，使毛泽东思想实事求是的思想路线更丰富了。"七一"讲话提出与时俱进是马克思主义的理论品质，在新形势和新任务面前进一步发挥了邓小平"解放思想，实事求是"的思想路线。"解放思想，实事求是"是邓小平理论的精髓，没有"解放思想，实事求是"，就没有十一届三中全会，就没有改革开放的 20 年，就没有今天我们面向 21 世纪的中国共产党和面向 21 世纪的中华民族。

第三，南方谈话中社会主义市场经济理论是对马克思主义经济理论和科学社会主义理论的重大突破。长期以来，把计划经济看作是社会主义的根本特征、把市场经济看作是资本主义的传统观念，严重束缚着人们的头脑。把市场经济与社会主义结合起来是前无古人的探索。社会主义可以搞市场经济，是南方谈话的一个重要观点。"计划多一点还是市场多一点，不是社会主义与资本主义的本质区别。计划经济不等于社会主义，资本主义也有计划；市场经济不等于资本主义，社会主义也有市场。计划和市场都是经济手段。"实际上，邓小平同志早在 1979 年就提出社会主义市场经济的思想。如果没有社会主义市场经济这个重大理论突破，我国现代化建设就不会有如此翻天覆地的历史性巨变。

第四，南方谈话关于"三个有利于"的判断标准是"解放思想，实事求是"思想路线的具体化和深化。必须按照"三个有利于"的判断标准来判断改革开放中的是非问题、成败问题。从哲学基础上来讲，"解放思想，实事求是"是个辩证唯物主义认识论问题，"三个有利于"判断标准则是"解放思想，实事求是"的思想路线在历史观领域的实践体现。邓小平同志在南方谈话中明确指出："改革开放迈不开步子，不敢闯，说来说去就是怕资本主义的东西多了，走了资本主义道路。要害是姓'资'还是姓'社'的问题。判断的标准，应该主要看是否有利于发展社会主义社会的生产力，是否有利于增强社会主义国家的综合国力，是否有利于提高人民的生活水平。"从十一届三中全会到南方谈话的实践告诉我们，社会主义改革开放和现代化建设进程中的最大阻力往往来自于传统观念的禁锢。十一届三中全会的争论就是实践是检验真理的标准还是领袖的话、"两个凡是"是检验真理的标准。在后来的改革开放进程中又产生了姓"社"还是姓"资"的争论。农村实行联产承包责任制时，有人赞成，有人反对，反对的人认为"辛辛苦苦几十年，一夜就退回到解放前"。建设特区时，有人认为是搞资本主义的特区。进行土地批租时，有人说是"慈禧太后又复活了，割地赔款，是卖国贼"。引进外资，有人认为多一份外资就多一份资本主义。搞乡镇企业，有人认为这是萌生腐败的温床。总之，在改革开放实践中遇到的一个重大障碍就是姓"社"还是姓"资"这种传统思维定式的束缚。靠什么冲破它呢？用什么标准来判断改革的对与错呢？邓小平同志讲，判断姓"社"姓"资"的标准，主要是"三个有利于"，这就把"三个有利于"标准引申到改革开放的实践中，把实事求是思想路线引申到社会历史观领域。而怎样才能在工作中体现"三个有利于"呢？关键在党，关键在领导干部。党和党的领导干部怎么才能做到"三个有利于"呢？就要按照"三个代表"重要思想的要求，代表先进生产力、代表先进文化、代表人民利益。先进生产力加先进文化就是综合国力；有了综合国力，提高了人民生活水平，才能代表人民的根本利益。"三个代表"重要思想与"三个有利于"判断标准具有非常鲜明的理论继承性。

第五，既要防止"左"，又要防止右，当前主要是防止"左"，是南方谈话的重要观点。邓小平同志说："现在有右的东西影响我们，也有'左'的东西影响我们，但根深蒂固还是'左'的东西。有些理论家、政治家拿大帽子吓唬人的，不是右，而是'左'，'左'带有革命的色彩，好像越'左'越革命。'左'的东西在我们党的历史上十分可怕呀！……右可以葬送社会主义，'左'也可以葬送社会主义。中国要警惕右，但主要是防止'左'。"这一段话非常深刻。在中国革命历史上，危害最大的是"左"。在第五次反围剿时的王明"左"倾机会主义就是如此，他披着马克思主义的外衣欺骗人，自称是百分之百的布尔什维克。结果，中国革命在他手中几乎葬送，中央红军根据地全部丢失，红军损失90%。社会主义建设时期对我们危害最大的仍然是"左"。必须加深理解当前主要是防止"左"的重要观点。

第六，中国的问题关键在党，是南方谈话的重要思想。邓小平同志说："正确的政治路线要靠正确的组织路线来保证。中国的事情能不能办好，社会主义改革开放能不能坚持，经济能不能快速发展起来，国家能不能长治久安，从一定意义说，关键在人。"他又说："中国要出问题，还是出在共产党内。"这是一个非常重要的观点。加强党的建设是关系到中国特色社会主义建设成败的关键问题。当前党的作风建设是党的建设的突破口。如何解决密切联系群众的问题，是一个关系到党生死存亡的关键问题，是当前党的作风建设所要解决的核心问题。

总之，南方谈话抓住了我国社会主义建设实践中长期困扰人们的根本性问题，抓住了中国特色社会主义建设进程中一系列重大问题，从理论上给予科学的回答，对中国特色社会主义建设具有战略性的、前瞻性的、全局性的指导意义。南方谈话是对十一届三中全会以来我们党领导的社会主义改革开放新鲜经验的高度总结，是对世界各国社会主义建设历史经验教训的高度总结，是对整个国际共产主义运动及其发展进程的高度总结。它集中地、系统地、全面地论述了邓小平理论的精髓和基本观点，是邓小平理论的系统的、精粹的体现，不仅为十四大做好了思想理论准备，而且为整个中国特色社会主义事业提供了全面的理论依据。

如果说邓小平同志的《解放思想，实事求是，团结一致向前看》的重要讲话起到了拨乱反正、开辟中国特色社会主义建设正确航道的重要历史作用，那么南方谈话就起到了既要防止"左"，又要反对右，主要是防止"左"，全面肯定十一届三中全会以来的理论、路线和实践，坚定不移地沿着社会主义改革开放的正确道路走下去，开拓社会主义改革开放的新局面，掀起现代化建设新高潮的伟大历史作用。党的十四大对南方谈话的深远历史意义和伟大现实意义作出了高度的评价："以邓小平同志南方谈话和今年3月中央政治局全体会议为标志，我国改革开放和现代化建设事业进入了一个新的阶段。"南方谈话在中国特色社会主义改革开放和现代化建设的历史上，具有划时代的历史意义和推动中国经济社会发展的现实意义。回顾当时80年代末90年代初的历史现状，可以清楚地看到南方谈话的极端重要性。没有南方谈话，就没有今天建设有中国特色社会主义的大好形势。南方谈话朴实无华，道理深刻，既对前十年我国改革开放事业作了肯定和总结，又对开辟改革开放第二个十年起到了重大推动作用。从南方谈话至今十余年的伟大实践，严格地检验了南方谈话，充分证明了南方谈话所具有的强大的理论生命力。南方谈话标志着邓小平理论达到了成熟的高峰。

三 "七一"讲话：邓小平理论的继承和发展

我国社会主义改革开放事业的又一个阶段的起点是20世纪末到21世纪初，这个历史关头是迈向21世纪的中国社会主义改革开放进入了新的发展阶段的关键时刻，我们党和国家又面临着第三次重大历史关头。

邓小平同志逝世以后，我们党正处于第二代领导集体与第三代领导集体整体交替的重要时刻，正处于社会主义改革开放和现代化建设的新起点。当时我们党实际上面临着两个最基本的重大问题需要解决：第一个基本问题是，邓小平同志去世后，我党能不能继续高举邓小平理论伟大旗帜，把建设有中国特色的社会主义事业全面推向21世纪。也就是说，邓小平同志所开创的改革开放的事业，他所提出的一整套改革开放的理论、方针、政策还能不能继承、坚持和发展。第二个基本问题是，坚持邓小平理论和路线的问题解决之后，如何加强执政党的建设提到了最紧迫的日程上，成为我们党面临的又一个重大课题。江泽民同志的"5·29"讲话和随后召开的党的十五大，向全世界、向全国人民郑重宣布：高举邓小平理论伟大旗帜，把建设有中国特色的社会主义全面推向21世纪。十五大政治报告明确指出："在当代中国，只有把马克思主义同当代中国实际和时代特征结合起来的邓小平理论，而没有别的理论能够解决社会主义的前途和命运问题。"邓小平理论是全党全国人民的主心骨，是伟大的旗帜。党的十五大把邓小平理论作为党的指导思想写进了党章。在20世纪末21世纪初的重要历史时刻，国际国内发生了一系列事件，我们党面临着国际国内各种政治、经济风险的严峻考验。正是靠坚定不移地贯彻邓小平同志亲自制定的理论和路线，以江泽民同志为首的第三代中央领导集体的执政能力和抵御各种风险的能力经受住了重大考验，取得了十五大前后的一系列伟大胜利。

"政治路线确定之后，干部就是决定的因素。"邓小平理论、党的基本路线是我们党须臾不可离开的政治法宝。实践证明，离开它，建设有中国特色的社会主义事业就要走偏路，就要出问题。理论、路线已定，实践又证明是完全正确的，关键又在什么呢？那就是执行理论、路线的人。所以，邓小平同志说"关键在人"，关键在于执行理论和路线的人，关键在于执政党——共产党，关键在于党的各级领导干部。面向21世纪"建设一个什么样的党，怎么建设党"的问题，就成为十五大之后我们党面临的一个重大问题，这是以江泽民同志为核心的党的第三代领导集体所要集中解决的关乎中国社会主义发展的重大理论和现实问题。江泽民同志"七一"讲话、"三个代表"重要思想集中回答了这个重大问题。"七一"讲话是以江泽民为核心的党的第三代领导集体在社会主义改革开放和现代化建设新的实践基础上对邓小平理论的继承和发展，是马克思主义与当代中国实际和时代特征相结合的最新成果。"七一"讲话集中论述了"三个代表"的重要思想，科学地、系统地回答了"建设一个什么样的党，怎样建设党"的问题，是党的建设的全面的科学纲领，是面向21世纪中国共产党的又一篇"解放思想，实事求是"的政治宣言书。

"七一"讲话是一篇与时俱进的马克思主义重要理论文献，"七一"

讲话精神、"三个代表"重要思想是对马克思列宁主义、毛泽东思想，特别是邓小平理论的坚持、继承和发展。马克思主义没有创新，就没有生命力。怎么来理解"七一"讲话、"三个代表"的理论创新呢？一是从马克思、恩格斯关于存在决定思维、社会存在决定社会意识的认识论原理，到列宁的"从物到感觉和思想，而不是从感觉和思想到物"的唯物主义认识路线，到毛泽东同志的"实事求是"的思想和邓小平同志"解放思想，实事求是"的思想路线，再到"七一"讲话中所提出的与时俱进的马克思主义理论品格，可以清晰地看到一条在思想路线上的马克思主义继承、发展和创新的逻辑与历史相统一的顺序，看到马克思主义理论创新的过程，看到解放思想、实事求是、与时俱进的过程。二是从毛泽东同志科学地分析中国社会、解决中国革命的重大问题，到邓小平同志解决"什么是社会主义，怎样建设社会主义"这个首要的基本问题，再到江泽民同志回答"面向二十一世纪建设一个什么样的党，怎样建设党"这个重大课题，可以看到，我们党在不断解决实践和理论难题的历史进程中，在不断进行马克思主义理论创新和实践创新的过程中，坚持马克思主义、发展马克思主义的历史的逻辑的联系。三是从毛泽东同志的"生产力标准"到邓小平同志的"三个有利于"判断标准，再到江泽民同志"三个代表"的重要思想，可以清楚地看到坚持和发展历史唯物主义的生产力观点的清晰脉络。四是从马克思、恩格斯、列宁的建党原理，到毛泽东同志的思想建党理论，到邓小平同志的新时期党建思想，再到江泽民同志的"三个代表"重要思想，可以清楚地看到，马克思列宁主义、毛泽东思想、邓小平理论和江泽民"三个代表"重要思想关于党建的理论是一脉相承的，体现了一种与时俱进的理论品格。

面向 21 世纪，"建设一个什么样的党，怎样建设党"，必须要按照"三个代表"的要求去解决。"三个代表"重要思想从党的根本宗旨、根本性质、根本理论、根本任务、根本经验五个方面，全面地发展了马克思主义的党建理论。现在，对中国共产党最大的考验，一是抵御各种风险的考验，二是执政的考验。能否经得起这两个考验，关系到党和政权的生死存亡。现在国际上很多政党都在考虑执政考验的问题。如何加强和改进党自身建设在执政中经受住各种风险的考验，是中国共产党的当务之急。以江泽民同志为核心的第三代中央领导集体，随着时代的变化和实践的发展，坚持、丰富和发展了邓小平理论，把南方谈话中的一系列重要思想推向前进，形成了以"三个代表"为核心的理论成果；"七一"讲话是该理论成果的重要体现，是对邓小平理论的继承和发展。

（原载《中共中央党校报告选》2002 年第 3 期）

构建社会主义和谐社会的理论指南

——重读《关于正确处理人民内部矛盾的问题》

　　毛泽东创立的正确处理人民内部矛盾理论，是毛泽东思想的重要组成部分。而形成这一理论的标志性著作——《关于正确处理人民内部矛盾的问题》，突出地代表了新中国成立以来马克思主义中国化的重大理论成就。在构建社会主义和谐社会的今天，重读50年前发表的这篇历史性文献，仍然能够为构建社会主义和谐社会、建设中国特色社会主义的伟大实践提供有力的理论支持和科学的思想指南。

一　正确处理人民内部矛盾理论的形成与基本观点

　　各个社会主义国家的兴衰成败证明：社会主义制度建立以后，执政的共产党及其领导下的人民政权怎样认识、如何处理社会主义国家的内部矛盾，事关社会的安定、政权的巩固、人民的幸福。由于时代的局限，马克思、恩格斯不可能回答社会主义国家内部矛盾的这个实践课题。但是，他们关于处理共产党内部的矛盾、统一战线内部各阶级、各阶层之间的矛盾，共产主义社会第一阶段城乡之间、工农之间、脑体之间的矛盾等思想，为正确认识和处理社会主义国家的内部矛盾提供了理论依据，为创立正确处理人民内部矛盾的理论提供了思想来源。列宁短暂地领导第一个社会主义国家，预见到在社会主义条件下，"对抗将会消失，矛盾仍将存在"①，还谈到如何处理党内矛盾、统一战线内部各种力量之间的矛盾、领

---

① 列宁：《在尼·布哈林〈过渡时期经济学〉一书上作的批注和评论》，《列宁全集》第60卷，人民出版社1990年版，第282页。

导干部与群众的矛盾。斯大林在领导苏联社会主义建设的过程中，分析过苏联社会存在的矛盾，使用过"内部矛盾"（指工人与农民的矛盾）和"外部矛盾"（指社会主义国家与资本主义国家的矛盾）的概念。然而，在1936年，当苏联宣布建立社会主义制度以后，他又不承认苏联社会存在内部矛盾，并且长期混淆两类不同性质的矛盾，造成重大失误。而这也为我们党正确认识和处理人民内部矛盾提供了有益的借鉴。

在中国的新民主主义革命时期，我们党正确处理革命队伍内部、革命根据地内部、统一战线内部的各类关系和各种矛盾，形成了一整套行之有效的方法，如"团结—批评—团结"的公式，"惩前毖后、治病救人"的方针，等等。这些都为创立正确处理人民内部矛盾的理论提供了经验基础和思想前提。后来，毛泽东在《论人民民主专政》一文中进一步指出，解决新民主主义的实践业已提出的人民内部问题，应当使用"民主的即说服的方法，而不是强迫的方法"①，通过在人民中间普遍实行民主，解决人民内部的各种是非矛盾。

我国人民民主专政的国家政权建立以后，大量的人民内部矛盾摆在共产党和人民政府的各级领导者面前。对此，毛泽东在全国政协一届二次会议上明确指出，只能用民主的方法教育和说服人民。"这种教育工作是人民内部的自我教育工作，批评和自我批评的方法就是自我教育的基本方法。"② 由此提出了"人民内部"的概念。随着生产资料社会主义改造的基本完成，社会主义经济制度在全国范围内普遍建立起来，人民内部的矛盾逐渐成为带有全局性的问题。于是，毛泽东在《论十大关系》一文中，通过论述当时我国社会生活中的十大关系，提出了调动国内外一切积极因素，为社会主义事业服务等正确处理人民内部矛盾的思想。

就在同一时期，苏共二十大秘密报告在国际共产主义运动内部引发思想动荡，连带东欧某些社会主义国家产生社会动乱，甚至影响和冲击到我国：一些人思想一度混乱，少数人闹事。这些暴露出社会主义国家的内部

---

① 毛泽东：《论人民民主专政》，《毛泽东选集》第4卷，人民出版社1991年版，第1476页。
② 毛泽东：《在全国政协一届二次会议上的讲话》，《毛泽东文集》第6卷，人民出版社1999年版，第81—82页。

矛盾，以及执政的共产党对于各种社会矛盾认识不到位、处理不得当、治国水平还不高等严重问题。一系列复杂情况，不能不引起我们党的高度警惕，促使我们党认真总结经验教训，深入思考人民内部矛盾及其如何正确处理，以便从理论上指导社会主义实践面临的重大治国课题。

1956 年 9 月，毛泽东主持召开党的第八次全国代表大会，提出关于国内主要矛盾的重大命题。同年 11 月，他在党的八届二中全会一次会议上提出，我国国内的阶级矛盾已经基本解决，应当用民主的方法解决人民内部矛盾和党内矛盾。同年 12 月，他主持发表《再论无产阶级专政的历史经验》一文，注意到斯大林晚年的错误，总结了波匈事件的教训，提出了"敌我矛盾"和"人民内部矛盾"的概念。1957 年 1 月，毛泽东在省市自治区党委书记会议上表示，革命时期人民内部的斗争很少，建设时期大量表现的是人民内部的矛盾。因此，"怎样处理社会主义社会的敌我矛盾和人民内部矛盾，这是一门科学，值得好好研究"[①]。与此同时，毛泽东加强了对这方面工作的具体政策指导。他在中央关于处理罢工、罢课问题的一份文件中，批评了许多领导者对待这类事件，往往混淆两类不同性质的矛盾，用类似处理敌我矛盾的办法来处理人民内部矛盾；批评了许多领导者往往不了解官僚主义是造成这类事件的主因，认为防止发生罢工、罢课这类事件，根本的办法是加强教育和扩大民主。

经过一定的治国实践和反复的思想酝酿，1957 年 2 月 27 日，毛泽东在最高国务会议第十一次（扩大）会议上作了《关于正确处理人民内部矛盾的问题》的报告，正式提出正确处理人民内部矛盾的马克思主义理论。这个理论不仅是国际共产主义运动有关经验的总结，而且是共产党领导中国人民建设社会主义有关实践的指南。它汇集我们党治国理政的智慧，包含以下几个方面的基本观点：

第一，根据对立统一的观点，肯定社会主义国家内部也存在着矛盾。毛泽东认为，"对立统一规律是宇宙的根本规律。这个规律，不论在自然

---

① 毛泽东：《在省市自治区党委书记会议上的讲话》，《毛泽东选集》第 5 卷，人民出版社 1977 年版，第 357 页。

界、人类社会和人们的思想中，都是普遍存在的"①。因此，"社会主义社会也是对立统一的"②，充满着矛盾。

第二，根据矛盾是一切事物发展源泉的观点，指出社会主义社会基本矛盾、社会主义国家内部矛盾是推动社会主义前进的动力。毛泽东认为，不仅应该公开承认我国社会主义社会还存在着矛盾，而且要看到"正是这些矛盾推动着我们的社会向前发展"③。社会主义社会就是在生产力与生产关系、经济基础与上层建筑既相适应又不相适应的基本矛盾运动中发展起来的。

第三，根据矛盾特殊性的观点，第一次提出必须正确区分两类不同性质的社会矛盾。毛泽东认为，社会主义社会的基本矛盾一般不表现为剧烈的对抗、冲突和阶级斗争，主要表现为人民内部矛盾。社会主义国家的内部矛盾因此可以区分成敌我矛盾和人民内部矛盾。"这是性质完全不同的两类矛盾。"④ 因为，人民和敌人是两个具体的、历史的概念，在不同的国家里和各个国家的不同历史时期，它们的内容是不相同的。"在建设社会主义的时期，一切赞成、拥护和参加社会主义建设事业的阶级、阶层和社会集团，都属于人民的范围；一切反抗社会主义革命和敌视、破坏社会主义建设的社会势力和社会集团，都是人民的敌人。"⑤ 这样一来，社会主义国家的人民内部矛盾又分为人民内部各阶级的矛盾、各阶层的矛盾及各阶层内部人与人的矛盾；人民政府与人民群众的矛盾，包括国家、集体、个人之间的、民主与集中的、领导与被领导的矛盾；党与非党的矛盾，民族之间的矛盾，等等。"一般说来，人民内部的矛盾，是在人民利益根本一致的基础上的矛盾。"⑥

---

① 毛泽东：《关于正确处理人民内部矛盾的问题》，《毛泽东著作选读》下册，人民出版社1986年版，第766页。
② 毛泽东：《在省市自治区党委书记会议上的讲话》，《毛泽东选集》第5卷，人民出版社1977年版，第351页。
③ 毛泽东：《关于正确处理人民内部矛盾的问题》，《毛泽东著作选读》下册，人民出版社1986年版，第766页。
④ 同上书，第757页。
⑤ 同上书，第757—758页。
⑥ 同上书，第758页。

第四，根据用不同质的办法解决不同质的矛盾的观点，提出正确处理人民内部矛盾的方针和方法。毛泽东认为，社会主义社会的基本矛盾可以通过社会主义制度本身来解决。社会主义国家的人民内部矛盾应当用民主的方法、讨论的方法、批评教育的方法、疏导的方法去解决。这"是分清是非的问题"①。我们党的历史经验表明，解决人民内部矛盾，要从团结的愿望出发，经过批评或者斗争使矛盾得到解决，在新的基础上达到新的团结；要实行"统筹兼顾、适当安排"的方针，协调经济领域内的国家利益、集体利益和个人利益；要实行"百花齐放、百家争鸣"的方针，慎重对待科学文化工作中的是与非，提倡自由讨论，不要轻率地作结论；要实行"长期共存、互相监督"的政策，搞好同民主党派、民主人士的关系，搞好汉民族和少数民族的关系，以及团结和教育知识分子；特别要加强思想政治工作，坚持社会主义道路和共产党的领导这两条最重要的原则，既要反对教条主义，又要反对搞两党制和鼓吹绝对民主和绝对自由。总之，"要从我国有六亿人口这一点出发"②，正确处理人民内部的各类关系和各种矛盾，着眼于调动一切积极因素，团结一切可能团结的人，尽可能地将消极因素转变成积极因素，为建设社会主义社会这个伟大的事业服务。

第五，根据矛盾相互转化的观点，阐述人民内部矛盾的激化原因及解决办法。毛泽东认为，人民内部矛盾与敌我矛盾具有根本对立的性质，并且在一定条件下相互转化。敌我矛盾是对抗性质的，人民内部矛盾是非对抗性质的。敌我在根本利益上水火不相容。人民在根本利益相同的基础上存在着不同的局部利益和暂时利益，实现一方利益可能促进另一方利益的实现。敌我矛盾的对抗性和人民内部矛盾的非对抗性是相对的，不是绝对的，二者之间没有不可逾越的鸿沟。在一定条件下，人民内部的某些矛盾，如果处理不当，或者失去警觉、麻痹大意，也会受到激化而采取对抗形式。毛泽东分析少数人闹事的直接原因是没有满足他们的物质利益。这其中，有些利益是正当的和可能解决的，有些利益是不适当的和要求过高

① 毛泽东：《关于正确处理人民内部矛盾的问题》，《毛泽东著作选读》下册，人民出版社1986年版，第759页。

② 同上书，第782页。

的。而闹事的更重要原因是领导上的官僚主义，无视某些群众的合理要求，引起人们的不满；或者对某些群众的不合理要求，缺乏及时到位的思想政治工作，激化人们的对立情绪。这些需要由上级机关负责，不能全怪下面。如何防止人民内部矛盾激化和处理少数人闹事，毛泽东指出，一是坚决克服官僚主义，及时进行深入细致的思想政治教育，经常把发生的困难向群众作真实的说明，同他们一起研究解决问题的办法，恰当地化解各种矛盾。二是出现了闹事，就要运用正确的手段，把闹事的群众引向正确的道路，以利于解决先前没有解决的问题。"群众闹事是坏事，是我们所不赞成的。但是这种事件发生以后，又可以促使我们接受教训，克服官僚主义，教育干部和群众。从这一点上说来，坏事也可以转变成为好事。"[1]因此，不能用简单的方法处理闹事。对于带头闹事的触犯刑法的分子和反动分子，对于利用和歪曲我们的方针、造谣生事和破坏社会正常秩序、煽动群众闹事的坏人，决不能放纵他们，必须给予法律制裁。这样做，符合人民群众的要求和意愿。

二　正确处理人民内部矛盾理论是认识和构建社会主义和谐社会的指南

我们今天正在构建社会主义和谐社会。"社会和谐是中国特色社会主义的本质属性"[2]。"目前，我国社会在总体上是和谐的。但是，也存在不少影响社会和谐的矛盾。"[3] 它们集中表现为我国社会发展现阶段具有新特点的人民内部矛盾。对此，需要我们保持清醒的头脑，运用正确处理人民内部矛盾理论所提供的立场、观点和方法，科学地把握人民内部矛盾的产生原因和变化规律，正确处理人民内部矛盾，同时进一步丰富和发展人民内部矛盾理论。

---

① 毛泽东：《关于正确处理人民内部矛盾的问题》，《毛泽东著作选读》下册，人民出版社 1986 年版，第 793 页。

② 《中共中央关于构建社会主义和谐社会若干重大问题的决定》，《中国共产党第十六届中央委员会第六次全体会议文件汇编》，人民出版社 2006 年版，第 1 页。

③ 同上书，第 3 页。

（一）人民内部矛盾是我国社会现阶段人际关系中的主要矛盾

由于复杂的国内国际因素和经济、政治、思想、文化等社会历史原因，两类不同性质的社会矛盾——人民内部矛盾与敌我矛盾，将在我国社会主义初级阶段长期存在。它们在某些特定条件下，错综复杂地交织在一起，甚至可能激化。尽管如此，突出地、大量地、经常地表现出来的社会矛盾，仍然是人民内部矛盾。人民内部矛盾构成我国社会现阶段人际关系中的主要矛盾。这是认清当前我国社会矛盾的一个基本问题。

第一，我国社会主义制度，决定人民内部矛盾是我国社会现阶段人际关系中的主要矛盾。

社会主义制度在我国确立之后，剥削制度作为一个完整的社会制度已经不复存在，剥削阶级作为一个完整的阶级也已经不复存在。在我国社会内部，人际关系的性质发生了根本转变。虽然阶级差别和阶级矛盾在相当长的历史时期内不能完全被消除，但阶级矛盾已经不能构成我国社会现阶段人际关系中的主要矛盾。目前，我国社会发展还处于社会主义初级阶段，生产力相对落后，物质财富和精神财富相对缺乏，尚不能充分满足人民日益增长的物质文化需求。特别是城乡、区域、经济社会发展很不平衡，人口资源环境压力加大；就业、社会保障、收入分配、教育、医疗、住房、安全生产、社会治安等方面关系群众切身利益的问题比较突出；体制机制尚不完善，民主法制还不健全；一些社会成员诚信缺失、道德失范，一些领导干部的素质、能力和作风与新形势新任务的要求不相适应；一些领域的腐败现象比较严重；敌对势力的渗透破坏活动危及国家安全和社会稳定。这些情况都不可避免地诱发和造成层出不穷的人民内部矛盾，由此构成我国社会现阶段人际关系中的主要矛盾。

第二，我国社会主义基本矛盾，决定人民内部矛盾在我国各类社会矛盾中居于主体地位。

在现实社会中，社会基本矛盾一定要通过人与人的交往关系表现出来，并且形成确定的人际矛盾。在阶级社会中，社会基本矛盾一定要通过人们之间的阶级关系表现出来，并且形成特定的阶级矛盾。社会主义制度在我国确立以后，生产关系与生产力、上层建筑与经济基础在基本适合的前提下，还存在着不相适应的方面和环节。这些不相适合的方面和环节往往通过体制表现出来。在我国社会发展的现阶段，社会基本矛盾仍然表现为既相适应又不相适应，在基本适应的前提下，还存在一些不适应的方面，一些生产关系的具体形式即经济体制仍不适合生产力的发展要求；一些上层建筑的具体形式即政治体制仍不适合经济基础的需要。我国社会基本矛盾的这种特质，决定了我国人民内部不存在根本的利害冲突。在人际关系方面，我国社会基本矛盾大量地、主要地表现为人民内部非对抗性质的矛盾关系。

第三，我国现阶段社会主要矛盾，决定人民内部矛盾在我国社会人际矛盾中的主导作用。目前，我国社会发展需要不断克服的主要矛盾就是：人民日益增长的物质文化需要同相对落后的社会生产的矛盾。涉及人与人的具体关系，这个主要矛盾集中表现为人民内部的利益分配矛盾。改革开放的深入，一方面发展和繁荣了经济，提高了人民生活水平；另一方面也改变了以往的利益分配格局，不仅拉大了人民内部不同社会群体的收入差距，而且导致人民内部的利益矛盾更加普遍和更加明显。社会主义市场经济的发展，带来了经济关系复杂化、分配格局多样化，不仅造成经济领域的多重矛盾，而且引发政治领域、思想领域的各种矛盾。这些情况，促使人民内部人与人的相互关系发生结构性改变，形成带有新特点的人民内部矛盾，并且主导我国现阶段的其他社会关系。

（二）人民内部利益矛盾是我国社会现阶段人民内部矛盾中的核心矛盾

人民内部矛盾是由许多非对抗性矛盾组成的复杂系统。这其中有工人阶级、农民阶级与其他劳动者阶级阶层的矛盾；各民族之间的矛盾；地方与地方、集体与集体的矛盾；工人阶级内部、农民阶级内部、知识分子内部、个体劳动者之间、私营经济的经营者之间的矛盾；工人阶级、农民阶级及其他劳动者阶级阶层与私营经济经营者的矛盾；执政党、人民政府与人民群众、领导干部与群众、上级与下级、党与非党的矛盾，党内的各种矛盾，以及国家、集体、个人之间、各个社会群体之间的矛盾……这些矛盾在经济、政治、意识形态等领域都有表现。而物质经济关系是所有人民内部矛盾产生和发展的利益根源。人民内部的利益矛盾作为制约人民内部其他社会矛盾的矛盾，在人民内部矛盾的体系中，具有根源性、主导性、群体性、非对抗性的特点。因此，必须从经济根源上分析和把握人民内部矛盾。这是认清当前人民内部矛盾的一个基本前提。在我国社会主义初级阶段，第一，社会生产力相对落后是人民内部利益矛盾存在和变化的物质原因。社会生产相对不足，造成生活资料相对匮乏，容易带来不合理的分配，加剧人民内部矛盾的紧张和尖锐。第二，旧式社会分工、旧的社会差别是人民内部利益矛盾存在和变化的社会历史原因。第三，不同的经济成分与不同的分配方式，是人民内部利益矛盾存在和变化的生产关系原因。现阶段不同性质的经济成分及其多样化的分配方式，决定人民内部利益矛盾的复杂性。不仅有公有制的国有经济、集体经济和公有制主导下的混合经济，还有个体经济和私营经济。它们的运行使得人民内部的利益矛盾具体表现为下列结构性矛盾：不同所有制劳动群众之间，以及同一所有制内部劳动群众之间的矛盾，公有制单位的劳动群众与个体的劳动者及私有经济的经营者、雇主的矛盾，私营企业的雇主与雇员的矛盾，个体经济的经营者、私有经济的经营者与广大消费者的矛盾。第四，社会主义市场经济是人民内部利益矛盾存在和变化的经济原因。在社会主义市场经济关系的背后，隐藏着人民内部的、各种复杂的经济关系和利益矛盾。第五，不成熟和不完善的经济体制、政治体制是人民内部利益矛盾存在和变化的体制原因。它们有时可能会在人民内部引发激烈的利益冲突。第六，带有旧社会痕迹的思想、文化、道德是人民内部利益矛盾存在和变化的思想原因。落后的思想、文化、道德，有时会助长甚至激化本已存在的人民内部的利益矛盾。

上述原因，深刻地决定着我国社会现阶段各个利益主体还存在个别利益、特殊利益及其与集体利益、社会公共利益的矛盾。

人民内部的利益矛盾能够影响，甚或导向人民内部其他社会矛盾的发展变化，并且具有横向和纵向两种基本形式。在横向上，它表现为个人之间，各个社会群体、社会阶层、社会阶级之间，以及民族之间的利益矛盾。在纵向上，它表现为个人、集体和国家的利益矛盾。而这三者的矛盾冲突又是通过劳动者个人与所在单位或部门的领导者和管理者、与国家机关的领导干部的矛盾关系表现出来的。譬如，反映整体利益、长远利益的领导决策与只顾眼前利益、过分追求个人利益与群众要求的矛盾，领导者不关心群众痛痒的官僚主义作风与群众正当合理的利益要求的矛盾，个别领导的贪污腐败、以权谋私与人民群众维护自身利益的矛盾，领导决策失误或贯彻正确决策不力，损害了人民群众利益与人民群众不满情绪的矛盾。

人民内部的利益矛盾主要通过人民内部不同社会群体之间的利益矛盾表现出来。在阶级社会中，社会利益群体主要指阶级性和阶层性群体。在社会主义国家，虽然敌对阶级的阶级对立被消灭了，但非敌对阶级及其阶层还存在着差别，如工人阶级、农民阶级、各阶层的劳动群众与私营企业主阶层的利益差别。需要指出的是，工人阶级、农民阶级（它们是社会主义社会的主体阶级），因为收入不同、经济地位不同，在它们的内部，还可能分别产生具有一定利益差别的多种从属性社会群体。

在我国新旧体制交替的改革时期，社会的经济结构和政治结构发生变化，带动原有的社会群体形成新的利益需求。原有的社会群体因而产生相应的调整，分化重组为新的群体结构和利益格局。在这种情况下，多样化的利益需求一旦上升到群体意识的高度，就会引导特定的社会群体各自追逐新的利益。这种多样性的利益行为，使得存在利益差异的社会群体之间产生进一步的摩擦、冲突和矛盾，甚至是对抗性的矛盾。人民内部利益矛盾处理得不好，就是这样由非对抗性质转化成对抗性质。

三　化解人民内部矛盾，构建社会主义和谐社会

"社会和谐是我们党不懈奋斗的目标。"[①] "构建社会主义和谐社会是一个不断化解社会矛盾的持续过程。我们要始终保持清醒头脑，居安思危……最大限度地增加和谐因素，最大限度地减少不和谐因素，不断促进社会和谐。"[②] 运用正确处理人民内部矛盾理论所提供的立场、观点和方

①　《中共中央关于构建社会主义和谐社会若干重大问题的决定》，《中国共产党第十六届中央委员会第六次全体会议文件汇编》，人民出版社2006年版，第2页。
②　同上书，第4页。

法，有效地协调我国社会发展现阶段各行各业、各个方面、各个社会群体的利益关系，妥善地应对人民内部矛盾，这是构建社会主义和谐社会的前提。

正确处理人民内部矛盾，始终是我国社会主义初级阶段国家政治生活的一项主题。而在当前，用科学发展观统领小康社会建设和社会主义和谐社会建设，深刻记取应对人民内部矛盾的经验教训，及时化解带有新特点的人民内部矛盾，同样具有重要的意义。

历史上，在处理人民内部矛盾方面，前苏联和中国的经验教训有一个最大的共同点就是，不能混淆敌我矛盾与人民内部矛盾。无论前苏联在20世纪30年代进行的政治大清洗，还是中国在20世纪六七十年代发动的"文化大革命"，都是将阶级斗争扩大化，用处理敌我矛盾的办法去处理人民内部矛盾，严重地混淆两类不同性质的矛盾。其结果必然破坏社会主义的民主与法制，造成矛盾的积累和激化，甚至使人民内部矛盾的性质发生逆转。其结局不仅影响社会的稳定、和谐、发展，而且有可能把社会主义国家推向全国性内乱和经济崩溃的边缘。苏东社会主义国家最终解体的一个原因也正在于此。相反，我们党的十一届三中全会拨乱反正，果断地停止以阶级斗争为纲的错误路线，恢复实事求是的思想路线和正确处理人民内部矛盾理论，为经济建设创造了良好的社会环境，进而开创了中国特色社会主义事业的新局面。

同时，处于社会发展风险期的一些国家处理社会矛盾的经验教训，也值得我们高度重视。从各国现代化的发展进程看，当一个国家的发展水平达到人均GDP 1000—3000美元的时候，增长与问题、发展与矛盾便会交织在一起。这是社会结构深刻变动、社会矛盾最易激化的高风险期。发展必然带来利益格局的变化。一些人的利益得到满足，一些人的利益受到损害，矛盾加剧；经济高速增长衍生出的种种社会问题，如分配不公、贫富悬殊、金融风险等，会引发社会动乱和政局动荡。被称为"拉美陷阱"或"拉美病"的现象，就是指拉丁美洲国家在经济增长过程中因为贫困化和两极分化而导致的社会动荡。20世纪80年代，拉美各国相继推行新自由主义改革。在短期内，个别国家取得的高经济增长率甚至达到10%以上，人均GDP普遍在2000美元以上甚至更高。但这些国家的经济增长有失社会公正。其一，失业率持续攀升。2002 年，拉美地区失业率高达 9.6%。其二，贫富悬殊，两极分化。2004 年，拉美地区贫困人口已达 2.27 亿，百万富翁的增长率居全球之首。巴西收入最高的 10% 的居民拥有全国财富的 40%，收入最低的 10% 的居民拥有全国财富不足 3%。矛盾的激化表现为群众抗争运动此起彼伏，如墨西哥萨帕塔农民起义，巴西无地农民运动，阿根廷拦路者运动、敲锅运动，秘鲁、危地马拉、玻利维亚等国的反私有化运动等。拿墨西哥来说，20 世纪 80 年代，长期执政的墨西哥革命制度党全盘推行西方国家鼓吹的"新自由主义"，抛弃长期奉行的"革命民族主义"，全面推行私有化，盲目开放国内市场，又在社会政策上削减教育、医疗和保险等公共开支，以维持经济的高速增长。但由于没有妥善处理转轨过程中的社会矛盾，大批中小企业破产，许多工人失业，众多农民失地，普通民众生活水平下降，贫富分化加重，全国贫困人口约占总人口的 45%。这样一来，革命制度党的执政基础出现了严重动摇，终于在 2000 年的大选中丧失了长达 71 年的执政地位。

现实中，在化解带有时代特点的人民内部矛盾方面，我国目前面临着一些十分突出的问题，迫切需要我们拿出治本良策。

第一，化解领导干部与群众的矛盾。

领导干部与群众的矛盾是当前我国人民内部矛盾存在、发展和变化的主线。正确化解领导干部与群众的矛盾，是正确处理人民内部所有矛盾的关键。

在我国的国家政治生活中，共产党是执政党。党和国家机关的各级领导干部在社会生活的各个领域居于权力核心的地位。中国特色社会主义事业的成败与领导干部的工作和责任息息相关。他们的工作对象是广大人民群众，一方面肩负着教育群众、组织群众、动员群众的职责；另一方面又依靠群众，服务群众，接受群众的监督，不脱离群众。于是，领导干部与群众的关系构成了社会主义人际关系的主线。他们之间的矛盾就成为人民内部矛盾的焦点。

在我国，一些最主要的社会矛盾，往往通过人民群众与领导干部的矛盾关系表现出来。例如，社会基本矛盾就具体表现为，作为生产力要素的劳动群众同作为国家职能管理者的领导干部的矛盾。有些矛盾虽然不直接表现为领导干部与人民群众的矛盾，但这些矛盾却要由领导干部来处理。如果处理不当，便转而表现为领导干部与人民群众的矛盾。

一般来说，领导干部与人民群众的矛盾是非对抗性质的。但是，当领导决策出现重大失误损害到人民群众的根本利益，当领导干部的官僚主义作风严重危及人民群众的正当利益和要求，当领导者群体中的腐败分子侵吞人民财产，当群众提出不合理要求又受到坏人挑拨起来闹事而领导干部处理得不及时、不果断、不正确，就会激化矛盾、出现对抗，甚至转变成对抗性矛盾。

在领导干部与群众的矛盾中，领导是主导的方面。刘少奇说："社会上一切不合理的现象，一切没有办好的事情，领导上都有责任。人民会来责问我们国家、党、政府、经济机关的领导人，而我们对这些问题应该负责任。"① 如果领导干部一方错误而群众一方正确，那么矛盾的主导方面毫无疑问是领导干部。解决矛盾的方法在于领导干部改正自己的错误，求得群众的谅解。如果领导干部一方正确而群众一方错误，问题不难解决。即使是这种情况，就领导干部的职责来说，他也是矛盾的主导方面。当然，不能因此把群众中出现的一切矛盾都归咎于领导干部。我们说领导干部处于矛盾的主导方面，是指他的责任、他的工作，不是单就领导行为的是非而言。刘少奇还指出，人民内部矛盾大量地"表现在领导上的官僚主义与人民群众的矛盾这个问题上"。② 官僚主义、腐败之风是当前领导干部与人民群众滋生尖锐矛盾的一个带根本性的原因。我们党的宗旨是为人民群众谋利益。因此，从根本上说，搞好共产党和人民政府的廉政建设，是解决这类矛盾的最有效途径。

第二，防止人民内部矛盾的激化和对抗。

人民内部矛盾虽然是非对抗性质的，但是如果掉以轻心，处理不当，就可能使矛盾激化，直至发生性质转化，出现严重的对抗和冲突。因此，必须深入研究，有效防止、避免、化解突发性、群体性、对抗性的人民内

---

① 刘少奇：《如何正确处理人民内部矛盾》，《刘少奇选集》下卷，人民出版社 1985 年版，第303 页。
② 同上书，第 303 页。

部矛盾，做到既能够正确处理正常情况下的人民内部矛盾，又能够正确处理非正常情况下的人民内部矛盾。

1. 人民内部还存在矛盾对抗现象，在一定条件下甚至转化成对抗性矛盾。旧社会的残留因素，敌对势力的影响和破坏，使人民内部的非对抗性矛盾在特定条件下演变为对抗性矛盾。这是人民内部矛盾可能激化的必然原因。

2. 人民内部不带有阶级斗争性质的矛盾在特定条件下可能会转变成带有阶级斗争性质的矛盾。阶级斗争在一定范围内存在，不可能不影响和反映到人民内部。这是人民内部矛盾可能激化的必要原因。

3. 人民内部矛盾在特定条件下可能会转化成敌我矛盾。这是人民内部矛盾可能激化的重要原因。

4. 不同性质的矛盾交织成复杂的矛盾局面：人民内部少量带有阶级斗争性质的矛盾与大量不带有阶级斗争性质的矛盾，少量的敌我矛盾与大量表现出来的人民内部矛盾，不占主导地位的对抗性矛盾与占主导地位的非对抗性矛盾，往往交错在一起，难分难解。这是人民内部矛盾可能激化的客观原因。

5. 面对复杂的社会矛盾，党政机关和领导干部在主观认识和实际处理方面发生失误。这是人民内部矛盾可能激化的主观原因。

在我国，由于矛盾的激化和对抗发展起来的社会冲突，绝大部分属于人民内部矛盾。我国现阶段人民内部的矛盾冲突往往发端于经济领域。历史和实践都证明，经济利益的冲突处理得不及时、不得当，也会发展为思想政治冲突，个别的冲突酿成局部性、地区性乃至全国性的冲突。如果人民内部矛盾同敌我矛盾纠合在一起，可能会演变成社会动乱。

第三，应对人民内部的群体性事件。

人民内部的群体性事件是指由人民内部矛盾引发的、有一定数量的群众参与的游行、示威、静坐、请愿、围堵、械斗、阻断交通，以及罢工、罢课、罢市等严重影响、干扰，乃至破坏正常社会秩序的事件。群体性事件处理得不好，虽然会引起程度不同的社会动荡，但同极少数人旨在反党反社会主义的阴谋政治活动，同极少数坏人搞打砸抢烧的违法犯罪活动是有区别的，参与其中的多数群众与少数坏人也是有区别的。

群体性事件往往源自比较严重的社会问题，或某些政策损害一部分群众的切身利益，或一部分群众的生活水平下降，或一部分群众的物质利益和其他方面要求得不到满足。领导干部的官僚主义和腐败行为，缺乏行之有效的群众性思想教育，国际敌对势力和国内少数坏人的插手，复杂的民族关系和宗教因素，这些因素也会加剧人民内部矛盾的尖锐化，致使一部分群众的偏激情绪和错误思想得不到消解，并且以不当的方式向党和人民政府发泄不满。群体性事件总是与经济政治体制的弊端有关，与群众的要求缺乏畅通的合法诉求和有效的合理解决有关。在改革的进程中，新旧体制的交替，利益分配的调整，使社会矛盾能够相对集中地表现出来。如果方针政策措施不当，也会激化矛盾。群体性事件总体上属于人民内部矛盾，但群众要求的合理性与反映形式的违法性相交织，现实问题与历史遗留问题相交织，同时还有群众提出不合理要求，少数人违法犯罪，以及敌对分子插手利用的问题，处置的政策性非常强。

应对人民内部的群体性事件，必须反对两种错误倾向：一是把一切错误归咎于群众，助长领导干部的官僚主义；一是看不到群众利益，对少数坏人失去警惕。对此，就要依法办事，尽可能地满足群众提出的可以解决的合理要求，恰当地处理好其他各种问题。同时，要把参与群体性事件的群众引导到正确的轨道上来，制裁少数触犯刑律的坏人，并以此为契机改善工作，教育干部和群众，采取各种措施消除不安定因素。从长远看，需要从体制上建立健全切实接纳群众诉求，能够及时给予解决或回应的有效机制。

第四，用不同的方法解决人民内部的不同矛盾。

从总体上说，人民内部矛盾是根本利益一致的非对抗性矛盾。因此，正确处理人民内部矛盾的一个核心要求就是，坚决防止用处理敌我矛盾的办法来处理人民内部矛盾。

1. 主要用经济的方法解决人民内部的得失矛盾。利益矛盾就是得失矛盾。毛泽东提出主要用经济方法处理得失矛盾的原则。邓小平提出按照统筹兼顾的原则调节得失矛盾的思想。运用经济方法，"统筹兼顾、全面安排"，是解决人民内部得失矛盾的主要方法。

2. 主要用民主的方法解决人民内部的是非矛盾。人民内部在思想政治方面的矛盾就是是非矛盾。毛泽东认为，凡属于思想性质的问题，凡属于人民内部争论的问题，只能用民主的、讨论的、批评的、说服教育的方法来解决，不能用强制的、压服的方法来解决。邓小平指出，在党内和人民内部的政治生活中，只能采取民主的手段，不能采取强迫命令、压制打击的手段。民主的方法主要包括：民主法制的方法和思想教育的方法。

3. 采取综合的方法解决人民内部的各类矛盾。解决人民内部矛盾，要根据具体情况，采取综合性的、多种多样的方法；要针对矛盾的具体实际，动员各方面力量，立足于协调关系，理顺情绪，增进理解，调动积极因素；要把人民调解、司法调解、行政调解结合起来，建立经常化、制度化的调处人民内部矛盾的机制，依法及时满足群众的合理诉求，努力消除不和谐因素；从源头上尽可能地把人民内部矛盾化解在基层，解决在萌芽。

4. 深化改革，发展生产力，健全社会主义的民主与法制，形成并不断推进社会主义的物质文明、精神文明、政治文明和社会文明，这是解决人民内部矛盾的根本措施。

（原载《中共中央党校学报》2007 年第 1 期）

关于社会主义的几个理论问题

——访中共中央党校副校长王伟光

记者：20世纪过去了，人类面临一个新世纪。如果让我们思考历史，理性看待未来的话，我们不能不去总结和回答一百多年来，社会主义与资本主义的关系和经验教训。尤其是社会主义国家，在经历辉煌、曲折之后，对变革的社会主义会有更多的理论思考和梳理工作要做。您作为中央党校的副校长和从事社会主义理论研究的教授，您是如何认识经济文化落后国家走上社会主义道路的？

王：20世纪，一些经济文化比较落后的国家走上社会主义道路之后，在经济和政治上都曾不同程度地出现了一些问题，甚至相当多的社会主义国家，如苏联、东欧诸国发生了蜕变，社会主义制度遭遇到了重大的挫折和失败，这是事实，不容回避。

面对严峻残酷的现实，需要我们进一步思索的是：现实的社会主义没有经过资本主义的充分发展，是不是违背了社会发展的一般规律？如果没有违背，那么现实社会主义的发展为什么会遇到这么大的挫折，现代资本主义却反而有了一定程度的发展？如果违背了历史发展规律，那么是否可以认为落后国家走社会主义道路是一个错误的选择、历史的误会，应当回过头来补上资本主义制度的发展道路的课呢？这一切问题，又会归结到在经济文化比较落后的国家"能否建设社会主义，建设什么样的社会主义，怎样建设社会主义"问题上，即"什么是社会主义，怎样建设社会主义"问题上。

科学社会主义创始人创建科学社会主义理论的同时，也就把"什么是社会主义，怎样建设社会主义"这个重大课题提了出来。回答在经济文化比较落后的国家"什么是社会主义，怎样建设社会主义"问题，实际上就是回答关于经济文化比较落后的国家"能否建设社会主义，建设什么样的社会主义，怎样建设社会主义"问题。

科学社会主义创始人在创立科学社会主义理论的过程中，在其不断发展和丰富科学社会主义理论的整个一生中，把注意力和着眼点主要放在西方发达资本主义国家，他们曾经设想社会主义革命将首先同时在西欧北美少数发达资本主义国家发生。正是从这一观点出发，科学社会主义创始人提出并回答了"什么是社会主义，怎样建设社会主义"问题。他们的答案主要是针对少数发达资本主义国家实现社会主义革命，进行社会主义建设的情况的。后来的实践发展促使科学社会主义创始人进一步修订和发展了原先的看法。通过对东方国家和民族发展道路的研究，他们补充认为，在一定条件下，经济文化比较落后的国家可以不经过资本主义的充分发展阶段，而进行社会主义革命，走上社会主义道路。提出了在经济文化比较落后的国家能否率先走上社会主义道路的问题，即在经济文化比较落后的国家"能否建设社会主义，建设什么样的社会主义，怎样建设社会主义"问题。正是现实的社会发展进程把"什么是社会主义，怎样建设社会主义"这个活生生的、重大的课题进一步提了出来。

马克思恩格斯创立了历史唯物主义，论证了人类社会从低级社会形态依次向高级社会形态的演进是一个自然的历史过程，揭示了人类社会历史发展的一般演变规律。他们从社会一般发展规律出发认为，社会主义革命之所以首先在发达资本主义国家发生，是因为在那里生产力已经发展到资本主义生产关系阻碍其发展的程度，社会主义革命是资本主义的私人占有性质同社会化大生产的内在矛盾日益激化、不可调和的必然产物，社会主义社会是从资本主义社会内部脱胎出来的社会形态。他们指出，资本主义的充分发展是社会主义社会的历史前提。他们根据当时的实际，认为无产阶级的社会主义革命将首先在生产力比较发达、无产阶级人数众多的西方资本主义国家发生，而且无产阶级革命只能在发达资本主义国家里，至少是几个主要发达资本主义国家同时发生才能胜利。此后的社会实践发展使科学社会主义创始人开始注意并研究西方国家社会主义革命和东方国家社会主义革命的不同情况，提出非资本主义国家走社会主义道路的可能性问题。马克思恩格斯认为，东方非资本主义国家走向社会主义，在特定的条件下，能够不通过资本主义制度的"卡夫丁峡谷"，而吸收资本主义制度所创造的一切积极成果，实现社会形态的跨越式发展。他们还预见到非资本主义国家走社会主义道路的特殊性和艰巨性。

历史发展进程的现实恰恰是：绝大多数社会主义国家并不是在资本主义充分发展的基础上产生的，甚至于相当多的社会主义国家是在相对落后的经济条件中生长出来的，这些国家和民族跨越了作为独立历史阶段的资本主义制度充分发展的"卡夫丁峡谷"。历史的事实印证了马克思、恩格斯关于东方非资本主义国家可以不经过资本主义制度的"卡夫丁峡谷"而走向社会主义的设想。历史雄辩证明：科学社会主义创始人关于在一定条件下，落后国家可以不经过资本主义充分发展阶段而走上社会主义道路的设想是可能的。

记者：您谈到的问题，实际上是 20 世纪 80 年代以来国内外学术界关于社会形态演变规律的一场大争论，其中对马克思主义关于社会主义发展的非资本主义道路问题的不同理解，是这场争论的焦点之一。一种意见认为，马克思恩格斯对东方社会发展理论的探讨，提出了落后国家可以不经过资本主义的充分发展阶段，跨越资本主义制度的"卡夫丁峡谷"，进入社会主义的论证，是对历史发展一般进程、一般规律的否定。这种意见的结果是逻辑地引出：从封建社会经由资本主义社会，再经过社会主义的过渡而达到共产主义社会的依次演变不是一般规律，落后国家建设社会主义，可以跨越现有生产力的发展，跨越市场经济的发展，而直接进入计划经济的全社会公有制的社会形态。再一种意见认为，马克思恩格斯的探索只不过是一种假设，在现实生活中不可能实现。这种意见从表面上看是肯定社会历史发展的一般规律，实际上却含蓄地否认经济文化比较落后的国家建成社会主义的可能性，认为资本主义生产方式是社会历史发展不可逾越的历史阶段，经济文化比较落后的国家即使社会主义革命成功了，也要回过头来"补资本主义制度的课"。您是什么观点呢？

王：如何认识马克思主义关于非资本主义道路理论，这不仅是关系到如何认识社会形态演变规律的重大理论问题，也是关系到对社会主义发展规律的根本认识问题，对社会主义代替资本主义历史必然性的根本认识问题，对"什么是社会主义，怎样建设社会主义"的根本认识问题。

科学社会主义创始人关于俄国这样经济文化比较落后的国家有没有条件，有没有可能走社会主义道路问题的研究，实质上为回答经济文化比较落后的国家"能否建设社会主义，建设什么样的社会主义，怎样建设社会主义"问题提供了理论支持。

自19世纪70年代以来，俄国资本主义虽然已有了较大程度的发展，但是，仍然带有浓厚的封建色彩。一方面，沙皇军事封建专制制度和地主土地所有制度占统治地位，另一方面，由于经济发展落后，俄国在一定程度上还明显地残留着以原始土地"公有"和土地个体耕种为主要特征的早期所有制关系——农村公社所有制。由于当时国内外矛盾的激化，俄国正在经历着一场革命危机，已经出现的革命形势，促使马克思、恩格斯着手研究俄国如何走向社会主义的具体道路问题，也就是，像俄国这样的情况，是否必须经历资本主义的充分发展阶段，才能实现社会主义革命，是否有可能以农村公社"公有"制为社会主义革命的起点，从而超过资本主义充分发展阶段。换句话说，俄国的农村公社所有制有没有可能在一定条件下转为高级的社会主义公有制形式。实质上，这就提出了在通向社会主义的大道上，是否世界各国都必须经过资本主义充分发展阶段，像俄国这样经济文化比较落后的国家，有没有可能、有没有条件走实现社会主义的非资本主义道路，也就是说，要回答在俄国这样的国家"能否建设社会主义，建设什么样的社会主义，怎样建设社会主义"问题，才能进一步回答"什么是社会主义，怎样建设社会主义"课题。

马克思、恩格斯非常关注俄国保留下来的农村公社"公有"制。经过认真的研究，他们认为，在当时的环境下，俄国农村公社"公有"制有可能直接作为集体公有制的因素在全国范围内发展起来，从而使俄国有可能不经过资本主义制度的"卡夫丁峡谷"，而直接过渡到社会主义。马克思恩格斯得出这个判断是经过理论上的深思熟虑的，而且是有前提条件的。这个思想主要是在马克思恩格斯对摩尔根《古代社会》的研究，马克思写给《祖国纪事》杂志的复信草稿等文稿中体现出来的。通过对摩尔根《古代社会》的研究，马克思受到深刻的启发，他认为，社会进步的标准并非每个民族都经历充分的资本主义训练，或许会找到一条在具体历史和民族条件下，能够不经过发达资本主义而通向共产主义的道路。在写给维·伊·查苏利奇的三个内容丰富的复信草稿中，马克思深化了关于社会形态演变规律的理论。他把建立在原始公有制基础上的社会形态称之为人类社会的"原生"形态或"古代"形态，把建立在私有制基础上的阶级社会看作是"次生"形态。"农村公社"是"原生"的社会形态的最后阶段，同时也是向"次生"的社会形态过渡的阶段，即以公有制为基础的社会向以私有制为基础的社会过渡的阶段。[①] 他认为，历史发展将以合作生产来代替资本主义生产，以古代类型的所有制最高形式即共产主义所有制来代替资本主义私有制，这是最后一个"次生"形态的最高形式。"在俄国公社面前，资本主义正经历着危机，这种危机只能随着资本主义的消灭，随着现代社会回复到'古代'类型的公有制而告终。"[②] 正是在这个论证的基础上，马克思集中探讨了俄国社会发展的非资本主义道路问题，从而提出了在一定条件下，落后国家可以不经过资本主义的充分发展阶段，而走上社会主义道路的重要思想，提出了关于社会形态演变规律的重要理论，为科学回答在经济文化比较落后的国家"能否建设社会主义，建设什么样的社会主义，怎样建设社会主义"问题提供了理论支持。

　　记者：我想问一下，什么是"资本主义制度的卡夫丁峡谷"？从理论和实践来看，后来的社会主义国家是否跨过了这个"峡谷"？

　　王：马克思在研究俄国社会发展的非资本主义道路问题时，曾多次使用过"资本主义制度的卡夫丁峡谷"的用语，这是一个历史典故。"卡夫丁峡谷"是古罗马卡夫丁城附近的一条峡谷，公元前321年，罗马军队在卡夫丁峡谷被萨姆尼特人打败，被强迫通过"牛轭"作为对败军最大的侮辱。由此，"通过卡夫丁峡谷"一语便被赋予遭受极大的挫折、困难和侮辱的含义。在这里，马克思借用以表示资本主义制度作为一个独立的历史

---

① 《马克思恩格斯全集》第19卷，人民出版社1963年版，第450页。
② 《马克思恩格斯选集》第3卷，人民出版社1995年版，第763页。

阶段所必然带来的"可怕的挫折"、"危机"、"苦难"等，并且进一步暗指，在一定的历史条件下，经过主观努力，像俄国这样的东方民族和国家可以不经过资本主义制度的波折和危难，而走上社会主义道路。

后来，在1882年为格奥尔基·普列汉诺夫翻译的俄文版《共产党宣言》所写的序言中，马克思恩格斯才把前面的表述公布于众，他们声明："假如俄国革命将成为西方无产阶级革命的信号而双方互相补充的话，那么现今的俄国土地公有制便能成为共产主义发展的起点。"① 1894年，恩格斯在新版《〈论俄国的社会问题〉跋》中强调，当西欧人民的无产阶级取得胜利和生产资料转归公有之后，那些刚刚踏上资本主义生产道路而仍然保全了氏族制度或氏族制度残余的国家，可以利用这些公有制和与之相适应的人民风尚作为强大手段，来大大缩短自己向社会主义发展的过程。这不仅适用于俄国，而且适用于处在资本主义以前发展阶段的一切国家。最后，恩格斯又重新强调了这种情况产生的必要的国际环境和社会条件，"但这方面必不可少的条件是：目前还是资本主义的西方作出榜样和积极支持……"②

马克思恩格斯对俄国走向公有制社会道路的理论探讨说明，在国际国内的特殊条件下，经济文化比较落后的国家跨越资本主义制度的"卡夫丁峡谷"，建设社会主义既是可能的，也是合乎历史发展逻辑的。马克思恩格斯的这些论述在总的发展趋势上已经为后来的实践所证实了。在20世纪初第一次世界大战爆发的特定历史条件下，俄国在没有经过资本主义的充分发展阶段的情况下，取得了社会主义革命的胜利。相对于经过资本主义的充分发展阶段而过渡到社会主义的一般规律来说，俄国革命的成功无疑具有特殊性。列宁在反驳当时一些机会主义者对这种特殊性的攻击时认为，这种特殊性是由第一次世界帝国主义战争的特殊条件和俄国的特殊情况所决定的，并认为："在先进国家无产阶级的帮助下，落后国家可以不经过资本主义发展阶段而过渡到苏维埃制度，然后经过一定的发展阶段过

① 《马克思恩格斯选集》第1卷，人民出版社1995年版，第251页。
② 《马克思恩格斯选集》第4卷，人民出版社1995年版，第443页。

渡到共产主义。"① 在具体的历史条件下，列宁进一步发展了马克思恩格斯关于在特定的条件下，经济文化比较落后的俄国可以不经过资本主义的充分发展阶段而过渡到社会主义的思想。结合当时的时代特点，针对经济文化比较落后的俄国的实际，列宁提出社会主义可以在一国首先取得革命胜利，强调经济文化比较落后的国家的无产阶级在夺取政权以后要实现党和国家工作重心的战略转移。国家支配着一切大的生产资料，无产阶级掌握着国家政权，是建成社会主义所必需而且足够的一切。社会主义最终胜利的根本保证是创造出比资本主义更高的劳动生产率。

经过一段社会主义实践，在总结经验教训的基础上，列宁又提出了新经济政策，对经济文化比较落后的国家走向社会主义的现实途径进行了新的探索，对社会主义道路有了新的认识。关于东方落后国家走向社会主义，列宁特别强调两点：一是东方国家的共产党人面临着全世界共产党人所完全没有遇到过的任务，就是以共产主义的一般理论和实践为依据，解决本国不是反对资本而是反对中世纪残余这个斗争任务；二是由于历史进程的曲折而不得不开始社会主义革命的那个国家愈落后，它由旧的社会关系过渡到社会主义关系就愈困难。第二次世界大战之后，包括中国在内的一批经济文化比较落后的国家没有经过资本主义的充分发展阶段而跃进到社会主义，进行社会主义建设的实践，进一步证明了马克思、恩格斯、列宁上述思想的正确性。当然，这只是奠定了解决在经济文化比较落后的国家，"能否建设社会主义，建设什么样的社会主义，怎样建设社会主义"问题的理论前提，至于在经济文化比较落后的国家"什么是社会主义，怎样建设社会主义"问题，还要留待后来的科学社会主义的实践者们进一步回答。

记者：根据您的理解，马克思主义关于非资本主义道路理论，并不是对世界历史过程一般规律的否定，而是在承认一般规律的前提下，对历史发展特殊规律的探索，对吗？

王：是的。

第一，马克思恩格斯首先揭示了人类社会发展的一般规律，人类社会

---

① 《列宁选集》第 4 卷，人民出版社 1995 年版，第 279 页。

发展的特殊规律是以此为前提的。

马克思恩格斯以历史唯物主义原理为指南,以生产力发展状况为基本标准,根据社会基本矛盾运动规律的特点,直接考察了社会生产关系的性质和特征,揭示了社会形态演变的一般规律,即由人的依附的社会形态、到物的依附的社会形态,再到人的自由全面发展的社会形态的由低级社会形态向高级社会形态演变的一般历史进程,并指出资本主义社会经过无产阶级专政的过渡,必然为共产主义社会所代替。共产主义社会又分为共产主义第一阶段,即社会主义社会,共产主义高级阶段,即共产主义社会。后来的马克思主义者根据马克思恩格斯的社会形态演变规律理论,把人类社会形态依次发展进程概括为原始社会、奴隶社会、封建社会、资本主义社会和共产主义社会。实际上该"五形态"说也仅仅是揭示了人类社会形态发展进程的一般规律。

理论在概括事物本质时,剔除了大量的偶然因素,舍去了活生生的事例,只是对历史发展客观逻辑的一种抽象,并不是对全部社会现象的总汇。列宁指出,规律并不包括现象中的一切联系,现象比规律更丰富,现象是整体,"规律＝部分"。历史唯物主义的任何一个原理都只是对社会现象本质特征的概括,并不是对全部历史事实的罗列和堆砌。社会发展"五形态"说,只是运用科学的抽象方法,对历史发展规律的一种理论上的概括,实际的历史发展情况要复杂得多。"五形态"说只反映了人类历史发展的一个普遍性规律,这个总的趋势是必然的、不可逾越的,然而其具体的发展又不是单一的、直线的、绝对的。至于在一定历史条件下,哪个国家、哪个民族、哪个地区是否可以有特例、有偶然的情况发生,是否都要依次经过同样的社会形态发展阶段,马克思恩格斯并没有把它绝对化。列宁认为:"世界历史发展的一般规律,不仅丝毫不排斥个别发展阶段在发展的形式或顺序上表现出特殊性,反而是以此为前提的。"[①] 历史的必然性正是通过各种特殊性为自己开辟道路,马克思主义从来不以认识历史过程的一般规律为满足,而是努力进一步探索不同民族、国家和地区符合一般规律的特殊发展道路。这是因为,其一,

---

[①] 《列宁选集》第4卷,人民出版社1995年版,第776页。

五种社会形态只是典型的社会发展模式，它们并不是固定的模式，社会形态的典型性并不排除具体发展道路的多样性。在人类社会发展"五大"形态之间，还存在非典型性、过渡性的社会。其二，在人类社会发展的共同道路上，有些民族、国家和地区，借助于某种特殊的条件，可以超越历史发展的一个或几个阶段，直接进入到某一高级阶段，表现出历史发展的跳跃性。譬如，我国一些少数民族，在中国共产党的领导下，分别从奴隶社会、封建社会甚至原始部落后期的社会形态直接进入社会主义初级阶段。其三，人类社会发展依次经历的每一个社会形态，尽管都有各自的本质特征，但在不同民族、不同国家，甚至不同地区，由于历史条件不同，同样性质的社会形态具有不同的表现特点，甚至会出现不同性质乃至对立的社会制度并存的现象，有时同一性质的社会形态却包含不同的、对立的经济成分和政治因素。譬如，中国的封建社会同西欧的封建社会有不同的特点；同样的中华民族可以有不同的制度并存，甚至在社会主义国家也可以采取"一国两制"的形式；在我国现阶段存在着以公有制为主体、多种经济成分并存的经济结构，等等。因此，社会形态的发展是普遍性和特殊性，一致性和多样性的统一。

第二，马克思主义关于非资本主义道路理论，是在充分估计具体历史条件的前提下，对历史发展道路具体多样性的科学预测。从中可以认识到，各国的具体国情不同，社会主义的具体模式和建设社会主义的具体道路也应当是多样化的，而不能是只一个模式，仅一条道路，一定要从历史多样性出发，来回答"什么是社会主义，怎样建设社会主义"问题。

一般寓于特殊之中，必然性通过偶然性而表现出来。任何个别、特殊都有其个别、特殊的具体条件。离开具体条件无所谓特殊，离开偶然也无所谓必然。虽然，马克思恩格斯关于俄国有可能经过农村公社"公有"制而直接过渡到社会主义的思想没有成为现实，但是，列宁领导的社会主义革命在落后的俄国成功的实践，充分证明了在特定的历史条件下，资本主义制度的"卡夫丁峡谷"是可以跨越的。当然，在这里，条件是非常重要的。马克思恩格斯以及列宁在谈到对资本主义制度的"卡夫丁峡谷"的跨越时，都是把这种跨越同一定国家所面临的国际国内具体历史条件联系在一起的。列宁在谈到俄国未经过资本主义的充分发展阶段而进入社会主义发展道路的特殊性时说，这种特殊性"当然符合世界发展的总的路线"。[①]从正处于资本主义向社会主义过渡这个时代特点出发，列宁认为，整个世界进程面临着向"更高级的制度的过渡"，[②]并且认为由于帝国主义经济政治发展的不平衡，社会主义革命可以在资本主义体系的薄弱环节突破，首先在一国取得胜利。

第三，马克思关于非资本主义道路理论，是在肯定社会形态的演进是一个自然历史过程的前提下，注意到作为历史主体的人对历史的选择作用。从中可以认识到，既要坚持社会发展是一个自然历史过程，又要承认人的主体能动性，从历史决定论和历史选择论的辩证统一出发，来回答"什么是社会主义，怎样建设社会主义"问题。

第四，马克思关于非资本主义道路理论，实际上只是一种审慎的设想，只是一种可能性的分析，尚需经过社会实践的验证。从中可以认识到，"什么是社会主义，怎样建设社会主义"，既是一个理论问题，更是一个实践问题，只有随着社会主义实践的不断深入，随着不断的实践的检验，对这个首要基本问题的认识，才能越搞越清楚，才能不断深化。

记者：关于回答在经济文化比较落后的国家，"能否建设社会主义，建设什么样的社会主义，怎样建设社会主义"问题，能否这样认为：苏东社会主义建设实践的失败从反面给予了回答，中国特色社会主义建设实践的成功从正面给予了回答？

王：是的。我要说的是，邓小平理论就是紧紧围绕"什么是社会主义，怎样建设社会主义"这个主题，深刻揭示了社会主义本质，第一次比较系统地回答了在中国这样经济文化比较落后的国家，"能否建设社会主义，建设什么样的社会主义，怎样建设社会主义"的一系列基本问题，把对"什么是社会主义，怎样建设社会主义"的认识提高到了一个新水平。"三个代表"重要思想不仅创造性地回答了在新世纪、新阶段社会主

---

① 《列宁选集》第4卷，人民出版社1995年版，第776页。
② 《列宁选集》第2卷，人民出版社1995年版，第650页。

义市场经济条件下，"建设一个什么样的执政党，怎样建设执政党"的问题，还进一步回答"什么是社会主义，怎样建设社会主义"问题，在邓小平理论的基础上深化了对这一首要的基本问题的认识。科学发展观以邓小平理论和"三个代表"重要思想为指导，全面回答了中国特色社会主义"为什么要发展，靠谁发展，为谁发展，发展什么，怎么发展"等一系列社会主义建设和发展的重大问题，是对邓小平理论和"三个代表"重要思想关于"什么是社会主义，怎样建设社会主义"新认识的深化和丰富。

在变革中的社会主义理论和实践中，我们要牢记历史的经验和教训：

第一，离开本国实际，离开生产力实际，教条式地照抄照搬，搞不清楚"什么是社会主义，怎样建设社会主义"问题。

从国际共产主义运动的历史来看，从苏联东欧和我国社会主义建设的历史来看，在社会主义建设的实践中，人们在对"什么是社会主义，怎样建设社会主义"的认识问题上，有两个错误：一是离开本国实际，照抄照搬，教条主义地认识"什么是社会主义，怎样建设社会主义"；一是超越本国生产力的实际，忽视了从生产力的高度认识"什么是社会主义，怎样建设社会主义"。

第二，必须搞清楚"什么是社会主义，怎样建设社会主义"问题，这是社会主义建设的一条基本经验。

"什么是社会主义，怎样建设社会主义"，这是建设中国特色社会主义的首要的基本问题。邓小平说："问题是什么是社会主义，如何建设社会主义。我们的经验教训有许多条，最重要的一条，就是要搞清楚这个问题。"① 前文所分析的苏联、东欧和我国社会主义建设的经验教训，这些经验教训深刻说明一个重要问题，搞社会主义建设，一定要搞清楚"什么是社会主义，怎样建设社会主义"这个首要的基本问题，这是一条基本经验。

第三，只有充分认识到社会主义历史阶段的长期性，特别是社会主义初级阶段的长期性，才能深刻回答"什么是社会主义，怎样建设社会主

---

① 《邓小平文选》第 3 卷，人民出版社 1993 年版，第 116 页。

义"问题。

　　科学认识"什么是社会主义，怎样建设社会主义"，一定要充分认识到社会主义历史阶段的长期性，包括社会主义初级阶段的长期性。既要反对社会主义建设"速成论"，同时又要反对社会主义建设"渺茫论"，还要反对科学社会主义理论"过时论"。

　　"速成论"就是否认社会主义历史阶段的长期性，否认社会主义初级阶段的长期性，认为社会主义很快就可能建成，社会主义初级阶段也可能很快就过去。"速成论"的思想根子就是脱离了我国社会主义建设的具体国情，脱离了我国生产力落后、市场经济不发达的实际国情，认识不到社会主义是一个相当长的历史过程，我国社会主义发展的初级阶段也是一个相当长的历史过程。

　　对社会主义初级阶段是一个相当长的历史过程的"长期性"的认识，是基于对我国生产力发展落后，需要一个相当长的建设过程的判断而得出来的正确结论。我国生产力落后，市场经济不发达，这就决定了在我国，社会主义初级阶段是一个长期的历史过程。必须对社会主义初级阶段的长期性、社会主义历史阶段的长期性有足够认识。邓小平提出坚持党的基本路线一百年不动摇，也正是基于对社会主义初级阶段长期性的认识而提出来的。建设中国特色社会主义是一个相当长的历史过程，一定要对社会主义建设的长期性、艰巨性有充分的思想准备。坚持"速成论"，就会犯革命的"急性病"，就会犯"文化大革命"以及"文化大革命"之前所犯的"左"的路线错误。

　　"渺茫论"是从右的方面否定社会主义，它与"速成论"是双生子。"渺茫论"认为社会主义没有希望，对社会主义丧失信心。"渺茫论"的思想根子是科学社会主义理论"过时论"，是对马克思主义，对科学社会主义理论丧失信念。

　　"过时论"就是认为马克思主义理论过时了，科学社会主义理论过时了。批判"过时论"，回答"过时论"所提出的问题，关键是要回答资本主义为什么还没有灭亡这个问题。事实表明，即使到今天，我们也不能说资本主义没有生命了。当代发达资本主义的生产关系和上层建筑在某种程度上还适应其生产力的发展，还有一定的生命力。

记者：据我的理解，人们对社会主义产生困惑的关键是资本主义发生了新的变化，很多变化或变革似乎并没有按照马克思恩格斯预测的进行？发达资本主义国家出现了很多社会主义因素，似乎步入了社会主义门槛？还有的学者提出社会主义和资本主义在 21 世纪都要被民主社会主义融合？您如何看？

王：这是个很复杂的问题，我想只对资本主义的灭亡问题做个回答，而这个回答必须是实事求是的。

马克思恩格斯认为，资本主义社会的发展，总有一天会达到其生产关系再也容纳不了其生产力发展的地步，总有一天要灭亡，要被社会主义所代替。这是他们分析资本主义不可克服的内在矛盾的必然发展趋势而得出的科学结论。在这里，马克思恩格斯分析问题的基本立场、观点、方法是正确的，他们对人类社会历史发展总趋势的判断是科学的。但是他们对资本主义在发展过程中可能对其生产关系和上层建筑作出调整改良估计不足，关于资本主义灭亡的具体时间的估计是有历史局限性的。也就是说，资本主义必然灭亡，马克思恩格斯对这个历史总趋势的判断是正确的，但对它灭亡的具体时间的估计是有历史局限性的。任何伟大人物观察问题、分析问题、回答问题都要受到时间、地点、条件的局限，谁也摆脱不了历史的局限性，任何伟人都概莫能外，马克思恩格斯和列宁都多次谈到这一点。马克思恩格斯所生活的历史时代是自由竞争资本主义，是资本主义发展的初期阶段。在该阶段，马克思恩格斯所看到的是工人阶级与资产阶级的极端对立。马克思在《资本论》里描写工人在怎样恶劣条件下从事劳动，资本家怎样压榨工人，剥夺工人的剩余劳动，这确实是当时历史事实的理论写照。他们看到的是自由竞争资本主义阶段工人阶级与资产阶级的尖锐对抗，看到的是深刻的社会矛盾，看到的是此起彼伏的工人运动……正是从活生生的现实矛盾分析入手，他们得出了资本主义必然灭亡，社会主义必然胜利的科学结论，创立了无产阶级革命和无产阶级专政的理论，形成了科学社会主义理论。同时，当时深刻的社会矛盾现实，也使得他们在估计无产阶级革命高潮的到来，以及社会主义代替资本主义的具体时间上，产生了判断上的局限性。

列宁主义是资本主义发展到垄断资本主义，即帝国主义阶段的马克思主义。列宁认为，垄断代替竞争，并没有缓和资本主义的内在矛盾，反而进一步加剧了资本主义固有的内在矛盾。资本主义不可克服的内在矛盾的激化引起其国内矛盾的激化，资本主义国内矛盾的发展引起资本主义国家之间矛盾的激化。帝国主义时期，资本主义所固有的无产阶级与资产阶级、殖民地与宗主国、帝国主义国家之间的三大矛盾进一步激化，帝国主义诸国为进一步瓜分殖民地而引发了第一次世界大战。列宁认为，现实深刻的社会矛盾证明了资本主义制度的局限性，它必然要被社会主义所取代，帝国主义是垄断的、腐朽的、垂死的资本主义。从长远的历史趋势的角度来看，其论断是正确的，但对资本主义灭亡的具体时间的判断也是有局限性的。

资本主义内部不可克服的内在矛盾导致了第二次世界大战的爆发。两次世界大战的结果是资本主义内外交困，社会主义兴旺发展起来。所以，二战之后，世界上许多进步人士都认为社会主义比资本主义好，感觉社会主义很快就成功了，社会主义运动发展到了高潮。此时，资本主义一些有远见的思想家、政治家开始冷静地考虑资本主义到底怎么办，认识到照老办法搞下去，资本主义只有死路一条。二战之后，资本主义诸国遇到极大困难，美国好一些，日本、德国、意大利是战败国，很困难，英法也比较麻烦。帝国主义内部矛盾激化，资本主义国家内部工人运动，殖民地半殖民地国家民族独立和民主解放运动风起云涌。例如，美国爆发黑人运动，日本、西欧发生大规模工人运动。在一些人眼里，社会主义的胜利似乎很快就要到来。赫鲁晓夫1959年提出，苏联很快就要实现共产主义。正是在世界历史发展的关节点上，社会主义各国的许多共产党人错误地判断了形势，认为资本主义很快就要灭亡，狠抓本国内部阶级斗争，解决在思想政治上无产阶级彻底战胜资产阶级的问题，忽视了发展生产力的根本任务；狠抓生产关系和上层建筑的社会主义革命，逐步形成了束缚生产力发展的高度集中的计划经济体制，束缚人民群众积极性发挥的高度集权的政治体制，极大地限制了社会主义制度优越性的发挥。而资本主义却开始考虑如何调整资本主义内部生产力和生产关系、经济基础和上层建筑之间的矛盾，缓和无产阶级和资产阶级的阶级对立，开始对资本主义的生产关系和上层建筑进行体制性的改良。美国、英国、法国、德国、日本等国都进行了不同程度的资本主义改良。结果使资本主义生产关系和上层建筑在某种程度上扩大了适应其生产力发展的空间，资本主义内部的工人阶级和资产阶级的矛盾逐步趋于缓和。例如，许多发达资本主义国家采取了"高福利、高税收、高工资"政策，对国民经济进行二次分配，从超额垄断利润、财政收入和社会保险税中拿出一部分分给工人阶级，刺激工人阶级及其他劳动人民的积极性，推进生产力发展。所谓二次分配就是通过税收等经济政策，如高额累进税、遗产继承税等，把第一次分配到资本家手里的利润，拿出一部分，作再次分配，用于工人阶级及其他劳动人民的福利、保障、救济，提高工人阶级及其他劳动人民工资，推行免费教育，免费医疗，社会保障，等等。二次分配使资本主义国家两头小中间大的社会阶级阶层构成结构形成，即收入最低的人少，收入最高的人也少，收入相对属于中间状况的人占多数，形成占人口多数的中等收入层。中等收入层的存在使发达资本主义国家内部阶级矛盾相对缓和，社会相对稳定，很少有革命形势。而资本主义进行改良调整之际，苏东社会主义各国却大搞阶级斗争扩大化，搞高度集中的计划经济体制和高度集权的政治体制，束缚了生产力的发展，挫伤了人民的积极性，即使进行改革，阻力也很大，步履艰难，始终没有突破计划经济体制，加之改革又逐步偏离了社会主义方向，结果不仅在经济发展上落后于发达资本主义，而且在政治上又发生了蜕变。

以上分析说明，目前发达资本主义诸国的生产关系和上层建筑对其生产力发展还有一定的空间，尚没有发展到资本主义的生产关系再也容纳不下生产力发展的地步，即革命的地步，但这并不能说明社会主义代替资本主义的必然趋势的科学结论是错误的，科学社会主义理论"过时论"是不成立的。马克思、恩格斯和列宁分析问题、回答问题和解决问题的基本立场、观点、方法是完全正确的，但并不排除他们一些结论的历史局限性。学习马克思主义不能局限于个别观点、个别结论，关键是学习他们观察问题、分析问题、解决问题的世界观和方法论，学习他们怎样运用科学的世界观、方法论分析问题、回答问题、解决问题的。马克思恩格斯的科学社会主义理论并没有过时，当然必须要不断发展创新。中国共产党人所开创的中国特色社会主义道路，从理论上和实践上坚持了马克思主义，坚持了科学社会主义理论，坚持了社会主义，是对"速成论"、"渺茫论"、"过时论"的有力批判。

记者：非常感谢您在百忙中接受我的专访。

（原载《科学社会主义》2007 年第 3 期）

五

继续解放思想,坚持改革开放

解放思想是发展中国特色社会主义的一大法宝,改革开放是发展中国特色社会主义的强大动力。解放思想引导改革开放,改革开放需要解放思想。解放思想、改革开放这两个重要推力,推动中国特色社会主义事业蓬勃发展。我国30年改革开放的伟大实践雄辩地证明,坚持解放思想,中国就改革就发展就进步,反之就停滞就倒退就落后。继续解放思想、坚持改革开放是贯穿于十七大报告的主旋律。发展中国特色社会主义,必须坚定不移地改革开放;推进改革开放,必须坚定不移地解放思想。坚持改革开放,要求继续解放思想;继续解放思想,才能坚持改革开放。

一　解放思想是改革开放的先导

思想是行动的先声,思想解放是社会变革的前导,解放思想是引领中国改革开放的火车头,我国改革开放的成功,首先归功于思想解放的强大威力。邓小平同志提出:"一个党、一个国家、一个民族,如果一切从本本出发,思想僵化,迷信盛行,那它就不能前进了,它的生机就停止了,就要亡党亡国。"能否解放思想、实事求是,是一个政治问题,是一个关系到党和国家前途命运的问题。中国共产党历史上曾经有过两次重大转折,两次思想解放,两次转危为安:一次是遵义会议;一次是十一届三中全会。每次转折都是解放思想,实事求是,从错误路线指导转到正确路线指导,中国革命和建设事业从挫折走向成功,从低谷走向高潮。

遵义会议是挽救中国革命于危难之际的一次极其重要的会议。中国共产党人从教条主义的束缚中、从"左"倾错误路线的束缚中解放出来,挽救了党和军队,挽救了革命。遵义会议和延安整风运动,是彻底的思想解放运动，使中国共产党人彻底摆脱了教条主义的思想枷锁，确立了党的实事求是的思想路线和正确的政治路线，迎来了中国革命的伟大胜利。

十一届三中全会是挽救社会主义于存亡之时的又一次极其重要的会议。中国共产党人从"左"的理论和路线的束缚中再次解放出来，挽救了党和国家，挽救了社会主义，成功地开创了中国特色社会主义的新局面。30年前，对社会主义建设道路进行艰辛探索的、肩负振兴中华民族和发展社会主义双重使命的中国共产党人，面临着使中国从"文化大革命"十年浩劫中走出来、从社会主义建设20年的弯路中走出来、开创社会主义现代化建设新局面的重任。要完成这一历史性任务，中国共产党人必须领导全国人民做两件大事：一是拨乱反正，一是改革开放。改革开放是中国发展社会主义的唯一出路。要推进改革开放，首要的任务就是拨乱反正。正是"以阶级斗争为纲"的"左"的政治路线、理论指导和作为思想理论基础的主观唯心主义、教条主义、个人崇拜等错误思想的指导，导致了我党社会主义建设的长期重大失误和"文化大革命"的空前浩劫。粉碎江青反革命集团以后，广大群众强烈要求纠正过去"左"的思想路线和政治路线，但是，"两个凡是"（即"凡是毛主席的决策，都坚决拥护；凡是毛主席的指示，都始终不渝地遵循"）的错误主张却严重地束缚了人们的思想，压制了人们的积极性。而恰恰在此时，世界上发生了翻天覆地的变化，资本主义世界已经进入现代资本主义发展的新阶段。

在这样的历史背景下，究竟什么是真理的标准，是实践，还是老祖宗的具体结论和毛泽东的"最高指示"？如此重大的问题必然要反映到思想路线上，并集中通过作为世界观方法论的哲学问题而提出来。如果不彻底搞清思想路线问题，就无法实现思想上的大解放，就无法同"左"的理论和路线相决裂，就无法拨乱反正。必须从对毛泽东的盲目个人崇拜中解放出来，从"左"的理论和路线束缚中解放出来，从"两个凡是"的羁绊中解放出来。于是，一场不可避免的思想大决战开始了。在这个重要的历史转折关头，邓小平发动了"实践是检验真理的唯一标准"的大讨论，解放了人们被束缚已久的思想，提出了解放思想的主张，恢复并确立了解放思想、实事求是的思想路线，进行了理论上、路线上和实际工作上的拨乱反正，确定了以经济建设为中心，坚持改革开放、坚持四项基本原则的正确路线，为实行改革开放，建设中国特色社会主义拨正了航向，开辟了道路，启动了航程。

二　改革开放离不开解放思想

思想解放贯穿于改革开放全过程，解放思想是改革开放须臾不可离开的法宝。中国特色社会主义每发展一步都是靠改革开放取得的；改革开放每前进一步，都是靠解放思想启动的。我国改革开放的过程就是思想解放的过程，改革开放的历史就是一部不断解放思想、实事求是、开拓创新、谋求发展的历史。20 世纪 70 年代以来围绕改革开放而展开的持续不断的思想解放运动，成为改革开放的可持续的思想拉力。在改革开放 30 年的历程中，每一项改革措施的提出、试验和推广，都贯彻了解放思想、实事求是的思想路线，都是思想解放的结果。改革开放新时期以来，我国社会之所以能开放活跃起来，经济社会之所以能快速发展，关键是推进了改革开放。而之所以能大胆推进改革开放，关键是坚持党的解放思想、实事求是的思想路线，使全党全国人民的思想不断解放，使生产力中最活跃的因素真正活跃起来。

我国改革开放历程中有过两次重大思想解放运动，极大地推动了改革开放，带来了中国特色社会主义的大发展。

第一次是"实践是检验真理的唯一标准"的大讨论。标志是邓小平同志的"解放思想，实事求是，团结一致向前看"的重要讲话。"实践是检验真理的唯一标准"的大讨论首先起到了思想上拨乱反正的作用，奠定了改革开放的思想路线基础，开启了改革开放的大门。然而，改革开放改什么、怎么改、从哪里改起，方向是什么，方法、步骤、措施是什么？要解决这一系列重大问题，首要的就是解放思想。而解放思想，最重要的是在"什么是社会主义，这样建设社会主义"这一首要的基本问题上率先解放思想，从对社会主义的教条主义理解中解放出来，从囿于传统的社会主义模式和别国经验中解放出来。十一届三中全会以来，中国共产党人带领全国人民就"什么是社会主义,怎样建设社会主义"展开了思想大解放,搞清了这个首要的基本问题,开启了社会主义改革开放的序幕,从农村改革到城市改革,从经济体制改革到政治体制改革乃至全面改革,闯出了一条中国特色社会主义的正确道路。

第二次思想解放运动是关于生产力标准的大讨论。标志是邓小平同志的"南方谈话"。在改革开放实践中,每走一步,都涉及检验十一届三中全会以来思想政治路线正确与否,都涉及衡量改革开放成功与否的判断标准问题。特别是发生了1989年"6·4风波"和1992年苏东剧变之后,到底要不要始终不渝地坚持改革开放,突破僵化的计划经济体制,再次提出了衡量改革开放正确与否的判断标准问题,引起了又一次思想解放。事实上,改革开放之初,邓小平就明确提出生产力判断标准。在"南方谈话"中,他再次强调生产力判断标准问题,并把它归结为"三个有利于"判断标准,做了深刻阐述。他指出:"改革开放迈不开步子,不敢闯,说来说去就是怕资本主义的东西多了,走了资本主义道路。要害是姓'资'还是姓'社'的问题,判断的标准,应该主要看是否有利于发展社会主义社会的生产力,是否有利于增强社会主义国家的综合国力,是否有利于提高人民的生活水平。"在三个"有利于"判断标准中,最根本的还是生产力标准。实践标准主要是针对两个"凡是"的僵化观点,恢复和重新确立了马克思主义的思想路线,划清了辩证唯物主义和主观唯心主义的界限,是一次伟大的思想解放运动。生产力标准主要是针对"计划经济等于社会主义,市场经济等于资本主义"这种判断姓"社"姓"资"的固定僵化的思想模式,恢复和坚持历史唯物主义原理,划清了科学社会主义和种种空想社会主义的界限,再次形成了伟大的思想解放运动。

应该说,在改革开放的根本方向、根本道路、大政方针乃至具体举措上,搞清楚姓"社"还是姓"资",是应该也是必要的。然而,关键是以什么样的标准来判断姓"社"还是姓"资"。生产力标准告诉我们,既然生产力是一切社会发展的最终决定性力量,是判断社会进步的根本标准,那么离开生产力的发展,用空想的原则、抽象的教条来裁剪姓"社"还是姓"资",就会在思想上陷入唯心史观的泥潭,在政治上导致"左"的路线,在实践上阻碍生产力的发展,关键在于科学地掌握姓"社"与姓"资"的标准。只要用生产力这个根本标准来分析改革开放的现实问题,许多疑惑不解就会一扫而光,就可以抛掉沉重的思想包袱,冲破思想牢笼,就会在改革开放实践中大胆地闯、大胆地试、大胆地干。生产力标准大讨论是实践标准大讨论的深入和继续,进一步解放了人们的思想,推动改革开放迈大步,促进了我国经济社会快速发展。

三 在新的历史起点上,改革开放, 必须进一步解放思想

时代步伐永不停顿,社会实践永无止境,追求真理永无尽头,解放思想永不停歇,改革开放永不却步。改革开放 30 年来的一条基本经验,就是思想的大解放,带来改革开放大进展,带来中国特色社会主义大发展。中国特色社会主义每前进一步,都离不开改革开放;改革开放每前进一步,都离不开解放思想。改革开放向前推进每一步,都是解放思想的产物。一次次解放思想,推动我们不断地转变观念,探索真理,勇于实践,不断把改革开放推向前进。

只有改革开放,才能发展中国特色社会主义。通过改革开放,我国取得了巨大进步和辉煌成就,中华民族以崭新的姿态屹立于世界民族之林,走到了时代前列。改革开放是新的历史条件下进行的新的伟大革命。改革开放使社会主义焕发出前所未有的生命力,使我们党焕发出旺盛的战斗力,使马克思主义焕发出经久不衰的感召力。中国特色社会主义之所以具有伟大的生命力,就在于是实行了改革开放的社会主义。改革开放是决定当代中国命运的关键抉择,坚持改革开放,是发展中国特色社会主义、实现现代化的必由之路。在新的历史起点上推进改革开放,需要进一步思想解放。党的十七大提出发展中国特色社会主义,吹响了在新的历史起点上继续解放思想、坚持改革开放的时代号角。

中国特色社会主义发展已经进入关键性的转折阶段,中国特色社会主义发展已经站位在一个新的历史起点上。一方面改革开放取得伟大成就,我国经济社会正处于发展的黄金期;另一方面,一系列深层次的社会矛盾

和问题日益凸显出来，我国经济社会发展又处于矛盾的凸显期。如长期形成的结构性矛盾和传统型增长方式尚未根本改变，诸多社会矛盾、社会难点和社会问题凸显频发，影响发展的体制、机制性障碍依然存在……处于新世纪新阶段的中国共产党人，正面对复杂多变的国际形势和十分艰巨的改革攻坚任务。因此，面对挑战和机遇，面对诸多新矛盾、新问题和新需求，迫切要求进一步改革开放，以发展中国特色社会主义。而坚持改革开放，必须继续解放思想。

中国共产党人在改革开放新时期面临三个大问题需要回答。第一个问题是"什么是社会主义，怎样建设社会主义"，这是中国特色社会主义的首要的基本问题，邓小平科学地破解了这个课题，邓小平理论是中国特色社会主义理论体系的开篇；第二个问题是"建设一个什么样的执政党，怎样建设执政党"。以江泽民为代表的第三代党的领导集体在进一步回答"什么是社会主义，怎样建设社会主义"问题的同时，创造性地回答了这一问题，提出了"三个代表"重要思想，这是中国特色社会主义理论体系的第二篇答卷；第三个问题是在新阶段"发展什么，怎么发展"，这就是以胡锦涛为总书记的党中央回答的第三个问题，科学发展观是中国特色社会主义理论体系的第三篇答卷，是继续解放思想、坚持改革开放、发展中国特色社会主义必须遵循的指导方针和战略思想。

科学发展观是我们党针对我国发展实际，总结世界发展经验，在发展理念上的马克思主义创新理论，是关于发展问题的理念和思路的重大创新，也是解放思想的结果。在解决进一步发展中国特色社会主义这一时代主题上，解放思想，必须以邓小平理论、"三个代表"重要思想为指导，以科学发展观为指南，把继续解放思想落实到贯彻落实科学发展观，坚持改革开放、推动科学发展、促进社会和谐上来。继续解放思想与落实科学发展观、坚持改革开放、推动科学发展，促进社会和谐，是密不可分的。继续解放思想是坚持科学发展的思想基础和前提，促进科学发展是解放思想的目的和要求。

当前我国改革开放也发展到了关键阶段，要进一步改革开放，必须进一步解放思想、实事求是、与时俱进、勇于变革、勇于创新、永不僵化、不为任何思想枷锁所困、不为任何风险所惧、不被任何干扰所惑。在新的历史起点上,改革开放必须集中破解"发展什么,怎样发展"这一时代课题,解放思想也必须破解"发展什么,怎样发展"这一时代课题。新的思想解放,要求我们必须破除在发展问题上的传统观念、传统方式和传统做法,实现发展理念的转变和创新,从而破除一切影响发展的思想观念障碍和体制、机制性障碍。继续解放思想要求我们紧密结合实际,努力改变那些不符合改革开放和科学发展的认识、观念和做法,不断创新发展理念,不断创新发展思路,不断创新发展模式,不断创新发展方法,真正落实科学发展观,走出一条科学发展、社会和谐之路。

实事求是是马克思主义的精髓,把解放思想与实事求是联系起来,是邓小平对党的思想路线的重大贡献。解放思想是在实事求是基础上的解放思想,而只有解放思想,才能实事求是。离开实事求是的解放思想不是马克思主义本意的解放思想。坚持继续解放思想,一定要坚持实事求是的根本原则。今天强调在新的历史起点上继续解放思想,必须坚持实事求是,坚持党的基本路线,一切从社会主义初级阶段的国情出发,来解放思想,来想问题办事情,来改革开放。

与以往的思想解放相比,这次思想解放既是在新的历史起点上、又是在更艰难的起点上的思想解放。既要自觉地把思想认识从那些不合时宜的观念、做法和体制的束缚中解放出来,从对马克思主义和科学社会主义教条式的理解中解放出来,从主观主义和形而上学的桎梏中解放出来,更要着重发展理念的转变;既要破除对马克思主义的教条主义的思维模式,又要破除对西方学说和制度的盲目崇拜和本本主义的搬用,更要着重转换面对时代实际、国情实际、发展实际的求真务实的思维方式,努力使我们的思想和行动更加符合实际,更加符合社会主义初级阶段的国情和时代发展的要求。要把解放思想的要求落实到一系列重要理念、观念和意识的创新上,把思想解放上升到关于发展问题的新的历史起点的高度、深度和广度上,使思想解放进入到一个新的境界。

改革开放符合党心民心,顺应时代潮流,方向和道路是完全正确的,成效和成绩是不容否定的,改革的停顿和倒退都是没有出路的。要把坚持改革开放同解放思想结合起来,坚定改革方向,完善改革举措,致力于改革攻坚,坚持在改革开放中实现科学发展。用继续解放思想来坚持和推进改革开放，用改革开放推进科学发展观的落实，用科学发展观的落实来推进中国特色社会主义事业的发展。

（本文是作者在纪念关于真理标准问题的讨论 30 周年座谈会上的发言，
原载《理论研究动态》2008 年第 2 期）

论艾思奇对马克思主义哲学
中国化的重要贡献

马克思主义哲学的中国化，就是把马克思主义哲学原理与中国实践相结合，坚持、继承、丰富和发展马克思主义哲学，吸收中国和外国哲学的精华，用中国气派、中国特色的哲学语言、哲学范畴术语所建构的马克思主义哲学中国化的创新体系。中国化的马克思主义哲学是中国化的马克思主义的哲学基础和思想保证，而不断创新的中国化的马克思主义则是我们党领导人民取得新民主主义革命和社会主义革命胜利、推进社会主义建设、实现改革开放、开拓中国特色社会主义新局面的理论基础和指导思想。

艾思奇是我国杰出的马克思主义哲学家、教育家，也是党在理论战线上的忠诚战士，马克思主义哲学中国化的领军人物。在其短暂的一生中，他为实现马克思主义哲学的中国化、大众化和不断创新，付出了极大的努力和智慧，做出了重要的理论贡献，为我们留下了宝贵的精神财富。纪念和缅怀艾思奇，学习和研究艾思奇哲学思想，对于继续艾思奇的事业，不断推进马克思主义哲学中国化的创新，不断推进马克思主义中国化的创新，都具有重要意义。

一　毕生献身马克思主义中国化事业，为
马克思主义哲学中国化做出重要贡献

马克思主义哲学是工人阶级的科学世界观和方法论，它揭示了自然、社会和人类思维发展的最一般规律，既是工人阶级锐利的思想武器，又是

人类认识世界、改造世界的伟大思想工具。20 世纪初，马克思主义哲学作为人类最先进的思想，在中华民族优秀儿女寻找救国图强的真理和道路的过程中传到中国。马克思主义哲学是放之四海而皆准的普遍真理，但是作为外来的先进思想，它要真正转变成中国人民改造旧中国的巨大的精神力量，发挥科学理论的指导作用，必须与中国国情、与中国传统文化相结合，必须为中国人民所接受，成为中国化的马克思主义哲学。马克思主义哲学中国化的过程，一开始就是中国共产党人运用马克思主义哲学武装头脑、指导中国实践的过程，就是与中国国情、中国先进思想文化相结合的过程，就是为中国人民逐渐接受的过程。马克思主义哲学中国化符合人类思想文化世界性交融的规律，它在坚持马克思主义的普遍原理、继承人类社会最先进思想的同时，又具有中国鲜明的民族形式和特征，富有中国传统文化的精华和中国共产党人的创新内容，是中国共产党人对于马克思主义哲学所做出的具有中国特色的特殊贡献。

　　从哲学意义上来说，马克思主义哲学中国化问题，实质上就是马克思主义哲学原理的"一般性"与"特殊性"的辩证关系问题。只有从思想路线上解决了马克思主义哲学的这个关键问题，才能解决好马克思主义哲学中国化的问题。也只有解决了马克思主义哲学中国化的问题，才能解决指导马克思主义中国化的世界观和方法论问题。早在井冈山斗争时期，毛泽东就已经从思想路线的高度论及马克思主义哲学中国化问题，实际上也论及了马克思主义中国化问题。他在 1930 年写的《反对本本主义》一文中提出："马克思主义的'本本'是要学习的，但是必须同我国实际情况相结合。"① 在 1936 年《中国革命战争的战略问题》一文中，他从哲学高度明确阐述了一般战争规律与革命战争规律的关系问题，科学地阐明了"一般性"与"特殊性"的辩证关系问题。在 1937 年的《实践论》、《矛盾论》这两部马克思主义哲学中国化的经典论著中，他科学地论证了矛盾的"一般性"和"特殊性"这个马克思主义哲学的普遍原理，形成了马克思主义哲学与中国具体实践相结合的马克思主义哲学中国化的基本思想，奠定了马克思主义中国化的哲学基础。在这一哲学基础和前提下，毛

---

① 《毛泽东选集》第 1 卷，人民出版社 1991 年版，第 111—112 页。

泽东在 1938 年 10 月中共六届六中全会的报告中，对马克思主义中国化作了最为经典的论述："共产党员是国际主义的马克思主义者，但是马克思主义必须和我国的具体特点相结合并通过一定得民族形式才能实现。马克思列宁主义的伟大力量就在于它是和各个国家具体的革命实践相联系的。对于中国共产党来说，就是要学会把马克思列宁主义的理论应用于中国的具体的环境。成为伟大中华民族之一部分而和这个民族血肉相连的共产党员，离开中国特点来谈马克思主义，只是抽象的空洞的马克思主义。因此，使马克思主义在中国具体化，使之在其每一个表现中带着必须有的中国的特性，即是说，按照中国的特点去应用它，成为全党亟待了解并亟须解决的问题。"① 毛泽东关于马克思主义中国化的经典论述，既内在地包含了马克思主义中国化的真谛，同样又适用于马克思主义哲学的中国化。毛泽东开创了马克思主义哲学和马克思主义中国化的新境界：毛泽东哲学思想实现了马克思主义哲学的中国化，毛泽东思想实现了马克思主义的中国化。中国共产党建党 80 多年来，经过几代中国共产党人和理论工作者的共同努力，不断地推进和创新马克思主义哲学中国化和马克思主义中国化。马克思主义哲学中国化的理论成果丰富了马克思主义哲学的理论内容和表现形式，使马克思主义哲学在东方的中国扎下根来，发展起来。正是在中国化的马克思主义哲学的思想指导下，一代又一代中国共产党人推进了马克思主义中国化的不断创新，使马克思主义理论既一脉相承，又不断创新，从而指导中国共产党人领导中国人民成功地进行革命、建设和改革，彻底改变了中国人民的历史命运和中国的社会面貌。

　　毛泽东关于马克思主义哲学中国化和马克思主义中国化的基本思想影响了艾思奇的哲学之路。艾思奇一生的哲学成就，集中体现在对马克思主义哲学中国化的实现所做出的重要贡献。他明确提出开展马克思主义哲学"中国化、现实化"② 运动，阐明了马克思主义哲学中国化的历史必然性和现实必然性，论述了马克思主义哲学中国化的科学内涵、表现形式和理论成果，也为马克思主义哲学中国化的典范——毛泽东哲学思想的确立做

　　① 《毛泽东选集》第 2 卷，人民出版社 1991 年版，第 534 页。
　　② 卢国英：《智慧之路——一代哲人艾思奇》，人民出版社 2006 年版，第 232 页。

了舆论上理论上的积极准备。

首先，艾思奇提出了马克思主义哲学"中国化"的概念。1938年4月在《哲学的现状和任务》一文中，针对抗战以来中国哲学界理论脱离实际和滥用哲学公式的观念论倾向，艾思奇明确提出，"现在需要来一个哲学研究的中国化、现实化的运动"①。他认为，过去的哲学只进行了一个通俗化的运动，把高深的哲学用通俗的词句加以解释，打破了哲学神秘的观念，使哲学和人们的日常生活接近。这诚然具有重要意义，但还不是哲学中国化、现实化的全部内容，而只是它的初步工作，必须以通俗化、大众化为出发点，进一步实现哲学的中国化、现实化。那么，究竟什么是哲学的中国化、现实化运动呢？艾思奇指出：哲学的中国化、现实化"不是书斋课堂里的运动，不是滥用公式的运动，是要从各部门的抗战动员的经验中吸取哲学的养料，发展哲学的理论。然后才把这发展的哲学理论拿来应用，指示我们的思想行动，我们要根据每一时期的经验，不断地来丰富和发展我们的理论，而不是要把固定了的哲学理论，当作支配一切的死公式"②。他还指出：这个运动的中心，"就是对新哲学、辩证法唯物论的研究"；当然，以辩证法唯物论为中心，并不意味着对其他种类哲学的排斥，并不排斥关于各种意见的争论，但最重要的是实践，今日的中国"一切以抗战的实践为依归"③。由此可见，艾思奇提出的"哲学中国化、现实化"，就是要求把辩证法唯物论即马克思主义哲学应用于中国的抗战实践，总结抗战的经验，发展哲学的理论，指导人们的思想和行动，为夺取抗日战争的胜利服务。因此，我们可以把它看作是"马克思主义哲学中国化"概念的提出和论证。这和革命初期毛泽东"同我国实际情况相结合"思想的提出，和稍前毛泽东对"一般性"与"特殊性"辩证关系的科学论述，及稍后毛泽东在中共六届六中全会上提出的"马克思主义中国化"的总体性概括是完全一致的。

其次，艾思奇阐明了马克思主义哲学中国化的科学含义、历史必然性

---

① 艾思奇：《艾思奇文集》第1卷，人民出版社1981年版，第387页。
② 同上。
③ 同上书，第388页。

和具体的方法论原则。1940 年 2 月在《论中国的特殊性》一文中，艾思奇从"应用"和"创造"两个角度，论述了马克思主义（包括哲学在内）中国化的科学内涵，指出马克思主义中国化一方面就是要坚决站在马克思主义的立场上，坚持马克思主义的基本原则和基本精神，运用辩证唯物论和政治经济学的科学方法，具体地客观地研究中国社会关系，决定中国无产阶级在中国民族革命斗争中的具体任务及战略策略；另一方面就是要精通马克思主义，在中国的具体环境下实践马克思主义，回答中国的现实问题，在中国的特殊条件之下创造马克思主义。这种创造是在不变的正确基础原则上的新的理论和事业的创造，是对马克思主义总宝库的新贡献。总之，马克思主义中国化，就是马克思主义在中国具体环境中的应用和创新，就是在中国现实的地盘上来把马克思主义加以具体化、加以发展。艾思奇强调"在一定的具体环境之下实践马克思主义"，"在一定国家的特殊条件之下来进行创造马克思主义的事业"①，这是对马克思主义中国化科学内涵的最好解说。这里所谓"具体环境"和"特殊条件"，从哲学上讲就是事物矛盾的特殊性，是相对于事物矛盾的普遍性、事物发展的一般规律而言的。马克思主义中国化就是马克思主义的普遍原理同中国具体实践相结合，其哲学根据就是矛盾的普遍性和特殊性相结合、共性和个性相结合。脱离中国的"具体环境"和"特殊条件"，马克思主义中国化无从谈起。艾思奇从哲学的"一般性"和"特殊性"的辩证关系角度，说明了马克思主义中国化的哲学精髓和前提。

　　中国共产党人创造性地把马克思主义揭示事物一般规律的一般原理，与中国的"具体环境"和"特殊条件"相结合，这就是马克思主义中国化，也是马克思主义哲学的中国化。也就是说，把马克思主义的一般原理应用于中国的"具体环境"和"特殊条件"，使之发生内容和形态的改变，形成适应中国实际需要的、具有中国内容和表现形态的中国化的马克思主义和中国化的马克思主义哲学。实现马克思主义中国化，必须从哲学高度理解"一般"与"特殊"的辩证关系：既要肯定"一般性"，坚持马克思主义的普遍原理，又要肯定"特殊性"，坚持马克思主义的中国化；

---

　　① 艾思奇：《艾思奇文集》第 1 卷，人民出版社 1981 年版，第 481 页。

不能因为强调"特殊性"而否定"一般性",从而否定马克思主义和马克思主义哲学的一般指导原则;也不能因为强调"一般性"而否定"特殊性",从而否定马克思主义和马克思主义哲学与中国国情相结合的必要性。不能因为强调中国的"特殊性"而否定马克思主义的普遍指导意义,也不能因为强调马克思主义的"普遍性"而否定中国国情的"特殊性"。因为强调"特殊性"而否定"一般性",是拒绝和否定马克思主义世界观方法论的指导作用;因为强调"普遍性"而否定"特殊性",不是经验主义,就是教条主义,就会拒绝马克思主义指导,离开马克思主义的正确指南,迷失方向。总而言之,把马克思主义哲学的一般原理与中国特殊国情相结合,这是马克思主义哲学中国化的真谛所在;把马克思主义与中国特殊国情相结合,这是马克思主义中国化的真谛所在。

正是根据一般和特殊关系的哲学原理,艾思奇从马克思主义是科学的理论、科学的方法、无产阶级的行动指南三个方面,具体而系统地论述了马克思主义中国化的历史必然性。他指出,因为马克思主义是科学的理论,它具有"一般的正确性",因而对于任何国家、任何民族都是适用的;因为马克思主义是科学的方法,它具有普遍的方法论意义,因而能够指导我们客观地具体地研究每个国家、民族的实际情况;因为马克思主义是革命行动的指南,是无产阶级斗争的理论策略,具有一定的普遍性,因而凡是有了无产阶级运动的国家和民族,也就有了接受和发展马克思主义的可能性和必然性。马克思主义之所以能够中国化,是因为中国自己本身早就产生了马克思主义的实际运动(具有高度组织性和觉悟性的中国无产阶级已登上历史的舞台,并且有它的强大的政党——共产党领导,有 20 年来领导民族民主革命的经验等),中国自身的经济社会发展为马克思主义在中国的传播和发展提供了社会基础和内部根源,所以马克思主义中国化具有历史的必然性。①

对于如何具体地从事哲学研究的中国化工作,艾思奇首先提出了具体的途径。在他看来,那就是要精通马克思主义哲学理论,并做到两点:"第一要能控制中国传统的哲学思想,熟悉其表现形式;第二要消化今天

---

① 艾思奇:《艾思奇文集》第 1 卷,人民出版社 1981 年版,第 482—484 页。

的抗战实践的经验与教训。"① 也就是说，要运用马克思主义哲学来总结当前的实践经验，并使之与中国传统结合起来，取得民族的形式。

再次，艾思奇还初步总结了抗战以来马克思主义中国化或辩证法唯物论在中国的实际应用所取得的理论成果，为马克思主义哲学中国化的典范——毛泽东哲学思想的确立做了舆论上理论上的重要准备。1941 年 9 月，艾思奇在《抗战以来的几种主要哲学思想评述》一文中指出，抗战以来马克思主义中国化或辩证法唯物论的实际应用已经取得了不少成果。"首先我们在解决中国的抗战的实际问题上就有了许多辉煌的范例。而在这中间毛泽东同志的《论持久战》、《论新阶段》、《新民主主义论》，以及毛泽东同志及朱德同志的关于游击战争问题的著作，就是马克思主义中国化和辩证法唯物论应用的最大的历史收获。在这些著作里，我们可以看到中国无产阶级政党的领袖，是怎样依据他们无比的实际斗争经验，运用了辩证法的方法，把中国社会的具体特点，中国革命的历史经验以及当前抗战中的国内国际的情况，加以科学的分析总结，而把握了抗战发展的规律，把握了关于中国革命和中国革命战争的科学理论，并指出了政治、军事、文化等各方面的斗争的前途和方法。……这些著作，证明马克思主义的中国化和辩证法唯物论的应用，是能够最正确地解决中国的革命问题的，马克思主义和辩证法唯物论是完全适合于中国的国情的。"②

1943 年 8 月，艾思奇在《中国之命运——极端唯心论的愚民哲学》中批判了蒋介石的"诚"的思想和"力行"哲学之后，还向全国人民积极宣传了毛泽东思想及其哲学。他指出：中国共产党人在民主革命中把马克思主义的普遍真理与中国革命的具体实践相结合，产生了正确地指导中国革命的理论和哲学，正确地处理了领导和群众、理论和实践的关系，开展了惊天动地的革命事业，取得了伟大的成绩。"这一切事业和思想，都和中国共产党的领袖——毛泽东同志的名字分不开。到了今天，铁的事实已证明，只有毛泽东同志根据中国的实际情况发展了和具体化了的辩证法唯物论与历史唯物论，才是能够把中国之命运引到光明前途去的科学的哲

---

① 艾思奇：《艾思奇全书》第 2 卷，人民出版社 2007 年版，第 623 页。
② 艾思奇：《艾思奇文集》第 1 卷，人民出版社 1981 年版，第 555—556 页。

学，才是人民的革命哲学。"①

艾思奇在各个时期的一些哲学论著，如《大众哲学》、《哲学与生活》、《历史唯物论——社会发展史》、《毛泽东同志四篇哲学著作辅导提纲》以及《辩证唯物主义讲课提纲》、《辩证唯物主义历史唯物主义》等，对于毛泽东哲学思想的形成和发展都产生了一定的影响，因此也应看作是马克思主义哲学中国化的重要理论成果。韩树英教授指出："中国共产党人坚持把马克思主义哲学与中国革命的实际与探索社会主义建设道路的实践相结合，确立了实事求是的思想路线，指引了中国革命的成功实践和探索社会主义建设道路的实践，并在此过程中形成和发展了毛泽东哲学思想，这一思想集中体现在毛泽东写的《矛盾论》、《实践论》、《关于正确处理人民内部矛盾的问题》等5篇哲学著作中。而这一时期，把马克思主义哲学和毛泽东哲学思想中国化、大众化的领军人物就是艾思奇、李达等人。沿用至今的马克思主义哲学原理教科书的体系框架也是他们在这一时期构建并完善的。"② 在这里，艾思奇在马克思主义中国化和马克思主义哲学中国化的事业中做出的理论贡献，得到了高度评价与充分肯定。

二 开马克思主义哲学中国化通俗读物先河，倾其心血从事马克思主义哲学中国化普及工作

马克思主义哲学中国化实际上是由两方面的任务所组成的：一方面是把马克思主义哲学和中国实际相结合，创造马克思主义哲学中国化的理论成果；另一方面是让马克思主义哲学原理和马克思主义哲学中国化的理论成果为广大群众所接受。无疑，马克思主义哲学的通俗化、大众化属于后一种任务，它不仅是马克思主义哲学中国化的前提和基础，也是马克思主义哲学中国化的第一步重要工作。艾思奇曾经把自己所做的马克思主义哲学通俗化、大众化的工作称之为马克思主义哲学中国化的"初步"。他还

---

① 艾思奇：《艾思奇文集》第1卷，人民出版社1981年版，第698页。
② 秦廷国：《马克思主义哲学中国化的理论之镜与实践创新——"艾思奇与马克思主义哲学中国化"学术研讨会侧记》，《哲学动态》2008年第2期。

强调指出，通俗化的成功，正说明已有"几分（虽然很少），做到了中国化现实化"①。纵观艾思奇的一生，运用人民大众熟悉的、通俗易懂的、喜闻乐见的、中国式的语言文字和哲学表述方式传播马克思主义哲学，努力推进马克思主义哲学的中国化，为实现马克思主义哲学的通俗化、大众化贡献自己的全部心智，是贯穿于其中的主线。

　　1936 年，年仅 25 岁的艾思奇出版了中国第一部马克思主义哲学通俗读物《大众哲学》，开创了马克思主义哲学大众化的先河。当年李公朴在为该书写的序言中指出："这本书是用最通俗的笔法，日常谈话的体裁，融化专门的理论，使大众的读者不必费很大气力就能够接受。这种写法，在日前出版界中还是仅有的贡献。""尤其值得一提的是这本书的内容，全是站在目前新哲学（指马克思主义哲学——引注）的观点上写成的，新哲学本来是大众的哲学，然而过去却没有一本专为大众而写的新哲学著作。这书给新哲学做了一个完整的大纲，从世界观、认识论到方法论，都有浅明的解说。"②《大众哲学》一书无论在当时的国民党统治区，还是在抗日根据地，都产生了极大的影响。《大众哲学》以通俗易懂的中国化的马克思主义哲学道理唤醒了人、说服了人、激励了人。在黑暗的旧中国，许多追求进步的年轻人在苦闷彷徨中读到此书，从而看到了希望，振奋了精神。他们中不少人由于阅读此书，才接受了马克思主义，才去延安投身革命洪流，走上了革命道路。例如，一位当年的青年读者后来给艾思奇写信说道，30 年代，他正是一个满怀热情的青年，由于国家满目疮痍，民族处于危亡关头，个人出路渺茫，精神上极端迷茫、苦闷、悲观，曾想自杀了此一生。一个偶然的机会读了《大众哲学》，精神为之一振，仿佛在黑暗中看见了曙光，觉悟到国家民族、个人的前途要靠自己奋起斗争。于是，毅然投身到革命的行列。毛泽东在写作《实践论》、《矛盾论》的过程中，也曾受到《大众哲学》的某些影响。他多次说，自己从艾思奇著作中"得益很多"③。解放前，《大众哲学》印发了 32 版，供不应求；1979 年又

① 艾思奇：《艾思奇文集》第 1 卷，人民出版社 1981 年版，第 387 页。
② 艾思奇：《大众哲学》，人民出版社 2004 年版，李公朴序。
③ 毛泽东：《毛泽东书信选集》，人民出版社 1983 年版，第 112 页。

重印了 35 万册，仍销售一空，可见其影响之深远。

《大众哲学》之所以开马克思主义哲学通俗读物的先河，产生如此巨大的思想威力，除了历史时代舞台和已有的思想材料为艾思奇的成功提供主客观条件外，与艾思奇本人刻苦钻研马克思主义、广泛吸收中外哲学的精华、坚持理论联系实际的学风是分不开的。他一是心系国家大事、天下大事，关心大众关心的事情，抓住了哲学所要回答的时代课题；二是真正接受并理解吃透了马克思主义哲学真理，并把它与中国实际相结合，运用到回答中国实际问题的过程中，概括为中国化的马克思主义哲学道理；三是综合中外哲学的思想精华，丰富和充实了马克思主义哲学理论，推进了马克思主义哲学的中国化。艾思奇两次远赴日本留学及在昆明逗留期间，都十分刻苦地攻读马克思主义哲学著作，带着哲学的时代课题，思索人们共同关心的问题，广泛吸收中外哲学的精粹，从中寻找解决问题的真理方法。艾思奇对哲学的涉猎是很广泛的。他说，在年轻时为了解决宇宙观人生观问题曾经试图从古代哲学寻找答案。在日本及昆明期间，除了大量阅读马克思主义哲学著作外，还认真阅读、研究了培根、斯宾诺莎、康德、黑格尔等人的西方哲学著作。此外，他在评述和批判近代哲学思潮的过程中，对近现代中国各派哲学也有深入的了解与研究。后来他在谈起这段经历时说："我总想从哲学中找出一种对宇宙人生的科学道理，但古代哲学却很玄妙，都没有说清楚，最后读到马克思、恩格斯的著作，才豁然开朗，对整个宇宙和社会的发生和发展，有了一个比较明确的认识。"[①] 我们读他的书，也有类似的感觉。黄楠森教授曾经回忆说："我初读这本书至今已 40 多年了，但它使我茅塞顿开、豁然开朗的情景犹历历如在目前。"[②] 可见，把马克思主义哲学普遍真理吃透，用以回答中国的实际问题，在与实际的结合中升华为马克思主义中国化的哲学成果，并使之通俗化、大众化，为群众所接受，这是《大众哲学》成功的最重要的内在原因。

毛泽东曾经要求，"让哲学从哲学家的课堂上和书本里解放出来，变

---

① 王丹一、卢国英、叶佐英：《艾思奇年谱》，载《一个哲学家的道路》，云南人民出版社 1981 年版，第 321 页。

② 黄楠森：《哲学通俗化的榜样》，载《马克思主义哲学家艾思奇》，中共中央党校出版社 1987 年版，第 382 页。

为群众手里的尖锐武器"①。正确的思想一旦被群众掌握就会转变为巨大的物质力量。为了实现中国化的马克思主义哲学的大众化、通俗化和普及化，艾思奇倾注了自己的全部心血。在上海工作期间，艾思奇除了撰写《大众哲学》之外，还出版了《哲学与生活》、《新哲学论集》、《思想方法论》等著作，并且翻译了苏联学者编写的《新哲学大纲》。1937 年 10 月到延安之后，他任抗日军政大学、陕北公学、马列学院教员，主持延安"新哲学学会"，参加毛泽东组织的六人哲学小组和中宣部的哲学学习小组，编选《哲学选辑》，撰写《哲学研究提纲》，并为干部和学员作哲学辅导报告；他在延安整风期间受毛泽东的委托主编《马克思、恩格斯、列宁、斯大林思想方法论》，一直从事马克思主义哲学的宣传教育和普及工作。

全国解放后，艾思奇为中国化的马克思主义哲学进一步走出书斋走向社会，发挥了重要作用。艾思奇曾在中共中央直属高级党校担任过副校长，同时兼任哲学教研室主任，全校师生一致习惯地称呼他为"艾教员"。除了在校内讲课以外，艾思奇以满腔热情在社会上许多单位讲授马克思主义哲学。特别是在北京大学、清华大学这两所高等学府讲授马克思主义哲学取得的成效，至今仍能给我们许多重要的启示。任继愈先生曾经说过："艾思奇同志向广大社会、向群众普及哲学，人们早已熟知。他在新中国成立后，把马克思主义普及到大学、高等研究机构，与知识分子广交朋友，似未引起注意。当时形势下的哲学普及工作，十分艰巨。他把本来站在唯心主义阵营的大批旧知识分子引导到马克思主义一边来，固然由于整个革命形势决定的，但他的功绩是卓越的"②。

20 世纪 50—60 年代广大干部和群众掀起了学习毛泽东哲学思想的热潮。艾思奇写了大量文章，作了许多辅导报告，他一方面从理论上阐明毛泽东是怎样把马克思主义哲学同中国革命和建设实践结合起来，丰富和发展马克思主义认识论、辩证法和历史唯物论的，另一方面告诉广大干部和

---

① 《毛泽东文集》第 8 卷，人民出版社 1999 年版，第 323 页。

② 任继愈：《艾思奇在旧大学普及新哲学的功绩》，载《人民的哲学家——艾思奇纪念文集》，云南人民出版社 1997 年版，第 39 页。

群众学习毛泽东哲学思想要掌握正确的思想方法、工作方法和领导方法，理论联系实际，解决具体实践中遇到的各种问题。对于工农兵学习过程中出现的一些简单化、庸俗化和形式主义的倾向，他保持了比较清醒的头脑，给予正确的引导。

从艾思奇将马克思主义哲学普及化的一生可以看到，只要真正把马克思主义哲学与中国实际相结合，把马克思主义哲学的真理用中国气派、中国风格、中国特色的哲学话语和思维形式加以表达，回答相应时代中国人民普遍关心而又百思不得其解的问题，就一定会引起民众的强烈共鸣，受到普遍欢迎。这也正是《大众哲学》作为马克思主义哲学与中国实际相结合的产物，作为马克思主义哲学普及化的结果，获得巨大成功的秘诀所在。

三　主编马克思主义哲学中国化教科书，积极探索中国化的马克思主义哲学表述体系

中国化的马克思主义哲学教科书，可以说是马克思主义哲学在中国扎根的结果，是马克思主义哲学的一种中国化的内容表述体系，是马克思主义哲学的一种新形态。

苏联在20世纪30年代初期，批判了德波林的孟什维克唯心主义以后，米丁等人编写了哲学教科书，传到中国，影响很大。当时艾思奇也十分重视马克思主义哲学教科书的研究和编写。他一生编写过多部各种类型的马克思主义哲学教科书，对中国化的马克思主义哲学的表述体系做了积极的探索。《大众哲学》本身就具有教科书的性质。在延安时期，为了给干部学习提供教材，艾思奇还编写过《哲学研究提纲》，它可以被视做马克思主义哲学中国化教科书的雏形。新中国成立后，他编写过《历史唯物论——社会发展史讲义》和《辩证唯物主义纲要》等教材。

新中国成立后，在各级党校和高等学校的哲学教学中，我们一直使用苏联教材进行大规模的马克思主义教育。中央认为，苏联教材不能反映中国共产党的经验。1960年，中共中央书记处决定委托中宣部和教育部，组织力量编写两本体现中国共产党经验的教材，一本是马克思主义哲学教科书，

一本是马克思主义政治经济学教科书。中央委托胡绳、艾思奇负责哲学教科书的编写工作。在艾思奇具体主持下,《辩证唯物主义历史唯物主义》教科书于1961年11月正式出版,产生了极大的影响。20世纪60、70年代乃至80年代,该书曾经是各级党校、干校、高等院校普遍使用的教材,"文化大革命"后还不止一次再版,受到高度重视和普遍欢迎。这本书用中国化的马克思主义哲学培养了整整一代人。

编写《辩证唯物主义历史唯物主义》是一项庞大的工程,对于这本影响巨大的教科书,艾思奇发挥了重要作用。从提出编写原则、拟定写作提纲、反复修改书稿到最后定稿,他都付出了极大的心血。该书编写的全过程、特别是所提出的编写原则,充分体现了艾思奇对马克思主义哲学中国化创新事业的不懈追求和艰辛努力。

在编写《辩证唯物主义历史唯物主义》教科书时,艾思奇提出了编写马克思主义哲学教科书的四条原则。这四条原则阐述的实际上都是如何实现马克思主义哲学中国化的问题。第一条是力求内容的相对稳定性,既要反映理论的进展和中国共产党的经验,又要体现教科书的特点;第二条是把阐述马克思主义哲学的一般原理与阐述毛泽东哲学思想适当地结合起来,既反对忽视毛泽东对马克思主义哲学基本原理的发展,又反对乱贴标签、空谈发展;第三条是适应教科书的使用对象,便于我国高校师生及干部使用;第四条是贯彻学术百家争鸣的方针,既不轻易写不同意见,又为进一步的研究和讨论留有余地。[①]《辩证唯物主义历史唯物主义》教科书中使用了许多中外哲学史的相关思想材料和自然科学的最新研究成果,阐述了中国共产党对马克思主义哲学的运用和发展,突出阐发了哲学的方法论功能。所有这些,都是马克思主义哲学中国化的可贵探索和发展创新,其中许多思想和做法,对马克思主义哲学中国化和马克思主义中国化的创新发展,至今仍具有启发和借鉴价值。

历史证明,《辩证唯物主义历史唯物主义》是马克思主义哲学中国化的教科书的成功范本。它的特点,一是比较准确简练地阐述了马克思主义哲学的基本原理,同时体现了以毛泽东为代表的中国共产党人对马克思主义

---

① 具体内容参见卢国英《智慧之路——一代哲人艾思奇》,人民出版社2006年版,第691—697页。

哲学的运用和发展,克服了只谈马克思主义哲学的一般原理,忽视毛泽东哲学思想对马克思主义哲学的贡献,或脱离马克思主义哲学一般原理,任意用贴标签的方式空谈毛泽东哲学思想对它的发展的倾向。二是体系结构和内容形式都带有中国化的特点,其体系内容既体现了马克思主义哲学经典文本的思路和观点,按绪论、唯物论、辩证法、认识论、历史唯物论的结构来加以编写,又体现了毛泽东哲学思想的体系内容,如《矛盾论》《实践论》的内容,还充实联系了中国的历史实际(包括中国哲学史的思想材料)、中国革命和建设的实际,说明了马克思主义哲学基本原理,强调并体现了马克思主义哲学世界观和方法论的一致性,在阐述每个哲学原理时都力求说明它作为思想方法、工作方法、领导方法的意义何在,使之成为行动的指南。三是具有相对稳定性和留有余地,适应学习者的具体需要,有利于百家争鸣。①

《辩证唯物主义历史唯物主义》的编撰过程,本身就是马克思主义哲学中国化的创新过程。它的编撰出版对于人们系统地准确地学习马克思主义哲学原理和马克思主义哲学中国化的理论成果,推进马克思主义哲学中国化的不断创新,发挥了独特作用。作为马克思主义哲学中国化的经典教科书,它的意义在于,通过艰苦探索和反复打磨,探索出了中国化的马克思主义哲学表述体系,建构了一个普及用的中国化的马克思主义哲学体系,为以后探索、创新马克思主义哲学,建构马克思主义哲学新形态打下了坚实的基础。

四　端正对待马克思主义哲学中国化的学风,以科学的精神创新发展中国化的马克思主义哲学

马克思主义哲学中国化的创新绝不仅仅是技巧问题,也不只是学术问题,而是对待马克思主义哲学的根本态度问题,即坚持理论联系实际的学风,以解放思想、实事求是、与时俱进的科学态度对待马克思主义哲学的学风问题。艾思奇正是以这样一种科学精神,学习、研究、传播马克思主义哲学,致力于马克思主义哲学中国化的创新。他坚信马克思主义哲学是真理,

---

① 艾思奇:《艾思奇文集》第1卷,人民出版社1981年版,第823—827页。

努力吃透马克思主义哲学,把握好中国实际问题,力求把马克思主义哲学与中国实际相结合,赋予群众能够接受的形式,使之走出书斋,与群众真正产生精神层面的沟通与共鸣,让马克思主义哲学中国化的理论成果在大众心中,特别是青年人心中扎下根来,变成人民群众改造客观世界的真实的实践力量。

艾思奇涉猎、研究的哲学领域很广、问题很多,但他能够融会贯通,把它们聚焦于中国紧迫的现实问题的哲学解决。在延安《新哲学会缘起》中,他集中表述了这一思想。1938 年 9 月,为了更好地用马克思主义哲学武装党员干部,毛泽东倡议成立"新哲学会",并把这个任务交给艾思奇和何思敬负责。艾思奇在他起草的《新哲学会缘起》中,提出了马克思主义哲学中国化过程中需要注意的两个重要问题:"我们反对脱离实践的人贫乏空洞的'纯理论'的研究,但这不是说我们不需要更专门更深化的研究。相反的,正是为着要使理论更有着实际的指导力量,在研究上就不仅仅要综合眼前抗战的实际经验和教训,而且要接受一切中外最好的理论成果,要发扬中国民族传统中最优秀的东西。一个有力量的理论不是单单靠着眼前的狭隘经验就可以完成的。这里就有着比较专门化的理论工作者的任务。"①这就是说,在马克思主义中国化的过程中,既要反对脱离实际和空洞的"纯理论"研究的教条主义倾向,又要反对浅尝辄止、满足于狭隘经验的经验主义倾向;既要反对强调中国特殊性而拒绝一切外来文化的闭关自守主义,又要反对崇洋媚外的"全盘西化"论。这对于我们今天马克思主义哲学中国化的创新研究,仍有重要的启示作用。要完成马克思主义哲学中国化的任务,脱离实际,轻视实践,认为研究实际问题不是学术、没学问,是不行的。反之,满足于简单的结论,不能广泛研究和吸取人类文明创造的一切成果来深化理论研究,不断实现马克思主义哲学中国化的创新,也不可能完成好马克思主义哲学中国化的使命。

艾思奇在从事马克思主义哲学中国化的创新研究中,充分体现了解放思想、实事求是、治学严谨、坚持真理、乐于接受不同意见乃至批评的科学态

---

① 参见黄楠森、庄福龄主编《马克思主义哲学史教学资料选编》下册,北京大学出版社 1984 年版,第 1224 页。

度,并以这种科学精神推进马克思主义哲学中国化的不断创新。

首先,他采取了实事求是的科学态度,即以马克思主义哲学世界观方法论之矢,去射中国实际之的,在理论与实际的结合过程中,将马克思主义哲学世界观方法论升华为中国化的马克思主义哲学。在研究过程中,他注重针对中国的实际,总结中国共产党革命和建设的经验。

其次,他采取了解放思想、勇于探讨的科学态度。1950年,一次在清华大学讲对立统一规律时,艾思奇提出基本粒子不基本、仍然可分的观点。物理学教授们依据自己当时所掌握的专业知识,坚持认为基本粒子是不可分的;有人甚至认为"艾思奇不懂自然科学"。[1] 后来的发展证明,艾思奇当时的观点是正确的。何祚麻研究员因此曾撰文写道:"作为新中国的粒子物理学工作者,当然不会忘记在1964—1965年间,毛泽东同志和艾思奇、于光远,还有周培源教授等人所做的一系列有益的讨论和谈话。但是,同样需要纪念的事情是,早在1950年,艾思奇就将列宁的'电子也是不可穷尽的'这一经典式的论断告诉了我们,并做了他自己的理解和论述。"[2]

再次,他采取了平等讨论、善于听取不同意见的科学态度。艾思奇在讲授马克思主义哲学的过程中,始终是以平等讨论问题、乐于接受正确意见的态度来对待不同的看法和观点。一次,他在北京大学讲授社会发展史,指定大家阅读恩格斯的《劳动在从猿到人转变过程中的作用》一文。讨论中,地质系研究古生物的教授们提出,恩格斯在这篇文章中说人类是从"类人猿"演化而来,这是以达尔文等人的研究资料为依据的。现代科学研究的成果认为,人类并不是从类人猿演化来的,而是从古猿演化来的。当时有人认为这是违反经典著作的错误观点,是某些教授资产阶级世界观的表现,甚至主张加以批判。艾思奇不同意这种看法,不但不认为那些教授们提出的观点是错误的,而且十分虚心地尊重和接受了意见,并在以后的讲授中对原来的观点加以了纠正。还有一次,在北京大学的学习讨论中,发生了关于形式逻辑是不是形而上学的争论。艾思奇开始时主张形式逻辑是形而上学,金岳霖等学者认为二者不是一回事。经过反复辩论,取得共识,艾思奇也认为形

---

[1]　卢国英:《智慧之路——一代哲人艾思奇》,人民出版社2006年版,第458页。
[2]　同上。

式逻辑不是形而上学。艾思奇这种虚怀若谷的风格深为哲学界所称道。

由此可见，艾思奇以自己的学识和精神风貌体现了马克思主义哲学的科学精神，这也是马克思主义哲学原理、马克思主义哲学中国化的理论成果能够深入人心、为人们所接受的重要条件。只有彻底的、科学的真理，才能真正大众化、通俗化、普及化，才能真正掌握群众。不能不看到，对马克思主义的某些误解，与个别宣传者的误解、误传和简单化有密切的关系。实现马克思主义中国化，必须使对马克思主义理论的宣传和研究科学化，以科学的精神来普及、宣传、研究和创新马克思主义。

总之，艾思奇是马克思主义哲学中国化的探索者、实践者与开创者。他笃信力行，研究和传播马克思主义哲学，坚持并运用马克思主义哲学的一般原理，说明中国的实际问题，创造了一系列马克思主义哲学中国化的研究成果，奠定了他在中国马克思主义哲学传播史和发展史上的地位。在大力推进马克思主义哲学和马克思主义中国化的今天，纪念和研究艾思奇，最重要的就是学习他、继承他为马克思主义哲学中国化和马克思主义中国化事业奉献一生的精神；最重要的是付诸行动，切实做好理论联系实际的工作，努力推进马克思主义哲学中国化和马克思主义中国化的不断创新，为发展中国特色社会主义理论体系和中国特色社会主义事业，不断提供马克思主义哲学中国化和马克思主义中国化的创新理论成果。这是摆在我们哲学工作者和理论工作者面前的神圣而伟大的历史任务。

参考文献

艾思奇:《艾思奇文集》第 1 卷,人民出版社 1981 年版。

2007 年 a:《大众哲学》(修订本),人民出版社。

2007 年 b:《艾思奇全书》第 2 卷,人民出版社。

黄楠森:《哲学通俗化的榜样》,载《马克思主义哲学家艾思奇》,中共中央党校出版社 1987 年版。

黄楠森、庄福龄主编:《马克思主义哲学史教学资料选编》下册,北京大学出版社 1984 年版。

卢国英:《智慧之路——一代哲人艾思奇》,人民出版社 2006 年版。

《毛泽东书信选集》,人民出版社 1983 年版。

《毛泽东文集》,人民出版社 1999 年版。

《毛泽东选集》,人民出版社 1991 年版。

秦廷国:《马克思主义哲学中国化的理论之镜与实践创新——"艾思奇与马克思主义哲学中国化"学术研讨会侧记》,《哲学动态》2008 年第 2 期。

任继愈:《艾思奇在旧大学普及新哲学的功绩》,载《人民哲学家——艾思奇纪念文集》,云南人民出版社 1997 年版。

王丹一、卢国英、叶佐英:《艾思奇年谱》,载《一个哲学家的道路》,云南人民出版社 1985 年版。

(原载《哲学研究》2008 年第 7 期)

改革开放新时期哲学社会科学的
繁荣与发展

改革开放 30 年来，我国的社会主义现代化建设取得了举世瞩目的辉煌成就，哲学社会科学事业也获得了难得的发展机遇，呈现出繁荣发展的景象，在促进改革开放和经济社会发展中发挥了不可替代的重要作用。在新世纪新阶段，面对当今世界局势的急遽变化和我国经济社会的深刻变革，我国哲学社会科学事业应有新的更大作为，哲学社会科学工作者任重而道远。

一　改革开放为哲学社会科学提供了前所未有的发展机遇和强劲的发展动力

在马克思主义指导下的中国哲学社会科学事业是与中国共产党领导的革命、建设和改革事业同步发展起来的。20 世纪初叶，"五四"运动和新文化运动将马克思主义引进中国，中国共产党自成立之日起就把马克思列宁主义确立为党的指导思想，从而奠定了党领导的哲学社会科学事业的坚实的思想理论基础。以毛泽东同志为主要代表的第一代中国共产党人，坚持把马克思列宁主义同中国的具体实践相结合，开辟了马克思主义中国化的新境界，创立了马克思主义中国化的第一个理论成果——毛泽东思想，开辟了党领导的哲学社会科学事业的历史新起点。新中国成立以后，伴随着我国社会主义革命和建设事业的巨大发展，逐步建立了以马克思列宁主义、毛泽东思想为指导的哲学社会科学新体系，开创了新中国哲学社会科学事业的新局面。以党的十一届三中全会为标志，我国进入改革开放的历史新时期，改革开放和社会主义现代化建设的伟大实践呼唤哲学社会科学要有所作为，同时又为哲学社会科学提供了难得的发展机遇和强劲的发展动力。在改革开放新时期，党领导全国各族人民进行了中国特色社会主义新的伟大实践，创立了以邓小平理论、"三个代表"重要思想和科学发展观为主要内容的中国特色社会主义理论体系，丰富和发展了中国化的马克思主义，引领了哲学社会科学学科体系和内容的创新，产生了一批优秀成果和骨干人才，培养建立了一支哲学社会科学人才队伍，实现了哲学社会科学事业的长足发展和伟大繁荣。

1. 党中央的高度重视、有力领导和大力扶持，为哲学社会科学的繁荣发展指明了前进方向、创造了良好环境

哲学社会科学是人类认识世界、改造世界的重要工具，是推动历史发展和社会进步的重要精神力量。哲学社会科学整体研究能力和成果，是一个国家软实力的组成部分，是一个国家创新体系的理论灵魂，也是一个国家综合国力的重要体现，必须大力扶持和发展哲学社会科学事业。

党中央历来高度重视哲学社会科学，大力推进哲学社会科学事业的发展。但是，在"文化大革命"动乱期间，我国经济社会发展陷入了停滞和倒退，哲学社会科学也处于停滞、混乱和倒退状态。十一届三中全会以来，我国哲学社会科学迎来了繁荣的春天。以邓小平为核心的第二代中央领导集体从改革开放和社会主义现代化建设事业的迫切需要出发，对新时期我国哲学社会科学事业的发展给予了高度重视和巨大支持。邓小平多次指出，"科学当然包括社会科学"，"自然科学固然重要，要搞好，社会科学也很重要。文科，光有人民大学还不够，北大文科是有基础的，搞好文科是很必要的"。在他的直接关心下，党中央于 1977 年 5 月正式批准，在原中国科学院哲学社会科学学部的基础上组建中国社会科学院，作为党中央直接领导的国务院直属的国家级哲学社会科学研究机构。在他的推动下，各地先后成立了地方社会科学院，恢复了社科联，全国高等院校的哲学社会科学学科建设得到迅速发展。1979 年，他在谈到社会主义现代化建设进程中亟待研究解决的一系列重大理论问题时明确指出，"政治学、法学、社会学以及世界政治的研究，我们过去多年忽视了，现在也需要赶快补课"。在邓小平的亲自倡导和大力支持下，一大批适应改革开放和社会

主义现代化建设需要的哲学社会科学新兴学科应运而生。1982 年，中共中央在转发《全国哲学社会科学规划座谈会纪要》的通知中明确指出，"我国哲学社会科学事业今后必须有一个大的发展，没有哲学社会科学的发展，要开创社会主义现代化建设事业的新局面是不可能的"。在党中央的高度重视和大力推动下，中国哲学社会科学事业重新焕发了青春。

以江泽民为核心的第三代中央领导集体极为重视哲学社会科学在中国特色社会主义伟大事业中的战略地位和作用，大力扶持哲学社会科学事业。江泽民多次围绕繁荣和发展我国哲学社会科学事业发表重要讲话，明确指出，"建设有中国特色社会主义，需要在实践和理论上不懈进行探索，不断在实践的基础上提出创新的理论，用发展着的理论指导实践。在这个实践和理论的双重探索中，哲学社会科学具有不可替代的重要作用，哲学社会科学工作者是一支不可替代的重要力量。必须始终重视哲学社会科学，加快发展哲学社会科学"。他还对加强哲学社会科学建设提出了明确要求，强调"一定要办好中国社会科学院"。

党的十六大以来，以胡锦涛为总书记的党中央充分重视哲学社会科学，采取了一系列重大举措，繁荣发展哲学社会科学。2004 年 1 月，党中央发布《关于进一步繁荣发展哲学社会科学的意见》，明确了新时期繁荣发展哲学社会科学的指导方针、主要任务和总体目标。这是我党历史上第一个以中共中央的名义专门为哲学社会科学工作制定的纲领性文件，具有重要的里程碑意义。2005 年 5 月 19 日，中央政治局常委会议专门听取中国社会科学院的工作汇报，胡锦涛总书记明确要求全党，"我们一定要从党和国家事业发展全局的高度，把繁荣发展哲学社会科学作为一项重大而紧迫的战略任务切实抓紧抓好"，强调要"进一步办好中国社会科学院"。党的十七大明确提出："繁荣发展哲学社会科学，推进学科体系、学术观点、科研方法创新，鼓励哲学社会科学界为党和人民的事业发挥思想库作用，推动我国哲学社会科学优秀成果和优秀人才走向世界。"这是历次党的代表大会对哲学社会科学论述最多的一次，为新时期我国哲学社会科学事业指明了发展方向。

2. 党的理论创新引领哲学社会科学创新，中国特色社会主义理论体系的创立发展对哲学社会科学繁荣发展起着政治导向和丰富带动的巨大作用改革开放既是伟大的实践创新，又始终贯穿党的理论创新，实践创新呼唤并孕育党的理论创新，党的理论创新又指导并促进实践创新。以邓小平为核心的第二代中央领导集体，解放思想、实事求是，坚持和发展了党的实事求是的思想路线，把马克思列宁主义、毛泽东思想与中国社会主义建设的实际相结合，科学系统地回答了"什么是社会主义，怎样建设社会主义"，创立了邓小平理论，实现了马克思主义中国化的理论创新，开创了马克思主义中国化的新境界。以江泽民为核心的第三代中央领导集体，进一步回答了"什么是社会主义，怎样建设社会主义"，创造性地回答了"建设什么样的党、怎样建设党"，创立了"三个代表"重要思想，实现了马克思主义中国化的进一步创新。以胡锦涛为总书记的党中央，坚持以邓小平理论和"三个代表"重要思想为指导，求真务实、开拓进取，继续推进理论创新和实践创新，进一步回答了"什么是社会主义，怎样建设社会主义"、"建设什么样的党，怎样建设党"，创造性地回答了"实现什么样的发展，f 怎样发展"，提出了中国特色社会主义理论体系的最新成果——科学发展观等重大战略思想，丰富和发展了中国化的马克思主义。中国特色社会主义理论体系的形成发展是党的理论创新的最大收获，大大推动了马克思主义的中国化、大众化。广大哲学社会科学工作者全程参与了党的理论创新，作出了应有的理论奉献，同时又受到了活生生的马克思主义世界观方法论和中国特色社会主义理论体系的教育，极大地调动了从事哲学社会科学研究的创造性，加强了哲学社会科学创新体系建设。

3. 改革开放和现代化建设的伟大实践，为哲学社会科学的繁荣发展提供了深厚源泉和强大力量

我国的改革开放和社会主义现代化建设是一项全新的事业，在前进的道路上面临大量开创性的、前人没有提出或前人没有涉足的新课题，面临层出不穷、错综复杂的新矛盾，这些新矛盾、新问题不断向哲学社会科学提出新的任务和要求。人民群众在改革实践的探索中不断创造新事物，在攻克困难和解决各种矛盾中不断创造新经验，这些新事物、新经验和新实践构成哲学社会科学取之不尽、用之不竭的研究素材和学术源泉。30 年来，我国哲学社会科学工作者积极投身改革开放和现代化建设的伟大实践，深入探索中国特色社会主义经济、政治、文化和社会发展规律，不断

致力于对人民群众的实践经验进行理论概括，努力对全局性、战略性、前瞻性的重大实践和理论问题作出科学的回答，为促进马克思主义同当代中国的具体实际相结合，丰富和发展中国特色社会主义理论体系，推进马克思主义中国化的不断创新，促进哲学社会科学创新体系的不断发展，做出了积极贡献，加强了哲学社会科学人才建设和学科建设，促进了体系创新、学术创新、观点创新、方法创新和成果创新。

中国社会科学院是伴随着改革开放而诞生并发展起来的。经过 30 年的发展，已从建院之初的 14 个研究所发展为 35 个研究所和研究中心；建立了马克思主义研究、文史哲、经济、社会政法、国际研究五大学部，学科门类齐全；在职人员从 2000 多人增至近 4000 人，其中高级职称专业人员从 80 多人增至 1700 人左右，拔尖人才脱颖而出，人才力量雄厚；年度研究成果从 1977 年的 49 部专著、67 篇论文增至 2007 年的 332 部专著、5340 篇论文、1338 份研究报告，科研成果丰硕；主管 100 多个全国性学术团体，主办 80 多种核心学术期刊；图书出版以及图书馆、信息化建设取得长足发展，党的建设以及科研管理、行政后勤工作得到显著加强。

二　哲学社会科学在改革开放伟大历史进程中发挥了不可替代的重要作用

哲学社会科学因改革开放而繁荣发展，同时又在这一伟大历史进程中发挥了思想保证、精神动力和智力支持的重要作用。社科院、高等院校、党校和行政学院、党政部门政策研究机构、军队院校和研究部门组成全国哲学社会科学队伍的五路大军，均在改革开放中大展身手，做出了显著贡献。

1. 积极探索中国特色社会主义发展规律，为马克思主义中国化的理论创新做出贡献

30 年来，我国改革开放之所以能够始终坚持正确的方向和道路，取得举世瞩目的巨大成就，关键在于有中国特色社会主义理论体系的指引。中国特色社会主义理论体系的创立和发展，凝聚了党和全国人民的创新实践和集体智慧，其中也包含着广大哲学社会科学工作者的不懈探索和心血

奉献。

哲学社会科学工作者以空前的政治热情参与了 1978 年关于真理标准问题的大讨论，发表大量文章，组织一系列专题研讨会，其中《实践是检验真理的唯一标准》一书发行就达 1700 余万册；从改革开放开始，积极参与了"社会主义市场经济"理论的探索，为推进社会主义市场经济改革做出了重要贡献；20 世纪 80 年代初，明确阐述我国目前还处于社会主义初级阶段，为社会主义初级阶段理论创立做出了创造性贡献；90 年代，为确立"依法治国"方略，将"依法治国，建设社会主义法治国家"写进宪法中起了重要作用……

十六大以来，在中央组织实施的马克思主义理论研究和建设工程中，哲学社会科学战线的近千名专家学者参加了 45 个课题研究，间接参加的有上万人。截至今年 7 月，仅中国社会科学院已累计完成 226 个中央和有关部门的交办委托课题，包括"科学发展观理论问题研究"等 5 个重点课题。每年在中央报刊发表数十篇理论宣传文章，并推出一大批有影响的研究成果，包括《居安思危——苏共亡党的历史教训》电视片等。2005 年末，中国社会科学院成立马克思主义研究院，许多高校也相继建立了马克思主义研究院，在建设马克思主义坚强阵地方面迈出了新步伐。

2. 坚持以重大问题为主攻方向，积极建言献策，为发展中国特色社会主义事业提供智力支持

哲学社会科学界在科学研究基础上，紧紧抓住关系党和国家事业发展的重大全局性、战略性和前瞻性理论问题和现实问题，积极建言献策，为推动改革、促进发展做出了显著成绩。

例如，在改革开放初期，哲学社会科学工作者将国际上最新的知识产权制度介绍到国内并展开研究；指出长江有变成第二黄河的危险、呼吁保护生态环境；围绕中央兴办经济特区的重大决策，在深入调研基础上撰写出关于深圳、海南发展战略的有价值的研究报告。20 世纪 80 年代中期，提出要高度重视农村改革初见成效后一些地区减少农业投入等问题，防止农业发展转入徘徊局面，受到邓小平同志的重视和肯定。在探索建立社会主义市场经济体制的过程中，经济学家提出了不少有价值的意见和建议。近十余年来，从事技术经济研究的学者相继参与三峡工程、南水北调工

程、京沪高速铁路等多项国家级重大工程项目的论证。

十六大以来，广大哲学社会科学工作者围绕中心、服务大局的意识更加明确和自觉。例如，自中央政治局建立集体学习制度后，全国先后有百余位专家学者参与了专题讲解；许多学者应邀参加国家重大决策问题的讨论和重要文件的起草工作，完成了一大批以应用对策研究为主的交办委托课题。又如，中国社会科学院每年推出 20 多种年度形势分析与预测研究报告；围绕全面建设小康社会、贯彻落实科学发展观等，及时列出一批重点课题，推出了一些有分量的研究成果；2007 年共编发、上报近 600 篇关于重大理论和现实问题的信息稿件，其中有 250 余篇获中央领导同志批示或被有关部门采用。此外，中国社会科学院于 2006 年全面启动国情调研工作，以"重大现实问题和中央重大决策的反馈"、"社会关注的热点和焦点问题"为重点，先后设立 304 个课题，并与浙江、广东两省开展省院合作调研项目。此举既加强了学风建设、锻炼了队伍，又将相关研究推向了深入。各地社科院也在服务地方党委和政府、推动当地经济社会发展方面做了大量工作。

3. 不断加强哲学社会科学的基础研究，为传承中华文明、提高我国文化软实力发挥了重要作用

我国哲学社会科学的繁荣发展既体现在应用对策研究得到显著增强，还体现在基础研究得到大力加强上，传统学科硕果累累，新兴学科、交叉学科方兴未艾，濒临消亡的绝学重新焕发活力，极大地促进了中国特色社会主义文化建设。

改革开放新时期以来，我国相继组织了大批投入资金大、持续时间长、参与人员多、成果丰硕的大型科研项目，包括历时 15 年编成的 74 卷《中国大百科全书》，第一部全面记录中华人民共和国国史的 150 卷《当代中国》丛书，"九五"国家重点科技攻关计划项目"夏商周断代工程"，改革开放后重新启动、2006 年基本结束的全国首轮新编地方志工作，会聚 1400 多名学者、2004 年全面展开、计 92 卷 3220 万字的新中国成立以来规模最为宏大的文化工程——国家清史纂修工程，等等。与此同时，还推出了许多优秀成果，诸如《中国历史地图集》、《中国通史》、《中国民族史》、《中国文学通史》、《敦煌学大辞典》、《现代汉语词典》、《哲学逻辑

研究》等。根据《国家"十一五"时期文化发展规划纲要》，作为实施文化"走出去"重大工程项目之一的"东方文化研究计划"于 2007 年正式启动。这些科研项目和学术成果从不同侧面诠释、传承了博大精深的中华文明，弘扬了民族精神，推动了社会主义先进文化建设，展示了与我国悠久历史、璀璨文化、国际地位相称的学术成就和学术研究水平。基础研究的活跃和繁盛，又为应用对策研究提供了深厚基础。我国哲学社会科学逐渐形成重点突出、全面推进、共同发展的学科建设新格局。

4. 大力开展对外学术交流与合作，为推进中国哲学社会科学走向世界扩大了领域、拓展了空间

近 30 年来，随着我国国际地位不断提高，我国对外学术交流与合作日益增多，中国哲学社会科学的国际影响日益扩大：一是从过去以中国学者接受境外资助"走出去"为主，转为"走出去"、"请进来"并举，中国哲学社会科学"走出去"步伐加快；二是贯彻"以我为主"原则，在学术交流与合作中越来越主动，交流领域扩大、层次提升，中国哲学社会科学成为对外友好往来的重要载体。

中国社会科学院近年来相继主办了一系列重要国际学术会议，主要有 2004 年第 36 届国际社会学大会，2005 年中国—欧盟战略与政策对话研讨会，2006 年全球国际收支失衡：亚洲和欧洲的观点国际研讨会，国际历史科学委员会成员组织大会，国际社科数据论坛等。我国在国际学术交流中的话语权稳步增强。此外，实施中国哲学社会科学"走出去"战略取得新进展。中俄互办"俄罗斯年"、"中国年"活动期间，中国社会科学院与俄罗斯科学院两度联合举办社会科学论坛和图书展，2006 年在日本建立我院第一个海外研究基地"中国社会科学院北海道研究中心"，主办《中国与世界经济》等英文刊物，并正组织翻译一批有代表性的研究论著在海外出版发行。

中国社会科学院的学术外交也越加活跃。近几年来，先后接待一大批重要外宾前来访问或演讲，包括两任欧盟主席，巴基斯坦、哈萨克斯坦、厄瓜多尔总统，德国、印度总理，泰国公主，韩国议长，孟加拉、墨西哥外长，纽约市长，日共前主席，美共主席，等等。相继接待多名诺贝尔奖获得者、国际著名学者和多国社科学术机构领导人来访或演讲。这些活动

既扩大了中国哲学社会科学在世界的影响，同时又通过学术平台，向世界展示了我国改革开放和现代化建设的巨大成就与崭新面貌，促进了对外友好往来。

三　学习实践科学发展观，在新的历史起点上创造哲学社会科学新成就

纪念改革开放 30 周年，回顾新时期我国哲学社会科学的发展历程，总结成功经验，对于更好地开辟我国哲学社会科学的光辉未来，具有指导意义。

——必须毫不动摇地坚持马克思主义的指导地位，牢牢把握正确的政治方向，努力推进中国化的马克思主义的不断创新。马克思主义是科学的世界观和方法论，是我国哲学社会科学的根本指导思想。新时期我国哲学社会科学发展历程表明，在任何时候，任何条件下，都必须坚持以马克思主义为指导，任何否定、怀疑和动摇，都会使哲学社会科学事业偏离正确方向，遭受严重挫折。在当代中国，坚持马克思主义就要高举中国特色社会主义伟大旗帜，坚持中国特色社会主义道路，坚持中国特色社会主义理论体系。在当代中国，发展中国哲学社会科学事业，就要以马克思主义、马克思主义中国化的最新理论成果为指导；就要不断解放思想，学习实践科学发展观，积极推进理论创新，为丰富和发展中国特色社会主义理论体系服务。中国的哲学社会科学事业只有融入党的理论创新的伟大事业中，才能获得繁荣发展。

——必须坚持以深入研究重大现实和理论问题为主攻方向，围绕中心，服务大局，努力当好党和国家的思想库智囊团。30 年的历史证明，中国特色社会主义事业的伟大实践是哲学社会科学发展的动力，中国特色社会主义事业的巨大成就是哲学社会科学进步的源泉。哲学社会科学界要继续努力探索我国经济社会发展的客观规律，不断研究回答改革开放和现代化建设关键时期的经济、政治、社会、文化等重大现实和理论问题，为中国特色社会主义服务，这不仅是党和人民对哲学社会科学的殷切期望，也是哲学社会科学自身发展的内在需要。

——必须大力加强哲学社会科学队伍建设，努力造就一支政治强、业务精、作风正的高水平的人才队伍。党中央高度重视哲学社会科学的队伍建设，制定了哲学社会科学人才培养"三个一批"的目标，极大地促进了哲学社会科学人才队伍的发展。必须进一步提高哲学社会科学工作者的责任感和使命感，提高其政治理论水平和学术研究能力，建设一支高素质、高水平的人才队伍。

——必须坚持理论联系实际的优良学风和百花齐放、百家争鸣的方针，努力创造促进学术繁荣的良好环境。经过 30 年的发展，具有中国特色、中国风格、中国气派的哲学社会科学学科创新体系已初步形成。实践表明，哲学社会科学研究必须发扬求真务实精神，以实践作为检验真理的唯一标准，一切从实际出发，大力开展调查研究。要以实践为根基，力戒弄虚作假、剽窃抄袭等不良学风，才能产生经得起实践检验的精品力作，才能产生经得起考验的拔尖人才。只有坚定不移地贯彻落实好党的"双百"方针，提倡不同学术观点、学术流派的争鸣和切磋，鼓励充分说理的学术批评与反批评，鼓励大胆探索，推陈出新，才能极大地促进学术研究的发展，才能最大限度地调动和发挥广大哲学社会科学工作者探索真理、创新理论、繁荣学术的积极性创造性。

（原载《中国社会科学》2009 年第 2 期）

人类思维方式、认识方法的一场革命

——关于运用"综合集成实验室"开展经济社会发展和社会科学总体研究的意义

　　钱学森同志曾在 20 世纪 90 年代初提出设立"总体设计部"的重要建议，提出了运用现代科学技术装备起来的综合集成实验室，将系统工程科学方法运用于经济社会发展和社会科学总体研究的思想。[①]笔者认为，建设以系统思维方式方法为指导、以"总体设计部"思路为依据，以综合集成为特点，以计算机、数据库、网络、系统仿真等现代技术支撑的"经济社会发展综合集成实验室"（以下也简称"综合集成实验室"），把系统思维方式和现代科技综合集成实验室手段应用到经济社会发展研究中，应用到社会科学研究领域，科学地认识和把握、更好地防范与解决我国经济社会发展中面临和可能发生的全局性、长远性、突发性的重大问题，是必要、重要且可行的。

　　我们一定要站在哲学世界观、方法论的高度，从人类思维方式和认识方法、认识工具的根本变革角度，认识建设"综合集成实验室"的意义。"综合集成实验室"是人类思维方式方法转变的产物，是人类新的思维方式方法所要求的新的认识工具。全球化、高科技、网络化、信息化等一系列重大因素的发展变化，引起了整个国际国内局势的深刻变化，引起了经济社会突飞猛进的发展变化，使得人类社会越来越成为一个复杂的、可变的、整体的巨系统，以致靠传统的思维方式和原有的认识工具已经很难认识复杂的社会巨系统问题。因此，认识现代复杂的社会巨系统，要求人的

---

　　① 参见钱学森《一个科学新领域——开放的复杂巨系统及其方法论》，《自然杂志》1990 年第 1 期。

思维方式和认识方式随之发展，要求运用新的认识工具，一句话，需要思维方式和认识工具的创新。

一 现代复杂社会巨系统的六大显著特性

当前社会巨系统呈现出系统性、整体性、复杂性、突发性、可变性和随机性等六大特性。

一是系统性。现今整个世界联成一气，整个社会已经成为一个完整统一的巨系统。任何一个社会问题绝不是单一性的，社会巨系统的任何问题都带有系统性、连贯性和关联性。这就需要用系统思维方式和综合集成认识方法来认识问题，需要综合集成的、系统仿真的认识工具。

二是整体性。现代社会巨系统的产生和演化具有整体性，认识和解决社会巨系统的任何一个具体问题都必须和其他问题相联系来考虑。比如解决通胀问题，就应该用整体性的思维方式来考虑：涨了油价以后，还会引起哪些领域及其物品的涨价，会带来其他什么连锁反应，对这些问题需要有整体全面的预测，要用整体性思维来认识。整体性思维需要把尽可能多的数据信息收集起来，进行全面定量分析；这就要求运用新型的认识工具，如海量高速、综合集成的数据储存和运算分析系统。

三是复杂性。在具有系统性和整体性的现代社会巨系统中，数量巨大、性质各异的要素不断地相互作用和相互干预，使其所带来的问题呈现出高度的复杂性。社会巨系统十分复杂，认识任何一件事情都要把影响这件事情的所有相关因素考虑进来，要充分认识由这些因素间的非线性相互作用所引发的复杂性演化，譬如金融风险问题。单靠任何一个天才人物都无法全面观察和考虑某个具有高度复杂性的社会问题，这就要靠人脑的延伸——电脑、网络等信息技术乃至人工智能。但光靠技术也不成，还要靠电脑加人脑，靠人工智能和人的智能的集成，这就是复杂性思维方式问题。这方面需要巨型的、高速的、海量的存储器、分析器、仿真器等认识工具。

四是突发性。复杂性必然带来突发性。在现代社会巨系统中，各要素间复杂的非线性相互作用可能形成巨涨落，带来系统模式的整体性突变，新的态势由此涌现，其中既有创新的契机，也充满风险和危机。没有原因的突发性是没有的，任何突发性都有其生成的原因。所谓"突发"，是因为人们对事件的原因不认识，没有预料到。突发性背后是复杂性、必然性、系统性和整体性。任何突发性的背后都有其特定的必然性，这就需要预测性和前瞻性思维，要把所有的迹象、蛛丝马迹的数据信息全部收集起来，加以综合分析，形成前瞻性的结论；这种思维需要先进的仿真模拟系统和逻辑分析系统。

五是可变性。与复杂性、突发性相伴随的，是现代社会巨系统变化多端的演化进程。事物永远是在变化的，如何把握事物的变化趋势和规律是一大难题。要把握事物短期和长期的演化模式，就需要一种变化性的思维方式来考虑问题，需要动态的、可描述、可预测全过程的仿真模拟工具。

六是随机性。复杂性在很大程度上体现为偶然性，现代社会巨系统内部复杂的相互作用使其日益呈现出不确定性、非决定性和随机性。随机性现象好像是没有规律可循，然而任何随机的、偶然的、突发的现象背后都有必然的原因，都有可遵循的规律、逻辑和轨迹。这就需要一种概括的、模糊的思维方式，这种思维方式也要由新型的高效高速逻辑运算机之类的认识工具来建构。

二　现代复杂社会巨系统需要思维方式的创新

认识现代社会复杂的巨系统问题，要求人们的思维方式进行创新，这就是要使其具有整体性和系统性、综合性和集成性、动态性和变化性、预测性和前瞻性等顺应时代需要的特点。人对外部事物的认识，是从系统的认识方法发展到分门别类的认识方法，再从分门别类的认识方法发展到一方面越来越专业、越来越复杂，而另一方面又越来越综合、越来越集成化的认识方法。一条线是由综合到分类，再由分类到综合；另一条线是从简单到复杂，再由复杂到简单。一开始是朴素的系统思维方式支配人对客观事物的认识，然后产生了形而上学、分门别类地认识问题的思维方式，再发展到辩证的、系统的、综合的、集成的思维方式。古代的一些思想家、科学家看问题，运用的是朴素的系统观。例如孔子讲宇宙就是一个字——天，他把所有的关系都看成天人关系，这是早期系统思想的体现。后来生产力发展了、科学发展了，人们可以把认识对象分成各种领域，分门别类地加以研究，形成具体的一门一门的学科。在 19 世纪之前，自然科学是受机械论方法论的指导，把所有的问题分门别类加以研究，这是机械论的方法论。机械论的哲学基础是形而上学，是分门别类地、割裂地，而不是整体地、系统地看问题。19 世纪中叶以来，科学认识的发展冲破了分门别类的研究视野，比如进化论、能量守恒定律、相对论等，都是系统地、整体地看问题。马克思主义的辩证思想、系统思想、总体思想的哲学认识论于是应运而生；人的思维方式开始转变成综合的、集成的、系统的、整体的思维方式。但是另一方面，学科的专业性更强了，分工更细了，这就更需要综合集成、系统思维的方式。

科学方法论的发展还有一个分支，就是还原论，即把复杂的东西还原到最简单的东西，将它们视为构筑世界万物的砖瓦。还原论是科学发展的产物。古代人的认识原本是宏观的，比如讲人体，不知道人体是由细胞组成的，对人体的认识是大而化之的。中医的经络学就是如此：看一个活人，经络存在，可是一解剖又找不到经络。这种大而化之、宏观模糊地认识问题的方式有很多好处，至今仍值得深入探究。但是随着生产力发展、科学发展，人们对生物的认识开始以细胞学、解剖学作基础，将生物还原到细胞，细胞再往下还原到生物大分子和基因。对物理的研究，则将事物还原到分子，再往下还原到原子、原子核、基本粒子。但是还原论同机械论一样，在研究进展中又遇到了困难，这就是还原到微观层次后，不能再回到宏观了。譬如，人体可以解剖为各个部分，还原到细胞，但把这些部分或细胞简单相加，却变不回活人。从细胞到大的生物体，从基本粒子到宇宙，简单相加恢复不了原来的系统状态。系统整体的和综合集成的思维方式，就是要从根本上克服这种将整体拆分为部分、再将部分简单相加的思路，解决机械论、还原论解决不了的问题。这种思维方式的主要特点如下：

一是面对复杂的社会巨系统，要实现社会科学思维与自然科学思维相结合。这就要真正做到以哲学系统思维方式为指导的社会科学研究与自然科学研究的联合作战。从人类思维方式变化的历程来看，社会科学与自然科学在很大程度上脱胎于哲学，一开始是不分家的：社会科学家同时就是自然科学家，自然科学家也同时就是社会科学家，哲学家则往往是二者兼之；随着科学的发展，才有了哲学、社会科学、自然科学的分家。然而社会发展到今天，许多社会巨系统问题单靠社会科学家或者自然科学家独立作战都不行了，亟须二者的结合。哲学是管思维方式的，是社会科学与自然科学的最高概括。然而，社会科学和自然科学的结合不是二者的简单相加，而是通过哲学的概括对二者实现有机的结合，是自然科学与社会科学相结合而产生的更高一个层次的思维方式创新，即在这二者基础之上的系统的、综合的、集成的思维方式的创新变革；它既是高于自然科学和社会科学的，又是二者相融之后所产生的。

　　二是面对复杂的社会巨系统，要实现定性分析思维与定量分析思维相结合，这就是在科学定量分析的基础上实现定量与定性相结合的分析。研究社会巨系统，不仅要面对经济问题，还要面对政治问题、文化问题以及各种各样的社会问题，这些都需要作科学的定量分析，没有定量也就没有定性。比如社会动荡问题，是多种复杂的经济政治社会因素促成的，对此做出科学的预测和判断是一个大难题。从影响社会动荡的各类因素来看，如果不保持相对的社会稳定，不把物价、资源、就业、卫生、人口、环境、贫富差距、社会保障等社会问题保持在一个可以控制的范围之内，而是任其恶化，社会动荡就难以避免。目前我国贫富差距到底是什么状态，对此说法很多，究竟哪个说法是判断的可靠依据，需要作科学的、定量的、精确的、整体的数量分析。只有对经济、政治、文化、教育等各方面进行了精确的定量分析，在这个基础上才能对复杂的社会巨系统问题作出精确的定性的科学判断。科学的判断最终是定性分析，然而定性的分析必须有多学科的精确定量的综合分析作基础和依据。

　　三是面对复杂的社会巨系统，要实现个体性思维和集体性思维相结合。世界的变化、社会的变化越来越复杂，单靠个人认识难以实现科学判断。人们研究此类问题越来越依靠集体性思维的综合智慧，需要群体联合攻关，集体性思维方式逐步代替了个体性思维方式。党中央提出建设创新型国家，建设创新型国家一要有创新的思维方式和认识工具，二要依靠集体性研究。这就是通过国家总体创新走向创新型国家。国家总体创新最重要的是国家领导层要有创新的认识判断能力，要有分析能力和拍板能力；其次是国家总体创新不是靠个人，而是靠集体，个人再聪明也解决不了今天所面临的复杂、特定的问题。对复杂的社会问题作正确的判断，仅仅依靠一个人来拍板，是行不通的，必须要靠总体的、综合的、集体的智慧来解决。而集体决策能力来源于对社会信息数据的综合集成分析，社会科学研究与计算机网络及数据库等信息技术的结合，已经为这种思维方式的变革奠定了基础。

三　思维方式发展带来认识手段与认识工具的整合创新

思维方式的创新变革需要有相应的认识手段、认识工具的创新。思维方式发展了，人们的认识工具也要发展。人自身对客观事物的认识有两大工具，一是人的感觉器官，一是人的思维器官。感觉器官是收集信息的，思维器官是储存、分析、判断信息的。最早的人看问题、想问题，仅靠肉眼、大脑。例如他们观察太空，是通过肉眼来看。这种认识工具决定了对太空的认识是大而化之的、模糊的、宏观的、整体的，看到的是模糊的、大概的、浑然一体的天；在他们看来，宇宙是统一的，是整体的。随着科技发展，天文学家用天文望远镜看太空，看得就更清楚、更具体了，但却在认识上把太空划分成一个一个个体来观察，分门别类地研究太阳、研究地球、研究行星。有了研究微观的显微镜，人们可以分门别类地研究细胞、粒子。望远镜、显微镜都是人的认识工具的延伸，是人眼、人的感觉器官的延伸，而不是人的思维器官的延伸，即人脑的延伸。今天，从总体上解决对太空的认识，比如宇宙的生成问题，仅有天文望远镜不够了，还必须用具有逻辑思维能力的现代科技手段。人眼延伸为望远镜，望远镜延伸为高倍数天文望远镜，只解决了眼睛的延伸，只解决了人的感觉认识器官的延伸，而没有解决大脑即认知器官的延伸。带有逻辑思维的认知工具，比如仿真技术、计算机技术、大型的数据库等现代科技手段，则都是带有人脑特点的认识工具，它们是大脑的延伸，是思维器官的延伸。

思维方式方法的变化需要新的认识工具，这就是"综合集成的、系统思维的、用现代科学技术装备起来的实验室"。这种实验室实现人机相结合，以人为主；自然科学与社会科学相结合，以综合思维方式为主；定性分析与定量分析相结合，实现定性分析指导下的定量分析，定量分析基础上的定性分析；个人创造性与集体创造性、个人智慧与集体智慧相结合，以集体创造性、集体智能为主。这种新型的、现代的认识工具是人的感觉器官和思维器官有机结合的延伸。由此，用科学理论指导的科学仪器将经验转化为数据，对这些经验数据的定量分析又使得计算和推理更为精确和严谨，从而使科学认识达到新的理论高度与深度。在此过程中，对经验的数量分析是最为关键性的环节。康德认为，一门科学只有成熟地运用数学，才能称其为科学。[①] 他这里讲的数学不是指数量的统计和数字化，而是指实验现象背后的数学模型的解释。保尔·拉法格在《忆马克思》中谈到，马克思"认为，一种科学只有在成功地运用数学时，才算达到了真正完善的地步"。[②] 恩格斯也表达过类似的意思：数学在一门科学中应用的程度，标志着这门科学成熟的程度。可以说，社会科学一旦可以运用精确的数量分析，一旦可以运用数学模型、进入实验室研究，将意味着社会科学成为现代意义上的"科学"。

以上粗浅分析说明，面对错综复杂的社会巨系统，要想做出客观准确的判断和决策，单靠社会科学或自然科学各自的研究，单靠定性的研究、传统手段的研究、分门别类的研究、各部门各个个人单独的研究，是难以提供全面可靠的决策依据的，因此，一定要实现思维方式和认识工具的创新变革。这一创新变革的特点：一是要实现社会科学研究与自然科学研究的结合；二是要从定性研究走向精确的定量研究，实现定量研究与定性研究的结合；三是要从分门别类的、单独部门的、单独个人的、单一学科的

① 参见雅斯贝尔斯《什么是教育》，邹进译，生活·读书·新知三联书店1991年版，第115—116页。

② 拉法格：《忆马克思》，《回忆马克思恩格斯》，人民出版社1973年版，第7页。

研究，转向集体的、集成的、综合的、系统的研究；四是要从传统的手段
转向依赖高新技术的、现代化的、信息化的现代实验室的认识手段；五是
要实现人机结合、人脑与电脑的结合，以人脑为主。例如，对社会巨系统
的研究不能仅从自然科学或者社会科学两个领域单独出发研究，而是要重
视对人与自然结合的研究，因为人生活在自然世界中，并在此基础上组成
社会。随着经济社会的快速发展，面临的自然制约越来越多。以去年年初
在南方发生的雪灾冰冻为例，表面上是天灾，实际是自然因素与人的因素
结合而为。再如研究我国的一些社会问题，不联系国际环境、不考虑国际
因素不行；中国要发展，还要更多地考虑国际环境。在复杂社会巨系统
中，每个个案都不是简单的事情，都是错综复杂的综合原因所致。如果涉
及更高层面的社会问题，就更不能依靠简单的传统的单一的方法分析，而
是必须运用系统的、集合的、过程的、综合的、宏观的方法，要有系统集
合的综合分析，要有动态分析，要有过程的分析，不能就事论事，尤其不
能从部门和局部角度去看，一定要站在整体、全局和系统的角度看待问
题，要有新型的认识工具相匹配。

四   建立"经济社会发展综合集成实验室"，
促成认识方法与手段的革命

人类对社会问题的认识，已经开始步入以综合集成系统思维为主要认
识方法、以计算机及网络等现代科学技术为主要手段和方法的实验室阶
段，这是人类对社会问题的认识方法和认识工具的一场革命。

面对经济社会发展过程中出现的越来越频繁的不确定因素、变化因
素、复杂因素、突变因素，面对复杂的社会巨系统问题，面对网络社会、
信息社会和虚拟社会的出现，如果不从思维方式上、认识方法和工具上进
行彻底的创新，仍然停留在原有的对社会问题的认识工具和认识方法上，
就会影响我们对社会规律的科学认识和把握。

前面提到，人对客观事物的认识是通过两个器官来完成的。第一个器
官是直接的感觉器官，如眼睛、耳朵、鼻子包括皮肤，这些器官是人类对
客观外界包括对自然和社会认识最直接的经验认知，它积累的是经验，就

好像中医给人看病，依靠"望闻切问"，通过脉搏、舌苔乃至口腔气味来判断。传统的中医是经验科学，经验科学的好处是可以宏观地来看问题。传统中医依靠感官整体感觉出来的综合特征所得出的经验结论，往往是系统的认识问题；但是它主要依靠的是感觉经验，没有建立在科学的基础上，未能通过科学仪器等工具将感觉经验转化为可以进行数量分析的科学数据。随着科学技术的发展，人类感觉器官不断延伸，可以依靠望远镜、显微镜、雷达、声呐等，这些工具都是人类认识客观世界、积累经验的感觉器官的延伸，人们运用它们进行科学观测，为精确的计算推理和理论思维奠定了基础。

人的第二个认识器官是大脑，通过思维来认识问题。对人的外部感觉器官感觉到的东西，还要辨别思考综合分析。比如，通过舌头感觉糖是甜的，而且糖精是甜的、甘蔗是甜的、甜菜是甜的，那么究竟甜是什么呢？还要通过大脑进行综合分析判断。人脑的分析思考加上科学的发展，人们就可以用化学的方法把糖的成分分析出来，这种科学的发展是和人的思维分不开的。科学技术的发展为思维器官的延伸开辟了道路。为此，人类创造了数学符号等各种抽象的科学符号系统，各种计算规则和计算工具。算盘是人的思维器官的延伸，它既包含硬件，也包含着口诀之类的软件。现代计算机可以视为算盘这种计算工具的延伸，但它具有强大得多的信息处理能力，这种能力正在通过神经网络、智能计算机、机器人等实现新的延伸。

感觉器官的延伸和思维器官的延伸，都是人对客观外界的认识工具和认识手段的延伸。由望远镜发展到计算机、网络，这是认识工具的一大飞跃。望远镜、显微镜、计算机、网络这些工具在科技发展中，一开始主要是用于人对自然事物的认识，对物质世界的认识。现代社会巨系统的发展表明，其复杂程度绝不亚于自然界，其所呈现的问题往往具有全局性和整体性，很多问题同时涉及自然和社会两个方面，而且不论是对自然演化还是社会发展而言都显得尤为重要。因此，要解决和处理这些问题，必须站在系统性和整体性的高度深化对社会本身的认识。这就需要运用更好更先进的科学工具和手段，建立起用现代科学技术装备起来的"经济社会发展综合集成实验室"，运用数理方法和受控实验，在精确的定量分析的基础上来深刻认识社会演化的规律和诸多社会问题。

　　有了计算机及相关技术，有了仿真技术、网络技术和信息技术，就可以建立起综合集成的、系统思维的，把仿真技术、网络技术、信息技术和计算机技术结合在一起的实验室，来认识人类社会；这是人的综合起来的感觉器官和思维器官的延伸，是思维方式和认识工具的一场革命。笔者认为，人的认识已经达到这样一个程度，就是运用"综合集成实验室"手段，由对自然的认识发展到对社会的认识，这是人类认识方法和方式的一个伟大飞跃。在我国，钱学森同志最早提出了这个思路，他提出应该把人对外界的认识工具延伸到电脑，延伸到"综合集成实验室"；从对自然科学的研究，运用到军事领域。例如对卫星的研究，原本属于对自然问题的认识，但运用到战争、战役研究，实际上就开始了对自然和社会的整合性认识。现在来看，用综合集成、仿真模拟这种新的认识工具来认识社会，是完全有可能的。当然，要真正做到这一步还需要有一个很长的过程。

　　这场认识手段的革命要解决的一个最难的问题是什么？就是把对自然认识的实验室手段，运用到对社会问题的认识。完成这个转变的难点，就在于社会问题的不确定性、突发性、偶然性和人的有意识活动的主观能动性。社会问题是人的有意识活动的结果，由人的意志、情感、欲望、关系等因素起作用，这些用数学公式现在还无法完全描述出来，用计算机进行逻辑运算也不能完全运算出来，用仿真技术也不能完全模拟出来，这就是难点所在。如何解决这个难点呢？马克思主义系统的、整体的、过程的、全面的哲学思维方式，现代科学理论综合集成的认识方法，像系统科学理论、信息理论、复杂性理论、模糊理论等，对人文社会科学、对社会巨系统的认识都产生了深刻的影响。系统科学理论、复杂性理论等不能说仅是自然科学的，它们是高于自然科学和社会科学之上的认识方法论；模糊逻辑理论也不完全是自然科学的，它也是对自然现象和社会现象的概括，这些都要融合到对社会问题的"综合集成实验室"认识方法中来。比如说对社会问题进行数学描述模型化的时候，恐怕要有概率论和模糊逻辑等理论的指导。当然在模拟过程中，不一定要把所有的影响数据都输入进来，抓住最主要的社会因素来认识即可。马克思对社会问题的认识，实际上主要抓住了一点，即生产力决定生产关系，生产关系决定上层建筑；上层建筑对生产关系有反作用，生产关系对生产力有反作用。他把所有的社会问题都归结到这条最简明最普遍的真理上，然后运用这条真理做具体分析。然而这是定性分析，对复杂的社会巨系统的认识还要进行精确的定量分析。如何定量分析，这就是难点，这就要求在认识方法和手段上有所突破。

这场革命的实质是什么？笔者认为，其一，它是人类对社会问题的认识方法和手段的革命。用定量化的、用逻辑运算的、用仿真技术的实验室来认识社会，是认识方法和认识手段的革命。这一革命不仅使得人类对社会问题的认识从定性的解释和预言走向定量的解释和预言，还使我们可以建立起社会巨系统的数学模型，深入地理解和把握一些关键性的社会参变量，并开展一些探索性的模拟量化实验，从而实现对社会发展进程的有目的的调控。

其二，它是哲学社会科学研究领域的一场革命。过去人们进行科学研究靠手抄卡片搞摘要，现在用不着了，用电脑来收集、存储、分析信息。实现社会科学与自然科学的结合，用计算机和网络、用仿真技术、用实验室来进行重大社会科学课题的研究，这也是哲学社会科学研究方式方法正在掀起的一场创新。由此必将带来社会科学与自然科学的交叉融合，各种以问题为导向的跨学科研究也将得到空前发展。

其三，它是国家宏观决策和管理的一场革命。国家宏观决策的一个最重要的方法就是按照从群众中来到群众中去的要求，进行调查研究，到基层去收集情况，然后进行综合分析，形成调查报告和决策建议，最后由决策层作出决定。调查研究的方法我们要继承、要发扬，但是还要采用更进一步的决策方式，使调查研究方法与最先进的科技手段和工具相结合，也就是对社会问题的有些决策论证可以运用实验室的手段进行。这也是一个创新，也是一场革命。这场革命将有助于我们及时抓住创新和发展的历史机遇，更好地预防和妥善应对各种突发性的社会风险与危机，使我们的总体决策过程更加科学合理，社会发展更为协调、平稳、健康。

参考文献

拉法格等：《回忆马克思恩格斯》，人民出版社 1957 年版。

钱学森等：《一个科学新领域——开放的复杂巨系统及其方法论》，《自然》1990 年第 1 期。

雅斯贝尔斯：《什么是教育》，邹进译，生活·读书·新知三联书店 1991 年版。

（原载《哲学研究》2009 年第 5 期）

加快构建哲学社会科学创新体系

　　以胡锦涛同志为总书记的党中央高度重视发展、繁荣哲学社会科学，发布了《中共中央关于进一步繁荣发展哲学社会科学的意见》。党的十七大进一步明确了哲学社会科学的地位和作用，为哲学社会科学的发展指明了方向。党和国家赋予哲学社会科学界和中国社会科学院重大使命，要求把中国社会科学院建设成为马克思主义的坚强阵地、中国哲学社会科学的最高殿堂、党和国家的思想库和智囊团。我们要按照党中央对中国社会科学院职责定位的要求和构建哲学社会科学创新体系的目标，进一步明确发展思路和主要任务，坚持围绕中心，服务大局，解放思想，锐意进取，努力开创各项工作新局面。

　　一、始终坚持马克思主义在哲学社会科学领域的指导地位，以中国特色社会主义理论体系为指导，努力把中国社会科学院建设成为马克思主义的坚强阵地。不断巩固和加强马克思主义的指导地位，在坚持和发展马克思主义特别是中国化马克思主义方面发挥重要作用，是党中央对中国社会科学院工作的第一位要求，也是办院方向的根本问题。广大科研人员要高举中国特色社会主义伟大旗帜，坚持正确的哲学社会科学研究方向，用马克思主义的立场、观点和方法指导科研探索和理论创新，真正把中国社会科学院建设成为研究和宣传马克思主义基本理论的重要阵地，建设成为研究和宣传当代马克思主义中国化的重要阵地，建设成为研究和宣传中国特色社会主义理论体系特别是科学发展观的重要阵地。

　　要大力加强马克思主义基本理论研究和马克思主义学科创新体系建设，抓好马克思主义理论研究和建设工程各项课题的研究工作，高质量地完成所承担的任务。加强马克思主义基础理论建设，积极推进马克思主义理论学科体系创新，切实加强马克思主义理论研究队伍建设，进一步充实马克思主义基础理论研究力量，下大力气培养造就一批马克思主义理论大家、名家，培养造就一批高水平的马克思主义理论学科带头人，培养造就一批坚定信仰马克思主义、立志研究马克思主义、善于运用马克思主义的中青年理论骨干。

要大力加强马克思主义中国化最新成果的研究和宣传，深入学习和研究中国特色社会主义理论体系特别是科学发展观，全面理解和把握其时代背景、实践基础、科学内涵和精神实质，赋予当代中国马克思主义鲜明的实践特色、民族特色、时代特色。深入研究和宣传社会主义核心价值体系，为巩固和发展全党全国人民团结奋斗的共同思想基础贡献智慧和力量。认真总结改革开放30年的历史经验，深入研究中国特色社会主义经济、政治、文化、社会建设以及生态文明建设、党的建设等领域的重大理论和实际问题。加强对中国特色社会主义发展道路的研究和宣传，推动当代中国马克思主义大众化。

二、始终坚持学科体系、学术观点、科研方法创新，加快构建哲学社会科学创新体系，努力把中国社会科学院建设成为哲学社会科学研究的最高殿堂。党中央要求把中国社会科学院建设成为我国哲学社会科学研究的最高殿堂，这既是赋予中国社会科学院的至高荣誉，也是对中国社会科学院的殷切期望。要进一步拓展学术视野和研究领域，改革和创新科研体制、机制、方法，培育新的理论生长点，催生新的思想和观念，推动中国社会科学院哲学社会科学研究达到新水平、进入新境界。

要继续全面、扎实推进中国社会科学院哲学社会科学创新体系建设。学科建设是中国社会科学院科研事业繁荣发展的基石，要大力加强学科建设，推进学科体系创新。努力构建适应哲学社会科学事业发展要求，符合发展中国特色社会主义需要，具有中国特色、中国风格、中国气派的学科体系。按计划完成建设100个左右国内一流的重点学科的任务，努力达到学术积累深厚、科研实力领先、科研手段现代化、学术创新能力强的目标，其中1/3以上的学科在国际学术界具有重要影响，一定数量的重点学科在国内居于发展前列、在国际上具有一定影响。高度重视哲学社会科学与自然科学的结合，哲学社会科学内部不同学科的结合，基础研究与应用研究的结合。推动对经济社会发展具有重要意义的新兴学科、交叉学科发展。通过调整、充实、整合，建设一批国内一流、国际知名的研究所、研究中心和研究室。在重大课题立项、重点研究领域、重点学科建设、重点研究室建设、重点实验室建设、重点人才引进等方面，进一步加大工作力度。

三、始终坚持为发展中国特色社会主义服务，加强重大理论和现实问题研究，努力把中国社会科学院建设成为党中央国务院重要的思想库和智囊团。发挥好思想库和智囊团作用，要求我们顾大局、议大事、谋大计，使科学研究服从、服务于党和国家工作大局，融入建设和发展中国特色社会主义的实践中，在党和政府决策的酝酿、制定和执行等各个环节，随时提供充分的知识储备和理论支持，提供有重要价值的咨询、论证和建议；要求我们深入实践，深入群众，加大调研力度，真正把握世情、国情、党情、民情，站在中国经济社会发展进步的潮头，正确回答和解决改革发展关键时期的重大问题，以发展中国特色社会主义为中心，开展创造性的理论研究、战略研究和对策研究，不断推出高质量的研究成果；要求我们继续抓紧抓好中央委托交办的各类课题研究，加强对经济社会发展重大项目的研究、论证和咨询，鼓励更多的专家学者参与中央重大文件起草、法律法规制订、决策咨询等工作；要求我们建立健全激励竞争机制，把服务决策的质量和水平同科研工作考核、职称评定、评优评奖等结合起来，提高科研人员服务党和国家工作大局的积极性和主动性。

基础研究和应用研究是发挥思想库、智囊团作用不可或缺的两个方面。基础研究为应用研究提供深厚的基础，应用研究又积极带动基础研究。基础研究是中国社会科学院的优势，要一如既往地重视和加强。在加强基础研究的同时，要大力加强应用研究，不断提升中国社会科学院应用研究的层次和水平。

四、始终坚持以科研为中心，实施科研强院战略和人才强院战略，深化科研和人才体制改革与创新，努力把中国社会科学院建设成为具有中国特色的世界一流名院、强院。科研工作是中国社会科学院的中心工作，一切工作都要围绕这一中心工作来展开，都要为这一中心工作服务。要切实加强对科研工作的领导、组织和管理，不断加大对科研事业的投入，为科研事业发展提供充足的经费支持和有力的物质保障。大力实施精品战略，不断推出一流的科研成果，推出一批传世之作。根据经济社会发展和国家安全的需要，确立和承担具有全局性、战略性、前瞻性的重大研究项目和研究工程。

要充分依靠中国社会科学院的学术优势和队伍优势，努力建设与中国社会科学院学术地位相称的、体现我国哲学社会科学最高研究水平的名刊、名报、名社、名馆、名网。依托中国社会科学院丰厚的人文社会科学资源，立足本院，面向整个哲学社会科学界，坚持以服务科研事业为宗旨，正确处理经济效益与社会效益的关系，始终把社会效益放在首位。

要大力实施科研强院战略，坚持以科学发展观为指导，扎实推进科研体制和机制创新。充分借鉴国内外科研管理成功经验，不断深化科研管理体制改革，形成多出成果、多出精品的管理体制和竞争激励机制，不断提高科研管理水平，更好地适应中国社会科学院科研事业大发展的需要。

要大力实施人才强院战略，把人才工作放在中国社会科学院发展战略的重要位置，放在各项工作的首位。深化人事制度改革，调整优化队伍结构，促进科研人才、管理人才和工勤人才三支队伍共同发展。根据各类人才的成长规律，建立合理的人才培养体系和人才选拔任用机制。坚持在公平竞争中发现人才，在科研实践中培育人才，在事业发展中凝聚人才，在工作生活中关爱人才，形成有利于优秀人才脱颖而出的良好环境。特别要加强科研人才队伍建设，培养一批享誉海内外的学术大师，一批学术领军人物，一批在本学科领域作出突出贡献的学术带头人，一批政治和业务素质良好的科研骨干。下大力气培养和造就具有扎实的理论功底、深厚的传统文化根基、丰富的现代科学知识、强烈的创新意识的哲学社会科学队伍，下大力气培养和造就政治坚定、崇尚真理、学识渊博、学风优良、品德高尚的哲学社会科学人才。重视对青年人才的扶持和培养，切实采取措施，使中青年学术骨干迅速成长起来。

五、始终坚持开门办院原则，积极扩大国际学术交流，努力把中国社会科学院建设成为中国哲学社会科学走向世界的重要窗口。中国社会科学院作为国家对外学术交流的重要渠道和窗口，要为我国哲学社会科学走向世界，扩大国际声誉和影响，发挥更重要作用。把开门办院和哲学社会科学"请进来"、"走出去"，作为战略任务切实抓紧抓好，努力扩大我国哲学社会科学优秀成果和优秀人才在国际上的影响力。

积极探索对外学术交流方式，巩固和拓展对外学术交流渠道，加大对外学术交流投入，不断扩大对外学术交流范围和规模，提高对外学术交流质量和水平。重点加强与世界一流学术机构和国际知名学术团体建立长期合作关系，邀请国际知名专家学者、国际政要、各界名流来访，重点开展长期性、战略性重大国际合作研究项目，重点举办有国际影响力的高层学术研讨会和国际论坛。积极开展与重要国际学术组织的交流与合作，不断增强中国社会科学院在国际上的影响力、吸引力，把中国社会科学院建设成为国际知名学者的品牌讲坛。

六、始终坚持为科研服务的宗旨，深化改革，加强行政后勤保障体系建设，努力把中国社会科学院建设成为具有雄厚保障能力的哲学社会科学发展基地，建立和完善包括行政管理体系、研究生教育体系、图书资料体系、信息网络体系、后勤服务体系、物质条件保障体系等在内的科研保障体系。坚持服务社会化、管理科学化、保障现代化方向，深化行政管理体制和后勤服务体制改革。解放思想，转变观念，大胆探索，开拓创新，抛弃不合时宜的思想观念和条条框框，闯出行政管理和后勤服务的新路子。积极争取国家财力支持，确保事业经费稳定增长，有效调度，统筹安排，提高财政资金使用效益。在经费使用上加大对科学研究、人才培养的支持力度，加大对重点学科、重点研究室、重点课题和重点报刊出版物的支持力度。建立健全财务管理新体制，稳步推行经费管理绩效考评制度。加强对院属各单位的财务管理，加强对重大项目的建设、管理力度，改善科研、办公和生活条件。坚持以人为本，关心科研人员和全院职工的切身利益问题，及时排忧解难，努力创造有利于潜心科研、踏实工作的环境。加强行政后勤队伍建设，全面提高服务质量，努力推进行政管理和后勤服务的规范化、标准化和制度化建设。

（原载《求是》2009 年第 5 期）

论五四运动的真正革命意义

在 90 年前的今天，爆发了一场彻底的反对帝国主义、反对封建主义的爱国主义革命运动，即五四运动。今天，纪念五四运动，就要真正地认清五四运动的伟大意义，总结五四运动的革命经验，继承和发扬五四运动的伟大精神和优良传统，发展中国特色社会主义。

一

90 年前的五四运动，表明中国反帝反封建的资产阶级民主革命已经发展到了一个新的阶段，五四运动是中国共产党领导的中国革命的第一阶段，即新民主主义革命开始的标志。毛泽东同志指出："五四运动的杰出的历史意义，在于它带着辛亥革命还不曾有的姿态，这就是彻底地不妥协地反对帝国主义和彻底地不妥协地反对封建主义。"①"二十年前的五四运动，表现中国反帝反封建的资产阶级民主革命已经发展到了一个新阶段。"② 五四运动的意义在于，它宣告了资产阶级领导的旧民主主义革命的结束和工人阶级领导的新民主主义革命的开始，从此中国近代历史展开了新的篇章，五四运动真正具有马克思主义、工人阶级及其政党、社会主义开启的革命意义。

中国半封建半殖民地的社会性质和基本国情决定中国革命必须分两步走，第一步完成新民主主义革命的任务；第二步不间断地完成社会主义革命的任务，只有完成这两个相互有机联系的革命任务，中国才能走向社会

---

① 《毛泽东选集》第 2 卷，人民出版社 1991 年版，第 699 页。
② 同上书，第 558 页。

主义道路，才能实现振兴中华、建设民主、富强、文明、和谐的社会主义强国的伟大目标。

中国共产党领导的新民主主义革命从性质上来说仍然属于资产阶级民主革命，然而它是以中国共产党为领导核心，工人阶级为领导阶级，农民阶级为主要同盟军，包括民族资产阶级和小资产阶级，作为社会主义革命准备阶段，不同于旧民主主义革命的新型资产阶级民主革命。以五四运动为分水岭，中国的资产阶级民主革命运动分为两个时期，五四运动前是旧民主主义革命时期，五四运动后是新民主主义革命时期。旧民主主义革命和新民主主义革命虽然都是资产阶级民主革命，革命对象都是帝国主义、封建主义，但革命的领导阶级、革命的性质、革命的最高纲领、革命的指导思想则根本不同，革命的结局也就根本不同。

为什么？原因很明了。鸦片战争以来，中国沦为半殖民地半封建社会，中国的主要革命对象应当是封建主义和帝国主义，中国首先要完成资产阶级民主革命的任务。然而中国社会的性质决定了中国民族资产阶级具有赞成革命和怀疑革命的两重性，决定了它的软弱性和妥协性，因而领导不了中国资产阶级民主革命。孙中山领导的资产阶级政党——国民党担当不了领导中国资产阶级民主革命的重任。帝国主义、官僚资本主义和封建主义也都不允许中国民族资产阶级领导资产阶级民主革命成功，建成独立、富强的资产阶级民主共和国。旧民主主义革命是中国资产阶级领导的不彻底的革命。辛亥革命既成功又不成功、既胜利又失败，推翻了清朝皇帝，但却被袁世凯篡夺了胜利成果，帝国主义、封建主义和官僚资本主义三座"大山"仍然压在中国人民的头上，且越发沉重。辛亥革命表明，中国资产阶级无力完成资产阶级民主革命，孙中山先生的旧三民主义不能成为引导中国资产阶级民主革命取得成功的指导思想。

那么，中国的命运如何，中国向何处去，孙中山先生发动的资产阶级民主革命、所构想三民主义理想如何实现，孙中山先生未竟的事业怎样完成？只能由中国工人阶级政党——中国共产党，把马克思主义与中国实践相结合，制定指导中国革命的正确的路线和政策，才能完成革命的任务。中国共产党领导的新民主主义革命究竟新在哪里？第一，是彻底的反帝反封建革命；第二，是要进步到社会主义革命的不间断的革命，最高纲领是

走社会主义道路，实现共产主义伟大目标；第三，革命的领导力量是中国
工人阶级及其政党；第四，要建立最广泛的人民民主统一战线；第五，指
导思想和理论基础是马克思主义，是马克思主义与中国实际相结合的中国
化的马克思主义。

二

　　五四运动致使中国近代史发生重大变化，拉开了新民主主义革命序
幕，实现了新旧民主主义革命的伟大转折，功不可没。五四运动直接导致
马克思主义在中国的传播，导致中国工人阶级走上政治舞台，导致中国共
产党的成立，导致中国人民选择了十月革命——社会主义道路。它的历史
地位在于：

　　第一，把马克思主义、科学社会主义、十月革命的经验引进中国，推
动了马克思主义和科学社会主义在中国的传播。毛泽东同志指出："十月
革命一声炮响，给我们送来了马克思列宁主义。十月革命帮助了全世界的
也帮助了中国的先进分子，用无产阶级的宇宙观作为观察国家命运的工
具，重新考虑自己的问题。走俄国人的路——这就是结论。"[①] 五四运动是
一个重大的历史事件，其发生和发展是世界历史和中国社会矛盾发展趋势
的必然结果，是中国人民大众同帝国主义、封建主义的社会主要矛盾激化
的必然结果，它的产生和发展趋向受到处于十月革命爆发和社会主义革命
前夜的世界局势的深刻影响。辛亥革命以后，帝国主义国家日益走向腐朽
和无产阶级革命方兴未艾的世界局势，以及旧中国继续延续甚至更加恶化
的黑暗现实，特别是 1914 年爆发的帝国主义战争，使中国先进知识分子
对资本主义制度及其思想武器产生了怀疑，感到资产阶级的民主平等等思
想武器解决不了中国的问题。而三民主义又无法解救中国，到底什么思想
能解决中国问题。十月革命的成功对中国先进知识分子产生巨大的震撼和
影响，使他们开阔了眼界，认识到决定中国人民命运的不是资产阶级，不
是资本主义，也不是资产阶级思想武器，而是工人阶级、科学社会主义和

---

　　① 《毛泽东选集》第 4 卷，人民出版社 1991 年版，第 1471 页。

马克思主义。辛亥革命为什么失败，救中国的目的为什么达不到，中国先进知识分子通过十月革命接受了马克思主义，开始在马克思主义中寻找答案，他们冲破了资产阶级民主思想的藩篱，冲破了旧民主主义民主、科学、爱国主义的精神界限，把马克思主义作为思想工具，选择社会主义为中国唯一出路。

五四运动用马克思主义科学社会主义启发了中国人民的觉悟，解放了中国人民的思想，其意义远远超出了辛亥革命。五四运动作为反帝反封建的青年学生的爱国主义运动，代表了中华民族的觉醒，是一次深刻的反帝反封建专制的、马克思主义科学社会主义的、工人阶级走上政治舞台的思想解放运动。五四运动最突出的思想贡献就是引进了马克思主义和俄国十月社会主义革命经验，使中国先知先觉的知识分子探索中国民主民族解放之路的思想方向发生了根本转折。当时各种社会主义思潮涌入中国，什么无政府主义、新村主义、合作主义、泛劳动主义、基尔特社会主义、社会民主主义等，一时沉渣泛起，鱼龙混杂。李大钊、陈独秀、毛泽东、蔡和森、恽代英等一批中国先进知识分子，经过对各种社会主义思潮的反复比较，选择了科学社会主义，选择了马克思主义，选择了十月革命道路。这是五四运动的根本方向，也是新文化运动的政治主流。

第二，致使中国阶级力量格局发生重大变化，推动工人阶级代替资产阶级成为中国革命的领导阶级。在五四运动中，英勇地出现于斗争最前列的是学生群体，他们起到了先锋作用。然而5月4日之后，自6月5日起，上海六七万工人举行声援学生的罢工。随后，工人罢工斗争如燎原之火蔓延全国，扩大到20多个省区，100多个城市，工人的奋起增添了五四运动的声势。事实上，五四运动时的工人阶级已由辛亥革命时的五六十万人增加到200万人。五四运动使一个重要历史事实终于发生了，中国工人阶级开始以独立的姿态走上反帝反封建斗争的前线，工人阶级参与斗争，表明中国民主革命的性质发生重大转向。五四运动突破了知识分子的狭小范围，斗争的主力由学生变成工人。中国工人阶级的政治罢工，使中国工人阶级开始发展自己阶级的独立力量与独立斗争，中国工人阶级以特有的革命性、战斗性和组织性，成为五四运动后期的主力军，作为新生的独立的政治力量登上了中国的政治舞台。五四运动的经验表明，中国新民主主义革命的领导阶级是工人阶级，依靠力量是工人阶级、农民阶级、知识分子和进步的资产阶级，离开中国工人阶级，离开了以中国工人阶级为领导阶级的，包括农民阶级、学生群众和民族资产阶级所组成的壮大的反帝反封建的统一战线的阵营，不可能完成彻底的反帝反封建的新民主主义革命的任务。

第三，为中国共产党的成立做了思想理论、阶级力量和干部准备，推动了中国工人阶级的政党——中国共产党的成立。经过五四运动洗礼，1915 年发起新文化运动的中国思想界、知识界经历了一次严峻的分化。坚持资产阶级思想立场和个人主义观点的知识分子在五四运动高潮时退出了斗争；能够起领导作用的、接受马克思主义的、斗争坚决的左翼知识分子转向了工人阶级和人民大众，开始新民主主义革命准备和建党准备。自此，马克思主义思想运动开始和中国工人运动相结合。中国先进分子认识到中国工人阶级代表先进的生产力和中国的未来。然而工人阶级是不能自发地产生科学社会主义思想的，必须由其先锋队即中国共产党从外部将正确思想灌输到工人阶级头脑中，引导工人阶级发挥中国革命的领导阶级和主力军的作用，由"自在阶级"转变为"自为阶级"。五四运动促成了马克思主义在中国传播并与工人运动相结合，促成思想武器和物质力量相结合。毛泽东同志说："既要革命，就要有一个革命党。没有一个革命的党，没有一个按照马克思列宁主义的革命理论和革命风格建立起来的革命党，就不可能领导工人阶级和广大人民群众战胜帝国主义及其走狗。"① 两年后的 1921 年，中国共产党正式成立。"自从有了中国共产党，中国革命的面目就焕然一新了。"② 中国革命有了坚强的中国共产党的领导核心。

第四，促成中国先进知识分子走理论联系实际、与工农结合的革命道路，标明中国青年运动和知识分子发展的正确方向。毛泽东同志说："革命的或不革命的或反革命的知识分子的最后的分界，看其是否愿意并且实

---

① 《毛泽东选集》第 4 卷，人民出版社 1991 年版，第 1357 页。
② 同上。

行和工农民众相结合。""知识分子如果不和工农民众相结合，则将一事无成。"① 这就是五四运动的经验。在中国民主革命运动中，中国知识分子是首先觉悟的成分。在五四时期，英勇地出现于运动先头的则是知识分子和青年学生。五四时期的知识分子比辛亥革命时期的知识分子更具有觉悟和更广泛，他们介绍了西方先进文化特别是马克思主义进入中国。知识分子、青年学生在斗争实践中亲眼看到了工人阶级的伟大力量，深刻认识到，中国革命的成功，必须依赖于工人阶级及其同盟军，知识分子一定要同工农相结合，接受中国工人阶级及其政党的领导，与工农相结合，接受马克思主义，把马克思主义与中国实际相结合，否则中国革命将一事无成。

三

民主、科学和爱国主义是五四运动所倡导并高扬的三面大旗，民主、科学和爱国主义精神是五四运动的光荣传统，也是我们今天应该发扬光大的精神遗产。

五四运动所体现的民主、科学和爱国主义精神有着明确的、具体的、历史的、革命的含义，这就是彻底的、不妥协的反对帝国主义、反对封建主义的新民主主义革命的鲜明特征和具体内容。

1915 年由《新青年》杂志发起的新文化运动，开启了中国近代史上一次伟大的思想启蒙和思想解放运动。以五四运动为分界线，新文化运动分为前后两个时期。新文化运动与五四运动互为因果，相互促进。初期的新文化运动是五四风暴即将来临的前奏，启发了五四运动，为五四运动作了舆论准备和思想拉动。五四运动又使新文化运动发生了根本转向，赋予新文化运动以马克思主义的思想启蒙和解放的新鲜内容，构成新文化运动的主流。初期的新文化运动针对辛亥革命失败后十分猖獗的维护封建专制的复古尊孔的保守思潮，展开英勇斗争，实质是资产阶级旧民主主义性质的反对封建束缚的思想解放运动。初期新文化运动的知识分子试图使用资

---

① 《毛泽东选集》第 2 卷，人民出版社 1991 年版，第 559 页。

产阶级的民主、科学武器救治中国，反对封建中国在政治上、道德上、学术上、思想上的一切的黑暗，提出资本主义的建国方案。用白话文代替文言文，也是初期新文化运动的一个重要功绩。

初期新文化运动有许多有着不同思想倾向的知识分子参加，在集中火力批封建主义、批孔时，他们之间的分歧并不明显，可是随着马克思主义的广泛传播，随着具有真正革命性质的五四运动的爆发，新文化运动知识分子的营垒开始发生明显分野。一支仍然坚持资产阶级的政治理论和政治主张，转向更加保守甚至反动，反对中国人民接受马克思列宁主义，反对中国走彻底革命的道路，他们退出了斗争，脱离了工农大众，个别人甚至走上工农大众和革命的反面；一支转向接受马克思主义，转向彻底革命，抛弃资本主义的建国方案，走马克思主义科学社会主义的道路。五四运动导致坚持马克思主义、科学社会主义的先进知识分子占了上风，成为不可抗拒的潮流，走上与工农相结合的正确道路。

五四运动后的新文化运动实质上与五四运动结合在一起，又可称之为五四新文化运动，五四新文化运动的进步潮流是研究和宣传马克思主义、科学社会主义，这也是五四新文化运动的鲜明特点。这个鲜明特点表明，五四运动前后新文化运动所推崇的民主、科学、爱国主义精神发生了根本性质和具体内容的转变。

所谓"德先生"（Democracy）和"赛先生"（Science），也就是民主和科学，是初期新文化运动的基本口号，爱国主义是初期新文化运动的政治导向。当封建主义在中国社会生活中占据支配地位时，初期新文化运动提倡民主，反对封建专制，提倡科学，反对迷信盲从，有着历史的进步意义。然而他们提倡民主与科学，是为了"建设西洋式之新国家，组织西洋式新社会"，即建设资产阶级共和国，发展资本主义，这对于解决当时处于水深火热中之国家，使之强盛，是有爱国主义意义的。初期新文化运动所大力提倡的民主、科学与爱国主义的新文化，实质上是用资产阶级文化反对封建主义文化，用资产阶级民主、科学来反对封建专制、迷信和礼教束缚，用资产阶级共和国来代替封建专制国家，所追求的不是全体劳动人民的民主解放，是资产阶级和少数人的民主解放。中国人民民族解放的历史事实证明，资本主义民主、科学和资产阶级共和国的处方是解救不了旧中国的，不能给旧中国以真正出路。事实上，西方资本主义文明的严重弊端在当时现实生活中已暴露无遗，第一次世界大战把资本主义的内在矛盾以极其尖锐的形式暴露出来。新文化运动的左翼知识分子对西方资本主义文明产生怀疑，对资产阶级的民主、科学和爱国主义产生怀疑，推动他们去探索挽救中国危亡的新思想、新途径。1917年爆发的十月革命在他们之间产生了深刻的影响，当他们还在苦闷中摸索时，俄国十月革命给他们指出一条光明之路。国内矛盾的进一步激化，促成新文化运动的左翼知识分子开始抛弃资产阶级主张，选择了马克思主义和科学社会主义，这时他们所主张的民主、科学与爱国主义的实质内容已经开始发生了性质上和具体内容上的根本变化。

中国先进知识分子在接受马克思主义科学社会主义以后，并没有抛弃民主、科学与爱国主义精神，而是在马克思主义的指导下，赋予它们以新的更加深刻的时代的、历史的、革命的内容，民主不再是狭隘的资产阶级民主，而是强调铲除封建专制和少数人阶级特权的，以多数人的、劳动阶级为主体的最广泛的人民民主；科学从此成为在马克思主义世界观和方法论指导下的对社会发展规律和中国社会发展趋势的科学认识；爱国主义成为建设新民主主义的、人民大众的、走社会主义道路的新中国的具体目标。中国先进知识分子在接受马克思主义的同时，并没有取消反帝反封建的思想斗争，而是掌握了比资产阶级政治理论更加强有力的思想武器；没有放弃民主、科学和爱国主义，而是有了马克思主义科学世界观的指导，有了马克思主义指导的人民民主，有了建立走社会主义道路的人民民主共和国的奋斗目标。

真正继承和高扬新文化运动和五四运动光荣传统的中国共产党人，高举民主和科学旗帜，高举爱国主义旗帜，同封建势力、帝国主义势力、官僚资本主义势力进行坚决不妥协的斗争，取得了新民主主义革命的成功，在中国历史上第一次实现了人民民主，建立了人民共和国，实现了爱国主义的伟大理想。取得全国政权以后，又不失时机地进行了社会主义革命，建立了人民民主专政的社会主义国家，并大力推进社会主义民主建设。特别是进入改革开放新时期，全力推进社会主义民主政治体制改革，逐步实现更加广泛的社会主义民主。中国共产党最鲜明地继承和发扬了五四运动民主、科学与爱国主义精神，最彻底地实现了五四运动民主、科学和爱国主义主张。今天，中国共产党所主张的民主、科学和爱国主义不是抽象的、泛化的，而是社会主义的民主，是马克思主义的科学世界观和方法论，是中国特色社会主义的爱国主义。

（原载《学习与参阅》2009 年第 9 期、《中国社会科学报》2009 年 5 月 7 日）

运用马克思主义立场、观点和方法，
科学认识美国金融危机的本质和原因

——重读《资本论》和《帝国主义论》

2007 年 8 月，美国次贷危机突然爆发，导致美国陷入自 20 世纪 30 年代大萧条以来最为严重的金融危机。继而美国金融风暴席卷全球，全世界正面临自 20 世纪 30 年代"大萧条"以来最严重的金融危机。这场全球性的金融危机已经引发了不同程度的世界性经济社会危机，目前还没有见底，今后发展会出现什么样的情况还需要进一步观察。

当前，摆在我们面前一项重要任务就是重读《资本论》和《帝国主义论》，运用马克思主义立场、观点和方法，科学揭示这场危机的深刻本质和根本成因，提出根本性的有效规避和防范措施，建立制度保障和长效机制，保证中国特色社会主义健康稳定发展。

一　必须联系资本主义制度本质，
认清金融危机的实质和原因

关于美国次贷危机引发的全球性金融危机及经济危机产生的原因，对我国造成的影响和解救的措施，发表的见解已经很多了，其中不乏真知灼见。有的认为，美国居民消费严重超过居民收入，无节制的负债，无管制的市场，无限制的衍生金融工具，无限制的投机，无限制的高额利润和高收入是爆发金融危机的重要原因。有的认为，美国的消费模式、金融监管政策、金融机构的运作方式，美国和世界的经济结构等因素，是金融危机的基本成因。有的认为，房地产泡沫是金融危机的源头祸水，金融衍生品过多掩盖了巨大风险，金融监管机制滞后造成"金融创新"犹如脱缰之马，是金融危机爆发的真正原因。也有的认为，金融危机是某些金融大亨道德缺损所致。还有的认为，金融危机本质上是美国新自由主义市场经济治理思想和运行模式的严重危机。当然也有从资本主义弊病，从资本的逐利本性和金融资本的贪婪性来分析金融危机的成因，在一定程度上涉及资本主义根本制度问题。但是总的来看，目前形成的最普遍的解释许多还停留在现象层面、非本质层面上，即技术操作层面、治理理念和运行模式、管理体制层面上，如什么超前过度消费、房地产泡沫、金融衍生品泛滥、金融创新过度、金融监管不严、新自由主义思想作祟，等等。运用马克思主义的立场、观点和方法，从本质上，从制度层面科学揭示危机的产生原因，预测危机的发展趋势，提出防范解救的措施，尚远远不够。

然而，在危机爆发时刻，世界各国共产党人纷纷以马克思主义为指导，分析形势，揭露危机的本质和根源，制定危机条件下的各国共产党人的行动纲领，展示共产党人的看法和力量。根据中国社会科学院马克思主义研究院于海青博士提供的资料①表明：欧美一些资本主义国家的共产党人对于危机的成因、根源与实质的分析，更深入到资本主义的本质制度原因，很值得我们深思。

对于这场"前所未有"、"有史以来最严重"的危机，资本主义政府大多将其归咎为"金融市场上的投机活动失控"、"不良竞争"或"借贷过度"，并希望通过政府救市，"规范"资本主义现行体制、机制，以达到解决危机、恢复繁荣的目的。而与之大相径庭的是，欧美一些资本主义国家的共产党人既看到了监管缺位、金融政策不当、金融发展失衡等酿成这场危机的直接原因，又反对将这场金融危机简单归结为金融生态出了问题，他们普遍认为危机的产生有其深刻的制度根源，危机标志着新自由主义的破产，是资本主义固有矛盾发展的必然结果。

法共认为，世界经济危机源于金融机构过度的贪欲。这场金融危机归根结蒂是资本主义制度的危机。它不是从天而降的，不是资本主义的一次

---

① 参见于海青《欧美发达国家共产党论当前金融危机》，《世界社会主义研究动态》第 50 期，2008 年 12 月 30 日。

"失控"，而是资本主义的制度缺陷和唯利是图的本质造成的不可避免的结果。冲击全球的危机并非紧紧限于金融或经济领域，它同时也揭示了政治上的危机、资本主义生产方式的危机。从深层看，金融危机本质上是一场制度危机。美共认为，金融化是新自由主义资本积累和治理模式的产物，它旨在恢复美国资本主义的发展势头及其在国内和国际事务中的主导地位。同时，它也是美国资本主义的弱点和矛盾发展的结果，使美国和世界经济陷入新的断层。德共认为，这场金融危机具有全球性影响，它使得全球经济陷入衰退，并越来越影响到实体经济部门。危机产生的原因不是银行家的失误，也不是国家对银行监管失利。前者只是利用了这一体系本身的漏洞，造成投机行为的泛滥。投机一直是资本主义经济的构成要素。但在新的垄断资本主义发展阶段，它已经成为一个决定性因素，渗入经济政治生活的方方面面。英共认为，不能把当前经济和金融危机主要归结为"次贷"危机的结果。强调根本在于为了服务于大企业及其市场体系的利益，包括公共部门在内的英国几乎所有的经济部门都被置于金融资本的控制之下。葡共认为，不应该把这场危机紧紧解释为"次贷"泡沫的破灭，当前的危机也是世界经济愈益金融化、大资本投机行为的结果。这场危机表明"非干预主义国家"、"市场之看不见的手"、"可调节的市场"等新自由主义教条是错误的。资本主义再次展示了它的本性及其固有的深刻矛盾。资本主义体系非但没有解决人类社会面临的问题，反而使不平等、非正义和贫困进一步恶化。希共认为，危机现象是资本主义不可避免的经济命运，任何管理性政策都不可能解决其固有的腐朽性。金融危机再次表明资本主义不可能避免周期性危机的爆发，也再次证明了社会主义替代资本主义的必然性。

看来，仅仅局限于从金融和金融危机现象本身来看待这场危机，不联系私有制条件下商品和商品交换的二重性内在矛盾，不联系金融资本逐利本性，不联系资本主义制度本质，难以回答像美国这样所谓"完美"的市场制度为什么没有能防止金融危机的爆发，难以看清危机的实质和深层原因，难以认清资本主义制度是造成危机的根本原因。

对于我国这样实行市场经济的社会主义制度国家来说，如果不更深一步地从根本制度上认识这场危机的成因、本质，就无法从根本上找到规避、防范、克服危机的办法和措施。不看到本质，不在根本病根上下药，治标，难治本，很难建立防范危机于未然的制度性、长效性的规避防范体系。因而认清这场危机的本质，对于建立社会主义市场经济体系的我国，如何建立规避、防范、克服危机的制度保障和长效机制，无疑有着深远的现实意义。

二　商品内在二重性矛盾潜伏危机产生的可能性，资本主义私人占有制度使危机爆发成为必然现实

认识危机的成因和本质，应该学会运用马克思揭示资本主义不可克服的内在矛盾及其历史必然灭亡趋势的科学方法，从资本主义经济最基本的细胞——商品的二重性内在矛盾入手开始分析。

马克思从商品入手分析资本主义，是有科学道理的。商品是市场经济中最基本的细胞，商品是市场经济中最普遍的存在，商品交换是市场经济中最基本的关系。商品和商品交换所内含的内在矛盾体现并蕴涵了市场经济和市场经济占主导地位的社会形态的基本矛盾。认识市场经济和市场经济占主导地位的社会矛盾和社会特性，就要从商品和商品交换的内在矛盾和本质关系分析入手。中国人民创立了中国特色的社会主义市场经济，市场经济在人类历史上第一次实现了与公有制制度结合起来的形式，即社会主义市场经济。而在此之前，市场经济只与私有制制度相结合。商品与商品交换是伴随着社会分工与私有制的产生而逐渐发展起来的，资本主义市场经济是私有制条件下商品生产发展到一定程度的产物。因为商品与商品交换发展起来而成为占主导的经济形态，形成全球化的市场体系，属于资本家私人占有制为制度特征的资本主义市场经济。

在充分发展的资本主义市场经济中，商品是资本主义社会中最常见、最普遍的现象，是资本主义生产中最普遍的存在，是资本主义经济最单纯、最基本的因素，是资本主义的经济细胞，商品交换是资本主义社会中最基本的经济关系。在商品这个最细小的经济细胞中，体现着资本主义私有制生产关系，包含着资本主义一切矛盾的萌芽和一切危机产生的根源。研究资本主义社会矛盾和发展趋势，应从分析私有制条件下商品和商品交

换入手，这就好比分析一个人，只要验一滴血，就可以知道人身体的基本状况一样。马克思是从分析资本主义一切矛盾胚芽的载体——商品入手，揭示出整个资本主义的内在矛盾及其激化和危机，从而最终揭示资本主义的发展规律和必然灭亡趋势。

马克思首先揭示了一般商品的二重性内在矛盾，认为商品是使用价值和价值的统一体，使用价值和价值既统一又矛盾，统一是指二者互相依赖、互为条件，矛盾是指二者是互相排斥、互相背离，甚至互相对立。使用价值和价值的矛盾是由生产商品的劳动二重性即具体劳动和抽象劳动的矛盾所决定的。商品的使用价值是由具体劳动决定的，然而要把商品放到市场上交换，就必须让生产商品使用价值的具体劳动转变为可以比较的抽象的一般劳动，这就是体现在商品中的一般人类劳动的凝结。这种一般劳动可以抽象为定量化的社会必要劳动时间，商品价值就是由商品生产者的这种抽象劳动凝结而成的。

商品既然具有使用价值和价值两重属性，它就必然有两重形态，即使用价值形态和价值形态。使用价值形态就是一个一个的具体商品，价值形态则表现为商品交换的一般等价物。

商品交换开始是直接交换，买与卖是统一的，交换是在同一时间同一地点完成。随着商品经济的发展，商品交换发展为商品流通，买与卖不同时进行，买与卖在时间和空间上分离了。一些人卖而不买，另一些人买而不卖。商品的使用价值和价值愈益分离。商品的价值形态由一般等价物，比如黄金，逐步发展成为货币，比如金币；货币又逐步发展为纸币，比如美元；最后发展成为无形的虚拟货币，比如证券、银行信用卡。随着商品经济的发展，货币不仅作为流通手段，而且具有了贮藏手段、支付手段功能，货币不在买卖中出现，可以延期支付。货币慢慢演变成观念形态的东西，离现实的商品交换越来越远。商品交换价值愈来愈独立存在，使用价值与价值的分离表现为货币的独立，又进一步表现为纸币的独立，某种货币符号的独立。这种分离，使得纸币可以滥印发行，证券可以独立运行，逐渐演变成虚拟市场、虚拟经济（建立在虚拟价值符号基础上）。货币成为商品流通的重要手段，已经包含了发生经济危机的可能性；货币成为货币流通的手段，使危机更具可能性。在商品流通中，货币与商品分离了。

在货币流通中，纸币、符号与商品一般等价物，与货币代表的价值分离了。货币流通与商品流通在时间上和空间上也分离了，这就进一步加重了危机的可能性。

马克思具体分析了资本主义私有制条件下商品的内在二重性矛盾的不可克服性。在私有制条件下，具体劳动和抽象劳动这对矛盾表现为私人劳动和社会劳动的矛盾，构成了商品生产的基本矛盾。由于商品生产是私人生产，商品是私有的，这就会使价值与使用价值，商品与货币，具体劳动和抽象劳动的分离和对立具有不可调和的对抗性质，造成周期性的经济危机的恶性循环。商品所内含的劳动二重性矛盾决定了价值和使用价值的二重性矛盾的进一步演变，表现为商品与货币的对立形式，进一步表现为实体经济与虚拟经济的对立形式。私有制使商品的内在二重性矛盾，在一定条件下，越来越激化，越来越背离，具有深刻的对抗性和不可克服性。在资本主义长达几百年的历史中，货币越来越背离商品，虚拟经济越来越背离实体经济，这就构成了金融泡沫、金融危机乃至全面经济危机的内在成因。

在资本主义私有制条件下，货币转化为资本家手中的资本。任何一个资本家，在开始他的剥削行为时，必须掌握一定的货币。要把货币转化为资本，货币持有者必须在市场上能够买到自由劳动者的劳动力，劳动力与生产资料结合便产生增值的价值，资本流通所带来的增值部分，就是资本家剥削工人的剩余价值。资本实质上是能够带来剩余价值的价值。资本主义生产的唯一动机和直接目的，就是攫取更多的剩余价值，资本家是人格化的资本。资本有二重性，一方面追求利润的最大化，具有逐利性和贪婪性，另一方面又推动了经济发展，具有对生产强有力的拉动性。

资本在资本主义生产过程中，形成了三种资本形态：货币资本、生产资本和商品资本。它们是一致的，同时也是不断分离和矛盾对立的。随着货币资本的发展，逐渐独立，形成借贷资本、银行资本、股份资本和信用制度，形成借贷资本市场，有了股票、公司债券、国家公债、不动产抵押债券等有价债券，为所有者带来一定的定期收入，给人们一种钱能生出钱的错觉。在货币流通过程中形成赊购赊销，形成错综复杂的债务连锁关系。随着纸币化、证券化和信用制度的发展，逐步形成了虚拟资本和虚拟市场。虚拟资本同实际资本分离，而且虚拟资本的质和量也是背离的，也就是说虚拟资本的数量和实际资本的数量也是背离的。据专家统计，美国虚拟经济资本的虚假财富高达400万亿美元，大大超过了美国实体经济资本的30多倍。随着资本的发展、垄断资本的形成、金融资本和金融寡头的产生，"它再生产出了一种新的金融贵族，一种新的寄生虫，——发起人、创业人和徒有其名的董事；并在创立公司、发行股票和进行股票交易方面再生产出了一整套投机和欺诈活动"。① 资本主义私有制是形成金融危机的深层制度原因，金融资本的独立性、逐利性和贪婪性是形成金融危机的直接原因。

资本主义进入大机器工业时期，从19世纪开始，每隔若干年就要经历一次经济危机，严重的经济危机导致全面的社会危机。经济危机是私有制条件下商品内在二重性矛盾不可克服的外部表现。

资本主义危机产生的根本原因在于私有化制度，一方面生产力发展到高度社会化，资本也高度社会化，而另一方面生产资料和成果愈来愈为一小撮垄断寡头所有，这种生产的社会性同生产资料私有性的资本主义基本矛盾，使商品经济内含的危机可能性转变成危机必然性。由此看来，经济危机是资本主义经济制度本身所造成的，是资本主义生产方式内在矛盾的产物。要消灭危机，就必须消灭资本主义制度。商品经济内在二重性矛盾只构成产生危机的可能，而资本主义私有制度使危机的产生成为现实。

三　美国金融危机是资本主义制度性危机，最终是无法克服的，市场经济与社会主义制度相结合，使防范规避危机成为可能

美国"次贷危机"不可遏制地蔓延为全球性危机，向世界再次证明马克思关于资本主义周期性经济危机和资本主义生产方式必然灭亡理论的真理性。马克思认为，资本主义周期性经济危机不可避免，"危机最初不是在和直接消费有关的零售商业中暴露和爆发的，而是在批发商业和向它提

---

① 《马克思恩格斯全集》第25卷（上），人民出版社1974年版，第496页。

供社会货币资本的银行中暴露和爆发的"①。只要不改变资本主义的私人占有制，商品的内在矛盾，资本主义内部固有的矛盾，就无法从根本上得到化解，其必然表现为周期性的世界性的经济危机。

资本主义危机具有周期性，每隔一段时间重复一次，是一种周期性出现的现象。1825 年，英国第一次爆发全球范围的工业危机；1836 年，英国又发生了经济危机，波及美国。1847—1848 年，经济危机席卷英国、美国和欧洲大陆。然后，1857 年、1866 年、1873 年、1882 年、1890 年，每隔几年都要爆发一次世界性经济危机，以 1873 年危机最为深刻，大大加强了资本和生产的集中，促进垄断组织的形成和发展，向垄断资本主义过渡。

20 世纪初叶，1900—1903 年和 1907 年爆发了经济危机。资本主义世界又经历了 1920—1921 年、1929—1933 年和 1937—1938 年三次危机。1929—1933 年危机是最深刻、最严重的一次。这次危机持续四年之久，整个资本主义世界工业产量下降 44%，贸易总额下降 66%。1933 年失业人口达 3000 万人。

二战后，资本主义总危机进一步加深。美国 1948 年、1953 年、1957 年、1960 年、1969 年、1973 年、1980 年、1990 年和 2007 年先后爆发九次经济危机。1957—1958 年、1973—1975 年、1980—1982 年、2007 年危机波及加拿大、日本和西欧主要国家，成为战后第四次世界性危机。

周期性的经济危机，在资本主义发展过程中不断交替反复出现，形成了资本主义在危机—缓解—危机中颠簸起伏的发展历程，资本主义的一时繁荣，只不过是新的经济危机到来之前的预兆，资本主义会在周期性阵发的经济危机中逐步走向灭亡。在高涨时期，资产阶级大肆宣扬资本主义的"永久繁荣"、"千年王国"，而等危机到来，"永久繁荣"神话又像肥皂泡一样破灭。经济危机是资本主义制度对抗性矛盾的定期爆发，清楚无误地表明资本主义生产方式的历史局限性，已然爆发的危机深刻暴露了资本主义对抗性矛盾还会进一步加深；有时还会更尖锐、更激化。

美国金融危机引发的全球性危机是当今时代进入 21 世纪以来具有重

---

① 《马克思恩格斯全集》第 25 卷（上），人民出版社 1972 年版，第 340 页。

大历史意义的事件。它既是一场严重的金融危机，又是一场深度的经济危机、思想危机、社会危机和资本主义制度危机，是资本主义的全面危机。危机伴随社会的深刻变化。历史上，资本主义几次带有全球性的危机，都曾引起时代和世界格局的重大变化。从长期来看，美国金融危机的结局将使世界经济进入一个大调整、大动荡时期。这次危机具有颠覆性、全面性、深度性和长期性的负面效应，将给世界经济社会发展带来重大和持续的破坏性影响。全球经济全面衰退的过程已经开始，世界局势乃至格局将发生重大变化，世界发展进程和历史也将会发生重大转折。

1. 美国金融危机及其引发的波及全球的危机是资本主义的全面危机。这次发生的美国金融危机自金融领域爆发、集中于金融领域，对金融体系的破坏性最大，但又不限于金融领域，由金融领域向非金融领域蔓延、由虚拟经济向实体经济蔓延、由经济领域向社会领域蔓延，由技术操作层面，向理念、模式、体制层面，再向制度层面蔓延，这场危机渗透、影响到全球资本主义世界的各个领域、各个层面、各个方面。

2. 美国金融危机及其引发的波及全球的危机是资本主义的全球性危机。资本主义全球化，就是资本主义生产关系的全球化，资本主义全球化危机是资本主义危机的全球化。这次危机自美国爆发，但又迅速波及西方国家、第三世界国家，乃至波及全球。这次危机是美国闯祸，全世界买单，一起遭殃，这就是全球化的负面效应。美国金融垄断资产阶级，是向全世界转嫁危机的好手，在这场危机中，它们向资本主义其他国家、向发展中国家、向一切国家转嫁危机，引起全球性的恐慌与危机。

3. 美国金融危机及其引发的波及全球的危机是资本主义的制度性危机。美国金融危机并不是美国专利，而是典型的资本主义性质的制度危机。社会生产力的高度全球化社会化与美国国际金融高度垄断于华尔街一小撮金融寡头私有程度的矛盾是当代资本主义基本矛盾的表现，表现为世界创造财富之多并高度集中与贫富两极急剧分化不断加剧的矛盾。从根本上说，这场危机是资本主义制度不可克服的内在矛盾演变而成的，是其内在矛盾激化的外部表现，是其内在矛盾不可克服性的外部表现，是资本主义制度必然灭亡趋势的阶段性反映。这场危机告诉我们，资本主义基本矛盾不仅没有克服，而且以新的更尖锐的形式表现出来了。有人把美国金融危机归结为新自由主义治理理念和模式的失败，反证有管制的资本主义治理理念和模式的合理性。但是这种说法，也只是体制层面的说法，并没有涉及制度层面。实质上，无论自由主义，还是保守主义，都是治理资本主义市场经济的具体药方，只能缓解，而不能从根本上挽救资本主义的制度危机。这场危机再次证明资本主义内在矛盾决定了资本主义不可能从根本上战胜危机，只能暂时缓解危机。

4. 美国金融危机及其引发的波及全球的危机是资本主义的意识形态危机。这场危机使人们重新思考资本主义制度的弊病，重新审视资本主义意识形态的虚伪性和反科学性。这场危机表面看是新自由主义等资产阶级思潮的危机，实质却是资本主义核心价值观、普世价值观、人权观、民主观的意识形态危机。新自由主义就意识形态层面来说，实际上是代表超级垄断资产阶级利益的一种意识形态，完全适应超级金融垄断资产阶级操纵金融市场剥夺全世界的需要。在这场危机中，资本主义国家的有识者开始对新自由主义反思，同时对资本主义制度也开始有所反思。另一方面，由于社会主义中国改革成功，公有制市场经济试验成功，更加使顽固坚持资本主义制度的那些人加紧推行西方意识形态，加大对我国的西化、分化和私有化的力度。这恰恰又从反面说明资本主义意识形态的危机。

美国金融危机反证中国特色社会主义市场经济的成功。社会主义和资本主义的本质区别是生产资料占有方式的不同，社会主义市场经济与资本主义市场经济的本质区别也是生产资料占有方式的不同。资本主义生产资料私有制决定了商品经济二重矛盾引发的危机最终是不可救药的，而社会主义市场经济决定了商品二重性矛盾可能会产生危机，社会主义生产资料公有制决定了危机又是可以规避、可以防范的，一旦发生又是可以治理、可以化解的。社会主义市场经济具有市场经济的特性，商品内在矛盾是不可改变的，改变的只是它的不可克服性。在社会主义市场经济条件下，警惕性不高，防范措施不力，可能会演变出危机。要清醒认识资本特别是金融资本的逐利性，防止资本和金融资本的无序化、极端化。在公有制条件下，资本逐利性是可以调节和控制的，但私有制条件下，资本逐利性变成贪婪性，暂时可以管制并缓解，最终是无法管制的。

四　资本主义与自由主义是两个层面的问题，
一个是制度层面、本质层面，一个是体制
层面、技术操作层面

波及全球的美国金融危机，使人们对新自由主义的市场经济治理理念和运行模式，进而对资本主义制度有了清醒的认识，对那些迷信自由主义、迷信资本主义的人，不啻是一剂良药。然而迷信新自由主义和迷信资本主义又是两个层面的问题。迷信新自由主义是对资本主义运用何种理念、采取何种模式治理市场经济的迷信，迷信资本主义的则是对根本制度的迷信。当然，这两个迷信又是一致的，对新自由主义的迷信实质上就是对资本主义制度的迷信，对资本主义制度的迷信又会影响对新自由主义的迷信。

资本主义与自由主义是两个层面的问题，既一致，又有区别。一个是制度层面、本质层面、根本性层面的问题；一个是体制层面、表现层面、技术操作层面的问题。

所谓新自由主义，秉承了亚当·斯密的自由竞争理论，以复兴古典自由主义理想、尽量减少政府对经济社会的干预为主要经济政策目标的思潮。这种新自由主义又被称为市场原教旨主义或资本原教旨主义，或"完全不干预主义"。新自由主义的代表理念体现为形成于20世纪80年代末90年代初的"华盛顿共识"。因其在20世纪70年代凯恩斯主义无法应付滞胀问题而兴起，在里根、撒切尔时代勃兴，因此，又称其为"里根主义"。新自由主义的特点，是高度崇拜资本主义自由市场力量，认为资本主义条件下的市场是高效率的，甚至是万能的。经济运行中的所有问题，都可以由市场自行调节和解决。主张彻底的私有化，反对国有化，放松政府管制，主张进一步开放国际国内市场，实行贸易自由化、利率市场化，将各个国家的经济纳入由世界银行、国际货币基金组织和世界贸易组织主导的经济全球化体系当中。新自由主义极力鼓励以超级大国为主导的全球一体化，着力强调要推行以超级大国为主导的全球经济、政治、文化一体

化，即全球资本主义化。新自由主义本质是反对社会主义制度。

在西方有一帮新自由主义吹鼓手，认为新自由主义就是灵丹妙药，能够包治百病，认为市场经济"看不见的手"能够解决所有问题，而忽略了"看得见的手"，大力推崇自由市场经济治理理念和运作模式。就治理理念和模式来说，在市场经济活动中历来要讲"两手"，不能只讲"看不见的手"，不讲"看得见的手"。当然，调控到多少合适，这需要科学把握。市场经济不能只要市场不要计划，也不能只要计划不要市场。实践证明，在现有生产力条件下，只要计划不按市场规律办事是僵死的，只要市场不要计划调节也是不行的。放任"看不见的手"操控市场，必然放大市场经济的消极面，纵容资本的破坏性，使它逐利贪婪的本性无所顾忌，导致危机爆发。只有用"看得见的手"加以调控，才能祛害兴利，促进市场经济的健康发展。当然，"看得见的手"对市场的干预必须建立在对规律的把握上，不能随心所欲，任意而为。对市场的调控不能影响市场作用的发挥，否则将把市场管死。只讲自由发展，放任不管，是另一种违背规律的表现。从撒切尔、里根开始实行新自由主义政策，对有管制的资本主义治理模式和体制实施改良，到现今，美国金融危机引发的全球性危机的爆发，已然证明新自由主义并不灵光。

新自由主义一方面作为当代资本主义的主流意识形态，是金融垄断和国际垄断集团的核心理念和价值观念，必须坚决批判反对，另一方面又是如何治理资本主义市场经济的理念，按照这种理念形成的运行模式，是体制、技术操作层面上的问题。自由主义作为治理市场经济的理念和操作方法，对市场运作有一定的积极作用。如何管理社会主义市场经济，我们可以批判地借鉴新自由主义一些有价值的认识和做法。从这个意义上来说，新自由主义又是技术操作层面、体制层面上的问题，而与资本主义根本制度有所区别。资本主义制度是本质、根本，同一制度可以运用不同的治理理念、不同的体制、不同的模式、不同的操作方法。制度决定体制，体制是服务制度的。但二者又可以分开，同一体制可以服务于不同的制度，同一制度又可以有不同的体制。资本主义在发展过程中，创造过不同的体制、模式，但始终没有改变其制度和本质。

一定的社会形态必定要有特定的经济、政治、文化等社会制度，一定的社会制度也必然具有一定的经济、政治、文化等社会体制。社会制度就是一定社会形态的主要内容和本质标志，是一定社会的经济、政治、法律、文化等制度的总称，包括政治制度、经济制度、文化制度、教育制度、法律制度等，是指社会的根本制度和基本制度。经济制度是属于经济基础领域的制度，政治、文化、教育、法律等方面的制度都是属于上层建筑领域的制度。一定社会制度的主要成分是该社会的经济制度和政治制度。社会经济制度是一定社会生产关系的总和，它构成了该社会的经济基础，其中最主要的是生产资料所有制，社会经济制度标志着该社会经济形态的基本性质。社会政治制度是"经济基础的上层建筑"①，主要是指政治的上层建筑，其核心问题是国家政权问题，也就是国体问题，即由谁掌权，对谁专政的问题，它标志着一个国家的基本性质。经济制度和政治制度从根本上标志着一个社会形态的基本性质和主要特征。社会主义的经济制度和政治制度是社会主义社会形态的根本标志。社会主义制度主要是指经济制度和政治制度。社会制度一旦确定就要保持相对稳定，以便造成一个相对安定的社会环境来发展生产。当然任何一个社会制度，其发展过程都有一个逐步完善的过程。只有当生产关系再也容纳不下生产力发展时，社会制度的变革才会到来。

　　所谓社会体制指的是在一定社会制度的基础上所建立起来的生产关系、上层建筑的"具体的形式"，即社会制度在一定时期内的具体表现，社会体制又称"具体制度"。与一定的经济制度相一致的经济体制，是一定经济关系具体的结构和形式。与一定政治制度相适应的是政治体制，政治体制是指政治制度的具体结构和形式，即政体问题，也就是一个国家采取什么样的形式来实施国家权力的问题。社会主义的经济制度和政治制度确立之后，无产阶级政党和人民面临的主要任务是建立与社会主义制度相一致的，适合生产力发展的社会体制。

　　社会制度、体制之间构成一定的相互依赖、相互矛盾的辩证关系。制度与体制是对立统一、相辅相成的关系。制度决定体制。一定的社会制度决定一定的社会体制，社会体制的形成要受社会制度的制约。一定的社会

---

　　① 《列宁选集》第2卷，人民出版社1995年版，第443页。

制度决定一定的社会体制，构成一定的社会模式。相对制度来说，体制表现出一定的独立性和反作用力。好的体制可以延续制度，不好的体制可能让制度发挥不了作用。体制可以巩固制度，也可以破坏制度。在既定制度下，可以选择多种体制，可以随着形势的发展改变现有体制；同一种制度也可以有多种体制模式并存；新的体制还可以吸收旧制度下的体制所具有的某些形式和功能。资本主义政治制度和经济制度同社会化生产之间本质上是对立的，这种对立性矛盾具体通过资本主义的政治体制和经济体制同社会化生产之间的矛盾表现出来，但是资本主义的社会体制同资本主义社会制度也有一定的背离，它在一定条件下也有促进资本主义生产发展的一方面。同样，社会主义根本制度是适应生产力发展的，但社会主义社会体制也可能同社会主义制度有一定的背离，它在一定条件下也可能阻碍社会主义生产力的发展。

资本主义从问世以来，已经有几百年的发展历程。经过了自由资本主义、垄断资本主义，当前进入了现代资本主义阶段，替代个人垄断，出现国家垄断、国际垄断、国际金融垄断等垄断形式，这些垄断形式都是现代资本主义特征的表现。当然如何概括现代资本主义，说法不一。有人认为它还是处于列宁所概括的垄断资本主义阶段，有人认为它已经开始了一个新的阶段。认识不统一的原因是人们对它的认识还没有完结，其次是它还在变化。

关于自由资本主义的特征，马克思恩格斯作了深刻的剖析，同时又从自由竞争资本主义特征上升到对资本主义一般特征的认识，得出了资本主义必然灭亡的客观趋势的判断。马克思恩格斯认为，自由资本主义制度的内在矛盾，是不可克服的，一次次的阵发危机，最终会引发革命，导致了资本主义丧钟已然敲响。19世纪末20世纪初，随着资本主义生产的发展，自由竞争让位于垄断，垄断代替了竞争，占主导和支配地位，但并没有克服资本主义的固有矛盾，仍然没有使资本主义制度摆脱必然灭亡的历史结局。列宁运用马克思主义的方法，对垄断资本主义作了科学分析，揭示了垄断并没有改变资本主义固有的内在矛盾，而是加剧了该矛盾的重要判断，做出了帝国主义是资本主义的最高阶段，是垄断的、腐朽的、垂死的资本主义的重要结论。尽管列宁对全球垄断资产阶级走向灭亡的时间估计短了，但对垄断资产阶级的总特征和总趋势的判断是正确的。列宁说："过程的复杂性和事物本质的被掩盖可以推迟死亡，但不能逃避死亡。"①后来的发展完全证实了列宁观点的正确性。一战和二战的爆发，是资本主义内部矛盾激化的结果。战后资本主义基本矛盾进一步激化。社会主义的兴起、资本主义的内外交困、经济危机和社会危机的周期性爆发、当代资本主义的发展状况，深刻说明马克思、列宁的判断是正确的。从制度层面上来说，资本主义已从早期具有革命进步性的上升期，转入危机起伏期、相对缓和发展期，其基本的趋势是必然要走向灭亡的。当然，必然走向灭亡不是说现在就灭亡。

历史的辩证法又是不以人们主观意志为转移的。二战以后，正当社会主义上升，资本主义下降，人们充满社会主义胜利的喜悦之时，资本主义在发展困境中步入了改革和矛盾相对缓和的发展阶段。资本主义通过体制改良，加之高科技和全球化的发展，资本主义进入相对稳定的和平发展、高速发展阶段。与此同时，由于社会主义各国在指导思想上犯了不少错误，在发展过程中选择计划经济体制，加之复杂的主客观原因，逐步放慢了发展速度，愈益陷入了发展困境。特别是到了 20 世纪 80、90 年代，苏东社会主义国家解体，社会主义处于发展的低潮期。有人把苏东解体看作是社会主义制度的失败，资本主义制度的胜利，认为资本主义制度是不可战胜的"千年王国"，认为社会主义是不可能实现的空想。实际上，苏东解体并不意味社会主义制度的失败，只是说明苏东所采取的社会主义具体模式和所走的具体道路是走不通的，计划经济体制是不行的。美国等资本主义国家的进一步发展，也不意味资本主义制度长命不死，而只是说明西方发达资本主义国家采取的资本主义改良政策和具体模式，缓解了资本主义的内在矛盾。从制度层面来说，相对于封建制度，资本主义制度是先进的、革命的。可一旦当它取代了封建制度之时，它就逐步转变成保守的制度。就资本主义历史发展趋势来说，它是必然要灭亡的，但不能说它马上就要灭亡。它为什么至今没有灭亡呢？一是从制度角度看，相对于资本主义的发展来说，它的现行制度还有容纳生产力发展的空间和余地；二是从

---

① 《列宁全集》第 54 卷，人民出版社 1990 年版，第 483 页。

体制角度看，资本主义现行体制还有许多优势，可以保障其制度继续存在，并促进生产力发展，延续资本主义生命力。这就是为什么资本主义丧钟敲响了那么多年，资本主义还垂而不死的原因。

资本主义私有制是必然要灭亡的，但与私有制相适应的市场经济体制，是有优势的，资本主义是靠市场体制的优越性，在短短几百年时间里创造了人类社会几千年所无法比拟的发展奇迹。然而，市场经济是一把双刃剑，有积极的一面，也有消极的一面。在如何发挥市场经济作用，即在如何对待和治理市场经济，如何克服市场经济消极面问题上，资本主义在发展过程中形成两种治理理念：一种是对市场实行国家的有效管制，可以称之为有管制的市场经济理念，如凯恩斯主义或称之为保守主义；再一种是对市场经济完全放任，可以称之为完全放任的治理理念，即自由主义。这两种治理理念和在实践中形成两种不同的市场运行模式和体制，并在资本主义发展进程中交替出现，哪种理念和模式更有利于制度时，就采用，当它不利于其制度时，就抛弃。

在资本主义发展的自由竞争阶段，主要治理理念是自由主义，完全靠市场，实行无管制的自由市场政策。二战之后，根据需要，资本主义实行了有管制的资本主义市场治理理念，如凯恩斯主义，加大了宏观调控力度，使资本主义渡过难关，有了一个回光返照的发展时期。当苏东垮台时，有人错误地把苏东解体归结于社会主义制度的垮台，归结于资本主义制度的胜利，归结为计划经济体制的失败。进而认为有管制的市场经济治理理念也不行，只有自由主义治理理念才行，以新自由主义的资本主义取代国家管制的资本主义，这就是里根主义、撒切尔主义出台的背景。自由主义思潮的本质是推崇资本主义制度，推崇完全私有化的市场经济体制。在这一点上，它与保守主义是一致的，都是以维护资本主义制度为其目的，只不过手段不同而已。当今发生的这场危机的直接原因来自于新自由主义的自由放任政策，但深层原因是资本主义制度的固有矛盾，不能把危机仅仅归结于技术与管理操作层面，应从制度问题上找深刻原因。这次危机说明自由主义治理理念和模式的破产，更说明资本主义制度的必然灭亡性。

与西方资本主义推崇自由主义、推崇资本主义制度的思潮相适应，国内也有人推崇自由主义，崇尚完全放任的市场经济治理理念和模式，崇尚完全私有化，主张放弃国家调控的市场经济。更有甚者认为社会主义制度与市场经济无法结合，主张实行彻底的资本主义制度。事实上自新自由主义推行以来，给人类带来了一波又一波的灾难。拉美一些国家本来发展平稳，20 世纪 90 年代以来实行新自由主义的"华盛顿共识"，搞自由化、私有制，放松金融管制，造成了大倒退，出了大乱子，实际上新自由主义理念破产的效应在拉美诸国早已表现出来了。

五　应对金融风险，既要治标，更要治本，既要从　操作层面、体制层面，更要从制度层面全面　采取防范规避措施

马克思关于资本主义基本矛盾和制度本质的分析思路和基本观点，为我们解析这场美国金融危机及其引发的全球性危机，以及思考如何有效规避防范危机，提供了重要启示：

第一，要从私有制条件下商品及商品交换的内在矛盾出发，来认识资本主义制度不可克服的内在矛盾，进而认识这场危机的内在原因及其制度本质。资本主义制度不可克服的内在矛盾潜伏在商品和商品交换的内在矛盾中，资本主义生产资料的私人占有性决定了商品和商品交换的内在矛盾具有对抗性和不可克服性，这种内在矛盾的对抗性和不可克服性是资本主义周期性经济危机爆发的根本原因，造成资本主义制度由盛到衰、必然灭亡的趋势。科学解释这场危机的本质、原因，必须从制度层面上认识。这场危机是资本主义制度不可克服的内在矛盾演变的集中反映。美国资本主义不可克服的内在矛盾，是私有制商品生产内在矛盾的体现。美国金融危机说明资本主义是必然要灭亡的，但从现阶段来说，美国金融危机又是可以缓解的，可以渡过去的，但资本主义正是在一波又一波的金融危机和各种危机中走向灭亡的。

第二，要从制度层面上，从本质层面上，认识社会主义市场经济与资本主义市场经济的一致与差别，科学解析社会主义市场经济发生危机的可

能性和有效规避防范风险的可行性。马克思对商品和商品交换内在矛盾，从而对市场经济内在矛盾的科学分析，适用于任何形式的市场经济，无论是资本主义市场经济，还是社会主义市场经济，概莫能外。然而同样的市场经济与不同的生产资料占有方式，即与不同的社会制度相结合，具有不同的性质和特点，可能会产生不同的结果。资本主义市场经济的私有制本质决定了经济危机的最终不可避免性（当然一定条件下是可以缓解的），社会主义市场经济的公有制本质决定了经济危机的可规避性、可防范性。社会主义与资本主义的本质区别就是对生产资料的占有方式不同，社会主义市场经济与资本主义市场经济的本质区别就在于与市场经济结合的生产资料占有方式不同，这种占有方式的不同决定了社会主义制度与资本主义制度的本质不同，从而决定了社会主义市场经济与资本主义市场经济的本质不同。我国的社会主义市场经济是与公有制制度相联系的市场经济，它既有一般商品生产的特性，一般商品生产所具有的内在矛盾，因而它也有一般市场经济内在矛盾引发的金融危机和经济危机爆发的可能性。如果对发生危机的可能趋势不重视，不采取措施加以规避和防范，也会影响社会主义制度的兴衰存亡。但另一方面，它又具有与资本主义市场经济不同的本质特性，是与公有制制度相联系的，采取有效措施，是可以规避和防范一般商品经济的内在矛盾可能引发的金融危机和经济危机的。

第三，必须充分认识市场经济和资本的两面性，发挥社会主义制度的优越性，规避市场经济和资本的消极面。市场经济是有两面性的，积极的一面是能够最有效地配置资源，最大限度地调动积极性、推动经济的发展；消极的一面是极大加强资本的逐利性和贪婪性，促成两极分化，引发经济危机。在资本主义私有制条件下，市场经济一方面发挥其强大的推动经济发展的拉力作用，在资本主义几百年的发展历程中创造了巨大发展成就。但另一方面，资本主义的私人占有性又使市场经济的消极面不断膨胀，不断背离积极面，使商品和商品交换固有的内在矛盾不断激化，引发一波又一波的经济危机。市场经济所孕育出来的资本也具有与生俱来的两面性，一方面资本逐利性对调节市场、配置资源、调动积极性、推动经济发展具有积极作用；而另一方面，资本的逐利性又会导致经济失衡，两极分化，造成严重的危机，对经济社会发展产生消极破坏性。在资本主义私有制条件下，资本的贪婪本性是无法最终受到遏制的。马克思认为，在资本主义生产方式中，"生产剩余价值或赚钱，是这个生产方式的绝对规律"。① 资本是带来剩余价值的价值，资本绝不会放弃对剩余价值的追求，其本性是逐利的。"一旦有适当的利润，资本就胆大起来。如果有百分之十的利润，它就保证被到处使用；有百分之二十的利润，它就活跃起来；有百分之五十的利润，它就铤而走险；为了百分之一百的利润，它就敢践踏一切人间法律；有百分之三百的利润，它就敢犯任何罪行，甚至冒着绞首的危险。"② 在资本主义发展史上，资本的这种逐利贪婪本性暴露无遗。从原始积累，到殖民剥夺，再到战争掠夺，"资本来到世间，从头到脚，每个毛孔都滴着血和肮脏的东西"。③ 就当今世界发达资本主义各国来说，没有一个是靠民主制度发达起来的，都是靠剥削本国和他国工人阶级和劳动人民的剩余价值，用明火执仗的殖民剥夺和战争掠夺完成了原始积累，用劳动人民的汗水和鲜血筑起了资本主义的"繁荣国度"。当然，几百年过去了，资本明火执仗的剥削和掠夺方式已难以为继了，发展到国际金融垄断资本主义，改变了攫取剩余价值的方式，转换了剥削手法，借助金融创新，垄断金融市场，操控全球经济，把他国的财富通过金融创新转移到自己手中，通过金融诈骗掠夺维持自己的繁荣。美国就是利用金融手段这种圈钱、骗钱的游戏，确立了美元帝国。正是金融资本的投机贪婪性，造成了今天的金融危机。

　　社会主义制度和资本主义制度的一个本质区别就是对资本的占有方式不同。社会主义市场经济与资本主义市场经济一个本质区别就是对资本的占有方式不同。在资本主义条件下，高度集中的私有制在当前突出表现为国际性金融资本的高度垄断，加重了资本的贪婪性和毫无顾忌的投机运作。决定了资本的贪婪和逐利本性的不可遏制性与高效运行的速度。当然，一旦资本的贪婪性发展到危害资本主义制度本身的程度，资产阶级内部就会产生一定要控制这种贪婪性的理念和操作，否则资本主义制度就要

---

① 《马克思恩格斯全集》第 23 卷，人民出版社 1972 年版，第 679 页。
② 同上书，第 829 页。
③ 同上。

被毁灭。这就产生了对市场和资本加以管制的治理理念和模式，这就是保守主义，即有管制的市场经济治理理念，如凯恩斯国家干涉主义。而一旦情况好转，又会产生对市场和资本放任自流的治理理念和模式，这就是自由主义。在资本主义发展史上，由于危机—缓解—危机的交替运行，就形成了是有管制的、还是放任自流的两种市场经济治理理念的交替使用。特别是苏东解体后，西方一些人头脑发热，自视资本主义制度是千年不变的资本帝国，自认为完全放任的自由市场体制是成功的。于是新自由主义应运而生。

第四，我国应对金融风险，既要治标，又要治本，既要从体制层面上防范，又要从制度层面上加强防范。世界各国救市的力度越来越大，但救市的效果并不明显，这说明救市措施只治标不治本，危机只能缓解而不能化解，说明治标同时必须治本的必要性。只注意体制层面上的防范，而忽视制度层面上的防范，是无法遏制世界经济衰退的趋势的。细节在一定条件下决定全局，只注意制度层面上的防范而不注意体制层面上的防范，也会因小失大。

要对资本主义的两面性有清醒的认识，既要看到它创造文明的先进性，体制机制的合理性，也要看到它的消极性、最终灭亡性。社会主义发展出现低潮，说明搞公有制是对的，但脱离本国实际，搞纯之又纯的公有制是不符合社会主义各国实际情况的；搞以公有制为主体的市场经济是走对路的，但搞计划经济是不符合社会主义发展规律的；实行市场经济必须发挥社会主义制度的优势，实行有宏观调控的市场经济，而不是搞自由放任的市场经济治理模式。在社会主义发展进程中，实行公有制与市场经济相结合，才能让社会主义制度的优越性发挥出来。但搞社会主义市场经济，又不能完全放任市场，而要加强国家宏观调控，建立有宏观调控的市场经济。有宏观调控的市场经济，恰恰是社会主义公有制的制度优势所在。当然，对于资本主义体制层面、政策层面、治理理念层面的成功经验，我们也要借鉴。对待危机，我们的对策是既要解决制度层面上的问题，又要解决体制和操作层面上的问题。现在看来，我们对市场的控制弱化了，对危机的防范、规避和解救要从投入、体制、政策层面上解决，更要从制度层面上加以考虑。

　　总之，要从三个层面上解决对金融危机的规避和防范，一是制度层面，坚定不移地坚持社会主义的公有制为主体的经济制度和人民当家作主的政治制度，从制度层面防范和规避金融风险，对私营经济、市场经济、虚拟经济建立规范管理的根本措施。二是从体制层面上，坚定不移地地建立健全完善的社会主义市场经济体制，以及与其相关的信用体制，从体制上加以防范。三是从对市场的调控管制层面上，建立有效的监管、调控、防范措施，特别是对金融业、垄断行业要建立有效的管制体系。目前，我国政府对危机的防范解救措施，从操作层面来看，做到了稳、快、有效，但还需要从制度层面、体制层面研究制定一些全面性的、战略性的、超前性的措施和办法。

（原载《世界社会主义研究动态》2009 年第 5、6 期，《光明日报》
2009 年 5 月 12 日，《学习与参阅》2009 年第 9 期转载）

总结马克思主义中国化的历史经验，推进马克思主义中国化的不断创新

——在"中国马克思主义论坛 2009"上的演讲

今年是中国共产党成立 88 年、在全国执政 60 年、领导改革开放 30 年的年份。在这样一个特殊的历史时刻，回顾建党 88 年、新中国成立 60 年和改革开放 30 年马克思主义中国化的历史全程，总结我们党带领全国人民不懈探索马克思主义同中国具体实际相结合的历史经验，深刻认识和准确把握不同历史时期我们党丰富和发展马克思主义的规律和特点，对于在新的历史起点上坚持和发展马克思主义，不断推进马克思主义中国化、时代化、大众化，具有十分重要的意义。

一

马克思主义中国化的历史进程，是随着中国革命、建设和改革的实践步伐而推进，随着马克思主义在中国的传播并与中国具体实际相结合而开启的。中国共产党人把马克思主义基本原理同中国具体实际相结合，不断创生新的理论成果，从而不断丰富和发展马克思主义。概括起来讲，迄今为止马克思主义中国化经历了两大历史阶段，产生了两次飞跃，形成了两个理论成果。

其一，以毛泽东为代表的中国共产党人，运用马克思主义立场观点方法，深刻分析中国社会的经济状况和阶级关系，科学把握中国社会基本性质，努力探索中国革命规律和特点，创造性地回答了"在半封建半殖民地的中国，进行什么样的革命、怎样进行革命"的问题，成功地取得中国革

命的胜利，建立了新中国。在马克思主义中国化的第一个历史阶段，产生了马克思主义中国化的第一次伟大飞跃，形成了马克思主义中国化第一个理论成果——毛泽东思想。

必须坚持马克思主义，以指导中国革命，是由中国的具体国情、中国所处的世情所决定的。中国近代历史、中国共产党历史和中国革命、建设与改革开放历史反复告诉我们，中国共产党的命运是同坚持马克思主义指导紧密联系的，什么时候坚持马克思主义正确指导，什么时候就发展，否则就会遭受挫折，就会失败。在近代中国历史上，曾经涌现出一系列有作为的人物，提出了种种救国方案，为中华民族的振兴作出了不懈的努力。然而，旨在救国救民的斗争和探索，虽然每一次都在一定的历史条件下推动了中国进步，但又一次一次地归于失败。究其主观上的根本原因，就是没有正确的理论指导。在半封建半殖民地性质的旧中国，幻想运用资产阶级思想武器，采取改良主义的或资产阶级旧式民主主义革命的方式，建立资产阶级民主共和国。走资本主义富国道路，是不可能解救中国、复兴中华的。五四运动之后，中国先进知识分子通过十月革命接受了马克思主义，认识到中国必须选择社会主义作为富民强国的唯一出路。选择社会主义的正确道路，就必然选择工人阶级作为领导阶级，选择马克思主义工人阶级政党作为领导核心，选择马克思主义作为指导思想。

正如毛泽东同志所讲："领导我们事业的核心力量是中国共产党。指导我们思想的理论基础是马克思列宁主义。"① 选择马克思主义作为指导思想，这就带来两个问题：一是必须坚持马克思主义指导，二是怎样坚持马克思主义指导。坚持马克思主义指导，必须树立对待马克思主义的科学态度。只有正确对待马克思主义，解决了"怎样坚持马克思主义"的问题，才能真正坚持马克思主义。对待马克思主义的错误态度，主要有三种表现：一是否定马克思主义的指导作用。认为马克思主义已经过时了，没有生命力了；二是轻视马克思主义的指导作用。只相信自己的经验，不相信理论的指导作用；三是把马克思主义当作教条。信奉"洋教条"或"土

---

① 毛泽东：《为建设一个伟大的社会主义国家而奋斗》（1954 年 9 月 15 日），《毛泽东文集》第 6 卷，人民出版社 1999 年版，第 350 页。

教条"。这三种表现对党的事业危害极大，必须坚决反对。对待马克思主义的正确态度，就是把马克思主义同中国实际相结合，既坚持马克思主义，又发展马克思主义，形成中国化的马克思主义以指导中国实践。马克思主义只有和本国国情和时代特征相结合，在实践中不断丰富和发展，才能指导实践。

以毛泽东为代表的中国共产党人，自觉运用马克思主义立场观点方法深刻分析了中国社会的性质和特征，正确剖析了中国社会各阶级的状况、关系及其在中国社会中的地位，科学把握了中国革命的规律和特点，逐步形成了指导中国革命的正确的路线、方针、政策和战略、策略，产生了马克思主义中国化第一次伟大飞跃。毛泽东认为，中国社会是半封建半殖民地社会，中国革命必须分两步走，第一步，先进行由中国共产党领导的新民主主义革命，第二步，再不间断地过渡到社会主义革命；工人阶级是中国革命的领导阶级，农民阶级则是中国革命的主要同盟军，要团结民族资产阶级和其他小资产阶级，形成最广泛的革命统一战线；革命的对象是帝国主义、官僚资本主义和封建主义；中国社会的特殊性决定了中国革命的特殊性，中国革命的道路是农村包围城市，中心问题是农民问题，主要形式是中国共产党领导的人民战争，以革命的战争反对反革命的战争，武装夺取政权；军队建设、党的建设、统一战线是中国革命克敌制胜的三大法宝。中国共产党人从理论上创造性地阐明了中国革命道路的特殊性，系统地阐明了新民主主义理论，形成了毛泽东思想这一马克思主义中国化的理论成果。党的第七次全国代表大会明确提出，把马克思列宁主义的理论与中国革命实践统一的思想——毛泽东思想，作为自己一切工作的指针。

新中国成立以来，党不失时机地制定了社会主义过渡时期和社会主义革命的正确路线、方针和政策，完成了社会主义所有制改造，建立了社会主义制度，取得了分两步走的中国革命的胜利。中国革命就实践成果而言，有两大成就：一是成功进行新民主主义革命，按照《共同纲领》建设新民主主义社会，建立新中国；二是在过渡时期开辟了适合中国特点的社会主义改造的道路，实现了从新民主主义向社会主义的转变，完成社会主义革命。就理论成果而言，关于社会主义过渡和改造的理论，也是毛泽东思想的进一步丰富和发展。

其二，社会主义制度建立以后，中国共产党三代中央集体领导带领全党全国人民积极探索社会主义建设的正确道路，在实践中回答了"建设什么样的社会主义，怎样建设社会主义"的问题，奠定了社会主义现代化建设的物质基础、制度基础和理论基础，成功地开创了中国特色社会主义伟大事业，走出了中国特色社会主义的正确道路，形成了中国特色社会主义理论体系，完成了马克思主义中国化第二个历史阶段的第二次伟大飞跃。

1956 年社会主义改革任务的完成，标志着社会主义制度的基本建立，中国进入社会主义建设阶段。社会主义建设阶段，从总体上看，以十一届三中全会为标志，可分为前 30 年与后 30 年两个时期。前 30 年是中国社会主义建设道路艰辛探索时期，既是马克思主义中国化第一次历史性飞跃的延伸，又为后 30 年中国特色社会主义建设提供了物质上、制度上、思想上、理论上的准备。在前 30 年，毛泽东领导全党和全国人民对社会主义建设道路进行了艰苦卓绝的探索。有成就，也有失误，有经验，也有教训。在曲折探索过程中所形成的关于社会主义建设的一系列正确思想，既丰富了毛泽东思想，又为中国特色社会主义理论体系的形成作了重要的理论准备。

十一届三中全会以后，进入了改革开放和社会主义现代化建设的新时期，即后 30 年时期。在新时期，我们党紧紧围绕改革开放和社会主义现代化建设的实际，以巨大的政治勇气和理论勇气，开辟了中国特色社会主义伟大事业，不断推进实践基础上的理论创新，创造性地回答"什么是马克思主义，怎样坚持马克思主义"、"什么是社会主义，怎样建设社会主义"、"建设什么样的党，怎样建设党"和"实现什么样的发展，怎样发展"的问题，从而形成了包括邓小平理论、"三个代表"重要思想和科学发展观在内的中国特色社会主义理论体系，形成了马克思主义中国化的第二个理论成果。

在推进马克思主义中国化的全程中，我们党都是在总结经验、吸取教训的实践中，始终坚持回答"为什么坚持马克思主义指导，怎样坚持马克思主义指导"，不断推进马克思主义中国化的创新。回顾我们党走过的道路，无论胜利或挫折、成功或失误，都与是否正确回答"坚持和发展马克思主义指导"的问题紧密相关、不可分离。在中国社会主义建设道路的探索过程中，我们党曾经出现过离开马克思主义思想路线的严重错误，一度给党和国家带来了极大的损害。但我们党是一个自觉坚持真理、纠正错误的伟大的党，每当在重大历史转折关头，都能坚持解放思想、实事求是、与时俱进的思想路线，总结经验、吸取教训，自觉地把思想认识从对马克思主义的错误的和教条式的理解中解放出来，从主观主义和形而上学的桎梏中解放出来，从那些不合时宜的观念、做法和体制中的束缚中解放出来，大胆探索，使思想和行动更加符合客观实际和时代发展的要求，面对胜利，不骄躁，面对挫折，不气馁，转败为胜、转危为安，取得一次又一次伟大胜利，一步一步深化了对"坚持和发展马克思主义"这一根本问题的认识。

二

纵观马克思主义中国化的伟大历史进程，最根本的一条经验就是理论联系实际。马克思主义中国化的实践反复证明，只有把马克思主义基本原理深植于中国革命、建设和改革的现实土壤之中，准确把握马克思主义与基本国情、时代特征的结合点，在实践中不断深化和发展马克思主义，才能使之迸发出无限生机与活力，对实践产生巨大的指导作用。

从哲学根据上来说，马克思主义中国化问题，实质上就是哲学的"一般性"与"特殊性"，即共性与个性的辩证关系问题。"一般性"与"特殊性"是一对最基本的哲学范畴，也是解开实践与认识的辩证关系，正确的理论先导与实践创新的辩证关系的认识节点。一般性寓于特殊性之中，根本不存在离开特殊性的一般性，一般性来自于特殊性，离开了特殊性，一般性也就失去了意义，成为抽象的教条。所谓马克思主义中国化，就是运用马克思主义的"一般"，即马克思主义世界观和方法论，而不是马克思主义的具体结论，去说明和解决中国的"特殊"问题，形成与中国实际相结合的马克思主义，即中国化的马克思主义。毛泽东把这一条马克思主义的哲学真谛生动地概括为实事求是的哲学精髓，从党的思想路线高度解决了马克思主义中国化的哲学依据问题。早在井冈山斗争时期，毛泽东就已经从思想路线高度论及到马克思主义中国化问题。他在 1930 年写的

《反对本本主义》一文中明确指出："马克思主义的'本本'是要学习的，但是必须同我国的实际情况相结合。"① 在 1936 年《中国革命战争中的战略问题》一文中，他从哲学高度科学地阐明了"一般性"与"特殊性"的辩证关系。在 1937 年的《实践论》、《矛盾论》这两部马克思主义哲学中国化的经典论著中，他科学地论证了矛盾的"一般性"和"特殊性"的普遍哲学原理，说明了马克思主义是"一般"，而中国革命是"特殊"，马克思主义的"一般"必须要与中国革命的"特殊"相结合，形成了马克思主义与中国具体实践相结合的马克思主义中国化的基本理念。1938 年 10 月，在延安召开的党的六届六中全会上，毛泽东作了题为《论新阶段》的政治报告，首次对马克思主义中国化问题作了深刻论述。他说："……马克思主义必须和我国的具体特点相结合并通过一定的民族形式才能实现。马克思列宁主义的伟大力量，就在于它和各个国家具体的革命实践相联系的。对于中国共产党说来，就是要学会把马克思列宁主义的理论应用于中国的具体的环境。……离开中国特点来谈马克思主义，只是抽象的空洞的马克思主义。因此，使马克思主义在中国具体化，使之在其每一表现中带着必须有的中国的特性，即是说，按照中国的特点去应用它，成为全党亟待了解并亟须解决的问题。"②"洋八股必须废止，空洞抽象的调头必须少唱，教条主义必须休息，而代之以新鲜活泼的、为中国老百姓所喜闻乐见的中国作风和中国气派。"③ 这里，毛泽东明确提出了马克思主义中国化的实质、方法和形式的问题。他关于马克思主义中国化的经典论述，开辟了马克思主义的新境界。

马克思主义活的灵魂就是具体问题具体分析。解决中国革命、建设和改革问题，一定要把马克思主义"一般"原理与中国特殊的具体实际相结合。中国具体的特殊性，体现在三个方面，即中国国情的特殊性、中国所

① 毛泽东：《反对本本主义》（1930 年 5 月），《毛泽东选集》第 1 卷，人民出版社 1991 年版，第 111—112 页。

② 毛泽东：《中国共产党在民族战争中的地位》（1938 年 10 月 14 日），《毛泽东选集》第 2 卷，人民出版社 1991 年版，第 534 页。

③ 毛泽东：《反对党八股》（1942 年 2 月 8 日），《毛泽东选集》第 3 卷，人民出版社 1991 年版，第 844 页。

处世情的特殊性和中国人民群众的特殊性，这就提出了马克思主义中国化、时代化和大众化的问题。

第一，马克思主义中国化的过程，就是马克思主义民族化的过程，就是在实践中深刻认识中国国情、认识和解决中国实际问题的过程。马克思指出："理论在一个国家实现的程度，总是决定于理论满足这个国家的需要的程度。"① 马克思主义理论及其在实践中的应用必须要结合实际情况，具体问题具体对待。坚持马克思主义与中国实际相结合，走适合我们自己的革命、建设和改革的道路，必须正确认识中国基本国情，准确把握中国社会发展的历史方位，科学把握中国革命、建设和改革的客观规律，实事求是地回答中国革命、建设和改革的一系列实际问题。改革开放的伟大实践证明，只有自觉以马克思主义为指导，坚持以新的实际为中心，在实践中不断回答新问题，总结新经验，形成新结论，才能推动中国特色社会主义事业不断向前发展。马克思主义中国化，就是马克思主义的民族化，推进马克思主义中国化，就要注重中华民族的特殊性，要研究民族的现实需要，继承民族的优秀文化，创造民族的特殊形式，形成民族的特色风格，马克思主义的中华民族特殊形式是马克思主义中国化的重要民族特点。只有同中国具体民族特性相结合，充分体现马克思主义中国气派、中国风格和中国特色，才是中国化的马克思主义。

第二，马克思主义中国化的过程，就是马克思主义时代化的过程，就是在实践中深刻认识世情，正确把握时代特征的过程。任何理论体系都是时代精神的产物。马克思和恩格斯曾指出："一切划时代的体系的真正内容都是由于产生这些体系的那个时代的需要而形成起来的。"② 每个时代总有属于它自己的问题，准确地把握和解决这些问题，就能够把理论和实践推向前进。马克思主义就是在回答和解决时代所面临的历史性课题的过程中不断创新和发展的。只有把握时代问题，认清世情，才能确定党和人民所处的时代地位和历史方位，才能把握中国发展的时代命脉和历史趋势，才能回答中国向何处去、中国通过什么样途径走在时代潮流前列的问题。

---

① 《马克思恩格斯选集》第 1 卷，人民出版社 1995 年版，第 11 页。
② 《马克思恩格斯全集》第 3 卷，人民出版社 1960 年版，第 544 页。

今天，在和平与发展成为时代主题的条件下，中国共产党人坚持用马克思主义的宽广眼界观察世界，科学判断时代条件和世界发展趋势，认真吸取世界上一切民族和国家的先进文明，带领中国人民紧跟时代前进潮流，成功地走出了中国特色社会主义道路。

第三，马克思主义中国化的过程，就是马克思主义大众化的过程，是武装群众、掌握群众，为人民群众所接受并转化为巨大物质力量的过程。马克思主义具有代表无产阶级和最广大人民群众根本利益的理论品质，这就决定了马克思主义必须同人民大众相结合，为人民大众所理解。理论一旦掌握群众，就能转化为改造世界的巨大的能动的物质力量。任何正确的理论，必须说服群众、掌握群众，与人民群众相结合，为人民所接受，由人民群众创造和发展。否则，再好的理论，只要离开人民群众，脱离群众，都是一事无成。理论的巨大成就，来源于其必须走大众化的发展道路，必须与人民群众的实际运动相结合。毛泽东曾指出：“任何思想，如果不和客观的实际的事物相联系，如果没有客观存在的需要，如果不为人民群众所掌握，即使是最好的东西，即使是马克思列宁主义，也是不起作用的。”[1] 在马克思主义中国化进程中，一定要让马克思主义中国化成果掌握群众，为群众所接受，这就要走大众化的道路。要大众化，就必须通俗化，让群众看得懂、用得上。要运用通俗易懂、为人民大众喜闻乐见的表达形式传播马克思主义，使理论从理论家的书本上、从思想家的书斋中解放出来，真正掌握群众，转变为广大人民群众改造世界的巨大物质力量。同时，人民群众的实践活动又是马克思主义中国化的深厚源泉和基础，人民群众是理论的真正创造者和实践者。

三

综上所述，马克思主义中国化的历史经验是：

第一，不断推进马克思主义中国化，必须坚持马克思主义的理论指

---

[1] 毛泽东：《唯心历史观的破产》（1949 年 9 月 16 日），《毛泽东选集》第 4 卷，人民出版社 1991 年版，第 1515 页。

导。中国革命、建设和改革的实践过程充分证明，党和国家事业的兴衰成败，从根本上说都取决于是否真正坚持马克思主义科学理论的指导。无论时代怎样发展，历史条件如何变化，马克思主义的指导地位绝不能动摇。借口时代和历史条件的变化，轻视、怀疑甚至否定马克思主义理论的指导地位，党和国家的事业就会偏离正确的方向，就会遭受损失甚至失败。坚持马克思主义基本原理是推进马克思主义中国化的重要前提。认为马克思主义中国化就是要把马克思主义变成另外的东西，"一个新的东西，中国的东西，与原来的东西不同"，是对马克思主义中国化的歪曲。推进马克思主义中国化，必须牢牢坚持并不断巩固马克思主义在我国主流意识形态中的指导地位，善于运用马克思主义的立场观点方法剖析各种社会思潮，增强政治敏锐性和政治鉴别力，筑牢思想防线，自觉划清"四个界限"，坚决抵制各种错误思想影响，始终保持立场坚定、头脑清醒，提升意识形态领域斗争的话语权和主动权。

第二，不断推进马克思主义中国化，必须坚持马克思主义的理论武装。高度重视思想理论建设，加强理论武装，是我们党的政治优势和优良传统，是党的根本建设，是党的建设的首要任务。建党之初，我们党就清醒认识到，在旧中国农民、小资产阶级占大多数、工人阶级数量极少的条件下，要建设坚强正确的马克思主义政党，必须把中国革命的经验加以科学总结和理论概括，再把科学理论"从外面灌输进"工人阶级及其人民群众的头脑中，对工人阶级先锋队及其人民群众进行理论武装。理论武装的重点在于党的高中级干部，高中级干部的领导水平，尤其是政治理论水平如何，关系到党和国家的前途命运。毛泽东在抗日战争时期就指出："在担负主要领导责任的观点上说，如果我们党有一百个至二百个系统地而不是零碎地、实际地而不是空洞地学会了马克思列宁主义的同志，就会大大地提高我们党的战斗力量。"[①] 加强理论武装，首先要学习马克思主义哲学，掌握马克思主义世界观和方法论，提高运用马克思主义立场、观点、方法说明和解决实际问题的能力。当前的重点要用中国特色社会主义理论

---

① 毛泽东：《中国共产党在民族战争中的地位》（1938年10月14日），《毛泽东选集》第2卷，人民出版社1991年版，第533页。

体系特别是科学发展观武装全党，这是党的十七大和十七届四中全会提出的重大任务，也是建设马克思主义学习型政党的必然要求。要着力在深化学习、深入研究、广泛普及上下功夫，系统掌握中国特色社会主义理论体系，系统掌握贯穿其中的马克思主义立场、观点、方法，自觉运用这一理论体系指导客观世界和主观世界的改造，提高运用科学理论解决实际问题的能力。要认真研读马克思主义经典著作特别是中国特色社会主义理论体系基本著作，切实提高战略思维、创新思维、辩证思维能力，努力探索回答我国经济、政治、文化、社会建设和党的建设中的重大理论和实践问题。

第三，不断推进马克思主义中国化，必须坚持马克思主义的理论创新。马克思主义是与时俱进的开放的理论体系，必须随着时代、实践和科学的发展而不断发展。理论创新是保持党的先进性和执政地位的决定性因素，是增强我们党生机与活力的重要思想动力。邓小平指出："不以新的思想、观点去继承、发展马克思主义，不是真正的马克思主义者。"[1] 胡锦涛同志指出："中国特色社会主义理论体系，既展现了当代中国马克思主义的勃勃生机，又为我们继续进行理论创新打开了广阔空间。"[2] 当今世界正处在大发展大变革大调整时期，我国的改革发展面临新的形势、新的问题和新的挑战。这就要求我们在研究和解决具体问题的过程中丰富和发展中国特色社会主义理论体系，在持续的理论创新中不断推进马克思主义中国化进程。当前，要准确把握改革发展所呈现出的一系列新的阶段性特征，立足于我国改革开放和社会主义现代化建设的伟大实践，以我们正在做的事情为中心，着眼于马克思主义理论的实际运用，着眼于对实际问题的理性思考，着眼于新的实践和新的发展，深入研究和回答重大理论和现实问题，不断把党带领人民创造的成功经验上升为理论，在理论与实践的双重探索中不断推进马克思主义中国化进程。

第四，不断推进马克思主义中国化，必须坚持马克思主义的优良学

---

① 邓小平：《以新的思想观点继承和发展马克思主义》（1989 年 5 月 16 日），《邓小平文选》第 3 卷，人民出版社 2004 年版，第 292 页。

② 胡锦涛：《在纪念党的十一届三中全会召开 30 周年大会上的讲话》。

风。学风问题就是对待马克思主义的根本态度问题。理论联系实际是马克思主义的优良学风。在学风问题上，既要反对教条主义倾向，避免理论脱离实际，又要警惕经验主义倾向，重视理论学习和理论指导。不断推进马克思主义中国化，关键是解决好理论联系实际的问题。要大力弘扬理论联系实际的马克思主义学风，坚持实事求是的思想路线，以改革创新的精神为统领，着眼于解放思想，着眼于保持党同人民群众的血肉联系，着眼于实践，着眼于对实际问题的认识和解决，着眼于改造客观世界的同时改造主观世界。

总结马克思主义中国化的历史经验，目的就在于把马克思主义中国化的伟大事业不断推向前进，为中国特色社会主义事业的发展提供思想指南和理论支撑。积极参与和大力推动马克思主义中国化进程，是每一位马克思主义理论工作者所应承担的神圣职责。让我们时刻牢记使命，为推进马克思主义中国化、时代化、大众化，为推进马克思主义学习型政党建设做出更大贡献。

（本文是作者在"中国马克思主义论坛 2009"上的演讲，原载《理论视野》2009 年第 12 期、《理论研究动态》2010 年第 8 期）

大力加强马克思主义哲学学科建设，努力开创马克思主义哲学中国化研究新局面

　　今天，来到哲学所，和马克思主义哲学原理研究室、哲学与文化研究室联合党支部的同志们一起进行党日活动，非常高兴。

　　就马克思主义哲学学科建设来说，我们可以确定一个发展目标，这就是大力加强马克思主义哲学学科建设，努力开创马克思主义哲学中国化研究的新局面。科研强院、人才强院和管理强院，是我院党组确立的"三大战略"，对于哲学所来说就是科研强所、人才强所和管理强所，对于研究室来说就是科研强室、人才强室和管理强室。要把哲学所与马克思主义哲学相关的几个研究室建成国内一流、国际知名的马克思主义哲学学科基地。

　　我1978年2月上大学，是先工作一段时间，再读大学的。考大学并不是为了解决饭碗问题，更不是为了挣钱，而是凭着对真理的追求、对哲学智慧的追求报考北大哲学系的。当时社科院哲学所许多老一辈马克思主义哲学家，像潘梓年、邢贲思、赵凤岐、王锐生、夏甄陶、徐崇温等，都是我崇拜的老先生。他们一方面在马克思主义哲学研究领域是大家，另一方面他们中的多数对十一届三中全会以来的实践是检验真理的唯一标准的讨论、对当时的思想解放、对马克思主义哲学中国化做出了重要贡献、立下了赫赫战功。思想解放首先就是哲学解放，没有哲学解放哪有彻底的思想解放？当时的哲学所在马克思主义哲学原理等方面的研究，在国内是很有影响的，马克思主义哲学是哲学所的拳头产品。所以我们要提出这样一

个口号，振兴哲学所的马克思主义哲学学科。马克思主义哲学要在哲学所的年轻一代人手里发展起来，任务就是要建立中国化的马克思主义哲学的创新体系，也就是要把马克思主义哲学的普遍原理和中国的实际相结合，建立中国化的马克思主义哲学创新体系。

我刚到院里工作时，在《哲学研究》发表过一篇文章，是关于艾思奇哲学思想的，其中提到马克思主义哲学中国化的问题，认为马克思主义哲学中国化就是要形成具有中国风格、中国语言、中国式哲学概念和范畴的中国化的马克思主义哲学形态。中国化的马克思主义哲学是中国化的马克思主义的哲学基础和哲学根据。邓小平理论、"三个代表"重要思想、科学发展观同属中国特色社会主义理论体系，这个理论体系的哲学基础就是中国化的马克思主义哲学，其中核心的理念就是实事求是的思想路线，这是中国化的马克思主义哲学精髓。这是毛泽东用中国式的语言、中国式的哲学范畴所概括出来的马克思主义哲学创新体系的精髓和核心。毛泽东在这里使用的马克思主义哲学话语和马克思恩格斯话语有所不同，马恩讲的是"洋面包、牛奶和咖啡"，而中国人讲的就是"面条、饺子和包子"，当然，哲学真理都是一脉相承的，这就是中国式的哲学话语系统，这就是中国的民族特色。

推进马克思主义哲学的中国化，具体来说，要加强三个方面的研究。一是马克思主义哲学经典文本的研究。邓小平在讲领导干部要学习马克思主义的时候说道，领导干部不一定要读那么多大本本，把最要紧的搞明白就可以了，这就是学马列"要精，要管用"的道理。但是我们研究人员就不同了，必须研究经典文本，不仅包括马恩的著作，还应包括列宁，斯大林，毛泽东以及和毛泽东同时代的，如艾思奇、杨献珍、李达等哲学家的著作。今天，我们还要研究中国特色社会主义理论体系的文献和著作。在中央党校我曾经开过邓小平哲学思想研究的课程。文本研究要分门别类，马恩的著作要分出早、中、晚期来，像马克思晚年的很多著作中阐述的历史唯物主义思想就很重要。20 世纪 80 年代末 90 年代初，我曾经在《光明日报》上发表过关于社会形态演变规律的文章，引起很长时间的"关于是'三形态说'，还是'五形态说'"的讨论。二是重大现实问题研究。如当前阶级、阶层和利益群体的新变化及其相互关系问题，群体性事件和新时期人民内部矛盾问题，社会发展和社会公平问题，民主和社会主义民主政治建设问题，经济发展方式和社会主义市场经济问题，等等。三是马克思主义哲学创新体系研究。要深入研究一些重大哲学问题，比如价值问题、利益问题、民主问题、人的全面发展问题、社会矛盾问题、社会和谐问题、社会发展问题，等等。

如何加强马克思主义哲学学科建设，要形成一个规划，引进一批人才，发挥联合作战的优势，以推进马克思主义哲学学科创新体系的建设。一是要有一个好的规划。请景源同志落实一件事，能否主抓制定一个马克思主义哲学学科建设的整体规划，围绕文本研究、现实问题研究和创新体系研究形成明确思路和方案。二是要从全国范围内引进人才。把已经出名的人才引入我所，在引进人才上要多下功夫。我们社科院还是有优势的，首先，房子没有问题，引进人才的住房和青年人的住房只会越来越好；其次，待遇也会逐步提高；更重要的是社科院有很好的学术环境。院里也正在加强引进人才方面的工作。三是要形成一支队伍。用学会整合全国的力量，用马克思主义一级学科建设来整合全院的力量，用马克思主义哲学学科整合全所的力量，调动一切人才的积极性。比如，虽然很多老专家现在不写东西了，但要请来，他们是有影响的、有思想的。哲学所的刊物要开辟马克思主义哲学专栏，刊登高质量的学术文章，以达到建设马克思主义哲学创新体系的目的。

（本文是作者 2009 年 12 月 7 日到中国社会科学院
哲学研究所参加党日活动时的讲话，原载
《社科党建》2010 年第 1 期）

必须加强对马克思主义经典
著作的学习研究

　　《马克思恩格斯文集》和《列宁专题文集》的出版，是党和国家政治生活中的一件大事，也是我国思想理论和哲学社会科学界的一件大事。两部《文集》的出版非常及时，极其重要，是当前贯彻落实党的十七大和十七届四中全会精神，大力推进马克思主义中国化、时代化、大众化，建设马克思主义学习型政党，提高全党思想理论水平的需要，也是继续推进改革开放事业、开创中国特色社会主义新局面的需要。两部《文集》为学习马克思主义提供了最好教材，为研究宣传马克思主义、推进马克思主义中国化的不断创新，提供了最佳文本。

　　马克思主义传入中国，为中国先进分子所接受，并在其指导下建立马克思主义的坚强政党，带给中国革命焕然一新的面貌，无不与马克思主义著作在中国的传播息息相关。毛泽东就两次提到，正是在 1920 年读了陈望道翻译的《共产党宣言》等三本书后，树立起对马克思主义的信仰，成为一名坚定的马克思主义者。我们党作为以马克思主义为指导的工人阶级政党，从成立之日起，就始终重视马克思主义经典著作的翻译出版和学习研究。从 1921 年建党到 1949 年建立新中国，在极其艰难的条件下，我们党一直把马克思主义经典著作的传播工作放在重要位置，先后成立了人民出版社、上海书店、长江书局、马列学院、中共中央出版发行部、解放社等专门机构。到新中国成立前，经典作家的重要著作大多已有了中译本，其中有多卷本，也有单行本，一些著作甚至有若干个版本。

　　我们党在坚持马克思主义经典著作编译传播的同时，始终重视对马克思主义经典著作的学习研究。早在新民主主义革命时期，以毛泽东为首的党中央就反复强调，全党要熟读马克思主义经典著作，认真学习马克思主义，不断提高全党的马克思主义理论修养。在 1938 年召开的党的六届六中全会上，毛泽东根据党所面临的形势和任务，系统阐述了努力学习马克思主义理论和方法的极端重要性，向全党提出了"普遍地深入地研究马克思列宁主义的理论"的任务，并号召"来一个全党的学习竞赛"。延安整风是我们党一次空前的马克思主义教育运动。为加强全党马克思主义理论学习，毛泽东在党的第七次代表大会上提出，要读好《共产党宣言》等"五本马列主义的书"。在党的七届二中全会上，毛泽东将全党干部必读的马列原著增加为 12 本。在新中国成立初期，开展这 12 本关于马克思主义基本原理、涉及社会主义革命和建设等内容的"干部必读"的读书活动，对于提高全党同志特别是广大干部的马克思主义理论水平，推进社会主义革命和建设事业，发挥了相当重要的作用。毛泽东更是身体力行，率先垂范，无论在艰苦的战争年代，还是在繁忙的和平建设时期，他都带头研读"老祖宗"的书，为全党树立了学习的典范。毛泽东曾指出："马列主义的书要经常读。《共产党宣言》，我看了不下 100 遍，遇到问题，我就翻阅马克思的《共产党宣言》，有时只阅读一两段，有时全篇都读，每读一次，我都有新的启发。……读马克思主义理论在于应用，要应用就要经常读，重点读。"

在社会主义革命和建设时期，我们党更加重视马克思主义经典著作的推广。1950 年，专门从事马克思主义经典著作出版工作的人民出版社成立；1953 年，专门从事马克思主义经典著作编译工作的中共中央编译局成立。随后，马克思主义经典著作的编译和出版开始有组织、有计划地系统进行。从 1949 年到现在，已先后编译出版了《马克思恩格斯全集》、《列宁全集》、《斯大林全集》及其"补卷"，编译出版了《马克思恩格斯选集》、《列宁选集》、《斯大林选集》中文版。依据历史考证版和德文版重新编译的《马克思恩格斯全集》中文第二版已出版 21 卷，《列宁全集》中文第二版 60 卷已出齐，《马克思恩格斯选集》和《列宁选集》也已分别出版了中文第二版和第三版。此外，还发行了大量经典著作的选读本、单行本及经典作家的专题文集和言论集。

马克思主义经典著作的编译出版是与全党的马克思主义学习需要紧密

相连的。面对社会主义革命和建设的新形势新任务，毛泽东号召全党要学好马克思主义基本理论，特别是要在学习马克思主义经典著作上下功夫。20世纪50年代末，毛泽东强调："马克思这些老祖宗的书必须读，他们的基本原理必须遵守。"1964年，毛泽东提出高级干部要读30部马克思主义经典著作，懂得和掌握更多马克思主义。从1970年党的九届二中全会到1976年去世，毛泽东多次提出，党的高中级干部要挤出时间阅读一些马列主义著作，不断提高马克思主义理论水平。进入改革开放历史新时期，邓小平提出读原著"要精，要管用"，大力倡导全党的马克思主义学习运动。以江泽民同志为核心的党的第三代中央领导集体和以胡锦涛同志为总书记的党中央，也都反复强调学习马克思主义经典著作的重要性。

我们党成立88年特别是新中国成立60年来的历史证明，马克思主义在中国的广泛传承，全党马克思主义理论水平的不断提高，马克思主义中国化进程的永续推进，是以马克思主义经典著作的编译、出版和学习为重要条件的。马克思主义经典著作始终是指导中国革命、建设和改革的锐利思想武器，始终是中国共产党和中国人民最可宝贵的精神财富。当前，我国正处在改革开放的关键时期，应当更加重视对马克思主义经典著作的学习，以"要精，要管用"为原则，提倡全党针对新的实际，认真学习研究马克思主义经典原著，全面提升全党同志的马克思主义理论素质。

要按照"读原著为主"的原则，认真读书，全面正确地掌握马克思主义。学习马克思主义，全面把握马克思主义各个组成部分之间内在的、有机的联系，深刻理解马克思主义精神实质和思想精髓，学会运用马克思主义立场、观点和方法，仅仅阅读二、三手资料是不行的，唯一有效的办法，就是原原本本地精心研读马克思主义经典作家的原著。正如恩格斯在谈到如何学习《资本论》时曾经指出的："对于那些希望真正理解它的人来说，最重要的却正好是原著本身。"① 因此，一定要坚持自学为主，读原著为主的原则。只有在原原本本地阅读研究原著的过程中，才能真正领会马克思主义经典著作的理论逻辑和深刻内涵，真正感受到马克思主义跨越时空的思想魅力。两部《文集》的出版发行，为我们学习、研究和运用马

---

① 《马克思恩格斯全集》第25卷，人民出版社1974年版，第1005页。

克思主义提供了新文本、新视角，创造了新条件、新机会。

要按照"针对新的实际"的原则，发扬理论联系实际的学风，善于运用科学理论研究新情况，解决新问题。马克思主义是马克思、恩格斯、列宁根据实际生活形成的科学理论，如果仅仅读了他们的著作，不去努力运用他们的学说来研究和思考中国当代实际问题，就不是真正的马克思主义者。毛泽东强调："精通的目的全在于运用。"① 学习这两部《文集》，目的就在于运用马克思主义世界观方法论，对发展中国特色社会主义面临的新情况、新问题，给予科学的、深刻的理论说明，找到它的发展规律，发挥科学理论指导实践的巨大作用。当前我国改革发展中的新情况、新问题层出不穷，迫切需要我们运用贯穿马克思主义原著始终的立场观点方法去寻找思路和答案。我们学习原著一定要以正在做的事情为中心，着眼于马克思主义的实际运用，不断提高运用马克思主义解决实际问题的能力。

要按照"发展创新"的原则，弘扬马克思主义与时俱进的理论品质，大力推进马克思主义中国化。真正的马克思主义者，绝不把马克思主义经典著作当成背得烂熟并机械地加以重复的教条，决不把马克思主义看作一成不变的戒律，决不期盼从马克思主义本本中觅得解决一切问题的"灵丹妙药"，而是善于运用马克思主义，不断做出符合时代需要、国情需要和现实需要的理论创造。毛泽东反复强调，"任何国家的共产党，任何国家的思想家，都要创造新的理论，写出新的著作，产生自己的理论家，来为当前的政治服务，单靠老祖宗是不行的"②。学好用好这两部《文集》，必须大力弘扬马克思主义与时俱进的理论品质，解放思想，勇于创新，把学习运用马克思主义经典著作，同学习运用马克思主义中国化的理论成果——毛泽东思想、中国特色社会主义理论体系特别是科学发展观结合起来，切实解决世界观方法论问题。在发展中国特色社会主义的新的实践开拓中，大胆探索，不断推进理论创新，用新的理论、新的思想、新的观点丰富和发展马克思主义。

三十年前，邓小平指出："我们是一个马克思主义的大党，我们自己

---

① 《毛泽东选集》第 3 卷，人民出版社 1991 年版，第 815 页。
② 同上书，第 109 页。

不重视马克思主义的研究，不按照实践的发展来推动马克思主义的前进，我们的工作还能够做得好吗？我们讲高举马列主义、毛泽东思想的旗帜，不就成了说空话吗？"这对于我们今天深入学习和运用马克思主义经典著作，坚持用发展着的马克思主义指导新的实践，仍然具有重要的指导意义。对于中国社会科学院和广大哲学社会科学工作者来说，要把马克思主义经典著作的学习研究作为加强马克思主义阵地建设、加强马克思主义理论学科建设、加强马克思主义中国化理论创新的基本功，作为繁荣发展哲学社会科学的基础工作和重要任务。要打牢科研人员的马克思主义世界观方法论基本功底，提高运用马克思主义指导科学研究的能力，把坚持和巩固马克思主义指导地位真正落到实处。

（原载《马克思主义研究》2009 年第 12 期，
部分内容发表于 2009 年 12 月 28 日《人民日报》）

学习艾思奇的马克思主义科学精神

　　在纪念艾思奇诞辰 100 周年之际，我们不仅要缅怀其对马克思主义哲学中国化，从而对马克思主义中国化的卓越贡献，也应认真学习其对待马克思主义的科学态度和治学精神。从繁荣发展哲学社会科学的意义上来说，我们既要继承其在学术上的杰出成果，更要继承其治学的科学精神。终其一生，艾思奇将其有限的生命奉献给马克思主义哲学中国化的理论创新事业，做出了重要贡献。马克思主义哲学中国化，决不只是技巧问题，也不只是学术问题，从根本上说，是对待马克思主义的根本态度问题，即解放思想、实事求是、与时俱进的科学精神问题。

　　哲学是马克思主义的思想基础，是马克思主义的世界观和方法论，是贯穿马克思主义理论体系始终的立场、观点和方法，是马克思主义放之四海而皆准的真理。马克思主义的具体结论、具体原理都会局限于具体的时间、地点、条件，而其哲学世界观和方法论是整个马克思主义活的灵魂。马克思主义的生命力，正在于其活的灵魂与具体实践条件的相结合而产生强大的精神指导力量。而这一结合的哲学根据就是马克思主义哲学的精髓——实事求是，即以马克思主义之矢，去射实际之的，实现理论联系实际。艾思奇紧紧把握这一精髓，十分重视将马克思主义科学的世界观和方法论与中国国情相结合，以说明中国实际问题，总结中国共产党历史经验，升华为中国化的马克思主义哲学，作为中国化的马克思主义的哲学基础，在这个创新过程中，他发挥了重要作用。他认为，哲学的中国化、现实化"不是书斋课堂里的运动，不是滥用公式的运动，是要从各部门的抗战动员的经验中吸取哲学的养料，发展哲学的理论，然后才把这发展的哲学理论拿来应用，指示我们的思想行动，我们要根据每一时期的经验，不断地来丰富和发展我们的理论，而不是要把固定了的哲学理论，当作支配一切的死公式"①。艾思奇的观点和学风,充分体现了马克思主义哲学的真谛。

实践是不断发展的,时间、条件、地点也是不断变化的,人们的认识不可能永远停留在一个水平上,固定在一个思维定式上。实事求是,理论与实际结合,必须不断地解放思想、不懈探索。不解放思想,就无法做到实事求是,坚持实事求是就必须解放思想。艾思奇探索马克思主义哲学中国化的过程,就是解放思想、不断创新的过程。1950 年,在清华大学讲授对立统一规律时,艾思奇提出基本粒子不基本、仍然可分的观点。在座的物理学教授们则依据当时所掌握的专业知识,坚持认为基本粒子是不可分的,有人甚至认为"艾思奇不懂自然科学"。后来的科学发展证明,艾思奇当时的观点是正确的。作为一名哲学工作者,在物理学领域能有如此创见,其中所体现的思想解放、追求真理的勇气,正是理论创新与学术研究的第一要义。

解放思想,实事求是,需要兼容并蓄,容许不同意见、听取不同观点。艾思奇始终以平等讨论问题、乐于接受正确意见的态度对待不同的看法和观点。一次,他在北京大学讲授社会发展史,地质系研究古生物的教授们提出,恩格斯在《劳动在从猿到人转变过程中的作用》中说人类是从"类人猿"演化而来,这是以达尔文等人的研究资料为依据的。现代科学研究成果认为,人类并不是从类人猿演化来的,而是从古猿演化来的。当时有人批评这是违反经典著作的错误观点,是某些教授资产阶级世界观的表现,甚至主张加以批判。艾思奇不同意这种看法,不但不认为那些教授们提出的观点是错误的,反而十分虚心地接受了这些意见,并在以后的讲课中对原来的观点进行了纠正。还有一次,在北京大学的学习讨论中,发生了关于形式逻辑是不是形而上学的争论。艾思奇最初主张形式逻辑是形而上学,金岳霖等学者认为二者不是一回事。经过反复辩论,大家取得共识,艾思奇虚心地接受了形式逻辑不是形而上学的观点。这种虚怀若谷、海纳百川的大师风范深为哲学界所称道,其学风值得后辈学人细细体会。

艾思奇以自己的学识、涵养、精神彰显了马克思主义的科学精神,在

---

①　《艾思奇文集》第 1 卷,人民出版社 1981 年版,387 页。

大力推动马克思主义中国化、时代化、大众化的今天，应该继承和发扬艾思奇的马克思主义科学精神，以科学的态度和方法对待马克思主义，研究马克思主义，发展、宣传和普及中国化的马克思主义，为建设和发展中国特色社会主义提供理论支撑，这是摆在我们哲学工作者和理论工作者面前的神圣而伟大的历史使命。

（原载《人民日报》2010 年 3 月 20 日）

从国际金融危机看社会主义的必然趋势和
马克思主义的生命力

19世纪中叶马克思恩格斯创立科学社会主义至今，一个半世纪过去了，社会主义与资本主义两大力量生死博弈的风风雨雨，充分印证了马克思主义经典作家关于资本主义必然灭亡、社会主义必然胜利的历史发展大趋势的科学论断是颠扑不灭的真理，雄辩地证明了马克思主义的旺盛生命力。

一　百年世界历史进程，雄辩证明社会主义的必然性

辩证法告诉我们：任何事物的发展都不是直线上升式的发展，而是波浪式地前进、螺旋式地上升、曲折式地发展，社会历史发展也是如此。世界历史进程就是这一历史辩证法的铁定案例。社会主义运动正是遵循这一历史辩证法的逻辑在曲折中前进，虽有挫折与失败，但总体上是循时前行的。

对社会历史规律的观察，历时越久、跨度越大，也就看得越明白，其判断也就越经得起实践检验。世界历史进入资本主义阶段，即伴随着工人阶级与资产阶级、社会主义与资本主义两种社会制度、两大历史前途的较量，其历史较量的线索、特点、规律与趋势，随着历史的发展、空间的变换、时间的推移，越发清晰，人们也看得越发清楚，其历史必然性越发显现。

20世纪以来，世界历史发生四次重大转折，社会主义在斗争中、在逆境中顽强地成长，这一历史进程尽管曲折，有高潮，也有低潮，有前进，

也有倒退，有成功，也有失败，但在总体上印证了马克思主义关于社会主义必然胜利的历史发展总趋势的判断是正确的，同时也说明社会主义战胜资本主义的历史进程不会是一帆风顺的，也绝不可能在短时间内实现，必须经过一个相当长的历史时间、经过几十代甚至上百代人千辛万苦甚至抛头颅洒热血的献身奋斗才能实现。既要看到历史发展的总趋势，坚信社会主义是必然要取代资本主义的，这是一个不可抗拒的、也不可改变的历史趋势；同时又要看到，社会主义代替资本主义是一个漫长的历史进程，充满曲折，充满斗争，甚至有可能出现暂时的衰退与下降。既要反对社会主义"渺茫论"，又要反对社会主义"速胜论"。

第一次世界历史转折发生在 20 世纪初叶，其标志是 1917 年爆发的十月社会主义革命。19 世纪中叶，马克思主义经典作家创建科学社会主义，替代了空想社会主义，工人运动从此有了正确的指南，进入了科学社会主义轨道，由此而开创了世界工人运动和社会主义运动的新篇章。进入 20 世纪初叶，科学社会主义理论指导的社会主义运动由轰轰烈烈的工人运动实践变成了社会主义制度实践。列宁成功地领导了十月社会主义革命，建立了第一个社会主义制度国家，这是 20 世纪初叶最重大的世界性事件，从此开启了人类历史的新纪元，社会主义运动开始走向高潮。

第二次世界历史转折发生在 20 世纪中叶，其标志是 1945 年"二战"之后一系列国家社会主义革命成功，形成了一个社会主义阵营。矛盾激化引发危机，危机造成革命机遇。20 世纪初叶爆发的第一次世界大战、20 世纪中叶爆发的第二次世界大战，都是资本主义不可克服的内在矛盾激化的结果。资本主义制度是无法遏制战争的。而苏联靠社会主义制度的优越性动员全体人民、联合世界上一切反法西斯的力量，战胜法西斯，赢得了战争。两次世界大战，标志着资本主义逐步走向衰落，资本主义败象显见。危机与战争给革命带来前所未有的机遇，"一战"期间，俄国率先从资本主义统治的薄弱环节突破，建立了社会主义制度。"二战"前后，正是苏联及一系列社会主义国家崛起之时，中国等落后国家革命成功，从东方崛起，形成了社会主义阵营。战后，资本主义总危机进一步加深，资本主义发展处于低迷状态，而社会主义发展却处于上升状态。

第三次世界历史转折发生在 20 世纪末，其标志是我国 1989 年"6·4"

政治风波和 1991 年苏东剧变。这使世界形势发生了自二战以来最为重大的变化与转折。二战之后，社会主义走上坡，资本主义走下坡。但进入 20世纪下半叶，社会主义诸国却因思想路线、体制等原因，及外部因素所致放慢了发展速度，甚至出现了停滞和负增长，导致社会主义诸国经济社会发展受挫。而现代资本主义吸取资本主义发展进程中的经验教训，同时也吸取社会主义国家发展的经验，推行资本主义改良，现代资本主义进入相对缓和的发展时期。当然在资本主义相对缓和发展时期，危机也并没有中断，1980 到 1990 年美国就多次爆发波及世界的危机。第三次转折表明，社会主义处于发展的低潮，现代资本主义处于相对缓和稳定的发展期。伴随着这个历史性转折，我国及国际上出现了一系列新情况、新问题，这对中国 21 世纪以来很长一段时间的社会主义发展进程发生着深远的影响。中国坚定不移地继续推进 1978 年开始的改革开放，成功地开辟了中国特色社会主义的发展道路。

第四次世界历史转折发生在 21 世纪初叶，其标志是 2008 年爆发的国际金融危机。这对世界发展格局和中国特色社会主义建设将产生的影响仍无法估量。俗话说"三十年河东，三十年河西"，短短二三十年的时间，中国特色社会主义的成功使世界社会主义运动开始走出低潮。而国际金融危机却使美国及其他西方发达资本主义国家陷入危机困境，资本主义的整体实力下降。二三十年前的世界性历史事件爆发是此消彼长，社会主义力量下降，资本主义力量上升；二三十年后的今天，又是此长彼消，社会主义力量上升，资本主义力量下降。金融危机的爆发使世界力量对比发生重大变化。

国际金融危机是资本主义制度性危机，具体的救市措施只能使危机得到暂时的缓解，但最终是无法克服的。金融危机引发的全球性危机既是一场严重的金融危机，又是一场深度的经济危机、思想危机、意识形态危机、社会危机和资本主义制度危机，是资本主义的全面危机。这场危机反证了中国特色社会主义道路的成功。社会主义市场经济与资本主义市场经济的本质区别是生产资料占有方式的不同。资本主义生产资料私有制决定了商品经济二重性矛盾引发的危机最终是无法避免的。社会主义市场经济决定了商品二重性矛盾可能会产生危机，而社会主义生产资料公有制又决定了危机是可以规避和防范的，一旦发生是可以治理和化解的。社会主义市场经济具有市场经济的特性，在社会主义制度条件下，商品内在矛盾是不可改变的，但可改变的只是它的不可克服性。市场经济与社会主义制度相结合，使中国特色社会主义规避和战胜世界性金融危机成为必然。

国际金融危机爆发以来，中国人民在中国共产党的正确领导下，成功地克服了金融危机带来的危害和消极影响，顶住了金融风暴的冲击，不仅实现了预定的稳定发展的目标，而且取得了显著成绩，这既要归功于党的正确领导和果断决策，更根本的是彰显了社会主义制度的优越性，越加证明了社会主义的生命力、中国特色社会主义的生命力。

二　中国特色社会主义道路的成功开创，使社会主义焕发了顽强的生命力

马克思主义经典作家创立了科学社会主义，开创了工人运动和社会主义运动的新格局。当时，他们把注意力和着眼点主要放在西方发达资本主义国家，根据当时的实际，曾设想社会主义革命将首先在生产力比较发达、工人阶级人数占多数的资本主义国家发生，至少是几个主要发达资本主义国家同时发生才能胜利。而后的实践发展却超出了他们的具体判断，新的实践促使科学社会主义创始人开始注意并研究东方国家走社会主义道路的不同情况。19 世纪末到 20 世纪初，当东方落后国家出现了社会主义革命的主客观条件时，马克思恩格斯及时研究了东方社会主义革命的可能性问题，提出非资本主义国家走社会主义道路的可能性。他们认为，东方非资本主义国家走向社会主义，在特定条件下，能够不通过资本主义制度的"卡夫丁峡谷"，而吸收资本主义制度所创造的一切积极成果，实现社会形态的跨越式发展。他们认为，社会主义力量有可能抓住这一历史性的机遇，走出一条"非资本主义"的发展道路。他们的设想为非资本主义国家进行社会主义革命、走上社会主义道路提供了理论依据。

就一般发展规律来说，社会主义革命应当在资本主义生产力高度发

达、资本主义生产关系再也不能容纳其生产力发展的条件下爆发，也就是说，走社会主义道路的国家，先要经过资本主义的成熟发展，然后经过社会主义革命，再进入社会主义。而现实是，社会主义革命的成功、社会主义制度的建立不是在西方发达资本主义国家，而是在资本主义尚不成熟、但具备一定历史条件的东方落后国家。马克思恩格斯经过科学研究，分析了社会历史发展的特殊性，提出社会主义发展的非资本主义道路问题。俄国社会主义革命的成功，证明了马克思主义经典作家的设想是正确的。然而，继列宁之后，包括苏联在内的一系列社会主义国家在社会主义建设实践中，在某种程度上忽略了落后的本国生产力实际，犯了照抄照搬别国模式的错误。在几十年的发展中，社会主义制度的优越性逐渐被僵化的、不适当的经济政治体制所耗尽，再加之客观原因，特别是主观犯错误，背离了科学理论和正确路线，致使社会主义诸国进入了发展低谷，中国的"文化大革命"和东欧剧变就是这一历史演变的结果。

由此可见，落后的国家到底怎样建设社会主义，必须从实践和理论上给予回答，中国特色社会主义道路的成功开创，破解了这一重大课题，走出了一条社会主义建设的正确道路。

按照马克思主义经典作家的"非资本主义"道路的理论设想，落后国家可以不经过资本主义充分发展而跳跃式地推进社会主义革命，建立社会主义制度。但是资本主义已历经的市场经济发展、生产力高度成熟的自然历史过程却是不可逾越的。中国共产党人总结了社会主义诸国家建设的成功经验和失败教训，弄清了"什么叫社会主义和共产主义，怎样搞社会主义"① 的问题，将社会主义制度与市场经济相结合，实行改革开放，建立与中国社会主义现阶段生产力状况相适应的、与发展市场经济相协调的经济—政治体制，一切从实际出发，不照抄照搬别国模式，走自己的道路，成功地开创了中国特色社会主义建设道路。历史发展的现实辩证法再次证明了社会主义胜利的必然性。

---

① 《邓小平文选》第 3 卷，人民出版社 1993 年版，第 223 页。

三　中国特色社会主义理论体系的创新，给马克思主义注入了新鲜的内容

中国共产党人在中国特色社会主义伟大实践中创新了马克思主义，赋予马克思主义以新的生命力。

马克思主义是科学，是具有旺盛生命的。马克思主义之所以永不枯竭，永远具有蓬勃的生命力，首先在于它的实践性。实践是理论的源泉，是理论正确与否的检验标准，是推动理论不断发展的动力。列宁把马克思主义同俄国革命实践相结合，找到了俄国革命的正确道路，创立了马克思主义的理论创新成果——列宁主义。毛泽东把马克思列宁主义同中国革命实践相结合，找到了中国革命的正确道路，创立了马列主义的理论创新成果——毛泽东思想。邓小平把马列主义、毛泽东思想同当代中国社会主义现代化建设实践相结合，找到了实现中国社会主义现代化的正确道路，创立了马列主义、毛泽东思想的理论创新成果——邓小平理论。我们党在改革开放实践中，又不断地推进理论创新，创立了"三个代表"重要思想和科学发展观等重大战略成果，与邓小平理论一同构成中国特色社会主义理论体系。马克思主义始终与不断发展的实践相结合，才永葆蓬勃的生机和活力。

马克思主义之所以是真理，在于其不会永远停在同一个认识水平上，而是不断向更高的认识水平发展，这就是马克思主义的发展性。马克思主义必然随着实践的发展而发展。实践常新，理论也常新。任何时候，马克思主义都不能窒息自己的生命，成为静止不变的、僵化的、封闭的体系。马克思主义必须随着实践的发展而形成新的理论，产生新的思想。

马克思主义的生命力就在于创造性，没有创造性，就没有马克思主义。列宁分析了他所处的帝国主义和无产阶级革命时代特征，提出了在资本主义发展的帝国主义时代，经济政治发展更加不平衡，社会主义革命有可能在资本主义的薄弱环节发生，可以在一国首先取得胜利。列宁突破了马克思恩格斯关于社会主义革命应当在数国同时取得胜利的具体结论，创新了马克思主义。

列宁主义只是回答了在俄国这样相对落后的国家如何进行社会主义革

命。但是在中国这样的半封建半殖民地国家怎样进行革命、怎样建立社会主义制度，这是以毛泽东为代表的中国共产党人所要回答的课题。毛泽东带领中国共产党人开辟了不同于俄国革命的中国革命的正确道路，即农村包围城市的道路，创新了列宁主义。

社会主义革命完成以后，毛泽东对在新的历史条件下如何建设社会主义，进行了艰辛的探索，虽然取得一些有益的成果，但总体是不成功的。在落后的中国，建设社会主义走什么样的道路才能成功，中国特色社会主义理论体系做了科学的回答，解决了在中国这样落后的国家夺取政权建立社会主义制度以后，如何建设社会主义，建设什么样的社会主义问题，这是马克思主义的又一次重大理论创新。

在中国，实现马克思主义创造性，必须把马克思主义与中国实际和时代特征相结合，不断推进马克思主义中国化、时代化和大众化。马克思主义中国化，就是把马克思主义一般原理与中国实践相结合，运用马克思主义立场、观点和方法来说明和解决中国的实际问题，创造中国化的马克思主义。从哲学上来认识，马克思主义中国化，其实质就是哲学的"一般性"与"特殊性"的辩证关系问题。既要肯定"一般性"，坚持马克思主义的普遍原理，又要肯定"特殊性"，坚持马克思主义的中国化。从哲学世界观方法论高度上、思想路线高度上解决好"一般性"与"特殊性"的辩证关系，是解决好马克思主义中国化的根本认识前提。马克思主义是一般原理，它必须与中国具体国情相结合，植根于中国本土，才会富有生命活力。中国共产党人创造性地把马克思主义揭示事物一般规律的世界观方法论和一般原理，与中国的"具体环境"和"特殊条件"相结合，不断应用于中国的"具体环境"和"特殊条件"，使马克思主义发生内容和形态的改变，形成适应中国实际需要的、具有中国内容和表现形态的、对中国有实际指导意义的中国化的马克思主义。

"特殊条件"就是中国国情的特殊性。中国国情的"特殊性"，首先是中国社会性质、社会状况的特殊性。同时中国国情的"特殊性"还有一个重要方面，就是中国的民族性问题。马克思主义是外来的先进文化，马克思主义中国化要求马克思主义一定要与中华民族优秀的思想文化相结合，与中华民族特殊的民族国家国情相结合。

"具体环境"是指中国发展的国际环境，即世情。中国离不开世界，中国的发展离不开世界的大趋势、大环境，国情离不开世情。马克思主义的"一般性"，就是马克思主义适应世界发展大趋势和大规律的需要，科学概括和反映了世界发展一般规律和趋势的"普遍性"。实现马克思主义中国化，一定要使马克思主义的"普遍性"适应中国发展的国际环境、时代背景和世界发展趋势。正是在这个意义上来说，马克思主义中国化，同时就应当是马克思主义的时代化，要把握时代主题，回答时代问题，符合时代特征，适应时代潮流，应对时代挑战，吸收世界先进文明，走在时代的前列。

实现大众化、普及化是马克思主义中国化的一项重要使命。中国最大的实际就是人民大众的实际，中国最大的国情就是人民大众的民情，脱离人民大众的实际就是最大的脱离中国实际。所谓中国化，在某种意义上，就是中国的大众化，就是让马克思主义与中国群众运动实践相结合。这种结合体现为两个方面：一方面，只有依靠人民大众的创造性实践，才能实现马克思主义中国化。另一方面，只有为人民大众所接受，中国化的马克思主义才能转变成巨大的物质力量。

马克思主义同中国实际相结合，实现中国化、时代化和大众化，产生两次历史性飞跃，形成了马克思主义中国化的两大理论成果。第一次飞跃的理论成果是被实践证明了的关于中国革命的正确的理论原则和经验总结，当然也包括关于中国社会主义建设道路探索的正确的理论成果，即毛泽东思想。第二次飞跃的理论成果是中国特色社会主义理论体系。中国特色社会主义理论体系在新的历史条件下回答了新的课题，开拓了马克思主义新境界。中国特色社会主义理论体系集中回答中国特色社会主义这个主题。在回答该主题的历史进程中，我们党面临并依次科学地回答了三个大问题——"什么是社会主义，怎样建设社会主义"、"建设一个什么样的党，怎样建设党"、"实现什么样的发展，怎样发展"。最后归结为回答一个总题目，"什么是马克思主义，怎样坚持和发展马克思主义"，从而深化了对"三大规律"，即社会主义建设规律、执政党执政规律、人类社会发展规律的认识，赋予马克思主义以崭新的内容。

（原载《毛泽东邓小平理论研究》2010 年第 4 期）

毛泽东对社会主义建设道路的
探索及其历史意义

　　毛泽东领导社会主义建设道路探索的理论与实践充分说明，我们党对中国特色社会主义道路的探索从毛泽东同志就已经开始了，毛泽东在探索中提出的正确的思想观点和所带来的经验教训对开辟中国特色社会主义道路具有十分重要的指导和借鉴意义。在对社会主义建设道路的探索过程中，毛泽东对"什么是社会主义，怎样建设社会主义"这个历史性课题展开理论上的思索和实践上的尝试，所形成的正确的思想观点充实和丰富了毛泽东思想，为中国特色社会主义理论体系创立做了充分而必要的理论准备。

　　一、率先提出"以苏为鉴"的方针，强调建设社会主义要走自己的路，开始探索适合中国国情的社会主义建设道路。从新中国成立到1956年生产资料所有制的社会主义改造完成，是毛泽东同志对社会主义的探索前期。在这个时期，中国如何搞社会主义，主要还是学习苏联的社会主义建设经验，照搬照抄苏联的建设模式。但经过很短暂的摸索，毛泽东就已然感觉到完全照搬苏联建设模式是不行的。他说："解放后，三年恢复时期，对搞建设，我们是懵懵懂懂的。接着搞第一个五年计划，对建设还是懵懵懂懂的，只能基本上照抄苏联的办法，但总觉得不满意，心情不舒畅。"① 随着我国社会主义建设的深入，苏联模式逐渐暴露出其缺点和弊端，毛泽东开始认识到寻找适合中国国情的社会主义建设道路的迫切性。他明确指出："最近苏联方面暴露了他们在建设社会主义过程中的一些缺

---

　　① 《毛泽东文集》第 8 卷，人民出版社 1999 年版，第 117 页。

点和错误，他们走过的弯路，你还想走？过去我们就是鉴于他们的经验教训，少走了一些弯路，现在当然更要引以为戒。"① 在 1956 年至 1957 年上半年党的八大前后的一年半时间里，对社会主义建设规律，毛泽东进行了卓有成效的研究思考，他率先提出"以苏为鉴"、不要机械照搬外国经验的方针。他的创造性的认识集中反映在《论十大关系》和《关于正确处理人民内部矛盾的问题》中。在《论十大关系》中，他明确指出，中国要走自己的路，要探索一条适合中国国情的建设社会主义的道路。在 1956 年 1 月的中共中央政治局会议上，毛泽东说："应该把马列主义的基本原理同中国革命和建设的具体实际结合起来，探索在我们国家里建设社会主义的道路。"② 在 1956 年 4 月召开的中共中央书记处会议上他继续说："把马列主义的基本原理同中国革命和建设的具体实际相结合，民主革命时期，我们在吃了大亏之后才成功地实现了这种结合，取得了中国新民主主义革命的胜利。现在是社会主义革命和建设时期，我们要进行第二次结合，找出在中国怎样建设社会主义的道路。"③ 甚至到了 1959 年底到 1960 年初，他在读苏联《政治经济学教科书》时，还在深入思考适合中国国情的社会主义建设道路问题，他认为："'每一个'国家都'具有自己特别的具体的社会主义建设的形式和方法'，这个提法好。"④ 毛泽东关于走自己的路，找一条适合中国国情的社会主义建设道路的提法，是中国特色社会主义道路形成的历史和逻辑起点。中国革命、建设和改革发展的根本经验是，一定要把马克思主义的基本原理和中国具体实践相结合。社会主义是普遍原理，人类社会一定要走社会主义道路是普遍规律，但中国怎么走，一定要结合中国国情，这是马克思主义实事求是的根本观点，这个根本观点构成了中国特色社会主义理论体系的思想路线基础和精髓。

二、创造性地提出了社会主义社会基本矛盾、主要矛盾、人民内部矛盾和社会主义根本任务的理论。毛泽东第一次明确指出生产力和生产关系、经济基础和上层建筑的矛盾是社会主义社会的基本矛盾，认为这对矛

---

① 《毛泽东文集》第 7 卷，人民出版社 1999 年版，第 23 页。
② 《毛泽东传（1949—1976）》（上），中央文献出版社 2003 年版，第 498 页。
③ 吴冷西：《忆毛主席》，新华出版社 1995 年版，第 9 页。
④ 《毛泽东文集》第 8 卷，人民出版社 1999 年版，第 116 页。

盾是基本适应前提下的不适应，可以经过改革使社会主义制度不断完善。提出人民对于经济文化迅速发展的需要同当前经济文化不能满足人民需要的状况之间的矛盾是当时我国国内的主要矛盾，明确提出了发展生产力的社会主义根本任务。提出要正确处理人民内部矛盾，认为这是社会主义国家政治生活的主题。提出要调动一切积极因素，化消极因素为积极因素的社会主义建设的总方针。毛泽东关于社会主义基本矛盾、主要矛盾、人民内部矛盾和根本任务的理论为形成社会主义建设正确路线和社会主义改革开放提供了重要的理论依据。

三、在对中国国情的初步认识的基础上，形成了关于社会主义建设的正确路线，提出我国正处于不发达社会主义阶段，对社会主义建设的阶段性、长期性和曲折性有了初步认识。党的八大确立了以发展生产力为主要任务的全面建设社会主义的正确路线，这是建立在对我国国情的清醒认识基础上的。对国情的判断，最重要的是对我国所处发展阶段的判断，毛泽东一直在深思这个问题。他在读苏联《政治经济学教科书》时指出："社会主义这个阶段，又可能分为两个阶段，第一个阶段是不发达的社会主义，第二个阶段是比较发达的社会主义"[1]，认为我国正处在"不发达的社会主义阶段"。对中国处于社会主义发展初期阶段的基本国情的认识，最重要的是一定要认识到这个阶段的长期性。在八大期间毛泽东曾指出："要使中国变成富强的国家，需要五十到一百年的时光。"[2] 经历了"大跃进"的挫折后，毛泽东进一步认识到："看来建设社会主义只能逐步地搞，不能一下子搞得太多太快。"[3] 1961年毛泽东会见英国蒙哥马利元帅时说："建设强大的社会主义经济，在中国，五十年不行，会要一百年，或者更多的时间"，"把时间设想得长一点，是有许多好处的，设想得短了反而有害"[4]。中国特色社会主义理论体系是建立在对中国长期处于社会主义初级阶段基本国情的判断上，毛泽东提出的"不发达的社会主义"观点对社会主义初级阶段的理论认识是有启发性的。

---

① 《毛泽东文集》第8卷，人民出版社1999年版，第116页。
② 《毛泽东文集》第7卷，人民出版社1999年版，第124页。
③ 《毛泽东和他的秘书田家英》，中央文献出版社1989年版，第58—59页。
④ 《毛泽东文集》第8卷，人民出版社1999年版，第301—302页。

　　四、提出建设现代工业、现代农业、现代科学技术和现代国防的社会主义强国的发展目标和中国工业化道路。毛泽东率先提出并初步规划了我国社会主义现代化的发展战略，他说，要"将我国建设成为一个具有现代工业、现代农业和现代科学文化的社会主义国家"①。在《读苏联〈政治经济学教科书〉的谈话》中，他又提出国防现代化的问题，"建设社会主义，原来要求是工业现代化，农业现代化，科学文化现代化，现在要加上国防现代化"②。毛泽东规划了我国社会主义"四个现代化"的建设目标，提出要把我国建设成现代化的社会主义强国、对人类做出较大贡献的思想观点。在工业化建设问题上，毛泽东强调不能照抄照搬外国经验，要正确处理农、轻、重三者关系，从中国国情出发，以农、轻、重为序，安排国民经济，走出一条中国特色的工农并举的工业化道路。

　　五、提出了正确处理社会主义建设和发展问题的科学方法论。《论十大关系》和《关于正确处理人民内部矛盾的问题》通篇贯穿了辩证法，贯穿了马克思主义处理社会主义建设和发展问题的科学方法论。《论十大关系》讲的是社会主义建设和发展中全局性的十个重大关系，十大关系就是十大矛盾，讲的是如何处理这些关系和矛盾。毛泽东要求我们必须学会用辩证的思想处理社会主义建设和发展问题，他生动形象地概括说，讲辩证法就是运用"要讲两点"的辩证思想来观察矛盾、分析矛盾、解决矛盾。毛泽东说，一万年都有两点，将来有将来的两点，现在有现在的两点，个人有个人的两点，总之，是两点而不是一点，说只有一点，叫知其一，而不知其二。《论十大关系》和《关于正确处理人民内部矛盾的问题》通篇贯穿了毛泽东的关于"要讲两点"的辩证思想，主张处理社会主义建设和发展的重大关系和矛盾时，要讲两点，不能搞一点。毛泽东讲的两点，是有重点的两点，不是平铺直叙的两点。也就是说，在处理社会主义建设和发展的关系和矛盾时，在抓矛盾的主要方面时，也要抓好矛盾的非主要方面，处理好社会主义建设中重点和非重点的辩证关系。比如，在重工业和轻工业、统一性和独立性等方面，他都强调了两点。他说，为

---

　　① 《毛泽东文集》第7卷，人民出版社1999年版，第207页。
　　② 《毛泽东文集》第8卷，人民出版社1999年版，第116页。

了建设一个强大的社会主义国家，必须有中央的强有力的统一领导，必须有统一计划和统一规律，破坏这种必要的统一是不允许的。统一性和独立性是对立的统一，要有统一性，也要有独立性。可以统一的，必须统一；不可以统一的，就不能够强求统一。

在处理国家、集体和个人三者关系问题上，毛泽东指出，不能只顾一头，必须兼顾国家、单位和个人的关系。无论只顾哪一头，都是不利于社会主义的，不利于无产阶级专政的，这是关系到全国人民的大问题。必须在全党和全国人民中间反复进行统筹兼顾的教育。在《关于正确处理人民内部矛盾的问题》一文中，毛泽东说，必须经常注意从生产问题和分配问题上处理好上述矛盾，必须兼顾国家利益、集体利益和个人利益三者之间的关系。他说，对社会主义道路的探索"开始反映中国的客观经济规律了"。统筹兼顾的思想就是用辩证法处理发展和建设问题科学方法。按照处理我国社会主义经济社会发展的辩证法思想，毛泽东在具体阐述社会主义经济社会发展的一系列重大关系中还提出了"两条腿走路"、"综合平衡"、"并举"的重要思想。

六、提出了关于社会主义商品经济、经济体制改革和对外开放问题的理论创新认识。从1959年底到1960年初，毛泽东在读苏联《政治经济学教科书》时强调："马克思这些老祖宗的书，必须读，他们的基本原理必须遵守，这是第一。但是，任何国家的共产党，任何国家的思想界，都要创造新的理论，写出新的著作，产生自己的理论家，来为当前的政治服务，单靠老祖宗是不行的。"① 毛泽东读了斯大林《苏联社会主义经济问题》一书，总结苏联社会主义建设的经验教训，对社会主义商品经济进行创造性的理论探索。他认为，我国是一个商品很不发达的国家，看商品生产、看它与什么经济相联系，与资本主义相联系就出资本主义，与社会主义相联系就出社会主义；在我国价值规律仍然起作用，价值规律是一个伟大学校，对干部要进行教育，使他们懂得价值规律、等价交换，违反就要碰得头破血流。这些认识构成了社会主义市场经济理论的重要前提。毛泽东对传统计划经济提出质疑："我们不能像苏联那样，把什么都集中到中

---

① 《毛泽东文集》第8卷，人民出版社1999年版，第109页。

央，把地方卡得死死的，一点机动性都没有。"在经济体制方面，他主张着重解决中央与地方分清经济管理权限的分权问题，提出要充分发挥中央和地方两个积极性。中央向地方放权，扩大企业的自主权。关于社会主义所有制结构的改革，他提出"可以搞国营，也可以搞私营"，"可以消灭资本主义，又搞资本主义"，因为"它是社会主义经济的补充"的看法。毛泽东主张对外开放，他说："一切民族、一切国家的长处都要学……但是，必须有分析有批判地学，不能盲目地学，不能一切照抄，机械搬用。"① 他还提出实行按劳分配，反对平均主义和过分悬殊的问题。

七、提出社会主义民主政治建设的基本原则。认为中国不搞苏联的"一党制"，也不实行西方的"两党制"或"多党制"的轮流执政体制，要坚持人民民主专政，实行人民代表大会制度、共产党领导的多党合作和政治协商制度。毛泽东提出在国家政治生活中，要扩大民主，反对官僚主义，逐步健全法制，做到"有法可依，有法必依"，共产党和民主党派要实行"长期共存，互相监督"的方针。他强调坚决实施民族区域自治制度，正确处理民族问题，促进少数民族经济文化的发展，反对大汉族主义和地方民族主义。还提出要防止国家领导人成为特殊阶层，防止领导机关的特殊化、官僚化。提出"造成一个又有集中又有民主，又有纪律又有自由，又有统一意志、又有个人心情舒畅、生动活泼，那样一种政治局面"的社会主义民主政治的总目标。

八、提出社会主义文化教育建设的基本任务和方针。认为文化教育事业是社会主义建设的重要组成部分，必须高度重视用马克思主义、社会主义思想道德武装知识分子和人民群众，继续对封建主义和资本主义思想进行批判。毛泽东提出必须实行"百花齐放、百家争鸣"的方针，实行"古为今用"、"洋为中用"，继承和吸收我国过去和外国一切有益的文化科学知识。他提出"向科学进军"的口号，充分肯定知识分子在我国社会主义建设中的地位和作用。毛泽东在八大预备会议上指出："现在的中央委员会，我看还是一个政治中央委员会，还不是一个科学中央委员会。"② 我们

---

① 《毛泽东文集》第7卷，人民出版社1999年版，第41页。
② 同上书，第102页。

争取三个五年计划内造就 100 万到 150 万高级知识分子，那时候，我们就会有许多工程师，有许多科学家。提出在知识分子和人民群众中开展马克思主义和社会主义教育。

九、提出党的建设的一系列重要思想。坚持中国共产党是全国人民的领导核心，是领导社会主义事业的核心力量。关于党的建设，毛泽东强调党要密切联系群众，他认为建设一个伟大的社会主义国家，单有党还不行，党是一个核心，它必须要有群众。要好好团结群众，团结一切可以团结的人一道工作。他重申坚持理论与实践相统一这个马克思主义最基本的原则，反对主观主义、宗派主义和官僚主义，维护党的团结统一，发扬优良传统，加强集体领导，反对个人崇拜。他还提出了思想工作是一切工作的生命线的思想。

十、提出和制定了独立自主的和平外交的方针政策。关于对外方针和政策，毛泽东指出：自力更生为主，争取外援为辅，破除迷信，独立自主地干工业、干农业、干技术革命和文化革命，打倒奴隶思想，埋葬教条主义，认真学习外国的好经验，也一定研究外国的坏经验——引以为戒，这就是我们的路线。他提出了和平共处五项基本原则，强调要发展同一切国家的友好关系，反对大国的霸权主义，维护世界和平，促进人类进步。

毛泽东关于中国社会主义建设道路探索的正确认识，是毛泽东思想的重要组成部分，是马克思主义中国化的不断推进，是我们党理论创新宝库的伟大精神财富，是中国特色社会主义理论体系的必要前提。

（原载《理论研究动态》2010 年第 5 期）

努力推进马克思主义哲学的中国化

马克思主义哲学中国化，就是把马克思主义哲学基本原理与中国实际相结合，吸收中国和外国哲学的精华，用中国气派、中国特色的哲学话语体系所建构的中国化的马克思主义哲学。中国化的马克思主义哲学，是对马克思主义哲学的进一步丰富和发展，是中国化的马克思主义的哲学基础。不断推进马克思主义哲学中国化的创新，是我们哲学工作者义不容辞的历史使命。

一

20 世纪初，马克思主义哲学作为人类最先进的思想，在中华民族优秀儿女寻找救国图强的真理和道路的过程中传到中国。马克思主义哲学是揭示事物发展一般规律的普遍真理，然而作为外来的先进思想，它要真正转变成中国人民改造旧中国、建设新中国的巨大的精神力量，发挥科学的世界观方法论的指南作用，必须与中国国情、与中国历史文化相结合，必须为中国人民所普遍接受，成为中国化的马克思主义哲学。马克思主义哲学中国化的过程，一开始就是中国共产党人运用马克思主义哲学武装头脑、指导中国实践的过程，就是与中国国情、中国革命实践相结合的过程，就是吸收中华民族优秀文化，特别是优秀哲学思想的过程，就是为中国人民逐渐接受的过程。马克思主义哲学中国化符合人类思想文化世界性交融的规律，它既坚持马克思主义哲学普遍原理，继承人类文明最先进思想，又具有中国鲜明的民族形式和特征，既富有中国传统文化精华，又具有创新内容，是中国共产党人及其领导下的理论工作者对于马克思主义哲学发展所做出的中国式的特殊贡献。

　　为什么要实现马克思主义哲学的中国化？哲学是对世界万事万物在世界观方法论高度上的认识，应当从辩证唯物主义认识论的高度上来认识马克思主义哲学中国化的必要性和重要性。

　　辩证唯物主义认识论是唯物主义反映论，主张实践第一、坚持认识源于实践。毛泽东同志形象地用"实事求是"这句成语高度概括了辩证唯物主义认识论的实质和灵魂。"实事求是"，从哲学上讲，坚持了辩证唯物主义认识路线；从思想方法上讲，坚持了马克思主义思想路线。"实事求是"，就是从事物本身的固有规律中求得规律性的认识。"实事求是"既是马克思主义哲学精髓，又是唯物主义反映论的本质。"实事"就是具体实际、具体实践，凡是具体的都是特殊的，这就是哲学上所说的"特殊性"；"求是"就是从具体实际、现实实践中求得对客观规律的普遍真理，这就是哲学上所说的"一般性"。真理是客观的，是人对客观规律的科学概括；真理又是普遍的，是从特殊性中求得的一般性。一般性来自特殊性，寓于特殊性。实践产生认识，真理性的认识来自于客观实际。马克思主义哲学作为一般性的普遍真理，传入中国，为中国人民的先进知识分子所接受，而要为中国人民大众所接受，成为行动的指南，必须与中国特殊实践相结合，与中国人民所喜闻乐见的形式相结合，也就是说，从形式到内容，应当实现马克思主义哲学的本土化。

　　辩证唯物主义认识论又是能动的、革命的反映论，主张人的认识源于实践，正确的认识一旦产生并用于指导实践，可以产生巨大的实践力量，改造客观实际。马克思主义哲学的目的不在于认识世界，而在于改造世界。人们要改造客观世界，就必须把马克思主义哲学的一般立场、观点、方法与活生生的具体特殊性相结合，与活生生的中国国情相结合，实现马克思主义哲学中国化，才能为广大群众所接受，转变成巨大的物质力量，在改造主观世界的同时改造客观世界。

　　辩证唯物主义认识论还是辩证的反映论，主张人的认识来自实践，反过来又指导实践，并在实践中不断丰富、发展、实践、认识、再实践、再认识……如此往复，以至无穷。这就是人的认识发展的辩证规律，也是真理发展的辩证法。马克思主义哲学是马克思、恩格斯从当时他们所处的时代环境、客观条件和现实实践出发，继承了西方先进思想和西方文化表达形式而创造的。马克思主义哲学传到俄国，列宁用于指导俄国革命实践，并结合俄国的国情和俄国革命的实践，以俄国的话语体系，加以创新从而形成了列宁哲学思想。列宁哲学思想既体现了马克思主义哲学的"一般"，又包括了俄国先进思想的"特殊"，是马克思主义哲学在新的实践基础上的创新发展。马克思主义哲学的不断中国化，也是符合人类认识辩证发展规律的。

<h1 style="text-align:center">二</h1>

"一般性"与"特殊性"的辩证关系是马克思主义唯物主义认识论的关键问题。马克思主义哲学中国化，实质上就是马克思主义哲学原理的"一般性"与具体情况的"特殊性"的辩证化过程。

把马克思主义哲学的一般原理应用于中国的"具体环境"和"特殊条件"，使之发生内容和形态的改变，才能形成适应中国实际需要的、具有中国内容和表现形态的、为中国人民所接受的中国化的马克思主义哲学。实现马克思主义哲学中国化，既要肯定"一般性"，坚持"一般性"，坚持马克思主义哲学的一般原理，又要肯定"特殊性"，坚持"特殊性"，具体问题具体分析；不能因为强调"特殊性"而否定"一般性"，从而否定马克思主义哲学的一般原理；也不能因为强调"一般性"而否定"特殊性"，从而否定马克思主义哲学中国化的必要性。不能因为强调中国的"特殊性"，而否定马克思主义哲学的普遍指导意义；也不能因为强调马克思主义哲学的"一般性"，而否定马克思主义哲学中国化的"特殊性"。因为强调"特殊性"而否定"一般性"，是拒绝和否定马克思主义世界观方法论的指导作用；因为强调"普遍性"而否定"特殊性"，是教条主义，就会脱离中国的具体国情，脱离中国的历史文化，脱离中国的人民大众。总而言之，把马克思主义哲学的一般原理与中国特殊国情相结合，这是马克思主义哲学中国化的真谛所在。

思想路线问题，说到底就是哲学上的认识路线问题。坚持什么样的哲学认识路线，就会坚持什么样的思想路线。辩证唯物主义的认识路线是从物质到精神，精神再转化为物质，从实践到认识，由认识再转化为实践；唯心主义的认识路线是从思想到物质；机械唯物主义认识路线虽然承认从物质到精神，但看不到精神的反作用，因为他们不懂实践的作用。坚持辩证唯物主义认识路线，就会坚持"实事求是"的思想路线。早在井冈山斗争时期，毛泽东就已经从辩证唯物主义认识路线的高度提出了党的正确的思想路线，论及马克思主义中国化问题，实际上也论及了马克思主义哲学的中国化问题，形成了制定中国革命正确政治路线的哲学依据。他在 1930 年写的《反对本本主义》一文中提出："马克思主义的'本本'是要学习的，但是必须同我国的实际情况相结合。"① 在1936 年《中国革命战争的战略问题》一文中，他从哲学高度明确阐述了一般战争规律与革命战争规律的关系问题，科学地阐明了"一般性"与"特殊性"的辩证关系问题。在 1937 年的《实践论》、《矛盾论》这两部马克思主义哲学中国化的经典论著中，他科学地论证了矛盾的"一般性"和"特殊性"这个马克思主义哲学的普遍原理，形成了马克思主义与中国具体实践相结合的马克思主义哲学中国化的基本思想。在这一哲学思想的指导下，毛泽东在 1938 年 10 月中共六届六中全会的报告中，对马克思主义中国化作了最为经典的论述："共产党员是国际主义的马克思主义者，但马克思主义必须和我国的具体特点相结合并通过一定的民族形式才能实现。马克思列宁主义的伟大力量，就在于它是和各个国家具体的革命实践相联系的。对于中国共产党来说，就是要学会把马克思列宁主义的理论应用于中国的具体环境。成为伟大中华民族的一部分而和这个民族血肉相连的共产党员，离开中国特点来谈马克思主义，只是抽象的空洞的马克思主义。因此，使马克思主义在中国具体化，使之在每一表现中带着必须有的中国的特性，即是说，按照中国的特点去应用它，成为全党亟待了解并亟须解决的问题。"② 毛泽东关于马克思主义中国化的经典论述，内在地包含了马克思主义哲学的中国化。1943 年，在为中央党校校训题词时，他明确提出了"实事求是"的观点，高度概括了正确的思想路线，又一针见血地概括了马克思主义哲学的精髓，创造性地

---

① 《毛泽东选集》第 1 卷，人民出版社 1991 年版，第 111—112 页。

② 《毛泽东选集》第 2 卷，人民出版社 1991 年版，第 534 页。

推动了马克思主义哲学中国化的进程。

马克思主义哲学中国化，"中国化"其科学内涵就是要与中国特殊国情相结合、与中国人民的特殊实践相结合、与中国的特殊历史文化相结合。中国的特殊国情就是中国的地理环境、自然因素以及政治、经济、文化、民族条件等特殊状况；中国人民的特殊实践就是中国人民的阶级斗争实践、生产斗争实践和科学研究试验实践，在当代就是中国共产党领导的中国人民的革命、建设和改革的实践；中国的特殊历史文化就是在中国这块土地上，囿于中国特殊的经济、政治、社会诸环境所造就的，在中国人民的伟大斗争、生产和生活实践基础上所产生并延续的历史、思想、文化。中国化的马克思主义哲学应当从这种特殊性出发，包括对中国的革命、建设和改革的实践经验的总结和概括，以及对中国历史思想文化的总结和概括这两个方面。马克思主义哲学与中国历史思想文化相结合，就应当以马克思主义为指导，对中国历史思想文化，特别是哲学思想加以科学地总结和概括，取其精华，去其糟粕，化盐于水，把马克思主义哲学思想与中国历史思想文化精华，特别是哲学思想精华融于一体，使之具有中华民族的哲学智慧、哲学精神和哲学优秀传统。马克思主义中国化最灵魂的东西是哲学思想层面上的结合、融解、融会贯通。

毛泽东哲学思想是马克思主义哲学中国化的第一个成熟的理论形态。中国共产党建党 80 多年来，经过几代中国共产党人和理论工作者的共同努力，不断地推进和创新马克思主义哲学中国化。在中国化的马克思主义哲学所体现的马克思主义哲学世界观方法论的指导下，中国共产党人坚持把马克思主义哲学与中国革命的实际与探索社会主义建设道路的实践相结合，指引了中国革命的成功实践，彻底改变了中国人民的历史命运和中国的社会面貌，在这一过程中逐步形成了毛泽东哲学思想。正是在中国化的马克思主义哲学——毛泽东哲学思想的指导下，建立了指导中国革命的正确理论、路线、方针和策略，取得了中国新民主主义革命和社会主义革命的胜利。毛泽东哲学思想形成于革命战争实践，在社会主义建设的探索实践中得到丰富和充实。毛泽东哲学思想集中体现在毛泽东同志的《矛盾论》、《实践论》、《论持久战》、《关于正确处理人民内部矛盾的问题》、《人的正确思想是从哪里来的?》等著名著作中。毛泽东哲学思想实现了马克思主义哲学中国化，丰富了马克思主义哲学的理论内容和表现形式，使马克思主义哲学在东方的中国扎下根来，发展起来，为中国人民所接受，转化成巨大的革命力量和建设力量。在伟大的实践中，一代又一代中国共产党人又不断推进了马克思主义哲学中国化的持续创新，使马克思主义哲学既一脉相承，又不断创新。在改革开放新时期，邓小平同志领导全党创立了中国特色社会主义理论体系，进一步丰富了毛泽东哲学思想，形成了新时期马克思主义哲学中国化的创新成果。

三

实现马克思主义哲学中国化，内在地包括了马克思主义哲学的时代化、民族化、现实化和大众化。

第一，马克思主义哲学中国化的进程，就是马克思主义哲学时代化的进程。任何哲学思想体系都是时代精神的产物。马克思和恩格斯曾指出："一切划时代的体系的真正的内容都是由于产生这些体系的那个时期的需要而形成起来的。"[①] 每个时代总有属于它自己的问题，准确地把握和解决这些问题，就能够把理论和实践推向前进。马克思主义哲学就是在回答和解决时代所面临的历史性课题的过程中不断创新和发展的。只有把握时代问题，认清世情，才能确定党和人民所处的时代地位和历史方位，才能把握中国发展的时代命脉和历史趋势，才能回答中国向何处去、中国通过什么样途径走在时代潮流前列的问题，才能在回答这些时代问题的同时推进哲学的升华。今天，在和平与发展成为时代主题的条件下，中国共产党人坚持用马克思主义哲学的宽广眼界观察世界，科学判断时代条件和世界发展趋势，认真吸取世界上一切民族和国家的先进文明，带领中国人民紧跟时代前进潮流，成功地走出了中国特色社会主义道路。同时，在中国特色社会主义实践和理论创新过程中，创造性地推进了马克思主义哲学的永续中国化。

第二，马克思主义哲学中国化的进程，就是马克思主义哲学民族化的

---

① 《马克思恩格斯全集》第 3 卷，人民出版社 1960 年版，第 544 页。

进程。世界的就是民族的，民族的也是世界的。世界是由不同民族、不同国家组成的，世界是"一般"，民族国家是"特殊"，世界寓于民族国家之中。马克思主义哲学揭示了世界的普遍规律，其世界观、方法论适用于一切民族国家。然而马克思主义要成为具体民族国家的指导思想，必须与特殊民族国家国情相结合，实现马克思主义哲学的民族化，即本土化。马克思指出："理论在一个国家实现的程度，总是决定于理论满足这个国家的需要的程度。"① 马克思主义哲学及其在实践中的应用必须要结合实际情况，具体问题具体对待。所谓国情，就是特殊民族国家的国情。中国具体国情就是中华民族性的具体表现。所谓中国特色，就是中华民族的民族特色、中华民族国家的特殊性。马克思主义哲学中国化，也就是马克思主义哲学的民族化，就是要与中国民族国家的特殊性相结合。推进马克思主义哲学中国化，就要注重中华民族的特殊性，要研究民族的现实需要，继承民族的优秀文化，创造民族的特殊形式，形成民族的特色风格。只有同中国具体民族特性相结合，吸收中华民族文化的优秀思想和优秀表达形式，以中华民族的话语体系表达出来，充分体现中国气派、中国风格和中国特色，具有中华民族的特殊表达形式和丰富的民族文化特性，才是真正中国化的马克思主义哲学。

第三，马克思主义哲学中国化的进程，就是马克思主义哲学现实化的进程。理论源于实践，哲学的生命力源于现实。活生生的现实是哲学生长的深厚土壤。哲学为现实服务，现实又推动哲学发展。马克思主义哲学产生于活生生的现实，而马克思主义哲学要保持自身生命力，必须不断地与现实相结合，服务于现实，在现实生活中不断实现哲学的概括。

马克思主义哲学中国化要不断伴随着现实的发展、适应现实的需要而不断丰富发展，这就必须不断地依据现实，开拓新的研究领域，提出新的研究课题，解决新的问题，充实新的内容，提炼新的观点，以丰富哲学学科的理论体系。到活生生的现实中去收集素材，进行分析，加以概括，这是中国化的马克思主义哲学的生命活力之所在。今天，我国正处于社会主义改革开放和现代化建设的伟大时代，现实提出了大量时代

---

① 《马克思恩格斯选集》第 1 卷，人民出版社 1995 年版，第 11 页。

课题需要马克思主义哲学来回答，中国化的马克思主义哲学必须在回答这些重大问题的过程中发展自己、充实自己、丰富自己，才得以不断推进。

第四，马克思主义中国化的进程，就是马克思主义大众化的进程。马克思主义哲学本质上就是大众哲学，而不是少数人的哲学。马克思主义哲学大众化的过程也就是马克思主义哲学中国化的过程。首先，马克思主义哲学的基本立场是站在工人阶级及其广大人民的立场上，是实现全人类解放的思想武器，没有大众化，就没有马克思主义哲学，马克思主义哲学是为大众的哲学；其次，人民群众的创造性实践是马克思主义哲学的源泉，没有大众化，也不可能推进马克思主义哲学中国化，马克思主义哲学是来自大众的哲学；最后，马克思主义哲学只有为群众所掌握，才能转变为巨大的物质力量，没有大众化，马克思主义哲学就会被束之高阁，转化不成巨大的实践力量，马克思主义哲学是为大众所用的哲学。马克思主义哲学具有代表无产阶级和最广大人民群众根本利益的理论品质，这就决定了马克思主义哲学必须同人民大众相结合，为人民大众所理解。理论一旦掌握群众，就能转化为改造世界的巨大的能动的物质力量。任何正确的理论，必须说服群众、掌握群众，与人民群众相结合，为人民所接受，由人民群众创造和发展。否则，再好的理论，只要离开人民群众，都将一事无成。马克思主义哲学的巨大成就，来源于其必须走大众化的发展道路，必须与人民群众的实际运动相结合。毛泽东曾指出："任何思想，如果不和客观的实际的事物相联系，如果没有客观存在的需要，如果不为人民群众所掌握，即使是最好的东西，即使是马克思列宁主义，也是不起作用的。"[①] 在马克思主义哲学中国化进程中，一定要让马克思主义哲学中国化成果掌握群众，为群众所接受，这就要走大众化的道路。要大众化，就必须通俗化，让群众看得懂、用得上。要运用通俗易懂、为人民大众喜闻乐见的表达形式传播马克思主义哲学，使之从哲学家的书本上、从思想家的书斋中解放出来，真正掌握群众，转变为广大人民群众改造世界的巨大物质力

---

① 毛泽东：《唯心历史观的破产》（1949 年 9 月 16 日），《毛泽东选集》第 4 卷，人民出版社 1991 年版，第 1515 页。

量。同时，人民群众的实践活动又是马克思主义哲学中国化的深厚源泉和
基础，人民群众是哲学的真正实践者和创造者，中国化的马克思主义哲学
是中国人民大众集体智慧的结晶。

（原载《人民日报》2010 年 9 月 28 日、《中国社会科学文摘》2011 年第 1 期）

学习马克思主义，提高用马克思主义
指导哲学社会科学
研究的能力

院党组为什么要举办所局级主要领导干部马克思主义经典著作读书班呢？"非学无以广才，非学无以明志，非学无以立德"，借用古人的话，针对今天的实际来说，不认真学习马克思主义，不努力学会用马克思主义立场、观点、方法指导哲学社会科学研究，就不能大大提高全院主要领导干部的领导水平和管理能力，就不能牢牢地树立共产党人的理想信念，就不能提高政治素质、理论素养和党性修养。我谈几点意见，作为学习动员，与同志们共勉。

第一，高度重视，贵在自觉。

政治上的清醒和坚定来自理论上的清醒和坚定。学好马克思主义，全院主要领导干部的马克思主义理论水平提高了，哲学社会科学事业的繁荣发展，中国社会科学院事业的繁荣发展就有了可靠保证。

为什么这么说？可以引用几段毛泽东同志的指示来说明其重要性和必要性。第一段，在1938年召开的中共六届六中全会上，毛泽东同志指出："我们的任务，是领导一个几万万人口的大民族，进行空前的伟大的斗争。所以，普遍地深入地研究马克思列宁主义的理论的任务，对于我们，是一个亟待解决并须着重地致力才能解决的大问题。"今天对于领导13亿人口从事发展中国特色社会主义伟大事业的中国共产党来说，普遍深入地学习研究马克思主义和马克思主义的中国化，是一个亟待解决并需着重解决的重大问题。第二段，毛泽东同志接着指出："在担负主要领导责任的观点上说,如果我们党有一百个至二百个系统地而不是零碎地、实际地而不是空洞地学会了马克思列宁主义的同志,就会大大提高我们党的战斗力,并加速我们战胜日本帝国主义的工作。"毛泽东同志认为战胜日本帝国主义的关键在于提高党的高级领导干部的马克思主义理论水平。针对当今的情况来讲,如果我们党有一大批系统的而不是零碎地、实际的而不是空洞地掌握了马克思主义的高素质的领导干部,就会大大提高我们党的战斗力,大大加快发展中国特色社会主义事业的进程。第三段,1940年12月底毛泽东同志在延安接见从前线回来到中央党校学习的同志时说:"没有大量的真正精通马克思列宁主义革命理论的干部,要完成无产阶级革命是不可能的。"[1] 政治路线确定之后,干部就是决定的因素。在党的路线正确的前提下,能否贯彻落实党的正确路线,关键在于领导干部,在于领导干部的政治理论素质和理论联系实际的能力。领导干部具备不具备领导素质,其领导素质是高还是低,首要的就是看有没有过硬的马克思主义理论素养,说到底,就是能不能用马克思主义的立场、观点和方法研究、认识和解决当代中国改革和发展中一系列现实问题的能力。领导干部是否具备这种素质和能力,关系到我们党能不能坚持中国特色社会主义理论体系,发展中国特色社会主义伟大事业。

加强全党马克思主义学习,不断提高全党马克思主义水平,是我们党不断取得胜利的基本经验,也是推进中国特色社会主义的思想理论保障。同样的道理,办好中国社会科学院,繁荣发展哲学社会科学,最关键的在于加强我院领导干部,首先是主要负责干部的马克思主义理论水准,提高他们运用马克思主义立场、观点、方法指导哲学社会科学研究,全面推进我院建设的能力。我希望同志们对于马克思主义学习,要具有这样的认识高度,牢牢树立学习马克思主义的自觉性。

第二,目的明确,全在应用。

崇尚读书学习,是中华民族的优良传统。但是在不同的社会制度下,不同的阶级、不同阶级的政治人物所主张的读书学习目的是根本不同的。

---

① 中共中央文献研究室编著:《毛泽东年谱》中卷,中央文献出版社1993年版,第248—249页。

　　培养适合封建社会需要、为封建统治阶级服务的"士君子"、"士大夫"、"读书人"，就是封建社会统治阶级教人读书学习的目的所在。作为中国封建社会的主流意识形态，儒家学说主张读儒学经典为着"经世致用"，为封建社会制度"修身、齐家、治国、平天下"。如此明确的读书学习目的落实在调动个人读书学习的主动性上，就是鼓励"学而优则仕"，以"读书做官"来调动个人读书学习的积极性，而做官则是为封建社会制度服务。封建统治阶级提倡的读书学习具有很强的功利性和伦理性，"读书做官"论就体现了这一点。儒家老祖宗孔子的许多弟子包括孔子本人都曾经到处求过官、践履"学而优则仕"的主张，开"读书做官"之先河。唐朝沿袭隋制，完整地建立了科举取士制度，为平民百姓设计了通过读书也可以入朝为官的道路，大大地激发了平民的读书热情。"书中自有千钟粟，书中自有黄金屋，书中自有颜如玉"，"万般皆下品，唯有读书高"。这些话几乎成了中国封建社会读书人的口头禅。封建统治阶级所提倡的读书学习目的，有着明确的政治目的，其消极作用亦是显而易见的。当然也有积极的一面，体现了重视读书学习，注重精读经典原著，提倡刻苦学习，主张学以致用，提倡入世建功勋的积极进取精神。

　　今天，党中央提倡领导干部要读书学习，其目的与中国封建社会根本不同。今天，提倡全党学习，有鲜明的政治目的，这就是为中国人民服务而学习，为中华民族振兴而学习，为发展中国特色社会主义宏伟事业而学习。我们共产党人读书学习，首要任务是读马克思主义的经典原著，学习马克思主义立场、观点和方法。

　　我1982年到中央党校学习，有幸受到一位中央领导同志的指教。他说："你们是我们党培养的马克思主义秀才，但千万不要把马克思主义当作吃饭的家伙，当作饭碗，而要当作斗争的武器。"这也一语道破共产党人读书学习的目的。共产党人读书的目的不是个人功利主义，而是革命功利主义；不是为了个人做官、走仕途，而是为了"学以致用"。马克思有一句名言："哲学家们只是用不同的方式解释世界，而问题在于改变世界。"[1] 学习马克思主义的目的就是为了解决中国的实际问题，解决工作的

_____

① 《马克思恩格斯选集》第1卷，人民出版社1972年版，第19页。

实际问题。马克思主义是思想武器,是理论指南,不是解决个人吃饭问题的家伙,不能把学习、研究马克思主义简单地当作一种职业,当作挣钱的工具,当作评职称、解决待遇的台阶,而是为了改造中国,改造世界。今天,我们从事的中国特色社会主义,就是改造中国、改造世界的正确道路选择。毛泽东同志说:"对于马克思主义的理论,要能够精通它、应用它,精通的目的全在于应用。"① 是不是用于实践,这就是我们读书学习的目的和检验学习成效的标准。

具体到作为中国社会科学院的骨干层、主要领导干部层,学习马克思主义的目的是什么呢? 也是为了使用,为了学会运用马克思主义立场、观点、方法指导哲学社会科学研究,指导办好社科院,以推进马克思主义的继承和创新、哲学社会科学的繁荣和发展。这个读书目的与党所主张的读书目的是一致的。有人会问:"繁荣发展哲学社会科学,不一定要学马克思主义,不学不一样繁荣发展吗? 比如,我国春秋战国时期、西欧资产阶级文艺复兴时期的学术不也很发展吗?"还有人会问:"我从事研究的学科不属于意识形态范畴,是纯学术的,为什么还要学习马克思主义呢?"应当说,这些说法都有一定道理,但不完全正确。说它不正确,是因为它不适应中国国情要求,不明白马克思主义的根本功能。

一是我们现在仍处于世界无产阶级革命和社会主义发展的伟大时代,正处于发展中国特色社会主义的新的历史阶段。马克思主义就是该时代精神的精华,就是当今时代哲学社会科学,也是中国哲学社会科学的最高峰。我们今天所从事的是工人阶级政党——中国共产党所领导的社会主义中国现代化建设的伟大事业,而指导党、指导我们事业的理论基础则是马克思主义,是马克思主义与当今时代、中国国情相结合的中国化的马克思主义。中国近代史证明,离开马克思主义指导,中华民族伟大复兴是不可能实现的。马克思主义是我们各项工作的指南,包括哲学社会科学,概不例外。

二是我们所从事的哲学社会科学事业从属于中国特色社会主义伟大事业,属于中国特色社会主义经济基础的上层建筑,属于社会主义主流意识

---

① 《整顿党的作风》,《毛泽东选集》第 3 卷,人民出版社 1991 年版,第 815 页。

形态，属于社会主义思想理论战线，属于社会主义大文化范围。今天的中国哲学社会科学具有社会主义文化的性质，其中有一些学科是带有强烈的意识形态属性和政治属性，当然也有一部分不带有意识形态属性、政治属性，凡带意识形态属性、政治属性的学科，毫无例外，必须以马克思主义作指导，有的学科其本身就是宣传、研究马克思主义的学科。而不带意识形态属性、政治属性的学科，也有一个研究者为什么人服务的问题，是不是为中国人民服务，为祖国服务，为社会主义服务，是不是热爱人民、热爱社会主义祖国的问题。更重要的是，无论研究什么问题，都需要一个正确的世界观、科学的方法论的指导问题。运用马克思主义正确世界观、方法论研究哲学社会科学，不仅解决为什么人服务的问题，还解决可以更好地指导研究、推动学术发展的问题。有很多大学问家，解放后接受了辩证唯物主义和历史唯物主义，有成效地运用马克思主义世界观方法论指导哲学社会科学研究，说明并解决了许多重大学术问题，使他们的学术研究在原有基础上取得了更大成就，这样的例子不胜枚举。马克思主义对我们哲学社会科学研究人员来说，既有一个人生观、价值观功能，让我们热爱祖国、热爱人民，把自己所从事的学术事业与人民、与社会主义祖国联系在一起；同时更重要的是有一个世界观、方法论的功能，指导我们更好地从事学术研究。马克思主义是从事哲学社会科学研究的指南与方法，是保证正确政治方向和学术导向的思想基础，只能靠它才能统一科研人员思想，保证正确的政治方向和学术导向。

三是从事哲学社会科学领导工作的领导干部学习马克思主义极为重要。对于担负哲学社会科学事业领导责任、骨干任务的领导干部来说，除了用马克思主义的人生观、价值观规范言行，用世界观、方法论指导哲学社会科学研究外，还具体指导怎样管理社科院、怎样建设社科院、怎样调动科研人员积极性，也就是，有助于提升领导干部的管理能力和领导水平。因此，就领导责任来说，解决了我院主要领导干部的马克思主义素质问题，也就解决了我院建设和发展的关键问题。

第三，精读精通，坚持不懈。

在河北保定直隶总督府后花园有一个横幅写道："读书先从识字起。"读书学习不能像有些人那样"看书看个皮，看文看个题"，囫囵吞枣，不去消化,一目十行,不求甚解,一定要逐字逐句逐段地研读。学习马克思主义,不是要死记硬背马克思主义的原著,也不能生吞活剥马克思主义的结论,把马克思主义变成教条,而是要精通马克思主义。精通马克思主义,就要认真研读马列原著,要原原本本地学,要仔仔细细地学,要逐字逐段地学。总之,要下工夫读原著。有的人读马列的书,走捷径,不下工夫,只看辅导材料,不去接触原著,须知,吃别人嚼过的馍,一没有滋味,二没有营养,还容易得传染病,会被引入错误的认识歧途。

读马列原著,精通必须精读。所谓精读,一是抓住重点,二是反复研读,这样才能达到精通马克思主义的学习要求。读书学习不等于多读,读全部马列的书是少数人的事情,对多数在实际岗位上工作的同志来说不现实,不要太多,多则不灵。1948 年 9 月毛泽东说:"我党的理论水平,必须承认还是低的,必须提高一步。这样大的党,在许多基本理论问题上或是不了解,或是不巩固……党内许多新知识分子和工农干部,对许多基本观点不知道,对许多问题不会解释……我们在理论上要提高,还要普及……如果要求大家读全部马列选集,也不现实,可以挑选一些,不然书那么多,读起来困难。华东局印了五本,说是有人在读。如果五本不够,可以选十本,包括《联共(布)党史》、《列宁主义概论》、《帝国主义论》在内。列昂节夫的《政治经济学》也可以选一些。宣传部可以研究一下,看挑些什么书好,五本不够就十本,但是不要太多,多则不灵。"①邓小平同志指出:"学习马列,要少而精,要管用。"我们党每次开展学习运动,都根据各时期的任务和干部特点、需要,按照"少而精,要管用"的原则,适当指定一些必读书目,要求全党学习使用。

精读,要反复读、经常读。孔子讲"学而时习之,不亦乐乎?"常读,才能吃透精神。1939 年底,毛泽东同志在延安对一位进马列学院学习的同志说:"马列主义的书要经常读。《共产党宣言》,我看了不下 100 遍,遇到问题,我就翻阅马克思的《共产党宣言》,有时只阅读一两段,有时全篇都读,每读一次,我都有新的启发。我写《新民主主义论》时,《共产党宣言》就翻阅过多次。读马克思主义理论在于应用,要应用就要经常

---

① 《毛泽东文集》第 5 卷,人民出版社 1996 年版,第 137—138 页。

读，重点读。"这次读书班，也给同志们指定了书目，希望同志们不要贪多，多读几遍，反复认真读。

"只要功夫深，铁杵磨成针。"精读精通马列，必须坚持不懈，持之以恒，一刻也不放松，功夫下到了，就会逐步学会。1945 年 5 月 31 日毛泽东在党的七大总结讲话时说："加强理论学习至少要读五本书，我向大家推荐这五本书：《共产党宣言》、《社会主义从空想到科学的发展》、《在民主革命中社会民主党的两个策略》、《共产主义运动中的"左派"幼稚病》、《联共（布）党史简明教程》，这里马、恩、列、斯的都有了。如果有五千人到一万人读过了，并且有大体的了解，那就很好，很有益处。我们可以把这五本书装在干粮袋里，打完仗后，就读他一遍或者看他一两句，没有味道就放起来，有味道就多看几句，七看八看就看出味道来了。一年看不通看两年，如果两年看一遍，十年就可以看五遍，每看一遍在后面记上日子，某年某月某日看的。这个方法可以在各个地方介绍一下，我们不搞多了，只搞五本试试。"[1] 学习马列原著，只要长期坚持，必有益处。

第四，联系实际，思考分析。

毛泽东同志在 1941 年《改造我们的学习》中指出："我主张将我们全党的学习方法和学习制度改造一下。"[2] 他分析了建党 20 年给党带来危害的坏的学习风气，他说："不注重研究现状，不注重研究历史，不注重马克思列宁主义的应用。这些都是极坏的作风。这种作风传播出去，害了我们的许多同志。"[3] "许多同志的学习马克思列宁主义似乎并不是为了革命实践的需要，而是为了单纯的学习。所以虽然读了，但是消化不了。只会片面地引用马克思、恩格斯、列宁、斯大林的个别词句，而不会运用他们的立场、观点和方法，来具体地研究中国的现状和中国的历史，具体地分析中国革命问题和解决中国革命问题。这种对待马克思列宁主义的态度是非常有害的，特别是对于中级以上的干部，害处更大。"[4] "我们学的是马

---

① 《毛泽东文集》第 3 卷，人民出版社 1996 年版，第 417—418 页。
② 《改造我们的学习》，《毛泽东选集》第 3 卷，人民出版社 1991 年版，第 795 页。
③ 同上书，第 797 页。
④ 同上。

克思主义,但是我们中的许多人,他们学马克思主义的方法是直接违反马克思主义的。这就是说,他们违背了马克思、恩格斯、列宁、斯大林所谆谆告诫人们的一条基本原则:理论和实际统一。他们既然违背了这条原则,于是就自己造出了一条相反的原则:理论和实际分离。在学校的教育中,在在职干部的教育中,教哲学的不引导学生研究中国革命的逻辑,教经济学的不引导学生研究中国经济的特点,教政治学的不引导学生研究中国革命的策略,教军事学的不引导学生研究适合中国特点的战略和战术,诸如此类。其结果,谬种流传,误人不浅。"① 毛泽东同志大声疾呼要彻底改造这种坏的学习风气、学习方法和学习制度,提倡理论联系实际的马克思主义学风。

　　什么是理论联系实际? 毛泽东同志形象地比喻为"有的放矢","的"是靶子,"矢"是箭,"有的放矢"就是说箭一定要射中靶子,把箭拿在手里,不去射中靶子,再好的箭也毫无用处。他说:"要有目的地去研究马克思列宁主义的理论,要使马克思列宁主义的理论和中国革命的实际运动结合起来,是为着解决中国革命的理论问题和策略问题而去从它找立场,找观点,找方法的。这种态度,就是有的放矢的态度。'的'就是中国革命,'矢'就是马克思列宁主义。我们中国共产党人所以要找这根'矢',就是为了要射中国革命和东方革命这个'的'的。这种态度,就是实事求是的态度。"② "应确立以研究中国革命实际问题为中心,以马克思列宁主义基本原则为指导的方针,废除静止地孤立地研究马克思列宁主义的方法。"③ 毛泽东同志要求在党校学习的同志学习马克思主义必须做到针对实际问题、说明实际问题,他说:"如果你能应用马克思列宁主义的观点,说明一个两个实际问题,那就要受到称赞,就算有了几分成绩。被你说明的东西越多,越普遍,越深刻,你的成绩就越大。现在我们的党校也要定这个规矩,看一个学生学了马克思列宁主义以后怎样看中国问题,有看得清楚的,有看不清楚的,有会看的,有不会看的,这样来分优劣,

①　《改造我们的学习》,《毛泽东选集》第 3 卷,人民出版社 1991 年版,第 798 页。
②　同上书,第 801 页。
③　同上书,第 802 页。

分好坏。"① 在改革开放新时期，邓小平同志提出，"针对新的实际，学习马克思主义。"坚持理论联系实际的学风，是学习马克思主义必须要解决的第一等重要问题。

精读精通就要抓住实际问题，用心对照读，随读随想，认真思索，加以分析。1958 年 11 月 9 日毛泽东专门给四级干部（中央、省、地、县）写了一封《关于读书的建议》的信，信中说："不为别的，单为一件事：向同志们建议读两本书。一本，斯大林著《苏联社会主义经济问题》；一本，《马恩列斯论共产主义社会》。每人每本用心读三遍，随读随想，加以分析，哪些是正确的（我以为这是主要的）；哪些说得不正确，或者不大正确，或者模糊影响，作者对于所要说的问题，在某些点上，自己并不甚清楚。读时，三五个人为一组，逐章逐节加以讨论，有两至三个月，也就可能读通了。要联系中国社会主义经济革命和经济建设去读这两本书，使自己获得一个清醒的头脑，以利指导我们伟大的经济工作。现在很多人有一大堆混乱思想，读这两本书就有可能给以澄清。有些号称马克思主义经济学家的同志，在最近几个月内，就是如此。他们在读马克思主义政治经济学的时候是马克思主义者，一临到目前经济实践中某些具体问题，他们的马克思主义就打折扣了。"②

第五，抓住精髓，学习哲学。

学习马克思主义，怎样学，主要学什么？孔子与他的弟子子贡在《论语·卫灵公第三》中有一段对话很说明问题："子曰：'赐也！女以予为多学而识之者与？'对曰：'然，非与？'曰：'非也。予一以贯之。'"翻译成白话文就是："孔子说：'子贡，你认为我是学的很多并能把它们记下来的人吗？'子贡回答说：'是的，难道不是这样的吗？'孔子说：'不对，我只是用一个基本的原则把各种知识、行为贯穿起来。'""一以贯之"，这个成语即出自于此。马克思主义的书很多，原理、观点、结论也很多，学习马克思主义，不是背的东西越多越好，而最根本的是要学习贯穿马克思主义始终的最基本的东西，这就是贯穿马克思主义始终的、一脉相承的

---

① 《整顿党的作风》，《毛泽东选集》第 3 卷，人民出版社 1991 年版，第 815 页。
② 《毛泽东文集》第 7 卷，人民出版社 1999 年版，第 432 页。

世界观、方法论，也可以说是认识问题、分析问题、解决问题的立场、观点、方法，掌握了这个最基本的、一以贯之的东西，就掌握了马克思主义的精髓。马克思主义立场、观点、方法，即世界观、方法论，就是马克思主义哲学，这是马克思主义最核心的东西，是指导实践的思想指南。学习马克思主义，首要的、最重要的是学习马克思主义"一以贯之"的哲学世界观、方法论，学会用马克思主义立场、观点、方法，分析问题、认识问题、解决问题。

党的领导干部的能力如何、水平如何，关系到全党的执政能力和领导水平，关系到执政地位的巩固与否，关系到中国特色社会主义事业的发展与否，而领导干部素养、能力、水平，最终取决于干部的哲学思维的素质和能力。

关于干部学习，毛泽东同志讲："以研究思想方法论为主。"[1] 邓小平同志说："现在，有些人发议论，往往只看现象，原因是理论和实践都没有根底"[2]，"现在我们的干部中很多人不懂哲学，很需要从思想方法上、工作方法上提高一步"[3]。陈云同志说："要把我们党和国家领导好，最要紧的，是要把领导干部的思想方法搞对头。"[4] "因此，首先要学哲学，学习正确的观察问题的思想方法。如果对辩证唯物主义一窍不通，就总是要犯错误。"[5] "现在我们在新形势下，全党仍然面临着学会马列主义、毛泽东思想的立场、观点、方法分析和解决问题这项最迫切的任务"[6]，"学好哲学，终生受益"[7]。所谓思想方法，就是思想路线问题，就是世界观、方法论问题，就是哲学问题，思想方法论就是指哲学世界观方法论，就是让领导干部真正掌握马克思主义的立场、观点和方法。毛泽东同志十分重视干部学习马克思主义哲学，并把学哲学作为解决干部根本思想方法问题的基本途径。毛泽东同志有一个爱好，就是喜欢抄

[1] 《毛泽东书信选集》，中央文献出版社 2003 年版，第 171 页。
[2] 《邓小平文选》第 2 卷，人民出版社 1994 年版，第 382 页。
[3] 同上书，第 303 页。
[4] 《陈云文选》第 3 卷，人民出版社 1986 年版，第 360 页。
[5] 同上书，第 46 页。
[6] 同上书，第 362 页。
[7] 同上。

写唐诗，有一首唐诗《登鹳雀楼》，他曾经用毛笔书写过七次。是唐朝诗人王之涣借山西省永济市中条山鹳雀楼之景象而写意，"白日依山尽，黄河入海流。欲穷千里目，更上一层楼"。毛泽东同志在延安整风讲哲学的时候曾经说过，我们共产党人的眼力不够，要借助马克思主义哲学的世界观和方法论，作为政治上的望远镜。他把马克思主义的世界观和方法论当作政治上的望远镜，认为学习马克思主义哲学世界观和方法论就好比登高，登高一层，就看得更远，"欲穷千里目，更上一层楼"。邓小平同志认为毛泽东思想的精髓就是实事求是的思想路线。实事求是思想路线就是哲学精髓，邓小平抓住这个根本，结合中国实际，解决了发展中国特色社会主义这个主题。

第六，克服自满，学习到底。

有一句话："活到老，学到老，人生八十能生巧。"毛泽东同志临去世时还在坚持学习，为我们树立了光辉的学习榜样。毛泽东同志说："学习一定要学到底，学习的最大敌人是不到'底'。自己懂了一点，就以为满足了，不要再学习了，这满足就是我们学习运动的最大顽敌……我们采取学到底的方针，一定可以克服自满的坏现象。"① 学习的敌人是自满，一定要克服自满情绪、骄傲情绪。我院有的同志认为，我们就是搞学问的，每天都在读书，不用再专门学习了，这也是一种自满情绪。越是做学问的，越要多学马克思主义，而不是不学或少学。

毛泽东同志1939年5月20日在中央干部教育部召开的学习运动动员大会上讲话时提出："要把全党办成一个大学校。"他说："有句古话：'人到五十五，才是出山虎'。那末，你若是五十四岁的话，还是青年呢，哪有不可学的道理！……现在我们这个干部教育制度很好，是一个新发明，是一个新发明的大学制度。讲到大学，我们这里有马列学院，抗日军政大学，女子大学等，这都是很好的。在外边有北京大学、复旦大学等等，在外国有牛津大学、巴黎大学等等，他们都是学习五年、六年便要毕业，叫做有期大学。而我们这个大学，可算是天下第一，叫做无期大学，年纪大一点也没有关系，只要你是活着，都可以进我们的大学……所以进

---

① 《毛泽东文集》第2卷，人民出版社1993年版，第184—185页。

学校是可以进，但是这只是进一个门而已，要求得更进一步的学问，一定要在学校外边学习，要长期地研究。"① 学习马克思主义，是永远不能毕业的，要学习到底。因此，毛泽东同志向全党发出的学习口号是："全党的同志，研究学问，大家都要学到底，都要进这个无期大学。要把全党变成一个大学校。"

克服自满，学习到底，必须下决心坐下来认认真真、仔仔细细、勤勤苦苦地读书学习。学习精神有一个，就是"勤"，古人讲："业精于勤，荒于嬉"，"书山有路勤为径，学海无涯苦作舟"，要提倡刻苦勤学的精神。学习办法有两个：一个是"挤"，一个是"钻"。"挤"是解决没有时间学习的办法，"钻"是解决看不懂的问题。毛泽东同志说：" '没有功夫'，这已成为不要学习的理论、躲懒的根据了。共产党员不学习理论是不对的，有问题就要想法子解决，这才是共产党员的真精神。在忙的中间，想一个法子，叫做'挤'，用'挤'来对付忙。"

"再一个问题是看不懂。这种情形的确存在，有的同志'宁可挑大粪，不愿学理论'。忙可以'挤'，这是个办法；看不懂也有一个办法，叫做'钻'。如木匠钻木头一样地'钻'进去。看不懂的东西我们不要怕，就用'钻'来对付。""非把这东西搞通不止，这样下去，一定可以把看不懂的东西变成看得懂的。"我在中央党校当教员时担任过《费尔巴哈论》授课任务，一开始有些学员看不懂，就说什么"费尔巴哈，费力巴拉，不如看辅导材料、听老师讲，看原著，越看越糊涂"。这就是没有钻进去，一旦这些学员钻进书本了，一个月下来，就把马克思主义哲学的基本道理搞明白了，他们又说："《费尔巴哈论》是马克思主义哲学的百科全书。"毛泽东同志还说："正面搞不通，可以从旁的方面着手，如打仗一样，顽强的敌人，正面攻不下，就用旁袭侧击，四面包围，把它孤立起来，这样就容易把它攻下。学习也是一样，正面的东西一时看不懂，就从旁的东西看起，先打下基础，就可以一点一点地搞通正面的东西。""工作忙就要'挤'，看不懂就要'钻'，用这两个法子来对付它，学习是一定可以获胜

---

① 《毛泽东文集》第 2 卷，人民出版社 1992 年版，第 182—185 页。

的。"① 我们一定要坚持毛泽东同志提倡的"挤"、"钻"办法，学好马克思主义。

同志们这次到党校住宿学习，我再提几点要求，希望同志们做到、做好。

第一，听从校长、老师管理。

同志们到党校来学习，一切行动要听指挥。听谁的指挥？听校长、老师的指挥和管理。同志们要实行三个转变：由领导干部到普通学员的转变，由工作岗位到学习岗位的转变、由家庭生活到集体生活的转变。尽管学习时间不长，也要求大家做到，"一切行动听指挥"，服从管理，实现"三个转变"。

第二，遵守校规校纪。

无规矩，不成方圆。党校办学也有规矩制度，如作息时间、请假制度……这些校规校纪是保证党校正常教学与学习秩序的制度。我希望同志们做遵守校规校纪的模范，按时起床、就餐、上课、自习，离开校园要请假，这些规矩请同志们记牢、遵守。正己者才能正人，只有做到自己遵守纪律，才能教育好别人。我相信，同志们都是主要负责同志，会认真做到这一点的。

第三，甘坐冷板凳。

这次到党校住校学习，同志们只有一个任务，就是读几本马克思主义经典著作，没有其他任务，任务单一明确。同志们要集中精力，静下心来，心无旁骛地读书学习。一是院、所的事交给其他同志去办，实在需要本人出面的，可以放在下一周；二是研读好指定的书，不要干别的事、读别的书、写其他文章，"两耳不闻窗外事，一心只读马列书"。就这几天时间，希望同志们静下心来，坐得住，读有所获，学有所成。

第四，做好读书笔记。

俗话讲："好记性不如烂笔头。"读马列经典著作既要动眼，又要动手，还要动脑。动眼，就是逐字逐句的读书；动手，就是拿笔杆子，或做眉批，或做随记……动脑，就是要思索、要分析，提倡多问几个为什么。

---

① 同上书，第180—182页。

只有动眼、动手、动脑,才能够一步一步做到精读精通。最后要求同志们写一篇读书笔记,这是检验同志们学习效果如何的一个标志。

希望同志们在党校学习期间,注意饮食卫生,注意睡眠锻炼,注意保重身体,"好好学习,天天向上"。

（原载《社科党建》2011 年第 3 期）

切实尊重人民的主体地位和首创精神

在庆祝中国共产党成立 90 周年大会上的讲话中，胡锦涛同志语重心长地要求全党，"把人民放在心中最高位置，尊重人民主体地位，尊重人民首创精神"。尊重人民主体地位和首创精神，是由我们党的性质和根本宗旨决定的，体现了马克思主义历史唯物论的基本原理，体现了我们党推动经济社会发展的根本目的。90 年来，我们党之所以能够取得举世瞩目的辉煌成就，一个关键的原因就在于，我们党始终尊重人民主体地位和首创精神，始终坚持群众观点和群众路线。在新的历史条件下，密切联系群众，切实尊重人民的主体地位和首创精神，更是我们做好一切工作的根本指导方针，必须全面理解，认真把握。

一　尊重人民的主体地位和首创精神，必须继承和发扬我们党的优良传统

唯物史观从社会存在决定社会意识的基本原理出发，肯定人民群众创造历史的决定作用，第一次真正地、彻底地、全面地解决了谁是历史创造者的问题。马克思主义认为，人民群众是历史的主体，是社会物质财富和精神财富的创造者，是社会制度变革和创新完善的决定性力量，人民群众是真正的英雄。

作为中国工人阶级的先锋队，以及中国人民和中华民族的先锋队，中国共产党自成立那天起，就以马克思主义为理论基础和指导思想，把坚持马克思主义看作是立党、建党、兴党的理论依据，看作是保持党的性质、方向、生命力和发展动力的根本前提，就把唯物史观作为"吾党

哲学的根据"①。坚持唯物史观就必须坚持群众史观，就必须坚持群众观点，走群众路线。90 年来，中国共产党这个用马克思主义武装起来的中国工人阶级的先进政党，积累了深厚的尊重人民主体地位和首创精神的优良传统。

在领导全国人民进行革命的过程中，我们党动员群众，依靠群众，获得了无穷的战斗力，最终取得了革命的胜利。早在五四时期，毛泽东就高度重视人民群众在创造历史、推动革命过程中的伟大作用，提出了"民众的大联合"的主张。他在《湘江评论》创刊宣言中说，世界什么问题最大？吃饭问题最大。什么力量最强？民众联合的力量最强。在领导革命斗争的过程中，他更加深刻认识和高度评价人民群众的历史作用，提出了"人民，只有人民，才是创造世界历史的动力"的著名论断。② 抗战时期，美国军事观察组来华考察后，得出一个结论：国民党占有着大片的土地，而共产党则占有大片的人心。我们正是通过密切联系群众，赢得民心，才由占领大片的人心，转化为占有大片的土地，最终取得了民主革命的胜利，建立了新中国。

新中国成立后，特别是伴随改革开放的深入，我们党在新的实践中继续坚持尊重人民主体地位和首创精神的原则。邓小平指出，我们搞四个现代化，因为经验不足，会面临多方面的困难。这些问题，归根到底，只有相信群众，依靠群众，充分走群众路线，才能够得到解决。在十七届五中全会上，胡锦涛同志提醒全党，群众是真正的英雄，是我们党的力量源泉和胜利之本。党和人民事业能不能顺利发展，关键在我们党能不能始终保持同人民群众的血肉联系，能不能充分调动人民群众的积极性、主动性、创造性。正是由于我们充分发挥了密切联系群众的政治优势，才取得了社会主义革命、建设和改革开放的伟大成就。

在实践中，中国共产党人一以贯之地坚持并创造性地运用和发展马克思主义群众史观，使之随着实践发展步伐和时代特征变化获得进一步提升。我们党强调人民群众是历史的创造者，规定党的宗旨是全心全意为人

---

① 《毛泽东文集》第 1 卷，人民出版社 1993 年版，第 4 页。
② 《毛泽东选集》第 3 卷，人民出版社 1991 年版，第 1031 页。

民服务。树立鲜明的群众观点，即一切为了人民群众的利益的观点，一切向人民群众负责的观点，相信群众自己解放自己的观点和向人民群众学习的观点。形成了"一切为了群众，一切依靠群众，从群众中来，到群众中去"的群众路线。

90 年来，我们党之所以能够从小到大、从弱到强，始终保持先进性，完成和推进新民主主义革命、社会主义革命和改革开放新的伟大革命"三件大事"，取得了开辟中国特色社会主义道路、形成中国特色社会主义理论体系、确立中国特色社会主义制度的"三大成就"，一个重要原因就在于能够始终尊重人民的主体地位和首创精神，始终做到来自人民、植根人民、服务人民，在于牢固树立群众观点，自觉贯彻群众路线，始终站稳群众立场，不断提高群众工作本领。我国革命、建设和改革的历程有力地证明，我们党的根基在人民、血脉在人民、力量在人民。历史的经验告诉我们，党的群众观点和群众路线是我们经受考验、应对挑战，克服困难、夺取胜利的重要保证。密切联系群众是我们党的最大政治优势，脱离群众是执政党的最大危险。这种政治优势是在为人民谋利益的实践中形成、巩固和发展的，不是与生俱来，也不能一劳永逸，过去拥有不等于现在拥有，现在拥有不等于永远拥有。在新的历史时期，我们必须继承和发扬党的优良传统，始终把人民放在心中最高位置，保持同人民群众的血肉联系，全心全意为人民服务，发扬密切联系群众这个最大的政治优势，消除脱离群众的危险。

二 尊重人民的主体地位和首创精神，必须坚持以人为本、执政为民

胡锦涛同志"七一"讲话第一次明确指出，以人为本、执政为民是我们党的性质和全心全意为人民服务根本宗旨的集中体现，是指引、评价、检验我们党一切执政活动的最高标准。人民是历史的主体，是国家的主人，是我们一切工作的出发点和落脚点。是否始终站在最广大人民的立场上，是否切实尊重人民的主体地位和首创精神，是区分唯物史观和唯心史观的分水岭，也是判断马克思主义政党的试金石。

　　这就要求我们牢记马克思主义群众观点，贯彻党的群众路线，坚持以人为本、执政为民的理念。只有我们把群众放在心上，群众才会把我们放在心上；只有我们把群众当亲人，群众才会把我们当亲人。只有始终把人民利益放在第一位，以群众呼声为信号，以群众利益为目标，以群众满意为追求，实现好、维护好、发展好最广大人民根本利益，做到权为民所用、情为民所系、利为民所谋，我们的工作才能获得最广泛最可靠最牢固的群众基础和力量源泉。

　　在推进中国特色社会主义事业的伟大进程中，坚持以人为本、执政为民，就要倾听人民呼声，尊重人民意愿，反映人民意见，使事关经济社会发展的各项主张和决策顺民意、得人心，获得最广大人民的拥护和支持。就要坚持一切工作从尊重最广大人民的意愿、维护最广大人民的利益出发，以人民拥护不拥护、赞成不赞成、高兴不高兴、答应不答应作为衡量各项决策的最高准则。就要全心全意依靠人民群众，尊重劳动、尊重知识、尊重人才、尊重创造，调动一切积极因素，充分发挥人民群众建设中国特色社会主义的力量。要坚持发展为了人民，使广大群众共享发展成果。就要进一步加大保障和改善民生的力度，加快推动和谐社会建设，妥善协调好各方面的利益关系，切实保障人民依法享有的各种权益，维护社会公平正义，实现经济社会发展与人民生活水平和生活质量提高统筹协调、相得益彰。就要始终保持谦虚谨慎的作风，走群众路线，坚持问政于民、问计于民、问需于民，深入实际、深入基层、深入群众，尤其要深入到社会问题多、群众意见大的地方去，了解群众需要，解决群众困难，化解群众矛盾。就要不断发展社会主义民主政治，充分实现最广大人民当家作主的权利，建立尊重人民的可靠制度保障。

　　然而，时下一些党员干部，宗旨观念淡薄，公仆意识缺失，对群众疾苦漠不关心，对群众呼声置若罔闻，对群众利益麻木不仁，对群众危难视而不见。这些脱离群众的现象，会伤害党群干群关系，损害党执政的基础，削弱党的创造力凝聚力战斗力，影响党的执政地位的巩固和执政使命的实现。离开全心全意为人民服务这个宗旨，离开同人民群众的血肉联系，党的先进性就成了无源之水、无本之木。脱离群众的危险如果不能及时消除，党的事业就可能受到极大的危害。20 世纪 90 年代初，世界社会主义运动遭受重大挫折的深刻教训之一，就在于一些社会主义国家的执政党未能充分尊重人民的主体地位，结果导致社会主义严重偏离正确轨道，陷入无法摆脱的危机和困境。中国特色社会主义之所以能够在战胜各种困难和风险中蓬勃发展，日益显示强大的生命力，其根本原因，就在于我们党正确总结和吸取历史经验教训，自觉把尊重人民的主体地位和首创精神贯彻于社会生活的各个方面，始终按照人民的利益和愿望去开创社会主义现代化建设事业的新局面。只有高度尊重人民的主体地位和首创精神，使最广大人民的历史主体作用得以充分发挥，社会主义制度下一切积极因素才能竞相迸发，一切有利于造福社会和人民的源泉才能充分涌流，社会主义制度的优越性才能全方位地展现出来。

三　尊重人民的主体地位和首创精神，必须不断推进实践创新和理论创新

恩格斯在讲到历史发展动力和历史发展规律的时候指出："如果要去探究那些隐藏在——自觉地或不自觉地，而且往往是不自觉地——历史人物的动机背后并且构成历史的真正的最后动力的动力，那么问题涉及的，与其说是个别人物、即使是非常杰出的人物的动机，不如说是使广大群众、使整个整个的民族，并且在每一民族中间又是使整个整个阶级行动起来的动机。"[①] 这就是说，人民群众的意志、愿望、要求和实践，反映着社会发展趋向，体现着社会发展规律。坚持马克思主义的群众观点，尊重人民主体地位和首创精神，就要植根于人民，注重从人民群众的实践中汲取养分，不断推进实践和理论创新，这是我们党的历史使命，也是我们党的历史经验。

早在革命战争时期，毛泽东同志就提出，马克思列宁主义不仅要在中国具体化，即指导中国革命的伟大实践，而且要使中国革命的丰富经验马克思主义化，即上升为理论，丰富和发展马克思主义，成为马克思主义不可分割的组成部分。就是说，在丰富的经验基础上，把它上升为系统的理

① 《马克思恩格斯选集》第4卷，人民出版社1995年版，第249页。

论，从而丰富和发展马克思列宁主义。我们党根据马克思列宁主义的基本原理，把中国长期革命实践中的一系列独创性经验作了理论概括，形成了适合中国情况的科学的指导思想，这就是马克思列宁主义普遍原理和中国革命具体实践相结合的产物——毛泽东思想。

改革开放以来，党在新的时代条件下带领人民进行的新的伟大革命，进行社会主义制度的自我完善和发展。在这个开拓性的实践过程中，我们党面对诸多前所未有的崭新课题，立足广大人民群众的实践，从人民中吸取智慧、凝聚力量，突破那些不合时宜的观念、做法和体制的束缚，走出一条中国特色社会主义道路。人民群众创造性的实践经验也为中国特色社会主义理论体系提供了丰富的思想养分。邓小平同志曾指出："农村搞家庭联产承包，这个发明权是农民的。农村改革中的好多东西，都是基层创造出来的，我们把它拿来加工提高作为全国的指导。"① 我们党正确的路线方针政策和每一项重大改革决策措施，从农村改革到经济建设，从基层民主到社会管理，从实践推进到决策部署，都不是凭空而来的，而是从人民群众实践经验中总结出来的，都是把尊重人民首创精神同加强和改善党的领导结合起来的产物。在改革开放中，我们党善于把人民创造的新鲜经验升华为科学理论，使群众的创造性实践成为理论创新最深厚的源泉，赋予了党的创新理论鲜明的实践特色。

把改革创新精神贯彻到治国理政各个环节，把改革开放推向前进，需要更好地发挥人民的主体作用和首创精神，需要尊重最广大人民改造世界、创造幸福生活的实践和他们在实践中所表达的时代先声，尊重最广大人民在实践中创造的新经验和对理论指导提出的新需求，尊重人民群众作为历史主体的各种愿望和人民当家作主的各项权益，问政于民、问需于民、问计于民。特别是目前我国正处于并将长期处于社会主义初级阶段，由于经济体制深刻变革、社会结构深刻变动、利益格局深刻调整、思想观念深刻变化，由于发展不平衡、不协调、不可持续，问题短期内难以根本解决，人民内部各种具体利益矛盾难以避免地会经常地大量地表现出来。同时，在世情、国情、党情发生深刻变化的新形势下，提高党的领导水平

---

① 《邓小平文选》第3卷，人民出版社1993年版，第382页。

和执政水平、提高拒腐防变和抵御风险能力，加强党的执政能力建设和先进性建设，面临许多前所未有的新情况新问题新挑战，执政考验、改革开放考验、市场经济考验、外部环境考验是长期的、复杂的、严峻的。破解这些矛盾和问题，应对这些考验和风险，就必须坚持解放思想、实事求是、与时俱进，坚持人民创造历史这一马克思主义的科学原理，不断推动实践创新和理论创新，既要将人民群众的闪烁着勇气与智慧光芒的创新实践总结、提炼、升华为理论，推进当代马克思主义中国化的理论创新，又要把科学的理论转化为人民群众实践的物质力量，将改革的潮头推向新的高度，使社会主义和马克思主义在中国大地上焕发出勃勃生机。

（原载《求是》2011 年第 24 期）

倡导自主创新,构建中国特色
哲学社会科学创新体系

　　创新是一个民族进步的灵魂。党的十七届六中全会《决定》提出，"坚持和发展中国特色社会主义，必须大力发展哲学社会科学，使之更好发挥认识世界、传承文明、创新理论、咨政育人、服务社会的重要功能"，要"结合我国实际和时代特点，建设具有中国特色、中国风格、中国气派的哲学社会科学"。当前，我们要大力实施哲学社会科学创新工程，解放思想，走自主创新之路，着力构建中国特色的哲学社会科学创新体系，推动社会主义文化大发展大繁荣。

构建中国特色的哲学社会科学创新体系

　　创新工程最重要的是实现哲学社会科学学术思想观点的创新。自然科学倡导自主创新，中国特色的哲学社会科学也应该倡导自主创新。对于中国哲学社会科学界来说，需要解放思想，独立自主地走中国特色的哲学社会科学创新之路。一是不照抄照搬国外的东西，反对洋教条；二是不照抄照搬本国已有的传统结论，反对土教条。实践不断发展，思想理论也要不断创新。中国特色社会主义实践不断发展，中国哲学社会科学理论学术也需要不断创新。当代中国特色哲学社会科学深深扎根于中国的土地上，是在中国的土地上创造出来的思想学术成果，一方面它的产生和发展离不开对世界先进文明的吸取，它是中华民族伟大实践孕育出来的思想文化成果，具有鲜明的民族特色；另一方面，它的产生和发展离不开对中国传统文明的承继，它是中华传统文明发扬光大的产物，具有鲜明的创新特征。

中国特色哲学社会科学重在创新发展，哲学社会科学创新工程重在创新，要用中国特色的哲学社会科学总结中国实践、引导中国实践。要总结、借鉴、吸收世界先进文明的精华，继承、吸收、发扬中华文明积极成果，要不断对当代中国伟大实践概括出理论联系实际的新概念、新范畴、新表述，用以诠释现实，总结实践，说明问题，而不是用土教条、洋教条"削足适履"，生搬硬套地剪裁活生生的现实生活。一定要在当代中国的实践基础上创造具有中国特色、中国风格、中国气派、中国话语体系的哲学社会科学，作为当今中国伟大实践的哲学社会科学的理性体现和理论指导。

创新工程"十二五"期间应实现的目标是，基本形成以马克思主义为指导的哲学社会科学创新体系：基础研究、基础学科和对策研究、应用学科有明显加强，在重大思想理论、学术观点和现实问题研究方面完成一批高质量精品成果，理论学术话语权和影响力显著增强；有利于优秀成果产出的科研组织管理体制机制进一步优化；充满活力，富有效率，有利于优秀人才脱颖而出的用人制度得到确立；以高端人才为龙头，以学术领军人才为重点，以青年英才为骨干的优秀人才队伍更加壮大；保障持续创新能力的科研支撑系统更加完善，科研手段现代化和信息化水平明显提升。

按照中央精神和要求，实施创新工程要完成六项具体任务：

第一，把推进马克思主义中国化、时代化和大众化作为根本任务。不断提高哲学社会科学工作者运用马克思主义立场观点方法指导哲学社会科学研究和各项工作的能力，大力加强马克思主义理论学科和研究工程建设，推出高水平理论研究成果，总体提升马克思主义理论研究水准。

第二，把建设党和国家重要的思想库和智囊团作为基本任务。以党和国家关注的重大现实和理论问题为主攻方向，紧紧围绕实现科学发展主题和转变经济发展方式主线，选取对党和国家决策有重大意义的问题，进行深入扎实的调查研究，向中央提供有重要价值的调研成果，推出高质量研究成果，提出切实有效的对策建议。

第三，把建设中国特色的哲学社会科学学科体系作为长期任务。着力推进学科体系创新，形成具有支撑作用的基础学科、人文学科、具有较强优势的重点学科、具有重要现实意义的新兴学科和交叉学科、具有重要文化价值的"绝学"和濒危学科，努力构建体现国际学术前沿、适合中国特色社会主义发展需要的学科体系。着力推进理论思想、学术观点创新，提出有客观依据、经得起实践和历史检验的原创性理论学术观点。着力推进科研方法和科研手段创新，推进社会科学与自然科学融合发展，全面提高科研方法和科研手段的现代化水平。推进科研组织与管理创新，建设一批国内领先、国际知名的研究（院）所、研究（实验）室、研究中心。

第四，把加强中国特色社会主义学术理论平台建设作为重要任务。扩大传播交流最新学术成果规模，加强哲学社会科学报纸、期刊、出版社、图书馆、网络、数据库等社会主义主流意识形态的学术传播阵地建设，努力建成全国哲学社会科学优秀成果的高端发布平台、中国学术走向世界的重要桥梁和世界哲学社会科学资讯的权威集散地。

第五，把实施哲学社会科学优秀人才和精品成果"走出去"战略作为政治任务。紧密跟踪世界经济与政治形势，着力研究国际战略走向、世界经济政治结构和全球治理格局调整新动向，为维护国家经济、政治、文化、军事、生态、资源等安全提供前瞻性建议，及时向国家提供高水平的分析报告和对策建议。支持优秀专家走进海外高端智库，赴海外重要学术机构和国际组织开展高层交流、合作，加强国际学术交流平台建设，积极发挥学术外交主渠道作用。培养一批能够在国际交流中直接对话、有实力争取话语权的中青年学术英才。推出一批优秀外文学术期刊和外文精品图书。坚持"请进来"与"走出去"相结合，邀请国外著名学者来华交流，增强国际话语权和影响力。

第六，把全力打造政治上信得过、学风过硬、理论学术精湛的哲学社会科学人才队伍作为主要任务。努力造就一批马克思主义基本理论功底扎实、熟悉中国国情、具有理论创新能力的马克思主义理论家和中青年骨干人才；推出一批学术造诣高深、在哲学社会科学研究领域取得卓越成绩、在国内外学术界具有重要影响的学术大家；引进一批具有较强创新能力、在相关领域做出突出贡献的高端人才；扶持一批学术功底扎实、勇于开拓进取的学科领军人才和基础研究人才；提升一批专业知识丰富、具有较大发展潜力的青年科研人才；培育一批德才兼备、热爱哲学社会科学事业、具有较强组织协调能力的管理人才。

大力推进哲学社会科学管理创新

创新工程成功与否的标准在于是否有利于调动科研人员的积极性和创造性，有利于出经得起实践检验的精品，有利于出大家和拔尖人才，有利于繁荣和发展哲学社会科学。而其实现的关键在于形成有利于优秀成果、优秀人才脱颖而出的激励竞争环境和良好氛围。

当前，随着形势、任务的变化，在哲学社会科学领域出现一些不利于最大限度地调动科研人员创造性的新情况新问题。如，现在有的研究机构出现一方面缺人才，另一方面又有大量人才的潜能没有发挥出来；一方面缺经费，另一方面又存在经费积压等现象。这里一个重要原因是现在有些组织管理方式方法滞后于哲学社会科学发展形势。

建设创新体系、实施创新工程必须实现管理制度创新。管理制度创新是一个系统工程，包括科研管理机制、人事管理机制、计财管理机制、国际合作管理机制以及后勤服务机制等诸多环节、诸多方面的创新。其中，管理制度创新关键在于人事管理的创新。对此，要进一步完善建立起具有竞争、激励功能的管理机制，完善考核机制、薪酬机制和激励机制，真正建立起能上能下、能进能出，严格考核、奖罚严明，高效灵活、充满活力的用人制度和严格的"退出""淘汰"机制，以最大限度解放和激活科研生产力，调动科研人员积极性和创造性，释放出更大的科研创造力，以保障和全面实现科研手段与方法创新、学术观点与思想理论创新、学科体系创新。

（原载《党建》2012年第2期）

持久地践行雷锋精神，筑牢中国特色
社会主义的思想道德基础

1963 年 3 月 5 日，我国各大主流媒体同时刊登了毛泽东同志亲笔书写的"向雷锋同志学习"的题词手迹，全国迅即掀起了学雷锋活动的滚滚热潮。雷锋这位伟大而平凡的普通一兵，走进了一代又一代亿万人民群众的心中，成为实践共产党人道德理想的伟大丰碑，成为体现中华民族传统美德的崇高楷模。雷锋精神具有极强的精神感染力和历史穿透力，虽然已近半个世纪，但雷锋精神依然是一面猎猎招展的旗帜，激励着社会进步，鼓舞着人们前行。在改革开放和中国特色社会主义发展的攻坚期和关键期的今天，倡导和弘扬雷锋精神，对于共建文明道德风尚，构建社会主义核心价值体系，凝聚和打牢全国各族人民的共同理想信念和思想道德基础，建设富强民主文明和谐的中国特色社会主义，必将发挥巨大的精神力量作用。

一　充分认识雷锋精神的当下意义
——亟须注入精神的力量

任何时代都需要一个或一群标志性人物，以寄托完美的精神存在。如果没有这个人物，时代就会创造出这样的人物出来。雷锋就是这样应运而生的高大人物，雷锋精神就是这样应时而出的道德观念。雷锋只是一个平凡而普通的名字，但雷锋精神却是一个伟大而壮丽的道德理想坐标。无论是热火朝天的社会主义建设时期，还是风云激荡的社会主义改革开放年代，雷锋精神总是追随时代进步和社会发展，不断与民族传统美德相承接、与社会进步潮流相契合、与党的先进本色相融合，越来越焕发出引领社会风气之先的独特魅力，成为全党全社会全民族共有的永不褪色、永不过时、永放光芒的宝贵精神财富。正如胡锦涛总书记曾经深刻指出的那样："一个只有 22 年短暂生命的普通共产党员，能够赢得亿万人民如此崇高和长久的敬意；一个普通的战士所表现的高贵品质，能够激励几代人的健康成长；一个群众性的活动，能够在几十年历史进程中延续不断，影响一个时代的社会风尚，这表明雷锋精神对于我们这个民族和社会过去具有、现在仍然具有重大价值和时代意义。"

马克思主义哲学认为，全部哲学的基本问题是物质与精神、存在与思维的关系问题，涉及两个层次问题，一是物质决定精神还是精神决定物质；二是物质和精神有没有同一性。所谓同一性，就是精神能不能反映并反作用于物质、转化为物质。贯穿到历史唯物主义领域，就是社会存在和社会意识谁决定谁，二者有没有同一性。物质决定精神就决定了一定要把发展生产力，把做大蛋糕作为社会主义的根本任务。意识能不能正确反映存在，意识对存在有没有反作用，意识能不能转化成物质力量，马克思主义哲学的答案是肯定的。因此，发展中国特色社会主义事业，不仅要有先进的生产力，还要有先进的文化，要有正确意识导向、伦理道德、理论指导和精神力量。在认识和处理物质与精神、存在与意识的关系问题上，我们党在社会主义建设的进程中曾一度出过差错，社会主义建设时期走过 20 年的弯路，与理论上过分强调精神的作用，搞了一些主观唯心主义不无关系，"大跃进"时"人有多大胆，地有多高产"、"不怕做不到，就怕想不到"的口号，宣扬了脱离客观实际的主观主义，背离了物质决定精神的马克思主义哲学道理。同样，忽略精神的作用在理论上也是错误的，仍会误导实践。马克思恩格斯就曾强烈批评过唯生产力论的庸俗唯物论。毛泽东同志 20 世纪 60 年代的著名文章《人的正确思想是从哪里来的》，提出物质变精神、精神变物质的论断。精神对物质有反作用，好的精神力量指导人民、激励人民、鼓舞人民、凝聚人民；不好的精神力量让人萎靡不振，走歪路、走邪路，让社会乱起来。邓小平同志形象地把忽视思想教育作用、精神文明建设比喻成"一手硬，一手软"，强调"两手都要硬"。如果忽视精神力量的作用，不重视思想理论的作用，不重视思想政治工作，一手硬一手软，甚至任由反动的、落后的精神力量发展，就会破坏社会主义经济政治基础，会极大贻误中国特色社会主义发展大局。今天，在重视发展生产力解决经济发展的同时，如何重视坚持马克思主义在意识形态领域的指导？如何重视解决理想信念问题？如何重视予当下社会注入强有力的精神力量？这是发展中国特色社会主义的重大战略选项。

进入21世纪，我们党鲜明提出实行依法治国和以德治国相结合。党的十七大和十七届六中全会把社会主义核心价值体系建设提到了治国理政的高度。治理国家，德治与法治，从来都是相辅相成、相互促进的。我国有着悠久的德法共治的传统。孔子认为："道之以政，齐之以刑，民免而无耻。道之以德。齐之以礼，有耻且格。"严刑只能使百姓因害怕而不敢做坏事，但不能使人们自觉知耻而守法；相反，以道德治理国家，以礼乐教化人民，则可使百姓自觉知耻，自我规范，自我约束。还认为，"君子之德风，小人之德草，草上之风，必偃"。强调德治教化。以德治国的基础就是思想道德建设。重视思想道德建设，对于坚定理想信念，塑造正确的人生观、价值观、道德观，升华人生境界，全面提高人的思想道德水准，全面建设中国特色社会主义，具有十分重要的意义。

"人总是要有点精神的。"当下，加强精神力量的作用，最重要的就是在人民心中构建社会主义核心价值体系，加强社会主义的思想道德建设。思想道德建设集中到一点，就是解决好全党全民族的理想信念信仰问题，即人活着到底追求什么，精神寄托是什么？这是社会主义思想道德建设的核心问题。毛泽东同志1945年在《论联合政府》中讲到我们党新民主主义最低纲领时，明确提出了党的共产主义最高纲领和远大理想。他说："我们共产党人从来不隐瞒自己的政治主张。我们的将来纲领或最高纲领，是要将中国推进到社会主义社会和共产主义社会去的，这是确定的和毫无疑义的。"[①] 毛泽东同志铿锵有力、义正词严的理想信念之言词掷地有声，向全人类宣布了中国工人阶级政党的最高理想和奋斗目标就是实现共产主义。共产主义远大理想和奋斗目标是建立在马克思主义对人类社会发展规律的科学揭示基础上的，承认不承认党的最高奋斗目标是科学社会主义与

---

① 《毛泽东选集》第3卷，人民出版社1991年版，第1059页。

形形色色空想社会主义的根本区别之一。理论的科学性决定了理想信念对人心的征服，理论的彻底性决定了信仰的坚定，正因为建立在彻底的科学的理论基础之上，共产党人才有坚定的理想信念和矢志不渝的价值追求。我们党的创始人和革命前辈之所以坚定不移地将中国新民主主义革命和社会主义革命大旗打到底，正因为接受了科学社会主义的科学结论，正因为树立了坚定的远大理想信念；无数先烈和革命志上之所以不怕流血牺牲、前赴后继，正因为从理论上坚信马克思主义揭示的真理，正因为牢固树立了共产主义远大理想。当然，共产党人的远大理想不是空洞的，是建立在科学理论的基础上，是建立在脚踏实地的、一步一个脚印的实践奋斗上。共产党人不仅有最远大的共产主义理想，还有一步一步达到最高理想的近期奋斗目标。远大理想决定党的最高纲领，近期奋斗目标决定了党的最低纲领。党的最高纲领与最低纲领是辩证统一的。最高纲领体现为远大的共产主义理想，最低纲领体现为共产党人近期奋斗目标。最高纲领是远大理想目标的具体体现，没有最高纲领，就会失去导向和动力，科学社会主义就会成为社会民主主义，工人阶级政党就会成为资产阶级政党；最低纲领是最高纲领的具体化，没有最低纲领，最高纲领就是空的，不能最广泛团结一切可以团结的力量，动员人民不断向最终目标奋进。既要讲最高纲领，又要讲最低纲领。中国共产党人领导的新民主主义革命与中国资产阶级领导的旧民主主义革命，其根本区别在于对最高追求目标的不同。中国共产党人领导的新民主主义革命只是社会主义革命的第一步，而社会主义革命的目的是最终建成社会主义，未来过渡到共产主义。正是中国共产党人将最高纲领与最低纲领有机地结合，将远大理想与现实目标有机地结合起来，制定正确的路线、政策和步骤，才取得新中国的成立、社会主义建设和改革开放的伟大成就。今天，我们党的最高纲领仍然是共产主义，而近期达到的目标就是中国特色社会主义。共产主义是远大理想，中国特色社会主义是共同理想，二者是完全一致的，这就构成了社会主义核心价值体系的核心价值理念。

雷锋同志是把党的远大理想与现实目标、最高纲领和最低纲领高度结合起来的光荣典范，既树立坚定不移的共产主义远大理想，矢志不渝地为共产主义奋斗一生，又脚踏实地、一步一个脚印地努力做好实际工作，努力投入到现实社会主义建设中来，既有远大目标、坚定信念、崇高理想，又有当前目标，脚踏实地、努力工作。雷锋精神是共产主义远大理想和社会主义共同理想高度结合的思想结晶，这正是雷锋精神能够立得住、叫得响的根本原因，也是社会主义核心价值体系的精华所在。

　　改革开放确立了社会主义市场经济体系，一方面极大地解放和发展了生产力，促进了经济社会的巨大进步；另一方面虽然我国思想道德领域主流是积极健康向上的，但也存在一些突出问题，极易让人们忧虑，比如，一些人的世界观、人生观、价值观发生扭曲，理想信念信仰丧失、道德意识淡薄，存在物化理想、嘲弄信仰、躲避崇高、崇拜金钱的倾向；一些人是非、善恶、美丑界限混淆，失去了应有的道德规范；一些人道德沦丧、诚信缺失，甚而演变成为社会公害，触发全社会道德与诚信恐慌，等等。这些问题集中到一点，就是缺乏理想信念信仰的支撑、缺乏精神力量的引导充实。面对在新的历史起点和新的发展阶段上出现的思想道德新情况新问题。如何坚决遏制拜金主义、享乐主义、物欲主义、极端个人主义的侵蚀，如何在全体人民中间倡导正确精神力量的指导，如何在全体人民中间确定坚定的理想信念信仰，如何筑牢社会主义的思想道德基础，是摆在我们面前的严峻时代课题。而要破解这个重大课题，有效的途径和举措之一就是大力弘扬雷锋精神。雷锋身上展示的坚定理想信念、昂扬精神斗志和高尚道德追求，具有引领人们崇德尚义、向上向善的强大精神导向，是引导全社会自觉传承中华传统美德的精神灯塔，是社会主义核心价值体系的基本价值取向。通过深入开展学雷锋活动，用人们信服的榜样来进行引导，用令人景仰的楷模来进行示范，有助于动员广大干部群众踊跃投身社会主义精神文明建设，有助于增强社会主义核心价值体系学习教育活动的吸引力和感染力，有助于增强人们对主流价值观念的认同感和践行力，有助于提高公民思想道德素质和社会文明程度，有助于在多元中立主导、在多样中谋共识、不断夯实社会主义核心价值体系建设的群众基础，赋予中国特色社会主义以坚强有力、雄厚扎实的精神基石。

二 构建社会主义核心价值体系

——充盈雷锋精神以时代内涵

党的十七届六中全会强调，社会主义核心价值体系是兴国之魂，是社会主义先进文化的精髓，决定着中国特色社会主义发展方向。建设社会主义核心价值体系，在全社会形成统一指导思想、共同理想信念、基本道德规范和强大精神力量，是发展中国特色社会主义的一项重大战略任务。

雷锋是马克思主义世界观、人生观、价值观与中华民族优秀传统美德的最高结合，马克思主义世界观是雷锋精神的灵魂，中华美德是雷锋精神的渊源。大力弘扬雷锋精神，必须不断挖掘和丰富雷锋精神的时代内涵，以深入开展学雷锋活动为抓手，扎实推进社会公德、职业道德、家庭美德、个人品德建设，鼓励和激发每一位社会成员都要为自觉践行社会主义核心价值体系做出自觉应有的贡献。

1. 弘扬雷锋精神，就要像雷锋那样把追求远大理想同实现当前目标结合起来，做到志向远大、理想忠贞、笃信践行。胸怀远大的共产主义理想和践行当前要实现的奋斗目标是雷锋精神的精髓，也是社会主义核心价值体系的根本要求。雷锋是坚定的共产主义者。"学习雷锋好榜样，忠于革命忠于党，爱憎分明不忘本，立场坚定斗志强。"有了坚定的理想信念，也就找到了精神支点和力量源泉。雷锋用实际行动告诉我们，人不能缺少理想信念，有了理想信念，才有信仰，才找到人生价值，才找到人生的意义。雷锋从思想上坚信马克思主义、共产主义，胸怀共产主义的远大理想，是一个志存高远、追求卓越的人，但是他又深刻懂得"千里之行，始于足下"的道理，从小事着眼，不以善小而不为。今天，向雷锋同志学习，就要既坚信共产主义远大理想，又树立中国特色社会主义共同理想；既忠于崇高远大的革命理想和奋斗目标，又要脚踏实地、扎扎实实地从我做起、从现在做起、从实事做起。注重道德实践，不断加强自身道德修养，不拒绝做小事，从自己做起，从本职工作做起，从身边人身边事做起。雷锋精神虽然崇高，但又不是不可攀登的，每个人只要学都可以做到。

2. 弘扬雷锋精神，就要像雷锋那样爱党爱国爱社会主义，做到方向明确、感情真挚、立场坚定。爱党、爱国、爱社会主义是雷锋精神最重要的品德和风格。雷锋具有鲜明的政治方向和坚定的政治立场，是党的忠诚战士，他以实际行动有力诠释了党的先进性和纯洁性的丰富内涵，准确反映了中国共产党人爱社会主义祖国的价值取向。雷锋时刻牢记党的宗旨，坚持用先进理论武装头脑，通读了《毛泽东选集》四卷，学习了马恩列斯的许多经典论著，把党的理论比做"粮食、武器、方向盘"；他始终保持共产党员的政治本质，自觉把个人命运与党和人民的事业紧密联系在一起，处处以国家、民族和集体利益为重，把个人奋斗的价值融入到国家富强、民族振兴的历史洪流中，毫无保留地为祖国和党的事业奉献一切。今天，向雷锋同志学习，就要学习雷锋爱党、爱国、爱社会主义的坚定正确的政治方向，在思想上政治上行动上始终同党中央保持一致，进一步增强政治敏锐性和政治鉴别力，在事关政治方向、政治原则问题上做到旗帜鲜明，不含糊、不失语；无论形势发生怎样变化，无论面对什么样的挑战，无论遇到什么样的干扰，都要始终头脑清醒，站稳脚跟，不动摇、不懈怠。

3. 弘扬雷锋精神，就要像雷锋那样对同志、对人民像春天般的温暖，做到品德高尚、牢记宗旨、服务人民。为人民服务是雷锋精神的本质内涵。雷锋精神直观地诠释了全心全意为人民服务的宗旨，体现出以为人民服务为核心的社会主义道德风尚。雷锋的一生是始终与人民群众密切联系的一生。苦难的童年让他对劳苦大众产生了深厚感情；解放后他得到人民政府的关怀和资助，完成了中等教育学业，社会主义制度的真切幸福与温暖，促使雷锋立志要把自己的全部献给党和人民，献给社会主义建设事业。雷锋说："人的生命是有限的，但为人民服务是无限的，要把有限的生命投入到无限的为人民服务之中去。"他把人生的生活目标确定为"自己活着，就是为了使别人过得更美好"，以服务人民为最大快乐，以帮助他人为最大快乐，以当"人民的勤务员"为最大自豪；他对待同志像春天般温暖，总是把方便让给别人，把辛苦留给自己，将有限的生命投入到无限的为人民服务之中。每当人民群众遇到困难，他总是伸出援手，倾力相助；他走到哪里，好事就做到哪里，从来都是不图名利，不计得失，用真情和行动履行着一个公民的神圣责任，实践着一名共产党员的庄严承诺。

今天，向雷锋同志学习，就要牢固树立群众观点，站稳群众立场，以服务人民、助人为乐的无私奉献精神，把为人民服务作为人生价值追求，为解决群众疾苦、提高百姓福祉而努力工作，用雷锋践行的毫不利己、专门利人精神来净化人与人之间的关系，来规范自己的言行。

4. 弘扬雷锋精神，就要像雷锋那样对待工作像夏天一样火热，做到爱岗敬业、恪尽职守、争创一流。敬业实干是雷锋精神的重要内容。雷锋先后在多个岗位工作，当过农业社记工员、县乡政府通讯员、农场拖拉机手、工厂推土机手、人民解放军汽车兵等，不管在什么岗位，不管从事什么工作，他都以一颗对事业高度负责、对岗位无限热爱的赤子之心，立足本职，忠于职守，勤奋工作，埋头苦干，心无旁骛，精益求精，出色地完成了每一项工作任务，在平凡的岗位上创造了不平凡的业绩。正如雷锋自己所说的："一个人的作用，对于革命事业来说，就如一架机器上的一颗螺丝钉。螺丝钉虽小，其作用是不可估量的。我愿永远做一颗螺丝钉。"今天，向雷锋同志学习，就要学习雷锋淡泊名利、甘于奉献的螺丝钉精神和干一行而爱一行、专一行而精一行的敬业精神，敬业奉献、科学严谨、踏实肯干、争创一流的实干精神，以实际行动投入到火热的中国特色社会主义事业中。

5. 弘扬雷锋精神，就是要像雷锋那样勇于克服困难，善于开拓创新，做到不畏艰难、锐意进取，自强不息。不畏艰难、开拓创新是雷锋精神的时代内涵。雷锋不仅是一个脚踏实地的实干家，而且还是一位勇于探索的创造者。在生命短暂的 22 年间，他实现了从农民到工人再到解放军的转变，无论在农场、在工厂还是在部队，他都从不叫苦叫累，始终保持乐观向上、斗志昂扬的状态，始终保持与时俱进、勇往直前的品格，但凡碰到矛盾、问题和困难，他总是以善于挤和钻的钉子精神，刻苦钻研业务知识，勤奋学习科学理论，敢于直面挑战，勇于克服困难，善于开拓创新，在创造性的劳动中升华人生价值。今天，向雷锋同志学习，就要像雷锋那样以锐意进取、自强不息、敢于探索、勇于实践的创新精神，在发展中国特色社会主义伟大实践中解放思想、改革创新。

6. 弘扬雷锋精神，就是要像雷锋那样生活朴素，着力"补丁"，做到艰苦奋斗、朴实节约、勤俭创业。勤奋朴实是雷锋精神的特色。雷锋的一生是艰苦奋斗、勤俭节约的一生。他穿的衣服、袜子，总是补了又补，盖的被褥也是布满了补丁。雷锋说过：我们国家还穷，穿破了的衣服补好了再穿，省下衣服交给国家，这样既减少了国家开支，又发扬了艰苦奋斗、勤俭节约的优良作风。现在，与雷锋所处的年代相比，我们国家的经济实力已经发生了翻天覆地的变化，人民群众的生活水平得到显著提高。虽然绝大多数中国人可能再也不会穿补丁衣服、盖补丁被褥，但是，在思想上和内心深处，我们仍要时刻牢记"生于忧患、死于安乐"和"静以修身、俭以养德"的经典古训，仍然要把艰苦奋斗、勤俭节约作为人们的一种常见的生存状态和生活方式，内化为一种崇高的价值取向和精神境界。今天，向雷锋同志学习，就要弘扬雷锋的艰苦奋斗、勤俭节约的创业精神，立足于当前我国仍然处于社会主义初级阶段这个最大的实际，坚决反对铺张浪费、贪图享受的坏毛病，自觉培养崇尚节约、勤俭办事的良好习惯，努力营造建设资源节约型社会的良好氛围。

三　切实开展学雷锋活动
——重在参与、强在成效、贵在坚持

党的十七届六中全会明确提出："深入开展学雷锋活动，采取措施推进学习活动常态化。"雷锋精神是伟大而崇高的，但又是平凡而具体的。作为不朽的楷模，雷锋既高不可攀，又近在咫尺。他像亲人一样就在你我身边，关怀着我们，注视着我们，督促着我们。学雷锋，做好事，时时可学，处处可为，有心者信手拈来，有志者随时而做，一个美好的历史记忆完全可以转化成为亿万群众自觉行动的壮观现实。20世纪60年代我们党发动的学习雷锋的群众性活动，深入人心，实实在在，卓有成效。今天，在新的条件下开展学雷锋活动，更要重在参与、强在成效、贵在坚持。

雷锋精神来自伟大的实践，最大的价值也体现在实践中。弘扬雷锋精神最重要的是要付诸实践、见之行动，关键在落实。我们要以创新精神推进活动方式，拓展活动内容，创新活动载体，突出活动特色，不断增强学雷锋活动的吸引力和感染力，力戒形式主义和表面文章，防止走过场和"一阵风"。

一是要坚持先进性和群众性的有机统一。既不能要求所有人、所有群体都同步达到高标准，实践证明那是一种近乎乌托邦式的空想；但又不能迁就和纵容群众中的落后元素，实践同样证明那是有害于社会主义核心价值体系建设的。只有鼓励先进，催促后进，带动中间，才能有利于学雷锋活动的文化自觉，推动社会主义精神文明建设蓬勃开展。

二是党员干部带头，起好示范作用。榜样的力量是无穷的，同样的，党员干部的带头示范作用也是威力无比的。凡是要求群众做到的，党员干部一定要首先做到、带头做到、模范做到，这样群众才能真信真学真做。从一定意义上讲，深入开展学雷锋活动是我们党有效履行历史使命的伟大实践，全体党员干部只有做到做好忠诚使命、献身使命、不辱使命，才能永葆共产党人的先进性和纯洁性及其政治本色。

三是建立常态化的长效保障机制。现在，外部环境和社会条件都发生了深刻变化，人们的生产生活方式也在发生深刻变化。我们要在继承优良传统的基础上，展开新视角，挖掘新价值，不断弘扬和光大雷锋精神的当代意义。只有采取有力措施，建立健全总体安排的规章制度，才能确保学雷锋活动深入持久、扎实有效地开展下去。

（本文是作者 2012 年 5 月 14 日在"雷锋精神论坛"上的主题演讲，
部分内容发表于《光明日报》2012 年 5 月 23 日）

论民主与社会主义民主

——关于民主问题的札记

一　民主政治有鲜明的政治性

民主，无论是在我国社会主义政治生活领域，还是在国际社会政治生活领域，都是一个极其重大而又敏感的理论与现实问题。一般来说，民主可以有三种不同的内涵：

一是作为国家政治制度层面的民主，就是通常所说的民主政治。民主就是政治，民主带有鲜明的阶级性、政治性、意识形态性。社会主义民主与资本主义民主是两种根本不同的政治制度，属于上层建筑领域。社会主义民主政治为社会主义经济基础服务，资本主义民主政治为资本主义经济基础服务。我国作为社会主义制度的国家，实行人民民主专政，对人民实行最广泛的民主，对少数敌对分子实行强有力的专政。全国人民代表大会制度是我国的根本政治制度，中国共产党领导的多党合作和政治协商制度、民族区域自治制度以及基层群众自治制度等都是基本政治制度。从这个意义上来说，民主是指国家政治制度。

二是作为具体组织形式、机构、机制、操作层面的民主，就是通常所说的民主政治的具体组织形式、运行体制、机构、机制和具体运作程序、原则、规则。它是为一定的国家制度、一定的政治、一定的阶级服务的，为什么服务，就从属什么，就具有什么性质。一般说来，它本身没有特定的政治性、阶级性和意识形态性。例如，是议会还是人民代表大会，是总统还是国家主席，并不能说明国家制度的性质。再如，少数服从多数的原则是民主的通常规则，本身不具有明确的政治性、阶级性和意识形态性。

　　三是作为民主价值观、民主思想、民主作风的民主。如对民主的价值追求、价值判断等价值观，关于民主的理论、观点、认识等思想，密切联系群众、多听不同意见的民主作风。这些作为观念形态的民主，是有意识形态性、阶级性的。同样的民主理论，可以是资产阶级的民主观，也可以是工人阶级的民主观。

　　三种不同的民主相互联系，相辅相成，相得益彰。比如社会主义民主，必然实行民主集中制的原则。实行民主集中制，坚持社会主义民主政治，必然要求领导干部具有"公仆意识"、"取消一切特权"等优良的民主作风和民主思想。三者也是相互区别的，第一种、第三种民主的政治属性不能混淆，而第二种的民主则可借鉴，如民主政治的一些具体组织形式、机构、体制、机制，操作原则、程序和规则，既可以为社会主义民主制度所采用，也可以为资本主义民主制度所采用。

　　作为国家政治制度的民主政治，是具体的、历史的、变化的，从来就没有抽象的、超阶级的、超历史的、永恒的、普世的民主政治。在人类社会发展史上，原始社会是无阶级社会，在原始社会晚期，人们创造了原始的民主议事制度以及相应的组织形式、机制。可以说，这是由原始社会公有制所决定的原始公社内部的民主政治，是原始公社内部最广泛的民主制度。奴隶社会是人类历史上的第一个阶级社会，奴隶社会制度带有极其鲜明的阶级性，奴隶社会的国家政治制度是少数人对多数人的专制统治，奴隶主阶级对奴隶阶级拥有绝对的统治权、剥削权，奴隶社会不可能有什么民主政治。但是，在奴隶制的希腊城邦社会，也产生了一种城邦民主政治，无疑该民主也只是奴隶主统治阶级内部的民主，只是少数人的民主，是少数人对多数人专政的民主。封建社会是专制制度，是与民主政治根本对立的封建政治制度。中国长达几千年的封建社会建立了与民主政治根本不同的封建君主专制政治制度。在半封建半殖民地的中国，实行的仍然是黑暗的专制独裁制度。

　　资产阶级是在专制的封建社会内部产生的新生阶级，代表新的生产力发展方向，资产阶级要建立资本主义生产关系，解放和发展受封建生产关系束缚的生产力，必然要冲破封建地主阶级的专制政治，建立与私有制市场经济发展要求相适应的资产阶级民主政治，从根本制度上保证资产阶级的利益要求，这就发生了以民主制度来代替专制制度的资产阶级民主革命。应该说，与资本主义市场经济发展需求相适应，资产阶级创造了适应人类历史进步的资产阶级民主政治。资产阶级民主在资本主义上升期是具有进步性和革命性的。

然而，资本主义民主同时具有两重性、两面性。一方面，相对于封建主义来说，有其进步性和革命性，但其进步性和革命性是暂时的、历史的、有局限性的；另一方面，相对于工人阶级来说，又有其欺骗性、反动性的一面。资产阶级民主从一开始就是少数人的民主，是以少数人对多数人的统治为前提的民主，是以保护资产阶级私有制经济利益为条件的民主，因而资产阶级民主在资本主义上升时具有进步性和革命性的同时，就具有局限性、有限性、反动性、虚伪性和欺骗性。对无产阶级和劳动人民来说，它实行的并不是真正的民主，以表面的全民性作为伪装，掩盖其对多数人实行统治、压迫的阶级实质。随着资产阶级革命的成功和资本主义制度的确立，资本主义民主逐渐丧失其进步性和革命性。

当今时代是作为新生事物的社会主义力量与资本主义力量博弈的时代，显现出两种历史趋势、前途和命运的反复较量。资产阶级革命成功的同时，资产阶级民主的虚伪性、反动性也愈益显现。资本主义在以社会制度的形式确立下来的同时，资产阶级就造就了它的对立面——工人阶级，资本主义社会内部开始孕育否定、替代资本主义制度的社会主义因素。当社会主义作为最终战胜资本主义的力量，以社会制度的形式诞生以后，就一直遭到资本主义运用经济的、政治的、意识形态的乃至军事的力量的围攻。

资产阶级在其革命时期，民主、人权、自由、平等、博爱等是它战胜封建势力的思想政治武器，它所追求的民主、人权、自由、平等、博爱的思想政治武器的确比封建专制主义的思想武器强，这些思想政治武器一度成为向封建专制主义开展斗争的舆论工具。但随着资产阶级上升期的结束，资产阶级在运用民主巩固其经济基础，运用民主、人权、自由、平等、博爱等思想武器为其存在保驾护航的同时，也运用民主、人权、自由、平等、博爱等思想武器向社会主义国家发起意识形态的进攻，企图西化、分化社会主义国家。社会主义制度实行广泛的人民民主，是建立在社会主义公有制基础上的民主制度。当然，社会主义是新生事物，社会主义民主也有一个逐步完善的过程，作为新型民主，它还有很多缺憾和不足。在当今时代对民主的选择上，必然表现为社会主义与资本主义两种民主政治的生死博弈。

二　民主是具体的、历史的，表现为一个过程

2008 年爆发的由美国次贷危机引发的全球金融风暴，刮起了欧债危机狂潮。政治是经济的集中表现，由此引发了西方发达资本主义国家的"占领华尔街"运动乃至"占领伦敦"运动，导致了此起彼伏的罢工、示威、游行活动。经济危机转化为社会危机，继而转化为意识形态危机。生活在西方的许多人，上至一些政治家和理论家，下至不少平民百姓，站在不同的立场上，从不同的角度，开始反思西方资本主义制度，质疑西方资本主义民主政治。美国前国家安全顾问、著名国际问题专家布热津斯基说："今天的问题是，在失控和可能仅为少数人自私地谋取好处的金融体系下，在缺乏任何有效框架来给予我们更大、更雄心勃勃的目标的情况下，民主是否还能繁荣，这还真是一个问题。"[①] 对现行西方民主提出严重质疑，"西方民主真是一个问题"，这不啻对鼓吹西方民主具有"普世价值"的说法的一记重棒。

民主是具体的、历史的，表现为一个一个具体的、特殊的过程，没有抽象的、超历史、超时空、超国情、永恒、静止、普世的民主。所谓民主是具体的，就是说民主是一个一个特殊的、具体的客观社会存在，如中国特色社会主义民主政治、美式资产阶级民主政治、英式资产阶级民主政治等，没有离开具体民主而单独存在的抽象的、普世的民主。所谓历史的，就是说民主是一定历史条件下的产物，是随着时代的发展、历史的变迁、实践的推移而不断变化发展的，民主表现为一个历史过程，没有永恒的、固定的、不变的、绝对的民主。民主，作为政治制度的民主政治，作为观念形态的民主思想，作为从属于民主政治制度的具体形式、程序和规则，

---

① 参见《西方民主还真是一个问题》，《参考消息》2012 年 4 月 3 日第 10 版。

都是一定历史时代、一定特殊国情、一定具体条件的产物，它是历史地形成的，有一个生成、完善的过程，是与某一具体国家、具体政党、具体阶级、具体人群相伴随的。

每一种具体的民主政治、民主思想、民主形式、程序和规则，都具有其内在的、与其他民主相比较而共同具有的属性。民主是有其共性、一般性和普遍性的，但现实生活中并没有离开具体民主而单独存在的抽象的、超历史、超时空、普世的民主，这就是民主的个性与共性、特殊与一般、个别与普遍的辩证关系问题，我们可以统称之为民主特殊与民主一般。民主特殊，就是指现实生活中存在的个别的、具体的、历史的民主，如中国共产党的党内民主、西方资产阶级的政党民主等；民主一般，就是指寓于民主特殊之中的民主的共同属性。民主一般只是存在于民主特殊之中，是一个一个具体的民主相比较而体现出来的共同的属性，是具体民主的一般表现。从哲学认识论上来讲，民主特殊与民主一般就是"个性"与"共性"、"特殊"与"一般"、"个别"与"普遍"的关系问题。所谓民主政治、民主思想、民主规则，都存在于具体的国家、具体的阶级、具体的政党、具体的人群乃至具体的个人之中，离开具体的国家、具体的阶级、具体的政党、具体的人群、具体的个人的所谓民主一般是不单独存在的。这就好比离开活生生的具体的个人的所谓灵魂是根本不存在的一样。

当然，不能因为民主的具体性、特殊性、个别性和历史性而否认不同民主的共性、一般性和普遍性。我们只是反对把民主一般说成是脱离民主特殊的所谓超历史的、超阶级的、普世的民主，并不反对说每个具体的民主都具有共性、一般性和普遍性。

如果离开具体的历史条件、时空环境、发展过程，而把某一历史阶段的民主制度作为适用于一切历史阶段的民主，把某一国家的民主制度作为适用一切国家的民主，是不现实的。普遍适用于一切历史时代、一切国度、一切阶级、一切政党、一切群众的民主制度是不存在的。"橘生淮南则为橘，生于淮北则为枳"，离开了具体土壤、具体的环境、具体的条件、具体的过程，橘就不是橘，而为枳了。美式民主是根据美国国情、美国资本主义发展需要和美国资产阶级要求，以及美国人民可接受程度，在美国民族解放和独立战争以来所逐步形成的以两党议会制为特点的民主，不要说它与社会主义国家的民主不同，就连与同是资本主义的英式民主也不同。英式民主是君主立宪式民主政治，是英国资产阶级不彻底革命的妥协的历史产物。英式民主政治与美式民主政治同样是资产阶级民主，但由于历史条件不同，它们也是不尽相同的。当然，无论美式民主与英式民主，它们都具有资本主义民主政治的共性。所以，把某一特定条件下的民主说成是完全绝对的东西，是一成不变的永恒的东西，适用于一切，是不现实的。任何特定条件下的民主都有其产生和存在的必然性，同时也有其历史条件的局限性和需要在新的历史实践中不断加以完善的必要性。

如果把具体民主抽象成一般民主原则套用一切、剪裁一切，不过是玩弄抽象的民主概念，把自家民主强加于别国而已。一些西方政治家、理论家把美式民主、西式民主说成具有普世价值的民主，拿着民主大棒，在全世界到处挥舞。在美国政客看来，美式民主是世界上最好的民主，具有普世价值，是全世界的样板，在全世界到处推销，企图把它硬套给一些它认为不满意的国家，当作打人的狼牙棒到处敲打与他们不同的国家。看谁不顺眼，就采取双重标准，凡是它不满意的国家，它就给人家扣上"专制"、"独裁"、"邪恶"的帽子，必欲除之而后快。比如，对俄罗斯的大选，他们竭力捣乱破坏，对普京当选，他们怒火燃烧。而对自己任意干涉别国内政，蛮横地制裁、勒索他国，甚至武装入侵他国的暴力行为，则披上输入"普世民主"的外衣。

实际上，这次金融风暴已经让许多西方人开始觉醒，开始反思西方民主的虚伪性。有人就形象地把西方民主称之为金钱民主，认为"金钱是民主的母乳"，一语道破了西方民主的实质。据埃菲社 2012 年 1 月 27 日报道，参加世界社会论坛的一些知名学者认为："欧洲民主已经被贪婪的金融市场绑架，而且这个没有底线的市场现在已经威胁到了人权和政治权。"葡萄牙社会学家阿·德·桑托斯说："欧洲的民主和宪法都不合格，现在主宰它们的是高盛公司。"目前的危机让人"有理由认为资本主义是反民主的"。法国著名经济学家保罗·若里翁 2011 年 12 月对法国《论坛报》记者说："选举改变不了什么。……在这个逐渐衰落的制度面前，政客们已经没有任何回旋余地。无论身在哪个阵营，他们唯一能做的是假装还控制着局面。解决问题的希望只可能来自那些明白问题本质的人。"① 在这里，思考的人们提出了一个深刻的问题：西方民主有什么弊端？西方民主是不是像有人所鼓吹的那样是"普世的、完美的、永恒的民主"？只让少数人发大财而带不来大多数人的幸福，这种民主是人们所需要的吗？可见，具体到被称为具有"普世价值"的西式民主，也是一个势必退出历史舞台的历史产物。

三　人民民主是社会主义民主的本质要求

社会主义民主是在本质上完全不同于资本主义民主的最广泛的人民民主。资产阶级创造了人类历史上不同于封建专制的，优于历史上其他阶级政体形式的资产阶级民主。该民主的特点，一是结束了人类社会历史上封建专制统治，带有鲜明的反对封建专制的特性；二是适应资本主义市场经济的需要，对资本主义经济社会发展起到了促进作用；三是相对奴隶社会、封建社会等以往阶级社会形态来说，赋予社会各阶级、各阶层以较多的自由、平等、人权，如承认每一位公民的选举权与被选举权，但这只是在资产阶级所容许的范围和限度内；四是形成了与其民主政治相适应的资产阶级民主思想、民主理论，以及一整套比人类历史上以往任何民主政治都要成熟的民主形式、程序、规则，为今后更先进、更合理、更高级的社会主义民主思想、理论、形式、程序、规则提供了前提和资以借鉴的经验……这些都是资本主义民主的长处。然而，任何历史阶段的民主、任何剥削阶级的民主，都有其历史的和剥削阶级的局限性。利益起决定性作用。任何时代的剥削阶级都是少数人，该剥削阶级所创造的民主必然首先服从于并服务于该少数阶级的利益，是少数阶级的民主，这是毋庸置疑的铁定事实。当然，在满足、维护资产阶级少数人利益的同时，为了保证该阶级少数人的整体利益和长远利益，也会兼顾其他阶级、阶层的利益需求，相比它之前的剥削阶级来说，会给予其他阶级、阶层以较多宽限和较为广泛的民主。资产阶级在实施民主的同时，从来没有忘记并丢弃专政。

---

①　参见《西方民主还真是一个问题》，《参考消息》2012 年 4 月 3 日第 10 版。

民主与专政是一对孪生兄弟，有民主就有专政，强化民主的同时也要强化专政，资本主义国家为了保护资本主义的民主，就要建立和保持强大的专政工具，资本主义民主是在强力专政基础上实现的民主。

资本主义民主在资产阶级革命时期具有强烈的革命性和进步性。为了能够团结工人阶级、农民阶级、小资产阶级以及其他阶级阶层，资产阶级更需要借助民主的大旗，把他们所主张的民主说成是全民民主、普世民主，给其他阶级许诺更多的民主、自由、平等的权利，在资本主义国家建立的早期也是如此。资产阶级民主具有革命性的同时，亦带有极大的虚伪性和欺骗性。资产阶级民主自我标榜为全民民主，但其实质和最终目的是为少数剥削阶级的民主，披着民主外衣，打出普世的标牌，在形式上做更多的民主文章，有很强的两面性。当然，资本主义民主也不完全都是骗人的，的确较以往的剥削阶级来说，会给予其他阶级较多的民主要求，满足较多的民主诉求。然而，资本主义民主的进步性会随着资本主义的发展、没落而越来越少，欺骗性越来越大，形式上的民主越来越多会增加其反动性。

社会主义民主与资本主义民主有三个重要区别：一是社会主义民主是历史上真正多数人的民主，是被压迫、被剥削、被统治阶级多数人的民主；二是社会主义民主在实行民主的同时亦实现专政，科学社会主义经典作家称之为无产阶级专政，在我国即人民民主专政；三是社会主义民主公开宣称自己是绝大多数人的人民民主，不排除对极少数人的专政，而不像资产阶级那样把自己的民主伪称为"全民的"、"普世的"民主。

孙中山领导的旧民主主义辛亥革命，采用资产阶级上升期反对封建专制统治的民主理论武器，试图建立资产阶级民主共和国，从而推动中国走向独立、解放、富强的强国之路。孙中山领导的资产阶级民主革命是进步的，其资产阶级民主理论武器唤起了多少仁人志士为此前赴后继。然而，中国的半殖民地半封建社会的国情、世界已经进入帝国主义时代、列强已将世界殖民地分割完毕的世界格局，不允许中国独立自主地走资本主义民主强国之路。中国软弱的民族资产阶级也不可能像革命时期的西方资产阶级那样领导资产阶级民主革命成功，结果是孙中山领导的旧民主主义革命在中外反动势力的围攻下半途而废。蒋介石集团自称是孙中山的继承者，但他所推行的独裁统治使半殖民地半封建社会的中国愈加国之不国、民不聊生，把旧中国进一步引向内战与黑暗，中国人民的悲惨命运并没有改变。中国共产党人继承和发展了孙中山的民主主义革命理想和思想，以马克思主义为武器，提出适合中国国情的新民主主义民主纲领，展开新民主主义革命。新民主主义革命是在中国共产党领导下的新型的资产阶级民主革命，它与旧民主主义革命不同：首先，它是工人阶级及其政党领导的，而不是资产阶级及其政党领导的；其次，它是以工农联合为基础，包括资产阶级及一切爱国人士在内的最广泛的民主革命统一战线；最后，在新民主主义革命成功之后，要不间断地过渡到社会主义革命，建立社会主义制度。

中国共产党领导的新民主主义革命要建立新民主主义经济、政治、文化，而新民主主义政治就是新民主主义民主。新民主主义民主不是旧式的资产阶级民主，而是中国共产党领导的以工农联盟为基础的最广泛的民主。新民主主义民主还要过渡到建立社会主义民主政治，建立具有中国特色的社会主义民主政治。

中国共产党的民主主张是适合中国国情的，是迄今为止中国历史上最先进的民主思想。中国共产党提出的新民主主义民主主张既继承了孙中山的旧民主主义思想，又超越和发展了孙中山旧民主主义思想；今天的社会主义民主既是对新民主主义民主的继承，又是新民主主义民主的发展。

新民主主义民主是中国共产党人从中国国情出发而提出并设计的，是符合中国国情需要的，它有机地包括两个方面：对人民实行最广泛的民主，对少数人民的敌人实行最有效的专政，新民主主义民主的实质就是实行人民民主专政。毛泽东同志在《新民主主义论》中全面论述了新民主主义的民主政治的制度、体制、程序和规则，构成了毛泽东思想关于民主问题的马克思主义创新观点。新民主主义民主与我们党进一步要实行的社会主义民主是不可分割的。新民主主义民主是社会主义民主的前提和准备，社会主义民主是新民主主义民主的继续和进步。

我国社会主义制度的建立，为社会主义民主的建立提供了根本制度保证。中国共产党人为社会主义民主政治建设进行了艰苦卓绝的探索，主张社会主义民主必须坚持中国共产党的指导，坚持马克思主义指导的社会主义方向；必须有助于巩固生产资料公有制制度和人民民主专政政治制度；必须实行民主集中制，实现广泛民主与集中领导的统一；必须建立和实行一整套适合中国国情的民主体制、民主法治、民主形式、民主规则和程序；以执政党党内民主建设来推进社会主义民主建设。在社会主义民主政治建设实践中，党成功地领导建立了人民代表大会制度、民族区域自治制度、共产党领导的多党合作制度和政治协商制度……这些理论和实践的探索，成功地开创了我国社会主义民主制度的新局面，为中国特色社会主义民主政治建设奠定了理论和实践基础。

社会主义民主应当是比资本主义民主更广泛、更先进的民主，但由于社会主义民主政治建设并无现成模式可供借鉴，中国如何建设社会主义民主，我们党也经过了一个认识、实践、再认识、再实践的过程。我国目前实行的民主政治还有待于进一步发展和完善。同时，中国又是一个封建主义遗毒深远的国家。我国社会主义民主政治建设一度也走过一段弯路，如"文化大革命"对民主与法制的破坏。

1978 年党的十一届三中全会以来，我国进入改革开放新时期，党恢复了实事求是的思想路线，确立了"一个中心、两个基本点"的正确路线，形成了中国特色社会主义理论体系，开创了中国特色社会主义的正确道路。与社会主义市场经济体制改革和确立相一致，党领导人民致力于中国特色社会主义民主政治的建设。

中国特色社会主义民主政治，要批判地继承人类社会一切优秀的民主成果，包括资本主义民主所创造的积极成果，抛弃资产阶级民主的糟粕，继承新民主主义民主的优秀传统，总结国际共产主义运动社会主义各国民主政治建设的经验教训，总结新中国成立以来党领导的社会主义民主政治建设的经验教训，创造出具有中国特色的社会主义民主。

中国特色社会主义民主首先是社会主义性质的民主，是未来向社会主义更高阶段直至共产主义社会过渡的民主；是适合中国目前正处于社会主义初级阶段国情的民主，是与该阶段公有制为主体、多种所有制并存，按劳分配为主、多种分配形式并存的经济基础相适应的民主；是以工人阶级为领导的，以工人、农民、知识分子为主体的，包括一切爱国的阶级、阶层在内的最广泛的人民民主；是以中国特殊历史形成的坚持中国共产党领导的多党合作和政治协商制度为基本特征的民主；是对多数人实行民主、对少数人实行专政的民主。由于现阶段的中国是从半封建半殖民地转变来的，发扬人民民主、肃清封建主义影响格外重要；又由于中国正处于成熟的西方资本主义民主影响下，一方面防止西方民主的侵入，另一方面也有向西方民主学习的任务；中国特色社会主义民主是一个过程，是一个逐步建立、逐步完善、逐步成熟的历史过程。

新中国成立以来，党领导人民已经创造了一整套适合中国国情的民主政治，但距离应实现的目标尚很远，需要共同努力。实现中国特色社会主义民主既不要一切照抄照搬西方民主政治的做法，又不要脱离现阶段国情而超越时代，不能认为社会主义民主的发展是一个长远的过程，而放弃一步一步扎扎实实的努力，不能因为今天我们的民主尚待完善而自我否定、自我矮化，更不能把资产阶级民主说成是千年文明而主张全盘接受，实行民主西方化。当然，也不能放弃中国特色社会主义民主的不断推进、不断完善。须知，资本主义的民主发展至今已经经历了几百年的构造，而中国特色社会主义民主才刚刚开始，刚刚开始的新生事物尽管不完美，但它的未来永远是光明的、美好的。

（原载《红旗文稿》2012 年第 12 期。此前作为"关于民主问题的札记之一、之二、之三"在《世界社会主义研究动态》上连载，为多个刊物转载）

中国特色社会主义道路是解放和
发展生产力，实现共同富裕的道路

今年是邓小平同志发表"南方谈话"二十周年。"南方谈话"是邓小平理论的标志性著述，是中国特色社会主义理论体系的奠基之作，是马克思主义中国化、时代化和大众化的创新成果，是全面阐述中国特色社会主义旗帜、理论和发展道路的纲领性文献，在当代中国马克思主义发展进程中具有极其重要的地位和意义。

今天，谈两个问题。

第一个问题：谈谈"南方谈话"的伟大意义、精神实质和主要观点，题目是："'南方谈话'是中国特色社会主义理论体系的经典著述，是马克思主义中国化创新成果的标志性文献。"

对邓小平同志"南方谈话"发表二十周年最好的纪念，就是深刻领会"南方谈话"的主要观点、精神实质及其理论和现实意义，身体力行，坚持解放思想，坚持改革开放，坚持推进中国特色社会主义伟大事业。

首先，谈一谈"南方谈话"在中国特色社会主义理论体系中的地位及其意义。哲学上讲历史观、时空观，从历史的跨度、时空的高度来看待"南方谈话"的地位、意义和作用，就能看得十分清楚。只有以十一届三中全会以来我们党所领导的改革开放和中国特色社会主义现代化建设的伟大实践为宏大历史背景，才能更加深刻地认识"南方谈话"的精神实质、地位和意义，才能更加深刻地认识邓小平理论的精髓、实质、主要观点和意义，才能深刻认识邓小平理论在中国特色社会主义理论体系中的地位和作用。

党的十六届三中全会提出了推进马克思主义中国化、时代化、大众化的战略任务，这是对中国共产党历史经验的最高总结。中国共产党九十年的伟大成就，是马克思主义在中国的伟大胜利，是马克思主义中国化的伟大胜利。总结中国共产党建党九十周年的根本经验，就是把马克思主义与中国具体实践相结合，创造中国化的马克思主义，指引中国革命、建设和改革不断从胜利走向胜利。马克思主义中国化的第一个成果是毛泽东思想，第二个成果就是中国特色社会主义理论体系，包括邓小平理论、"三个代表"重要思想、科学发展观等。而邓小平理论是中国特色社会主义理论体系的基础、前提、开篇和核心，"南方谈话"则是邓小平理论的成名之作。从一定意义上来说，学懂"南方谈话"，就学懂邓小平理论，学懂邓小平理论，就学懂中国特色社会主义理论体系。

关于"南方谈话"的重要意义，党的十四大有一个科学的评价："以邓小平同志的谈话和今年3月中央政治局全体会议为标志，我国改革开放和现代化建设事业进入了一个新的阶段。"这是党的十四大对"南方谈话"深远历史意义和伟大现实意义的科学概括。

从1978年党的十一届三中全会到1992年邓小平南方谈话前，是我国改革开放和中国特色社会主义现代化建设事业开启的第一阶段。这个阶段的启动是以邓小平同志在1978年12月13日中央工作会议闭幕会上的讲话《解放思想，实事求是，团结一致向前看》为标志的。这次中央工作会议为十一届三中全会作了充分准备，邓小平同志的这个讲话实际上为十一届三中全会指明了方向，确定了基调，明确了主题，做了充分的思想准备。党的十五大把这篇重要讲话称为解放思想、实事求是，开创我国改革开放和中国特色社会主义现代化建设的第一篇政治宣言书。在我们党90年的奋斗历程中，曾经有两次重大历史转折：一次是遵义会议，一次是党的十一届三中全会。在中国革命的危难之际，在遵义会议上，党和毛泽东同志坚决批判和纠正了"左"的教条主义军事路线，并在此后进而批判和纠正了"左"的教条主义政治路线和思想路线，从危难中挽救了党，挽救了红军，挽救了中国革命，从此中国革命从胜利走向胜利。十一届三中全会是我们党在社会主义建设事业处于生死存亡的关键时刻召开的又一次极其重要的会议。自1956年以来，由于错误的理论、"左"的路线的指导，我国社会主义建设虽然取得了伟大成就，但却又走了20年的弯路，特别是"文化大革命"十年动乱,加之"四人帮"的破坏,我国的国民经济到了崩溃的边缘。而此时的世界却发生了翻天覆地的变化,亚洲"四小龙"已经腾飞,世界资本主义已经进入了新的发展阶段。而从1976年粉碎"四人帮"到1978年党的十一届三中全会之前,我国社会主义建设事业却出现了徘徊不前的困难局面。值此历史大变革时期,如果不解放思想,不实行改革开放,不努力发展经济和提高人民群众的物质文化生活水平,就难以获得与资本主义相比较的优势,就无法巩固和发展社会主义,"中国向何处去,中国社会主义现代化建设事业如何实现?"这个重大问题迫切地摆在全党全国人民面前。在这个关乎生死存亡的重要历史关头,邓小平同志旗帜鲜明地支持了"实践是检验真理的唯一标准"的大讨论,提出了"解放思想,实事求是,团结一致向前看"的正确主张,恢复和重新确立了党的实事求是的思想路线,进行了理论上和路线上的拨乱反正,确定了以经济建设为中心、坚持四项基本原则、坚持改革开放的党在社会主义初级阶段的基本路线,拨正了中国社会主义航向,开辟了中国特色社会主义发展新道路。邓小平同志的第一篇政治宣言书,高举马克思主义、毛泽东思想大旗,高举中国特色社会主义大旗,起到了在历史转折关头力挽狂澜、开辟社会主义现代化建设新局面的巨大作用。正是在正确的思想路线和政治路线的指引下,胜利召开了十一届三中全会,党领导全国人民开创了改革开放和中国特色社会主义现代化建设的新格局。从20世纪70年代末到80年代末的10年间,农村发生了巨大变化,城市改革进入攻坚阶段,中国特色的社会主义现代化建设取得了巨大的成就。而这10年,也正是马克思主义中国化创新,即邓小平理论逐步形成和系统化的时期。

从20世纪90年代初到20世纪末,是我国社会主义改革开放和中国特色社会主义现代化建设事业发展的第二阶段。邓小平同志"南方谈话"既是对我国改革开放和现代化建设事业发展的第一阶段的充分肯定与科学总结,又对开启第二个发展阶段发挥了重大推动作用。当时,在国际上反社会主义、反马克思主义逆流冲击下,1989年,我国发生了严重的政治风波。1992年,国际上又发生了苏东剧变,列宁亲手创建的社会主义苏联解体,东欧的社会主义阵营不复存在。从国际上看,世界社会主义处于低谷,西方资本主义处于攻势和升势,彼升我降,力量对比发生了不利于我的变化。在这个极其紧要的历史关头,邓小平同志提出,党的十三大确定的路线、方针、政策一个字都不能改,要坚持党的基本路线一百年不动摇,要坚定不移地进行社会主义改革开放,坚定不移地走中国特色社会主义道路。这就是说,既要防止"左",又要防止右,坚定不移地沿着十一届三中全会确定的路线走下去,坚定不移地推进改革开放和中国特色社会主义建设。邓小平同志"南方谈话"正是在这样的历史大背景下,经过深思熟虑而形成的,它是我们党在重要历史关头的第二篇解放思想、实事求是,高举中国特色社会主义大旗,坚定不移走中国特色社会主义道路的政治宣言书。

"南方谈话"是对十一届三中全会以来我们党领导改革开放和中国特色社会主义现代化建设的新鲜经验的科学总结,是对世界各国社会主义建设历史经验教训的科学总结,是对整个国际共产主义运动及其发展进程的科学总结,是邓小平同志把马克思主义基本原理与当今时代、当代中国实际相结合。解放思想、实事求是,与时俱进,不断进行理论创新的思想结晶,它集中地、系统地、全面地论述了邓小平理论的精髓和基本观点,是邓小平理论最终形成的标志,是中国特色社会主义理论体系的开篇,是当代马克思主义中国化的创新之作。"南方谈话"精辟地分析了当前国际国内形势,科学地总结了十一届三中全会以来党的基本实践和基本经验,明确地回答了这些年来经常困扰和束缚我们思想的许多重大认识问题,提出了中国特色社会主义旗帜、道路、方向、理论、路线、政策方针等一系列重大观点,不仅对当时的改革和建设,对于开好党的十四大,具有十分重要的现实指导作用,而且对整个中国特色社会主义发展具有重大而深远的理论意义。如果说邓小平同志《解放思想,实事求是,团结一致向前看》的重要讲话起到了拨乱反正、开辟中国特色社会主义正确航道的重要历史作用;那么,"南方谈话"就起到了既要防止"左"又要反对右,全面肯定和明确中国特色社会主义理论、路线,坚定不移地改革开放,坚定不移地走中国特色社会主义道路,开拓中国特色社会主义新局面,掀起现代化建设新高潮的伟大历史作用。

以邓小平同志的"南方谈话"为标志,我国社会主义改革开放和中国特色社会主义现代化建设事业进入了一个新的阶段。我们可以回顾,全国各个城市和地区的改革开放和现代化建设从 1992 年掀起新的高潮，开始大踏步发展，越发势不可挡，经过 20 年的发展，我国一跃成为世界第二大经济实体。可以说，没有"南方谈话"，就没有今天中国特色社会主义进一步发展的大好形势。

其次，再谈一谈"南方谈话"深刻的精神实质、理论内涵和主要观点。"南方谈话"是马克思主义中国化的经典之作，是邓小平理论的精辟阐述和集中体现。"南方谈话"朴实无华，篇幅虽短，但思想理论内涵十分深刻、博大，邓小平理论体系的重要思想几乎都在"南方谈话"中体现出来了。

第一，关于社会主义本质论和中国特色社会主义的首要的基本问题。"南方谈话"科学地揭示了社会主义的本质，指出"社会主义的本质，是解放生产力，发展生产力，消灭剥削，消除两极分化，最终达到共同富裕"[1]，创造性地提出了社会主义本质论，回答了"什么是社会主义"；系统地然而是初步地回答了中国社会主义的发展道路、发展阶段、根本任务、发展动力、外部条件、政治保证、战略步骤、党的领导和依靠力量以及祖国统一等一系列基本问题，创造性地提出了中国特色社会主义旗帜和道路问题，回答了"怎么建设社会主义"这个重大课题。科学系统地回答了"什么是社会主义，怎样建设社会主义"这个中国特色社会主义的首要的基本问题。"南方谈话"把对社会主义的认识提高到了新的科学水平，把我们党对中国特色社会主义发展规律的认识提高到了新的科学水平。

第二，关于社会主义初级阶段论和党在社会主义初级阶段的基本路线。"南方谈话"特别强调了我国社会主义正处于初级阶段的基本国情，再次重申了"一个中心、两个基本点"的党在社会主义初级阶段的基本路线。他特别强调，发展才是硬道理，必须始终坚持以经济建设为中心，"抓住时机，发展自己，关键是发展经济"[2]。他尖锐指出："不坚持社会主义，不改革开放，不发展经济，不改善人民生活，只能是死路一条。基本路线要管一百年，动摇不得。只有坚持这条路线，人民才会相信你，拥

---

① 《邓小平文选》第 3 卷，人民出版社 1993 年版，第 373 页。
② 同上书，第 375 页。

护你。谁要改变三中全会以来的路线、方针、政策,老百姓不答应,谁就会被打倒。"①

第三,关于马克思主义精髓论和"解放思想、实事求是"的思想路线。"解放思想、实事求是"的思想路线是"南方谈话"的精神实质,是邓小平理论的精髓,是贯穿中国特色社会主义理论体系的红线。邓小平同志明确指出:"实事求是是马克思主义的精髓。要提倡这个,不要提倡本本。我们改革开放的成功,不是靠本本,而是靠实践,靠实事求是。"②

第四,关于社会主义市场经济论和社会主义市场经济体制改革的论述。社会主义市场经济论是"南方谈话"的重要思想,是对马克思主义的政治经济学和科学社会主义的重大发展,极大地解放了全党和全国人民的思想。"计划多一点还是市场多一点,不是社会主义与资本主义的本质区别。"③市场是手段,社会主义可以利用,社会主义制度与市场经济相结合是社会主义市场经济体系的实质,社会主义制度与市场经济相结合可以最大限度地发挥社会主义制度的优越性。党的十四大以来在社会主义市场经济理论问题上的重大突破,在建立和完善社会主义市场经济体制方面所取得的重大进展,在社会主义现代化建设上所取得的巨大历史性成就,都是以邓小平同志的这一重要论断为理论指导的。

第五,关于社会主义根本任务论和"三个有利于"的判断标准。"南方谈话"反复强调社会主义的根本任务是发展生产力,明确提出"是否有利于发展社会主义社会的生产力,是否有利于增强社会主义国家的综合国力,是否有利于提高人民的生活水平"的"三个有利于"判断标准,这是"解放思想、实事求是"思想路线的具体化,是"社会主义根本任务是发展生产力"论断的深化,为开拓创新,改革开放,积极探索中国特色社会主义发展道路确定了正确的坐标尺度和价值取向。

第六,关于社会主义精神文明论和"两手抓"的思想。"南方谈话"指出,要一手抓物质文明建设,一手抓精神文明建设;一手抓改革开放,

---

① 《邓小平文选》第 3 卷,人民出版社 1993 年版,第 370—371 页。
② 同上书,第 382 页。
③ 同上书,第 373 页。

一手抓打击各种犯罪活动，在整个改革过程中都要反对腐败。要求"不仅经济要上去，社会秩序、社会风气也要搞好，两个文明建设都要超过他们（指亚洲四小龙——引者注），这才是有中国特色的社会主义。"① "打击各种犯罪活动，扫除各种丑恶现象，手软不得。"② "坚持两手抓"，"两只手都要硬"③。

第七，关于坚持四项基本原则论和加强教育，依靠人民民主专政保卫社会主义制度，防止和平演变的论断。"南方谈话"强调："十二届六中全会我提出反对资产阶级自由化还要搞二十年，现在看起来还不止二十年。资产阶级自由化泛滥，后果极其严重。"④ "帝国主义搞和平演变，把希望寄托在我们以后的几代人身上。"⑤ "垮起来可是一夜之间啊。垮起来容易，建设就很难。在苗头出现时不注意，就会出事。"⑥ "依靠无产阶级专政保卫社会主义制度，这是马克思主义的一个基本观点"⑦，要"运用人民民主专政的力量，巩固人民的政权"⑧。因此，"要把我们的军队教育好，把我们的专政机关教育好，把共产党员教育好，把人民和青年教育好"⑨，"要注意培养人"⑩，要"选择德才兼备的人进班子"⑪，"真正关系到大局的是这个事"⑫。他语重心长地指出："我们搞社会主义才几十年，还处在初级阶段。巩固和发展社会主义制度，还需要一个很长的历史阶段，需要我们几代人、十几代人，甚至几十代人坚持不懈地努力奋斗，决不能掉以轻心。"⑬

第八，关于办好中国的事关键在党论和执政党建设理论。邓小平同志

---

① 《邓小平文选》第3卷，人民出版社1993年版，第378页。
② 同上。
③ 同上。
④ 同上书，第379页。
⑤ 同上书，第380页。
⑥ 同上书，第379页。
⑦ 同上。
⑧ 同上。
⑨ 同上书，第380页。
⑩ 同上。
⑪ 同上。
⑫ 同上。
⑬ 同上书，第379—380页。

说:"正确的政治路线要靠正确的组织路线来保证。中国的事情能不能办好,社会主义和改革开放能不能坚持,经济能不能快一点发展起来,国家能不能长治久安,从一定意义说上,关键在人。"① 他又说:"中国要出问题,还是出在共产党内部。"② "办好中国的事情,关键在党。"这是非常重要的观点,是邓小平同志关于建设一个什么样的执政党的重要思想。

第九,关于"马克思主义是打不倒的"理论和坚持马克思主义指导的原则。"南方谈话"高举马克思主义伟大旗帜,坚信马克思主义,坚持马克思主义指导。邓小平同志说:"我坚信,世界上赞成马克思主义的人会多起来的,因为马克思主义是科学。"③ "马克思主义是打不倒的"④,把坚持马克思主义作为根本的一条。

第二个问题:谈谈"南方谈话"关于共同富裕的思想,题目是:"'南方谈话'明确阐述了中国特色社会主义道路就是解放和发展生产力,实现共同富裕的道路。"

邓小平同志成功地开创了中国特色社会主义事业,为我们党和人民指明了中国特色社会主义发展道路。中国特色社会主义道路就是解放和发展生产力,实现共同富裕的道路,解放和发展生产力、实现共同富裕是中国特色社会主义道路的核心理念。以邓小平同志为代表的中国共产党人发动的改革开放、开创的中国特色社会主义事业进展到今天,在坚持发展生产力的前提下,逐步实现共同富裕已经成为进一步发展中国特色社会主义的中心课题,走共同富裕之路,是发展中国特色社会主义的战略选择。"南方谈话"把共同富裕提高到社会主义本质的高度,提高到是否坚持社会主义的高度,提高到是否坚持走中国特色社会主义道路的高度。

第一,共同富裕是社会主义的本质要求,是社会主义与资本主义的不同特点,是社会主义制度不能动摇的根本原则。

什么是社会主义,社会主义的本质是什么?邓小平同志一针见血地指出:"社会主义的本质,是解放生产力,发展生产力,消灭剥削,消除两

---

① 《邓小平文选》第 3 卷,人民出版社 1993 年版,第 380 页。
② 同上。
③ 同上书,第 283 页。
④ 同上书,第 382 页。

极分化，最终达到共同富裕。"① 社会主义最基本的特征有两条，一条是解放和发展生产力，一条是不搞两极分化，共同富裕，这两条是一致的。在社会主义制度条件下，解放和发展生产力的目的，可以归结为共同富裕，从而也可以说，社会主义的本质是共同富裕。"走社会主义道路，就是要逐步实现共同富裕。"② 共同富裕有两层内涵：一是要解放和发展生产力，富起来，贫穷不是社会主义；二是要共同富起来，两极分化也不是社会主义。社会主义制度优于资本主义制度，说到底是要创造远远高于资本主义的生产率，创造丰富的物质财富和精神财富。生产力发展不上去，贫穷，就无法最终战胜资本主义，就不是合格的社会主义。要富起来，必须发展生产力，发展生产力是根本任务。

然而，社会主义与资本主义都要发展生产力，不能简单地说，社会主义发展生产力，资本主义不发展生产力。社会主义与资本主义恰恰是发展生产力的目的不同。同样目的是致富，资本主义的历史告诉我们，它们的富是两极分化的富，贫者愈贫，富者愈富，穷国与富国、穷人与富人两极分化。社会主义不排斥富裕，但要的是共同富裕，社会主义解放和发展生产力是为了共同富裕。共同富裕是社会主义发展追求的目的，手段是解放和发展生产力。邓小平同志明确指出："社会主义的特点不是穷，而是富，但这种富是人民共同富裕"③，"社会主义与资本主义不同的特点就是共同富裕，不搞两极分化"④。"社会主义的一个含义，就是共同富裕。"⑤ "社会主义不是少数人富起来、大多数人穷，不是那个样子。社会主义最大的优越性就是共同富裕，这是体现社会主义本质的一个东西。"⑥ "如果富的愈来愈富，穷的愈来愈穷，两极分化就会产生，而社会主义制度就应该而且能够避免两极分化。"⑦ 是共同富裕，还是两极分化，这是社会主义与资本主义的本质区别。我们应该牢记1985年邓小平同志所说的："一个公有

① 《邓小平文选》第3卷，人民出版社1993年版，第373页。
② 同上。
③ 同上书，第265页。
④ 同上书，第123页。
⑤ 《邓小平年谱》，中央文献出版社2004年版，第1312页。
⑥ 《邓小平文选》第3卷，人民出版社1993年版，第364页。
⑦ 同上书，第374页。

制占主体,一个共同富裕,这是我们所必须坚持的社会主义的根本原则。"① 走共同富裕之路,这是社会主义不同于资本主义的发展道路。只有靠社会主义才能从根本上解决资本主义解决不了的两极分化问题。坚持共同富裕,是社会主义不可动摇的基本原则。

第二,社会主义制度是实现共同富裕的根本保证,坚持公有制或为主体的公有制是实现共同富裕的经济基础,毫不动摇地坚持主体地位的公有制是我国社会主义必须坚持的根本原则。

采取什么样的经济制度,生产资料归谁所有,即所有制问题,是判断社会性质的重要标准。在经济基础上实行公有制,或实行公有制为主体,这是社会主义的根本经济制度,是社会主义的重要标志。马克思主义告诉我们,生产力决定生产关系,同时生产关系也反作用于生产力。重视生产力的决定性作用,同时要重视生产关系对生产力的反作用。所有制关系、财产关系决定分配关系,生产资料、财产占有的差别是分配差别决定性的影响要素,所有制结构上存在的问题和财产占有上存在的问题是贫富拉开的根本原因。所有制决定分配制度,生产资料归谁所有决定财富如何分配,收入上的两极分化是由生产资料占有的两极分化所决定的。私有制是剥削制度的根本经济基础,公有制是消灭剥削的社会制度的根本经济基础。必须坚持公有制为主体,这是实现共同富裕的根本制度保证。就分配问题解决分配问题,是不能从根本上解决分配不公、两极分化问题的。制度是根本性问题,坚持公有制为主体的根本经济制度,是解决分配不公、防止两极分化的根本性举措,只有坚持公有制为主体毫不动摇,才能从经济基础上保证共同富裕。解决分配问题的其他措施也是必要的,但要从属于根本举措,单靠一个措施是不够的,要搞全面的配套措施,才能防止和避免两极分化,实现共同富裕。

政治的上层建筑对经济基础也有反作用,好的会促进经济基础巩固,不好的会破坏经济基础。如果任由落后的上层建筑发展,就会破坏社会主义经济基础。党的领导、依法治国、人民当家作主的政治制度是实现共同富裕的政治保证。邓小平同志说:"只有社会主义,才能有凝聚力,才能

---

① 《邓小平文选》第 3 卷,人民出版社 1993 年版,第 111 页。

解决大家的困难，才能避免两极分化逐步实现共同富裕。"① "中国只能搞社会主义，不能搞两极分化。"② "中国搞资本主义行不通，只有搞社会主义，实现共同富裕，社会才能稳定，才能发展。"③ "社会主义制度就应该而且能够避免两极分化。"④ 实现共同富裕，只有靠社会主义制度。

第三，如果导致两极分化，出现新的剥削阶级，就可能出乱子，改革就算失败了，就不是社会主义，就会走到资本主义邪路上去。

人类社会历史告诉我们，私有制是产生两极分化、阶级剥削、阶级对立的必要条件，而与私有制相结合的市场经济则是两极分化的重要条件。在我国，总体上是社会主义公有制经济与市场经济相结合，但也有一定范围的私有经济与市场经济的结合，这就导致一方面调动了积极性，另一方面也会引起两极分化。所以，邓小平同志尖锐地指出："实际上两极分化自然出现。"⑤ "如果富的愈来愈富，穷的愈来愈穷，两极分化就会产生。"⑥ 因此，我们在社会主义初级阶段支持发展非公有制经济、发展市场经济，就必须在制度、体制、政策导向上采取一切措施防止和避免两极分化，引导走共同富裕之路。所以，一定要坚持社会主义制度与市场经济相结合，坚持社会主义占主体的公有制与市场经济相结合，既要发挥市场经济的长处，又要避免市场经济的短处和反面影响；既要积极引导非公有制经济发挥积极作用，又要限制其消极的负面作用。在分配问题上，要坚持占主体的按劳分配方式，这也是共同富裕的基本分配制度保证。

在邓小平同志看来，如果防止和避免不了两极分化，必然导致社会矛盾尖锐化，势必出乱子，冲击现代化和改革开放所必要的稳定局面，会从根本上动摇政权的基础、执政党的地位，改变国家的社会主义性质。邓小平同志讲："如果中国只有一千万人富裕了，十亿多人还是贫困的，那怎么能解决稳定问题？"⑦ "中国情况是非常特殊的，即使百分之五十一的人

---

① 《邓小平文选》第 3 卷，人民出版社 1993 年版，第 357 页。
② 《邓小平年谱 1975—1997》下，中央文献出版社 2004 年版，第 1317 页。
③ 同上书，第 1312 页。
④ 《邓小平文选》第 3 卷，人民出版社 1993 年版，第 374 页。
⑤ 《邓小平年谱 1975—1997》下，中央文献出版社 2004 年版，第 1364 页。
⑥ 《邓小平文选》第 3 卷，人民出版社 1993 年版，第 374 页。
⑦ 《邓小平年谱 1975—1997》下，中央文献出版社 2004 年版，第 1312 页。

先富裕起来了,还有百分之四十九,也就是六亿多人仍处于贫困之中,也不会有稳定。"① "中国有十一亿人口,如果十分之一富裕,就是一亿多人富裕,相应地有九亿多人摆脱不了贫困,就不能不革命啊!九亿多人就要革命。"② "如果搞两极分化,情况就不同了,民族矛盾、区域间矛盾、阶级矛盾都会发展,相应地中央和地方的矛盾也会发展,就可能出乱子。"③ "社会主义的目的就是要全国人民共同富裕,不是两极分化。如果我们的政策导致两极分化,我们就失败了;如果产生了什么新的资产阶级,那我们就真是走了邪路了。"④ "如果仅仅是少数人富有,那就会落到资本主义去了"⑤。两极分化的结果是,社会矛盾尖锐化,贫困的人要起来革命,要出乱子,改革就要失败,社会主义就要失败,资本主义、剥削社会的一切弊端就会在我国重演。

第四,富裕起来后,财富怎样分配,怎样防止两极分化,实现共同富裕,这是大问题,是利用各种手段、各种方案、各种方法必须加以解决的中心课题。

邓小平同志说:"十二亿人口怎样实现富裕,富裕起来以后财富怎样分配,这都是大问题。题目已经出来了,解决这个问题比解决发展起来的问题还困难。分配的问题大得很。"⑥ "少部分人获得那么多财富,大多数人没有,这样发展下去总有一天会出问题。分配不公,会导致两极分化,到一定时候问题就会出来。这个问题要解决。过去我们讲先发展起来。现在看,发展起来以后的问题不比不发展时少。"⑦ "中国发展到一定的程度后,一定要考虑分配问题。"⑧ "要研究提出分配这个问题和它的意义。到

①　《邓小平年谱1975—1997》下,中央文献出版社2004年版,第1312页。
②　同上书,第1317页。
③　邓小平:《善于利用时机解决发展问题》,《邓小平文选》第3卷,人民出版社1993年版,第364页。
④　邓小平:《一靠理想二靠纪律才能团结起来》,《邓小平文选》第3卷,人民出版社1993年版,第110—111页。
⑤　《邓小平年谱1975—1997》下,中央文献出版社2004年版,第1356页。
⑥　同上书,第1364页。
⑦　同上书,第1364页。
⑧　同上书,第1356页。

本世纪末就应该考虑这个问题了。"① "共同致富，我们从改革一开始就讲，将来总有一天要成为中心课题。"② 分配是个大问题，在发展起来以后要解决好分配问题，如果分配问题解决不好，不能共同富裕，就不是社会主义，"如果仅仅是少数人富有，那就会落到资本主义去了"③。"作为制度来说，没有社会主义这个前提，改革开放就会走向资本主义，比如说两极分化。"④ 现在看来，如何分好蛋糕，解决好社会公正问题，这是必须面对的严重现实问题。共同富裕的问题已经非常急迫地摆在全党和全国人民面前。邓小平同志要求我们 20 世纪末 21 世纪初着手解决共同富裕问题，他说："什么时候突出地提出和解决这个问题，在什么基础上提出和解决这个问题，要研究。可以设想，在本世纪末达到小康水平的时候，就要突出地提出和解决这个问题。"⑤ 现在十年过去了，这个问题更严重了，到现在问题还在发展，没有破题。目前贫富差距已经出现不可遏制的趋势，各地群体性事件的发生从根源上来说与之有关。解决好共同富裕的问题就是解决中国特色社会主义发展的中心问题，解决好这个问题有助于我国应对来自西方国家的和平演变，巩固和发展党的领导和社会主义制度。要利用各种手段、各种方案、各种方法解决好分配问题，坚定不移地走共同富裕之路，这是推进中国特色社会主义发展的重大战略选项。

第五，解决共同富裕，必须始终不渝地以经济建设为中心，做大蛋糕是分好蛋糕的前提，解决共同富裕是一个逐步的过程。

我国社会主义初级阶段主要矛盾是不断提高的人民物质精神需要与相对落后的社会生产之间的矛盾。发展是硬道理，解放和发展生产力、坚持以经济建设为中心，是满足人民需要、实现共同富裕的物质前提。我们党执政要解决两大任务：一大任务是做大蛋糕，就是解放和发展生产力，让国家尽快地富起来、强起来，这是社会主义共同富裕的物质基础。再一个大任务，就是要分好蛋糕，解决好分配问题，防止和避免两极分化，让全

---

① 《邓小平年谱 1975—1997》下，中央文献出版社 2004 年版，第 1357 页。

② 《邓小平文选》第 3 卷，人民出版社 1993 年版，第 364 页。

③ 《邓小平年谱 1975—1997》下，中央文献出版社 2004 年版，第 1356 页。

④ 同上书，第 1317 页。

⑤ 《邓小平文选》第 3 卷，人民出版社 1993 年版，第 374 页。

体人民共同富裕。发展生产力是社会主义的根本任务,共同富裕、和谐公正是社会主义的本质要求,既要做大蛋糕,又要分好蛋糕,解决好发展和公平这两大问题。当然,解决共同富裕是一个逐步实现的过程。

邓小平同志还设想了解决的构想和办法,他说:"共同富裕的构想是这样提出的:一部分地区有条件先发展起来,一部分地区发展慢点,先发展起来的地区带动后发展的地区,最终达到共同富裕。""解决的办法之一,就是先富起来的地区多交点利税,支持贫困地区的发展。"① "总之,就全国范围来说,我们一定能够逐步顺利解决沿海同内地贫富差距的问题。"② 当前,我们要从实际出发,提出逐步实现共同富裕的时间表、路线图和全面措施。

第六,坚持马克思主义主流意识形态的指导地位,坚持核心价值观的主导地位,坚持共产主义远大理想和中国特色社会主义共同理想的理想信念主心骨地位,是坚持社会主义共同富裕的思想基础。

物质决定精神,精神反作用于物质,可以转化为物质力量,这是辩证唯物主义的观点。发展中国特色社会主义,不仅要有先进的生产力,还要有先进的文化,要有正确意识形态、理论指导和精神力量。好的精神力量指导人民、激励人民、鼓舞人民、凝聚人民;不好的精神力量让人委靡不振,走歪路、走邪路,让社会乱起来。如果只重视发展生产力,不重视精神、社会意识的反作用,不重视思想理论的作用,不重视思想政治工作,一手硬一手软,照样出问题。解决共同富裕问题,除了从经济建设入手之外,还必须加强思想理论战线、意识形态工作的战斗力。今天,面对着这么多矛盾问题,有些问题已经是积累到一定程度了,如果精神凝聚的力量苍白无力和软弱,那么势必要出大乱子、大问题。在重视发展生产力解决经济发展的同时,如何注重精神的反作用? 如何重视理论的指导作用? 如何重视解决马克思主义在意识形态领域的指导? 如何重视解决核心价值观和理想信念问题? 这也是一项与解决共同富裕问题密不可分的根本任务。

---

① 《邓小平文选》第 3 卷,人民出版社 1993 年版,第 373—374 页。
② 同上书,第 374 页。

（本文是在由中国辩证唯物主义研究会、中国社会主义社会辩证法研究会、中共中央党校哲学教研部、中国社会科学院哲学研究所和广东省社会科学界联合会联合于 2012 年 2 月 14 日在广州召开的"纪念邓小平'南方谈话'发表 20 周年暨改革开放理论创新研讨会"上的书面发言稿）

（原载《世界社会主义研究动态》2012 年 2 月 27 日第 10 期）

加强理论武装，提高运用马克思主义
指导哲学社会科学研究的能力

　　坚持以马克思主义为指导，是我国哲学社会科学最鲜明的特色，是我院最根本的办院方针。加强理论学习，提高运用马克思主义指导科研的能力，不是权宜之计，也不是一时之策，而是事关我院和哲学社会科学事业方向和发展的长远大计、根本大计。之所以把问题提到这样的高度，是由哲学社会科学的性质和我院的定位、任务决定的。

　　毛泽东同志指出，"一定的文化（当作观念形态的文化）是一定社会的政治和经济的反映，又给予伟大影响和作用于一定的政治和经济"。[①] 哲学社会科学作为文化的灵魂，是文化最概括的思想结晶，是一定社会的政治、经济最集中的理论反映，为一定社会的政治、经济服务。当代中国的哲学社会科学，首先是社会主义方向、性质的理论学术，为中国特色社会主义的政治、经济服务。我院是党中央直接领导的国家哲学社会科学最高研究机构，是党在思想文化战线和意识形态领域的重要部门。科学研究等一切工作，必须始终坚持正确的政治方向和学术导向，始终与党中央保持一致，才能切实服务于中国特色社会主义事业。而做到这一点，必须坚持马克思主义，如果离开马克思主义，必然偏离方向，一切无从谈起。

　　中央赋予我院"三个定位"要求的一项任务就是努力建设马克思主义坚强阵地，这是最高的党性要求。我院担负研究、宣传、创新马克思主义的重任，如果领导干部和科研人员的马克思主义理论水平不高，又怎能完成这个光荣而艰巨的任务。一项任务是努力建设党和国家的思想库智囊

---

　　① 《毛泽东选集》第 2 卷，人民出版社 1991 年版，第 663—664 页。

团。人民关心的重大问题，就是党和国家关注的重大问题，也是应作出理论诠释、对策研究的重大问题。为解决人民疾苦、提高百姓福祉而研究，为党和国家的长治久安、为中国特色社会主义发展进步出谋划策，才不愧于思想库智囊团的地位。试问，离开了马克思主义正确指导，缺了主心骨，怎能建好言献好策出好主意，又谈何发挥参谋咨询作用。一项任务是努力建设哲学社会科学的最高殿堂。我国哲学社会科学作为精神力量，就总体属性来说，首先是党领导的、人民大众需要的、社会主义性质的观念形态的文化，从属、服务于社会主义主流意识形态，必须从总体上接受马克思主义指导。我院许多学科带有强烈的意识形态属性、政治属性和现实属性。有的学科虽然意识形态属性不强，或不具有意识形态属性，但其研究对象与内容也是某类社会历史现象，研究者本身也有一个为什么人服务的感情问题、立场问题，有一个用什么样的立场、观点、方法指导研究的问题。这就要求必须把马克思主义和科学社会主义作为核心理念和指导思想，站在党和人民的立场上，为中国特色社会主义和人民利益"鼓与呼"。

这是从哲学社会科学作为党领导的中国特色社会主义文化属性的总体意义上讲的道理，即为什么坚持马克思主义指导地位的道理。陈奎元同志在《信仰马克思主义，作坚定的马克思主义者》的重要讲话中，语重心长地全面阐述了信仰马克思主义、学习马克思主义、坚持和发展马克思主义的根本要求。具体到今天研究者个人来说，在中国特色社会主义伟大实践中，在繁荣发展哲学社会科学工作中，能否自觉接受马克思主义，运用马克思主义，更是直接关系到站在什么立场上、为什么人服务的问题，当然也关系到科研方向、成果质量和能否成为党和国家需要的人才的问题。

在我国当代学术领域，许许多多大家大师，正是坚定信仰马克思主义并将它实际地应用到研究中，找到了指导研究的科学世界观方法论钥匙，取得了辉煌的学术成就。郭沫若先生被邓小平同志称为"我国运用马克思主义研究中国历史的开拓者"。以他为代表的马克思主义史学，用唯物史观作为研究历史的武器，做出重大史学创新成果。不少历史学家不乏渊博知识和入微考辨，但总的方面不能和郭沫若先生的史学研究成就相比，究其根本，则同没有真正掌握马克思主义，缺乏唯物主义历史观眼光有关。老一代院领导胡乔木、胡绳、马洪、张友渔一贯努力学习、研究和宣传马列主义，在马克思主义理论、哲学、文学、历史、经济、法学、政治学等领域做出了杰出贡献。范文澜先生开拓了以马克思主义指导编撰中国通史的道路，侯外庐先生运用马克思主义研究中国古代思想文化遗产，夏鼐先生坚持认为考古学研究的最终目标是阐明历史发展的客观规律，吕叔湘先生总是理论联系实际、处处体现实事求是的作风，何其芳先生自觉把马克思主义应用到文学研究领域，任继愈先生以马克思主义视野研究中国哲学和世界宗教，许涤新先生从马克思主义与中国实践的结合上系统探讨了中国社会主义经济形成和发展的客观进程，孙冶方先生探索了社会主义政治经济学新体系，薛暮桥先生系统论述了中国社会主义建设必须遵循的经济规律，等等。这样的前辈不胜枚举，他们自觉运用马克思主义指导研究，从而在学术史上留下了不朽的篇章。

这些可敬前辈们所取得的辉煌成就，证明了当代中国哲学社会科学的指南，就是马克思主义。认为马克思主义已经僵化、凝滞，解释不了中国问题，不能指导学术，从而不加分析、不作选择地把西方的研究方法和学派，或者中国历史传统的研究方法和学派，原封不动地引入到当代中国研究领域，崇拜洋教条、土教条，食古不化，食洋不化，这样做无法创新、繁荣、发展中国特色理论学术。

当然，讲这些不是说在今天学术研究领域，马克思主义可以代替一切，包办一切，是包打天下的灵丹妙药，而是就马克思主义世界观方法论而言，就当代中国哲学社会科学总体而言，就我院办院方向而言，就研究者个人以什么样的感情、站在什么立场上、为什么服务、以什么为指导的根本问题而言。马克思主义世界观方法论，就是马克思主义者观察世界、分析问题、解决问题的基本立场、观点和方法。以马克思、恩格斯、列宁、毛泽东、邓小平等为代表的马克思主义者，站在人民的立场上，做出了大量科学判断和科学结论，有些结论虽然带有历史局限性，但贯穿他们著述、思想、理论始终的立场观点方法，即世界观方法论，闪耀着真理的光芒，具有正确的思想方法的巨大精神利器作用，依然指导着今天的实践。马克思主义首先强调的是基本立场问题，是不是站在人民的立场上，与人民同呼吸共命运，与人民密切联系。马克思、恩格斯之所以成为马克思主义者，首先是因为他们能够坚定地站在工人阶级和人民大众的立场上。马克思在确定博士论文选题时，就把自己的幸福和工人阶级、劳苦大众的命运紧紧联系在一起。基本立场对了，才能够自觉地运用马克思主义的基本观点，如唯物的观点，发展的观点，辩证的观点，对立统一的观点，历史的观点，群众的观点，阶级分析的观点等。运用这些观点认识观察世界就是科学的世界观，以之分析解决问题就是科学的方法论，马克思主义世界观和方法论是一致的。

可以说，凡是做出了成绩的科学家，就其主观认识来说，有的是自觉的，有的是不自觉的，做到了符合并遵循他所研究对象的客观规律，而辩证唯物主义和历史唯物主义哲学世界观方法论，恰恰最科学地揭示了事物发展的根本规律和法则，为人们认识问题、分析问题提供了最一般的思维方式和思想方法。"工欲善其事，必先利其器"，对于以科学研究为终生追求的哲学社会科学工作者来说，为何不去主动地、自觉地学习掌握马克思主义立场观点方法呢？学习马克思主义，要真学真懂真用，而不是死记硬背一些具体结论，不是照本宣科、生搬硬套一些词句来剪裁活生生的现实。马克思主义是思想武器，不是养家糊口的饭碗，不是追求名利的梯子。运用马克思主义指导研究，不是把马克思主义当作标签，当作标语口号，而是当作研究的指南，把马克思主义贯穿到学术研究、学理分析之中，以创新的学术成果体现出来。

加强马克思主义学习，是全院人员的共同任务。各级党组织要认真组织好理论学习，抓住提高理论水平这个关键。领导干部和党员要带头自觉学习马克思主义，不断提高自己的马克思主义理论素养，学会运用马克思主义指导科学研究。就担负的领导责任而言，所局领导干部尤为关键。从事马克思主义研究的，要多多益善地学，专门研究。从事其他学科研究的，可以坚持"少而精"的原则，重点掌握马克思主义精髓。既要坚定不移地坚持"二为"方向，又要坚定不移地贯彻"双百"方针。在具体学科研究方法上，可以百家争鸣，百花齐放，可以有研究者的发明独创，不能强求一致。

（本文是作者在中国社会科学院 2012 年院工作会议上所作工作报告的一部分，原载《马克思主义理论研究和建设工程·参考资料》2012 年 3 月 14 日第 610 期）

论坚持人民主体地位

发展中国特色社会主义是一项长期艰巨的历史任务，在新的历史条件下夺取中国特色社会主义新胜利，必须坚持人民主体地位，全面落实人民主体地位，切实把它贯彻到经济社会的各项工作中。

一　坚持人民主体地位是马克思主义历史观的根本内容

坚持人民的历史主体地位，是马克思主义历史观的应有之义，是当代中国共产党人对唯物史观基本原理的科学把握和高度自觉。早在马克思主义创立之际，马克思、恩格斯就在《神圣家族》中明确提出，"历史活动是群众的事业"，决定历史发展的是"行动着的群众"。[①] 这一观点科学地阐明了历史的真正创造者是最广大的人民群众，确立了人民群众创造历史的主体地位，打破了长期占据统治地位的英雄史观，实现了历史观上的伟大变革。19 世纪 80 年代，针对历史观上的唯心主义错误观点，恩格斯在《路德维希·费尔巴哈和德国古典哲学的终结》中再次强调，是人民自己创造了自己的历史，历史发展的真正动力是人民群众，而不是某些个别英雄人物或者某种外在于人的"观念"。

从历史发展的实际进程来看，人民群众之所以起着决定性的作用，是社会历史发展的真正主体，是因为人民群众不但是物质资料生产的主体，是社会物质财富的创造者，而且也是人类社会精神生产的主体，是社会精神财富的创造者。同时，人民群众是社会革命建设改革的主体，他们创造着并不断改造着社会关系，从而不断推动着社会向前发展。历

[①] 《马克思恩格斯全集》第 2 卷，人民出版社 1957 年版，第 104 页。

史上任何重大的社会变革运动，都离不开人民群众，都是人民群众推动的结果。

中国共产党从成立的那一天起，就把马克思主义写在自己的旗帜上，坚持以唯物史观作为自己的科学依据，用历史唯物主义的基本原理来分析历史发展的基本矛盾和基本规律，牢牢把握马克思主义关于人民群众创造历史的基本观点。在长期的革命、建设和改革过程中，始终毫不动摇地坚持群众观点和群众路线。党的十八大报告结合新的历史任务，旗帜鲜明地把坚持人民主体地位写在"夺取中国特色社会主义新胜利"所必须坚持的八项基本要求当中，充分体现了当代中国共产党人对人民群众历史创造作用的高度自觉。

二　坚持人民主体地位是中国共产党根本宗旨的本质体现

是否坚持人民主体地位，是马克思主义政党同其他一切政党的根本区别之一。中国共产党自成立那天起，就把推翻剥削阶级统治，建立社会主义和共产主义社会，实现人民当家作主，作为自己的奋斗目标和根本宗旨。

在新民主主义革命时期，中国共产党就高度重视人民民主以及人民当家作主的实现形式问题。土地革命时期，中国共产党在中央苏区建立了中华苏维埃共和国临时中央政权，开始建立人民政权的尝试。中华苏维埃第一次全国代表大会通过的《中华苏维埃共和国宪法大纲》明确规定："中国苏维埃政权所建设的是工人和农民的民主专政的国家。苏维埃全政权是属于工人，农民，红军兵士及一切劳苦民众的。在苏维埃政权下，所有工人，农民，红军兵士及一切劳苦民众都有权选派代表掌握政权的管理。"[①]苏维埃政权充分体现了工农民主专政的政权性质，最大限度地维护了人民群众的各项政治权利。延安时期，毛泽东针对黄炎培先生提出的"历史周期律"问题明确提出：我们已经找到新路，我们能跳出这个周期律。这条新路，就是民主。只有让人民来监督政府，政府才不敢松懈；只有人人起

---

① 《中共中央文件选集》第7册，中共中央党校出版社1991年版，第772—773页。

来负责，才不会人亡政息。抗日战争时期，毛泽东提出了一个著名的论断："战争的伟力之最深厚的根源，存在于民众之中。"① 在解放战争中，我们党和军队在人民支持下，依靠弱势装备打败了强大的国民党部队。陈毅元帅在讲到淮海战役时感慨地说，淮海战役的胜利是人民群众用小推车推出来的。的确如此，正是依靠人民的力量，中国共产党领导人民最终推翻了帝国主义、封建主义和官僚资本主义的统治，获得了民族独立和人民解放，建立了新中国。在新中国成立之后，中国共产党又坚定不移地选择了社会主义制度，确立了人民民主专政的国家政权，在国家制度层面上确保人民群众真正成为国家的主人。通过人民代表大会和它的过渡形式人民代表会议，实现了人民当家作主的目的。1949 年 8 月 9 日到 14 日，北平市召开第一届各界人民代表会议，毛泽东参加会议并向全国发出号召，希望各地迅速召开这样的会议，加强政府同人民的联系，建立人民当家作主的政治制度。随后，各地迅速召开各级各界人民代表会议，代行人民代表大会的职权，成为人民代表大会召开前的一种过渡形式。1954 年 9 月 15日，中华人民共和国第一届全国人民代表大会第一次会议在北京开幕，大会制定了新中国第一部宪法，从最高法律的角度规定了人民群众的主体地位。

随着我国社会主义制度的发展和完善，特别是改革开放以来，我们党始终坚持中国特色社会主义的政治发展道路，坚持党的领导、人民当家作主、依法治国有机统一，完善和发展人民代表大会制度、中国共产党领导的多党合作和政治协商制度、民族区域自治制度以及基层群众自治制度，在深化政治体制改革的过程中，始终以保证人民当家作主为根本，以增强党和国家活力、调动人民积极性为目标，最广泛地动员和组织人民依法管理国家事务和社会事务、管理经济和文化事业，不断巩固和强化了人民的主体地位。

---

① 《毛泽东选集》第 2 卷，人民出版社 1991 年版，第 511 页。

三 坚持人民主体地位是发展中国
特色社会主义事业的根本要求

坚持人民主体地位既是中国共产党 90 多年历史的经验总结，更是发展中国特色社会主义事业的根本要求。

人民群众是中国特色社会主义各项事业的创造主体。中国特色社会主义是前无古人的事业。在这项全新的事业中，人民群众始终发挥着创造作用。在改革开放新时期，广大人民群众在中国共产党的带领下，充分发挥首创精神，开拓进取，不断创新，在经济、政治、文化、社会和生态文明建设的各个领域，取得了举世瞩目的伟大成就，使中国特色社会主义道路越来越宽广，理论体系越来越丰富，制度越来越完善。对此，邓小平在 1992 年的"南方谈话"中针对农村改革所说的话颇具代表性：农村改革的政策和理论是从基层农民群众的智慧中提升出来的，"农村搞家庭联产承包，这个发明权是农民的。农村改革中的好多东西，都是基层创造出来，我们把它拿来加工提高作为全国的指导"①。农村改革是如此，其他领域的改革也是如此。

人民群众是中国特色社会主义各项事业的发展主体。中国特色社会主义是长期持续发展的事业，人民不但是这项事业的创造主体，同样是这项事业的管理和发展主体。没有人民主体地位作用的发挥，就不可能有中国特色社会主义各项事业的持续发展。从中国特色社会主义的发展进程来看，人民群众切实担当起了国家主人的责任，通过民主选举选出自己的代表，依法积极参与管理国家事务和社会事务，充分行使自己的知情权、参与权、表达权、监督权，对经济政治文化社会各项事业进行民主决策、民主管理、民主监督，确保我国的社会主义市场经济、民主政治、先进文化、社会建设和生态文明建设，始终沿着中国特色社会主义的正确方向前进。

人民群众是中国特色社会主义各项发展成果的享有主体。作为社会主

---

① 《邓小平文选》第 3 卷，人民出版社 1994 年版，第 382 页。

义国家的真正主人，中国特色社会主义事业的创造者、发展者和管理者，人民群众当然应该是中国特色社会主义发展成果的享有主体。对此，中国共产党有着高度的政治自觉和明确的政策主张。改革开放以来，人民群众在经济政治文化社会方面的享有权利不断得到完善和提高，比如，在经济生活方面，城乡就业持续扩大，居民收入较快增长，家庭财产稳定增加，衣食住行用条件明显改善，城乡最低生活保障标准和农村扶贫标准大幅提升。在政治生活方面，随着政治体制改革的稳步推进，人民群众参政议政的热情不断提高，参与政治的范围不断扩大，基层民主不断发展。在文化生活方面，人民精神文化生活更加丰富多彩。在社会建设和民生领域，基本公共服务水平和均等化程度明显提高，城乡免费义务教育全面实现，城乡基本养老保险、医疗保险制度初步建立等，这些都充分体现了人民享有主体的地位。

四　在全面建成小康社会的过程中切实把人民主体地位落到实处

党的十八大报告根据我国经济社会发展实际，提出了全面建成小康社会和全面深化改革开放的新要求、新目标。面对新目标、新要求、新期盼，我们应该更加突出地强调人民群众在历史发展中的作用，切实把人民的主体地位落到实处，贯穿在政治、经济、文化、社会、生态文明建设的各个方面，不断在尊重人民首创精神、保障人民各项权益、实现发展成果由人民共享、促进人的全面发展上取得新成效。

要坚持社会主义基本经济制度和分配制度，调整国民收入分配格局，加大再分配调节力度，着力解决收入分配差距较大问题，使发展成果更多更公平惠及全体人民。进一步扩大人民民主，完善社会主义民主制度，丰富民主形式，充分保证人民当家作主，行使民主权利。扎实推进社会主义文化强国建设，为人民提供广阔文化舞台，让一切文化创造源泉充分涌流，开创全民族文化创造活力持续迸发、社会文化生活更加丰富多彩、人民基本文化权益得到更好保障、人民思想道德素质和科学文化素质全面提高、中华文化国际影响力不断增强的新局面。在社会建设方面，广泛地动员和组织人民依法管理国家事务和社会事务，进一步发挥人民积极性、主动性、创造性。大力开展以保障和改善民生为重点的社会建设，多谋民生之利，多解民生之忧，在学有所教、劳有所得、病有所医、老有所养、住有所居上持续取得新进展。加紧对保障社会公平正义具有重大作用的制度建设，逐步建立以权利公平、机会公平、规则公平为主要内容的社会公平保障体系，努力营造公平的社会坏境。进一步加强生态文明建设，把生态文明建设融入经济建设、政治建设、文化建设、社会建设各方面和全过程，努力形成节约资源和保护环境良性发展的格局，努力为人民创造良好的生产生活生态环境。

（原载《求是》2013 年第 3 期）

十八大的理论创新与哲学创新

——在"马克思主义哲学与中国特色社会主义道路"
理论研讨会上的主题报告

十八大报告关于马克思主义中国化的理论创新

党的十八大报告高举中国特色社会主义伟大旗帜，以马克思列宁主义、毛泽东思想、邓小平理论、"三个代表"重要思想、科学发展观为指导，系统阐述了坚持和发展中国特色社会主义的一系列重大理论和实践问题，提出了很多新的思想、新的观点、新的提法、新的要求、新的举措，丰富和发展了中国特色社会主义理论体系，推进了马克思主义中国化、时代化、大众化。报告是在新的历史条件下，夺取中国特色社会主义新胜利的政治宣言，是全面建设小康社会的行动指南，具有极强的思想性、理论性、政治性、战略性和可操作性，是一篇马克思主义理论创新的纲领性文献。我把理论创新点概括为十个方面，个人理解，可以讨论。

第一，作出中国特色社会主义事业已经推进到一个新的发展阶段的重要判断，表明我们党对国内外发展大势的理论把握。对形势的准确判断，是制定路线、政策的依据。报告是在对形势准确判断基础上制定的。报告从党和国家事业发展全局着眼，全面分析了国内外形势发展变化，指出当前世情、国情、党情继续发生深刻变化，我们面临的发展机遇和风险挑战前所未有。报告认为，十六大以来，我们走过了很不平凡的道路。纵观10年，党情、国情、世情发生深刻变化，国际风云突变，国内改革发展稳定繁荣。党中央带领全党紧紧抓住和用好战略机遇期，战胜一系列挑战，努力把中国特色社会主义事业推向一个新的发展阶段。同时判断，我国发展仍处于可以大有作为的重要战略期。报告在正确分析形势的基础上，做出了中国特色社会主义已经进入一个新的发展阶段，我国现在仍处于重要战略机遇期的基本判断。这是十八大制定目标、任务、方针、原则的基本依据。

第二，阐述了关系党和国家工作大局、带有根本性的主题和指导思想，体现了我们党高举中国特色社会主义旗帜、坚持中国特色社会主义道路的坚强决心和坚定信心。报告开宗明义点明了大会主题，就是高举中国特色社会主义伟大旗帜，以邓小平理论、"三个代表"重要思想、科学发展观为指导，解放思想，改革开放，凝聚力量，攻坚克难，坚定不移地沿着中国特色社会主义道路前进，为全面建成小康社会而奋斗。回答了关于党和国家发展大局的四个重大问题，即，"举什么旗、走什么路、以什么样的精神状态、达到什么样的目标"，明确了党的十八大的指导思想。旗帜关乎方向，关乎理想信念，是团结的、胜利的、奋进的旗帜。高举中国特色社会主义伟大旗帜是十八大报告的精神实质。中国特色社会主义道路是唯一正确的道路，只有高举这面旗帜，坚定不移地走这条道路，才能完成社会主义现代化和中华民族伟大复兴的伟大使命。要完成十八大提出的任务和目标，必须保持奋进的精神状态，这就是解放思想，改革开放，凝聚力量，攻坚克难。努力达到的目标就是十八大到十九大这五年为2020年全面建设小康社会打下决定性的坚实基础。

第三，对科学发展观作出新的定位和阐述，体现了党的指导思想又一次与时俱进。十六大以来，适应新世纪新阶段的发展需要，党中央提出了科学发展观。十年来，经过实践、认识、再实践、再认识的过程，科学发展观的理论内涵不断丰富，形成了完善的科学体系，在实践中的指导作用越发显现，得到了广大干部群众的认可和实践检验。科学发展观与马克思列宁主义、毛泽东思想、邓小平理论、"三个代表"重要思想一道，作为党的指导思想，已经具备了充分的理论基础、实践基础和群众基础，明确科学发展观的指导地位已经成熟。把科学发展观确定为党的领导思想，写进党章和十八大报告，对科学发展观做出新的定位，有利于把科学发展观贯彻到我国现代化建设全过程，体现到党的建设各个方面。

在总结经验的基础上，基于对科学发展观的新认识，报告进一步概括了科学发展观的内涵、意义，提出了贯彻落实科学发展观"四个必须"的要求，即，必须更加自觉地把推动经济社会发展作为深入贯彻落实科学发展观的第一要义，必须更加自觉地把以人为本作为深入贯彻落实科学发展观的核心立场，必须更加自觉地把全面协调可持续作为深入贯彻落实科学发展观的基本要求，必须更加自觉地把统筹兼顾作为深入贯彻落实科学发展观的根本方法。科学发展观是发展中国特色社会主义必须坚持和贯彻的指导思想，这对党和国家未来发展具有十分重要意义。

中国共产党从成立到现在，已经走过了91年的奋斗历程，干了三件大事：第一件，胜利地进行了新民主主义和社会主义革命，建立了社会主义新中国。第二件，进行了中国社会主义建设的艰苦探索，奠定了社会主义的制度基础、物质基础和思想基础。第三件，改革开放，开创了中国特色社会主义的伟大新局面。在推进完成这三件大事的历史进程中，我们党大力推进马克思主义中国化，实现了两次历史性飞跃。第一次飞跃是把马克思列宁主义与中国革命实际相结合，形成了毛泽东思想，这是我们党马克思主义理论创新的第一个伟大理论成果。第二次是把马克思列宁主义、毛泽东思想与中国改革开放新的实际相结合，形成了中国特色社会主义理论体系，这是我们党马克思主义理论创新的第二大理论成果。在改革开放新的时期，中国特色社会主义理论体系在党的指导思想上实现了三次与时俱进：第一次，是把邓小平理论作为指导思想，同马克思列宁主义、毛泽东思想一道写进党章；第二次，是把"三个代表"重要思想，同马克思列宁主义、毛泽东思想、邓小平理论一道确立为党的指导思想；第三次，把科学发展观确立为党的指导思想，这是党的指导思想又一次与时俱进。这是十八大报告最大的理论亮点和历史贡献。

第四，概括了中国特色社会主义基本要求，丰富了中国特色社会主义内涵。在改革开放伟大实践中，党形成了中国特色社会主义理论体系。十三大明确了党的基本路线，十五大明确了社会主义初级阶段的基本纲领，十六大明确了建设中国特色社会主义必须坚持的基本经验，十七大把邓小平理论、"三个代表"重要思想、科学发展观加以整合，概括为中国特色社会主义理论体系。十八大报告在基本理论、基本路线、基本纲领、基本经验的基础上提出了夺取社会主义新胜利的八项基本要求，即必须坚持人民主体地位，必须坚持解放和发展社会生产力，必须坚持推进改革开放，必须坚持维护社会公平正义，必须坚持走共同富裕道路，必须坚持促进社会和谐，必须坚持和平发展，必须坚持党的领导。这八项基本要求是在坚持和发展中国特色社会主义伟大实践中取得的宝贵经验，每一条都具有极强的针对性和长远指导意义。这八项要求对当前突出问题、改革开放和加快转变经济发展方式面临的难题、群众关注的热点问题一一做了回应。强调了继续推进中国特色社会主义事业、夺取中国特色社会主义新胜利的基本原则、价值追求和根本要求，是对中国特色社会主义事业新的认识，是对人类发展规律、社会主义建设规律、执政党建设规律新的认识成果，丰富了中国社会主义的内涵。八项基本要求是管方向、管全面、管根本的。同基本理论、基本路线、基本纲领、基本经验一起，成为发展中国特色社会主义必须长期坚持的根本方针和基本原则。在"五个基本"基础上，报告进一步强调，社会主义初级阶段的基本国情没有变、社会主义初级阶段的主要矛盾没有变、我国是最大发展中国家的地位没有变的"三个没有变"的判断，告诫全党要牢牢掌握党的基本路线，把不偏离党的基本路线和不偏离两个基本点统一起来，既不走封闭僵化的老路，也不走改旗易帜的邪路，不断夺取中国特色社会主义新的胜利。

第五，明确了中国特色社会主义道路、制度、理论体系的科学内涵、相互关系和伟大意义，开拓了中国特色社会主义认识的新境界。改革开放以来，最重要的就是开辟了中国特色社会主义道路，形成了中国特色社会主义理论体系，确立了中国特色社会主义制度，这是 91 年奋斗的根本成就，也是改革开放取得一切成绩和进步的根本原因。道路是实现途径，理论体系是行动指南，制度是根本保障。三者统一于中国特色社会主义伟大实践。这是党领导人民在建设社会主义长期实践中所形成的最鲜明的特色。中国特色社会主义伟大的成功实践，上升为中国特色社会主义理论体系。中国特色社会主义理论体系又指导中国特色社会主义新的实践。在成功实践的基础上，中国特色社会主义制度化、规范化、固定化，形成了中国特色社会主义的根本制度、基本制度及其相应的体制。

报告对中国特色社会主义道路、理论体系、制度做了三位一体的新阐述、新论断。关于中国特色社会主义"三位一体"的科学论述，体现了中国特色社会主义最鲜明的新特点。报告增加了中国特色社会主义制度的内容，强调必须坚定不移地高举中国特色社会主义伟大旗帜，不断丰富中国特色社会主义的实践特色、理论特色、民族特色和时代特色。要求全党更加坚定道路自信、理论自信和制度自信，坚定不移走中国特色社会主义道路。明确指出在当代中国，坚持中国特色社会主义理论体系就是真正坚持马克思主义。

第六，阐明了中国特色社会主义的总依据总布局总任务，构成中国特色社会主义总体要求和战略部署。坚持和发展中国特色社会主义不是空的，而是有扎扎实实的实际内容。发展中国特色社会主义有总依据、总布局、总任务，这是坚持中国特色社会主义的要义。总依据是社会主义初级阶段的基本国情。在任何情况、任何条件下都不能忘了初级阶段这个最大的实际。总布局是"五位一体"建设，即经济建设、政治建设、文化建设、社会建设和生态文明建设。邓小平同志在改革开放之初提出物质文明建设和精神文明建设两手都要抓的思想，又提出要建设社会主义民主政治，这就形成了"三位一体"建设；党的十六大增加了社会建设，这就形成了"四位一体"建设；党的十八大加上生态文明建设，这就形成了"五位一体"建设。总任务是实现社会主义现代化和中华民族的伟大复兴，这是党的庄严使命，国家的奋斗目标，改革开放的根本目的，发展中国特色社会主义最重要的就是聚焦在这个总任务上。

我们党从提出两手抓、两手都要硬，到提出物质文明建设、精神文明建设、政治文明建设一起抓，到提出经济建设、政治建设、文化建设、社会建设全面抓，到提出"五位一体"建设总布局，增加了生态文明建设，把生态文明放在重要位置，提出"美丽中国"新概念，进一步强调了生态文明建设的意义和作用，纳入了中国特色社会主义事业的总体布局，完善了中国特色社会主义的总布局。这是报告的一大亮点。

第七，提出了全面建设小康社会和全面深化改革开放的目标和任务，反映了中国特色社会主义新的发展阶段的基本要求。报告提出"两个全面"的任务，就是全面建成小康社会和全面推进改革开放。为全面建成小康社会而奋斗，是报告提出的奋斗目标。"建设"体现一个实现过程，

"建成"就是努力实现的结果。十八大明确提出要达到"建成"小康社会的目标，要的是结果的实现。从"建设"到"建成"一字之差，体现了我国经济社会发展阶段的重大变化，说明我们党对发展目标的新认识，体现了十八大为人民勾画了中国特色社会主义的美好蓝图。在十六大、十七大的基础上，报告提出全面建成小康社会的五个新的目标要求，一是经济持续健康发展，实现国内生产总值和居民人均收入比 2010 年"两个"翻一番；二是人民民主不断扩大；三是人民生活全面改善，提出两个同步，即居民收入增长和经济发展同步、劳动报酬增长和劳动生产率提高同步；四是文化软实力显著增强；五是资源节约和环境友好型建设取得重大进展。提出"两个翻番"、"两个同步"的目标表明我们不是一味追求经济指标快速增长，而是更加重视居民收入提高，更加注重改善民生。报告再次申明了十五大提出的两个百年，即在党成立一百年时全面建成小康社会、新中国成立一百年时建成社会主义现代化国家的目标。

报告强调了改革开放是强国之路，是新世纪最鲜明的特点，只有改革开放才能发展中国、发展社会主义、发展马克思主义。要求全党必须坚定不移的依靠和推进改革开放，更加深刻地认识改革开放的重大意义，更加自觉、更加坚定地推进改革开放。要求不失时机地推进一切领域的改革，坚决破除一切妨碍科学发展的思想观念和体制机制，构建系统完备、科学规范、运行有效的制度体系，使各方面改革更加成熟、更加定型，提出全面改革的总目标和总要求。

报告强调了全面深化改革的"五个加快"的要求，在经济制度改革方面，加快完善社会主义市场经济，完善基本经济制度、分配体制，完善宏观调控体系；在政治体制改革方面，加快推进民主政治制度化、规范化、程序化；在文化体制改革方面，加快完善文化管理体制、文化经营体制；在社会体制改革方面，加快形成科学有效的社会管理体制，完善社会保障体系；在生态文明体制改革方面，加快建设生态文明制度等。

第八，论述了转变经济发展方式的新的思路要求，形成了贯彻科学发展观、推进科学发展的总部署。报告强调，要以科学发展为主题，以转变经济发展方式为主线，把推动发展的立足点转到提高质量和效益上，着力激发各类市场经济活力，推动新型工业化、信息化、城镇化、农业现代化同步发展，不断增强长期发展后劲。报告要求必须适应发展需要，加快形成新的经济发展方式、加快推进经济结构调整，统筹推进新型工业化、信息化、城镇化、农业现代化的同步发展，认为这是我国经济社会发展面临的重大课题。提出全面深化经济体制改革，实施创新驱动战略，推动经济结构战略性调整。推动城乡发展一体化，全面提高开放型经济水平等五项任务。

第九，强调了推进政治体制改革和发展社会主义协商民主，丰富了中国特色社会主义政治发展道路。报告强调，人民民主是我们党始终高举的旗帜，法治是我们治国理政的基本方式。报告提出以保证人民当家作主为根本，以增强党和国家活力、调动人民积极性为目标，扩大社会主义民主，完善中国特色社会主义的法治内容，加快建设社会主义法治国家，发展社会主义政治文明的任务。强调政治体制改革是我国全面改革的重要组成部分。提出了"两个必须、三个更加、一个突出"的政治体制改革的原则。一是必须坚持党的领导、人民当家作主、依法治国的有机统一；一是必须积极稳妥推进政治体制改革。要更加注重改进党的领导方式和执政方式；更加注重丰富民主形式，保证人民依法实行民主选举、民主决策、民主管理、民主监督；更加注重发挥法治在国家治理和社会管理中的重要作用。突出把制度建设摆在首位。要充分发挥社会主义政治制度优越性，积极借鉴人类政治文明的有益成果，绝不照搬西方政治制度模式。从支持和保证广大人民通过人民代表大会行使权利，健全社会主义协商民主制度，完善基层民主制度，全面推进依法治国，深化行政体制改革，健全权力运行机制和监督体系，巩固和发展最广泛的爱国主义战线等七个方面进行了部署。报告说明社会主义协商民主是我国人民民主的重要形式，在实践中已经取得了明显成效。提出要在建立健全选举民主制度的同时，大力发展社会主义协商民主，既符合中国特色社会主义政治制度的要求，也符合我国国情。认为随着人民政治参与积极性的提高，更需要推动协商民主广泛、多层、制度化发展，以达到广纳群言、广集民智、促进共识、增加合作的目的。把促进协商民主作为推进政治体制改革、加强社会主义民主建设的重要举措提出来，也是报告的新思想。

第十，论述了全面提高党的建设科学化水平，明确了加强党的建设的指导思想和基本要求。报告要求要以改革创新精神全面推进党的建设新的伟大工程,全面提高党的建设科学化水平,要确保党始终成为中国特色社会主义事业的坚强领导核心。强调党的建设必须牢牢把握一条主线,即加强党的执政能力建设、先进性和纯洁性建设。要坚持解放思想、改革创新、党要管党、从严治党的原则。提出加强思想、组织、作风、反腐倡廉和制度五个方面建设。提出增强党的自我净化、自我完善、自我革新、自我提高四个能力。要努力建设学习型、服务型、创新型的马克思主义执政党。报告专门就严明党的纪律,特别是政治纪律进行了部署。要求全党自觉遵守党章,严明党的纪律特别是政治纪律。坚决维护中央权威,保持中央政令畅通,这对保持党的凝聚力、战斗力、号召力是完全必要的。报告从坚定理想信念;始终保持党同人民群众的血肉联系;积极发展党内民主,增强党的创造力;深化干部人事制度改革,建设高素质执政骨干队伍;坚持党管人才原则,把各方面优秀人才聚集到党和国家事业中来;创新基层党建工作,夯实党执政的组织基础;坚定不移反对腐败,永葆共产党人清正廉洁的政治本色;严明党的纪律,自觉维护党的集中统一等八个方面做了党的建设的总体部署,提出了具体要求。党的建设是既要着眼于保持和发展我们党先进性的根本点,又要着眼于世情、国情、党情新变化,表明我们党对执政党规律的认识进入了一个新的境界,表明我们党对党的建设更加自觉、更加自信、更加全面、更加深刻。

十八大报告关于马克思主义哲学中国化的理论创新

昨天,我和几个会议发起单位、深圳市委党校的领导,还有几位会长一起商量,今天又得到了市委书记王荣同志、市委常委、组织部长、党校校长戴北方同志的肯定,准备以深圳市党校为基地、依托、保障,每年召开一次“马克思主义哲学中国化·深圳论坛”,发起单位是中国辩证唯物主义研究会、中共中央党校哲学部、中国社会科学院哲学研究所、国防大学马克思主义研究部、北京大学哲学系、中共深圳市委党校。每年一次以文会友,选定一个马克思主义哲学中国化的重要议题,大家围绕议题写出高质量的论文,集中研讨。参会者不以职务、身份定,而以文章的质量,有没有内容、有没有思想、有没有创新来定。参加人员要少而精，控制在30 个人左右，便于讨论。这样，可以把中国特色社会主义重大实践问题，提升到哲学层面上来认识，以推进马克思主义哲学中国化的理论创新。

中国化的马克思主义哲学是中国化的马克思主义的哲学依据和思想基础，是贯穿中国化马克思主义的立场、观点和方法，也就是辩证唯物主义和历史唯物主义的世界观和方法论。上面我讲到，在我们党 91 年的奋斗历程中，我们做了三件大事，完成了新民主主义革命和社会主义革命，中国人民站起来了，建立了社会主义新中国；毛泽东同志带领我们进行了社会主义建设道路的艰辛探索，有经验，也有教训，为今天中国特色社会主义事业奠定了制度基础、物质基础和思想前提。可以说，没有毛泽东同志对社会主义建设二十多年的艰辛探索，就没有今天的中国特色社会主义事业。毛泽东同志的正确探索是我们今天中国特色社会主义的理论前提，失败教训也使我们从反面认识到什么是社会主义、应当怎样搞社会主义建设。在这个基础上，开创了中国特色社会主义的新局面。中国共产党 91 年干了三件大事，每一件大事三十年左右。从 1921 年中国共产党成立，到 1949 年建立新中国，然后进入过渡时期，完成社会主义革命。二十年的社会主义建设，取得了成绩，又走了弯路。中国特色社会主义改革开放取得伟大成功。实践告诉我们，根本经验就是把马克思列宁主义和中国的实际结合在一起。这种结合就是创新。马克思主义、列宁主义是西方的先进文化，马克思、恩格斯、列宁都是西方人，马克思、恩格斯是德国人，列宁是俄国人。这三个外国人在他们那个国家，在他们所看到的世界中、所经历的实践中所形成的思想和理论，是外来的先进思想和先进文化，他们的先进思想和先进文化有普遍意义。最普遍的真理就是马克思主义哲学，是立场、观点、方法问题，是世界观、方法论问题，就是马克思主义哲学所揭示的自然、人类社会发展和思维的普遍规律，是观察问题、分析问题、处理问题的基本思想方法和基本立场观点，是放之四海而皆准的真理。

我这次到新疆宣讲十八大精神，见到新疆维吾尔自治区主席努尔·白克力同志，他 1986 年 25 岁曾在中央党校新疆班学习三年，是最年轻的学员。他说，老师当时给我讲的马克思主义哲学原理，我到现在都能背得下来，世界是物质的，物质是运动的，运动是变化的，变化是有规律的，规律是可以认识的，但是不能违背。他认为，这个哲学观点用到哪里都是真理。哲学是对普遍规律的高度抽象，所以带有普遍性。

外来的先进思想拿到中国，指导中国实践，必须和中国的实际结合在一起。马克思主义是普遍真理，就人类社会必须经过原始—奴隶—封建—资本主义社会，然后发展到共产主义社会，共产主义社会第一阶段是社会主义社会，社会主义在落后国家有一个初级阶段。整个人类社会的发展就是这样一个规律顺序，至于哪一个国家、哪一个民族必须经过哪个阶段有特例，中国走社会主义道路和俄国走社会主义道路和其他各国走社会主义道路，不能完全一样。为什么？各国有各国的实际。列宁十月革命成功的道路就是武装暴动，占领中心城市，夺取政权，然后解放全国。一开始中国革命完全照搬俄国具体模式，结果是失败。南昌起义的意义是重大的，但最后是失败的。另外还有秋收起义、平江起义、黄麻起义、上海三次起义、广州起义，所有在大城市发动的起义都归于失败。只有当毛泽东同志领着队伍走上井冈山，实行农村包围城市，才解放了全中国，正好和俄国人的具体道路相反。毛泽东同志把马克思列宁主义的普遍真理，把列宁关于俄国革命的普遍道理，拿到中国来，和中国实际结合在一起，就产生了中国化的马克思主义，即毛泽东思想，这是指导中国革命取得胜利的思想指南。结合就是创新，把外来的先进思想和实际情况结合在一起，解决实际问题，就是创新。毛泽东思想的产生是马克思主义中国化的第一次历史性创新的理论成果。

第二次历史性的创新就是中国的改革开放，解决了"什么是社会主义，怎么建设社会主义"的问题。创立了邓小平理论，形成了中国特色社会主义理论体系的开篇。中国特色社会主义理论体系是马克思主义中国化第一次历史性创新的理论成果。马克思恩格斯提出了科学社会主义的原理，但是到底什么是社会主义、怎样建设社会主义？马克思恩格斯只是作了大致的描绘，更具体的情况他们没有讲。真正具体细致地描述社会主义是什么样子的，反倒是空想社会主义，例如莫尔讲社会主义，认为社会主义实行彻底的公有制，同吃、同睡、同住、同劳动、共同占有、共同分配，而且把睡觉穿的睡袍绣的什么花都描写出来了。空想社会主义把细节写得很细，但是解决不了怎么才能达到社会主义的问题。马克思解决了怎么达到社会主义途径的问题，即通过无产阶级专政和无产阶级革命。然而社会主义是什么样子、怎样建设社会主义，经典作家们只是做了笼统的、大体上的勾画。什么是社会主义、怎么建设社会主义？这是马克思主义科学社会主义给我们后人留下的最重大的问题。我们讲要树立问题意识，对这个问题，列宁做过探索，斯大林、东欧各国、毛泽东都进行了探索，总体上有所前进、有所回答，但是并没有回答好。我国改革开放30余年，在世界现代化进程中，我们选择了中国特色社会主义道路，取得了今天这样的成果，说明我们这条道路走对了，回答了"什么是社会主义、怎样建设社会主义"这一首要的基本问题。我们对中国特色社会主义重大问题所总结出来的基本理论、基本路线、基本纲领、基本经验、基本要求等，充实了马克思主义中国化的最新理论体系的内容，也是马克思主义中国化与今天新的实际相结合的产物，即中国特色社会主义理论体系。

有一次我到陕北高原去调研，碰到一个放羊的老头，我问他，毛泽东对中国人民作出什么样的贡献？放羊的老头说，毛泽东把富人变成穷人。讲得有道理，毛泽东主要解决革命问题。什么叫革命，剥夺剥夺者就是革命，把剥削阶级变成自食其力的劳动者。我又问他邓小平对中国人民做出什么样的贡献？他说邓小平正好相反，把穷人变成富人。社会主义国家要富强，老百姓收入要高，人民要富裕，要过美好的生活。我们2020年先达到小康，2050年达到中等收入发达国家。社会主义的目的就是富民强国。马克思主义中国化迄今为止回答了这样两个大问题。

马克思主义中国化的思想基础和哲学基础，就是中国化的马克思主义哲学。没有哲学依据，马克思主义中国化就离开了正确的思想基础，离开了正确的世界观和方法论的指导。

我们讲毛泽东思想、中国特色社会主义理论体系与马克思列宁主义是既一脉相承，又与时俱进。什么叫一脉相承？就是有一个管根本的东西把所有的理论形态贯穿起来，联系在一起，可以说是一以贯之。马克思列宁主义、毛泽东思想、中国特色社会主义理论体系等都有一以贯之的东西，也就是它们所贯穿始终的哲学思想，即马克思主义哲学的基本原理、基本立场、基本观点、基本方法。当然，在不同的历史条件下，在不同的国家，哲学表达可以有不同的表现形式。马克思主义哲学的一以贯之就导致了我们党的指导思想的一脉相承，具有共同的思想基础和哲学依据。马克思主义哲学的立场、观点、方法构成了马克思列宁主义、毛泽东思想、中国特色社会主义理论体系一以贯之而又不断创新发展的共同的哲学路线、思想依据、认识基础和思想方法。

马克思主义哲学世界观和方法论是思想武器和理论指南，不能违背，违背了就要犯错误。当然具体战略、策略、举措依时间和条件的不同而变化。当然马克思主义哲学也不是不发展，也要随着实践的发展而发展，也要随着时间、条件、地点的变化而变化。例如，什么叫物质？什么叫精神？在马克思主义哲学经典著作、基本原理中讲得很清楚。现在有了信息，信息到底是什么？是物质还是精神？还是介于两者之间？马克思主义哲学中的物质决定精神，精神反作用于物质，同信息又是什么关系？对这些重大问题，必须给予马克思主义哲学的回答。

把马克思主义哲学中国化，不断推进马克思主义哲学中国化的创新发展，这是摆在我们马克思主义哲学工作者面前的一项重大任务。什么叫中国化？就是把马克思主义哲学的基本原理、基本立场、基本观点和中国的具体实际相结合，给以哲学的概括和总结。例如，马克思把实践作为马克思主义的核心概念提出来，列宁提出实践第一的观点，这是马克思主义哲学最基本的观点。在毛泽东哲学思想中，把实践观点发挥得淋漓尽致。毛泽东对马克思主义哲学实践观点做出创新，最重要的是把马克思主义实践决定认识、实践检验真理的基本观点，发展成党的实事求是的思想路线，用中国的话语体系、中国群众可以接受的思维方式，做出具有中国的时代气息、具有中国的创新特点的马克思主义哲学中国化的表达。马克思主义哲学不仅仅认识世界，更重要的是改造世界，把实践的观点发展成实事求是的思想路线，就可以直接诉诸实践改造世界。马克思主义哲学的基本原理、基本立场、基本观点要坚持，但是马克思主义哲学也是要发展和开创的，要在实践中不断地创新，不断推进马克思主义哲学中国化的创新和发展。马克思主义哲学中国化的不断创新，就是要不断推进马克思主义哲学的中国化，形成中国风格、中国气派、中国特色、中国话语体系的中国化的马克思主义哲学。

　　实现马克思主义哲学中国化，毛泽东同志给我们做出了光辉典范。《反对本本主义》、《矛盾论》、《实践论》、《正确处理人民内部矛盾》、《论十大关系》、《论持久战》等著述都是中国特色、中国风格的马克思主义哲学中国化的经典。中国特色社会主义理论体系所蕴含的哲学思想也是马克思主义哲学中国化的产物，发展才是硬道理、科学技术是第一生产力、两手抓、两手都要硬、"三个有利于"判断标准等鲜活的哲学观点，都是马克思主义哲学中国化的创新观点。

　　马克思主义哲学不能停留在已有的认识水准上，要进一步根据新的需要，运用马克思主义哲学的立场、观点和方法，针对新的实际，概括出新的观点和思想。事实上，马克思创立了马克思主义哲学，即历史唯物主义和辩证唯物主义。恩格斯在马克思主义哲学的基础上，进一步推进了马克思主义哲学的发展，对马克思主义哲学的创新和丰富做出了重大的贡献。例如，恩格斯的《反杜林论》、《自然辩证法》、《家庭、私有制与国家起源》、《路德维希·费尔巴哈与德国古典哲学的终结》等经典著作都有创造和发展。列宁进一步创造性地发展了马克思、恩格斯的哲学思想。列宁的《哲学笔记》，还有列宁的许多哲学著作，都有创新发展。毛泽东同志的《矛盾论》中矛盾观点，还有绝对和相对是矛盾精髓的经典提法，都与《哲学笔记》的思想分不开。毛泽东同志带领中国共产党人在中国革命和中国建设的伟大实践中，进一步发展了马克思主义哲学，创立具有中国特色的毛泽东哲学思想，实现了马克思主义哲学的中国化。我们读读《矛盾论》、《实践论》这两本书，是常读常新，每一次读都有新的哲学体会，这是在马克思、恩格斯、列宁的哲学思想基础上，经过毛泽东同志个人努力，并经过集体智慧的打造而形成的。

　　今天，我们哲学工作者承担着一个重大的时代课题，就是一定要推进马克思主义哲学的中国化。中国特色社会主义理论体系中也包含丰富的哲学思想，这些思想进一步发展了马克思列宁主义哲学、毛泽东哲学思想，推进了马克思主义哲学中国化的不断创新。

　　第一，关于实事求是、解放思想、与时俱进、求真务实是科学发展观的精神实质。从实践观点到实事求是思想路线，从马克思主义哲学到毛泽东哲学思想，从毛泽东哲学思想到今天中国特色社会主义理论体系的哲学依据，形成了一个一脉相承的马克思主义哲学中国化的思想传统。提出实事求是思想路线是毛泽东对中国化的马克思主义哲学重大的贡献。马克思说，哲学不仅仅认识世界，更重要的是改造世界。把实践观点创新成党的实事求是的思想路线，作为党的行动指南，哲学就直接介入改造世界了。在改革开放 31 年的历程中，我们党贯彻了实事求是思想路线，解放思想、与时俱进、求真务实，回答了"什么是社会主义，怎么建设社会主义"、"建设一个怎么样的执政党，怎样建设执政党"、"发展什么，如何发展"的问题，使国家发生了翻天覆地的变化。什么叫做求真？求真就是求得真理。什么是真理？真理就是对客观规律的正确反映和概括。只有认识客观规律，才把握真理。什么叫务实？就是一切从实际出发，实干兴邦，空谈误国，我们正是在贯彻实事求是思想路线的实践中，解放思想、与时俱进、求真务实、苦干实干，才有了今天的伟大变化。

第二，关于对人类社会发展规律和社会主义发展规律的新认识。恩格斯讲马克思一生有两大贡献，第一发现了唯物史观，第二发现了剩余价值的秘密。唯物主义在 18 世纪的法国唯物主义哲学那里已经达到了高峰，辩证法在 19 世纪的德国古典哲学家黑格尔那里也达到了高峰，马克思只是把二者有机结合起来。马克思的第一个伟大发现是发现了人类历史的发展规律。十八大报告提出只有社会主义才能救中国、只有中国特色社会主义才能发展中国的重要观点，提出了关于中国特色社会主义的道路、理论和制度"三位一体"的新论述，提出中国特色社会主义的总依据总布局总任务的新概括，提出了中国特色社会主义基本理论、基本路线、基本纲领、基本经验和基本要求的重要思想……，这都是对人类社会发展规律、对社会主义发展规律的认识的进一步深化，是可以上升到哲学认识层面上的。

第三，关于科学发展观的新阐述新定位是对唯物辩证法和唯物史观的新发展。科学发展观强调发展的全面协调可持续，这就是辩证法。社会是发展的，发展要全面协调可持续，这就是辩证法。科学发展观就是辩证发展观。有同志认为，全面协调有重复。我认为全面和协调是有区别的。什么叫全面？都有才全面，一个全面的人要有一个脑袋、两条腿、两条胳膊。如果一个人只有一个胳膊一条腿，或者缺胳膊少腿，这就不全面了。

一个人有两条腿，全面，但走起路，一条腿朝前走，一条腿向后迈，不协调。所以全面是什么都要有，协调是各个方面的关系、比例、动作要有机结合，全面协调了才可持续。这都是辩证法的道理。以人为本，人要自由全面发展，不仅要解决人的物质需求，还要解决人的精神需求，这是唯物史观的基本要求。科学发展观既发展了唯物辩证法，又发展了唯物史观。

第四，关于中国特色社会主义"五位一体"建设的概括是对历史唯物主义社会有机体、人与自然和谐发展、人的全面自由发展观点的发展。

还有，关于社会主义核心价值体系建设和建设社会主义文化强国的观点，进一步丰富了物质变精神、精神变物质的马克思主义哲学物质与精神相互关系的基本观点，等等。

哲学工作者的历史责任

哲学虽然是高度抽象的理论思维，但它并不是凭空产生的。人的正确思想从哪里来？人的正确思想只能从现实中来，从实践中来，从群众中来。现实需要哲学，哲学也需要现实，哲学来自现实，又指导现实。我希望哲学工作者能深入改革开放实际，深入群众，进行认真的、独立的思考，努力推动哲学发展、推动马克思主义哲学的中国化。

第一，要树立实践意识，勤于社会实践。马克思主义哲学中国化，只在书斋里、只靠书本是推进不了的，必须深入到社会实践中去，在实践中发展。为什么要把"马克思主义哲学中国化·深圳论坛"放在深圳？因为深圳是中国改革开放的窗口，是中国特色社会主义发展的前沿。在改革开放中所有出现的成绩与问题，成绩是深圳先创造，问题也是深圳先遇到，解决问题的办法往往也可能是深圳率先提出来，把深圳作为马克思主义哲学中国化研究的试验区、样板田是完全必要的。同志们到深圳来可以多走一走，看一看，可以接触各方面的实际情况，从现实生活中汲取养分，发展哲学。

第二，树立群众意识，善于向群众学习。群众是真正的英雄，我们自己往往是幼稚可笑的。我刚才介绍的放羊老头讲的话，人家没学习过哲学，什么书都没看过，只放羊，但是讲的话却是富有哲理的。要向群众学习，把哲学从哲学家的书本、哲学家的书斋、哲学家的小圈子中解放出来。

第三，树立问题意识，敢于提出疑问。深入实践，深入群众，就会发现问题。哲学就要研究大问题，回答大问题。位卑未敢忘忧国！哲学工作者应该甘于哲学的"贫困"，我说的"贫困"是物质生活的贫困。要心怀大志，想大事情，从遇到的问题中抽出重大问题来研究。

第四，树立创新意识，勇于思考探索。哲学研究必须敢于创新，要树立创新意识，大胆思考、比较、分析、研究，有所发现，有所推进。

（原载《特区实践与理论》2012 年第 6 期）

论当前关系我国发展大局的十个
重大理论与现实关系问题

　　党的十八大的胜利召开，标志着中国特色社会主义发展正处在改革开放的攻坚期，全面建成小康社会的关键期。在这个关键的决定性阶段，从国际上看，当今世界正处在大发展大变革大调整时期，各种力量全方位竞争日趋激烈，其中贯穿社会主义与资本主义两种力量、命运、前途的生死博弈。西方敌对势力加紧对我实施"西化"、"分化"、"私化"图谋，力图通过推销资本主义意识形态，造成人们思想混乱，颠覆我国社会主义制度。从国内看，一方面我国社会主义改革开放取得伟大成就，另一方面又面临一系列需要破解的发展中的难题和前进中的矛盾。国际国内复杂形势必然反映到思想领域，致使意识形态情况极其复杂，某些别有用心的人利用并配合西方舆论攻势，鼓吹民主社会主义、自由主义、历史虚无主义，利用"西方民主"、"天赋人权"、"普世价值"等资产阶级思想武器，企图把社会主义中国引向西方所希望的歪路、邪路上去。当然也有否定在党的领导下改革开放所取得的伟大成就，否定中国特色社会主义是唯一正确的道路，主张回到封闭僵化的老路上去的错误思潮。复杂的思想斗争必然反映到党内，面对当前一系列重大的理论和现实问题，存在着一系列的争论和不同看法。全党必须在重大理论和现实问题上统一思想、形成共识，否则势必严重影响中国特色社会主义发展。这就迫切需要全党，特别是高中级干部在马克思主义基本立场、观点、方法的思想基础上，对这些重大问题给予科学回答，以明确是非，确定方向，统一思想。笔者把当前一系列重大理论和现实问题归纳为十大关系问题。

　　第一，坚持四项基本原则与坚持改革开放的关系问题。

改革开放后，我们党逐步确立了"一个中心，两个基本点"的基本路线，即以经济建设为中心，坚持四项基本原则，坚持改革开放。这条基本路线是我们党总结共产主义运动的历史经验、苏东失败的深刻教训、我国社会主义建设的宝贵经验，根据中国具体国情特点而提出来的正确的政治路线。基本路线是管方向、管根本的政治路线，关系到中国特色社会主义事业成功与否。要完整、准确、系统地理解党的基本路线，不能实用主义地、片面地理解党的基本路线。在 1989 年"六四"政治风波之后，邓小平同志指出，"要继续贯彻十一届三中全会以来的路线、方针、政策，连语言都不变。十三大政治报告是经过党的代表大会通过的，一个字都不能动。"① "党的十三大概括的'一个中心，两个基本点'对不对？两个基本点，即四个坚持和改革开放是不是错了？""我们没有错。""我们原来制定的基本路线、方针、政策，照样干下去，坚定不移地干下去。……基本路线和基本方针、政策都不变。"② 在"南方谈话"中，他强调："要坚持党的十一届三中全会以来的路线、方针和政策，关键是坚持'一个中心，两个基本点'。基本路线要管一百年，动摇不得。"③ 四项基本原则是立国之本，如果不坚持四项基本原则，那我们就不是社会主义了，不搞社会主义，既不能救中国，也不能发展中国。邓小平同志指出："四个坚持本身没有错，如果说有错误的话，就是坚持四项基本原则还不够一贯。"④ "是否坚持社会主义道路和党的领导是个要害。整个帝国主义西方世界企图使社会主义各国都放弃社会主义道路，最终纳入国际垄断资本主义的统治，纳入资本主义的轨道。""如果我们不坚持社会主义，最终发展起来也不过成为一个附庸国。""只有社会主义才能救中国，只有社会主义才能发展中国。"⑤ 改革开放是强国之路。如果没有改革开放，没有大胆的改革、大胆的开放、大胆的创新，我们国家也不可能取得如此伟大的成就，也就没有社会主义中国的今天。邓小平同志指出："社会主义基本制度确立以后，

---

① 《邓小平文选》第 3 卷，人民出版社 1993 年版，第 296 页。
② 同上书，第 305—307 页。
③ 同上书，第 370—371 页。
④ 同上书，第 305 页。
⑤ 同上书，第 311 页。

还要从根本上改变束缚生产力发展的经济体制，建立起充满生机和活力的社会主义经济体制，促进生产力的发展，这就是改革，所以改革也是解放生产力。过去，只讲在社会主义条件下发展生产力，没有讲还要通过改革解放生产力，不完全。应该把解放生产力和发展生产力讲全了。"① 坚持四项基本原则与坚持改革开放，二者不可偏废，缺一不可。稍有偏差，就会出现错离，直至带来重大危害。1989 年"六四"风波就是一记警醒。邓小平同志强调："在改革开放过程中，必须始终注意坚持四项基本原则。""资产阶级自由化泛滥，后果极其严重。特区搞建设，花了十几年时间才有这个样子，垮起来可是一夜之间啊。"② 中国特色社会主义道路就是坚持社会主义方向的改革开放之路。离开"四项基本原则"讲改革开放，就会走到资本主义的邪路上去。

第二，巩固完善社会主义制度与改革创新社会主义体制的关系问题。

这里讲的制度是指国家的根本的、基本的经济制度和政治制度，制度决定国家性质和发展方向。我国是社会主义国家，决定我们国家性质的是社会主义制度，是人民民主专政的政治制度，以公有制为主体的，以按劳分配为主体的经济制度，这是社会主义最基本的制度。我国社会主义"三大改造"完成以后，就确立了社会主义制度。政治制度就是毛泽东同志在《论人民民主专政》一文中所讲的国体问题。服务于制度并从制度衍生出来的具体形式，就是体制，政治体制也就是毛泽东同志所讲的政体问题。制度、国体是管根本性质、基本方向的。制度决定体制，国体决定政体。社会主义公有制制度与市场经济相结合，就形成社会主义市场经济体制，资本主义私有制与市场经济相结合，就形成资本主义市场经济体制。当然，体制、政体也有相对独立性，有一定的中性。譬如市场经济体制，既可以与公有制相结合，也可以与私有制相结合，它是手段，不决定一个国家的根本性质。资本主义政体，有君主立宪制，也有总统立宪制，但不论是女王，是总统、还是首相，都是体制问题，改变不了资本主义基本政治制度。计划经济体制或市场经济体制，是经济制度的具体体现，是由制度

① 《邓小平文选》第 3 卷，人民出版社 1993 年版，第 370 页。
② 同上书，第 373 页。

决定的，并服务于制度。在社会主义制度下是实现计划经济体制还是市场经济体制，这就是体制问题。体制对制度有反作用，政体对国体也有反作用。适当的体制可以发挥制度本身的优越性，但体制如果不合适，制度的优越性也发挥不出来。改革开放之前，我们实行的是僵化封闭的高度集中的计划经济体制，体制不适当，使社会主义制度的优越性被束缚住了。改革开放三十年，我们党最成功的是确立了社会主义市场经济体制。把社会主义的基本经济制度与社会主义市场经济结合在一起，这是我们党改革开放三十年做成功的一件大事，也是我们党的理论创新和实践创新。邓小平同志指出："计划多一点还是市场多一点，不是社会主义与资本主义的本质区别。计划经济不等于社会主义，资本主义也有计划；市场经济不等于资本主义，社会主义也有市场。计划和市场都是经济手段。"① 一方面，我们要改革创新经济体制，巩固和完善社会主义市场经济体制，发挥好市场经济积极的一面，当然也要特别注意防止市场经济消极的一面，用社会主义制度来制约和控制市场经济的消极的一面，使我们的制度优势与市场经济体制优势更好地结合起来，发挥更大的制度优越性。如果把制度与体制割裂开来，只讲社会主义制度，忽略体制的改革创新，又会走到过去的老路上去，社会主义优越性就发挥不出来；如果不坚持、巩固、完善社会主义制度，市场经济的消极面就会扩大，就会走到两极分化的邪路上去。

第三，发展生产力与实现共同富裕的关系问题。

邓小平同志讲，"社会主义的本质就是解放生产力，发展生产力，消灭剥削，消灭两极分化，最终达到共同富裕"②。社会主义的本质就是发展生产力，实现共同富裕。发展生产力和实现共同富裕都是体现社会主义本质的东西，邓小平同志把社会主义本质的东西结合在一起了。在社会主义条件下，发展生产力的根本目的是共同富裕，是消灭剥削，而不是什么贫富悬殊、两极分化。社会主义与资本主义的根本区别是什么？就是社会主义发展生产力的目的是要实现共同富裕，这一点与资本主义根本不同。资本主义在几百年的发展过程中，已经经历过的自由竞争资本主义、垄断资

---

① 《邓小平文选》第 3 卷，人民出版社 1993 年版，第 373 页。

② 同上。

本主义两个历史阶段，严重两极分化，一方面是资产阶级财富的高度集中，一方面是工人阶级贫困的积累，阶级对立严重，工人运动风起云涌，造成极大的社会动荡，工人阶级和劳动群众的反抗斗争把资本主义几乎置于崩溃的境地。不能说剥削阶级社会不发展生产力，但它在发展生产力进程中制造了两极分化和阶级剥削，最终导致生产力的大破坏。在当代资本主义发展过程中，资产阶级总结历史教训，在发展生产力的同时，为了维护资产阶级的整体和长远利益，不至于激起劳动阶级的反抗和斗争，采取一系列局部改良的办法注意缓解贫富差距悬殊问题。当然，资本主义内在基本矛盾决定了它不可能从根本上解决两极分化问题。

发展生产力与实现共同富裕，是做大蛋糕与分好蛋糕、效率与公平的关系问题。做大蛋糕和分好蛋糕、效率与公平是辩证的，相辅相成的，是生产和分配的关系问题的体现。生产决定分配，但是分配反过来也会影响生产。生产是生产力，分配是生产关系，生产力与生产关系是对立统一的。发展生产力是根本，但是发展生产力的同时，如果解决不好分配问题，公平出了问题，生产关系出了问题，也会影响生产力发展，就谈不上效率了。社会主义生产的根本目的是为了满足人民的物质文化需要，这是社会主义制度下生产的根本目的，而资本家生产的目的是利润，这是社会主义与资本主义的不同点。没有生产就没有消费，就满足不了人民需要，生产是根本任务。然而，生产出东西来，如何满足人民需要，就需要经过分配这个环节，多少用于生产和再生产，多少用于消费，消费品在人民之间如何分配，这又是一个关键问题。分配解决不好，两极分化，反过来，又会破坏生产力，破坏社会发展。这就产生了如何处理生产与分配、效率与公平的关系问题，即存在生产力与生产关系的关系问题。过去我们在分配问题上走了弯路，搞平均主义大锅饭，发挥不了人民的积极性，但旧社会的贫富悬殊也是我们要反对、要改变的。当前社会上出现的很多矛盾跟分配出了问题有极大关系。邓小平同志认为，如果两极分化，我们就不能说是社会主义，社会主义就要失败，国家就要出乱子。邓小平同志早在1993年就提出，要在20世纪末到21世纪初，利用一切手段，利用一切方案，突出地解决好共同富裕的问题。中国特色社会主义道路就是发展生产力、逐步实现共同富裕的道路。发展生产力和实现共同富裕，这是社会主义两个不可分割、不可舍一的战略选项。

第四，毫不动摇地巩固和发展公有制经济与毫不动摇地鼓励、支持和引导非公有制经济发展的关系问题。

公有制为主体、多种所有制共同发展是我国社会主义初级阶段必须坚持的基本经济制度。两个"毫不动摇"，是我们对社会主义基本经济制度的态度。坚持公有制为主体，对中国特色社会主义发展来讲，是个根本性的东西。生产资料归谁所有，即所有制问题，是生产关系的根本问题，是决定一个国家性质和走向的最重要的东西。丢了为主体的公有制这个根本，就不是社会主义了，我们国家就会失去正确的发展方向，就会走到误党误国的道路上去。生产资料归谁所有决定分配问题。所有制决定分配，解决当前分配领域存在的问题，不能仅仅就分配讲分配，只在收入分配上做文章，还要从所有制问题、生产资料归谁所有的问题上通盘考虑，统筹解决。坚持为主体的公有制，这是避免两极分化、实现社会主义共同富裕的根本保障。

坚持以公有制为主体，就涉及巩固和发展国有企业以及国有企业改革创新的问题。要不要巩固和发展国有企业，是一个对待社会主义基本经济制度的态度问题。否定国有企业，就是否定公有制为主体，就是否定社会主义制度。有些人认为公有制无法与市场经济结合，中国国有企业应该私有化，只有"国退民进"，中国才能发展。这是来自西方经济学的观点，也是西方资本主义所希望发生的事情。如果真这样做了，我们就真的成了西方的附属国，走了资本主义道路了。当然，这不等于否认国有企业有缺陷，不改革了。国有企业本身存在一些弊端，不断地推进国有企业的改革创新，兴利除弊，把国有企业办得更好，是完全必要的。对国有企业，既要坚持发展国企，同时也要不断改革创新，改掉它的缺点，让它不断发展壮大。国有企业没有了，公有制为主体也就不存在了，社会主义就不存在了。

发展非公经济，这是由今天我国国情所决定的。我国正处于社会主义初级阶段，生产力还不发达，要动员一切社会力量、一切社会资本发展社会生产力，这就需要发展私营企业等一切非公经济。但是，发展非公有制企业，本身还有一个对非公有制企业的引导和管理的问题，还有一个宏观调控问题。非公有制企业也有弊端，如它受市场利润驱动而造成的自发倾向是会带来许多消极因素的。对非公企业要引导它、管理它、调控它，发挥它积极的一面，引导、管理、限制它消极的一面。

坚持社会主义基本经济制度，还有一个发展农村集体经济，实现农业现代化的方向问题。在推进城镇化、城乡一体化和社会主义新农村建设进程中，怎样认识和对待农村集体经济问题，是事关我国社会主义农业现代化、事关中国特色社会主义全局的大问题。我国农村现行的体制是集体经济条件下的家庭联产承包责任制。土地是国家和集体的，这是大前提，这是统的方面。把土地承包给个人，长期保持不变，由农民家庭经营，这是分的方面。我国农村现行体制就是统分结合的体制。"统"体现社会主义公有制的制度方面、农村集体经济方面，"分"体现了农民土地个人承包经营的体制方面。农村现行体制是与我国的基本经济制度——以公有制为主体、多种经济共同发展相一致的，可以把集体经济的优越性和个人的积极性都发挥出来，这种体制的好处是充分调动了农民个人的生产积极性。过去在人民公社"一大二公"的旧体制条件下，农民不自由，生产力被束缚、限制住了，积极性发挥不出来，所以才有安徽小岗村农民的联合签名，迈出土地承包的第一步。实行家庭联产承包责任制，就打破了农村束缚生产力发展的僵死的体制，真正让农民得到解放，让农村生产力得到发展。1982 年农村改革，笔者到贵州农村调研，住在土家族农民家里，与农民同吃、同住、同劳动，一住半个月。当地农民说，现在自由了，想种地就种地，想养鸡就养鸡，没有管死，农民个人有了积极性。这是农村经济体制"分"的层次，也是调动个人积极性的层次。当然农村经济体制还有个"统"的层次，就是土地属于国家和集体所有，要发展农村集体经济。农村集体经济是农村劳动群众集体所有生产资料，首先是土地，进行合作和协同生产、交换等经营活动的经济组织形式，是我国社会主义公有制的一个重要组成部分，体现了我国社会主义基本经济制度。《中华人民共和国宪法》第六条明确规定："中华人民共和国的社会主义经济制度的基础是生产资料的社会主义公有制，即全民所有制和劳动群众集体所有制。"我们党、我们社会主义制度，在农村，就要维护和发展大多数农民群众的利益，这就要求我们始终注意发展壮大集体经济，保持其在农村经济中的主体地位，这是在我国农村避免两极分化、实现农民共同富裕的制度保障，也是党的农村工作的基本原则。只有把农村集体经济搞上去，才能从根本上解决城乡差别、农村不同区域不同群体的差别，才能真正在农村建成共同富裕的小康社会，我们党在农村基层组织和基层政权的凝聚力才能得到增强。党要依靠农村集体经济联系农民群众，巩固党的执政基础。有人主张农村实行土地私有化，彻底分光，取消集体经济，其后果不堪设想。

中国农业下一步的发展，必须实行农业现代化。所谓农业现代化，就是农业的市场化、产业化、商品化、机械化、工业化和城镇化。农业要用工业的办法来生产，形成产业化、市场化、商品化的农业，真正办成现代化大农业，这是中国农业的根本方向和基本出路。现在土地分割到个体承包，不成规模，不能统一进行大面积机械化、工业化耕种。以家庭为单位独立生产经营，能力不足，势单力薄，形不成社会化生产力。马克思认为，必须以群的联合力量和集体行为来弥补个人能力的不足。现在我国许多地方出现农业合作社或合伙、股份农业公司一类的新型集体经济组织，几家、几十家联合在一起，共同经营。这样做，不仅提高了个体生产力，而且在合理分工基础上的协作扩大了，管理水平提高了，机械化、现代化水平提高了，创造了新型的、集体协助的农村生产力，体现了未来农业现代化的发展走向。据统计，2011 年全国经工商注册登记的农民新型专业合作社数量超过 52.17 万家，实有入社农户 4100 万户，约占全国农户总数的 16.4% 以上。2011 年底，北京市农民专业合作组织发展到 4804 户，带动了 43.9 万农户。

邓小平同志对中国农业现代化发展方向有着清醒的认识，他认为："我国农业现代化，不能照搬西方或苏联一类国家的办法，要走出一条在社会主义制度下合乎中国情况的道路。"我国社会主义性质决定，必须始终坚持以公有制为主体，发展集体经济，走共同富裕道路；我国人多地少，区域和城乡差异大，农业规模不能太大，只能适度规模、集约发展；我国农业落后，必须在适度规模、集约发展的基础上，逐步推进机械化、产业化、市场化和现代化。1990 年 3 月 3 日邓小平同志指出："中国社会主义农业的改革和发展，从长远的观点看，要有两个飞跃。"

"第一个飞跃，是废除人民公社，实行家庭联产承包为主的责任制。这是一个很大的前进，要长期坚持不变。第二个飞跃，是适应科学种田和生产社会化的需要，发展适度规模经营，发展集体经济。这又是一个很大的前进，当然这是很长的过程。"邓小平同志"两个飞跃"的思想具有重大而深远的现实意义。"第一次飞跃"，就是把过去土地集中经营转到农户家庭经营，冲破了"一大二公"旧体制的束缚，成为中国历史上最具有历史性和标志性意义的重大变革。但是，"第一次飞跃"并未从根本上完成传统农业向现代农业的转变，"三农"问题并没有从根本上得以改变，农业现代化远未实现。面对农业发展的方向问题，邓小平同志"第二次飞跃"的思想就是把适度规模经营与发展集体经济结合起来，走农业集约化、集体化、现代化的道路。中国农村的现代化，必须有集体经济的"第二次飞跃"。这就是在家庭联产承包责任制的基础上，实行第二次集体经济的飞跃。这一次飞跃，不是回归到原来"一大二公"的状况，去走回头路。而是否定之否定，在否定原来旧体制的基础上，做出肯定，按照自愿自觉的原则，建立适应当今农村生产力发展需要的新型的农业合作组织。只有这样，我国"三农"问题才能彻底解决，才能真正实现农业现代化。否则无法从根本上最终遏制农村贫富差距拉大的趋势，无法解决农村落后城市的状况。当然，农村集体经济的第二次飞跃需要逐步推进，不能搞行政命令式的，不能操之过急。从多年农村改革和发展的实践看，迫切要求我们从实际出发，在坚持和完善家庭联产承包责任制、统筹结合的双层经营体制下，逐步实现农业和农村改革的"第二次飞跃"。

第五，我国社会主义初级阶段的主要矛盾与一定范围内存在的阶级、阶级斗争的关系问题。

我国社会主义制度建立以后，标志着国内的主要矛盾发生了根本变化。阶级斗争不再是社会的主要矛盾，而主要矛盾转变为不断增长的人民的物质文化需求与相对落后的社会生产之间的矛盾。也就是生产和需要、生产和消费的矛盾。这个主要矛盾决定了发展生产力是社会主义的根本任务，阶级斗争不是根本任务。要以经济建设为中心，不能再以阶级斗争为纲了。十一届三中全会最重要的就是恢复了党的八大关于社会主义初级阶段主要矛盾的正确判断。以经济建设为中心，以发展生产力为根本任务，放弃了以阶级斗争为纲和无产阶级专政下继续革命的理论和路线。我们改革开放三十年之所以成功，正在于这个根本转变，这就是拨乱反正。但是这又带来另一个问题，要不要承认一定范围内的阶级、阶级斗争？怎么看待当前的阶级、阶层的变化和阶级斗争的动向？既不能再回到以阶级斗争为纲的错误的路线和实践上去，也不能忽视社会主义初级阶段一定范围内的阶级和阶级斗争问题，也不能不对市场经济和私有经济加以管理。笔者认为，在我国目前社会阶段，阶级对立、阶级剥削不存在了，但不能否认阶级和阶级差别；不能认为阶级矛盾没有了，一定范围内的阶级斗争没有了，剥削现象没有了，两极分化自然产生的可能性就不存在了。社会主义初级阶段是有阶级存在的，也是有一定范围阶级斗争存在的。比如说，不能说工人阶级和农民阶级这两大阶级不存在了。我们党是工人阶级政党，如果工人阶级不存在了，那么我们这个党还有必要存在吗？消灭三大差别，城乡差别、工农差别、脑体差别，其中城乡差别和工农差别说到底是工人阶级和农民阶级之间的阶级差别。我们今天的社会主义社会初级阶段是消灭了阶级对阶级的整体剥削，消灭了阶级对阶级的整体对立，消灭了阶级对阶级的整体矛盾的社会阶级，但是还是有阶级差别，有阶级矛盾，甚至有一定范围内的阶级斗争存在的。要正确认识、分析和处理好我国目前社会主义初级阶段阶级和阶级斗争问题。

还有一个问题，就是对社会主义初级阶段主要矛盾的再认识。目前关于主要矛盾的认识是党的八大提出来的，十一届三中全会重提时具体表述有所变化，但实质没变。从那时到现在50多年过去了，改革开放也30年过去了，世情、国情发生了深刻重大变化，特别是我国经济社会发展进入了一个新的阶段，迈上了新的台阶，成为世界第二大经济体，并且日益融入世界统一市场，国内基本形成了社会主义市场经济体系，形成了以公有制为主体、多种所有制并存的经济基础，经济社会发展出现了许多新的特征和特点，如何进一步深化对初级阶段主要矛盾的认识已经提到全党面前。

第六，实现人民民主与对少数人实行专政的关系问题。

人民民主是社会主义的本质要求。所谓人民民主，是在社会主义条件下，让最大多数人享有最广泛的民主权利。然而为了保证人民民主，就必须对极少数人实行专政。民主与专政是不可分的。社会主义国家除了领导宏观经济发展的职能，还有对外防止侵略、对内对极少数敌人实行专政的职能。任何剥削阶级国家，包括资本主义国家，都不会放弃专政职能。毛泽东同志指出，我国实行的人民民主专政的国体，是把实行最广泛的民主与对少数人的专政结合起来。四项基本原则，其中一个原则就是坚持人民民主专政。坚持社会主义道路，必须坚持人民民主专政。邓小平同志指出："依靠无产阶级专政保卫社会主义制度，这是马克思主义的一个基本观点。""对人民实行民主，对敌人实行专政，这就是人民民主专政。运用人民民主的力量，巩固人民的政权，是正义的事情，没有什么输理的地方。"① 在讲民主的同时，要讲专政，不能只讲一个方面而忽视另一个方面，专政是保卫民主的。但民主是一个过程，是具体的、历史的。工人阶级政党公开讲工人阶级主张的民主，不是全人类的民主，而是绝大多数人的民主，是对少数人专政。资产阶级鼓吹自己的民主是普世的、全民的，实际上任何资产阶级民主都是有限的、少数人的民主。当然，在保证少数人的民主的同时，它也会有限度地扩大对其他公民的民主。但这并未改变资本主义少数人民主的本质。

第七，最大限度地满足人民的物质利益需求与加强思想道德建设的关系问题。

恩格斯认为，全部哲学的最高问题，就是思维和存在的关系问题，也就是物质和精神的关系问题。毛泽东同志指出，物质可以变精神，精神可以变物质。一切精神都来源于物质，物质是本原的、第一性的。但是物质和精神又具有同一性，可以相互转化。物质决定精神，精神可以反作用于物质，反过来还能转变成物质。"文化大革命"之前我们走过一段弯路，在指导思想上，曾一度过分强调精神的力量，主观唯心主义冒头了。"大跃进"有句口号，叫"人有多大胆，地有多大产；不怕想不到，就怕办不到"，过分夸大精神的能动力量，强调过头了。"四人帮"大批"唯生产力论"，大搞主观唯心主义，反对抓生产，反对给人民群众以看得见的物质利益。改革开放，拨乱反正，党强调要发展生产力，满足人民的物质利

---

① 《邓小平文选》第 3 卷，人民出版社 1993 年版，第 379 页。

益需求，调动了人民的积极性，取得了辉煌的成就。但是，今天，对精神的反作用，文化、理论、思想、道德的力量是不是有所忽视，值得我们深思。在市场经济发展的今天，一定要给社会注入精神的力量。一个社会如果没有精神的追求、道德的追求、价值的追求和信仰的追求，这个社会是没有生命力的、没有希望的。加强社会主义核心价值体系教育，解决理想、信念和道德问题，是完全必要的。理论问题是解决信仰问题的根本。今天，在加强物质文明建设的同时，更要加强精神文明建设，加强思想道德建设，加强思想理论建设。

我们党是执政党，教育群众也是我们党的责任。一方面要给群众以看得见的物质利益，另一方面要加强对群众的思想教育。凡是有人群的地方都有左中右，群众有先进的，有中间的，也有落后的。我们党的群众工作原则是既不能搞命令主义，当群众先生，又不能搞尾巴主义，落后于群众。我们一定要贯彻群众路线，依靠群众，从群众中来，到群众中去。但又不能搞民粹主义，一切顺着落后群众的意见，对落后群众要敢于教育，敢于坚持原则。特别是在强调物质利益的同时，要对群众进行理想主义、集体主义教育，要教育群众正确处理好个人、集体、国家之间的利益关系。特别要注意对青年学生的思想教育，高度重视校园里、课堂上、社会上正确世界观、人生观、价值观的教育。

第八，正确认识和处理新时期人民内部矛盾与构建社会主义和谐社会的关系问题。

今天为什么强调构建社会主义和谐社会？因为面对着错综复杂的人民内部矛盾和诸多社会矛盾，需要我们协调，需要我们解决。正因为有矛盾，才要和谐，正因为要和谐，才要解决矛盾。构建社会主义和谐社会，关键是有效地协调各方利益关系，化解人民内部矛盾，只有这样，才能赢得全社会的稳定与和谐。

正确处理人民内部矛盾，是构建社会主义和谐社会，建设中国特色社会主义的必然要求。现实世界是充满矛盾，充满辩证法的，矛盾的客观存在，是一切事物包括人类社会的本来面貌。面对今天错综复杂的矛盾局面，我们一定要学会运用马克思主义辩证唯物主义世界观方法论，观察分析处理人民内部矛盾和诸多社会矛盾。辩证唯物主义世界观方法论的核心和实质是什么呢？列宁说："对立统一规律是辩证法的核心和实质。"对立统一规律，也就是矛盾规律，是宇宙间的根本规律，对立统一观点即矛盾观点，是马克思主义辩证唯物主义的基本观点。什么是对立？对立就是矛盾；什么是统一？统一就是和谐。对立统一，就是在矛盾的化解中求得和谐。运用对立统一的观点观察世界，就是世界观；运用对立统一的观点解决现实矛盾，就是方法论。毛泽东同志是正确灵活运用马克思主义辩证唯物主义世界观方法论的典范。在中国革命和战争的关键时刻，毛泽东同志运用辩证唯物主义世界观方法论，著述了《矛盾论》，分析了中国社会的矛盾，得出了中国革命的正确的战略和策略，赢得了人民战争的胜利，建立了新中国。在和平建设时期，毛泽东同志著述了《关于正确处理人民内部矛盾的问题》，运用对立统一观点观察和分析社会主义建设时期的社会矛盾问题，提出了正确认识和处理人民内部矛盾理论。《矛盾论》和《关于正确处理人民内部矛盾的问题》是马克思辩证唯物主义的光辉的经典著作。今天构建社会主义和谐社会，一定要深刻理解这两部著作的精神实质，学会运用辩证唯物主义世界观方法论分析解决现实矛盾。在这两部著作中，毛泽东同志把对立统一思想概括为三个重要的观点：第一，矛盾无处不在，无时不有；第二，矛盾是事物存在的普遍规律和根本法则，是一切事物发展的内在源泉和动力；第三，要运用对立统一的观点，即矛盾的观点看待和处理人民内部矛盾和诸多社会矛盾。用这样的观点来看待社会主义初级阶段社会，不存在有还是没有矛盾的问题；也不存在好矛盾坏矛盾的问题，因为矛盾的存在是客观的，是不以人的意志为转移的。无所谓有矛盾无矛盾，也无所谓好矛盾坏矛盾。矛盾不解决是坏事，矛盾解决了是好事。旧矛盾解决了，新矛盾又产生了，事物就是在不断地解决矛盾中发展的。所谓和谐社会，不是否定矛盾，而是强调要在解决矛盾的过程中求得统一、求得和谐、求得前进。

一定要高度重视正确处理人民内部矛盾，对于构建社会主义和谐社会的极端重要性。由于复杂的国际国内因素，两种不同性质的矛盾在我国长期存在，一定范围的阶级斗争在特定条件下还有可能激化，但突出地、大量地、经常地表现出来的是人民内部矛盾。要正确区别和处理一定条件下的阶级斗争和人民内部矛盾，正确区别和处理两类不同性质的矛盾。不能对少数阶级斗争事件，对敌对势力"西化"、"分化"我们的状况视而不见、充耳不闻、软弱无力、不问不管。人民内部矛盾是我国社会现阶段人际关系上的主要矛盾，是政治生活的主题。正反经验表明，坚持正确处理人民内部矛盾，抛弃以阶级斗争为纲的错误做法，始终把发展作为执政兴国的第一要务，社会就和谐，事业就发展；否则，社会就动荡，现代化建设事业就受挫折。化解人民内部矛盾，不是不要人民内部的正常的批评与教育，不是一味地妥协、让步、买好。从哲学上讲，批评教育也是一种思想斗争，斗争的哲学含义不是负面的。在人民内部，对错误的言行，我们要的是批评与自我批评，从团结的愿望出发，通过批评教育达到新的团结。不敢于对不良倾向、错误倾向展开鲜明的斗争，不是我们党所主张的。

第九，树立共产主义远大理想与树立中国特色社会主义共同理想的关系问题。

我们党有最高纲领，是实现共产主义，这是远大理想，是我们党的政治信仰所在。我们党也有当前目标和最低纲领，就是要建设文明富强民主和谐的中国特色社会主义。最高纲领和最低纲领是统一的，远大理想与当前目标是统一的。没有远大理想，当前目标就没有方向和动力；没有当前目标，远大理想又是空的。远大理想不是空的，要首先实现中国特色社会主义共同理想，才能一步一步达到最高理想。最高纲领和最低纲领、远大理想与共同理想，哪一个都不能少。只有最低纲领而没有最高纲领，只有共同理想而没有远大理想，人的行动就成为断了线的风筝，没有方向。但是只有远大理想没有共同理想，只有最高纲领而没有最低纲领，远大理想和最高纲领也不能实现。理想信念的坚定来自于理论的彻底，只有理论彻底，理想信念才坚定。当前，我们党内、干部队伍内部弥漫着精神懈怠、能力不足、脱离群众、消极腐败"四种危险"，根子在于理想信念的动摇，有的人理想缺失、信念丧失、信仰丢弃，根本原因在于理论上动摇，不相信马克思主义，不信仰党的理论。只有理论的彻底，只有理论的自信，才能有信仰、理想的坚定。加强党的马克思主义思想理论建设，特别是党的高级干部的马克思主义思想理论教育，是党的根本建设。

第十，奉行独立自主的和平外交政策与构建和平良好的外部国际环境的关系问题。

　　坚持独立自主的和平外交政策是社会主义制度所决定的，是由复杂的国际环境所决定的，是由国际斗争中社会主义与资本主义两种前途、两条道路的斗争所决定的。坚持独立自主的和平外交政策，就是要在处理国际问题上，坚持原则，该斗争就斗争，目的是为了维护正义与公平，创造有利于我国发展的良好的国际环境。我们是社会主义国家，这就决定了我们总的对外方针：一是和平发展。对外不当头，不称霸，不当超级大国，不欺负干涉别人。二是要敢于坚持原则、主持正义。对外主张不能武力干涉他国内政，反对一切借"人权"、"民主"之名侵略他国、干涉他国，要敢于理直气壮地坚持这个原则。有我利益要坚持，无我利益也要坚持，不能给人以口实。在领土与主权问题上，要坚持原则，反对任何国家侵占我国领土主权，要敢于不畏强暴，主张正义。这就是对外奉行独立自主的外交原则。独立自主最重要的就是在国际斗争中坚持原则，坚持正义。比如说，反对一切外国军事干涉任何国家的内政，这就是原则。当然，另一方面还要讲两手策略，还得讲在一定条件下的韬光养晦，讲灵活的斗争策略。要通过灵活的策略，通过和平外交，创造和平的国际环境。

（原载《世界社会主义研究动态》2013 年第 5 期）